本书是 2019 年度国家社科基金重大招标项目“马克思主义哲学中国化的历史逻辑及原创性贡献研究”(19ZDA016),中央高校重点支持项目“马克思主义哲学中国化的百年经验研究”(2019XZA213)的最终成果。

Makesizhuyi Zhexue Zhongguohua Chuangxin

马克思主义哲学中国化创新

历史逻辑及原创性贡献研究

成 龙◎著

人 民 出 版 社

目　　录

下篇　中华民族强起来的哲学基础

前　言

马克思主义哲学中国化和马克思主义中国化是什么关系？这需要从马克思主义的构成说起。马克思主义由马克思主义哲学、政治经济学和科学社会主义三个部分构成。马克思主义哲学是马克思主义全部学说的理论基础，马克思主义政治经济学是马克思主义哲学的运用与证明，科学社会主义既是马克思主义哲学和政治经济学的运用，又是马克思主义哲学和政治经济学的落脚点。中国共产党的几代领导人都反复强调学哲学、用哲学、创新哲学的重要性。他们对中国政治、经济、文化、社会等的论述，几乎都是从马克思主义哲学的基本原理出发的。如果说俄国的普列汉诺夫、中国的李达和艾思奇等人是职业的理论哲学家，以从事专门的哲学研究和创作为目的，那么，中国共产党的几代领导人则是实践哲学家，他们并不以专门的哲学研究和创作为目的，而是将马克思主义哲学的基本原理运用于中国实际，在分析和解决中国实际问题的过程中提出新的哲学思想，继承和发展马克思主义哲学。马克思主义本身的构成以及中国共产党政治领袖的主体修养、思维倾向，马克思主义在中国运用和发展的特点，使马克思主义中国化在更大程度上表现为马克思主义哲学中国化，而要将马克思主义中国化和马克思主义哲学中国化一分为二，在他们之间划出一条截然分明的界限是不可能的。本书力图彰显中国马克思主义在哲学上的原创性贡献，但实际上与马克思主义中国化又无法分离，这是在研究开始时必须加以说明的。

马克思主义中国化的一百年，同时也是马克思主义哲学中国化的一百年，是马克思主义哲学基本原理与中国实际相结合、与中国传统文化相结合,不断进行理论创新,作出原创性贡献的一百年。何谓“原创性贡献”? 从理论创新的视角看,“原创性贡献”具有三个必须的要求:首先,它言前人之未言,揭示某种真理或规律,在人类认识史上属于第一次。其次,它拥有完整的话语体系,具有鲜明的表征性语言,或者向人们发出警告,或者纠正谬误,产生引人深思、振聋发聩的效果。再次,它运用翔实的资料进行系统的描述和解释,完整阐述事情的来龙去脉。哲学本身是人类精神的精华,它不像雨后春笋遍地可得。哲学上的原创性贡献更是“精华中的精华”。从事哲学研究的人可能成百上千、成千上万,但即使辛劳一生,也未必有原创性贡献。

从原创性贡献的形成、性质及其内涵来看,原创性贡献可分为五大类。一是首创性原创性贡献。即前所未有的、独到的见解和理论体系。如欧几里德几何学,牛顿力学,达尔文生物进化论,都曾打开人类历史的新视野,具有首创性。二是颠覆性原创性贡献。即在彻底推翻前人理论基础上建立新的理论体系。如哥白尼以“日心说”颠覆托勒密“地心说”,爱因斯坦以“相对论”颠覆牛顿力学“绝对论”。“日心说”“相对论”都具有颠覆性质。三是扬弃性原创性贡献。即对前人的理论进行批判改造,取其精华,去其糟粕,并融入新思想、新观点,形成新的理论体系。如马克思对黑格尔哲学和费尔巴哈为代表的德国古典哲学进行批判改造,取其“合理内核”,去其唯心主义糟粕,又融入新的时代精神,创立“新唯物主义”,马克思主义哲学之于德国古典哲学,具有扬弃性。四是拓展性原创性贡献。即将原有理论应用于新的实践,在理论和实践的互动中,根据新的情况提出新思想,丰富和发展原有理论。如马克思基于西欧无产阶级的实践,提出共产主义“多国胜利论”;列宁根据俄国新的实际,提出“一国胜利论”和“城市中心论”;毛泽东又在马克思和列宁的基础上,根据中国特殊国情提出“农村包围城市论”和“新民主主义论”,拓展了马克思的革命理论。五是综合创新性原创性贡献。即在综合多种理论、多种要素的基础上创立新的理论。如李大钊提出要“融汇东西文明,创造第三文明”,就是要取东西文明之长,补中华文明之短,创造既不同于东方文明,也不同于西方文明的新文明，就是要打破既有思想界限，把各种有益因素融汇起来，创造新的哲学形态。

原创性贡献的形成是有条件的。首先，时代是哲学创新的必然前提。人们不可能脱离时代、跨越时代而凭空进行创新。有什么样的时代就会产生适应于这个时代的创新。古代朴素哲学的出现，近代形而上学的产生，现代辩证唯物主义的诞生，都有自己的时代条件。时代不仅为哲学创新发展提出问题，同时又为解决问题提供方向坐标。只有把握时代脉搏，顺应时代潮流，才可能作出重大创新。逆潮流而动，必将被时代所淘汰。中国共产党的几代领导人都因为顺应了时代潮流，才做出了符合历史发展的重大创新。其次，社会是哲学创新的基本舞台。社会是否允许哲学家演出新的“话剧”，不是哲学家能够随心所欲选择的。在欧洲中世纪，布鲁诺因宣传哥白尼的“日心说”而被烧死在罗马的鲜花广场。马克思因反对资本主义而遭到各国政府的驱逐、诽谤、诅咒和嫉恨。在社会主义发展史上，各社会主义国家曾经为探索走出一条符合本国实际的发展道路而付出巨大代价；中国也在经历了思想的拨乱反正后，才作出实行改革开放的战略决策，创立中国特色社会主义理论。再次，一定的主体是哲学创新的实际担当者。原创性贡献要由具备一定素养的个人或群体来完成，主体的思想境界、知识水平、实践经历、性格特点、能力修养等都是原创性贡献的必要条件。在马克思主义哲学发展史上，马克思、恩格斯、列宁以及中国共产党的几代领导人都具有非凡的胆识和超越常人的丰富经历，广博的知识和坚强睿智的性格特点；李大钊、李达、艾思奇等知识分子也较早接触马克思主义哲学，这为他们创新和发展马克思主义哲学提供了重要思想积淀。

原创性贡献是相对的，我们必须站在更高的维度、实事求是地审视马克思主义哲学中国化的原创性贡献。中国共产党自成立以来，就立足中国国情，对中国社会进行彻底改造，实现了马克思主义中国化三次历史性飞跃，形成三个重大理论创新成果，取得多方面的原创性贡献，而这同时也是马克思主义哲学中国化的三次飞跃，它们共同奠定了中华民族伟大复兴的哲学基础。本成果力图立足百年大视野，采取文本研究和实证研究相结合、政治层面和学术层面相结合、专业化研究和大众化研究相结合、国内研究和国外研究相结合、中国传统文化研究和世界现代文明研究相结合等多种研究方法，在新的诠释框架和理论建构中深入研究马克思主义哲学中国化的历史逻辑和原创性贡献，总结马克思主义哲学中国化百年创新发展的历史经验，为马克思主义哲学中国化学科体系、学术体系和话语体系的建构提供新的思想参考，为中华民族伟大复兴提供新的理论借鉴。

本书是2019年度国家社科基金重大招标项目“马克思主义哲学中国化的历史逻辑及原创性贡献研究”（19ZDA016）的最终成果。本课题力图把“历史逻辑研究”和“原创性贡献研究”结合起来。既澄清马克思主义哲学中国化百年创新发展的历史逻辑，又在历史逻辑中深入探讨马克思主义哲学中国化的原创性贡献，而重点则在于研究三次飞跃、特别是新时代以来新的飞跃的原创性贡献。这是一个内容浩瀚而演进逻辑又极其复杂的课题，本书力图在系统梳理学术界已有研究的基础上，坚持多学科多领域综合创新的研究方法，既强调研究的系统性、整体性，又突出重点，以点带面；既坚持中国尺度，实事求是，言必有证，又面向世界，展示马克思主义哲学中国化的全球视野。

全书由“导论”“上篇”“中篇”“下篇”“结论”五个部分构成。“导论”回顾马克思主义哲学中国化百年历史，分析马克思主义哲学中国化国内外研究现状，从中引出问题，奠定全篇研究的基础。“上篇”分析马克思主义哲学中国化第一次飞跃的原创性贡献。认为马克思主义哲学中国化第一次飞跃之所以可能，有四个重要条件：马克思主义哲学与中国传统文化的契合相通；李大钊、瞿秋白、李达、艾思奇等人的早期传播和研究打下坚实基础；中国近代以来历史发展及革命形势的推动；毛泽东本人所具有的独特主体因素。马克思主义哲学中国化第一次飞跃的原创性贡献突出表现在：提出“实事求是”思想路线，奠定中国共产党人的世界观基础；创作《实践论》《矛盾论》，奠定中国共产党人的认识论和方法论基础；创作《论十大关系》和《关于正确处理人民内部矛盾的问题》，全面论述社会主义建设的辩证法。“中篇”分析马克思主义哲学中国化第二次飞跃的原创性贡献。认为第二次飞跃的历史性贡献之所以可能,有四个重要条件:世界大变动大调整的时代背景;中国进入新时期的理论和实践要求;世界社会主义建设经验教训的总结;邓小平等党和国家领导人独有的哲学素养。马克思主义哲学中国化第二次飞跃的原创性贡献突出表现在:解放思想和实事求是相统一的世界观奠基;以"三个有利于"为标准的价值观奠基;以"三个代表"重要思想为标志的唯物史观创新;以科学发展观为标志的发展观创新。"下篇"分析马克思主义哲学中国化新的飞跃的原创性贡献。认为马克思主义哲学中国化新的飞跃之所以可能,有四个重要条件:"百年未有之大变局"的时代特征;中国式现代化发展模式的日益成熟;以信息技术为核心的新一轮科技革命竞争空前激烈;习近平等党和国家领导人面向新时代的哲学素养。马克思主义哲学中国化新的飞跃的原创性贡献突出表现在:"六个必须坚持"的世界观和方法论创新;马克思主义现代化观的新建构;马克思主义国家观的新发展;马克思主义文化思想的新体系;马克思主义世界史观的新视野。"结论"总结马克思主义哲学中国化百年创新发展的世界历史意义。认为马克思主义哲学中国化百年创新发展奠定了人类文明新形态的哲学基础。突出表现在:马克思主义哲学中国化彰显改变世界的强大思想力量;马克思主义哲学中国化积累哲学创新发展的丰富经验;马克思主义哲学中国化奠定创造人类文明新形态的世界观和方法论基础。

导论：一个亟待深入研究的重大课题

马克思主义哲学的中国化，从1919年五四新文化运动前后李大钊、陈独秀、陈望道等人从事最初的翻译、传播、探索、研究算起，迄今已逾百年。这一过程与马克思主义中国化是一体两面、相伴而行的同一历史进程，在与中国实际相结合、与中国优秀传统文化相结合的过程中，同样实现了三次飞跃，形成毛泽东哲学思想、中国特色社会主义理论体系的哲学思想、习近平新时代中国特色社会主义思想的世界观和方法论等一系列重大创新成果，对马克思主义哲学的发展作出重大原创性贡献。然而，马克思主义哲学中国化的几次飞跃是在什么样的条件下形成的，如何理解马克思主义哲学中国化的历史逻辑，又如何理解几次飞跃的重大原创性贡献？这是理论界和学术界迄今尚未明确回答的重大问题，亟待深入研究。本课题正是力图从历史和现状的回顾入手，对这些问题作出探索性回答，为马克思主义哲学中国化未来发展提供参考借鉴。

一、国内研究的历史和现状

马克思主义哲学中国化是一个与时俱进、常开常新的课题。迄今，学术界出版的论著可谓成百上千，发表的论文更是成千上万。如何理解马克思主义哲学中国化的历史逻辑及原创性贡献？学术界基于不同的时空环境和作者本人的不同视角，作出了很不相同的理解。总体来讲，有以下四种情况。

（一）贯穿“一条思想主线”

马克思主义哲学的根本使命在于“改变世界”。马克思主义哲学中国化固然有多方面的含义，但一条中心主线、思想红线就是要把马克思主义哲学的基本原理运用于中国革命、建设、改革的实际，不断与中国优秀传统文化相结合，根据时代变化不断研究中国国情，解放和发展社会生产力，为改变近代以来中国贫穷落后、被动“挨打、挨饿、挨骂”的局面，实现中国式现代化，进而实现中华民族伟大复兴，提供哲学基础。由“中国实际”展开的不同层次，决定了马克思主义哲学中国化的发展轨迹。不同时期理论与实际的不同结合，演绎出马克思主义哲学中国化理论创新的不同任务和特点。

（二）形成“两个研究层面”

马克思主义哲学中国化研究可以简略分出两大层面：一是政治层面的研究，它主要与革命、建设和改革实践，党的基本理论建设，党和国家主流意识形态的哲学基础直接相关，紧密相连。二是学术层面的研究，虽然它也与实践活动内在联系，但形式上相对独立，更加注重学理探讨、学术研究。这两个层面既相互联系，相互促进，又相互区别，各有特点，共同为马克思主义哲学中国化作出了贡献。

（三）具有“三种研究类型”

从事马克思主义哲学中国化研究的群体主要可分为“三种类型”：一是早期革命家和理论家的研究，如李大钊、陈独秀、瞿秋白、陈望道、李达、艾思奇等人的研究；二是党和国家政治领袖、老一辈无产阶级革命家的研究，如毛泽东、邓小平、江泽民、胡锦涛、习近平，以及刘少奇、周恩来、朱德、陈云等人的研究；三是专业哲学家或哲学工作者的研究，如北京大学黄楠森、王东、赵家祥、丰子义、郭建宁、仰海峰等，中央党校邢贲思、郑必坚、杨春贵、许全兴、李君如、韩庆祥等，中国社科院王伟光、李景源、徐素华、侯惠勤等，中国人民大学庄福龄、陈先达、安启念、郭湛、马俊峰等，武汉大学陶德麟、何萍、汪信砚、丁俊萍等，南开大学陈晏清、王南湜等，吉林大学高清海、孙正聿等，复旦大学俞吾金、陈学明等，浙江大学刘同舫、成龙等，以及众多高校、党校、社科院中青年学者的研究，他们是推进马克思主义哲学中国化研究的重要学术力量。

（四）呈现“四类代表性观点”

马克思主义哲学中国化的历史如何分期？国内学者因研究时间、研究视角、划分标准的不同，迄今并没有形成比较统一的观点，大体可概括为四类观点。

第一类观点：“七阶段论”。认为马克思主义哲学中国化的历史逻辑及原创性贡献可分为七个阶段来认识：一是陈独秀、李大钊与马克思主义哲学在中国的初步传播阶段；二是瞿秋白与马克思主义哲学在中国的全面传播阶段；三是艾思奇与马克思主义哲学的大众化阶段；四是李达与马克思主义哲学的系统化阶段；五是毛泽东与马克思主义哲学的中国化阶段；六是马克思主义哲学在中国曲折发展的阶段；七是当代中国的马克思主义哲学，或曰马克思主义中国化的新阶段。①

第二类观点：“两阶段论”。受研究时间所限，该观点认为马克思主义哲学中国化总体实现了两次飞跃，因而对马克思主义哲学中国化历史逻辑及原创性贡献的研究也可分两个阶段来认识。在第一个阶段创立了毛泽东思想。毛泽东思想的原创性贡献就在于：率先吹响“反对本本主义”的号角，向全党提出了“马克思主义中国化”的历史任务；发表《实践论》《矛盾论》，为马克思主义哲学中国化树立了典范；毛泽东的《辩证法唯物论（讲授提纲）》和有关改造哲学体系的设想，为构建新的哲学体系提供了借鉴和雏形；等等。在第二个阶段创立了中国特色社会主义理论，包括邓小平理论、“三个代表”重要思想、

① 参见郭建宁：《20世纪中国马克思主义哲学》，北京大学出版社2005年版，第1—4页。

科学发展观等。其中邓小平理论的原创性贡献就在于：在拨乱反正中解决了新的历史条件下马克思主义哲学中国化的基本前提问题，要求正确对待马克思主义，完整准确理解马列主义、毛泽东思想的科学体系，认清中国基本国情，创造马克思主义中国化的主体条件；在改革开放和现代化建设中转换和解答马克思主义中国化的新主题，创立了中国特色社会主义理论。“三个代表”重要思想和科学发展观也是马克思主义哲学中国化的重要理论成果，是中国特色社会主义理论的重要组成，是对毛泽东思想、邓小平理论的继承和发展。①

第三类观点：“三阶段论”。认为马克思主义哲学中国化的历史逻辑及原创性贡献总体可分为三个阶段来认识。有三种不同的三阶段论。第一种“三阶段论”认为，20 世纪初至 20 世纪 30 年代，这是马克思主义哲学在中国传播、运用和中国马克思主义哲学开始形成的阶段，以李大钊、陈独秀、瞿秋白、李达为代表；20 世纪 30 年代到 70 年代末，这是以毛泽东的哲学思想为标志的中国马克思主义哲学成熟和发展的阶段，其最重要的特点是继承中国传统文化，带有“实践论”的中国性格；20 世纪 80 年代至今，这是以邓小平的哲学思想为起点的中国马克思主义哲学发展的新阶段，从其理论来源和本质属性、根本观点和根本方法、总体系和总范畴来看，都是对马克思主义的继承发展。② 第二种“三阶段论”认为，马克思主义中国化的第一次历史性飞跃，是 1921 年至 1949 年这段时间，马克思主义基本原理与中国实际相结合，成立了中国共产党，找到了“农村包围城市”的新道路，在斗争中形成了党的“三大法宝”，创立了新民主主义革命理论体系；马克思主义中国化的第一次历史性飞跃的延伸和第二次历史性飞跃的准备，是 1949 年至 1978 年这段时间，这是社会主义建设道路的探索时期，取得重大胜利，但也发生了一些曲折；马克思主

① 雍涛：《马克思主义哲学中国化的历史进程》，武汉大学出版社 2006 年版，第 31—32 页。

② 陶德麟、何萍主编：《马克思主义哲学中国化：历史与反思》，北京师范大学出版社 2007 年版，第 3 页。

义中国化的第二次历史性飞跃，是从1978年至今，其重大贡献在于拨乱反正，科学评价毛泽东的历史地位，形成邓小平理论、“三个代表”重要思想和科学发展观。① 第三种“三阶段论”认为，在探寻中国特色社会主义的曲折发展中，几代共产党人先后形成三个伟大构想：第一个伟大构想，是以毛泽东同志为主要代表的中国共产党人提出的，主要体现在20世纪40年代发表的《新民主主义论》，以及在此基础上1956年发表的《论十大关系》；第二个伟大构想，是以邓小平同志为主要代表的中国共产党人提出的，主要体现在党的十一届三中全会的主题报告和南方谈话中，实现了马克思主义哲学中国化第二次飞跃的根本突破；第三个伟大构想，是以江泽民同志为主要代表的中国共产党人提出的，主要体现为1995年提出的十二大关系、世纪之交提出的“十五”计划、“三个代表”重要思想，制定了中国跨世纪发展的宏伟纲领，这是探寻中国特色社会主义、实现马克思主义中国化第二次飞跃的继续发展。②

第四类观点：“四阶段论”。认为马克思主义哲学中国化的历史逻辑及原创性贡献总体可以分为四个阶段来认识。有三种不同的四阶段论。第一种“四阶段论”认为，马克思主义哲学中国化的四个阶段：第一阶段从五四新文化运动开始到1927年，这是马克思主义哲学在中国的最初传播时期，其间1921年中国共产党成立，之后有国共合作，1927年大革命的失败使共产党人认识到，必须建立自己的武装，走自己的道路；第二阶段从1927年到1949年，这是中国新民主主义革命的时期，确立了毛泽东在全党的领导地位，创立了以农村包围城市的新民主主义革命道路，中国化马克思主义哲学的理论核心“实事求是”，马克思主义哲学作为革命战略、策略的哲学基础及工作方法而广泛运用，毛泽东哲学思想是马克思主义哲学中国化的集中体现；第三阶段从1949年到1978年，中国共产党所做的工作可以分为革命和建设两个方面，但

① 石仲泉主编：《中国共产党与马克思主义中国化》，中国人民大学出版社2011年版，“主编者言”。

② 王东：《中华腾飞论：毛泽东、邓小平、江泽民三代领导集体的理论创新》，中国人民大学出版社2001年版，第2、3、8页。

中心是革命,革命压倒建设;第四阶段从1978年到现在,这是中国的改革开放时期,经济建设取代阶级斗争成为全党的工作重心,中国社会开始了由计划经济向市场经济的转变,对外开放被确立为基本方针。① 第二种“四阶段论”认为,马克思主义哲学中国化的四个阶段:第一阶段,从1919年到1949年新中国成立,实现第一次历史性飞跃;第二阶段,从1949年新中国成立到1976年“文化大革命”结束,是马克思主义中国化的“第二次结合”,对“什么是社会主义,怎样建设社会主义”的不懈探索;第三阶段,从改革开放新时期到1992年初邓小平视察南方的谈话,是建设和发展有中国特色的社会主义的时期;第四阶段,1992年以来,是坚持和发展中国特色社会主义的时期。② 第三种“四阶段论”认为,马克思主义哲学中国化可分为四个阶段:第一阶段以李大钊为代表,是马克思主义哲学在中国的传播阶段;第二阶段以李达、艾思奇为代表,是马克思主义哲学体系化的阶段;第三阶段以毛泽东为代表,是毛泽东哲学思想的形成阶段;第四阶段以邓小平为代表,是中国特色社会主义理论体系的哲学思想形成发展的阶段。③

二、国外研究的基本特点

国外从事马克思主义哲学中国化研究的思想群体十分庞杂,他们的研究,或者出于对中国共产党所领导事业的真心钦慕,或者为本国利益和战略服务,或者借鉴中国经验,为本国改革提供参考,或者受学科研究转向的影响。他们的研究也总是随中国政治、经济形势的变化而变化。

---

① 安启念主编:《马克思主义哲学中国化研究》,中国人民大学出版社2006年版,第15—16页。

② 顾海良主编:《马克思主义中国化史》第1—4卷,中国人民大学出版社2015年版,“总序”第1—2页。

③ 王南湜:《马克思主义哲学中国化的历程及其规律研究》,北京师范大学出版社2012年版,第14、43、86、145页。

（一）高度评价毛泽东哲学思想

20 世纪 30 年代，斯诺在《西行漫记》中指出："毛泽东是一个认真研究哲学的人"。① 苏联学者赞扬毛泽东、朱德领导的红军具有"钢铁般的意志"②。美国毛泽东思想研究专家施拉姆认为，毛泽东对中国革命最为持久的贡献就是毛泽东的思想。③ 尽管毛泽东晚年犯了错误，但"毛泽东仍然是一个马克思主义者"。④ 毛泽东并不是一个盲目排斥西方现代化的人。为寻求一条现代化的道路而向马克思主义学习，同时又保留中国自己的特色。⑤ 澳大利亚学者尼克·奈特（Nick Knight）指出：毛泽东所谓"马克思主义的中国化"就是"既不抛弃马克思主义的普遍原理，又能够将这种普遍原理应用于一个国家特殊的历史条件和文化环境"⑥。美国学者德里克在反思的层面上进一步指出："毛的马克思主义不仅是从马克思主义的普遍视野出发对中国社会的反思，而且是从中国作为一个第三世界社会和民族出发而对马克思主义的反思。这两个共存的过程也是对立的。它们充满矛盾地建构了一种语式，我们可以把它称之为中国的马克思主义。"⑦

---

① ［美］埃德加·斯诺：《西行漫记》，董乐山译，生活·读书·新知三联书店 1979 年版，第 67 页。

② 参见许全兴等主编：《国外毛泽东思想研究文选》，中国大百科全书出版社 1987 年版，第 6 页。

③ Cf.Stuart R. Schram, *The Thought of Mao Tse-Tung*, New York: Cambridge University Press, 1989, p.1.

④ Cf.Stuart R. Schram, Mao Zedong a Hundred Years on: The Legacy of a Ruler, *The China Quarterly*, Vol.137, March 1994, p.131.

⑤ Cf.Stuart R. Schram, *The Thought of Mao Tse-Tung*, New York: Cambridge University Press, 1989, p.196.

⑥ Colin Mackerras and Nick Knight, *Marxism in Asia*, New York: St. Martin's Press, 1985, p.84.

⑦ ［美］德里克：《现代主义和反现代主义——毛泽东的马克思主义》，《中国社会科学季刊》1993 年 11 月号，总第 5 期。

(二)充分肯定中国特色社会主义的哲学创新

国外学者认为,中共十一届三中全会以后所采取的改革开放措施,其理论依据仍然是马列主义的基本原理。迈斯纳指出,以邓小平为代表的改革派“是根据马克思理论的基本原理来进行这一工作的”①。相对于传统教条主义的马克思主义而言,邓小平理论可以视为“新版的中国马克思主义理论”,是“更加正统的马列主义理论”。② 俄罗斯科学院远东研究所所长季塔连柯认为,“从正统的马克思主义的原理角度来说,中国社会主义的构想可以作为《共产党宣言》的第3章第4节”。邓小平改革的一个特点就是“不以任何既定的、先入为主的意识形态或价值系统为指导方针,而是用一种实事求是的态度和最开放的心态来处理改革开放问题。”“贯穿整个改革运动的其实是‘实践是检验真理的唯一标准’这种精神。”③邓小平的改革没有既定的模式,很多政策都是通过反复试验而制定的。④ 邓小平“提出了一条讲求实效的格言:‘实践是检验真理的唯一标准’,这种观点把一切意识形态都置于受其实践效果所检验的地位”⑤。

国外学者认为,中国的许多试验都是大胆的创新,中国的经济发展模式是可以为发展中国家参考借鉴的,“越南、老挝和马来西亚就是混合经济体。每个国家都根据国情走自己的路。这些国家想要进行‘有序的’、循序渐进的改革,并不采用‘休克疗法’。巴西、俄罗斯、印度、南非(金砖国家)和77国集团

---

① Maurice Meisner, *Mao's China and After: a History of the People's Republic*, New York: the Free Press, a Division of Macmillan, Inc., 1986, p.466.

② Maurice Meisner, *Marxism, Maoism, and Utopianism*, University of Wisconsin Press, 1982, p.217.

③ [新]林住君:《中国的经济改革及其国际影响》,参见覃火杨主编:《海外人士谈中国社会主义》,北京大学出版社1990年版,第53页。

④ [日]渡边利夫:《邓小平的经济思想与改革开放》,《国外中共党史研究动态》1994年第6期。

⑤ [美]张大卫:《中流砥柱,各有千秋——周恩来与邓小平》,中国广播电视出版社1988年版,第3页。

(G77)很重视中国的做法。它们借鉴有用的、抛弃无效的,不囿于意识形态和理论学说。”①约翰·罗斯(John Ross)指出,“今天中国人民在中国土地上追逐中国梦,对当代中国乃至全人类而言,都是迈出的最伟大一步。”意大利全球著名的财经专家洛丽塔·纳波利奥尼(Loretta Napoleoni)认为“中国模式成为最大赢家”,中国模式证明了“亚当·斯密为什么打不赢马克思”。②

(三)盛赞习近平新时代中国特色社会主义思想的世界观和方法论

美国纽约大学终身教授熊玠(James C. Hsiung)在其著中指出,“以毛泽东为主要代表的中国共产党人,带领中国人民实现了国家独立,建立起了新中国,从此,中国人民的命运就掌握在了自己手里;以邓小平为主要代表的中国共产党人带领中国走上了改革的道路,而他们所开辟的中国特色社会主义道路让中国重返世界舞台中央;现在,实现国家复兴的任务落在了以习近平为主要代表的新一任中国领导班子上,中国前所未有地接近了实现国家伟大复兴的梦想”。③《毛泽东传》作者罗斯·特里尔(Ross Terrill)主编的《习近平复兴中国:历史使命与大国战略》(美国时代出版公司 2016 年版)一书,围绕中国未来 30 年将呈现怎样的发展走势、中国将与世界展开怎样的互动这两大主题,明确提出新一代中央领导集体的历史使命是领导中国完成三大治理,即执政党治理、国家治理、全球治理;规避两大陷阱,即中等收入陷阱、修昔底德陷阱;实现一大跨越,即从发展中国家向发达国家的跨越,进而实现中华民族伟大复兴。④ 由俄罗斯汉学家尤里·塔夫罗夫斯基撰写的《习近平:正圆中国

① Laurence J. Brahm, *Fusion Economics: How Pragmatism is Changing the World*, Palgrave, 2014, pp.17-18.

② [意]洛丽塔·纳波利奥尼:《中国道路:一位西方学者眼中的中国模式》,孙豫宁译,中信出版社 2013 年版,第 14 页。

③ James C. Hsiung, *The Xi Jinping Era: His Comprehensive Strategy toward of China Dream*, Beijing times Chinese book co., LTD. Press, 2015, p.10.

④ 《新一轮“赶考”,历史关口风高浪急》,《学习时报》2016 年 9 月 5 日。

梦》(埃克斯莫出版社2015年版)一书,俄文版在俄罗斯出版第一次,印刷一万两千册,全部销售一空。塔夫罗夫斯基称习近平是“一位真正的君子”,“中国出现了一位非凡的领导人”。“像正在做新汽车结构设计的工程师一样,中国的领导人通过解决具体问题、做试验、选择最佳方案,逐步优化调整好新的生产。他们耐心地、一步一步地设计了自己的模式——‘中国特色社会主义’。他们在促进经济发展和提高社会福利的基础上,逐步完善国家管理体制。因此,中国很有前途。”①易明(Elizabeth C. Economy)指出:中共十八大以来,由习近平领导的新一轮改革覆盖了一系列关键问题,“这是一个正在发生巨大变化的变革力量,中国的‘第三次革命’开始了”。② 日本学者天儿慧认为,习近平时代,“这是一个既不同于毛泽东时代,也不同于邓小平时代的‘新时代’。”③木村知义在谈及中共二十大报告时指出,“报告再次向青年一代阐释了中国革命和中国特色社会主义的原点,并上升到思想、哲学的高度,号召青年创造中国未来。”④德国柏林自由大学副校长、汉学家克劳斯·穆尔哈恩(Klaus Mühlhahn)在其著作中运用历史的梳理呈现出现代中国的形成,并对中国现代化进程进行了广泛而连贯的探索,解释了“今天的中国是如何从过去发展起来的,以及这对未来可能意味着什么”⑤。

三、马克思主义哲学中国化研究的成果形态

如何理解马克思主义哲学中国化?这是弄清马克思主义哲学中国化历史

① 石伟、闫书华:《一位俄罗斯学者眼中的习近平》,《学习时报》2016年4月14日。

② Sebastian Heilmann, *Red Swan: How Unorthodox Policy Making Facilitated China's Rise*, The Chinese University Press, 2018.

③ 「建国」「富国」を経て、習近平は「強国」目指す, https://business.nikkei.com/atcl/gen/19/00321/062800003/。

④ 中国共産党第20回大会における習近平総書記の「政治報告」を読んで, http://www.peoplechina.com.cn/tjk/20da/plgd/202210/t20221017_800310326.html。

⑤ Klaus Mühlhahn, *Making China modern: from the Great Qing to Xi Jinping*, Harvard University Press, 2019, p.2.

逻辑及原创性贡献的重要理论前提。自中国共产党成立以来，特别是改革开放 40 多年来，学术界不断开拓创新，对马克思主义哲学中国化的基本问题、前沿问题、焦点问题都作了大量的研究，涌现出一批极具分量的研究成果，基本形成了具有中国特点的学科体系、学术体系、话语体系。总体可分为以下五种类型的研究成果。

（一）对马克思主义哲学基本理论问题的研究

第一类成果是对马克思主义哲学基本理论问题的研究。包括黄楠森、庄福龄主编的《马克思主义哲学史》8 卷本（北京出版社 1996 年版），高清海的《马克思主义哲学基础》（北京师范大学出版社 1985 年版）、《哲学与主体自我意识》（吉林大学出版社 1990 年版）、《哲学的憧憬——形而上学的沉思》（吉林大学出版社 1993 年版），陈先达的《走向历史的深处——马克思历史观研究》（上海人民出版社 1987 年版），高齐云的《马克思主义哲学原生形态探微》（广东人民出版社 1998 年版），张一兵的《回到马克思——经济学语境中的哲学话语》（江苏人民出版社 1999 年版），孙伯鍨的《探索者道路的探索——青年马克思恩格斯哲学思想研究》（南京大学出版社 2002 年版），郭湛的《主体性哲学：人的存在及其意义》（中国人民大学出版社 2002 年版），任平的《走向交往实践的唯物主义》（人民出版社 2003 年版），聂锦芳的《清理与超越：重读马克思文本的意旨、基础与方法》（北京大学出版社 2005 年版），王东的《马克思学新奠基——马克思哲学新解读的方法论导言》（北京大学出版社 2006 年版），赵家祥、丰子义的《马克思东方社会理论的历史考察和当代意义》（高等教育出版社 2009 年版），徐素华的《马克思恩格斯著作在中国的传播：MEGA2 视野下的文本、文献、语义学研究》（中国社会科学出版社 2013 年版），等等。这类成果致力于马克思主义哲学思想本义、基本原理及其思想发展的研究，为我们从源头上真正搞清马克思哲学的本义内涵，进一步运用和发展马克思主义哲学，提供了重要思想基础。

(二)对马克思主义哲学中国化早期著作和思想的研究

第二类成果是对马克思主义哲学中国化早期著作和思想的研究。包括老一辈革命家和专业哲学家著作的出版和研究。如《李大钊全集》5卷本(人民出版社2006年版),《陈独秀文集》4卷本(人民出版社2013年版),《瞿秋白文集(政治理论篇8卷本)》(人民出版社2013年版),《蔡和森文集》2卷本(人民出版社2013年版),《李达全集》20卷本(人民出版社2016年版),《艾思奇全书》8卷本(人民出版社2006年版),《冯契文集》8卷本(华东师范大学出版社1996—1998年版),《张岱年全集》8卷本(河北人民出版社1996年版),《马藏》第一部5卷本(科学出版社2019年版)、2卷本(科学出版社2021年版),以及大量关于马克思主义哲学中国化早期思想的研究著作,如北京李大钊故居研究室编的《李大钊研究资料索引1927—2008》(文物出版社2009年版),中国李大钊研究会主编的《纪念李大钊诞辰120周年学术论文选集》(云南教育出版社2011年版),晋荣东的《李大钊哲学思想研究》(华东师范大学出版社2000年版),吴汉全的《李大钊与中国社会现代化新道路》(吉林人民出版社2011年版),朱洪主编的《陈独秀研究文集》(华文出版社2015年版),张巨成的《艾思奇推进马克思主义大众化的历程和经验研究》(人民出版社2019年版),苏志宏的《李达思想研究》(西南交通大学出版社2005年版),汪信砚的《马克思主义哲学中国化:传统与创新》(北京师范大学出版社2017年版),尼克·奈特的《李达与马克思主义哲学在中国》(人民出版社2018年版),杨琥的《李大钊年谱》(云南教育出版社2021年版),等等。这类成果致力于展示历史原貌,为我们弄清马克思主义哲学在中国早期翻译、传播、研究的情况及其思想影响,提供了重要文献基础和探索研究基础。

(三)对马克思主义哲学中国化历史进程的研究

第三类成果是对马克思主义哲学中国化历史进程的研究。包括徐素华的《马克思主义哲学在中国:传播、应用、形态、前景》(北京出版社2002年版),

杨春贵等的《中国共产党历史经验的哲学反思》（中共中央党校出版社 2004 年版）、《中国哲学四十年（1949—1989）》（中共中央党校出版社 1989 年版），任俊明主编的《新中国马克思主义哲学 50 年》（人民出版社 2006 年版），张永谦主编的《当代中国哲学记事（1949—1988）》（中共中央党校出版社 1989 年版），郭建宁的《20 世纪中国马克思主义哲学》（北京大学出版社 2005 年版），安启念的《马克思主义哲学中国化研究》（中国人民大学出版社 2006 年版），陶德麟、何萍主编的《马克思主义哲学中国化：历史与反思》（北京师范大学出版社 2007 年版），李景源主编的《中国哲学 30 年（1978—2008）》（中国社会科学出版社 2008 年版），侯惠勤的《马克思主义中国化理论创新 30 年》（中国社会科学出版社 2008 年版），张翼星等的《难以消逝的思想烟云》（云南教育出版社 2009 年版），张远航的《卡·马克思和弗·恩格斯著作在中国的传播》（中央编译出版社 2020 年版），石仲泉的《中国共产党与马克思主义中国化》（中国人民大学出版社 2011 年版），王南湜的《马克思主义哲学中国化的历程及其规律研究》（北京师范大学出版社 2012 年版），包心鉴的《马克思主义中国化的基本规律与当代走向》（人民出版社 2011 年版），陈先达的《马克思主义和中国传统文化》（人民出版社 2015 年版），顾海良主编的《马克思主义中国化史》（中国人民大学出版社 2015 年版），金邦秋的《马克思主义哲学中国化的历程》（复旦大学出版社 2017 年版），任平的《当代中国马克思主义哲学创新学术史研究》（人民出版社 2021 年版），等等。这类成果直接致力于马克思主义哲学中国化的历史进程，为我们总结历史经验和发展规律，深入研究马克思主义哲学中国化的历史逻辑，提供了直接的思想前提和研究基础。

（四）对中国化马克思主义哲学成果的专门性研究

第四类成果是对中国化马克思主义哲学成果的专门性研究。包括李君如的《毛泽东与近代中国》（福建人民出版社 1991 年版）、《毛泽东与当代中国》（福建人民出版社 1993 年版）、《毛泽东与毛泽东后的当代中国》（福建人民出版社 1997 年版），龚育之的《从毛泽东到邓小平》（中共党史出版社 1994 年版）、《中国特色社会主义论二十题》（中共中央党校出版社 1995 年版），石仲泉的《毛泽东的艰辛开拓》（中共党史出版社 1996 年版）、《我观党史四集》（上海人民出版社 2016 年版），冷溶的《邓小平理论与当代中国基本问题》（法律出版社 2000 年版），王东的《邓小平理论与跨世纪中国》（北京出版社 1999 年版）、《中华腾飞论——毛泽东、邓小平、江泽民三代领导集体的理论创新》（中国人民大学出版社 2001 年版），许全兴的《毛泽东与孔夫子——马克思主义中国化个案研究》（人民出版社 2003 年版）、《毛泽东晚年的理论与实践》（云南人民出版社 2004 年版），郭湛、安启念主编的《马克思主义哲学中国化教程》（人民出版社 2008 年版），陈先达的《文化自信与中华民族伟大复兴》（人民出版社 2017 年版），韩庆祥的《强国时代》（红旗出版社 2018 年版），王伟光主编的《开辟当代马克思主义哲学新境界》（中国社会科学出版社 2019 年版），马俊峰的《马克思主义哲学新形态探索》（中国人民大学出版社 2019 年版），以及众多高校、党校、社科院中青年学者的研究。这类成果致力于研究马克思主义哲学中国化理论成果的形成逻辑及其原创性贡献，为我们深入研究毛泽东思想、中国特色社会主义理论体系，特别是习近平新时代中国特色社会主义思想提供了重要思想启发和理论基础。

（五）国外对中国化马克思主义哲学的研究

第五类成果是国外学者、人士对中国马克思主义的研究，以及国内关于国外研究的再研究。这类研究始于 20 世纪四五十年代，主要涉及英、美、日本、俄罗斯及一些发展中国家，经历了一个从研究毛泽东思想、邓小平理论、“三个代表”重要思想、科学发展观到习近平新时代中国特色社会主义思想的过程，其著作可谓“汗牛充栋”。从 20 世纪 90 年代起，逐渐引起国内学者的关注，出版了一批译著和研究性著作，包括施拉姆的《毛泽东的思想》（中国人民大学出版社 2005 年版），魏斐德的《历史与意志：毛泽东思想的哲学透视》（中国人民大学出版社 2006 年版），迈斯纳的《马克思主义、毛泽东主义与乌托邦主义》（中国人民大学出版社 2013 年版），以及陈葆华的《国外毛泽东思想研究评述》(陕西人民出版社 1993 年版),马启民的《国外邓小平理论研究评析》(山东人民出版社 1999 年版),成龙的《海外邓小平研究新论》(北京大学出版社 2005 年版)、《海外马克思主义中国化理论研究》(广东人民出版社 2009 年版)、《国外中国模式研究评析》(人民出版社 2018 年版),等等。这类成果为我们从国际大视野研究马克思主义哲学中国化,提供了独特视角和独特思想资料、方法。

四、现有研究的局限和不足

马克思主义哲学中国化研究是随时代发展而不断展开的一个浩大工程。一方面要吸取前人的研究成果,作为进一步研究的基础;另一方面又需要不断总结经验,突破以往时代条件和思维框架的限制,进一步开拓创新。学术界现有的研究的确为我们进一步研究提供了宝贵的思想资源和方法启迪。但受时代条件和主观认识的限制,现有研究的局限是不可避免的,最为重要的问题反映在以下几个方面。

(一)理论鲜明反映时代变化相对不足

从实践上看,马克思主义哲学与中国实际相结合,迎来了从“站起来”“富起来”向“强起来”的伟大飞跃,改变了中国,影响了世界,彰显了马克思主义哲学改变世界的历史使命。但从理论上看,现今的理论著作对当代中国国情及其世界格局的重大变化,以及与之相适应的习近平新时代中国特色社会主义思想实现的马克思主义中国化时代化新的飞跃的独特地位、原创性贡献的研究明显不足,研究成果的深度有待加强。

(二)对原创性贡献的研究相对不足

学术界虽然出版和发表了大量研究“历史进程”以及研究毛泽东思想、邓小平理论、“三个代表”重要思想、科学发展观、习近平新时代中国特色社会主义思想的专著和论文，但研究历史进程的著作和文献一般着眼于不同时期发生的重大事件，而对“原创性贡献”的论述相对不足，或者没有作为重点加以论述。有的著作虽然着眼于领袖人物的历史贡献，但缺少在哲学方面的“原创性贡献”意识，一般性的论述比较多，特别到位且有说服力的著作相对较少。对习近平新时代中国特色社会主义思想的原创性贡献的研究还处在初步探索阶段，特别是习近平新时代中国特色社会主义思想的世界观和方法论对马克思主义哲学中国化的原创性贡献是什么，有说服力的论著还不多见。

（三）研究方法上厚此薄彼的倾向比较严重

马克思主义哲学中国化需要从不同层面，运用不同方法，深入到不同领域，才可能达到对整体面貌的把握。现今研究往往存在着重文本研究轻实证研究，重专业化研究轻大众化研究，重与现代文明的结合轻与传统文化的结合，存在着思辨多而实证少，反思多而引领少，阐释多而创造少，继承多而发展少，分化多而整合少的情况，亟待加强实证研究、创新研究、引领性研究，开拓马克思主义哲学中国化研究新局面。

（四）对国内外研究提出的挑战问题回应相对不足

如在毛泽东哲学思想、邓小平哲学思想的研究上，对“民粹主义论”“唯意志主义论”“变相资本主义论”“实用主义论”等挑战问题的回应不足。在新时代中国特色社会主义思想的世界观和方法论的研究上，对原创性理论的特点、优势研究相对不足，亟待深入研究。

五、本研究的创新

本书试图在系统梳理前人研究的基础上，紧紧针对现有研究存在的问题，重新审视马克思主义哲学中国化百年创新发展的历史，在历史逻辑研究中研究马克思主义哲学中国化的原创性贡献，建构马克思主义哲学中国化研究自主学术体系，回答国内外研究中的一些深层理论问题和挑战问题。

（一）根据时代发展重新厘清马克思主义哲学中国化的历史逻辑

马克思主义哲学在中国创新发展已有百年，如何概括马克思主义哲学中国化百年创新发展的历史逻辑？学术界已出版过大量专著，作过相应的概括，但受主观和客观因素的影响，迄今尚未形成一致的划分标准，大多数马克思主义哲学中国化研究论著还停留在“两次飞跃”的基础上，对新的历史飞跃的研究不足，概括不够。本书明确以“三次飞跃”为基础，重新梳理和建构马克思主义哲学中国化研究的历史逻辑。对应第一次历史性飞跃的重大创新成果是毛泽东思想，其哲学上的飞跃是明确了中国革命和建设的世界观与方法论，这是中华民族站起来的哲学基础；对应第二次历史性飞跃的重大创新成果是邓小平理论、“三个代表”重要思想和科学发展观，形成了中国特色社会主义理论体系，其哲学上的飞跃是明确了中国改革开放的世界观和方法论，这是中华民族富起来的哲学基础；对应新的历史性飞跃的重大创新成果是习近平新时代中国特色社会主义思想，其哲学上的飞跃是明确了全面深化改革、全面推进中国式现代化的世界观和方法论，这是中华民族强起来的哲学基础。三次飞跃一脉相承，与时俱进，共同奠定了开创人类文明新形态的哲学基础。

（二）对马克思主义哲学中国化三次飞跃的原创性贡献作出新的判断

本书认为，第一次飞跃的原创性贡献突出表现在：第一，毛泽东哲学思想把马克思主义哲学的精髓明确概括为“实事求是”四个大字，确立了中国共产党人的思想路线，成为马克思主义哲学中国化第一次飞跃的世界观和方法论奠基；第二，创作《实践论》和《矛盾论》，系统阐发马克思主义认识论和矛盾辩证法，为马克思主义哲学中国化第一次飞跃提供认识论和方法论奠基；第三，以《论十大关系》和《关于正确处理人民内部矛盾的问题》为标志，系统阐发独具中国特点的社会主义建设辩证法，奠定社会主义建设的哲学基础。

第二次飞跃的原创性贡献突出表现在:第一,邓小平哲学思想提出解放思想和实事求是相统一的世界观,重新恢复党的实事求是的思想路线,为马克思主义哲学中国化第二次飞跃提供了世界观和方法论奠基。第二,建构以“三个有利于”为核心的义利统一价值观的新体系,实现了社会主义观和价值观的统一,为马克思主义哲学中国化第二次飞跃奠定价值观基础。第三,在世纪之交,根据新的形势,深入研究人类社会发展规律,社会主义建设规律,共产党执政规律,提出“三个代表”重要思想,创新和发展了马克思主义的唯物史观。第四,在新世纪前十年,依据我国发展面临的新问题,提出科学发展观,创新和发展了马克思主义的辩证法观。

马克思主义哲学中国化新的飞跃的原创性贡献突出表现在:第一,习近平新时代中国特色社会主义思想的世界观和方法论提出“六个必须坚持”的世界观和方法论,奠定马克思主义哲学中国化新的飞跃的世界观和方法论基础。第二,系统阐发中国式现代化的基本观点,颠覆“现代化=西方化”的思想观念,创新和发展了马克思主义的现代化观。第三,持续推进国家治理体系和治理能力现代化,坚持和完善党的全面领导论,以人民为中心,坚定不移走中国特色社会主义政治发展道路、健全全过程人民民主制度体系,创新和发展了马克思主义的国家观。第四,提出习近平文化思想,创新和发展了马克思主义的文化观。第五,提出构建人类命运共同体倡议,实现新型时代观、交往观、义利观、文明观、生态观的统一,创新和发展了马克思主义的世界史观。

(三)深入研究马克思主义哲学中国化三次飞跃赖以实现的主客观条件

任何哲学创新都不是凭空产生的。马克思主义哲学中国化实现三次飞跃,既有贯穿其中的共性,也有各自的特殊性。从共性来看,马克思主义哲学是真理,马克思主义哲学与中国传统文化内在精神和思想性格的契合相通,为马克思主义哲学中国化提供了重要的思想基础,这是马克思主义哲学能够中国化的总体性前提。从特殊性来看,三次飞跃各有其具体条件。马克思主义哲学中国化第一次飞跃有三个重要条件：马克思主义哲学在中国的早期传播奠定重要思想基础；近代以来历史发展及中国革命形势的迫切要求；毛泽东本人的哲学修养。马克思主义哲学中国化第二次飞跃有四个重要历史条件：世界大变动大调整的时代背景；中国进入新时期的国情基础；世界社会主义建设的经验教训；邓小平等党和国家领导人具有的哲学修养。马克思主义哲学中国化新的飞跃有四个重要历史条件：世界正经历百年未有之大变局；中华民族进入世界舞台的中心；中国社会主要矛盾转变为人民日益增长的美好生活需要和不平衡不充分的发展之间的矛盾；党和国家领导人深厚的哲学修养。

（四）深入挖掘中国化马克思主义哲学的思想来源及精神实质

本书不仅研究中国化马克思主义哲学的思想逻辑及其原创性贡献，而且追寻这种思想逻辑及其原创性贡献的深层理论来源，系统阐述中国化马克思主义哲学与马克思主义哲学、中国优秀传统文化以及世界先进文明之间的思想联系，由此说明中国化马克思主义哲学的思想实质。本书尤其关注马克思主义哲学与中国传统文化的关系，即对“第二个结合”进行深入挖掘研究。例如，对实事求是思想路线与中国传统实事求是精神关系的挖掘，对《实践论》《矛盾论》与中国传统知行观、阴阳交合观关系的挖掘，对义利统一价值观与中国传统“富国富民观”、传统“义利观”、传统“变化革新观”关系的挖掘，对中国式现代化理论与天人合一的宇宙观、人我统一的互主体观、公平公正的民主观、和而不同的交往观、兼容并包的多元文化观、义利统一的价值观、诚实守信的道德观、宽厚包容的文明观、四海一家的大同观之间关系的挖掘，对人类命运共同体观与中国传统“天下观”关系的挖掘。

（五）整体概括马克思主义哲学中国化三次飞跃的重大意义

本书最后的结论是：马克思主义哲学中国化百年创新发展，实现三次理论飞跃，先后形成毛泽东的哲学思想、中国特色社会主义理论体系的哲学思想、习近平新时代中国特色社会主义思想的世界观和方法论，奠定了开创人类文明新形态的哲学基础。第一,中国化的马克思主义哲学彰显改变世界的强大思想力量。毛泽东的哲学思想奠定中华民族站起来的哲学基础,中华民族从此站起来了;中国特色社会主义理论体系的哲学思想奠定中华民族富起来的哲学基础,中华民族从此富起来了;习近平新时代中国特色社会主义思想的世界观和方法论奠定中华民族强起来的哲学基础,中华民族从此强起来了。第二,中国化的马克思主义哲学积累了丰富哲学创新发展的经验。具体来说,必须做到"五个结合":既充分发挥领袖的政治带动作用,又高度重视专业哲学家的学术引领作用,政治层面与学术层面相结合;既理清马克思主义经典文本的基本原理,又着眼生活世界的现实特征,文本研究与实证研究相结合;既倡导理论表述的通俗化,又强调理论思维的深刻性,大众化研究与专业化研究相结合;既借鉴国外先进文明成果,又珍视民族优秀文化传统,现代文明研究与传统文化研究相结合;既立足国内理论创新,又关注世界不同反响,国内研究与国外研究相结合。第三,中国化的马克思主义担当开创人类文明新形态哲学基础的重任。这与中国化马克思主义独有的特点相联系:人民至上、义利统一的价值立场;实事求是、主客统一的世界观基础;实践第一、知行合一的认识论前提;共殊统一、守正创新的方法论保证;胸怀天下、命运与共的世界思维格局。

(六)以百年创新成果回应国内外研究中的挑战问题

本书紧紧针对国内外研究中的挑战性问题加以展开,做到具体问题具体分析。第一,关于毛泽东的哲学思想。重点通过对毛泽东的哲学思想与马克思主义哲学、中国传统文化中实事求是精神思想渊源关系的分析,批驳了"唯意志论""民粹主义论"等错误观点。通过对《实践论》《矛盾论》的产生过程,与马克思、列宁及苏联哲学教科书内容的比较,与艾思奇、李达等人哲学思想的关系的分析,突出毛泽东对马克思主义哲学中国化的重大原创性贡献。第二,关于中国特色社会主义理论体系的哲学思想。重点通过对实事求是精髓与实用主义基本精神的分析,批驳了"实用主义论";通过对义利统一价值观以及姓“社”姓“资”论的分析，批驳了国内外所谓“变相资本主义论”的错误。第三，关于习近平新时代中国特色社会主义思想的世界观和方法论。通过对新时代中国马克思主义现代化观的分析，批驳了“现代化=西方化”的谬论；通过对新时代中国马克思主义国家观的分析，批驳了“历史终结论”的谬误；通过对新时代中国马克思主义文化观和人类命运共同体观的分析，批驳了“文明单质论”“文明冲突论”以及历史进化的“单线论”错误。

（七）采取综合创新的研究方法

本书采取多种方法，交叉渗透，综合创新。第一，运用历史和逻辑相统一的研究方法，从时代和逻辑本身的问题出发，深入到理论本身及其背后的逻辑，再从理论回到现实，追问其价值意义。第二，采取“马中西”结合的研究方法，深入研究中国化马克思主义哲学的思想渊源及其思想实质，特别是挖掘其与中国优秀传统文化的关系。第三，采取“五个结合”的研究方法，即政治层面和学术层面相结合、文本研究和实证考察相结合、专业化研究与大众化研究相结合、弘扬优秀传统文化与借鉴现代文明相结合、国内研究与国外研究相结合。在多学科多领域多层面的结合、比较中发现新资源，提炼新思想，展现新面貌，在历史逻辑研究中追寻马克思主义哲学中国化的原创性贡献。

六、学术价值、应用价值和社会意义

本书在系统梳理国内外研究的基础上，站在中国历史和世界历史的双重视角，采取多学科交叉研究的方法，系统分析马克思主义哲学中国化百年创新发展的历史逻辑及原创性贡献，最后得出马克思主义哲学中国化是“创造人类文明新形态的哲学基础”的结论。其价值意义突出表现在以下几方面。

（一）学术价值

本书突破原有研究框架，按照“三次飞跃”的历史逻辑，建构马克思主义哲学中国化的学术体系，强调多层面多方法研究的统一，既展示国际研究视野，又回应国内外挑战问题，并且总结历史经验，把握发展规律，使马克思主义哲学中国化的历史逻辑更加清晰，彰显各个时期马克思主义哲学中国化的原创性贡献，特别是突出新时代中国特色社会主义思想的世界观和方法论的原创性贡献，提出新思想新观点，这有助于改进马克思主义哲学中国化教科书的编撰模式，创新马克思主义理论一级学科的研究范式，同时也为其他马克思主义理论教科书的写作提供参考。

（二）应用价值

本书在前人研究的基础上，采取新的思路和框架对马克思主义哲学中国化的历史逻辑、重大原创性贡献及创新发展经验，进行系统的分析和研究，可以为高校、党校、社科院的教学科研提供新的参考用书，为党政领导干部深刻领悟"两个确立"的决定性意义，增强"四个意识"、坚定"四个自信"、做到"两个维护"，提升理论思维能力，更好进行战略决策，提供理论指导。

（三）社会意义

本书运用综合创新的研究方法，从历史和逻辑相统一的视角揭示中国共产党人百年哲学创新的重大成就，对各种难点问题、热点问题的解读，能够为广大干部和群众解疑释惑，提升全社会对毛泽东的哲学思想、中国特色社会主义理论体系的哲学思想、习近平新时代中国特色社会主义思想的世界观和方法论等重大创新成果的认知，激发广大党员干部和群众的积极性和能动性，自觉为全面建设社会主义现代化强国，实现中华民族伟大复兴的中国梦而不懈奋斗。

上　篇

中华民族站起来的哲学基础

第一章　马克思主义哲学中国化第一次飞跃何以可能

毛泽东何以创新和发展马克思主义哲学，实现马克思主义哲学中国化？这一问题关系马克思主义哲学中国化第一次飞跃的逻辑起点，涉及理论基础、历史条件、实践背景以及理论创立者的主体素养等多个方面。国内外学术界虽然已经作了一定研究，但往往或者三言两语简单化处理，或者答非所问、偏离主题，远没有把问题讲清楚，必须进行深入研究。

一、马克思主义哲学与中国传统文化的契合相通

马克思主义哲学与中国传统文化内在精神和思想品格的契合相通，为马克思主义哲学中国化提供了重要的思想基础。中国传统文化，诸子百家，几千年䌷缊化生，有着极为丰富的思想内容。马克思主义哲学与中国传统文化的契合相通是多方面的，突出表现在以下几个方面。

（一）唯物论的契合相通

马克思主义哲学是建立在实践基础上的唯物主义。马克思以实践为基本出发点，把人的“物质存在—物质活动—物质关系—物质改造”统一起来，实现了唯物论、辩证法和认识论的高度统一。早在《1844 年经济学哲学手稿》

中,马克思就从多方面论证了实践的重要性。他指出:“整个所谓世界历史不外是人通过人的劳动而诞生的过程。”①人正是通过劳动实践改造无机界,将外在的“自在之物”变为内在的“为我之物”,解决理论和实践、主观和客观的对立。劳动是人的本质的体现,“工业的历史和工业的已经生成的对象性的存在,是一本打开了的关于人的本质力量的书,是感性地摆在我们面前的人的心理学。”②离开人的实践,被抽象地理解的自然界,纯属唯心主义幻想,对人来说是毫无意义的。“被抽象地理解的、自为的、被确定为与人分隔开来的自然界,对人来说也是无。”③在《关于费尔巴哈的提纲》中,马克思开宗明义地指出:能否从“实践”出发,这是新旧唯物主义的本质区别。新唯物主义之“新”,就在于他从实践出发,从主客统一的视角理解“对象、现实、感性”,理解思维的“此岸性”和“彼岸性”的关系,理解人和环境的关系,理解“宗教世界”和“世俗世界”的关系,并将“改变世界”作为自己的根本使命。在《德意志意识形态》中,马克思进一步批判青年黑格尔派的唯心主义。他说:德国哲学从虚无缥缈的概念出发,而我们从现实的人的实践出发。马克思将自己的哲学概括为“实践的唯物主义”。“对实践的唯物主义者即共产主义者来说,全部问题都在于使现存世界革命化,实际地反对并改变现存的事物。”④实践唯物主义与思辨唯心主义是相互对立的世界观。“在思辨终止的地方,在现实生活面前,正是描述人们实践活动和实际发展过程的真正的实证科学开始的地方。”⑤实践是人类存在和发展的前提。“这种活动、这种连续不断的感性劳动和创造、这种生产,正是整个现存的感性世界的基础,它哪怕只中断一年,费尔巴哈就会看到,不仅在自然界将发生巨大的变化,而且整个人类世界以及他自己的直观能力,甚至他本身的存在也会很快就没有了。”⑥意识活动是由现实

---

① 《马克思恩格斯文集》第1卷,人民出版社2009年版,第196页。
② 《马克思恩格斯文集》第1卷,人民出版社2009年版,第192页。
③ 《马克思恩格斯文集》第1卷,人民出版社2009年版,第220页。
④ 《马克思恩格斯文集》第1卷,人民出版社2009年版,第527页。
⑤ 《马克思恩格斯文集》第1卷,人民出版社2009年版,第526页。
⑥ 《马克思恩格斯文集》第1卷,人民出版社2009年版,第529页。

的物质活动决定的。在《资本论》中，马克思具体考察资本主义条件下劳动形态，从劳动二重性揭露资本主义雇佣劳动的秘密，分析相对剩余价值和绝对剩余价值的生产，揭示资本积累的必然规律和趋势。马克思不仅创立了科学的实践观，而且将实践的观点贯穿于辩证法和认识论。正如列宁所指出的，实践的观点是辩证唯物主义认识论的首要的和基本的观点。“在《资本论》中，唯物主义的逻辑、辩证法和认识论[不必要三个词：它们是同一个东西]都应用于一门科学”①，“辩证法也就是(黑格尔和)马克思主义的认识论。”②马克思从来没有把自己的东西当作教条而固定起来。1872年，在《共产党宣言》发表25年之后，当马克思和恩格斯再次回顾这个宣言时，他们指出：“这些原理的实际运用，正如《宣言》中所说的，随时随地都要以当时的历史条件为转移，所以第二章末尾提出的那些革命措施根本没有特别的意义。如果是在今天，这一段在许多方面都会有不同的写法了。”③恩格斯晚年在《路德维希·费尔巴哈和德国古典哲学的终结》一文中回顾他和马克思创立新哲学的过程，认为新哲学是“在劳动发展史中找到了理解全部社会史的锁钥的新派别”④。在《自然辩证法》中，恩格斯更认为，劳动在从猿到人的转变过程中起了决定性作用，语言及其人的思维是在劳动中产生发展的。20世纪三四十年代，毛泽东先后发表《实践论》《矛盾论》等著作，把马克思主义的世界观明确概括为“实事求是”四个大字。在改革开放新时期，邓小平一再指出：“实事求是”是无产阶级世界观的基础，是马克思主义的精髓、毛泽东哲学思想的精髓。“我读的书并不多，就是一条，相信毛主席讲的实事求是。过去我们打仗靠这个，现在搞建设、搞改革也靠这个。”⑤“实事求是”就是做到两个结合：主观和客观相结合、理论和实践相结合。

---

① 《列宁全集》第55卷，人民出版社2017年版，第290页。
② 《列宁全集》第55卷，人民出版社2017年版，第308页。
③ 《马克思恩格斯文集》第2卷，人民出版社2009年版，第5页。
④ 《马克思恩格斯文集》第4卷，人民出版社2009年版，第313页。
⑤ 《邓小平文选》第三卷，人民出版社1993年版，第382页。

与马克思的实践唯物主义相一致,中国古典哲学则贯穿着强调实事求是、躬行亲为、知行合一的唯物论传统。中国传统典籍所赞扬的“有道之君”都是躬耕力行、实践劳作的典范,如《论语·宪问》称“禹、稷躬耕而有天下”,《史记》赞周人的先祖公刘“务耕种、行地宜,……民赖其庆。百姓怀之,多徙而保归焉。周道之兴,自此始”。① 这实际上是赞扬劳动实践创造天下。孔子带领学生周游列国,探寻救世之道,在泰山脚下留下“苛政猛于虎”的警言。庄子认为,“六合之外,圣人存而不论。”②“《诗》以道志,《书》以道事,《礼》以道行,《乐》以道和,《易》以道阴阳,《春秋》以道名分。”③老子主张“无为而治”,有人认为其是消极派。清代学者魏源在《老子本义》一书中说:“《老子》,救世书也”“老子著书,明道救时”“此老子悯时救世之心也。”④老子并没有离开现实,而是从另一种视角去救世。孙子研究战争规律,写下《孙子兵法》,认为战争制胜的法宝在于不仅了解对方而且了解自己。“知彼知己,百战不殆。不知彼而知己,一胜一负。不知彼,不知己,每战必殆。”⑤墨子面对天下人“执其兵刃毒药水火,以交相亏贼”的可怕现实,提出“兼爱”“非攻”“交利”“尚贤”等多种主张,摩顶放踵而求天下之利,认为判断是非要遵循“三表法”:“上本古者圣王之事”“下原察百姓耳目之实”“废(发)以为刑政,观其中国家百姓人民之利。”⑥这实际上是强调历史经验和现实效果的统一。荀子认为天地的变化是有规律的,人的吉凶、祸福完全是人自己行为的结果。“强本而节用,则天不能贫;养备而动时,则天不能病;修道而不贰,则天不能祸。故水旱不能使之饥,寒暑不能使之疾,祆怪不能使之凶。”⑦只要人们把握了规律,勇于实行,就能达到“制天命而用之”的目的。韩非子提出,人类社会处在不断地发

---

① (汉)司马迁:《史记》卷四,中华书局1963年版,第112页。

② 陈鼓应:《庄子今注今译》上册,商务印书馆2007年版,第91页。

③ 陈鼓应:《庄子今注今译》下册,商务印书馆2007年版,第983—984页。

④ (清)魏源:《老子本义》,中华书局2018年版,第19、138、147页。

⑤ 麦田等编著:《孙子解说》,华夏出版社2007年版,第59页。

⑥ 罗喜良等编著:《墨子解说》,华夏出版社2007年版,第203页。

⑦ 张觉:《荀子译注》,上海古籍出版社1995年版,第345页。

展之中，如果不分时势，僵化地模仿古人，必为天下人所耻笑。“是以圣人不期修古，不法常可，论世之事，因为之备。”①汉代王充要求把“效验”作为检验真理的标准。“凡论事者，违实，不引效验，则虽甘义繁说，众不见信。”②又说：“事莫明于有效，论莫定于有证。空言虚语，虽得道心，人犹不信。”③即使讲得天花乱坠，没有实际的效果，就只能视为虚夸之谈。根据班固《汉书·河间献王传》记载，“实事求是”最初是一个考据学的命题。实现“实事求是”命题向哲学命题的转变，宋明理学是一个重要环节。与刘德等汉儒治经侧重名物训诂相比，宋儒则多以阐释义理、兼谈性命为主，前者趋向于“实”，后者趋向于“虚”。针对宋儒的疏阔和迂腐，陈亮、叶适指出：宇宙间存在的无非“实事实功”。“夫盈宇宙者，无非物；日用之间，无非事。古之帝王独明于事物之故。”④既然宇宙无非物，日用间无非事，那就要“明于事物之物之故”以奏“实事实功”之效。黄宗羲明确反对道学家们脱离实际的高谈阔论，“禹无功，何以成六府？乾无利，何以具四德？”⑤王道就是处理人欲，仁义就是实现功利。王夫之进一步批判了宋明理学“离器而言道”的唯心主义思想，提出“知行相资以为用”“并进而有功”的知行统一观。“且夫知也者，固以行为功者也。行也者，不以知为功者也。行焉可以得知之效也；知焉未可以收行之效也。……行可兼知，而知不可兼行。下学而上达，岂达焉而始学乎？君子之学，未尝离行以为知也必矣！”⑥颜元推崇陈亮、叶适的事功主张，强调以“实”代“虚”，认为书籍充其量不过是个路程本子，要达到预期的目的，贵在实际行动。“吾辈只向习行上做工夫，不可向言语文字上著力。”⑦清代魏源进一步指出实践的重要性。“披五岳之图，以为知山，不如樵

① 张觉等：《韩非子译注》，上海古籍出版社 2007 年版，第 673 页。
② （汉）王充：《论衡》，中华书局 1974 年版，第 404 页。
③ （汉）王充：《论衡》，中华书局 1974 年版，第 352 页。
④ （宋）陈亮：《龙川文集》卷十《经书发题》，中华书局 1985 年版。
⑤ （清）黄宗羲：《宋元学案》第三册，中华书局 1986 年版，第 1850 页。
⑥ （明）王夫之：《船山全书》第二册，岳麓书社 1988 年版，第 314 页。
⑦ 钟錂：《颜习斋先生言行录》卷下，中华书局 1985 年版，第 37 页。

夫之一足;谈沧溟之广,以为知海,不如估客之一瞥;疏八珍之谱,以为知味,不如庖丁之一啜。"①这与列宁在《哲学笔记》中所说实践高于理论的主张不谋而合。

(二)辩证法观的契合相通

马克思主义的辩证法来源于西方辩证法传统。恩格斯在《反杜林论》《自然辩证法》《社会主义从空想到科学的发展》等著作中系统论述了马克思主义辩证法的来源。恩格斯指出:古希腊辩证法是原始的、素朴的、但实质上正确的世界观,给人们呈现了"一幅由种种联系和相互作用无穷无尽地交织起来的画面,其中没有任何东西是不动的和不变的,而是一切都在运动、变化、生成和消逝",然而,这种朴素辩证法"却不足以说明构成这幅总画面的各个细节;而我们要是不知道这些细节,就看不清总画面"。② 为了认识这些细节,科学家们就不得不把总的联系加以割裂、分解,对事物进行孤立的、静止的、片面的考察,这种研究方式被培根和洛克从自然科学中移植到哲学中以后,就形成近代形而上学的思维方式。"他们在绝对不相容的对立中思维;他们的说法是:'是就是,不是就不是;除此以外,都是鬼话'。"③形而上学思维方式虽然有利于认识事物的具体细节,但无法达到对事物的整体性认识,因为它不承认事物的矛盾,忘记了事物之间的联系、运动、变化和发展,它只见树木,不见森林。自然科学的进一步发展,特别是达尔文生物进化论,能量守恒和转化定律,细胞学说的建立,给形而上学思维方式以沉重一击,而黑格尔则完成了近代思维方式的变化。"黑格尔第一次——这是他的伟大功绩——把整个自然的、历史的和精神的世界描写为一个过程。"④但黑格尔辩证法是建立在唯心主义基

---

① 张岱年主编:《默觚——魏源集》,赵丽霞选注,辽宁人民出版社 1994 年版,第 8 页。

② 《马克思恩格斯文集》第 3 卷,人民出版社 2009 年版,第 538、539 页。

③ 《马克思恩格斯文集》第 3 卷,人民出版社 2009 年版,第 539—540 页。

④ 《马克思恩格斯文集》第 3 卷,人民出版社 2009 年版,第 542 页。

础之上的，其革命性被过分茂密的保守的方面所闷死，“一切都被头足倒置了，世界的现实联系完全被颠倒了。”①马克思对黑格尔辩证法进行再次颠倒，创立了现代唯物主义的辩证法。马克思指出：“我的辩证方法，从根本上来说，不仅和黑格尔的辩证方法不同，而且和它截然相反。在黑格尔看来，思维过程，即甚至被他在观念这一名称下转化为独立主体的思维过程，是现实事物的创造主，而现实事物只是思维过程的外部表现。我的看法则相反，观念的东西不外是移入人的头脑并在人的头脑中改造过的物质的东西而已。”②恩格斯还将唯物辩证法的规律概括为矛盾规律、质量互变规律和否定之否定规律。列宁在《哲学笔记》中进一步将辩证法要素概括为十六个方面，并且认为，“可以把辩证法简要地规定为关于对立面的统一的学说。”③毛泽东结合中国革命的经验，在《矛盾论》中全面发挥列宁的思想，对矛盾的普遍性和特殊性、主要矛盾和次要矛盾、矛盾同一性和斗争性的关系进行了系统的论述。总之，马克思主义的辩证法是以对立统一为核心的辩证法，辩证法的规律、范畴都是围绕对立统一展开的。

与马克思主义强调以“对立统一”为核心的辩证法相一致，中国传统文化渗透着一个以“阴阳交合”为核心的辩证法传统。早在公元前 1000 年的殷末周初，中华先祖就仰观天文，俯察地理，著成以《周易》为代表的古典辩证法，认为宇宙是一个生生不息的大流，这即所谓“易”。万事万物，无片刻止息，无瞬间停滞，参伍错综，阖辟往来，新的代换旧的，不久新的又为更新的所代替。“在天成象，在地成形，变化见矣。”“富有之谓大业，日新之谓盛德，生生之谓易。”“参伍以变，错综其数，通其变遂成天地之文。”④变化的根本原因在于阴阳的相互作用。世界是由“乾元”和“坤元”构成的，二者刚柔相推，相摩相荡，

① 《马克思恩格斯文集》第 3 卷，人民出版社 2009 年版，第 542—543 页。

② 《马克思恩格斯文集》第 5 卷，人民出版社 2009 年版，第 22 页。

③ 《列宁全集》第 55 卷，人民出版社 2017 年版，第 192 页。

④ 黄寿祺等：《周易译注》，上海古籍出版社 2004 年版，第 493、503、517 页。

变化就在其中。“刚柔相推而生变化。”①变通是长久存在的根本之道，“易穷则变，变则通，通则久。”②《周易》的作者认识到对立双方的相互依存以及物极必反的规律性现象，“无平不陂，无往不复。”③“反复其道，七日来复。”④变化就是一进一退，一阖一辟。同时，《周易》也阐述了事物从量的积累到质变飞跃的过程。《周易》上经《乾》卦的爻辞，叙述龙的动作，就是从量的渐变向质的突变演化的过程。“初九，潜龙勿用。九二，见龙在田。……九四，或跃在渊。……九五，飞龙在天。……上九，亢龙有悔。”龙并非一动就“有悔”，而是经过若干阶段，才成为“亢龙”而“有悔”的。公元前 500 年前后，在人类文明发展的“轴心期”，中华文明产生了三种具有代表性的辩证法思想。一是老子的阴柔辩证法。老子认为，在事物的运动变化中，阴柔的方面更起着决定性的作用。他以大量的事例说明这个道理：天下没有比水更柔弱的，但攻克坚强又没有比水更厉的；人活着时柔脆，死后变得僵硬；草木活着时柔脆，死后枯槁。所以，坚强是死亡之道，柔弱是生存之道。“故坚强者死之徒，柔弱者生之徒。”⑤由此，老子主张“以柔克刚”的人生路线和治理策略。二是孔子的中和辩证法。孔子认为，“中”是天下事物的根本，“和”是贯通天下的准则。达到“中和”的境地，天地就端正了自己的位置，万物也就生长发育了。“中也者，天下之大本也；和也者，天下之达道也。致中和，天地位焉，万物育焉。”⑥能否做到不偏不倚是判断君子和小人的标准。舜聪明过人的地方正在于实行中庸之道。三是孙子的阳刚辩证法。孙子强调战争中的阳刚之气。所谓“知彼知己，百战不殆”“有备无患”“居高临下，势如破竹”“以虚胜实”“以寡胜众”“以弱胜强”“以逸待动”“以奇制胜”等等，均是要求占据主动地位，处于

① 黄寿祺等：《周易译注》，上海古籍出版社 2004 年版，第 496 页。
② 黄寿祺等：《周易译注》，上海古籍出版社 2004 年版，第 533 页。
③ 黄寿祺等：《周易译注》，上海古籍出版社 2004 年版，第 101 页。
④ 黄寿祺等：《周易译注》，上海古籍出版社 2004 年版，第 339 页。
⑤ 陈鼓应：《老子今注今译》，商务印书馆 2003 年版，第 332 页。
⑥ 陈襄民等：《五经四书全译》（四），中州古籍出版社 2000 年版，第 3013 页。

阳刚的有利位置，采取灵活多样的战略战术，谋求胜利。宋代哲学家中，张载最富于辩证思想。在他看来，一切事物的变化都是气之聚散及气之二端阴阳之往复屈伸。“气之为物，散入无形……聚为有象，……太虚不能无气，气不能不聚而为万物，万物不能不散而为太虚，循是出入，是皆不得已而然也。”“气之聚散于太虚，犹冰凝释于水。”①阴阳交感，聚散屈伸，乃万象显隐、万物成毁的由来。二气相求相揉，相兼相制，欲结为一却又不能，故屈伸鼓荡，无所止息。张载的辩证法是依循“两”而“一”的原则展开的。“一物两体，气也，一故神，两故化。”②“两不立则一不可见，一不可见则两之用息。两体者，虚实也，动静也，聚散也，清浊也，其究一而已。”③对立双方相互反对，最终以和解而结束。“有象斯有对，对必反其为。有反斯有仇，仇必和而解。”④张载认识到事物之间的相互联系。“物无孤立之理，非同异、屈伸、终始以发明之，则虽物非物也；事有始卒乃成，非同异、有无相感，则不见其成，不见其成则虽物非物，故一屈一伸相感而利生焉。”⑤程颢认为，天地间的万事万物没有不存在矛盾的，“万物莫不有对，一阴一阳，一善一恶，阳长则阴消，善增则恶心减。斯理也，推之其远乎？人只要知此耳。”⑥明清之际的王夫之认为，对立物是彼此蕴储包含的，不是绝对对立的。“两间之化，人事之几，往来吉凶，生杀善败，固有极其至而后反者，而岂皆极其至而后反哉？……方动即静，方静旋动，静即含动，动不舍静。……待动之极而后静，待静之极而后动，其极也唯恐不甚，其反也厚集而怒报之，……此殆夫以细人之衷测道者与？”⑦

① （宋）张载：《张载集》，中华书局 1978 年版，第 8 页。
② （宋）张载：《张载集》，中华书局 1978 年版，第 9 页。
③ （宋）张载：《张载集》，中华书局 1978 年版，第 9 页。
④ （宋）张载：《张载集》，中华书局 1978 年版，第 10 页。
⑤ （宋）张载：《张载集》，中华书局 1978 年版，第 19 页。
⑥ （宋）程颢、程颐：《二程集》（上），中华书局 1981 年版，第 123 页。
⑦ （明）王夫之：《思问录》，山东友谊出版社 2001 年版，第 274 页。

（三）价值观的契合相通

马克思主义价值观是在批判西方单纯功利论价值观和单纯道义论价值观的基础上建立起来的。在西方哲学史上，有两种截然对立的价值观：一种是单纯道义论价值观，可追溯到古希腊的亚里士多德，认为世界上任何事物都有自己的目的，而目的总是趋向于至善。这样，至善就成为一切事物的最高价值。这种价值在人身上的实现，也就是善或美德的形成。这种价值观在西方思想史上影响不大，18 世纪法国只有"自由、平等、博爱"的抽象口号，19 世纪德国古典哲学中康德的"绝对律令"也是苍白无力。另一种是单纯功利主义价值观，可追溯到古希腊的伊壁鸠鲁，中世纪的马基雅维利，近代英国的边沁、穆勒，以及 19 世纪 70 年代发展起来的美国实用主义。伊壁鸠鲁开创快乐主义哲学，其主旨就是通过心灵治疗，使人祛除病毒，走向快乐幸福，把个人自由，尤其是把心灵自由作为最大的善，最根本的美德。马基雅维利在《君主论》中提出，为了建立强大统一的国家权力，君主有"三个不必"：不必据守善恶的伦理道德观念；不必据守仁慈美德；不必一本正经地守信。边沁在 1776 年出版《道德与立法原理导论》，第一章的题目就是"功利原理"，并指出"功利原理是本书的基石"。认为这种功利原理深深地植根于人性之中，是"人类身心的天然素质"，而趋利避害、趋向快乐、躲避痛苦势必成为人生在世的最高价值标准。不仅如此，他还要求把这一功利原理，从个人价值尺度、伦理道德范畴，广泛地扩展为法律基础、政治基石、制度根本。约翰·穆勒于 1863 年出版《功利主义》，立足英国资本主义的建立与完善，成为近代功利主义理论的集大成者，弥补了边沁创立的功利主义理论的三个漏洞，并有三点发展：要求不仅像边沁那样主要从量的方面度量快乐，更重要的是从质的方面区分不同层面的快乐，精神快乐大大高于肉体快乐；试图超越边沁强调个人快乐、利己主义，而对利他主义、社会整体有所忽视的历史局限和理论局限，利用联想主义心理学的原则，阐发从利己主义走向利他主义，从个人快乐走向社会发展的可能途径；试图沟通功利主义与自由主义，把功利主义价值论道德学说进一步引申到政治哲学、政治制度的建构中去,使之成为英国资本主义社会制度与价值评价相互支撑的两大支柱,从而为英国维多利亚时代构筑了意识形态基石和政治人格学说基础。19、20 世纪的美国实用主义,实质是英国功利主义的变形和发展,把功利主义基本原理与新的时代精神、土生土长的美国精神相结合。①

对这两种价值观,马克思都持批判的态度。早在《莱茵报》工作期间,马克思就碰到"对所谓物质利益发表意见的难事"②,并促使他深入钻研政治经济学。在《1844 年经济学哲学手稿》中,马克思尖锐地将资本主义的劳动斥为"异化劳动",而异化劳动的物质根源在于资本主义私有财产制度,而其精神根源则在于资产阶级的功利主义价值观。只有扬弃私有财产制度,才能彻底消灭异化,而对异化的扬弃只有付诸实际行动的共产主义才能完成。共产主义绝不是返回到非自然的、不发达的简单状态去的贫困。恰恰相反,共产主义是人的本质的真正实现,"作为一个完整的人,占有自己的全面的本质。"③在《神圣家族》中,马克思认为任何思想都不可能离开利益而存在。"'思想'一旦离开'利益',就一定会使自己出丑。"④在《关于费尔巴哈的提纲》中,马克思进一步指出:"旧唯物主义的立脚点是'市民'社会;新唯物主义的立脚点则是人类社会或社会化的人类。"⑤在《德意志意识形态》中,马克思全面论述唯物史观的基本原理,认为共产主义以生产力和交往的普遍发展为前提。因为没有生产力的发展,"那就只会有贫穷、极端贫困的普遍化;而在极端贫困的情况下,必须重新开始争取必需品的斗争,全部陈腐污浊的东西又要死灰复燃。"⑥在《共产党宣言》中,马克思再次指出:无产阶级在夺取政权之后,将利

---

① 参见王东主编:《时代精神与马克思主义哲学创新》,人民出版社 2011 年版,第 202—208 页。

② 《马克思恩格斯文集》第 2 卷,人民出版社 2009 年版,第 588 页。

③ 《马克思恩格斯文集》第 1 卷,人民出版社 2009 年版,第 189 页。

④ 《马克思恩格斯文集》第 1 卷,人民出版社 2009 年版,第 286 页。

⑤ 《马克思恩格斯文集》第 1 卷,人民出版社 2009 年版,第 506 页。

⑥ 《马克思恩格斯文集》第 1 卷,人民出版社 2009 年版,第 538 页。

用自己手中的权力，剥夺剥夺者，实行生产资料的社会主义改造，“并且尽可能快地增加生产力的总量。”①同时与传统观念实行最彻底的决裂。显然，马克思在这里所说的“传统观念”是资产阶级的思想观念，当然包括利己主义的价值观。在《1857—1858年经济学手稿》中，马克思提出关于人类社会发展的“三形态说”，把生产力发展和人的全面发展作为共产主义的基础，“建立在个人全面发展和他们共同的社会生产能力成为他们的社会财富这一基础上的自由个性，是第三个阶段。”②晚年恩格斯在整理加工马克思《资本论》手稿第三卷的尾声之处，区分“必然王国”与“自由王国”，把共产主义既作为社会经济形态的历史必然，又作为以人自身发展为主旨的价值目标，认为“自由王国只有建立在必然王国的基础上，才能繁荣起来。”③1880年恩格斯在《反杜林论》的基础上，经修改补充，发表了更具基础性的理论著作《社会主义从空想到科学的发展》，全书结尾处重申《资本论》第三卷结尾时的基本思想，宣示了人类全新的价值形态，必将伴随未来社会经济形态，为人类世界历史开辟全新纪元、全新时代。由此可见，从马克思到恩格斯，都在倡导一种以人为本，社会全面发展和人的全面发展为基础的新型价值观，本质上是义利统一的价值观。

与马克思主义义利统一的价值观相一致，中华文明也倡导义利统一的价值观。据《尚书·大禹谟》记载，在禹和舜的对话中，强调“正德、利用、厚生”三事的统一。春秋战国之际，物欲横流，天下大乱，诸侯为一己之私而四处征伐，民不聊生，在这样的背景下，当时的思想家更多强调“义”的重要性。老子对现实社会的不公平表示极大愤慨，“大道甚夷，而人好径。朝甚除，田甚芜，仓甚虚；服文彩，带利剑，厌饮食，财货有余；是谓盗夸。非道也哉！”④老子否定对圣贤的崇拜，“不尚贤，使民不争”。“绝圣弃智，民利百倍；绝伪弃诈，民

① 《马克思恩格斯文集》第2卷，人民出版社2009年版，第52页。

② 《马克思恩格斯全集》第46卷上，人民出版社1979年版，第104页。

③ 《马克思恩格斯文集》第7卷，人民出版社2009年版，第929页。

④ 陈鼓应：《老子今注今译》，商务印书馆2003年版，第268页。

复孝慈；绝巧弃利，盗贼无有。”①老子否定对财富的贪婪，“不贵难得之货，使民不为盗”②。“民之饥，以其上食税之多，是以饥。”③《论语》多处记载了孔子对义的强调：“君子义以为质”“君子义以为上”“君子之仕也，行其义也”“君子喻于义，小人喻于利”“放于利而行，多怨”，等等。然而，“子罕言利”并不等于“子不言利”。《论语·子路》记载：“子适卫，冉有仆，子曰：‘庶矣哉！’冉有曰：‘既庶矣，又何加焉？’曰：‘富之。’曰：‘既富矣，又何加焉？’曰：‘教之。’”④在这里，“庶之、富之、教之”构成孔子价值追求的不同步骤。孔子编写的《尚书·洪范》第三条就明确地把农业与工商业作为八项政务的第一和第二项。“八政：一曰食，二曰货，三曰祀，四曰司空，五曰司徒，六曰司寇，七曰宾，八曰师。”孔子认为，经济至关重要，发展经济要有好的方法。“生财有大道：生之者众，食之者寡，为之者疾，用之者舒，则财恒足矣。”⑤墨子明确主张义和利的统一，认为义即利。“义者正也。何以知义之为正也？天下有义则治，无义则乱。我以此知义之为正也。”⑥《墨子》书中所言之利，皆是“人民之大利”“民之利”“天下之利”“国家百姓之利”。据张岱年先生考证，《春秋繁露·对胶西王越大夫不得为仁》中有言：“仁人者，正其道不谋其利；修其理不急其功。”这句话在班固著《汉书·董仲舒传》中被改为“夫仁人者，正其谊不谋其利；明其道不计其功。”董仲舒在《春秋繁露》中还有言：“圣人积聚众善以为功。”“不能致功，虽有贤名，不予之赏。……则百官勤职；争进其功。”由此可见，董仲舒并不是不讲功利，而是不“急功”⑦。后世对董仲舒的理解显然是不够准确的。宋代道学家中，有所谓义利之辨，以分别义利为修养之重要工夫之一。二程和朱熹将义视为公，将利视为私，主张“去私为公”“以义代利”。

① 陈鼓应：《老子今注今译》，商务印书馆 2003 年版，第 86、147 页。
② 陈鼓应：《老子今注今译》，商务印书馆 2003 年版，第 86 页。
③ 陈鼓应：《老子今注今译》，商务印书馆 2003 年版，第 330 页。
④ 杨伯峻、杨逢彬注译：《论语》，岳麓书社 2000 年版，第 119 页。
⑤ 朱熹集注：《四书集注》，岳麓书社 1985 年版，第 17 页。
⑥ 罗炳良等编著：《墨子解说》，华夏出版社 2007 年版，第 170 页。
⑦ 参见《张岱年全集》第 2 卷，河北人民出版社 1996 年版，第 421—422 页。

如程颐说:“圣人以义为利,义安处便为利。”①叶适、陈亮对宋儒专讲义不讲利的态度给予坚决地反对,主张兼重义利。“‘仁人正谊不谋利,明道不计功’,初看极好,细看全疏阔。古人以利与人而不自居其功,故道义光明。后世儒者行仲舒之论,既无功利,则道义乃无用之虚语尔。”②明代王夫之也认为,义和利是人生在世的两个基本方面,是相互联系不可分离的。“立人之道曰义,生人之用曰利。出义入利,人道不立;出利入害,人用不生。”③人和人之间的利是相互冲突的,因此如果没有义的约束,求利必陷于害。唯循义而行,然后能远于害而无不利。颜元回顾历史上的义利之辩,认为义利从来都是统一的,明确反对宋儒割裂义利的偏执。他说:“利者,义之和也。……义之利,君子所贵也。后儒乃云‘正其谊,不谋其利’,过矣!宋人喜道之,以文其空疏无用之学。予尝矫其偏,改云‘正其谊以谋其利,明其道而计其功。’”④这就将义利统一的价值观提升到一个新的高度。

(四)理想目标的契合相通

人类最终走向何方?马克思设计了共产主义“自由人联合体”的蓝图。早在《1844年经济学哲学手稿》中,马克思就指出:共产主义将扬弃私有财产,把人作为真正的目的,实现人的彻底解放。到那时,“眼睛成为人的眼睛,正像眼睛的对象成为社会的、人的、由人并为了人创造出来的对象一样。”⑤共产主义是人与自然、人与人之间矛盾的真正解决,“这种共产主义,作为完成了的自然主义,等于人道主义,而作为完成了的人道主义,等于自然主义,它是人和自然界之间、人和人之间的矛盾的真正解决,是存在和本质、对象化和自我确证、自由和必然、个体和类之间的斗争的真正解决。这是历史之谜的解答,

---

① (宋)程颢、程颐:《二程集》,中华书局1981年版,第173页。

② (宋)叶适:《习学记言序目》卷二十三,中华书局1977年版,第324页。

③ (明)王夫之:《船山全书》第二册,岳麓书社1988年版,第277页。

④ (清)颜元:《颜元集》(上),中华书局1987年版,第163页。

⑤ 《马克思恩格斯文集》第1卷,人民出版社2009年版,第190页。

而且知道自己就是这种解答。”①在《德意志意识形态》中，马克思进一步描绘未来共产主义的前景：在共产主义里，人们不再受分工的制约，可以随自己的兴趣在任何一个领域自由发展。“社会调节着整个生产，因而使我有可能随自己的兴趣今天干这事，明天干那事，上午打猎，下午捕鱼，傍晚从事畜牧，晚饭后从事批判，这样就不会使我老是一个猎人、渔夫、牧人或批判者。”②在《共产党宣言》中，马克思进一步指出，共产主义就是要实行“两个彻底决裂”，工人革命的第一步就是夺取政权，使自己上升为统治阶级，然后利用自己的统治剥夺剥夺者，把资本变为公共的、属于社会全体成员的财产，消灭雇佣劳动，从而消灭人对人的剥削，进行彻底的社会改造，最终消灭阶级和国家，建立自由人的联合体。在《资本论》中，马克思把共产主义社会描绘为“以每一个个人的全面而自由的发展为基本原则的社会形式”③。共产主义实现了对资本逻辑以及僭越人的主体性的积极扬弃，这种扬弃从根本上是现实的运动，是对“政治解放”的超越，是“人类解放”的真正实现。晚年恩格斯在《社会主义从空想到科学的发展》一文中，系统擘画未来共产主义的发展图景：消灭资本主义私有制，由社会占有全部生产资料，取消商品生产，实行按计划生产，从而消除生产的无政府状态。人与人之间的生存斗争从此结束，“人在一定意义上才最终地脱离了动物界，从动物的生存条件进入真正人的生存条件。”④生产力的发展使人能够自由地支配自然，第一次成为自然界的自觉的和真正主人。人们能够熟练地把握和运用社会规律，因而摆脱那些曾经支配他们的东西，因而能够自由地行动，由此从必然王国跨入自由王国。“只是从这时起，人们才完全自觉地自己创造自己的历史；只是从这时起，由人们使之起作用的社会原因才大部分并且越来越多地达到他们所预期的结果。这是人类从必然王国进

① 《马克思恩格斯文集》第1卷，人民出版社2009年版，第185—186页。
② 《马克思恩格斯文集》第1卷，人民出版社2009年版，第537页。
③ 《马克思恩格斯文集》第5卷，人民出版社2009年版，第683页。
④ 《马克思恩格斯文集》第3卷，人民出版社2009年版，第564页。

入自由王国的飞跃。”①

中华民族自古以来就追求“大同世界”。这种理想与马克思建立社会主义、共产主义的理想颇为相似。正如孙中山先生所说:“我国固素主张社会主义者。井田之制,即均产主义之滥觞;而累世同居,又共产主义之嚆矢。足见我国人民之脑际,久蕴蓄社会主义之精神,宜其进行之速,有一日千里之势也。”②中华文明崇尚的圣人,都是大公无私,为天下而辛勤劳作奔走的人。中国传统各家各派都有对理想社会的描绘。孔子对“大同”作了最初的描述:“大道之行也,天下为公。选贤与能,讲信修睦。故人不独亲其亲,不独子其子,使老有所终,壮有所用,幼有所长,矜寡孤独废疾者,皆有所养。男有分,女有归。货恶其弃于地也,不必藏于己;力恶其不出于身也,不必为己。是故谋闭而不兴,盗窃乱贼而不作。故外户而不闭,是谓大同。”③《论语》也有孔子对理想社会的描绘,“老者安之,朋友信之,少者怀之”④,以及“丘也闻有国有家者,不患寡而患不均,不患贫而患不安;盖均无贫,和无寡,安无倾”⑤等话语。孔子的传人孟子描述的理想社会是一个“民贵君轻”,人与人“出入相友,守望相助,疾病相扶持”⑥的社会,在这样的社会里,每个人都能设身处地为他人考虑,“老吾老以及人之老,幼吾幼以及人之幼”,这是一个可以吃饱饭穿暖衣的社会。“五亩之宅,树之以桑,五十者可以衣帛矣;鸡豚狗彘之畜,无失其时,七十者可以食肉矣;百亩之田勿夺其时,数口之家可以无饥矣;谨庠序之教,申之以孝悌之义,颁白者不负戴于道路矣。七十者衣帛食肉,黎民不饥不寒,然而不王者未之有也。”⑦老子设计了一个“小国寡民”的社会,“小国寡民。使有什伯之器而不用;使民重死而不远徙。虽有舟舆,无所乘之;虽有甲

---

① 《马克思恩格斯文集》第3卷,人民出版社2009年版,第564—565页。

② 《孙中山全集》第二卷,中华书局1982年版,第507页。

③ 杨天宇:《礼记译注》(上),上海古籍出版社2004年版,第265页。

④ 杨伯峻、杨逢彬注译:《论语》,岳麓书社2000年版,第45页。

⑤ 杨伯峻、杨逢彬注译:《论语》,岳麓书社2000年版,第157页。

⑥ 金良年:《孟子译注》,上海古籍出版社2004年版,第107页。

⑦ 金良年:《孟子译注》,上海古籍出版社2004年版,第5页。

兵,无所陈之。使民复结绳而用之。甘其食,美其服,安其君,乐其俗。邻国相望,鸡犬之声相闻,民至老死,不相往来。”①由于国小民少,因而没法组织军队,消灭了军事对抗,人民各得其乐,悠闲自得。《庄子·马蹄》说:“夫至德之世,同与禽兽居,族与万物并,恶乎知君子小人哉!同乎无知,其德不离;同乎无欲,是谓素朴,素朴而民性得矣。”吕不韦主持编辑的《吕氏春秋·贵公》也说:“昔者圣王之治天下也,必先公,公则天下平矣,平得于公。”墨子向往的社会是一个人人相互亲爱的社会。“子墨子言:视人之国若视其国,视人之家若视其家,视人之身若视其身。是故诸侯相爱则不野战,家主相爱则不相篡,人与人相爱则不相贼,君臣相爱则惠忠,父子相爱则慈孝,兄弟相爱则和调。天下之人皆相爱,强不执弱,众不劫寡,富不侮贫,贵不傲贱,诈不欺愚。”②中国人对“大同”之世的期望,不仅表现在古代,而且绵延于近代。清代中叶,社会动荡,衰乱迹象呈露,龚自珍在《平等篇》指出当时的基本矛盾是“浮不足之数相去愈远,则亡愈速,去稍近,治亦稍速”,如果让“浮不足”长期分化下去,则“不祥之气,郁于天地之间,郁之久,乃必发为兵燹,为疫疠,生民噍类,靡有孑遗,人畜悲痛,鬼神思变置。其始不过贫富不相齐之为之尔,小不相齐,渐致大不相齐,大不相齐,即至丧天下。”③随着帝国主义的入侵,社会矛盾的激化,洪秀全在《原道觉世训》中引录《礼运》中“大道之行也,天下为公”“是为大同”一段,感慨地说:“而今尚可望哉!”力图建立一个“无处不均匀,无人不饱暖”的太平天国。康有为认为,人类的一切苦难皆因“九界”。何谓“九界”?曰:国界、级界、种界、形界、家界、业界、乱界、类界、苦界。“九界”是苦难之源,消除“九界”,实现大同,这是人类的理想。“夫据乱之世,人尚私争,升平之世,人人各有度量分界,人不加我,我不加人。故大同之世,视人如己,无有畛域,‘货恶其弃于地也,不必藏于己,力恶其不出于身也,不必为己’”④。这是一

① 陈鼓应:《老子今注今译》,商务印书馆2003年版,第345页。

② 罗炳良等编:《墨子解说》,华夏出版社2007年版,第93页。

③ 龚自珍:《龚自珍全集》,中华书局1959年版,第78页。

④ 康有为:《大同书》,上海古籍出版社2005年版,第277页。

个人尽其力，货尽其用，人人互为主体的社会。孙中山曾手书《礼运》中有关“大同”的词句，还在论著和许多讲演中多次提到“大同”。如《三民主义·民族主义》说：“我们要将来能够治国平天下，便先要恢复民族主义和民族地位。用固有的道德和平做基础，去统一世界，成一个大同之治，这便是我们四万万人的大责任。”①他认为，“大道之行也，天下为公”的“大同”世界，在过去“只有思想”，现代却“有了这个事实”。② 毛泽东从小深受大同思想的影响，从《井冈山土地法》中的土地“共同耕种，男女老幼平均分配”，到1950年6月中央人民政府颁布的《中华人民共和国土地改革法》，其中所规定的“废除地主阶级封建剥削的土地所有制，实行农民的土地所有制”，再到人民公社化运动中的“一大二公”，彻底废除私有制，把公有化程度高低作为衡量社会主义优越性的主要标志。所有这些，无不打上“大同”理想的标记。

（五）自然观的契合相通

近代以来，伴随欧洲文艺复兴和工业革命的兴起，理性主义为资本主义的发展奠定哲学基础，从笛卡尔、康德到黑格尔、费尔巴哈，理性主义一以贯之地强调主客二分，以人类征服自然，获取最大物质利益为目标，最为典型的是康德“人为自然立法”的口号。理性主义以征服者的姿态君临自然界，拦截河流、砍伐森林、开采石油、挖掘煤炭、营造宫殿、冶炼矿石……最终导致全球性的温室效应、土地退化、森林锐减、物种灭绝、污水四溢、废物成灾，导致物欲横流，造成人与自然关系的巨大危机。19世纪40年代，马克思在反思资本主义的同时，也深刻反思人与自然的关系，认为人和自然之间存在着不可分割的联系。一方面，自然界是人类生产生活的基本前提，“没有自然界，没有感性的外部世界，工人什么也不能创造。自然界是工人的劳动得以实现、工人的劳动在其中活动、工人的劳动从中生产出和借以生产出自己的产品的材料。”③另

---

① 《孙中山全集》第九卷，中华书局1982年版，第253页。

② 《孙中山全集》第八卷，中华书局1982年版，第470页。

③ 《马克思恩格斯文集》第1卷，人民出版社2009年版，第158页。

一方面,人通过实践创造对象世界,改造无机界,获取必要的生产生活资料,再生产整个自然界。马克思把自然界直接看成人的身体,“自然界是人为了不致死亡而必须与之处于持续不断的交互作用过程的、人的身体。”①理性主义的泛滥还导致人的异化和人性的极大扭曲。马克思指出:“资本来到世间,从头到脚,每个毛孔都滴着血和肮脏的东西。”②由于劳动被逐渐地理性化和机械化,随着人在这个过程中活动力的减少,“工人的劳动力和他的人格的分裂,他由人变为‘物’,变成在市场上被反复出售的物体。”③世界成为一架毫无生气,永远按预定目标运动的机器。马克思以实践为基础,在批判理性主义的基础上创立新唯物主义。马克思指出:只有扬弃私有制,在共产主义条件下,才能彻底解决人与自然的矛盾。“社会是人同自然界的完成了的本质的统一,是自然界的真正复活,是人的实现了的自然主义和自然界的实现了的人道主义。”④人类只有爱惜自然,保护自然,才能得到永续利用,而破坏自然则必然遭到大自然的报复。晚年恩格斯在《自然辩证法》中以古代美索不达米亚、希腊、小亚细亚、阿尔卑斯山的意大利人毁林开荒导致土地沙漠化的事实,警告人们“不要过分陶醉于我们人类对自然界的胜利。对于每一次这样的胜利,自然界都对我们进行报复。”⑤我们连同我们的肉、血和头脑都是属于自然界和存在于自然界之中,我们不同于一切生物的地方,就在于我们能够认识和正确运用自然规律。

与西方近代理性主义不同的是,中国古代哲学家在处理天人关系时,更多地把自然界看作另一个主体,强调与自然融合统一。早在西周时期,周文王已经认识到,如不爱惜自然资源,将“力尽而敝之”,并告诫子孙:“春夏育山林,不升斤斧,以成草木之长,而慎天时。水泽不内舟楫,以成鱼鳖之长。不麛不

① 《马克思恩格斯文集》第1卷,人民出版社2009年版,第161页。

② 马克思:《资本论》第1卷,人民出版社2004年版,第871页。

③ [匈]卢卡奇:《历史和阶级意识》,张西平译,重庆出版社1989年版,第110页。

④ 《马克思恩格斯文集》第1卷,人民出版社2009年版,第187页。

⑤ 《马克思恩格斯文集》第9卷,人民出版社2009年版,第559—560页。

卵,以成鸟兽之长。畋猎以时,不杀童牛,不夭胎。童牛不服,童马不驰不骛。泽不行害,土不失其宜,万物不失其性,天下不失其时。”①春秋时期,《左传·昭公二十五年》进一步强调:“能协于天地之性,是以长久。”老子明确把“天”“地”“人”三者联为一体。他说:“故道大,天大,地大,人亦大。域中有四大,而人居其一焉。人法地,地法天,天法道,道法自然。”②墨子认为,天人之间是互通的,“我为天之所欲,天亦为我所欲。”“若我不为天之所欲,而为天之所不欲,然则我率天下之百姓以从事于祸祟中也。”③庄子则借南郭子綦之口描述了“天籁”之声,把“天地与我并生,而万物与我为一”④作为人生的最高境界。孔子也有关于天的人格化描写。他说:“巍巍乎!唯天为大”⑤,“获罪于天,无所祷也。”⑥他认为,天能予人以德,人能弘扬天道。“天生德于予,桓魋其如予何?”⑦“人能弘道,非道弘人。”⑧真正将天人明确“合二为一”的权威当首推孟子。孟子继承子思以“诚”为中心的“成己成物”的思想。“尽其心者,知其性也;知其性,则知天矣。”人的心、性与天原为一体或同出一源,“万物皆备于我矣,反身而诚,乐莫大焉。强恕而行,求仁莫近焉”⑨。只要向内心世界用功探求,就可以体验到作为价值本体的义理之天,进入“上下与天地同流”的理想境界。《易传》的作者把这种境界称为“夫‘大人’者,与天地合其德,与日月合其明,与四时合其序,与鬼神合其吉凶”⑩。这一思想被后世儒家进一步发挥。王阳明视万物一体为“大人”境界。他说:“大人者,以天地万物为一体

---

① 黄怀信等:《逸周书汇校集注》上,上海古籍出版社 1995 年版,第 251—252 页。

② 饶上宽译注:《老子》,中华书局 2006 年版,第 63 页。

③ 罗炳良等编著:《墨子解说》,华夏出版社 2007 年版,第 154 页。

④ 陈鼓应:《庄子今注今译》上册,商务印书馆 2012 年版,第 88 页。

⑤ 杨伯峻、杨逢彬注译:《论语》,岳麓书社 2000 年版,第 75 页。

⑥ 杨伯峻、杨逢彬注译:《论语》,岳麓书社 2000 年版,第 21 页。

⑦ 杨伯峻、杨逢彬注译:《论语》,岳麓书社 2000 年版,第 64 页。

⑧ 杨伯峻、杨逢彬注译:《论语》,岳麓书社 2000 年版,第 152 页。

⑨ 金良年:《孟子译注》,上海古籍出版社 2004 年版,第 272 页。

⑩ 黄寿齐等:《周易译注》,上海古籍出版社 2004 年版,第 19 页。

者也，其视天下犹一家、中国犹一人焉，若夫间形骸而分尔我者，小人矣。”①张载认为，真正达到万物一体境界的人，把整个世界看成自己的家庭，“民吾同胞，物吾与也”，“凡天下疲癃、残疾、惸独、鳏寡，皆吾兄弟之颠连而无告者也。”②程颢则把宇宙看成一人。“若夫至仁，则天地为一身，而天地之间，品物万形为四肢百体。夫人岂有视四肢百体而不爱者哉？……医书有以手足风顽谓之四体不仁，为其疾痛不以累其心故也。夫手足在我，而疾痛不与知焉，非不仁而何？”③既然万物都是我这同一身躯的肢体，如果把自己的肢体看成不属于“我”的“尔”，或看成他人的形体，这就是不仁。只有以天地万物为一体（身）才是“至仁”境界。

20世纪初期，当社会主义和马克思主义传入中国时，中国知识分子对社会主义，以及唯物史观所揭示的人类社会发展远景的理解，在很大程度上恰恰就是从中国传统的大同思想意识出发的。在中国最早宣传社会主义的人物之一梁启超就曾说过：“社会主义者，近百年来世界之特产物也，概括其最要之义，不过曰土地归公，资本归公，专以劳力为百物之源泉。……中国古代井田制度，正与近世社会主义同一立脚点。”④他还认为，“孔子讲的‘均无贫和无寡’，孟子讲的‘恒产恒心’，就是这主义最精要的论据。”⑤孙中山也同样屡次指出：“考诸历史，我国固素主张社会主义者，井田之制，即均产主义之滥觞，而累世而居，又共产主义之嚆矢。足见我国人民之脑际，久蕴藏社会主义之精神。”又说：“社会主义之主张，实欲使世界人类同立于平等之地位，富则同富，乐则同乐，不宜与贫富苦乐之不同，而陷社会于竞争悲苦之境。”⑥

---

① （明）王阳明：《王阳明全集》中，上海古籍出版社2012年版，第798页。

② （宋）张载：《张载集》，中华书局1978年版，第62页。

③ （宋）程颢、程颐：《二程集》上，中华书局1981年版，第74页。

④ 梁启超：《中国之社会主义》，《饮冰室合集·专集》第6卷，中华书局1936年版，第101—102页。

⑤ 梁启超：《社会主义商榷》，《饮冰室合集·专集》第7卷，中华书局1936年版，第32页。

⑥ 《孙中山全集》第二卷，中华书局1982年版，第507、517页。

值得注意的是，上述理解方式并不限于梁启超、孙中山以及中国的许多无政府主义者，早期的中国马克思主义者亦不例外。李大钊在解释唯物史观的社会理想时也曾提出："一方面是个性解放，一方面是大同团结"，这两者"都是新生活上新秩序上所不可少的"①。他殷切地期待着人类最终能打破国界，实现"我们人类全体所馨香祷祝的世界大同"②。早年对科学社会主义宣传最为得力的李达，更是曾明确地认为"社会主义，是反对个人竞争主义，主张万人协同主义"，"总而言之，社会主义有两面最鲜明的旗帜，一面是救济经济上的不平均，一面是恢复人类真正平等的状态"。③ 毛泽东则在1949年《论人民民主专政》一文中将人类社会的共产主义前景称作为"大同世界"。

二、马克思主义哲学在中国的早期传播

经1919年五四新文化运动的思想铺垫，马克思主义哲学开始在中国传播。1899年2月到4月，上海广学会主办的《万国公报》连续刊载了一篇在当时很有影响的文章叫"大同学"，它是由传教士李提摩太节译、蔡尔康撰文的。文章在中国的刊物中首次提到"马克思""安民新学"（即社会主义）及《共产党宣言》的一段文字。文章写道："以百工领袖著名者，英人马克思也。"在同年发表的《大同学》一书的第八章，恩格斯的名字也被提及。书中写道："德国讲求养民学者，有名人焉，一曰马克思，二曰恩格思（即恩格斯）。"而中国人最早介绍《共产党宣言》的是朱执信。毛泽东曾说："朱执信是国民党员，这样看来，讲马克思主义倒还是国民党在先。"④马克思主义哲学传入中国主要有三大渠道：一是日本渠道。100年前，到日本留学，并对传播马克思主义有影响的人物主要有：陈博贤（《晨报》记者）、陈独秀、李大钊、李达、李汉俊、陈望道

① 《李大钊文集》下卷，人民出版社1984年版，第597—598、598页。

② 《李大钊文集》上卷，人民出版社1984年版，第626页。

③ 《李达文集》第一卷，人民出版社1980年版，第1、5页。

④ 《毛泽东文集》第三卷，人民出版社1996年版，第290页。

等。李大钊、李达译介了许多河上肇的著作。二是欧洲渠道。主要是法国(赴法勤工俭学,1919年至1920年达1600多人)、德国、比利时。主要人物有蔡和森、周恩来、朱德、邓小平、李立三、陈毅、李维汉、李富春等。三是苏联渠道。主要人物有瞿秋白、任弼时、沈志远,还有王明、博古等等。[①] 对马克思主义哲学在中国传播最为著名的当数李大钊、瞿秋白、李达、艾思奇。

(一)李大钊对唯物史观的最早传播和研究

李大钊不仅是中国共产党的主要创始人之一,也是马克思主义在中国的最早传播者之一。他在北京大学最早创立关于马克思主义的研究机构,最早开设唯物史观的课程,用中国语言解读唯物史观,并且将马克思主义哲学的一般原理运用于中国共产党的创建和中国革命道路的探索。马克思说过:"观念不能离开语言而存在。观念必须先从本族语言翻译成别族语言才能流通,才能进行交流"。[②] 马克思主义哲学中国化,首先需要对马克思主义哲学文本进行翻译,用中国的语言和文字来表达。据考证,早在19世纪70年代以后,马克思主义、社会主义就开始在中国大地以不同的方式开始翻译、解读、传播,但在李大钊之前,中国人对马克思主义、社会主义的认识还处在零星的和点滴的层次。李大钊是中国最早较为全面系统解读马克思唯物史观的人,最具代表性的文献是1919年9月、11月写的《我的马克思主义观》,1920年12月写的《唯物史观在现代史学上的价值》和1924年5月写的《史学要论》等。

在这些文献中,李大钊讲得最多的:一是马克思的群众史观。李大钊明确指出:从前的世界是皇帝、军阀、资本家和地主的世界,而十月革命开启了世界历史的新纪元,未来世界将是劳工和庶民的世界。"我们要晓得一切过去的历史,都是靠我们本身具有的人力创造出来的,不是那个伟人、圣人给我们造

① 参见郭建宁:《马克思主义哲学中国化的当代视野》,人民出版社2009年版,第17、18页。

② 《马克思恩格斯全集》第30卷,人民出版社1995年版,第112页。

的,亦不是上帝赐予我们。将来的历史,亦还是如此。现在已是我们世界的平民的时代了,我们应该自觉我们的势力,快赶[赶快]联合起来,应我们生活上的需要,创造一种世界的平民的新历史。"①二是强调"经济构造"的决定作用。马克思主义观察社会现象,以经济现象为最重要,因为历史上物质的要件中,变化发达最甚的,算是经济现象。故经济的要件是历史上唯一的物质要件。"唯物史观的要领,在认经济的构造对于其他社会学上的现象,是最重要的;更认经济现象的进路,是有不可抗性的。经济现象虽用他自己的模型,制定形成全社会的表面构造(如法律、政治、伦理及种种理想上、精神上的现象都是),但这些构造中的那一个也不能影响他一点。"②三是全面阐述"阶级竞争"学说。在 1919 年 7 月 6 日写的《阶级竞争与互助》一文中,李大钊首次提到 Karl Marx 与他的阶级竞争(Class Struggle)说。"这个阶级竞争说,是 Karl Marx 倡的,和他那经济的历史观很有关系。"③紧接着,他根据《共产党宣言》的论述,对马克思的阶级斗争的原理做了最初的阐述。在《我的马克思主义观》中,李大钊从马克思主义三个组成部分来分析"阶级竞争"的重要作用。"马氏社会主义的理论,可大别为三部:一为关于过去的理论,就是他的历史论,也称社会组织进化论;二为关于现在的理论,就是他的经济论,也称资本主义的经济论;三为关于将来的理论,就是他的政策论,也称社会主义运动论,就是社会民主主义。……他这三部理论,都有不可分的关系,而阶级竞争说恰如一条金线,把这三大原理从根本上联络起来。所以他的唯物史观说:'既往的历史都是阶级竞争的历史。'他的《资本论》也是首尾一贯的根据那'在今日社会组织下的资本阶级与工人阶级,被放在不得不仇视、不得不冲突的关系上'的思想立论。关于实际运动的手段,他也是主张除了诉于最后的阶级竞争,没有第二个再好的方法。"④四是说明"马氏的学说,实在是一个时代的产物"。

---

① 《李大钊全集》第三卷,人民出版社 2006 年版,第 221—222 页。

② 《李大钊全集》第三卷,人民出版社 2006 年版,第 21 页。

③ 《李大钊全集》第二卷,人民出版社 2006 年版,第 355 页。

④ 《李大钊全集》第三卷,人民出版社 2006 年版,第 18—19 页。

“平心而论马氏的学说，实在是一个时代的产物；在马氏时代，实在是一个最大的发见。”①李大钊指出：一个学说的创立，与他所处的时代环境有着十分密切的关系。马克思的唯物史观为什么不产生于18世纪以前，也不产生于今日，而独产生于马克思的时代呢？因为当时他的环境，有使他创立这种学说的必要和机会。李大钊对马克思唯物史观的解读，不是就文本讲文本，而是紧扣时代发展，时时联系中国现实，从探索中国前途命运出发的。

李大钊认为，马克思主义是“世界改造原动的学说”②。中国社会的主要矛盾决定了中国共产党改造中国的使命和方向。“中国人民一方面遭受国际帝国主义者的压迫，另一方面又遭受中国军阀的压迫。外国帝国主义者在中国的权力决定了中国军阀的存在，因为后者是帝国主义列强的走狗，所以，中国的民族运动应该是既反帝又反军阀。”③自鸦片战争以来，无数仁人志士，为了民族的复兴，曾经进行了这样那样的多种试验，但均以失败而告终。李大钊从俄国十月革命的胜利中看到了希望，但他并没有照搬照抄俄国革命的道路，而是运用唯物史观分析中国国情，运用一般和个别、普遍和特殊结合的原理探索中国革命不同于俄国革命的特殊道路，在建立革命统一战线、进行武装斗争、加强党的建设等方面都做出了最初的探索，为中国共产党明确提出新民主主义革命道路，夺取全国胜利奠定了重要理论和实践基础。

1949年3月25日，毛泽东率中央机关进入北平时感慨地说：“30年了！30年前我为了寻求救国救民的真理而奔波。还不错，吃了不少苦头，在北平遇到了一个大好人，就是李大钊同志。在他的帮助下我才成为一个马列主义者。可惜呀，他已经为革命献出了宝贵的生命。他是我真正的好老师，没有他的指点和教导，我今天不知在哪里呢！”④

① 《李大钊全集》第三卷，人民出版社2006年版，第35页。

② 《李大钊全集》第三卷，人民出版社2006年版，第16页。

③ 《李大钊全集》第五卷，人民出版社2006年版，第1页。

④ 于俊道、李捷编：《毛泽东交往录》，人民出版社1991年版，第46页。

(二)瞿秋白对辩证唯物主义的最早传播和研究

瞿秋白于1920年作为《晨报》特派记者派驻莫斯科,在俄国学习和研究普列汉诺夫、列宁、布哈林、斯大林的思想,全盘接受俄国马克思主义哲学,并开始从辩证唯物主义入手认识马克思主义哲学。1923年,瞿秋白从俄国返回中国,面对国内的思想状况,尤其是种种唯心主义的盛行,他以巨大的革命热情和充沛的精力,依据马克思、恩格斯,以及俄国早期马克思主义者普列汉诺夫、布哈林、列宁等人的哲学著作,紧密结合中国实际和中国文化传统,陆续撰写了《社会哲学概论》(1923年)、《现代社会学》(1924年)、《社会科学概论》(1924年)等著作,以及大量富于战斗精神、批判唯心主义的论文,不仅使辩证唯物主义迅速在中国广泛传播,而且创造性地把马克思主义哲学的一般原理运用于中国实际,分析中国国情,探索具有中国特点的新民主主义革命理论和道路。

瞿秋白指出:哲学是一种刨根问底的学问。哲学与具体科学的区别在于:科学只从某一具体的视角去认识宇宙,而哲学则是从总体上认识宇宙。哲学"要知道宇宙的根底,要认识宇宙的总体"①。并且,哲学要根据对宇宙根底的认识来认识和指导现实世界。"马克思主义宇宙观的基础是在于互辩法的唯物论。互辩法唯物论的名称便可以表示:马克思的唯物论是唯物论与互辩法的综合,而且是这两种学说最发展的最进化的结论。"②认为互辩法唯物论是"整个儿的宇宙观""这是现代的唯物论",把马克思主义等同于经济学说、阶级斗争学说是大错特错的。"马克思主义是对于宇宙、自然界、人类社会之统一的观点,统一的方法。""马克思主义的最根本的基础,就是所谓马克思的哲学。"③马克思主义哲学是"解释宇宙一切现象的方法总论,综合各科学的方法

---

① 《瞿秋白文集》(政治理论编)第二卷,人民出版社2013年版,第306页。
② 《瞿秋白文集》(政治理论编)第四卷,人民出版社2013年版,第2页。
③ 《瞿秋白文集》(政治理论编)第四卷,人民出版社2013年版,第18页。

而说明人类知识能量的认识论——现代的唯物哲学。”①

瞿秋白认为，唯物史观只是“互辩法的原理之一”②。他指出：“中国对于马克思主义理论上的研究，至今还是异常的贫乏，对于唯物史观的介绍往往不大确切和明瞭。通常对于唯物史观及马克思主义的译名，即如‘唯物史观’一词都嫌疏陋。”③瞿秋白呼吁，“不但应当变更社会观，并且应当变更研究此社会的方法。”④研究唯物史观，应该遵循从一般到个别、从普遍到特殊的原则。“（一）先从哲学上之宇宙根本问题研究起；（二）继之社会现象的秘密之分析；（三）再进于社会主义之解说。”⑤瞿秋白对唯物史观的解读，总体上遵循的是俄国马克思主义哲学的理论逻辑。

瞿秋白运用马克思主义哲学普遍和特殊、一般和个别结合的原理，揭示中国半殖民地半封建社会的基本国情，剖析社会各主要阶级、阶层的经济状况及其在革命中的地位和作用，对革命性质、革命对象、革命领导权、革命的主要形式等作出正确认识。大革命失败后，在革命生死存亡之际，瞿秋白主持召开著名的“八七会议”，打响武装反抗国民党反动派的第一枪，由此革命斗争的形式从城市暴动转向土地革命。中国革命的范式开始由“走俄国人的路”转向“走自己的路”。“以农村包围城市，武装夺取政权”这一具有中国特点的革命道路，其理论和实践探索是从瞿秋白开始的，为之后毛泽东进一步总结实践经验，最终形成完整的理论体系，成为毛泽东思想形成的标志奠定了理论先导。⑥

（三）李达对马克思主义哲学的系统化建构

1926年李达出版了《现代社会学》一书，这是他在青年时代运用中国化语

① 《瞿秋白文集》（政治理论编）第四卷，人民出版社2013年版，第19页。

② 《瞿秋白文集》（政治理论编）第二卷，人民出版社2013年版，第446页。

③ 《瞿秋白文集》（政治理论编）第四卷，人民出版社2013年版，第21页。

④ 《瞿秋白文集》（政治理论编）第二卷，人民出版社2013年版，第332页。

⑤ 《瞿秋白文集》（政治理论编）第二卷，人民出版社2013年版，第334页。

⑥ 参见周淑芳：《瞿秋白在马克思主义中国化中的理论贡献》，武汉大学出版社2016年版，第141页。

言系统阐述马克思唯物史的最初尝试。一方面，他把马克思哲学主要看成唯物史观，又把唯物史观看成社会学。“马克思固未尝著述社会学，亦未尝以社会学者自称，然其所创之唯物史观学说，其在社会学上之价值，实可谓空前绝后，彼不仅发现社会组织之核心，且能明示社会进化之方向，提供社会改造之方针，其贡献之功实有不可磨灭者。”①另一方面，他又没有简单照搬布哈林的平衡论，试图按“两种社会观——社会规律观——阶级国家观——帝国主义和中国观——社会主义观”这五个层次，来展开马克思历史唯物主义。李达高度肯定唯物史观改造社会的功能。“对于斯学之体系，自信已略具规模，学者苟循此以求之，必了然于国计民生之根本，洞悉其症结之所在，更进而改造之不难也。”②该书1926年由湖南现代丛书社出版，1928年11月，由上海昆仑书店重出修订版，至1933年，共印行14次，在革命者中广为流传，产生了极大的影响，轰动了当时的思想界。邓初民回忆，当时的革命者“几乎人手一册”③。陶德麟先生认为，该书有三个重要特色：第一，此书与同期中国阐发唯物史观的论著相比，更具有全面性、系统性和深刻性；第二，此书在联系中国社会和中国革命的实际方面的成就也是前所未见的；第三，本书的论述方式方法也体现了中国特色。④《现代社会学》是中国人自己写的最早的一部联系中国革命实际系统论述唯物史观的专著，整篇著作体系宏大，内容丰富深刻，语言通俗易懂，从一般到特殊，从历史到现实，从世界革命到中国革命，对中国面临的现实问题和未来走向给予符合逻辑的回答，达到那个时代中国人的最高水平。

1927年底至1932年夏，李达避居上海，与友人创办昆仑书店，还自己创办笔耕堂书店，出版了一批马克思主义经典著作。在此期间，李达还翻译出版塔尔海玛的《现代世界观》（又名《辩证唯物论入门》，1929年出版）、河上肇的

① 《李达全集》第四卷，人民出版社2016年版，第3—4页。

② 《李达全集》第四卷，人民出版社2016年版，第4页。

③ 参见陶德麟：《李达》，载孟庆仁主编：《著名马克思主义哲学家评传》第3卷，山东人民出版社1991年版，第307页。

④ 参见陶德麟：《再版前言》，载李达：《现代社会学》，武汉大学出版社2007年版，第2—3页。

《马克思主义之哲学基础》(即《马克思主义经济学基础理论》上篇,1930年出版)、卢波尔的《理论与实践的社会科学根本问题》(1930年出版)、西洛可夫等人的《辩证法唯物论教程》(雷仲坚译,1932年出版)等马克思主义哲学著作。这四本书都是在原作出版后次年即被译为中文出版的。说明李达高度关注国外马克思主义哲学的研究动态。1932年,李达至北平任北平大学法商学院和中国大学教授,讲授经济学、社会学、社会发展史、货币学等课程。这一时期,他撰写了《经济学大纲》《货币学概论》《社会学大纲》和《社会进化史》四部专著及一大批论文。这期间李达在马克思主义哲学中国化方面的重大贡献,最值得称道的是1935年发表的《社会学大纲》,该书最早由北平大学法商学院作为教材印行,后经修订和较大篇幅的增补,1937年5月由笔耕堂书店出版,至1939年4月共印行4版。1939年,艾思奇编辑了一本《哲学选辑》,作为延安干部学哲学之用,其中收录了《社会学大纲》的"唯物辩证法诸法则"一章。1948年2月生活书店将该书的历史唯物论部分(第二篇至第五篇)以《新社会学大纲》的书名出版,沈志远为之作序。1948年7月新华书店将该书分5册翻印出版,把书中的某些术语改为通用译语,并写了"翻印者的话"。1981年2月,人民出版社将该书作为《李达文集》第二卷出版。2007年4月,武汉大学出版社将其列入《武汉大学百年名典》再版。① 这是李达把马克思主义哲学中国化、系统化的第二部曲,被毛泽东盛赞为"中国人自己写的第一部马列主义的哲学教科书"②,对延安时期毛泽东哲学思想的形成,起到了重要的铺垫作用。

(四)艾思奇对马克思主义哲学的大众化创新

马克思主义哲学只有为广大群众所掌握,才能变为改变世界的武器。中

① 因1937年版是在1935年版基础上经李达修订补充完成的,毛泽东当年在延安反复阅读批注的也是1937年版本,既是较早的版本,也是特别重要的版本。故而笔者也采用1937年版作为考察对象。

② 转引自李达:《社会学大纲》,武汉大学出版社2007年版,"再版前言"第2页。

国共产党人在领导中国革命运动的过程中，很早就认识到哲学与群众结合的重要性。在20世纪二三十年代，为打破国民党的文化“围剿”，中国共产党人在国民党统治的白色地区组织文化工作者，摆脱党内“左”倾教条主义思想的束缚①，掀起一场马克思主义哲学通俗化、大众化的运动，写出一大批通俗化、大众化的哲学著作，其中有艾思奇的《大众哲学》、陈唯实的《通俗辩证法讲话》《通俗唯物论讲话》《新哲学体系讲话》《新哲学世界观》、沈志远的《新人生观讲话》《社会科学基础讲座》《通俗哲学讲话》《现代哲学的基本问题》，以及胡绳的《哲学漫谈》等，产生了相当广泛的影响。艾思奇最早明确提出“马克思主义哲学中国化、现实化”的命题，他的《大众哲学》（1936年）、《哲学与生活》（1939年）、《新哲学教程》（1946年）等，深刻影响一代青年学生和中国广大民众，也包括毛泽东和广大中国共产党人。《大众哲学》之所以受欢迎，就在于以下原因。

其一，抓住时代课题，反映时代精神。任何真正的哲学都是自己时代精神的精华。20世纪20—40年代，国民党反动势力对内发动反革命政变，对红色根据地数次疯狂“围剿”，说什么“攘外必先安内”，对日本帝国主义侵略消极抵抗，人民群众特别是广大青年思想极其苦闷、疑惑，对国家的前途和命运深表担忧，“中国向何处去”的问题尖锐地摆在人们的面前。正确解决这个问题，正是当时所面临的时代课题。《大众哲学》正是应人民大众所需，用马克思主义的辩证唯物主义世界观分析当时的社会状况，指出解决问题的正确途径，回答广大青年和群众的问题，用新的世界观武装了人民群众，特别是广大青年，使之走上革命道路，去挽救国家和民族的危亡。

艾思奇为什么能适时抓住时代课题？最为重要的是他站在人民的立场上，为人民的利益而探索真理。宋平回忆说：“我最早接触艾思奇同志的著作，是60年前开始走上革命道路的时候。当时，读了艾思奇的《大众哲学》。

① 参见胡绳：《〈大众哲学〉的写作及其历史作用》，载艾思奇学术思想座谈会秘书组编：《马克思主义哲学家艾思奇》，云南人民出版社1987年版，第7页。

这本书将深刻的哲理寓于生动的事例之中，通俗易懂，使我从中受到了马克思主义哲学的启蒙教育。1938 年，延安成立马列学院，艾思奇同志在那里讲授哲学。我听过他的课，得益很多，为以后自学打下了基础。"①著名经济学家于光远说："因《大众哲学》一书，艾思奇在广大青年中很知名。许许多多青年由于读了此书，才知道辩证唯物主义哲学，提高了对中国革命的认识。"②黄楠森教授说："我接触这本书是在我上高中的时候（1939—1942 年）。我不但在它的影响下选择了哲学专业，而且在它的影响下逐渐走上革命的道路，走上马克思主义的道路。我初读这本书至今已 40 多年了，但它使我茅塞顿开，豁然开朗的情景犹历历如在目前。它是当时国民党统治区内可以同文艺作品较量读者多少的一本哲学畅销书。它曾产生过的社会效果确实是难以估量的。"③据王匡回忆，在延安，有一次艾思奇和他说到那本风行一时的《大众哲学》时说："这本书之所以深受欢迎，不是由于我有什么特殊的创造，我只不过把马克思主义哲学的基本原理，用比较通俗的形式表达出来罢了。""这本书在抗战前线得以畅销，有其客观原因：一个是当时党的统一战线的政治路线的正确；二是红军二万五千里长征北上抗日行动的胜利；三是广大知识青年在抗日救亡运动中理论和实践上的需要。就是由于以上的几个原因，更激发起人们对新哲学（马克思主义哲学）的兴趣。不然的话，新哲学到我国来近二十年了，为什么惟有此时才受人注意？因此，这本小书之所以受到读者的欢迎，应当归功于党的政治路线，归功于伟大的长征战士，因为没有这些光辉的胜利，就不可能有抗日救亡的革命形势，没有抗日救亡的革命形势，就找不到这样多迫切需

---

① 宋平：《在艾思奇哲学思想研读会上的讲话》，载艾思奇同志纪念文集编辑组编：《人民的哲学家——艾思奇纪念文集》，云南人民出版社 1997 年版，第 1 页。

② 于光远：《忆艾思奇》，载艾思奇同志纪念文集编辑组编：《人民的哲学家——艾思奇纪念文集》，云南人民出版社 1997 年版，第 24 页。

③ 黄楠森：《哲学通俗化的榜样》，载艾思奇学术思想座谈会秘书组编：《马克思主义哲学家艾思奇》，云南人民出版社 1987 年版，第 382 页。

要革命理论的青年读者。”①

其二,进行艰苦的理论创造。《大众哲学》来之不易,它的成功与艾思奇的主观努力是分不开的。一是刻苦钻研马克思主义哲学经典著作。在日本留学期间,在中共东京特别支部引导下,艾思奇研读了《反杜林论》《费尔巴哈论》等马列著作,为了取其精义,他自学德文,直接研读《反杜林论》等著作的德文版,把一本《反杜林论》都翻烂了。为了弄清马克思主义哲学的理论来源,他还钻研了黑格尔的《逻辑学》等著作。据艾思奇本人讲,《大众哲学》这本不到10万字的小册子,前后竟经过一年才写完。“热心不热心是一回事,用力不用力又是一回事。是的,《大众哲学》实在花费了我不少的精力。如果我用同样的精力来做专门的学术研究,我想至少也可以有两倍以上的成绩了罢。”②二是深入群众,贴近群众,贴近生活,了解现实。据艾思奇讲,《大众哲学》“不是装潢美丽的西点,只是一块干烧的大饼”,它不是写给学院里的专家教授或政府机构里的官员的,而是送给都市街头、店铺内、乡村里,“给那失学者们解一解智识的饥荒”而已。作者把“专门研究者的心情放弃了,回复到初学时候的见地来写作。说话不怕幼稚,只求明白具体”。③ 三是有探索真理、坚持真理的政治勇气和理论勇气。《大众哲学》是在国民党统治的上海写成的,“当《大众哲学》在《读书生活》上逐期连载的时候,言论界还存在着检查委员会的统制。一篇文章写成之后,要经过‘删去’、盖章,然后才能够和读者见面。碰得不好的时候,就根本无法出版。《大众哲学》所要讲的全是新唯物论方面的东西,这根本就已经不大妙了。”④正如山涧中的流水,本来可直泻而下,却要经过许多弯转,然后才能到达目的。这是一件“吃力不讨好的工作”。然而,实践表明,《大众哲学》并非吃力不讨好,“不讨好”的只是极少数人,

① 王匡:《我所知道的艾思奇同志》,载《一个哲学家的道路》,云南人民出版社1985年版,第141—142页。

② 《艾思奇全书》第一卷,人民出版社2006年版,第602页。

③ 《艾思奇全书》第一卷,人民出版社2006年版,第603—604页。

④ 《艾思奇全书》第一卷,人民出版社2006年版,第603页。

“讨好”的却是广大群众读者。

其三，满足人民大众的现实需要。马克思曾经说过：“理论一经掌握群众，也会变成物质力量。理论只要说服人，就能掌握群众；而理论只要彻底，就能说服人。所谓彻底，就是抓住事物的根本。”①马克思在这里所说的“群众”，首先是那些发达资本主义国家的产业工人。只要理论彻底，就能使他们心服口服，心悦诚服地跟着共产党人改变旧世界。但对经济文化都比较落后的中国来说，面对那些并没有受到多少教育的非产业工人群众来说，只有理论的彻底还不行。由于中国资本主义的不发达，以及帝国主义侵略又将民族矛盾提到突出位置，这就使得在中国将马克思主义革命理论与革命实践结合起来的难度要大得多。如何使那些非产业工人阶级群众接受社会主义革命的理论，这个问题在中国尤为严重。正是在这样的背景下，《大众哲学》以生动的语言，引人入胜的事例，别开生面的形式，深入浅出的道理，阐发马克思主义哲学辩证唯物论的基本原理，在马克思主义哲学发展历史上是破天荒的创举，是第一本以独有的形式进行哲学大众化的开拓性成功尝试，人们称赞《大众哲学》是“大众的书”“救命的书”，人们把艾思奇称为“大众哲人”。《大众哲学》使马克思主义哲学从哲学家的课堂和书斋里走出来，变成了人民群众改变世界的锐利武器，因而受到广大人民群众的广泛欢迎。毛泽东在 1957 年 11 月莫斯科各国共产党和工人党代表会议上的讲话中说，辩证法应该从哲学家的圈子走到广大人民群众中间去。② 艾思奇早在毛泽东提出这个要求以前就这样做了，而且已经大见成效，促进了伟大的中国革命。

延安时期，艾思奇结合广大干部学员对马克思主义哲学的学习，党的整风运动，以及对敌斗争的需要，写下了一大批哲学论著。例如，1938 年 4 月写的《哲学的现状和任务》，1938 年 9 月写的《共产主义者和道德》，1939 年写的《哲学“研究提纲”》，1939 年 3 月写的《民族和民族斗争》，1939 年 8 月写的

① 《马克思恩格斯文集》第 1 卷，人民出版社 2009 年版，第 11 页。

② 参见《毛泽东思想年编：1921—1975》，中央文献出版社 2011 年版，第 847 页。

《怎样研究辩证法唯物论》,1939 年 11 月写的《社会主义革命与知识分子》,1940 年 2 月写的《论中国的特殊性》,1940 年 6—8 月写的《哲学是什么》,1940 年 9 月至 1941 年 1 月写的《什么是辩证法》,1941 年 9 月写的《反对主观主义》,1942 年 10 月写的《怎样改造我们的学习》,1942 年主编的《马恩列斯思想方法论》,等等。这些著作为用马克思主义哲学武装广大党员干部反对教条主义和主观主义、正确分析抗战形势作出了重要贡献。其中最为重要的是 1938 年 4 月,他在武汉《自由中国》上发表的《哲学的现状和任务》,最早明确提出“马克思主义哲学中国化”的口号与任务。

三、中国近代以来历史发展及革命形势的迫切要求

马克思主义哲学的中国化,不仅是以毛泽东同志为主要代表的中国共产党人的主观追求,也是客观历史条件及革命形势发展的必然要求。晚年毛泽东在回忆自己走向革命的经历时,感慨社会历史条件的推动作用。“社会把我们这些人推上政治舞台。以前谁想到要搞马克思主义?听都没有听说过。听过的是孔夫子、拿破仑、华盛顿、大彼得、明治维新、意大利三杰,就是资本主义那一套……”①

(一)中华民族救亡图存的客观要求成为重要历史条件

近代以来,由于民族生存危机异常严重,投身于救亡大业的知识分子的心头几乎都笼罩着一种急切心情,期望救亡的政治实践能够迅速地取得现实的成效,使中国迅速地摆脱危机四伏的境地。戊戌变法时王照主张先多立学堂,改变风气,然后再行新政,康有为则回答说:“列强瓜分就在眼前,你这条道如

① 转引自龚育之:《党史札记》二集,人民出版社 2014 年版,第 236 页。

何来得及?”①孙中山与严复于 1905 年曾就中国改革的思路进行过一番交谈。严复说:“中国民品之劣,民智之卑……为今之计,惟急从教育上着手,庶几逐渐更新也。”对此,孙中山断然回答:“俟河之清,人寿几何?”②1920 年青年毛泽东否定萧子升等代表的改良主义的社会改造方案时,提出的一条重要理由就是:“理想固要紧,现实尤其要紧,用和平方法去达共产目的,要何日才能成功? 假如要一百年,这一百年中宛转呻吟的无产阶级,我们对之如何处置?”③萧子升在后来的回忆中也突出地提到了这一点,毛泽东对萧子升说过:“对于你愿意等一百年或一千年的耐心,我非常欣赏。我却不能等十年,我希望更早一些实现我们的目标。”“我喜欢立竿见影的事。”④

以上所举诸例,相当淋漓地表现出包括毛泽东在内的当时知识分子那种欲图彻底改造中国的急切心理。改良式的以启蒙实现救亡的变革实践,其难以在短期内取得变更民族生存处境的显著效果的特点,决定了它本身就是很难适应中国现代知识分子救亡的急切心理。因此,五四新文化的思想启蒙运动处在那种特殊的时代氛围中,决定了它在客观上很难一直沿着单纯地以启蒙实现救亡图存的渐进道路发展下去。基于这种急切的救亡心态,早期的中国马克思主义者都极大地突出了马克思主义哲学的实践性格。陈独秀 1922 年著文提出:“马克思的学说和行为有两大精神”,即实际研究的精神和实际活动的精神。他强调,应当“以马克思实际研究的精神研究社会上各种情形,最重要的是现社会的政治及经济状况,不要单单研究马克思的学理”;应当“发挥实际活动的精神,把马克思学说当作社会革命的原动力”,“实际去活动,干社会的革命”,而不要把它当作消遣品。⑤ 这种实践精神与李大钊所强

① 余英时:《中国思想传统的现代诠释》,江苏人民出版社 1989 年版,第 53 页。

② 王蘧常:《严几道年谱》,商务印书馆 1936 年版,第 74 页。

③ 《毛泽东书信选集》,人民出版社 1983 年版,第 7 页。

④ 肖瑜:《我和毛泽东的一段曲折经历》,昆仑出版社 1989 年版,第 164—165、165 页。

⑤ 《陈独秀文章选编》,三联书店 1984 年版,第 178 页。

调的,不要“偏于纸上的空谈”,而应“暂向实际的方面去作”①是完全一致的。

(二)中国革命形势的迫切要求成为重要实践契机

早期的中国革命形势为马克思主义中国化提供了重要的实践契机。在建党初期和20世纪30年代,在党内出现的对中国革命造成极大危害的右的和“左”的错误,其思想根源都在于把马克思列宁主义教条化。共产国际和俄国共产党曾一再警告中国共产党人不可有丝毫退出国民党的念头,而且在两党合作中要以国民党为主。1926年底共产国际召开的七次全会作出的《关于中国形势问题的决议》,要求中共既要保全统一战线,又要深入开展土地革命。这些政策与中国实际相脱节,在当时形势下执行不下去但又必须执行。陈独秀不但没有坚决予以抵制,而且在中山舰事件、整理党务案上一再退让,对蒋介石、汪精卫一再妥协,放弃共产党对中国民主革命领导权的争夺,以致当蒋介石背叛革命,对共产党人实行大屠杀之时,共产党人一筹莫展。同样,在共产国际和斯大林的扶持下,学生出身,只有书本知识而缺乏实际工作经验,对中国社会实际更不了解的王明,在20世纪30年代占据了在中央的统治地位。他把一些“本本”背得烂熟,张口闭口引经据典,但严重脱离实际,根本不懂得“中国是什么东西”。在他看来,共产国际的决议和斯大林的论述才是指导中国革命的“最高原则”。王明的“左”倾教条主义混淆了民主革命和社会主义革命的界限,在政治上提出消灭整个资产阶级,并将其与反对帝国主义并列,对坚持正确路线的同志进行残酷斗争、无情打击,增加了革命的阻力,把一切可以争取和团结的力量统统赶到敌人一边去了,孤立了自己;在经济上实行过“左”的土地政策、工商业政策、税收政策和劳动政策,地主不分田,富农分坏田,严重影响了根据地经济的发展。王明“左”倾教条主义统治的党中央所实行的军事冒险主义,导致中央红军第五次反“围剿”失败,使土地革命战争遭到严重损失,中国革命几乎陷于绝境。

---

① 《李大钊文集》下卷,人民出版社1984年版,第34页。

正是在总结这些教训的过程中，以毛泽东同志为主要代表的中国共产党人认识到，中国的事情必须由中国的同志根据中国的实际来办，必须把马克思主义基本原理和中国的实际结合起来，把马克思主义中国化，创建了“山沟里的马克思主义”，用中国化的马克思主义来指导中国革命。毛泽东把一切从实际出发，从客观存在的事实中寻找规律、得出结论的方法，精辟地概括为实事求是。正是遵循这条实事求是的思想路线，毛泽东领导共产党找到了一条适合中国情况的革命道路，提出了合乎中国实际的党的建设理论和合乎中国革命实际要求的一系列方针与战略原则，在中国这个农民成分占多数的国家里，成功地建设了一个无产阶级的马克思主义政党，形成了中国化的马克思主义——毛泽东思想。

四、毛泽东本人所具有的独特主体因素

毛泽东哲学思想是中国共产党人集体智慧的结晶。但在马克思主义哲学中国化的第一次飞跃中，毛泽东无疑起了核心作用。毛泽东能够起到这样的作用，与他本人所独有的主体素质是分不开的。

（一）对马克思及其中外哲学文献的热爱和执着研究

毛泽东不仅熟悉中国传统文化的各种典籍，而且热爱马列的书，善于独立思考，不迷信，不盲从，这是他能够不拘泥于马克思主义的“本本”，并从中引出新意，用中国化的语言表达马克思主义思想的重要原因之一。

毛泽东从小博览群书，对中国传统文化有着深刻地了解和把握。根据李锐《毛泽东早年读书生活》一书的考证，毛泽东早年读过的书有《三字经》《幼学琼林》以及“四书五经”等诸子百家著作，有《水浒传》《三国演义》《红楼梦》《精忠传》等小说，有司马光的《资治通鉴》那样的正统编年史，也有晚清时期再度受到人们重视的17世纪的作家，诸如王夫之、顾炎武、顾祖禹、颜元、侯方域等人的著作，还有像郑观应的《盛世危言》那样的当代政治评论。对所有这

些书的广泛阅读，使毛泽东对中国传统文化了如指掌，往往旁征博引，信手拈来，语出惊人。

毛泽东也十分热爱马列的书。他曾研读《共产党宣言》不下百遍。长征时期，在敌人的围追堵截中，毛泽东丢掉了很多东西，但是《反杜林论》等马列著作却始终带在身边。1932 年 4 月，红军攻占当时福建省第二大城市漳州城，缴获了许多书籍，其中包括若干马克思主义著作，有恩格斯的《反杜林论》、列宁的《社会民主党在民主革命中的两种策略》《共产主义运动中的"左派"幼稚病》。据吴黎平和彭德怀的回忆，毛泽东在长征途中读了这三本书。①

延安时期，毛泽东广泛阅读了大量马列著作。他那个时期读过的书，包括《资本论》《社会主义从空想到科学的发展》《列宁选集》《国家与革命》《理论和策略》（收录了《论列宁主义基础》《论列宁主义的几个问题》）以及《马克思、恩格斯、列宁和斯大林论艺术》，这些书至今还保存在毛泽东故居。根据《毛泽东哲学批注集》，延安期间毛泽东还认真研读西洛可夫、爱森堡等著，李达、雷仲坚翻译的《辩证法唯物论教程》（中译本第三版），米丁等著、沈志远翻译的《辩证唯物论与历史唯物论》（上册），艾思奇著《哲学与生活》，李达著《社会学大纲》，博古翻译的《辩证唯物论与历史唯物论》，艾思奇编的《哲学选辑》等十余部马克思主义哲学的书。在 1939 年的一封信中，毛泽东写道："我的工具不够，今年还只能作工具的研究，即研究哲学，列宁主义，而以哲学为主。"②1965 年 4 月 21 日，他在党的领导干部会议上曾经说：我是先学列宁的东西，后看马、恩的书。列宁的比较好懂。③

青年时代的毛泽东，对西方思想有浓厚的兴趣。1919 年下半年杜威到北京大学讲学时，毛泽东刚巧离开北京，但许多报刊对杜威讲演的实用主义、政治哲学、教育哲学等进行详细报道或连载，毛泽东追踪阅读这些报刊，对杜威

① 参见龚育之、逄先知、石仲泉：《毛泽东的读书生活》，三联书店 1986 年版，第 23—25 页。

② 转引自陈晋：《毛泽东读书笔记解析》上册，广东人民出版社 1996 年版，第 824 页。

③ 参见陈晋：《毛泽东读书笔记解析》上册，广东人民出版社 1996 年版，第 700 页。

的讲演录都详细加以研究。1920 年，毛泽东直接听过杜威在北大作的“现代的三大哲学家”的讲演。1920 年 10 月，毛泽东积极参加了杜威和罗素在湖南长沙讲演的筹备和接待工作，并被特聘为讲演大会的记录员。他奔走于各讲演会场之间，亲听了杜威和罗素的讲演，听完之后便立即与一些新民学会会员展开详细的讨论。① 早年毛泽东受蔡元培影响较大。他在对泡尔生《伦理学原理》一书所作批评中的一些观点，也来自蔡元培编写的《哲学大纲》。而《哲学大纲》在编写时兼采了孔德的观点。蔡元培对尼采及柏格森哲学和美学思想的介绍，都给毛泽东较深的影响。1914—1918 年间，毛泽东在湖南第一师范学校就读期间还接触过黑格尔哲学著作。毛泽东和朋友们把讨论黑格尔哲学作为学习研究的一个重要内容。毛泽东把马君武翻译的《赫克尔（黑格尔）一元论哲学》作为重要的研究著作，曾多次阅读并将此书推荐给别人。40 年之后的 1965 年 8 月 5 日，他在会见外宾时还是强调黑格尔的书必须看。② 毛泽东曾说，不读唯心主义的书、形而上学的书，就不懂得唯物主义和辩证法。1932 年他读了德波林的《欧洲哲学史》。1965 年在一次会见外宾时，毛泽东说他读过苏格拉底、柏拉图和亚里士多德的书。他看重费尔巴哈这第一个看透神是人的思想意识之反映的人，并强调“他的书必须看”。毛泽东对古希腊哲学和以康德、黑格尔、费尔巴哈为代表的德国古典哲学，更是熟悉一些。这两段时期恰是西方哲学发展史上的高峰。③ 斯诺在《西行漫记》中说：“毛泽东是个认真研究哲学的人。我有一阵子每天晚上都去见他，向他采访共产党的党史，有一次一个客人带了几本哲学新书来给他，于是毛泽东就要求我改期再谈。他花了三、四夜的工夫专心读了这几本书，在这期间，他似乎是什么都不管了。他读书的范围不仅限于马克思主义的哲学家，而且也读过一些古希

① 参见陈晋：《毛泽东读书笔记解析》上册，广东人民出版社 1996 年版，第 692—693 页。

② 参见陈晋：《毛泽东读书笔记解析》上册，广东人民出版社 1996 年版，第 694 页。

③ 参见陈晋：《毛泽东读书笔记解析》上册，广东人民出版社 1996 年版，第 694—695 页。

腊哲学家、斯宾诺莎、康德、歌德、黑格尔、卢梭等人的著作。”①

毛泽东广泛阅读中外哲学，但从来不拘泥、迷信、盲从于书本中现有的知识。例如，在读了《共产党宣言》和考茨基的《阶级斗争》、柯卡普的《社会主义史》之后，毛泽东写道：“可是这些书上，并没有中国的湖南、湖北，也没有中国的蒋介石和陈独秀。我只取了它四个字：‘阶级斗争’。”②这表现出毛泽东注重中国国情、注重实际分析的思维方式。毛泽东也一再告诫人们，读书要思考，想他自己的主见，他说读书不想等于白读，有的人读书越多反而越愚蠢，就因为他不动脑子，读的书越多，就没有自己的看法，老跟着别人走③。这是毛泽东能够写出像《实践论》《矛盾论》等著作，既与中国传统文化的朴素辩证法和生动语言相结合，又用马克思主义哲学的一般原理来分析中国革命实际，说出马克思“本本”上没有的“新话”的重要原因。

（二）始终坚持对实际问题的调查研究

毛泽东始终注意调查研究，强调一切从实际出发，为全党树立了调查研究的榜样，搭起了马克思主义与中国实际结合的桥梁。

早在第一次国内革命战争时期，为了回答社会上的封建势力和党内的右倾机会主义分子对农民运动的责难，毛泽东到湖南湘潭、湘乡等五个县做了实地调查，写出了《湖南农民运动考察报告》这一光辉文献。在第二次国内革命战争时期，他为了深入了解农村和农民生活的状况，多次进行调查研究，写下了《寻乌调查》《兴国调查》《长冈乡调查》《才溪乡调查》等报告。1930 年，在《反对本本主义》一文中，他明确提出“没有调查，没有发言权”的响亮口号。他指出：“离开实际调查就要产生唯心的阶级估量和唯心的工作指导，那末，

① ［美］斯诺：《西行漫记》，东方出版社 2005 年版，第 76 页。

② 《毛泽东农村调查文集》，人民出版社 1982 年版，第 22 页。

③ 徐涛：《毛泽东同志的读书学习和健身运动》，参见陈占安主编：《毛泽东思想专题讲座》，北京大学出版社 2000 年版，第 350 页。

它的结果，不是机会主义，便是盲动主义”。① 1931 年，他进一步提出：“我们的口号是：一，不做调查没有发言权。二，不做正确的调查同样没有发言权。”②

延安整风期间，毛泽东深刻揭示教条主义的思想实质及其危害。他说：教条主义是反科学、反马克思列宁主义的主观主义方法，是共产党的大敌，是工人阶级的大敌，是人民的大敌，是民族的大敌，是党性不纯的一种表现。为了彻底清算教条主义，他向全党提出进行系统的、周密的调查研究的任务。“依据马克思列宁主义的理论和方法，对敌友我三方的经济、财政、政治、军事、文化、党务各方面的动态进行详细的调查和研究的工作，然后引出应有的和必要的结论。为此目的，就要引导同志们的眼光向着这种实际事物的调查和研究。就要使同志们懂得，共产党领导机关的基本任务，就在于了解情况和掌握政策两件大事，前一件事就是所谓认识世界，后一件事就是所谓改造世界。就要使同志们懂得，没有调查就没有发言权，夸夸其谈地乱说一顿和一二三四的现象罗列，都是无用的。”③要“把马克思列宁主义的理论应用于中国的具体的环境”，使马克思主义在中国具体化，在其每一表现中带着必须有的中国的特性，用中国的民族的形式表现、表达出来。离开中国特点来谈马克思主义，只是抽象的空洞的马克思主义。因此，“洋八股必须废止，空洞抽象的调头必须少唱，教条主义必须休息，而代之以新鲜活泼的、为中国老百姓所喜闻乐见的中国作风和中国气派”。④

20 世纪 60 年代初，毛泽东曾经批评有的人不能一如既往地坚持调查研究。他说：过去在抗日战争、解放战争时期，调查研究比较认真，实事求是的传统坚持得比较好。入城以后，许多同志包括一些高级领导同志，调查研究工作不大做了，不到下面去了解情况，研究问题，不去接触群众和干部，或者接触他

① 《毛泽东选集》第一卷，人民出版社 1991 年版，第 112 页。

② 《毛泽东文集》第一卷，人民出版社 1993 年版，第 267—268 页。

③ 《毛泽东选集》第三卷，人民出版社 1991 年版，第 802 页。

④ 《毛泽东选集》第二卷，人民出版社 1991 年版，第 534 页。

们的时候,老是训人,而不是跟他们商量,交换意见。这是很不好的,很危险的。他指出那几年出的问题,大体上都是因为胸中无数,情况不明,没有基础,没有底,凭感想和估计办事,主观地决定问题,从而政策、方法、措施都不对头,使工作吃亏很大,付出的代价很大。他提出:“各级党委,不许不作调查研究工作。绝对禁止党委少数人不作调查,不同群众商量,关在房子里,作出害死人的主观主义的所谓政策。”①

(三)善于在斗争中把问题研究引向深入

毛泽东推崇实践,尤其推崇斗争实践。自少年时代起,就显示出独立自主、敢想敢干的品质和强烈的自尊、自信。他曾豪迈地宣称“自信人生二百年,会当水击三千里”,与他的同窗好友们“指点江山,激扬文字,粪土当年万户侯”。他向苍茫大地宣告了谁主沉浮的宏大志向,并且大声疾呼:与天奋斗,其乐无穷!与地奋斗,其乐无穷!与人奋斗,其乐无穷!这种奋斗精神,是青年毛泽东的思想和行为的主要特征。成为职业革命家后,他的斗争精神有增无减。在《反对本本主义》一文中指出:“共产党的正确而不动摇的斗争策略,决不是少数人坐在房子里能够产生的,它是要在群众的斗争过程中才能产生的,这就是说要在实际经验中才能产生。”②在《实践论》中,他进一步强调实践对于正确理论的重要意义。他说:你想要知道梨子的滋味,就得亲口尝一尝。一个正确的认识,往往要经过由实践到认识,由认识到实践的多次反复才能形成。

毛泽东善于在实践中总结经验。“三大纪律,八项注意”的行动原则,“敌进我退,敌疲我打,敌驻我扰,敌退我追”的机动灵活战略战术,抗日战争中对敌我双方形势的分析,以及抗日战争是“持久战”的结论,解放战争时期毛泽东提出的“十大军事原则”,这些都是马克思的“本本”上找不到的。毛泽东提

① 《毛泽东书信选集》,人民出版社 1983 年版,第 582 页。

② 《毛泽东选集》第一卷,人民出版社 1991 年版,第 115 页。

出:“只有一般的理论,不用于中国的实际,打不得敌人。”要像列宁把马克思主义的立场、方法与俄国革命的具体实践结合起来,创造了一个布尔什维主义那样,“在中国创造出一些新的东西”,“如果把理论用到实际上去,用马克思主义的立场、方法来解决中国问题,创造些新的东西,这样就用得了。”①邓小平曾经指出:“毛泽东同志从参加共产主义运动、缔造我们党的最初年代开始,就一直提倡和实行对于社会客观情况的调查研究,就一直同理论脱离实际、一切只从主观愿望出发、一切只从本本和上级指示出发而不联系具体实际的错误倾向作坚决的斗争。”②这是对毛泽东斗争精神的深刻总结。正是在与党内形形色色的教条主义、经验主义的斗争中,毛泽东把马克思主义发展为中国化了的马克思主义。

① 《毛泽东文集》第二卷,人民出版社 1993 年版,第 408 页。

② 《邓小平文选》第二卷,人民出版社 1994 年版,第 114—115 页。

第二章　实事求是:第一次飞跃的世界观奠基

“实事求是”是一个中国古老的命题,毛泽东针对中国革命中的教条主义、主观主义,结合中国革命的经验,用中国传统的一个成语“实事求是”来表述马克思主义哲学的根本观点,成为指引中国共产党人的根本思想路线。实事求是是无产阶级世界观的基础,是马克思主义哲学的精髓、毛泽东哲学思想的根本点。然而,这一问题在国内外研究中仍存在一些认识误区,很有必要进行深入研究。

一、中国共产党人反教条主义斗争实践的产物

“实事求是”是马克思主义思想路线的中国化概括。《关于建国以来党的若干历史问题的决议》指出:实事求是就是从实际出发,理论联系实际,就是要把马克思列宁主义普遍原理同中国革命具体实践相结合。黑格尔曾说过:“只有当一个民族用自己的语言掌握了一门科学的时候,我们才能说这门科学属于这个民族了;这一点,对于哲学来说最有必要。”①同样可以说,“实事求是”思想路线的确立,马克思主义思想路线的中国化,表明以毛泽东同志为主要代表的中

① ［德］黑格尔:《哲学史讲演录》第4卷,贺麟、王太庆译,商务印书馆1978年版,第187页。

国共产党人已经掌握了辩证唯物主义和历史唯物主义的世界观和方法论。

(一)从“本本”出发还是从“实际”出发

中国革命从一开始就存在着唯物主义和唯心主义的斗争。早在20世纪20年代,毛泽东就运用唯物史观分析中国社会的现实,写下《中国社会各阶级的分析》《湖南农民运动考察报告》,之后把秋收起义的部队带上井冈山,创建农村革命根据地,在实践中开辟了农村包围城市、武装夺取政权的具有中国特点的革命道路。然而,革命的实践却并非一帆风顺,而是充满复杂的思想斗争,斗争的核心是一切从实际出发还是从“本本”出发。1930年,在《反对本本主义》一文中,针对党内存在的教条主义、“左”倾盲动主义,毛泽东就明确提出,一切从实际出发还是从“本本”出发,这是“唯物”和“唯心”两条思想路线的斗争。毛泽东严厉斥责教条主义,当头棒喝地指出:“一切结论产生于调查情况的末尾,而不是在它的先头”①,提出“没有调查,没有发言权”的著名论断。毛泽东认为,所谓“调查就是解决问题”。相反,本本主义迷信书本,以为上了书的就是对的,开口闭口“拿本本来”。本本主义者不懂得革命的任务随着历史过程中每一个特殊阶段及其具体经济和政治环境的变化而变化,而作为革命的领导者必须随时进行实际的调查研究。本本主义者们遇到问题不是去做实际的调查,而是一个人或邀集一堆人在那里“冥思苦索”,以为可以想出什么解决问题的好办法、好主意,这是唯心主义的先验论。中国革命斗争的胜利要靠中国同志了解中国情况。“马克思主义的‘本本’是要学习的,但是必须同我国的实际情况相结合。我们需要‘本本’,但是一定要纠正脱离实际情况的本本主义”②。学习马克思主义的“本本”,是为了指导我们的革命斗争。但对“本本”的学习一定要同中国革命的实际情况结合起来,贯彻执行上级领导机关的指示也必须从实际出发。“我们说上级领导机关的指示是正确

---

① 《毛泽东选集》第一卷,人民出版社1991年版,第110页。

② 《毛泽东选集》第一卷,人民出版社1991年版,第111—112页。

的，决不单是因为它出于‘上级领导机关’，而是因为它的内容是适合于斗争中客观和主观情势的，是斗争所需要的。”①为了做到把上级指示同本地区、本部门的实际结合，创造性地执行上级指示，而不是照抄照转，唯一的方法就是进行调查研究。只有努力作实际调查，才能洗刷唯心精神。毛泽东在这里提出的共产党人的思想路线，是中国共产党成立以来如何对待马克思主义的理论总结，实际上已经蕴含着马克思主义必须中国化、具体化、民族化的命题，成为马克思主义哲学中国化命题提出的思想先导。

1935 年 12 月召开的瓦窑堡会议，毛泽东结合中国共产党以往的经验教训，他批评关门主义像是“三岁小孩”，把革命的道路想得笔直又笔直，“还不明白天下国家的道理”，他们像是井底之蛙，把天想得像井那么大，“关门主义‘为渊驱鱼，为丛驱雀’，把‘千千万万’和‘浩浩荡荡’都赶到敌人那一边去，只博得敌人的喝采。”②从根本上来讲，教条主义不能把马列主义“活泼地运用到中国的特殊的具体环境中去”③，而把马列主义变成死的教条。马克思主义一定要“具体化”，与中国革命的具体问题相结合。1956 年，毛泽东再次回顾历史，深刻反思教条主义的危害。“要反对教条主义。在政治上我们是吃过亏的。什么都学习俄国，当成教条，结果是大失败，把白区搞掉几乎百分之百，根据地和红军搞掉百分之九十，使革命的胜利推迟了好些年。这就是因为不从实际出发，从教条出发的原故。教条主义者没有把马克思列宁主义的基本原理同中国革命实际相结合。……必须反对教条主义，假使不反，革命就不能胜利。”④

在“本本主义”、教条主义的统治下，红军在第五次反“围剿”斗争中失利，“丧失了除了陕甘边区以外的一切革命根据地，使红军由三十万人降到了几万人，使中国共产党由三十万党员降到了几万党员，而在国民党区域的党组织

① 《毛泽东选集》第一卷，人民出版社 1991 年版，第 111 页。

② 《毛泽东选集》第一卷，人民出版社 1991 年版，第 155 页。

③ 《中共中央文件选集》第 10 册，中共中央党校出版社 1991 年版，第 618 页。

④ 《毛泽东文集》第七卷，人民出版社 1999 年版，第 79 页。

几乎全部丧失。”①毛泽东痛斥教条主义,“他们自称为马克思列宁主义者,其实一点马克思列宁主义也没有学到。”②其根本原因,就在于教条主义不懂得“从实际出发”这个马克思主义的根本观点。正是结合中国革命的形势,毛泽东对马克思主义哲学的根本观点、哲学精髓作出中国化概括。

(二)深刻揭示教条主义的认识论根源

马克思和恩格斯一再强调:我们的理论是行动的指南,而不是僵化的教条。但教条主义者忘记了马克思主义哲学的这一基本原理,把马克思主义变为僵死的教条,然后套用于中国革命的生动实践。

1937 年七八月间,在《实践论》和《矛盾论》中,毛泽东深入研究马克思主义哲学的认识论,对认识的来源、认识的本质、认识发展的动力、检验真理的标准、认识发展的总规律,以及矛盾的普遍性和特殊性的关系、主要矛盾和次要矛盾的关系、矛盾的主要方面和次要方面的关系等问题进行系统论述,特别是全面分析了矛盾特殊性的具体表现,提出“共性个性、绝对相对的道理,是关于事物矛盾的问题的精髓,不懂得它,就等于抛弃了辩证法”③的结论,进一步从认识论、矛盾论的视角分析了马克思主义哲学的根本观点,深刻分析机会主义、“左”倾教条主义的认识论根源。毛泽东指出:“唯心论和机械唯物论,机会主义和冒险主义,都是以主观和客观相分裂,以认识和实践相脱离为特征的。”④《实践论》和《矛盾论》成为毛泽东思想的哲学奠基,也成为马克思主义哲学中国化的奠基之作、创新之作。其中《实践论》更为突出,更为重要,其副标题特别指出:“论认识和实践的关系——知和行的关系”,最后尾声之处又画龙点睛地指出:“这就是辩证唯物论的全部认识论,这就是辩证唯物论的知

① 《毛泽东选集》第一卷,人民出版社 1991 年版,第 187 页。
② 《毛泽东选集》第一卷,人民出版社 1991 年版,第 187 页。
③ 《毛泽东选集》第一卷,人民出版社 1991 年版,第 320 页。
④ 《毛泽东选集》第一卷,人民出版社 1991 年版,第 295 页。

行统一观"①,点出了马克思主义认识论与中国古典哲学、民族智慧的血脉相连与思想升华。

1938年10月,在党的六届六中全会上,毛泽东作《论新阶段》的政治报告,报告中明确向全党提出"马克思主义中国化"的历史任务。他指出:"马克思主义必须和我国的具体特点相结合并通过一定的民族形式才能实现。""因此,使马克思主义在中国具体化,使之在其每一表现中带着必须有的中国的特性,即是说,按照中国的特点去应用它,成为全党亟待了解并亟须解决的问题。"②在这个报告中,他还说,指导一个伟大的革命运动的政党,必须学习马克思列宁主义的理论,学习本国的历史遗产,对实际运动要有深刻的了解,否则要取得胜利是不可能的。

(三)明确提出"实事求是"的思想路线

延安整风期间,毛泽东先后发表《改造我们的学习》《整顿党的作风》《反对党八股》和《在延安文艺座谈会上的讲话》等文章,掀起轰轰烈烈的整风运动,矛头所指仍然是教条主义。毛泽东明确把马克思主义哲学的世界观和方法论概括为"实事求是"四个大字。毛泽东指出:"'实事'就是客观存在着的一切事物,'是'就是客观事物的内部联系,即规律性,'求'就是我们去研究。"③要求共产党人不是从主观出发,而是通过对周围环境作严密细致的调查,"从国内外、省内外、县内外、区内外的实际情况出发,从其中引出其固有的而不是臆造的规律性,即找出周围事变的内部联系,作为我们行动的向导。"④毛泽东用中国人民所喜闻乐见的话语概括了唯物主义的基本思想,概括了中国革命最基本的经验,实现了马克思主义一般原理的中国化。实事求是首先是"实事"。"实事"的范围非常之广,具体来说,就是主观以外的"客观

① 《毛泽东选集》第一卷,人民出版社1991年版,第297页。
② 《毛泽东选集》第二卷,人民出版社1991年版,第534页。
③ 《毛泽东选集》第三卷,人民出版社1991年版,第801页。
④ 《毛泽东选集》第三卷,人民出版社1991年版,第801页。

事物”，而在毛泽东眼里，最主要的则是中国基本国情。一切从实际出发，就是一切从中国的基本国情出发。这是共产党员最基本的工作方法。他说：“我们所犯的错误，研究其发生的原因，都是由于我们离开了当时当地的实际情况，主观地决定自己的工作方针。这一点，应当引为全体同志的教训。”①其次是“求”。就是要发挥主体能动性，动脑筋、想办法，进行思考，探索和研究。怎样才能了解事物的真实情况，真正懂得“实事”？毛泽东认为，唯一的办法就是调查研究，没有调查就没有发言权。再次是“是”。就是对客观事物进行抽象概括，把握其中的真理和规律。毛泽东告诫全党，“我们学马克思列宁主义不是为着好看，也不是因为它有什么神秘，只是因为它是领导无产阶级革命事业走向胜利的科学。直到现在，还有不少的人，把马克思列宁主义书本上的某些个别字句看作现成的灵丹圣药，似乎只要得了它，就可以不费气力地包医百病。这是一种幼稚者的蒙昧，我们对这些人应该作启蒙运动。那些将马克思列宁主义当宗教教条看待的人，就是这种蒙昧无知的人。对于这种人，应该老实地对他说，你的教条一点什么用处也没有。马克思、恩格斯、列宁、斯大林曾经反复地讲，我们的学说不是教条而是行动的指南。这些人偏偏忘记这句最重要最重要的话。”②实事求是要求我们在处理问题时，“不凭主观想象，不凭一时的热情，不凭死的书本，而凭客观存在的事实，详细地占有材料。”③

二、马克思主义哲学根本观点的中国表达

世界是什么，人在世界面前怎么样？这是世界观必须回答的问题。前者涉及的是世界的客观性问题，后者讲的是人的主体能动性问题，主体性与客观性的关系问题构成世界观的基本问题。马克思主义哲学从实践出发，实现了哲学史上世界观的根本变革。毛泽东用“实事求是”概括马克思主义的世界

① 《毛泽东选集》第四卷，人民出版社 1991 年版，第 1308 页。

② 《毛泽东选集》第三卷，人民出版社 1991 年版，第 820 页。

③ 《毛泽东选集》第三卷，人民出版社 1991 年版，第 801 页。

观,反映了马克思主义世界观的基本内涵。

(一)实践的观点是马克思主义哲学的根本观点

青年时代的马克思和恩格斯就已经开始了哲学世界观的变革。早在《1844年经济学哲学手稿》中,马克思就用实践的观点来解释历史和自然。在他看来,整个人类历史都是人通过劳动实践创造的,“整个所谓世界历史不外是人通过人的劳动而诞生的过程,是自然界对人来说的生成过程,所以关于他通过自身而诞生、关于他的形成过程,他有直观的、无可辩驳的证明。”①那些离开人的实践,与人毫无联系的所谓自然界对人来说是没有意义的。“被抽象地理解的、自为的、被确定为与人分隔开来的自然界,对人来说也是无。”②马克思将自己的哲学称为“彻底的自然主义或人道主义”,认为这种哲学将超越“唯物”和“唯心”的对立而实现二者的结合。“彻底的自然主义或人道主义,既不同于唯心主义,也不同于唯物主义,同时又是把这二者结合起来的真理。”③

在《关于费尔巴哈的提纲》中,马克思称自己的哲学为“新唯物主义”。他一方面批判直观唯物主义不懂得实践,因而也不懂得人的能动性。另一方面又批判唯心主义,虽然了解人的能动性,但却是抽象地发展了。“新唯物主义”正在于它以实践为基础,实现了主体性与客观性的统一。“从前的一切唯物主义(包括费尔巴哈的唯物主义)的主要缺点是:对对象、现实、感性,只是从客体的或者直观的形式去理解,而不是把它们当做感性的人的活动,当做实践去理解,不是从主体方面去理解。因此,和唯物主义相反,唯心主义却把能动的方面抽象地发展了,当然,唯心主义是不知道现实的、感性的活动本身的。费尔巴哈想要研究跟思想客体确实不同的感性客体,但是他没有把人的活动本身理解为对象性的活动。……而对于实践则只是从它的卑污的犹太人的表

---

① 《马克思恩格斯文集》第1卷,人民出版社2009年版,第196页。

② 《马克思恩格斯文集》第1卷,人民出版社2009年版,第220页。

③ 《马克思恩格斯文集》第1卷,人民出版社2009年版,第209页。

现形式去理解和确定。因此,他不了解‘革命的’、‘实践批判的’活动的意义。”①

在《德意志意识形态》中,马克思称自己的哲学为“实践的唯物主义”,并进一步阐述了“新唯物主义”与一切旧哲学的根本区别。他说:德国哲学从天国降到人间;和它完全相反,这里我们是从人间升到天国。在思辨终止的地方,在现实生活面前,正是描述人们实践活动和实际发展过程的真正的实证科学开始的地方。“对实践的唯物主义者即共产主义者来说,全部问题都在于使现存世界革命化,实际地反对并改变现存的事物。”②马克思全面地论述了实践在历史形成和发展中的作用。他指出:现今人们生活于其中的“感性世界决不是某种开天辟地以来就直接存在的、始终如一的东西,而是工业和社会状况的产物,是历史的产物,是世世代代活动的结果,其中每一代都立足于前一代所奠定的基础上,继续发展前一代的工业和交往,并随着需要的改变而改变他们的社会制度。甚至连最简单的‘感性确定性’的对象也只是由于社会发展、由于工业和商业交往才提供给他的”③。这种实践活动、这种连续不断的感性劳动和创造、这种生产,正是整个现存的感性世界的基础,它哪怕只中断一年,不仅在自然界将发生巨大变化,而且整个人类世界以及他自己的直观能力,甚至他本身的存在也会很快就没有了。

显然,在马克思那里,实践活动不仅是认识世界的过程,而且是创造世界的过程,是主体和客体相结合的连续的运动。马克思正是从世界观层面确立了“从实践出发”的唯物主义观点。“实事求是”首先强调“实事”的客观性,同时也强调“求是”的能动性,切实体现了马克思主义实践观的根本特点。

(二)理论联系实际是马克思主义实践观的必然要求

马克思和恩格斯认为,一切理论问题最终都要由实践来回答。已经形成

① 《马克思恩格斯文集》第1卷,人民出版社2009年版,第499页。

② 《马克思恩格斯文集》第1卷,人民出版社2009年版,第527页。

③ 《马克思恩格斯文集》第1卷,人民出版社2009年版,第528页。

的理论,曾经的真理也会随着实践的发展而变成谬误。就在《共产党宣言》发表25年之后,当马克思和恩格斯再次回顾这个宣言时,他们指出:“这些原理的实际运用,正如《宣言》中所说的,随时随地都要以当时的历史条件为转移,所以第二章末尾提出的那些革命措施根本没有特别的意义。如果是在今天,这一段在许多方面都会有不同的写法了。”①

1881年1月,荷兰工人运动领导人斐迪南·纽文胡斯给马克思来信请求他回答一个问题,即社会党人如果取得政权,为了保证社会主义的胜利,他们在政治和经济方面的首要的立法措施应当是什么。马克思给他回信说:这一问题“在我看来提得不正确。在将来某个特定的时刻应该做些什么,应该马上做些什么,这当然完全取决于人们将不得不在其中活动的那个既定的历史环境。而现在提出这个问题是不着边际的,因而这实际上是一个幻想的问题,对这个问题的唯一的答复应当是对问题本身的批判”②。这就是说,未来到底应该怎样建设社会主义,一切要从当时的实际出发,离开实际的设想只能是一种猜测和幻想。

1884年8月,恩格斯在写给保尔·拉法格的信中也阐明了同样的道理。他说:“您把经济学上的‘政治的和社会的理想’强加给马克思,马克思是会提出抗议的。你是‘科学家’,你就没有理想,你就去研究出科学的结论,如果你又是一个有信念的人,你就为实现这些科学结论而战斗。但是,如果你有理想,你就不能成为科学家,因为你已经有了先入之见。”③这里的“理想”,也就是脱离了实际的“幻想”,因为你思想中已经有了“先入之见”,所以,你不可能得出科学的结论。

1886年1月,英国“费边社”的一个领导人爱德华·皮斯,请求恩格斯为他们准备出版的小册子《什么是社会主义?》写一篇提要,概述一下社会主义者提出的经济、社会和政治的基本要求。恩格斯在回信中又明确指出:“无论

---

① 《马克思恩格斯文集》第2卷,人民出版社2009年版,第5页。

② 《马克思恩格斯文集》第10卷,人民出版社2009年版,第458页。

③ 《马克思恩格斯全集》第36卷,人民出版社1975年版,第198页。

如何应当声明,我所在的党并没有任何一劳永逸的现成方案。我们对未来非资本主义社会区别于现代社会的特征的看法,是从历史事实和发展过程中得出的确切结论;不结合这些事实和过程去加以阐明,就没有任何理论价值和实际价值。"①

1893 年 5 月,恩格斯在回答法国《费加罗报》记者提问的"你们德国社会党人给自己提出什么样的最终目标"这个问题时,再次鲜明地指出:"我们没有最终目标。我们是不断发展论者,我们不打算把什么最终规律强加给人类。关于未来社会组织方面的详细情况的预定看法吗? 您在我们这里连它们的影子也找不到。当我们把生产资料转交到整个社会的手里时,我们就会心满意足了,但我们也清楚地知道,在目前的君主联邦制政府的统治下,这是不可能的。"②也就是说,在马克思和恩格斯那里,从来没有关于未来社会的一成不变的现成答案,一切都取决于当时的情况,根据本国实际制定相应的措施。

(三)唯物论、辩证法、认识论存在内在逻辑的一致性

马克思以实践为基本出发点,把人的"物质存在—物质活动—物质关系—物质改造"统一起来,实现了唯物论、辩证法和认识论的高度统一。首先,唯物论是辩证法和认识论的思想根基。马克思批判改造黑格尔辩证法,使辩证法建立在唯物主义的基础之上。列宁指出:"逻辑不是关于思维的外在形式的学说,而是关于'一切物质的、自然的和精神的事物'的发展规律的学说,即关于世界的全部具体内容的以及对它的认识的发展规律的学说,即对世界的认识的历史的总计、总和、结论。"③这就是说,唯物论也就是对世界认识的辩证法。其次,辩证法也就是马克思主义的认识论。认识的任何一个简单命题都包含着辩证法一切要素的胚芽,"这就表明辩证法本来是人类的全部

---

① 《马克思恩格斯文集》第 10 卷,人民出版社 2009 年版,第 548 页。

② 《马克思恩格斯全集》第 29 卷,人民出版社 2020 年版,第 683—684 页。

③ 《列宁全集》第 55 卷,人民出版社 2017 年版,第 77 页。

认识所固有的。"①辩证法实际是认识史的总结。科学辩证法的形成离不开对以实践为基础的人类认识史的总结和批判,单纯对某一阶段的认识进行加工妄想得出一个科学的普遍规律的行为是形而上学辩证法。再次,马克思主义认识论也就是唯物主义基础上的辩证法。马克思主义认识论强调认识的唯物主义前提,是能动的革命的反映论,"人的认识不是直线(也就是说,不是沿着直线进行的),而是无限地近似于一串圆圈、近似于螺旋的曲线。"②一个正确的认识往往需要经过从感性到理性,从理性到实践的反复的过程,"形而上学的唯物主义的根本缺陷就是不能把辩证法应用于反映论,应用于认识的过程和发展。"③

实事求是将马克思主义哲学的唯物论、辩证法和认识论熔铸一炉,体现了马克思主义哲学主客统一、知行统一、共殊统一的根本观点。邓小平指出:延安时期,毛泽东把马克思主义的基本思想概括为"实事求是"四个大字。"实事求是,是无产阶级世界观的基础,是马克思主义的思想基础。"④实事求是是一条指引我们认识事物规律的思想路线,它的目的是改造世界。同时,实事求是旨在研究客观事物的内部联系,从而获得规律性的认识,但是这种认识究竟是否正确,还得由用它去指导改造世界的结果来回答,也就是让实践来裁决。

三、对中国传统文化精神的创造性转化和创新性发展

在马克思主义哲学传入中国之前,实事求是是一个纯粹的中国式命题,植根于中国传统文化的生命和血脉之中。中国古代典籍当中的"有道帝君",许多都是躬耕务实,为民奔走的君子。如《论语·宪问》称"禹、稷躬耕而有天

① 《列宁全集》第 55 卷,人民出版社 2017 年版,第 308 页。
② 《列宁全集》第 55 卷,人民出版社 2017 年版,第 311 页。
③ 《列宁全集》第 55 卷,人民出版社 2017 年版,第 311 页。
④ 《邓小平文选》第二卷,人民出版社 1994 年版,第 143 页。

下”,《史记》赞周人的先祖公刘“务耕种、行地宜,……民赖其庆,百姓怀之,多徙而保归焉。周道之兴,自此始。”应该说,实事求是是中华民族精神的根本体现。

(一)先秦诸子学说蕴含实事求是的基本精神

孔子是儒家学说的创始人。孔子一生的志向就是挽救“礼崩乐坏”的局面,恢复“经国家,定社稷,序民人,利后嗣”①的社会秩序,重建一切以“礼”为规范的社会制度。实现以周礼的方式矫世、救世、经世的理想。在生死、鬼神之间,要求把人生和现实作为首要考虑对象。孔子著书立说,皆为经世致用之学。与孔子一样,孟子也曾满怀“治国平天下”的经世理想,周游列国,推销自己的思想主张。孔子只慨叹“天下无道”,孟子则猛烈抨击“民有饥色,野有饿殍”②的现状。荀子与孟子一样,主张“生乎今世而志乎古之道”③。荀子认为天地的变化是有规律的,“天行有常,不为尧存,不为桀亡。应之以治则吉,应之以乱则凶。”④人的吉凶、祸福完全是人自己行为的结果,只要人们把握了规律,勇于实行,就能达到“制天命而用之”的目的。“强本而节用,则天不能贫;养备而动时,则天不能病;修道而不贰,则天不能祸。故水旱不能使之饥,寒暑不能使之疾,袄怪不能使之凶。”⑤与其一味听从天命,不如主动掌握自然,利用自然。“大天而思之,孰与物畜而制之?从天而颂之,孰与制天命而用之?”⑥由此可见,儒家所讲皆为经世致用之学,而不是一般意义上的玄思理论。黄宗羲认为,“古者儒墨诸家,其所著书,大者以治天下,小者以为民用,盖未有空言无事实者也。”⑦这是十分中肯的评价。

---

① 陈襄民等:《五经四书全译》(三),中州古籍出版社2000年版,第1800页。
② 金良年:《孟子译注》,上海古籍出版社2004年版,第8页。
③ 张觉:《荀子译注》,上海古籍出版社1995年版,第255页。
④ 张觉:《荀子译注》,上海古籍出版社1995年版,第345页。
⑤ 张觉:《荀子译注》,上海古籍出版社1995年版,第345页。
⑥ 张觉:《荀子译注》,上海古籍出版社1995年版,第358页。
⑦ (明)黄宗羲:《黄宗羲全集》第2册,浙江古籍出版社2012年版,第302页。

老子主张“无为而治”，被世人称为“消极派”，其实不然。清代学者魏源在《老子本义》一书中说：“《老子》，救世书也。”“老子著书，明道救时。”“此老子悯时救世之心也。”①老子秉持“天道”，对现实社会人性的异化展开强烈批判：

一是否定现实社会的不公平。“天道”公平无私，而“人道”则不然。“天之道，损有余而补不足。人之道，则不然，损不足以奉有余。”②老子发出愤怒的控诉：“大道甚夷，而人好径。朝甚除，田甚芜，仓甚虚；服文彩，带利剑，厌饮食，财货有余；是谓盗夸。非道也哉！”③大道非常公平，但统治者却十分狭隘自私。朝政腐败之极，弄得农田荒芜，仓库空虚；却还穿着锦绣的衣服，佩戴着锋利的宝剑，饱足精美的饮食，搜刮过多的财货。这就叫作强盗头子，多么无道呀！

二是否定对圣贤的崇拜。老子认为，天下的混乱正是崇拜圣贤而造成的，相反，“不尚贤，使民不争。”④一旦放弃了对“圣智”“仁义”“巧利”的追求，天下的盗贼也就自然消失了。“绝圣弃智，民利百倍；绝伪弃诈，民复孝慈；绝巧弃利，盗贼无有。此三者以为文，不足。故令有所属：见素抱朴，少私寡欲。”⑤这里所谓“文”，是指巧妙虚假的装饰。“不足”就是不足以治理天下。老子认为，儒家所讲的“礼”，并非大道的体现。“夫礼者，忠信之薄，而乱之首。”⑥正因为大道被废弃，国家混乱，家庭不和，才有了对仁义、忠孝的呼吁。“大道废，有仁义；六亲不和，有孝慈；国家昏乱，有忠臣。”⑦庄子解释说：“圣人不死，大盗不止。……彼窃钩者诛，窃国者为诸侯。诸侯之门，而仁义存焉，则是非

---

① （清）魏源：《老子本义》，中华书局 2018 年版，第 19、138、147 页。
② 陈鼓应：《老子今译今注》，商务印书馆 2003 年版，第 336 页。
③ 陈鼓应：《老子今译今注》，商务印书馆 2003 年版，第 268 页。
④ 陈鼓应：《老子今译今注》，商务印书馆 2003 年版，第 86 页。
⑤ 陈鼓应：《老子今译今注》，商务印书馆 2003 年版，第 147 页。
⑥ 陈鼓应：《老子今译今注》，商务印书馆 2003 年版，第 215 页。
⑦ 陈鼓应：《老子今译今注》，商务印书馆 2003 年版，第 145 页。

窃仁义、圣智邪?”①

三是否定对财富的贪婪。天下盗贼频出,是因为统治者过分看重那些“难得之货”,相反,“不贵难得之货,使民不为盗”,“金玉满堂,莫之能守”,“民之饥,以其上食税之多,是以饥”。②

四是否定对情欲的骄纵。“不见可欲,使民心不乱。”“富贵而骄,自遗其咎。”“五色令人目盲;五音令人耳聋;五味令人口爽;驰骋畋猎,令人心发狂;难得之货,令人行妨。是以圣人为腹不为目,故去彼取此。”③这是对当时人性严重异化的思考。老子希望恢复人们纯真自然的本性,“复归于婴儿。”“如婴儿之未孩。”“含德之厚,比于赤子。”④

墨子生活于战国初年,当时诸侯纷争,天下大乱,天下互相残杀,出现了“大国攻小国”“大家乱小家”“强劫弱”“众暴寡”“诈谋愚”“贵傲贱”,“为人君者不惠”“臣者不忠”“父者不慈”“子者不孝”,“贱人执其兵刃毒药水火,以交相亏贼”等相互为乱的现实。墨子认为,这是天下最大的祸害。“然当今之时,天下之害孰为大? 曰:若大国之攻小国也,大家之乱小家也,强之劫弱,众之暴寡,诈之谋愚,贵之傲贱,此天下之害也。”⑤针对这种现实,墨子提出了“兼爱”“尚贤”“法仪”“节用”“节葬”“非命”“非攻”等一系列具体的政策主张。清代中后期学者毕沅认为,墨家学说,“通达经权,不可呰议”⑥。汪中认为,墨家学说“救世亦多术”,《备城门》以下“临敌应变,纤悉周密”,乃“才士”所为,墨家倡兼爱“欲国家慎其封守,而无虐其邻之人民畜产”,与先王所制“聘问吊恤之礼”同义,“墨子之诬孔子,犹孟子之诬墨子也,归于‘不相为谋’而已矣”,墨家“述尧舜,陈仁义,禁攻暴,止淫用,感王者之不作,而哀生人之

---

① 陈鼓应:《庄子今译今注》上册,商务印书馆 2007 年版,第 302 页。

② 陈鼓应:《老子今译今注》,商务印书馆 2003 年版,第 86、105、330 页。

③ 陈鼓应:《老子今译今注》,商务印书馆 2003 年版,第 86、105、118 页。

④ 陈鼓应:《老子今译今注》,商务印书馆 2003 年版,第 183、150、274 页。

⑤ 罗炳良等编:《墨子解说》,华夏出版社 2007 年版,第 102 页。

⑥ 参见孙诒让:《墨子间诂》,载《新编诸子集成》本,中华书局 1986 年版,第 610—614 页。

长勤,百世之下如见其心焉”①。

与道、儒、墨各家不同,法家认为,人本性恶,追逐私利,视他人为工具。因此,国家必须制定严厉的法律,使每个人在作出自己的选择时,不得不考虑到他人的利益。如此,才可能达到治理天下的目的。慎到、申不害、商鞅等人都看到这一点,而韩非子作为法家思想的集大成者,其思想最具代表性。韩非子认为,法是去除私心私利,实现富国安民的最好举措。“故当今之时,能去私曲就公法者,民安而国治;能去私行行公法者,则兵强而敌弱。”②法也是矫正过失,统一行为的最好规范。“故矫上之失,诘下之邪,治乱决缪,绌羡齐非,一民之轨,莫如法。”③但执法必须“有度”,法非因人而异。“法不阿贵,绳不挠曲。法之所加,智者弗能辞,勇者弗敢争。刑过不辟大臣,赏善不遗匹夫。”④韩非子力谏君主适时而治,“不务德而务法”⑤。韩非子提出,人类社会处在不断地发展之中,如果不分时势,僵化地模仿古人,必为天下人所耻笑。“是以圣人不期修古,不法常可,论世之事,因为之备。”⑥孙子研究战争规律,写下《孙子兵法》,认为战争制胜的法宝在于了解对方了解自己。“知彼知己,百战不殆。不知彼而知己,一胜一负。不知彼,不知己,每战必殆。”⑦

(二)宋明理学强调在本体中把握必然和规律

根据班固《汉书·河间献王传》记载,“实事求是”最初是一个考据学的命题。“河间献王德以孝景前二年立。修学好古,实事求是。从民得善书,必为好写与之,留其真,加金帛赐以招之。由是四方道述之人不远千里,或有先祖

---

① 参见孙诒让:《墨子间诂》,载《新编诸子集成》本,中华书局 1986 年版,第 617—621 页。

② 张觉等:《韩非子译注》,上海古籍出版社 2007 年版,第 41 页。

③ 张觉等:《韩非子译注》,上海古籍出版社 2007 年版,第 48 页。

④ 张觉等:《韩非子译注》,上海古籍出版社 2007 年版,第 48 页。

⑤ 张觉等:《韩非子译注》,上海古籍出版社 2007 年版,第 711—712 页。

⑥ 张觉等:《韩非子译注》,上海古籍出版社 2007 年版,第 673 页。

⑦ 麦田等编著:《孙子解说》,华夏出版社 2007 年版,第 59 页。

旧书,多奉以奏献王都,故得书多,与汉朝等。……所得书皆古文先秦旧书,《周官》、《尚书》、《礼》、《礼记》、《孟子》、《老子》之属,皆经传说记,七十子之徒所论。其学举六艺,立《毛氏诗》、《左传春秋》博士。"从班固的记述可以看出,以刘德为代表的古文经学主张,首先要辨明古代文物、典籍或文献的真假、对错、是非,借助的主要是一种训诂、考证、校勘之功,倡导的是一种质朴无华的治学态度和方法。唐代学者颜师古在注释"从民得善书,必为好写与之,留其真"的"真"字时指出:"真,正也,留其正本";在注"实事求是"时指出:"务得事实,每求真是也。"另一古文经学大师许慎在《说文解字》中也指出:"是,直也";"直":"正见也,……从十从目"。这说明,在汉唐学者的本意中,实事求是之"是"与"非"相对;与此相关的"真"则与"假"相对;与它们联在一起的"实事求是",从本源看,还不具有哲学的意义。①

实现"实事求是"命题向哲学命题的转变,宋明理学是一个重要环节。与刘德等汉儒治经侧重名物训诂相比,宋儒则多以阐释义理、兼谈性命为主,前者趋向于"实",后者趋向于"虚"。理学经世致用的特点第一个重要表现就是张载创立"气"一元论学说。张载以"气"为本体,解说了宇宙万物的自然形成、万千变化、动静聚散、生死存亡等几乎一切问题。他说:"知虚空即气,则有无、隐显、神化、性命通一无二,顾聚散、出入、形不形,能推本所从来,则深于易者也。"②针对佛教宣扬"一切唯心所造"的唯心论,张载指出:"释氏不知天命而以心法起灭天地,以小缘大,以末缘本,其不能穷而谓之幻妄,真所谓疑冰者欤!"③针对道家宣扬"有生于无"的观点,他指出:"若谓虚能生气,则虚无穷,气有限,体用殊绝,入老氏'有生于无'自然之论,不识所谓有无混一之常。"④张载认为,"由太虚,有天之名;由气化,有道之名;合虚与气,有性之名;

① 参见魏胤亭:《实事求是论纲》,中国经济出版社 1998 年版,第 45 页。
② (宋)张载:《张载集》,中华书局 1978 年版,第 8 页。
③ (宋)张载:《张载集》,中华书局 1978 年版,第 26 页。
④ (宋)张载:《张载集》,中华书局 1978 年版,第 8 页。

合性与知觉,有心之名。"①气有清浊,太虚之气之清者,也就是天。张载所谓道,有规律的意思,气化的规律谓之道。气化是气的变化过程,这个过程叫作道;道不离气,道即气化的过程。认为"万物皆有理"②,也就是说,万物的变化都有一定的规律。"天地之气,虽聚散、攻取百涂,然其为理也,顺而不妄。"③张载提出自己哲学的使命:"为天地立志,为生民立道,为去圣继绝学,为万世开太平。"④张载的上述思想继承和发展了古代原典儒家经世致用传统,为实事求是思想提供了新的历史积淀。

朱熹以一种特殊的方式,甚至可以说与张载颠倒的方式,为"实事求是"的发展作出了自己的贡献。朱熹认为,"理"在天地之先,为万物之本。先有理,才有天地万物,理是万物的根本。"理"总起来是个"一",是一般之理,分开来投射到具体的事物上,则表现万物特殊的、具体的"理"。理一分殊,"'一实万分,万一各正',便是'理一分殊'处。"⑤不管万物如何变化,归根结底他们都是理的变化形式,因而他们各自表现出来的理就没有什么不同。所谓"月印万川""万物一理"。这样,在张载那里刚刚被升华了的具有哲学本体意义的"气"被"理"所代替,成了为"理"服务的、第二性的东西。同时,他又认为,"理"有必然性、规律性涵义。"所谓致知在格物者,言欲致吾之知,在即物而穷理也。盖人心之灵莫不有知,而天下之物莫不有理,惟于理有未穷,故其知有不尽也。是以《大学》始教,必使学者即凡天下之物,莫不因其已知之理而益穷之,以求至乎其极。至于用力之久,而一旦豁然贯通焉,则众物之表里精粗无不到,而吾心之全体大用无不明矣。"⑥可见,朱熹讲的"即物穷理"

---

① (宋)张载:《张载集》,中华书局 1978 年版,第 9 页。

② (宋)张载:《张载集》,中华书局 1978 年版,第 321 页。

③ (宋)张载:《张载集》,中华书局 1978 年版,第 7 页。

④ (宋)张载:《张载集》,中华书局 1978 年版,第 320 页。"横渠四句"今人所引"为天地立心,为生民立命,为往世继绝学,为万世开太平"为后世加工润色之作,此处所引为张载原话。

⑤ (宋)黎靖德编:《朱子语类》卷第九十四,中华书局 1986 年版,第 2409 页。

⑥ (宋)朱熹:《四书集注》,陈戌国标点,岳麓书社 2004 年版,第 9 页。

就是要通过接触事物而把握该事物的规律。值得注意的是,他还认为,“凡观书史,只有个是与不是。观其是,求其不是;观其不是,求其是,然后便见得义理。”①“学者工夫只求一个是。天下之理,不过是与非两端而已。”“是,便是理。”②更难能可贵的是,朱熹对“即物穷理”之“物”有过这样的阐释,“物,犹事也。”③这样,朱熹的所谓“事”中之“理”,就带有了更多合理的成分,因为它也包括对自然规律的认识和人们在生产、生活中的各种知识。“虽草木亦有理存焉。一草一木,岂不可以格。如麻麦稻粱,甚时种,甚时收,地之肥,地之硗,厚薄不同事,此宜植某物,亦皆有理。”④这就是朱熹所说的“实理”,正是“理”之这层涵义,成了明清实学的一个思想来源。朱熹虽然没有明确揭示“实事求是”与“即物穷理”两个命题之间的逻辑联系,但他在客观唯心主义的基础上提出了非常有价值的思想营养,为实事求是命题的历史演变提供了重要的理论铺垫。

宋明理学的最后一个代表是王阳明。王阳明的理学又叫心学,心学的特点是他的“良知说”。他认为,良知即是天理,不能像朱熹那样在良知之外求天理。王阳明认为,朱子“格物”之训,未免牵强附会,非其本旨。“于事事物物上求至善,却是义外也。”⑤所谓“格物”,只要在心上下功夫就可以了,“心外无理,心外无事。”⑥人心并不仅仅是一团血肉,而是人之视、听、言、动的主宰,正是人心保证了人之行为的善。“所谓汝心,却是那能视听言动的。这个便是性,便是天理。”⑦只有人心才能唤醒万物,赋予万物以意义。如果把心与理一分为二,离开人心而求物理,就是失其根本。有人问王阳明,你说天下无心外之物,那长在山间的花树,在深山中自开自落,于我心有什么关系呢? 王

① (宋)黎靖德编:《朱子语类》卷第十一,中华书局1986年版,第196页。
② (宋)黎靖德编:《朱子语类》卷第十三,中华书局1986年版,第229页。
③ (宋)朱熹:《四书集注》,陈戍国标点,岳麓书社2004年版,第6页。
④ (宋)黎靖德编:《朱子语类》卷第十八,中华书局1986年版,第420页。
⑤ (明)王阳明:《传习录》,张怀承注译,岳麓书社2004年版,第5页。
⑥ (明)王阳明:《传习录》,张怀承注译,岳麓书社2004年版,第44页。
⑦ (明)王阳明:《传习录》,张怀承注译,岳麓书社2004年版,第111页。

阳明回答说:“你未看此花时,此花与汝心同归于寂。你来看此花时,则此花颜色一时明白起来。便知此花不在你的心外。”①王阳明再次改变了实事求是的方向,从朱熹向外求转向向内求,专注人心良知的本来面目。朱熹从“天理”的探求得出“灭人欲”的结论,而王阳明则从“人心”的探求得出“致良知”的结论,包含着发挥主体能动性的意蕴。只要充分发挥人的良能良知,省察克制,则一有私念即行克倒,也就是“防于未萌之先,而克于方萌之际”②。

(三)明清实学倡导废虚返实的精神

自罗钦顺、王艮始的明清实学发展到明后期,出现了第一批代表人物及其成果,这就是分别以张居正、李贽、徐光启为代表的改革意识、批判意识、科学意识。张居正所提倡的实学,实质上就是中国传统的内圣外王之学。从内圣外王之学出发,张居正提出“大本”“急务”之说,认为大本属于内圣,急务属于外王;大本主要指以国家整体利益为重,急务主要指决策正确、举措得当、能收实效。李贽大胆批判了以孔子是非为是非的传统观念,提出“咸以孔子之是非为是非,故未尝有是非耳”③的著名论断。这是对传统观念的公开宣战。他认为科举应试、榜上有名者,无非是“缮写誊录生”,认为“假人”“假言”“假事”之风充斥全社会,“六经、语、孟,乃道学之口实,假人之渊薮”④。徐光启将精力转向对欧洲近代自然科学的学习、研究和著述。他与利玛窦等人合译了《几何原本》《测绘法义》《简平仪说》和《泰西水法》,主持编辑了《崇祯历书》《农政全书》,自己撰写了《测量同异》《勾股义》等书。

明末清初的黄宗羲、顾炎武、王夫之反思明王朝灭亡的教训,总结思想理论的得失,提出一系列别开生面的主张。他们认为,空谈心性,唯利是图,必然误国误民。读书人要担当责任,文须有益于社会。顾炎武指出,“文之不可绝

① (明)王阳明:《传习录》,张怀承注译,岳麓书社2004年版,第2973页。
② (明)王阳明:《传习录》,张怀承注译,岳麓书社2004年版,第186页。
③ (明)李贽:《藏书》,中华书局1959年版,第1页。
④ (明)李贽:《焚书》,中华书局2009年版,第99页。

于天地间者,曰明道也,纪政事也,察民隐也,乐道人之善也。若此者,有益于天下,有益于将来,多一篇,多一篇之益矣。”①黄宗羲给自己提出作文的三戒:戒当道之文,戒代笔之文,戒应酬之文。文须有益于天下,学问必须经世致用。读书人既然读圣贤之理,应当对国家、民族、社会都有一种深重的责任感。天下兴亡,匹夫有责。“盖天下之治乱,不在一姓之兴亡,而在万民之忧乐。”②任何学说、理论都应以确实可靠的事实为基础,都应言必有证。王夫之终生强调一个“实”字,以“明人道以为实学,欲尽废古今虚妙之说而返之实”③为宗旨,这种废虚返实、崇实黜虚的精神,奠定了明清实学的坚实基础。王夫之认为,程朱讲知先行后是“先知以废行”,陆王讲知行合一是“销行以归知”④。他主张行先知后,因为“行焉可以得知之效也,知焉未可以得行之效也”⑤。他还主张“知行相资以为用,唯其各有致功而亦各有其效,故相资以互用,则于其相互,益知其必分矣。同者不相为用,资于异者乃和同而起功,此定理也”⑥。王夫之是把知行关系作为“定理”进行研究的第一人。黄宗羲认为,上古时代的君主不以一己之利害为天下之利害,因而受到人民的拥护,而近世的君主则不然,“以天下利害之权皆出于我,我以天下之利尽归于己,以天下之害尽归于人,亦无不可。”⑦于是主客关系颠倒,君为主,天下为客。“敲剥天下之骨髓,离散天下之子女,以奉我一人之淫乐,视为当然。曰:‘此我产业之花息也’。”⑧这样的君主实际上已成为天下之大害,应视之为“寇仇”“独夫”。

---

① (清)顾炎武:《日知录集释全校本》(中),黄汝成集释,乐保群、吕宗力校点,上海古籍出版社2006年版,第1079页。

② (明)黄宗羲:《明夷待访录》,浙江古籍出版社2012年版,第4页。

③ (清)王夫之:《船山全书》第16册,岳麓书社2011年版,第73页。王夫之为明末清初人,此处标记的以所引文献的标记为准。

④ (清)王夫之:《尚书引义》,王孝鱼点校,中华书局1962年版,第66页。

⑤ (清)王夫之:《尚书引义》,王孝鱼点校,中华书局1962年版,第67—68页。

⑥ (明)王夫之:《礼记章句》,岳麓书社2011年版,第1256页。

⑦ (明)黄宗羲:《明夷待访录》,浙江古籍出版社2012年版,第2页。

⑧ (明)黄宗羲:《明夷待访录》,浙江古籍出版社2012年版,第1页。

清朝乾嘉学者掀起的考据学是经世致用之学。从学风、方法上来讲是朴实无华、实事求是之学。作为乾嘉考据学的集大成者,阮元反对理学末流和八股时文的空疏之病,主张士人读书当先从经学开始,而研究经学当先从注疏开始,研究注疏又首先应从训诂开始,则训诂又须先从声音文字开始。然而,进入道、咸年间,最初以“明道救世”为宗旨的乾嘉考据学由实转虚,走向其反面。鸦片战争、殖民掠夺者的侵略,造成旷古未见的变局,迫使当时的学者重返经世致用的传统,以龚自珍、魏源为代表,其核心思想是变法、更世、求新。龚自珍以其特有的浪漫而又富于文采的笔调对黑暗的现实、腐朽的封建制度进行尖锐的揭露和批判,满怀激情地呼唤变法、改革。魏源更为深入地思考御侮之道,寻求富国强兵之策,进一步指出行的重要性。“披五岳之图,以为知山,不如樵夫之一足;谈沧溟之广,以为知海,不如估客之一瞥;疏八珍之谱,以为知味,不如庖丁之一啜。”①

由上可见,实事求是深深扎根于中华民族文化血脉,具有一脉相承的知识传统和实践传统。作为毛泽东哲学思想的主要创立者,毛泽东从小博览群书,从四书五经、诸子百家、二十四史、《资治通鉴》到诗词曲赋、历史小说、各家笔记,等等,对中国传统文化的思想精髓无疑有着更为深刻的理解。在与党内外的教条主义、主观主义的斗争中,毛泽东用中国传统的经世致用的实事求是精神来表达马克思主义哲学的精髓,实现了马克思主义哲学和中国传统文化的结合,不仅创造性继承和发展马克思主义哲学,而且赋予中国传统文化新的思想内涵。

四、毛泽东哲学世界观与“唯意志论”的本质区别

“唯意志论”最早产生于 20 世纪 50 年代,其代表人物主要有施拉姆、迈

---

① 张岱年主编:《默觚——魏源集》,赵丽霞选注,辽宁人民出版社 1994 年版,第 8 页。

斯纳、魏斐德等人。施拉姆错误地认为,毛泽东是“极端唯意志论者”①,这种“唯意志论”常常被认为如此过激,以致它代表了与“马克思主义本质”的决裂,和“与马克思主义毫无共通之处的一种革命”所独有的特色。迈斯纳更是错误地认为,“在极端唯意志论为特征的毛主义世界观中,在创造历史、实现共产主义理想方面起关键作用的,只是那些富于固有的革命精神和道德观念的人。”②

如何看待“唯意志论”? 笔者认为,“意志”在毛泽东哲学思想演进中的不同时期承担着不同角色和作用。1920 年前后,毛泽东由一个哲学上的唯我论、二元论者转变为一个历史唯物论者。在《给蔡和森的信》中,他明确指出:“唯物史观是吾党哲学的根据”③。成熟后的毛泽东更加强调阶级意志和民族意志在社会变革中的作用,更加强调马克思主义与中国实际的结合,不仅强调物质条件的决定作用,而且强调指战员“自觉能动性”的发挥。部分国外学者对毛泽东的研究存在着严重的误解。

(一)意志是意识活动的特殊表现形式

什么是意志? 古今中外,不同的思想家、哲学家从不同的层面做出了不同的回答。在哲学层面上有四种不同的解释。

1. 古代客观主义的解释。古代哲学家一般从“天—人”“神—人”的对比中回答这一问题,认为意志就是天的意志、神的意志、圣人的意志,人只能服从天的意志、神的意志、圣贤的意志。例如,古希腊哲学家赫拉克利特崇拜战争英雄,柏拉图主张由“哲学王”来建立理想社会,亚里士多德主张“完人”治世。中国古代哲学家孔子强调“天命”对社会人生的主宰作用,墨子也认为天有意

---

① Stuart R. Schram, *The Political Thought of Mao Tse - tung*, Enlarged and Revised Edition, New York: Frederick A. Praeger, 1969, p.135.

② Maurice Meisner, *Marxism, Maoism, and Utopianism*, University of Wisconsin Press, 1982, p.201.

③ 《毛泽东文集》第一卷,人民出版社 1993 年版,第 4 页。

志,天能赏善罚恶。这些观点实质上都是把意志视为非人的能力。

2. 近代理性主义的解释。中世纪之后,人们把探讨的目光转向人自身,认为意志是人类理性的表现形式。休谟明确肯定“自由意志”,“所谓自由只是指可以照意志的决定来行为或不来行为的一种能力。”①理性虽有服务情感、指导意志的功能,但情感冲动本身“本来就能够产生意志的作用”②。康德把意志看作是“实践理性”,“意志是属于理性生命的一种因果性。”“作为实践理性或者作为理性存在物的意志,它必须把自己看作是自由的,也就是说,这样一种存在物的意志只有在自由观念下才能是他自己的意志。”③黑格尔把现实的意志看作绝对理念外化的一种形式,“意志……是经过在自身中反思而返回到普遍性的特殊性”,是“把自己转变为定在那种思维,作为达到定在的冲动的那种思维。”④他强调,意志的本质就在于摆脱偶然性的支配,进而把握必然性的自决力量。“按照意志的概念来说它本身就是自由的”⑤。

3. 现代非理性主义的解释。20 世纪,随着两次世界大战的爆发,理性主义失去了以往的权威,非理性主义的意志观登堂入室。叔本华是西方现代唯意志论的创始人。他认为,“一切表象,不管是哪一类,一切客体,都是现象。唯有意志是自在之物。”只有把人的本质看作意志,“才给了这主体理解自己这现象的那把钥匙,才分别对它揭露和指出了它的本质,它的作为和行动的意义和内在动力。”⑥意志就是那盲目的欲望和永不疲倦的冲动,其基本点就是求生存、求生命,正是这种生存意志、生命意志构成了世界的本质。尼采反对把意志世界当作超出现象世界之外的自在之物的世界,而认为意志即存在于现象世界之中。他认为,作为人的本质的意志并不是一种超验的本质,生命意

① [英]休谟:《人性论》,商务印书馆 1980 年版,第 443 页。

② [英]休谟:《人性论》,商务印书馆 1980 年版,第 451 页。

③ [德]康德:《康德文集》,改革出版社 1997 年版,第 108、110 页。

④ [德]黑格尔:《法哲学原理》,商务印书馆 1961 年版,第 17、12 页。

⑤ [德]黑格尔:《小逻辑》,商务印书馆 1980 年版,第 303 页。

⑥ [德]叔本华:《作为意志和表象的世界》,商务印书馆 1982 年版,第 164—165、151 页。

志并不是消极的、被动的、盲目的,而是积极地表现、释放、改善、增长自在的生命力的意志,即“权力意志”。尼采主张,权力意志是人的一切认识和行动的动力和标准,是人的最高本质,也是世界的最高本质。“这个世界就是权力意志——岂有他哉!”①

4. 马克思实践唯物主义的解释。马克思从实践出发,既批判了完全排除客观规律性而过分夸大人之能动作用的“唯意志主义”,也批判了让人完全服从于客观必然性的机械唯物主义。马克思指出,全部社会生活在本质上都是实践的。人的全部意识活动都是实践的产物。恩格斯指出:“意志自由只是借助于对事物的认识来作出决定的能力。”“自由不在于幻想中摆脱自然规律而独立,而在于认识这些规律,从而能够有计划地使自然规律为一定的目的服务。”②历史过程中的决定性因素归根到底是现实生活的生产和再生产,意志发挥作用是有前提条件的。我们自己创造自己的历史。但是,第一,我们是在十分确定的前提和条件下创造的。其中经济的前提和条件归根到底是决定性的。但是政治等等的前提和条件,甚至那些萦回于人们头脑中的传统,也起着一定的作用,虽然不是决定性的作用。第二,历史是这样创造的:最终的结果总是从许多单个的意志的相互冲突中产生出来的,而其中每一个意志,又是由于许多特殊的生活条件,才成为它所成为的那样。这样就有无数互相交错的力量,有无数个力的平行四边形,由此就产生出一个合力,即历史结果,而这个结果又可以看做一个作为整体的、不自觉地和不自主地起着作用的力量的产物。③

笔者认为,在哲学层面上,意志是人类在实践基础上形成的介于理性和情感之间的一种特殊的意识活动,受生活环境和实践的制约,它可能倾向于理性,巩固理性的目标,也可能滑向情感,执着于情感的追求。实际上,任何意识

---

① [德]尼采:《权力意志》,引自《现代西方哲学论著选辑》,商务印书馆 1993 年版,第 19 页。

② 《马克思恩格斯文集》第 9 卷,人民出版社 2009 年版,第 120 页。

③ 《马克思恩格斯文集》第 10 卷,人民出版社 2009 年版,第 592 页。

活动都不可能是单纯的理性、单纯的意志或单纯的情感，当我们谈及理性的时候，总是带有一定意志和情感的理性，当我们谈及意志或情感的时候，也都是带有理性和情感的意志或带有理性和意志的情感。但在通常的理解中，理性往往标明一种深沉的规律性思考，情感标明人们对一种事物的喜好恶憎，意志则标明一种目的以及为实现这一目的而表现出来的持久努力。

（二）意志影响历史的途径是具体的

意志对历史的作用是通过无数个体意志的相互冲突实现的，但不管个体意志，还是群体意志，它们发挥作用的途径虽然往往是间接的，但却不是抽象的，而是具体的。

1. 意志巩固人们对周围环境的认识，确定人生和事业的发展方向。改变世界首先需要认识世界，而认识既有浅层的感性认识，也有深层的理性认识，意志能够把人们认识的成果作为一种信念而加以巩固，为人生和事业确立一个稳定的奋斗方向。一个对生存环境没有任何反应的人无异于行尸走肉，这样的人是无所谓事业的。而一个朝令夕改、朝三暮四的人也不可能干成大的事业。中国古代哲学家老子讲："强行者有志。"①孔子把"立志"视为人生事业发展的开端，"吾十有五而有志于学。"②《庄子》开篇就讲"小大之辩"，讥笑蝉和小鸟不懂得鲲鹏之志③。孟子主张在艰苦的环境中磨炼人的意志。"故天将降大任于斯人也，必先苦其心志，劳其筋骨，饿其体肤，空乏其身，行拂乱其所为，所以动心忍性，增益其所不能。"④张载把志向的大小与事业的大小相联系。"人若志趣不远，心不在焉，虽学无成"，⑤"志小则易知足，易知足则无由进。"⑥王阳明把立志视为事业的根本。"学不立志，如植木无根，生意将无

① 陈鼓应：《老子今注今译》，商务印书馆 2003 年版，第 201 页。
② 杨伯峻、杨逢彬注译：《论语》，岳麓书社 2000 年版，第 9 页。
③ 陈鼓应：《庄子今注今译》，商务印书馆 2014 年版，第 12—13 页。
④ 金良年：《孟子译注》，上海古籍出版社 2004 年版，第 268 页。
⑤ （宋）张载：《张载集》，中华书局 1978 年版，第 273 页。
⑥ （宋）张载：《张载集》，中华书局 1978 年版，第 287 页。

从发端矣。自古及今,有志而无成者则有之,未有无志而能成者也。"①可见,意志是人生和事业成功的第一要素。

2. 意志控制情感的波动,促使人们与困难进行搏斗。认识世界和改造世界不可能没有困难和障碍,在困难面前,意志薄弱者望而却步,往往半途而废,功亏一篑;意志顽强者知难而进,不达目的誓不罢休。可以说,成功的事业往往是意志较量的结果。美国著名发明家爱迪生说过:"伟大人物的最明显的标志,就是他坚强的意志。不管环境变换到何种地步,他的初衷与希望仍不会有丝毫的改变,而终于克服障碍,以达到期望的目的。"②英国陆军元帅、第二次世界大战名将蒙哥马利在《领导艺术之路》一书中说:"领导艺术的第一步应当是才智。才智的正确定义则是:团结人们朝着一个共同目标努力的能力和意志,以及鼓舞人们的信心品格。"接着他又说:"如果没有意志,即使有能力也无济于事。"③尼克松在《领导者》一书中总结领导者成功之道时写道:"有建树的领袖人物都具有坚强的意志,而且懂得如何调动别人的意志。本书论及的领袖人物,都是用意志影响了历史进程的人,其中有些成就大些,有的成就小些。"他又说:"没有坚强的意志……成不了伟大领袖。"④中国革命先行者孙中山在总结自己十落十起的奋斗经历时说:"有志竟成"。"夫事有顺乎天理,应乎人情,适乎世界之潮流,合乎人群之需要,而为先知先觉者所决志行之,则断无不成者也。"⑤

青年时代的毛泽东十分敬佩孙中山、华盛顿等伟大人物的革命意志。为了磨炼自己的意志,他与同学不带盘缠,经常外出乞讨游学,体察社会民情,推行各种行动,磨炼身心,劳其筋骨,砥砺气节,强固意志。毛泽东回忆道:"在寒假当中,我们徒步穿野越林,爬山绕城,渡江过河。遇见下雨,我们就脱掉衬

---

① (明)王守仁:《王阳明全集》下卷,上海古籍出版社 2012 年版,第 827 页。
② 王通讯、朱彤:《科学家名言》,河北人民出版社 1980 年版,第 94 页。
③ [美]蒙哥马利:《领导艺术之路》,世界知识出版社 1992 年版,第 4 页。
④ [美]尼克松:《领导者》,世界知识出版社 1983 年版,第 370、379—380 页。
⑤ 《孙中山选集》(上),人民出版社 2011 年版,第 200 页。

衣让雨淋,说这是雨浴。烈日当空,我们也脱掉衬衣,说是日光浴。春风吹来的时候,我们高声叫嚷,说这是叫做‘风浴’的体育新项目。在已经下霜的日子,我们就露天睡觉,甚至到十一月份,我们还在寒冷的河水里游泳。这一切都是在‘体格锻炼’的名义下进行的。”①毛泽东在一师的好友、当时的新民学会会员张昆弟在1917年9月的两则日记中记载了他们登山、远足、游泳、浴风等令人兴奋的活动。正是自觉的锻炼和革命实践的考验成就了毛泽东钢铁般的意志。他的许多诗篇正是他钢铁般意志的生动写照。如:“早已森严壁垒,更加众志成城”;“六月天兵征腐恶,万丈长缨要把鲲鹏缚”;“红军不怕远征难,万水千山只等闲”;“今日长缨在手,何时缚住苍龙”;“为有牺牲多壮志,敢教日月换新天”;“独有英雄驱虎豹,更无豪杰怕熊罴”;“要扫除一切害人虫,全无敌”;等等。早在1935年12月,《共产国际》杂志第33—34期合刊在介绍“中国人民领袖毛泽东”标题下说:“钢铁般的意志,布尔什维克的决心,英勇无畏的精神,革命名将和政治领袖的无限天才——这就是中国人民的领袖毛泽东的优秀品质。”②在市场经济日益发达的今天,权力、美色、物欲、金钱以及各种腐朽思想随时都有可能向人们发出挑战,一些意志薄弱者已经同流合污,走向腐败,这说明意志的磨炼不是一朝一夕的事情,而是终生的事情,保持共产党员的先进性在一定程度上就是一个意志修养的问题。

3.意志调节普通人的日常生活,改变人们对生活的信心和态度。生活世界是无限丰富的,也是无限复杂的。意志坚强者能够在失败中总结经验,对生活充满信心。意志薄弱者可能随波逐流,一蹶不振。毛泽东曾给住院治病的女儿李讷写信道:“害病严重时,心旌摇摇,悲观袭来,信心动摇。这是意志不坚决。我也常常如此。病情好转,心情也好转,世界观又改观了,豁然开朗。意志可以克服病情,一定要锻炼意志。……为你的事,我此刻尚未睡,现在我想睡了,心情舒畅了。诗一首:青海长云暗雪山,孤城遥望玉门关。黄沙百战

---

① [美]埃德加·斯诺:《西行漫记》,三联书店1979年版,第123—124页。

② 许全兴:《从历史衡量毛泽东》,湘潭大学出版社2010年版,第42页。

穿金甲,不斩楼兰誓不还。这里有意志。知道吗?"①信中不仅坦露了对小女儿的关爱亲情,讲了对治病的态度,讲了唐朝诗人王昌龄《从军行》的诗,而且还讲了哲学,讲了生理、心理和思想的关系。他说:在工作中受到错误的处理,或下降或调动,"都是有益处的,可以锻炼革命意志,可以调查和研究许多新鲜情况,增加有益的知识。我自己就有这一方面的经验,得到很大的益处。"②为了锻炼意志,要自找苦吃。在工作、学习、生活中,遇到困难时要自觉磨炼意志。在许多情况下,成功和胜利往往在于"再坚持一下",这就是意志力的作用③。

(三)"唯意志论"错误的思想根源

"唯意志论"是对毛泽东哲学思想的严重误解,这种误解出于以下三个原因。

1. 缺乏历史性观察。青年时代的毛泽东,受历史环境和他老师的影响,推崇近世哲人所讲的"心力论"。但是,在第一次世界大战和俄国十月革命的影响下,在五四新文化运动和当时中国马克思主义知识分子的推动下,毛泽东实现了从唯心主义向马克思新唯物主义的转变。20 世纪 20 年代和 30 年代,毛泽东除反复研读《共产党宣言》《反杜林论》《资本论》外,还研读了苏联学者西洛可夫、爱森堡等人编写的《辩证法唯物论教程》、米丁等人编写的《辩证唯物论与历史唯物论》和我国学者艾思奇写的《哲学与生活》、李达写的《社会学大纲》等有关马克思主义哲学的著作,写下了大量的批注。毛泽东不仅对马克思关于社会存在决定社会意识、阶级斗争是社会发展的直接动力、一切知识来源于实践等观点有着非常深刻的认识,而且,自从他接受马克思主义之后,就开始用马克思主义哲学的立场、观点、方法来分析中国革命的实际问题,写

① 《老一代革命家家书选》,中央文献出版社、三联书店 1990 年版,第 55—56 页。
② 《毛泽东文集》第八卷,人民出版社 1999 年版,第 291 页。
③ 许全兴:《从历史衡量毛泽东》,湘潭大学出版社 2010 年版,第 77 页。

下了大量马克思主义与中国实际相结合的著作。《中国社会各阶级的分析》《湖南农民运动考察报告》《反对本本主义》《论持久战》《实践论》《矛盾论》等著作所渗透的基本观点都是历史唯物主义的观点。海外学者在论及毛泽东的"唯意志论"时,夸大了早期非马克思主义文本在整个毛泽东思想中的影响,缺乏对毛泽东意志观的历史性观察。

2. 缺乏全面性评价。毛泽东晚年的确有错误,但我们要客观地看待它。有其主观因素和个人责任,还有复杂国内国际的社会历史原因,应全面、历史、辩证地看待和分析。正像邓小平所讲的,毛泽东同志的功绩是第一位的,他晚年的错误是第二位的,他的错误是由于违反了他自己正确的东西,他的错误是一个伟大的革命家、一个伟大的马克思主义者所犯的错误。而且,毛泽东晚年在探索中国特色社会主义的过程中,也形成了许多正确的值得参考的主张。比如,毛泽东在纠正"大跃进"、人民公社等错误时,曾经总结经验教训,正确地阐述了主观能动性与客观规律性、自由与必然的辩证关系。

3. 对马克思主义哲学的教条化理解。"唯意志论"者把马克思主义哲学归结为"经济决定论",认为马克思的社会主义建立在生产力高度发达的基础之上,他所依靠的力量主要来自城市无产阶级。而毛泽东在经济落后的中国,依靠农民自发的社会主义热情来建设社会主义,被认为离开马克思主义要比列宁走得更远。这种观点至少存在三个重要的错误:一是误解了经济基础与上层建筑的辩证关系。恩格斯晚年在致约·布洛赫的信中,针对当时"经济派"对马克思历史唯物主义的误解,在批判"经济决定论"的同时,明确阐述了经济基础与上层建筑相互关系的原理。二是误解了社会进化规律的统一性与进化方式多样性的辩证法。马克思主义认为,人类社会必然要从低级的社会形态走向高级的社会形态。但是,社会形态转化的形式并不存在刻板的公式。由于特殊的历史条件,不同国家和民族超越某一个或某几个社会形态的情况是完全可能的。20 世纪早期,俄国的资产阶级学者苏汉诺夫等人曾经攻击俄国革命,认为"俄国生产力还没有发展到可以实行社会主义的高度"。针对苏汉诺夫等人的指责,列宁指出:苏汉诺夫之流自称马克思主义者,但是对马克思主义的理解却迂腐到无以复加的程度。马克思主义中有决定性意义的东西,即马克思主义的革命辩证法,他们一点也不理解。"他们根本不相信任何这样的看法:世界历史发展的一般规律,不仅丝毫不排斥个别发展阶段在发展的形式或顺序上表现出特殊性,反而是以此为前提的。"①列宁晚年对苏汉诺夫等人的批判也适合于"唯意志论者",因为他们在批评晚年毛泽东错误的同时,也表达了一种社会进化问题上的教条主义倾向。三是不了解中国革命的实际。马克思和列宁坚持城市中心论,把无产阶级作为革命的主要依靠力量,是因为在欧洲,随着近代大工业的发展,城市无产阶级高度集中而且扮演着革命主力的角色。而在中国,由于近代工业的不发达,城市无产阶级的力量相当薄弱,无产阶级是革命的领导力量,但不是革命的主力,而且城市是反动统治的中心,在敌我力量悬殊的情况下,不顾实际而一味强调城市中心的重要性,革命是不可能取得成功的,中国革命早期的实践充分证明了这一点。

① 《列宁选集》第4卷,人民出版社1995年版,第776页。

第三章 《实践论》《矛盾论》:第一次飞跃的认识论和辩证法奠基

《实践论》《矛盾论》是毛泽东哲学思想的标志性著作,是马克思主义哲学中国化第一次飞跃的奠基之作。20世纪50年代初经毛泽东修改以《实践论》《矛盾论》为题在报刊上发表,引起国内外广泛关注。苏联、东欧、朝鲜、英、法、日等国哲学界人士都曾对之加以肯定和赞扬。然而,20世纪60年代却因中苏关系恶化,《实践论》《矛盾论》受到苏联和东欧理论界一些人的诬蔑,这些人只看到《实践论》和《矛盾论》"完全是马克思主义的",却根本不懂得它们"又完全是中国的"。有比较才有鉴别,我们试图把《实践论》和《矛盾论》放置到马克思主义哲学的整个历史视野,从历史逻辑的比较说明毛泽东在这一问题上的重大原创性贡献。

一、《实践论》《矛盾论》是中国革命经验的哲学总结

任何真正的哲学都是时代精神的精华。列宁领导俄国无产阶级突破帝国主义的东方战线,利用帝国主义世界大战的有利时机,一举取得十月革命的胜利。十月革命改变了世界历史的进程,点燃了被压迫民族和国家人民反抗外来侵略的斗争,给中国革命以巨大的思想启发。但中国革命如何运用俄国经验,形成具有中国特点的革命理论、路线、方针和政策,却绝非一件简单的事

情,而是一个需要在革命实践中经受反复艰难曲折磨炼的过程。《实践论》《矛盾论》正是对中国革命经验的哲学总结。

(一)中国共产党人成功开辟中国革命道路

大革命失败后,中国共产党人从马克思主义的一般原理出发,结合中国国情,突破教条主义,创造性开辟中国农村包围城市,武装夺取政权的独特革命道路,这是一条迥然不同于法国巴黎公社、俄国城市革命的道路,是由革命实践和革命理论双向塑造的结果。毛泽东开创农村革命根据地的思维逻辑是:

1. 实践证明城市中心暴动的革命道路不适合于中国。20 世纪 20 年代,大革命失败后,在白色恐怖的形势下,中国共产党召开“八七会议”,毅然通过武装反抗国民党反动派的决议,共产党人先后举行南昌起义、秋收起义、广州起义,均以攻占大城市为目标,但结果都失败了。之后,在瞿秋白、李立三担任党的总书记期间,曾多次按俄国革命的模式搞城市暴动,“饮马长江”“会师武汉”,均没有能够取得成功。在王明担任总书记期间,又学习苏联阵地战的打法,力图拒敌人于国门之外,结果惨遭失败,红军被迫长征,到达陕北时,由 30 万人锐减到 2 万多人。实践是检验真理的唯一标准。中国革命的实践反复证明,俄国城市中心革命模式、阵地战模式均不适合于中国。

2. 农村工农武装割据拥有诸多有利条件。任何事物的发展都需要一定的条件。秋收起义失败后,毛泽东带领部队登上井冈山,开辟了中国第一块农村革命根据地。在《中国的红色政权为什么能够存在》一文中,针对红四军内部的悲观主义,他运用唯物史观分析中国革命的特殊性。认为“一国之内,在四围白色政权的包围中,有一小块或若干小块红色政权的区域长期地存在,这是世界各国从来没有的事。”①而其存在和发展,亦必有相当的条件。第一,中国是个半殖民地的经济落后国家,帝国主义的统治是间接的,帝国主义支持各派军阀相互持续混战,为工农武装割据创造了一定条件。第二,经过第一次民主

① 《毛泽东选集》第一卷,人民出版社 1991 年版,第 48 页。

革命洗礼的那些地方,如湖南、广东、湖北、江西等省,群众基础深厚,积累了丰富的经济斗争和政治斗争经验。第三,全国形势继续向前发展,这是小块革命根据地能够存在的另一条件。第四,相当力量的正式红军的存在,是红色政权存在的必要条件。在《井冈山的斗争》中,毛泽东指出:除买办豪绅阶级间的分裂和战争,工农武装割据的存在和发展,还需要具备下列的条件:“(1)有很好的群众;(2)有很好的党;(3)有相当力量的红军;(4)有便利于作战的地势;(5)有足够给养的经济力。”①在《星星之火,可以燎原》一文中,针对革命队伍中的主观主义,毛泽东指出:对革命形势一定要进行客观的判断,需要看到这样几个要点:第一,现在中国革命的主观力量虽然弱,但立足于中国落后的脆弱的社会经济组织之上的反动统治阶级的一切组织(政权、武装、党派等)也是弱的。第二,1927 年革命失败后,革命的主观力量确实大为削弱了。第三,对反革命力量的估量也是这样,决不可只看它的现象,要去看它的实质。第四,现时的客观情况,还是容易给只观察当前表面现象不观察实质的同志们以迷惑。“中国是全国都布满了干柴,很快就会燃成烈火。‘星火燎原’的话,正是时局发展的适当的描写。只要看一看许多地方工人罢工、农民暴动、士兵哗变、学生罢课的发展,就知道这个‘星星之火’,距‘燎原’的时期,毫无疑义地是不远了。”②红军指战员要坚定信念,要以正确的战略战术迎接革命高潮的到来。

3. 国情是道路选择的基本根据。红军长征到达陕北后,毛泽东于 1936 年 12 月发表《中国革命战争的战略问题》,对中国走农村革命道路的问题做了更为系统的论述。第一,中国是一个政治经济发展不平衡的半殖民地大国,帝国主义的不统一,影响到中国统治集团间的不统一,而中国又是一个东方大国,“东方不亮西方亮,黑了南方有北方”,农村有广阔的回旋余地,中国又经历了 1924—1927 年大革命的洗礼,革命的思想深入人心,锻炼了革命的政党及其

① 《毛泽东选集》第一卷,人民出版社 1991 年版,第 57 页。

② 《毛泽东选集》第一卷,人民出版社 1991 年版,第 102 页。

革命的民众。这一切使革命成为可能。第二,城市是帝国主义及其反动统治的中心。国民党夺取了政权而且相对地稳定了它的政权,得到了全世界主要反革命国家的援助,拥有现代化武装的强大军队,其武器和军事物资供应要比红军雄厚得多,而且其数量超过了中国任何一个历史时代的军队,超过世界任何一个国家的常备军,控制了全中国的政治、经济、交通、文化枢纽或命脉。"这个特点,使红军的作战不能不和一般战争以及苏联内战、北伐战争都有许多的不同。"①第三,红军自身十分弱小,一时无法与具有现代武装的国民党抗衡。革命根据地分散而又孤立,没有任何外部援助,经济条件和文化条件都无法与国民党相比,又都在乡村和小城市,而且还不是真正巩固的根据地。"红军的数量是少的,红军的武器是差的,红军的粮食被服等物质供给是非常困难的。"②在这样的情况下,红军不能采取正规军阵地战的战略战术,还无法立刻攻占大城市。第四,中国革命战争虽然处在中国和资本主义世界的反动时期,但它有共产党的领导和土地革命,红军虽小却有强大的战斗力,根据地虽小却有很大的政治威力。相反,国民党反对土地革命,因而得不到农民的援助,军队虽多,却不能官兵一致,不可能自觉为国民党拼命,官兵之间在政治上有很大分歧,这就减弱了它的战斗力。这是红军能够最后夺取胜利的根本原因。

(二)教条主义使中国革命几乎陷入绝境

中国共产党是在列宁领导的共产国际的帮助下建立起来的。年幼的中国共产党有着显著的革命性,其明显缺点是理论修养不足。党成立后不久就和国民党合作,共同领导了第一次大革命,并取得了一定胜利。但由于党还处在幼年时期,经验不足,也由于共产国际指导上的右倾错误,轰轰烈烈的第一次大革命失败。以毛泽东同志为主要代表的中国共产党人由城市转入农村,开辟了武装斗争、土地革命和根据地建设三位一体的由农村包围城市的中国革

① 《毛泽东选集》第一卷,人民出版社 1991 年版,第 189 页。

② 《毛泽东选集》第一卷,人民出版社 1991 年版,第 190 页。

命道路，形成了正确的思想路线、政治路线、军事路线，建立了革命红色政权，取得四次反“围剿”斗争的胜利。但受共产国际的影响和支持，党的领导人先后三次犯了“左”倾教条主义错误，其中尤以王明“左”倾错误的时间最长，危害最为严重。以王明为代表的“左”倾教条主义者，既不了解中国实际，不了解中国历史，更无从事实际斗争的经验。他们一切从书本出发，从共产国际的指示出发，把马克思列宁主义当作到处可以套用的宗教教条，照搬照抄外国经验，盲目执行共产国际和斯大林关于中国革命的指示。他们自命为百分之百的布尔什维克，讥笑“山沟里没有马克思主义”。他们把毛泽东完全排除在党的领导之外，正确的思想路线、政治路线、军事路线得不到贯彻，被诬蔑为狭隘经验论、富农路线和游击主义。第五次反“围剿”的失败，几乎断送了党和红军的生命，红军被迫长征。教条主义统治的结果，使党和红军“丧失了除了陕甘边区以外的一切革命根据地，使红军由三十万人降到了几万人，使中国共产党由三十万党员降到了几万党员，而在国民党区域的党组织几乎全部丧失。总之，是受了一次极大的历史性的惩罚。他们自称为马克思列宁主义者，其实一点马克思列宁主义也没有学到”①。1935 年 1 月召开的遵义会议，重新恢复毛泽东对党和军队的领导地位，果断停止“左”倾错误路线在党中央的统治，挽救了党和红军，挽救了中国革命，中国革命从此走上正确轨道。

除教条主义，党内还存在着另一种形式的主观主义，即狭隘经验主义。与教条主义不同，它不是从书本出发，而是从狭隘经验出发。它轻视向世界革命经验中总结出来的马克思列宁主义学习，醉心于局部的经验，把局部的、片面的，甚至是错误的经验误认为普遍真理，把它们当作到处可以使用的教条。在教条主义统治时期，经验主义成为它的助手。

长征结束后，为了进一步从思想理论上清算王明的“左”倾教条主义，对全党进行一次马克思主义认识论和辩证法的教育，从根本上解决如何把马克思主义基本原理与中国革命具体实践相结合的问题，毛泽东从哲学的高度对

① 《毛泽东选集》第一卷，人民出版社 1991 年版，第 187 页。

中国革命的经验进行概括和总结。日本著名物理学家坂田昌一认为:“毛主席的《实践论》和《矛盾论》是经过中国革命考验的卓越的认识论和方法论,对于科学研究也必然是强有力的武器。”①

(三)《实践论》《矛盾论》直接源于在抗大的哲学讲授提纲

1937 年 4 月至 7 月初,毛泽东在抗日军政大学以《辩证法唯物论讲授提纲》为题讲授哲学,该《提纲》中的“物质论”“运动论”“时空论”“意识论”“反映论”“真理论”“实践论”等标题,就有试图将马克思主义哲学中国化的意向。② 其中《实践论》是该提纲的第二章第十一节,《矛盾论》是该提纲的第三章第一节。因此,《实践论》《矛盾论》是和《辩证法唯物论讲授提纲》紧密联系的,是以毛泽东在延安的哲学活动为背景的。毛泽东在讲《实践论》《矛盾论》时一定会有个经过认真撰写的讲课提纲。毛泽东自己多次讲他是花了很大功夫写《矛盾论》讲义的。虽然有《实践论》《矛盾论》的讲课稿或提纲,但他在讲《实践论》《矛盾论》时则结合中国革命的实践经验和中国传统哲学文化,对所论问题作了大大的发挥和创新,其内容远远超出原来提纲的文字。毛泽东在抗大讲哲学的整个过程都有人做记录,有记录稿,同时也都有他自己编写的讲课提纲。在整理记录稿时,除《实践论》《矛盾论》和第三章引言外,毛泽东用的是自己编写的讲课提纲,而没有用记录稿。根据是:这部分的文字完全是书面语言,是名副其实的讲课提纲,而且主要内容是苏联哲学著作的集萃、改写,这是任何记录者都不可能做到的。《实践论》《矛盾论》初稿则不同,从形式看完全是口语化的记录稿的整理,从内容看则与提纲其他部分不同,完全是中国化了的。③

---

① 赵永茂、李峰华、卢洁:《毛泽东哲学思想研究在国外》,中共中央党校出版社 1993 年版,第 98 页。

② 参见雍涛:《马克思主义哲学中国化的历史进程》,武汉大学出版社 2006 年版,第 55 页。

③ 参见许全兴:《〈实践论〉〈矛盾论〉研究综论》,中共中央党校出版社 2013 年版,第 71 页。

二、《实践论》《矛盾论》是马克思主义哲学发展的逻辑必然

辩证法和认识论是相依相存、不可分割地联系在一起的。一方面,辩证法包含着对人类认识规律的总结。另一方面,认识本身就是辩证发展的过程。在马克思主义哲学发展史上,马克思和恩格斯是唯物主义认识论和辩证法的创立者,列宁通过《哲学笔记》等著作进一步发展了马克思主义的认识论和辩证法,毛泽东依据中国革命的经验,将中国传统辩证法、知行观与马克思主义辩证法、认识论熔铸一炉,使马克思主义认识论和矛盾论上升到系统化、体系化的高度。

(一)马克思没有留下大写字母的"逻辑"

19 世纪 40 年代,马克思在批判黑格尔的基础上创立唯物辩证法,使概念辩证法变成现实事物运动的辩证法。"概念的辩证法本身就变成只是现实世界的辩证运动的自觉的反映,从而黑格尔的辩证法就被倒转过来了,或者宁可说,不是用头立地而是重新用脚立地了。"①他将辩证法作为最好的研究工具,运用于《资本论》的写作。马克思在给友人的信中多次表达了他写作辩证法专著的愿望。1858 年 1 月 14 日,马克思在给恩格斯的信中说:"我又把黑格尔的《逻辑学》浏览了一遍,这在材料加工的方法上帮了我很大的忙。"他表示:"如果以后再有工夫做这类工作的话,我很愿意用两三个印张把黑格尔所发现、但同时又加以神秘化的方法中所存在的合理的东西阐述一番,使一般人都能够理解。"②在 1860 年 4 月—1863 年 5 月间,马克思在写作《资本论》的间隙,又阅读了黑格尔《哲学全书》第 1 部《小逻辑》,并做了"摘要"③。1868

---

① 《马克思恩格斯文集》第 4 卷,人民出版社 2009 年版,第 298 页。

② 《马克思恩格斯文集》第 10 卷,人民出版社 2009 年版,第 143 页。

③ 顾锦屏译:《马克思关于黑格尔〈小逻辑〉的摘要》,载《马列著作编译资料》第七辑,人民出版社 1980 年版,第 8—12 页。

年5月9日，在致约瑟夫·狄慈根的信中，马克思表示："一旦我卸下经济负担，我就要写《辩证法》。辩证法的真正规律在黑格尔那里已经有了，当然是具有神秘的形式。必须去除这种形式"①。1883年4月2日，恩格斯在致拉甫罗夫的信中写道："明天我才有时间花几个钟头去浏览一下摩尔留给我们的所有手稿。特别使我感兴趣的是他早就想写成的辩证法大纲。但他总是瞒着我们不讲他的工作情况。他明白：我们要是知道他写好了什么东西，就一定会同他纠缠不休，直到他同意发表为止。"②遗憾的是恩格斯并没有找到马克思的《辩证法大纲》。

（二）恩格斯实践马克思哲学夙愿的尝试

恩格斯于1873—1876年间完成了《自然辩证法》手稿的写作，这是实现马克思哲学夙愿的一次伟大尝试。在这次尝试中，恩格斯为唯物辩证法下了一个简单而明确的科学定义，科学地确定了辩证法的研究对象，揭示了主观辩证法与客观辩证法、认识规律与客观规律在本质上的一致性，为人们认识辩证法、认识论、逻辑学三者一致的原理奠定了基础，同时他概括了唯物辩证法的三个基本规律，并用各门科学史初步论证了这些规律的客观性、普遍性，提出了唯物辩证法的一系列基本原则和范畴，指出了辩证法与形而上学两种方法对立的实质。

恩格斯晚年感到第二国际的一些领导人如伯恩施坦和考茨基等人对辩证法不重视。他在同来访者谈话时说："不论考茨基，或是伯恩施坦"都对黑格尔"不感兴趣"。③ 恩格斯认为，只有真正懂得黑格尔的辩证法才能真正懂得马克思的学说。恩格斯建议读黑格尔的著作，尤其是《小逻辑》。1891年11月1日，在致康·施米特的信中，他说："不读黑格尔的著作，当然不行，而且

---

① 《马克思恩格斯文集》第10卷，人民出版社2009年版，第288页。

② 《马克思恩格斯〈资本论〉书信集》，人民出版社1976年版，第412页。

③ 中共中央马克斯恩格斯列宁斯大林著作编译局编译：《智慧的明灯》，人民出版社1983年版，第94页。

还需要时间来消化。先读《哲学全书》的《小逻辑》，是很好的办法。”①他还具体谈到如何阅读的方法。遗憾的是第二国际的领导人，无论是伯恩施坦，还是考茨基，都没有能补上黑格尔这一课，都不懂得黑格尔的辩证法，因而也更不懂得马克思的辩证法。“这是他们走上修正主义道路的重要理论根源。”②

（三）列宁勾画辩证法和认识论体系的基本框架

20 世纪初，列宁创作《哲学笔记》，试图沿着马克思指出的路子，系统研究辩证法，探讨唯物辩证法的科学体系。他把唯物辩证法看成贯穿马克思恩格斯全部著作和通信的一根红线。如果丢掉了辩证法，就会把马克思主义变为一种片面的、畸形的、僵死的教条。“辩证法即关于包罗万象和充满矛盾的历史发展的学说”，是“马克思主义的活的灵魂”和“根本的理论基础”③。为了批判第二国际的修正主义，分析和揭示帝国主义时代的矛盾，列宁潜心研读黑格尔的逻辑学和哲学史。在阅读黑格尔的《逻辑学》时，他曾写道：“要义：不钻研和不理解黑格尔的全部逻辑学，就不能完全理解马克思的《资本论》，特别是它的第 1 章。因此，半个世纪以来，没有一个马克思主义者是理解马克思的！！”④列宁的这一近于激愤的斥责，反映了列宁对黑格尔和马克思辩证法关系的高度重视，把它视为理解和掌握马克思辩证法的一把钥匙。

在《辩证法的要素》里，列宁把辩证法的要素概括为 16 个方面，之后他明确指出：“可以把辩证法简要地规定为关于对立面的统一的学说。这样就会抓住辩证法的核心，可是这需要说明和发挥。”⑤在往后的研究中，列宁又指出：“就本来的意义说，辩证法是研究对象的本质自身中的矛盾。”⑥在《谈谈

---

① 《马克思恩格斯文集》第 10 卷，人民出版社 2009 年版，第 622 页。

② 许全兴：《〈实践论〉〈矛盾论〉研究综论》，中共中央党校出版社 2013 年版，第 22 页。

③ 《列宁全集》第 20 卷，人民出版社 2017 年版，第 84 页。

④ 《列宁全集》第 55 卷，人民出版社 2017 年版，第 151 页。

⑤ 《列宁全集》第 55 卷，人民出版社 2017 年版，第 192 页。

⑥ 《列宁全集》第 55 卷，人民出版社 2017 年版，第 213 页。

辩证法问题》一文的开头，列宁进一步指出："统一物之分为两个部分以及对它的矛盾着的部分的认识（参看拉萨尔的《赫拉克利特》一书第3篇（《论认识》）开头所引的斐洛关于赫拉克利特的一段话），是辩证法的实质（是辩证法的'本质'之一，是它的基本的特点或特征之一，甚至可说是它的基本的特点或特征）。"①该论文是列宁对自己这一时期研读黑格尔著作所做的总结，集中表达了他的辩证法思想，是对对立统一规律做的纲要式的初步"说明和发挥"。

列宁对矛盾的深入思考，揭示出矛盾同一性和斗争性、辩证法和形而上学两种发展观、主观主义和辩证法、一般和个别的关系。从中引出了辩证法、认识论和逻辑学的关系，提出"三者同一"的重要思想。他指出：辩证法就是马克思主义的认识论，对立统一规律不仅是客观世界的规律，而且是人的认识的规律，而考茨基、普列汉诺夫等人没有注意到这一点，其他的马克思主义者就更不用说了。列宁对认识论做了多方面的论述，他指出：实践是对客观世界的改造，是为了消灭主观的"片面性"和客观的"片面性"；认识和逻辑范畴来源于实践；实践高于（理论的）认识；实践是检验真理的标准；必须把认识和实践结合起来，等等。认识本质上是物质的抽象、自然规律的抽象、价值的抽象，"一句话，一切科学的（正确的、郑重的、不是荒唐的）抽象，都更深刻、更正确、更完全地反映自然。从生动的直观到抽象的思维，并从抽象的思维到实践，这就是认识真理、认识客观实在的辩证途径。"②认为人的认识近似于一连串的圆圈，辩证法是活生生的、多方面的，形而上学唯物主义的根本缺陷就是不能把辩证法应用于反映论，应用于认识的过程和发展。列宁进而揭示了人类认识运动的总规律。"人的认识不是直线（也就是说，不是沿着直线进行的），而是无限地近似于一串圆圈、近似于螺旋的曲线。"③而哲学唯心主义则违背认识运动的规律，片面夸大人类认识的某一特征、某一方面、某一侧面，直线性和

① 《列宁全集》第55卷，人民出版社2017年版，第305页。

② 《列宁全集》第55卷，人民出版社2017年版，第142页。

③ 《列宁全集》第55卷，人民出版社2017年版，第311页。

片面性、死板和僵化、主观主义和主观盲目性就是唯心主义的认识论根源。唯心主义是人类认识之树上的“一朵无实花”①。

《哲学笔记》既是辩证法的宝库,也是认识论的重要源头。它为建构马克思主义辩证法和认识论的体系勾画了基本的轮廓和进一步发展的方向。但毕竟是列宁初步的构想,还只是以“笔记”的方式方法存在着,还不是系统地、详细地论述辩证法的专著,他提出的对“认识辩证途径”和“辩证法实质和核心需要加说明和发挥”的任务并未完成。

(四)苏联哲学教科书对马克思、列宁思想的发挥

对认识的辩证途径和对立统一规律进行系统的说明和发挥,成为马克思主义哲学创新发展的重要任务,历史地和必然地首先落到苏联哲学家的肩上。

十月革命胜利后,在列宁和斯大林的领导下,苏联理论界对马克思主义哲学展开全面研究。在 20 世纪 30 年代前期,苏联哲学家在综合马克思、恩格斯、列宁和斯大林哲学思想的基础上,结合苏联革命和建设的实践经验,发表了一系列马克思主义哲学的著作。其中具有重大影响力和代表性的主要有三部:一是 1931 年共产主义学院列宁格勒分院哲学研究所编,西洛可夫、爱森堡等合著的《辩证法唯物论教程》,该书中文由李达、雷仲坚翻译,1932 年上海笔耕堂书店出版;二是共产主义学院哲学研究所编,米汀(即米丁)等著,1934 年、1935 年出版的《辩证唯物论与历史唯物论》(上下册),中文由沈志远翻译,商务印书馆 1936 年出版;三是由米汀(即米丁)、拉里察维基等著的《新哲学大纲》,中文由艾思奇、郑易里译,1936 年北平国际文化社刊行出版。我国学术界习惯称这三本著作为“苏联 30 年代哲学教科书”。这些教科书的共同特点是:

1. 三本教科书不同程度论述了辩证法、认识论的唯物主义前提。《辩证法唯物论教程》讲到哲学的党性原则、唯物论与观念论的本质区别,揭示机械

---

① 《列宁全集》第 55 卷,人民出版社 2017 年版,第 311 页。

唯物论、新康德主义、新黑格尔主义的思想实质,阐述了马克思主义哲学的革命变革,论述了列宁哲学在马克思主义哲学史上的地位。“伊里奇不但对修正主义实行了无忌惮的斗争,把修正主义不留余地地尽情地加以批判,不但使马克思的真的学说复活起来,他还更进一步,把马克思的学说发展了。”①《新哲学大纲》较为系统地追溯辩证唯物论产生的历史前提,从古代社会的唯物论开始,接着讲 16—18 世纪哲学中的唯物论和辩证法的诸要素,再到德国古典观念论哲学中的辩证法,辩证法唯物论产生发展的历史条件。《辩证唯物论与历史唯物论》(上册)讲“辩证唯物论”,前三章分别是:第一章,当作宇宙观的马克思主义;第二章,唯物论和唯心论;第三章,辩证法唯物论。作者指出:“现代的唯物论并不是过去各种哲学学说底简单的继承者;它是在反过去统治哲学的斗争中,在为科学解除其唯心论和神秘性色彩的斗争中诞生和成长起来的。马克思主义不但继承了唯心论底最高产物——黑格尔学说——中的成果,同时还克服了这一学说底唯心论,唯物地改造了它底辩证法。马克思主义不仅是一切过去唯物论发展底继续和它底完成,而同时又变成过去唯物论底狭窄性底反对者,机械的、直觉的唯物论底反对者。劳工阶级底哲学,继承了过去文化底科学的遗产,同时予此种遗产的革命的改制。”②这样的表述无疑是正确的,与今人的论述几无差别。

2. 三本教科书论述了辩证法的基本规律和范畴。这些教科书强调列宁思想与马克思、恩格斯思想之间的继承发展关系,并力图以俄国革命和建设的实践经验,对辩证法的基本规律和范畴进行说明和论证。如《辩证唯物论教程》第三章的标题是“辩证法的根本法则——由质到量的转变及其反面的法则”,共有十一节,其中讲道:发展由量到质的转变及其反面的法则,当作辩证法的本质看的对立的统一与斗争,对立的互相渗透,矛盾的主导方面之意义,从始至终的过程之矛盾运动,对立统一之同一性与斗争性的关系,均衡论,否定之

① 《李达全集》第十卷,人民出版社 2016 年版,第 100—101 页。

② ［苏］米丁(M.Mitin):《辩证唯物论与历史唯物论》上册,沈志远译,商务印书馆 1937 年版,第 142 页。

否定法则。第四章和第五章讲辩证法的基本范畴——本质与现象、形式与内容、可能性与现实性、偶然性与必然性。《辩证唯物论与历史唯物论》第四章讲“唯物辩证法之诸法则”，主要论述了量变质和反过来质变量底法则、对立体相互贯通底法则、否定之否定底法则，同时也讲到唯物辩证法的基本范畴，包括本质与现象、内容与形式、法则原因与目的、必然与偶然、可能与现实、范畴底一般性、形式逻辑与辩证法。《新哲学大纲》第七章讲唯物论的诸法则，其中包括对立统一的法则、由量到质及由质到量的转化法则、否定之否定法则、本质和现象、根据（理由）和条件、形式和内容、必然性和偶然性、法则和因果性、可能性和现实性。然而，这些教科书对辩证法诸规律和范畴的阐述，更多参考了恩格斯《反杜林论》和《自然辩证法》等著作。在阐述对立统一规律时，提出了内因与外因、矛盾特殊性、矛盾同一性和斗争性的关系、主要矛盾和主要矛盾方面、不同质的矛盾用不同质的方法解决等新概念、新思想，丰富和发展了唯物辩证法。但三本教科书对对立统一规律在唯物辩证法三大规律中的地位和作用认识相对不足，内容安排比较零乱，思想比较含糊，未能形成一个严密的理论体系，对一些重要的概念虽然提出来了，但未能进一步展开论证。所以，苏联30年代的哲学教科书亦未能完成列宁提出的对辩证法的核心——对立统一规律进行“说明和发挥”的任务，它只是为完成这一任务作了最初的尝试和准备。

3. 三本教科书论述了马克思主义认识论的基本原理。包括认识与实践、主体与客体的统一；认识过程的动因与阶段，感性认识和理论认识的具体形式，逻辑思维的基本方法，实践是检验真理的标准，相对真理和绝对真理，以及辩证法、逻辑学、认识论“三者同一”的思想。这是就总体而言，如果分开来看，三本教科书论述认识论的分量并不一致。如《辩证法唯物论教程》第二章讲“当作认识论看的辩证法”，共分为四节，分别是认识与实践、主体与客体之统一，认识过程的阶段与动因，论理的东西与历史的东西，真理论。《新哲学大纲》的第八章为“认识的过程”，共八节，分别论述了感觉、表象、概念、判断、推理、分析和综合、归纳和演绎、形式论理学的批判。《辩证唯物论与历史唯物论》没有专门讲认识论,但第三章的第四节论述“客观的绝对的和相对的真理”,第五节论述“社会的实践为认识底标准”,第六节论述“当作逻辑和认识论看的辩证法”。显然,从每本著作论述的重点和风格来看,各有其显著优点和特点,但也存在着各自明显的不足和问题。总体来看,三本著作尚未能形成一个为多数哲学家公认的马克思主义认识论的体系。

(五)《实践论》《矛盾论》对马克思主义哲学的中国化创新

《实践论》《矛盾论》结合中国革命的经验和教训,融汇中国传统文化,加以深化和改造,用中国经验丰富和发展了马克思、恩格斯、列宁关于唯物辩证法和认识论的基本观点,特别是发挥了马克思“实践第一”的观点,列宁“对立统一”是辩证法的实质和核心,以及辩证法、认识论、逻辑学“三者同一”的思想,为反对中国革命中的主观主义、机会主义,端正中国革命的前进方向提供了哲学基础。在认识的宽度和深度上都超过了苏联哲学教科书。正如美国学者田辰山所说:“毛泽东的唯物辩证法观点其实应该最有可能受到实证主义和二元论的严重影响,因为就其知识来源而言,大部分来自俄国文献,而俄国文献充满了苏联正统马克思主义的公式和术语。可是相反,毛泽东认同的唯物辩证法的许多方面,都通过了中国传统的通变思想,他对唯物辩证法的解读,也都是使用中国典故和古汉语用语。在这方面,毛泽东的中国特色比瞿秋白和艾思奇更为强烈,也更为娴熟,原因是他对中国历史和哲学也更精通。”①

《实践论》系统阐发马克思主义哲学的认识论,对认识的唯物主义前提、认识运动的总过程、认识过程中主体与客体的关系、认识的本质、认识运动的总规律都做了深入的研究和论述。

1. 强调认识论的唯物主义前提。马克思、恩格斯、列宁在其著作中,主要针对理论形态的唯心论和不可知论,对实践在认识中的作用做过不同的论述,

① [美]田辰山:《中国辩证法:从〈易经〉到马克思主义》,萧延中译,中国人民大学出版社 2016 年版,第 128 页。

但没有做过集中的阐释,他们讲得更多的是实践作为检验真理标准的问题。受此影响,苏联哲学教科书是在讲检验真理标准时才讲实践的,因而在全面性、系统性和逻辑性方面存在着明显的不足。毛泽东则不同,他面对的主要是实际工作中的唯心主义,即主观主义,尤其是轻视实践的教条主义,为此,他在综合前人成果的基础上在《实践论》的第一部分就集中论述了实践在认识中的地位和作用。《实践论》结合中国传统关于知行关系的论述,进一步发挥列宁“实践高于(理论的)认识”①,以及“生活、实践的观点,应该是认识论的首要的和基本的观点”②的思想,对人类实践的基本形式、实践与认识的关系作了更为系统的论述。

2. 深化对认识运动总过程的研究。《实践论》关于认识“两次飞跃”的观点完善了认识运动全过程的理论。由西洛可夫、爱森堡等合著的苏联哲学教科书《辩证法唯物论教程》对认识过程感性认识和理性认识的关系、感性认识阶段和理性认识阶段的特征都作了分析,这是其可贵之处。但是,《辩证法唯物论教程》对认识发展衔接过程的论述并不完全符合列宁的观点,它只看到认识推移从感性认识到理性认识的“飞跃”,却没有看到从理性认识到实践的推移是更为重要的“飞跃”,这不能说不是一个重大缺陷。③《实践论》提出认识“两次飞跃”的观点,弥补了《辩证法唯物论教程》的缺陷。毛泽东指出:人在认识开始时只看到过程中各个事物的现象方面,看到各个事物的片面,看到各个事物之间的外部联系,这是认识的感性阶段,就是感觉和印象的阶段。“在这个阶段中,人们还不能造成深刻的概念,作出合乎论理(即合乎逻辑)的结论。”④社会实践的继续,使人们在实践中引起感觉和印象的东西反复了多次,于是在人们的脑子里生起了一个认识过程中的突变(即飞跃),产生了概

① 《列宁全集》第55卷,人民出版社2017年版,第183页。

② 《列宁选集》第2卷,人民出版社2012年版,第103页。

③ 参见胡为雄:《〈矛盾论〉〈实践论〉对苏联哲学教科书思想养分的吸收及创新》,《毛泽东思想论坛》1994年第4期。

④ 《毛泽东选集》第一卷,人民出版社1991年版,第285页。

念。表明人们对事物的认识已经从现象深入到本质,从各个片面深入到全体,从外部联系深入到内部联系。“概念”与“感觉”相比,不但是数量的差别,而且是性质的差别。人们运用概念进行判断和推理,这是认识的第二阶段,也是整个认识过程中更为重要的阶段,也就是理性认识的阶段。“感觉到了的东西,我们不能立刻理解它,只有理解了的东西才更深刻地感觉它。感觉只解决现象问题,理论才解决本质问题。”①

感性认识和理性认识相依相存,不可分割。一方面,理性认识依赖于感性认识。“理性的东西所以靠得住,正是由于它来源于感性,否则理性的东西就成了无源之水,无本之木,而只是主观自生的靠不住的东西了。”②坚持认识开始于经验,这就是认识论的唯物论。另一方面,要完全地反映整个的事物,反映事物的本质,反映事物的内部规律性,形成概念和理论的系统,就必须从感性认识跃进到理性认识。坚持感性认识有待于深化到理性认识,就是坚持认识论的辩证法。《实践论》紧接着指出:认识运动至此并没有完结,从感性认识上升到理性认识,“还只说到问题的一半”。认识从实践开始,经过实践得到了理论的认识,还须再回到实践。“认识的能动作用,不但表现于从感性的认识到理性的认识之能动的飞跃,更重要的还须表现于从理性的认识到革命的实践这一个飞跃。”③认识的目的不仅在于解释世界,更为重要的是运用已经获得的规律性认识,能动地改造世界。人们将自己的思想、理论、计划、方案运用于改造外部世界的实践,如果达到了预期的目的,那就说明是正确的,反之则是错误的,需要进行新的认识。只有实践才是检验真理的唯一标准。实践无止境,认识无止境。一个正确的认识往往需要经过从感性到理性,从理性到实践的多次反复。“客观现实世界的变化运动永远没有完结,人们在实践中对于真理的认识也就永远没有完结。”④《实践论》更为完整地论述了认识

① 《毛泽东选集》第一卷,人民出版社 1991 年版,第 286 页。
② 《毛泽东选集》第一卷,人民出版社 1991 年版,第 290 页。
③ 《毛泽东选集》第一卷,人民出版社 1991 年版,第 292 页。
④ 《毛泽东选集》第一卷,人民出版社 1991 年版,第 296 页。

运动的全过程。

3. 突出对认识与主客观条件关系的研究。任何认识的产生都是有条件的。苏联哲学教科书虽然也谈到“认识与实践、主体与客体之统一”,而且提出“现实变化着、发展着。我们关于现实的认识,也随着现实一同变化”①,但并没有做充分的展开和说明。《实践论》联系中国革命实践,提出人们的认识总是在一定的历史条件下进行的,实践主体不仅要受到自身知识水平的限制,而且要常常受着科学、技术条件的限制,因而变革现实的实践不会按原定的思想、理论、计划、方案进行,会发生“部分错了或全部错了的事”“许多时候须反复失败过多次,才能纠正错误的认识,才能到达于和客观过程的规律性相符合,因而才能够变主观的东西为客观的东西,即在实践中得到预想的结果”②,揭示了认识是主体能动性和客观受动性相互统一的崭新理论。根据这一理论,毛泽东强调:客观实际在不断变化,当原有思想、理论、计划、方案有错误时,必须善于适时纠正错误,提出新的思想、理论、计划、方案,使自己的思想迅速赶上革命形势的变化。

显然,这一思想的提出,更多是对中国革命教训的切身感悟和总结。从认识论上讲,机会主义、教条主义就是不讲中国国情和条件,盲目照搬俄国经验,严重脱离了中国实际,这是机会主义的认识论根源。《实践论》强调一切真知都来自实践,都是从直接经验发源的,强调“直接经验”的同时提出“间接经验”的概念,认为人的多数知识都来自“间接经验”,它是人类进一步认识的条件。把人的知识分为“直接经验的”和“间接经验的”两个部分,这在苏联哲学教科书中也是没有的,在一定程度上丰富了唯物主义经验论的认识论内容。

4. 揭示马克思主义认识论的能动反映论本质。关于认识的本质问题,马克思、恩格斯充分肯定人类认识世界的可能性,坚持思维和存在之间具有同一性,批判了“唯理论”和“不可知论”的错误,但没有进行过专门系统的阐述。

---

① 《李达全集》第十卷,人民出版社 2016 年版,第 108 页。

② 《毛泽东选集》第一卷,人民出版社 1991 年版,第 294 页。

列宁在《唯物主义和经验批判主义》中，根据马克思和恩格斯的论述，在批判以马赫为代表的唯心主义的过程中提出了反映论的问题，认为人的认识就是人对客观世界的一种“复写、摄影、反映。”①列宁更多强调了认识内容的客观性，但对认识的能动性讲得不足。《哲学笔记》弥补了上述缺陷，列宁指出：“人的意识不仅反映客观世界，并且创造客观世界。”②强调了认识中人的能动性，表现了马克思主义认识论的革命本质。苏联哲学教科书虽然已经提出，“伊里奇也同意于恩格斯，主张了反映论。据反映论说来，我们的感觉和概念，是对象的像、肖像或映像”③，但对反映论并没有进行深入的论述。

《实践论》在前人论述的基础上强调，认识是“经验”和“理性”的结合，反映的本质在于揭示事物的整体、事物的本质及其内部规律性，而要做到这一点，就必须经过思考作用，“将丰富的感觉材料加以去粗取精、去伪存真、由此及彼、由表及里的改造制作工夫，造成概念和理论的系统”④。在这里，毛泽东具体论述了人脑“怎样反映”的问题。而且，《实践论》进一步指出：客观世界的无穷发展，决定人的认识是一个不断由浅到深、从不深刻的认识到比较深刻的认识的过程，客观世界的变化没有完结，人在实践中对于真理的认识也就永不会完结。马克思主义不会终结真理，而是在实践中不断地开辟认识真理的道路。“我们的结论是主观和客观、理论和实践、知和行的具体的历史的统一，反对一切离开具体历史的‘左’的或右的错误思想。”⑤不仅从理论上揭示了马克思主义认识论的能动性、革命性，而且联系中国革命，揭示了“左”倾教条主义的认识论根源。

5. 总结认识运动的总规律。在这一问题上，列宁最早提出：“人的认识不是直线（也就是说，不是沿着直线进行的），而是无限地近似于一串圆圈、近似

---

① 《列宁选集》第 2 卷，人民出版社 2012 年版，第 89 页。
② 《列宁全集》第 55 卷，人民出版社 2017 年版，第 182 页。
③ 《李达全集》第十卷，人民出版社 2016 年版，第 120 页。
④ 《毛泽东选集》第一卷，人民出版社 1991 年版，第 291 页。
⑤ 《毛泽东选集》第一卷，人民出版社 1991 年版，第 296 页。

于螺旋的曲线。”①苏联哲学教科书对之作过发挥，但所涉及的只是认识的一个完整过程，未曾探讨人类认识运动的长过程、总规律。毛泽东既吸收艾思奇《大众哲学》的成果，又遵循列宁关于认识的螺旋运动的思想，提炼出人类认识运动的总规律。“实践、认识、再实践、再认识，这种形式，循环往复以至无穷，而实践和认识之每一循环的内容，都比较地进到了高一级的程度。这就是辩证唯物论的全部认识论，这就是辩证唯物论的知行统一观。”②在这里，毛泽东把马克思主义的“全部认识论”与中国传统的“知行统一观”结合起来，这是对马克思主义认识论的重大发展。其中“再认识”概念的提出不仅具有重大理论意义，更有重大现实意义。这一概括突出了实践和认识的矛盾，实践是认识的基础，但认识一旦形成就会反过来指导实践，正是实践和认识的这种相互作用，推动认识由低级向高级发展。一个完整的认识要经过“两次飞跃”才能完成，认识过程是复杂性、曲折性和无限性的统一，是一个否定之否定的辩证过程。毛泽东指出：客观世界充满矛盾和斗争，人的认识运动也就充满矛盾和斗争。“一切客观世界的辩证法的运动，都或先或后地能够反映到人的认识中来。”③曾经的真理就可能变为谬误。因此，凡真理都是相对真理。但对整个人类的认识来说，无数相对真理之总和，就是绝对的真理。认识的过程不仅是改造客观世界的过程，也是改造主观世界的过程。“社会的发展到了今天的时代，正确地认识世界和改造世界的责任，已经历史地落在无产阶级及其政党的肩上。”④这是由无产阶级政党的性质及其社会地位决定的。所谓改造主观世界，就是改造自己的认识能力，改造主观世界同客观世界的关系。只有到共产主义时代才可能消除压迫，实现人类自由解放。“世界到了全人类都自觉地改造自己和改造世界的时候，那就是世界的共产主义时代。”⑤

---

① 《列宁全集》第55卷，人民出版社2017年版，第311页。
② 《毛泽东选集》第一卷，人民出版社1991年版，第296—297页。
③ 《毛泽东选集》第一卷，人民出版社1991年版，第295页。
④ 《毛泽东选集》第一卷，人民出版社1991年版，第296页。
⑤ 《毛泽东选集》第一卷，人民出版社1991年版，第296页。

《矛盾论》系统发挥列宁关于“对立统一规律是辩证法实质和核心”的观点,对矛盾特殊性的不同情形,共性个性的关系,“主要矛盾”和“主要的矛盾方面”,矛盾同一性和斗争性关系等都做了深入的研究,形成马克思主义矛盾论的体系。

1.“对立统一规律是辩证法实质和核心”的系统发挥。文章一开头,毛泽东就开宗明义地指出:“事物的矛盾法则,即对立统一的法则,是唯物辩证法的最根本的法则。”①并且引用列宁的论述,说明对立统一规律在辩证法中的统领地位和作用,指出辩证法和形而上学的对立以及在中外哲学史上的具体表现。紧接着论述内因和外因在事物发展中的不同作用,提出“外因是变化的条件,内因是变化的根据,外因通过内因而起作用。”②在同等条件下,为什么鸡蛋可以孵出小鸡而石头不能,就因为其内在根据不同。毛泽东依据内因外因关系的原理,进而延展到社会历史领域的变化,事业的兴衰成败“皆决于内因”。中国革命之所以受挫折,从根本上来讲就因为党内出现了机会主义、冒险主义。“一个政党要引导革命到胜利,必须依靠自己政治路线的正确和组织上的巩固。”③毛泽东进而追溯辩证法产生发展的历史,指出唯物辩证法的产生是人类认识史上的革命。认为研究唯物辩证法的宇宙观,“主要地就是教导人们要善于去观察和分析各种事物的矛盾的运动,并根据这种分析,指出解决矛盾的方法。”④

2. 创造性分析矛盾特殊性的不同情形。对于矛盾的普遍性和特殊性,马克思主义经典作家论证较多的是矛盾的普遍性,而对于矛盾的特殊性,马克思主义经典作家虽然没有系统的论述,但也有一些精辟的见解,主要体现在他们对具体问题的研究和分析中,体现在对国际共产主义运动的指导中。苏联20世纪30年代的哲学教科书,根据马克思和列宁的相关论述,强调了研究矛盾

① 《毛泽东选集》第一卷,人民出版社1991年版,第299页。
② 《毛泽东选集》第一卷,人民出版社1991年版,第302页。
③ 《毛泽东选集》第一卷,人民出版社1991年版,第303页。
④ 《毛泽东选集》第一卷,人民出版社1991年版,第304页。

特殊性的重要性,但苏联哲学教科书对矛盾特殊性的各种情形以及如何分析矛盾特殊性并没有展开论述。从中国革命的经验教训来看,对于矛盾的特殊性,“还有很多的同志,特别是教条主义者,弄不清楚。”①既不了解矛盾普遍性寓于矛盾特殊性之中的道理,也不了解把握矛盾特殊性原理对指导中国革命的重要意义。鉴此,毛泽东在充分吸收苏联哲学教科书成果的基础上,对矛盾特殊性原理作了详尽的创造性研究。毛泽东不仅分析矛盾特殊性的五种具体情形,而且针对教条主义的错误,逐一指出应该注意的具体问题。最后,毛泽东发出警告:研究矛盾的特殊性,必须坚持“具体问题具体分析”的原则,切忌主观随意性。一旦离开具体分析,就不能认识任何矛盾的特性。

3. 提出关于“共性个性、绝对相对的道理,是关于事物矛盾问题精髓”的新思想。关于共性和个性、普遍性和特殊性关系的原理,马克思主义经典作家均有精辟的论述,并在自己的理论研究和实践活动中做了杰出的运用。列宁曾说:“个别一定与一般相联而存在。一般只能在个别中存在,只能通过个别而存在。任何个别(不论怎样)都是一般。任何一般都是个别的(一部分,或一方面,或本质)。任何一般只是大致地包括一切个别事物。任何个别都不能完全地包括在一般之中,如此等等。”②在把个别与一般的原理运用无产阶级革命实践时,列宁又指出:“共产主义者的任务,像在任何时候一样,也是要善于针对各阶级和各政党相互关系的特点,针对共产主义客观发展的特点来运用共产主义普遍的和基本的原则;要看到这种特点每个国家各不相同,应该善于弄清、找到和揣摩出这种特点。”③列宁的这些话深刻揭示了一般与个别的辩证关系,指明无产阶级政党必须坚持马克思主义普遍真理与各国具体实际相结合的根本原则。苏联哲学教科书虽然根据列宁的有关论述,阐述了对立统一规律的普遍性,一切事物自始至终都处在矛盾运动之中,但都未提炼出“矛盾的普遍性”的概念,更没有涉及矛盾普遍性与特殊性的关系,即共性与

① 《毛泽东选集》第一卷,人民出版社 1991 年版,第 304 页。

② 《列宁全集》第 55 卷,人民出版社 2017 年版,第 307 页。

③ 《列宁选集》第 4 卷,人民出版社 2012 年版,第 197—198 页。

个性的关系，只是提出要认识“矛盾的特殊点”的必要性问题。《矛盾论》在系统研究矛盾普遍性原理和特殊性原理的基础上，深入研究矛盾普遍性和矛盾特殊性、共性和个性关系的原理，全面发挥了列宁的思想。第一，普遍性和特殊性共处于同一事物之中。特殊性中包含着普遍性，普遍性寓于特殊性之中。“由于特殊的事物是和普遍的事物联结的，由于每一个事物内部不但包含了矛盾的特殊性，而且包含了矛盾的普遍性，普遍性即存在于特殊性之中。”①研究事物就是要发现事物内部这两个方面的存在及其相互联结。第二，普遍性和特殊性在一定条件下相互转化。“由于事物范围的极其广大，发展的无限性，所以，在一定场合为普遍性的东西，而在另一一定场合则变为特殊性。反之，在一定场合为特殊性的东西，而在另一一定场合则变为普遍性。”②第三，矛盾普遍性和特殊性关系的实质就是共性和个性的关系。其共性是矛盾存在于一切过程中，并贯穿于一切过程的始终，矛盾即是运动，即是事物，即是过程，也即是思想。否认事物的矛盾就是否认了一切。这是共通的道理，古今中外，概莫能外。然而这种共性，即包含于一切个性之中，无个性即无共性。第四，矛盾普遍性和特殊性相互关系原理的重要意义。“这一共性个性、绝对相对的道理，是关于事物矛盾的问题的精髓，不懂得它，就等于抛弃了辩证法。”③教条主义者之所以失败，就是因为他们不懂得矛盾普遍性和特殊性、共性和个性结合的道理。他们抛开中国特殊国情，把马克思主义的一般原理变为固定化的灵丹妙药，照搬照抄，生吞活剥，一度使中国革命陷入绝境。第五，研究矛盾普遍性和特殊性的相互关系，一定要坚持客观性原则，反对任何主观随意性。毛泽东指出：“我们的教条主义者因为没有这种研究态度，所以弄得一无是处。我们必须以教条主义的失败为鉴戒，学会这种研究态度，舍此没有第二种研究法。”④

① 《毛泽东选集》第一卷，人民出版社 1991 年版，第 318 页。
② 《毛泽东选集》第一卷，人民出版社 1991 年版，第 318 页。
③ 《毛泽东选集》第一卷，人民出版社 1991 年版，第 320 页。
④ 《毛泽东选集》第一卷，人民出版社 1991 年版，第 319 页。

4. 强调“主要矛盾”和“主要的矛盾方面”的决定性作用。马克思主义经典作家虽然没有明确提出“主要矛盾”以及“主要的矛盾方面”这样的概念，但在辩证法的具体运用中却体现了这方面的思想。如马克思对资本主义社会主要矛盾的分析，列宁对帝国主义时代主要矛盾的分析，列宁和斯大林对过渡时期主要矛盾的分析，等等。20世纪30年代，苏联学者依据马克思和列宁的论述，明确提出“主要矛盾”“矛盾的主导方面”的概念。由西洛可夫、爱森堡等人合著的《辩证法唯物论教程》第一章“唯物论与观念论”的第一节“唯物论及观念论的本质及根源”中指出：“辩证唯物论把捉事物内部的主要矛盾。”“辩证唯物论在内的矛盾之中，发现一切事物（资本主义也包括在内）的发展的根本原因。辩证唯物论在这些内的矛盾中，只探求根本的主要的矛盾，其他一切矛盾都依存于这个主要矛盾。”①该书的第三章第七节“矛盾的主导方面之意义”，提出“在确定了过程之内的矛盾，过程之对立的诸方面之不可分的联结以后，必须去发现这个矛盾之主导的方面。马克思在《资本论》中，指摘出在商品的价值及使用价值那种对立的方面之不可分的联结中，价值具有主导的作用；指摘出在生产力和生产关系的矛盾中，生产力具有主导的作用。”并且认为，“暴露矛盾的主导作用的能力，是党的政治及战术的基础。”②《辩证法唯物论教程》还指出：过去及现在的许多马克思主义者都不曾理解矛盾主导方面的作用，普列汉诺夫既不了解主要矛盾的问题，也不了解矛盾主要方面的问题。毛泽东十分重视上述思想，他在读到此处时写了两页多约1200字的批语。这是《毛泽东哲学批注集》最长的一条批语，其基本内容写进了《矛盾论》。③

5. 深入研究矛盾同一性和斗争性相互关系的原理。马克思虽然在理论上没有对矛盾的同一性做过具体的论述，但在科学研究中却做过出色地运用。

① 《李达全集》第十卷，人民出版社2016年版，第35页。

② 《李达全集》第十卷，人民出版社2016年版，第159页。

③ 参见许全兴：《〈实践论〉〈矛盾论〉研究综论》，中央党校出版社2013年版，第232页。

如他在《〈政治经济学批判〉导言》中,就详细地分析了生产和消费之间的同一性。恩格斯在《反杜林论》《自然辩证法》等著作中,对矛盾的同一性有许多精辟的论述,指出辩证法的同一性与形而上学同一性的差别。列宁在研读黑格尔《逻辑学》等著作时,十分关注黑格尔关于对立面之间具有同一性的思想。他说:"辩证法是一种学说,它研究对立面怎样才能够同一,是怎样(怎样成为)同一的——在什么条件下它们是相互转化而同一的,——为什么人的头脑不应该把这些对立面看做僵死的、凝固的东西,而应该看做活生生的、有条件的、活动的、彼此转化的东西。"①明确提出对立面的统一性是相对的,而对立面的斗争性是绝对的。但列宁对这些思想并没有进行系统地论述。苏联20世纪30年代的哲学教科书依据列宁的论述,对矛盾同一性和斗争性相互关系的原理进行了说明,注意到对立面之间的相互转化。如《辩证法唯物论教程》第三章第六节"对立的互相渗透",指出:"内的对立互相结合,对立的一方面如不存在,另一方面也不能存在。"②《新哲学大纲》第十章在论及"对立统一的法则"时写道:"伊里奇认为对立的同一性,它的相互渗透,由一个向另一个的它的相互推移等,在辩证法的核心的理解上,是极重要的。"③《辩证唯物论与历史唯物论》第四章第一节在论及对立统一法则的重要意义时写道:"事物中所包含的对立方(或矛盾倾向)底相互贯通(或相互依赖)和斗争决定这一事物底生命,给予它自动底推动、发展底推动。唯其如此,所以对立体底一致、对立体相互贯通底法则,就成为辩证法中最基本、最重要和有决定意义的法则了。"④《矛盾论》联系中国革命实际和中国文化传统,对列宁关于矛盾同一性和斗争性相互关系的原理作了新的论述和发挥:一是对"同一性"和"斗争性"给予明确界定;二是指出矛盾双方在一定条件下的相互转化。

---

① 《列宁全集》第55卷,人民出版社2017年版,第90页。

② 《李达全集》第十卷,人民出版社2016年版,第155页。

③ [苏]米定·拉里察维基等:《新哲学大纲》,艾思奇、郑易里译,国际文化社1937年版,第238页。

④ [苏]米丁(M.Mitin):《辩证唯物与历史唯物论》上册,沈志远译,商务印书馆1937年版,第203页。

三、《实践论》《矛盾论》是对中国传统哲学思想的创造性转化

毛泽东从小博览群书,从四书五经、诸子百家、二十四史、《资治通鉴》到诗词曲赋、历史小说、各家笔记等等,可谓了如指掌,信手拈来,触目即是。他特别善于运用传统文化、传统哲学的思想来表达马克思主义哲学的基本原理,《实践论》和《矛盾论》多处运用中国传统典籍,可谓对中国传统哲学进行创造性运用、创新性转化的典范之作。其重要衔接之处突出表现在以下几方面。

(一)知行合一、行重于知的世界观

知和行的关系,也就是我们今天所说的认识与实践的关系,是哲学认识论讨论的焦点问题。中国哲学传统与西方哲学传统有着很大的不同。在中国哲学史上,罕有如西方哲学所说的不可知论者。世界的可知性在中国哲学中是不言自明的。即使如老庄道家,讨论的亦主要是知与不知、大知与小知的差异性问题,而不是可不可知的问题。庄子并不像过去有些学者所说的那样,是不可知论者。中国古代哲学家也很少讨论一般的抽象意义上的思维对存在的关系问题,他们关注的只是具体的知行问题。中国哲学关于知行关系的讨论有着悠久的历史,早在《古文尚书·说命中》篇中便出现了"知之匪艰,行之惟艰"的哲学命题。春秋以后,知行关系已成为普遍讨论的哲学话题。如子产即说过"行无越思"的话。老子是主张消知灭行而提倡无为的。他一方面说,"不出户,知天下,不窥牖,见天道。其出弥远,其知弥少,是以圣人不行而知,不见而名,不为而成。"①另一方面又说,"绝圣弃智""绝学无忧"。② 孔子则主张依据不同情况具体地对待知行关系。如他认为有"生而知之"的人,但也

① 陈鼓应:《老子今注今译》,商印印书馆 2003 年版,第 248 页。

② 陈鼓应:《老子今注今译》,商印印书馆 2003 年版,第 147、150 页。

有“学而知之”和“困而知之”的人。他特别强调行的重要性,不仅主张人只有先行仁然后才能知礼乐,而且主张“行有余力,则以学文”①,将践行摆在求知之前,肯定了行的首要地位。孔子之后,孟子提出了典型的知先行后说,这就是他的“良知良能”的先验论。至宋明理学,知行关系问题的讨论贯穿于整个哲学的争论之中。有明确的“知先行后”“行先知后”和“知行合一”这三种具有代表性的思想。如程颐、朱熹便主张“知先行后”,王廷相、王夫之等则主张“行先知后”,王阳明则是“知行合一”的思想代表。

中国传统哲学注重知行的这一特征对毛泽东的实践论产生相当大的影响。在对知行关系的认识中,他特别注重实践的地位和作用。毛泽东重视实践,同他早年形成的注重社会实际的学风以及他的革命实践经历和体验有着密切的关系。但从理论来源来说,则主要来自两个方面:一是中国哲学注重实践的传统,一是来自他对马克思主义哲学的理解。中国传统哲学具有注重实践(行)的优良传统。从整个哲学史看,主张“知易行难”说的占据思想的主导地位。正如孙中山所说:“知易行艰”说“数千年来深中于中国之人心,已成牢不可破矣”。② 不过他对此深怀恐惧,认为这一学说“有致亡国灭种者”,十分之危险。故他反其道而行之,主张“知难行易”,并希望通过对“知易行难”说的清算,“出国人思想于迷津”。且不论孙中山的思想正确与否,这也恰恰证明了“知易行难”说在中国哲学史上的重要地位。“知易行难”说表明了传统中国人对“行”的重视,充分反映了中国先民对实际的生产活动与社会生活艰巨性的深刻体验与观察。而与此相联系,关于“知行轻重”的论争也因此构成知行关系认识的另一重要层面。在历史上有关的论争中,主张“行重知轻”或“行知并重”的思想同样也占据主导地位。从传统哲学关于知行难易、轻重的各种论述及思想中,我们不仅看到那些主张“行先知后”唯物主义认识论的哲学家们对“行”的重视,而且也可以看到,许多主张“知先行后”的唯心主义认

① 杨伯峻、杨逢彬注译:《论语》,岳麓书社 2000 年版,第 3 页。

② 《孙中山选集》(上),人民出版社 2011 年版,第 121 页。

识论的思想家们也表现了对“行”的重视。这一点与西方的唯心主义有很大不同。如朱熹就曾说过，“数知力行，论其先后，固当以致知为先，然论其轻重，则当以力行为重。”①朱熹所谓的“力行”虽指个人道德践履，但他对“行”的重视却是确切无疑的。

中国哲学注重“行”的特点与马克思主义哲学重视“实践”的特点有着内在的一致性。延安时期，毛泽东曾下功夫系统钻研马克思主义哲学，留下《毛泽东哲学批注集》。他深刻认识到，“哲学的研究不是为着满足好奇心，而是为改造世界。”②因此，改造世界的实践才是认识的真正目的。毛泽东同时还指出，实践不仅是目的，而且也是一切认识的出发点，是认识过程本身，是解决认识问题的方法，因为“如何认识外界的问题，在实践以外是不能解决的”③。实践是全部哲学的基础，马克思主义哲学无论是世界观、方法论，还是认识论、历史观，都离不开实践。毛泽东在《实践论》中还引用“不入虎穴，焉得虎子”这句中国成语，来形象地说明“离开实践的认识是不可能的”这个道理。

（二）阴阳交合、相反相成的矛盾观

中国古人已经认识到矛盾存在的普遍性。《易经》用“- -”和“—”两个相反相谐的抽象符号来表示“阴”和“阳”的概念，并通过这两种符号从八卦到六十四卦不同的排列组合来说明世界事物之间的差异与同一关系及其演化。“五行”说是以水、火、木、金、土五种物质来代表构成事物的基本元素。五行说通过这五种物质的不同特性来说明世界差异的普遍性。如《尚书·洪范》云：“五行：一曰水、二曰火、三曰木、四曰金、五曰土。水曰润下，火曰炎上，木曰曲直，金曰从革，土爰稼穑。润下作成，火上作苦，曲直作酸，从革作辛，稼穑作甘。”阴阳说则进一步抽象为对立面存在的普遍性，强调对立、差异中的平

---

① （清）李绂：《朱子晚年全论》，中华书局 2000 年版，第 108 页。

② 《毛泽东哲学批注集》，中央文献出版社 1988 年版，第 152 页。

③ 《毛泽东哲学批注集》，中央文献出版社 1988 年版，第 22 页。

衡、和谐,所谓“无平不陡,无往不复”①。阴阳卦画的不同排列组合即关联才产生变化。故曰:独阴不生,孤阳不盛。阴阳之间亦相异相济,和合而成不同的事物及其变化。《易经》以阴阳合卦之象来预卜人事吉凶,《尚书》则“言进用五事以顺五行”②,皆以人道顺应天道。西周末年,史伯提出“和实生物”的观点。“夫和实生物,同则不继。以他平他谓之和,故能丰长而物归之;若以同裨同,尽乃弃矣。故先王以土与金木水火杂,以成百物。……声一无听,物一无文,味一无果,物一不讲。王将弃是类也而与剸同,天夺之明,欲无弊,得乎?”③春秋战国时代,各家各派都从各自的角度阐发关于世界变易与和谐的思想。晏婴主张“和如羹焉”④。史墨则认为,“社稷无常奉,君臣无常位”,“在《易》卦:雷乘乾曰大壮,天之道也”⑤。老子揭示了宇宙间事物生成变化的规律。“道生一,一生二,二生三,三生万物。万物负阴而抱阳,冲气以为和。”⑥矛盾双方以对立面的存在为前提,“有无相生,难易相成,长短相形,高下相倾,音声相和,前后相随。”⑦并且,相互向对立面转化是事物发展的必然规律,“反者道之动,弱者道之用。”⑧“祸兮,福之所倚;福兮,祸之所伏。”⑨孔子提出“执两用中”“致中和”思想。“中也者,天下之大本也;和也者,天下之达道也。致中和,天地位焉,万物育焉。”⑩认为“中和”是天下最大的道理,要求人们在矛盾面前,不走极端。孟子进一步提出“执中无权犹执一”的观点,认为既要遵循天理,同时要懂得权变。王阳明在《传习录》中解释说:“问孟子言:‘执中无权犹执一。’先生曰:‘中只是天理,只是易,随时变易,如何执得?

① 黄寿祺、张善文:《周易译注》,上海古籍出版社 2004 年版,第 101 页。
② (汉)班固:《汉书》卷三十,中华书局 1962 年版,第 1769 页。
③ 陈桐生译注:《国语》,中华书局 2013 年版,第 573 页。
④ 李梦生:《左传译注》,上海古籍出版社 2004 年版,第 1105 页。
⑤ 李梦生:《左传译注》,上海古籍出版社 2004 年版,第 1205 页。
⑥ 陈鼓应:《老子今注今译》,商印印书馆 2003 年版,第 233 页。
⑦ 陈鼓应:《老子今注今译》,商印印书馆 2003 年版,第 80 页。
⑧ 陈鼓应:《老子今注今译》,商印印书馆 2003 年版,第 226 页。
⑨ 陈鼓应:《老子今注今译》,商印印书馆 2003 年版,第 284 页。
⑩ 陈晓芬、徐儒宗译注:《论语 大学 中庸》,中华书局 2015 年版,第 289 页。

须是因时制宜，难预先定一个规矩在。如后世儒者要将道理说得一一无罅漏，立定个格式，此正是执一。'"①认为事物随时变化，没有死的规矩，一切要“实事求是”“因时制宜”。

毛泽东在《矛盾论》等著作中巧妙地把马克思主义的唯物辩证法与中国传统哲学中的“五行”“阴阳”相互变易的学说结合起来，注意用传统哲学的概念和中国传统典籍中的故事来解释和说明马克思主义的辩证法，特别是矛盾学说。例如，他借用《老子》中的“相反相成”来说明矛盾相互转化的道理。“我们中国人常说：‘相反相成。’就是说相反的东西有同一性。……‘相反’就是说两个矛盾方面的互相排斥，或互相斗争。‘相成’就是说在一定条件之下两个矛盾方面互相联结起来，获得了同一性。而斗争性即寓于同一性之中，没有斗争性就没有同一性。”②同时，他还引用中国古代神话来说明转化是有条件的。“神话中的许多变化，例如《山海经》中所说的‘夸父追日’，《淮南子》中所说的‘羿射九日’，《西游记》中所说的孙悟空七十二变和《聊斋志异》中的许多鬼狐变人的故事等等，这种神话中所说的矛盾的互相变化，乃是无数复杂的现实矛盾的互相变化对于人们所引起的一种幼稚的、想象的、主观幻想的变化，并不是具体的矛盾所表现出来的具体的变化。”③并且，他以中国历史上的著名人物孙子、魏徵等人的思想以及著名小说《水浒传》中“宋江三打祝家庄”的故事为例，生动说明矛盾是由两方面构成的，想问题办事情一定要全面思考，不能从片面的一己之见出发。“孙子论军事说：‘知彼知己，百战不殆。’他说的是作战的双方。唐朝人魏徵说过：‘兼听则明，偏信则暗。’也懂得片面性不对。可是我们的同志看问题，往往带片面性，这样的人就往往碰钉子。《水浒传》上宋江三打祝家庄，两次都因情况不明，方法不对，打了败仗。后来改变方法，从调查情形入手，于是熟悉了盘陀路，拆散了李家庄、扈家庄和祝家庄的联盟，并且布置了藏在敌人营盘里的伏兵，用了和外国故事中所说木马计

① 王阳明：《传习录》，张怀承译注，岳麓书社2004年版，第58页。
② 《毛泽东选集》第一卷，人民出版社1991年版，第333页。
③ 《毛泽东选集》第一卷，人民出版社1991年版，第330—331页。

相像的方法,第三次就打了胜仗。《水浒传》上有很多唯物辩证法的事例,这个三打祝家庄,算是最好的一个。"①1956年11月15日,毛泽东在中国共产党第八届中央委员会第二次全体会议上的讲话中说:"中国古人讲,'一阴一阳之谓道'。不能只有阴没有阳,或者只有阳没有阴。这是古代的两点论。"②再次说明了想问题、办事情一定要从两方面想想,不能片面化的道理。

1939年,在致张闻天的一封信中,毛泽东充分肯定孔子的"中庸"思想。他说:"'过犹不及'是两条战线斗争的方法,是重要思想方法之一。一切哲学,一切思想,一切日常生活,都要作两条战线斗争,去肯定事物与概念的相对安定的质。'一定的质含有一定的量'(不如说'一定的质被包含于一定的量之中'),是对的,但重要的是从事物的量上去找出并确定那一定的质,为之设立界限,使之区别于其它异质,作两条战线斗争的目的在此。"③毛泽东还进一步引《中庸》说:"'舜其大知也与,舜好问而好察迩言……执其两端用其中于民',及'回之为人也,择乎中庸得一善则拳拳服膺而弗失之',更加明确地解释了中庸的意义。朱熹在'舜其大知'一节注道:'两端谓众论不同之极致,盖凡物皆有两端,如大小厚薄之类。于善之中又执其两端而度量以取中,然后用之,则其择之审而行之至矣。然非在我之权度精切不差,何以与此?此知之所以无过不及而道之所以行也'。这个注解大体是对的,但'两端'不应单训为'众论不同之极致',而应说明即是指的'过'与'不及'。'过'的即是'左'的东西,'不及'的即是右的东西。依照现在我们的观点说来,过与不及乃指一定事物在时间与空间中运动,当其发展到一定状态时,应从量的关系上找出与确定其一定的质,这就是'中'或'中庸',或'时中'。说这个事物已经不是这种状态而进到别种状态了,这就是别一种质,就是'过'或'左'倾了。这个事物还停止在原来状态并无发展,这是老的事物,是概念停滞,是守旧顽固,是右倾,是'不及'。孔子的中庸观念没有这种发展的思想,乃是排斥异端树立已

① 《毛泽东选集》第一卷,人民出版社1991年版,第313页。
② 《毛泽东著作专题摘编》上,中央文献出版社2003年版,第137页。
③ 《毛泽东书信选集》,人民出版社1983年版,第145—146页。

说的意思为多,然而是从量上去找出与确定质而反对‘左’右倾则是无疑的。这个思想的确如伯达所说是孔子的一大发现,一大功绩,是哲学的重要范畴,值得很好地解释一番。”①

(三)知彼知己、百战不殆的军事观

用“知彼知己,百战不殆”来阐释马克思主义的军事辩证法。在毛泽东的军事著作中,谈论和引用最多的是《孙子兵法》,他特别欣赏“知己知彼,百战不殆”这句话,多次论及。他认为,战争中主观指挥正确与否,全在于对敌我双方情况的了解与判断力,即“知彼知己”。他说,只有摸熟了自己部队的情况,摸熟了敌人部队的情况,摸熟了一切和战争的有关的条件,如政治、经济、地理、气候等等,就比较地有把握,比较地能打胜仗。他列举中国古代晋楚城濮之战、楚汉成皋之战、韩信破赵之战、新汉昆阳之战、袁曹官渡之战、吴魏赤壁之战、吴蜀彝陵之战、秦晋淝水之战等战例,说明主观正确,可以以小击大、以弱胜强。反之,由于主观错误而造成优势和主动地位完全丧失,就可能“化为败军之将,亡国之君”。毛泽东少时读“四书”“五经”,对五经中的《春秋左氏传》(亦称《左传》)十分喜爱,言谈话语之间,每每举出《左传》中的事例和典故。在《中国革命家战争的战略问题》一文中,他大段原文抄录了《左传·庄公十年》记载的齐鲁长勺之战全过程,指出鲁军用兵得法,“打胜了齐军,造成了中国战史中弱军战胜强军的有名的战例”。他强调指出:孙子说的“知彼知己,百战不殆”,强调的是打仗一定要深入了解对方的情况,并以《水浒传》中宋江三打祝家庄为例,说明搞清楚对方情况的重要性。所谓“草木皆兵”“声东击西”“兵不厌诈”就是在了解对方的情况下,利用有利于我的因素,造成对敌人的错误判断,从而取得胜利的方法。他批评红军队伍里“那些李逵式的官长”,遇事不调查研究,“就懵懵懂懂地乱处置一顿”②。这样指挥作

① 《毛泽东书信选集》,人民出版社 1983 年版,第 146—147 页。

② 《毛泽东选集》第一卷,人民出版社 1991 年版,第 112 页。

战,怎么能不吃败仗呢?“我们不许可任何一个红军指挥员变为乱撞乱碰的鲁莽家;我们必须提倡每个红军指挥员变为勇敢而明智的英雄,不但有压倒一切的勇气,而且有驾驭整个战争变化发展的能力。指挥员在战争的大海中游泳,他们不使自己沉没,而要使自己决定地有步骤地达到彼岸。指导战争的规律,就是战争的游泳术。”①毛泽东历来反对照搬本本的军事教条主义。他十分赞赏岳飞的一句话:“古人所谓‘运用之妙,在乎一心’,这个‘妙’,我们叫做灵活性,这是聪明的指挥员的出产品。灵活不是妄动,妄动是应该拒绝的。灵活,是聪明的指挥员,基于客观情况,‘审时度势’(这个势,包括敌势、我势、地势等项)而采取及时的和恰当的处置方法的一种才能,即是所谓‘运用之妙’。”②

抗日战争即将胜利,蒋介石却“下山摘桃子”准备打内战,毛泽东说:“世界上的事情,都是这样。钟不敲是不响的。桌子不搬是不走的。”他借用明末朱柏庐的《治家格言》中的“黎明即起,洒扫庭除”说:“人民靠我们去组织。中国的反动分子,靠我们组织起人民去把他打倒。凡是反动的东西,你不打,他就不倒。这也和扫地一样,扫帚不到,灰尘照例不会自己跑掉。”③1945 年 3 月谈到国民党进攻解放区时我们应采取的方针,他说:“第一条,就是老子的哲学,叫做‘不为天下先’。就是说,我们不打第一枪。第二条,就是《左传》上讲的‘退避三舍’。你来,我们就向后转开步走,走一舍是三十里,三舍是九十里,不过这也不一定,要看地方大小。我们讲退避三舍,就是你来了,我们让一下的意思。第三条,是《礼记》上讲的‘礼尚往来’。来而不往非礼也,往而不来亦非礼也,就是说‘人不犯我,我不犯人;人若犯我,我必犯人’。”④这里不是讲马克思、恩格斯、列宁怎么说,而是《老子》《左传》《礼记》怎么说,真是得心应手,贴切自如,传统文化已积淀为一种思维方式和行动智慧,用一句老话

① 《毛泽东选集》第一卷,人民出版社 1991 年彼,第 182—183 页。
② 《毛泽东选集》第二卷,人民出版社 1991 年版,第 494 页。
③ 《毛泽东选集》第四卷,人民出版社 1991 年版,第 1131 页。
④ 《毛泽东文集》第三卷,人民出版社 1996 年版,第 326 页。

说就是“溶化在血液中”。

1958 年 9 月，毛泽东在前往地方视察工作的专列上对张治中和罗瑞卿说：“吕蒙是行伍出身，没有文化，很感觉不便，后来孙权劝他读书，他接受了劝告，勤学苦读，以后当了东吴的统帅。现在我们的高级军官中，百人之八九十者是行伍出身，参加革命后才学文化的，他们不可不读《三国志》和《吕蒙传》。”①毛泽东希望我军将领以吕蒙为榜样，既重战争实践，又重视学习军事谋略。20 世纪 60 年代，毛泽东想到陈云，讲了“国乱思良将，家贫念贤妻”，又讲了曹操兵败赤壁，思念谋士郭嘉。他对身边的秘书田家英、李锐、周小舟等说：《三国志》里《郭嘉传》值得一读。据薄一波回忆，毛泽东介绍《郭嘉传》让大家看，其意在于希望党的领导干部做事要多谋善断。毛泽东说，“多谋善断”这句话，重点在“谋”字上，要多谋，少谋是不行的。要与各方面去商量，反对少谋武断。商量又少，又武断，那事情就办不好。“多谋”就是发挥军事民主，集思广益。

四、《实践论》《矛盾论》与艾思奇、李达哲学思想的关系

《实践论》《矛盾论》不仅是对马克思主义哲学、中国传统哲学思想的继承发展，而且也是对同时代人，特别是艾思奇、李达哲学思想的吸收和借鉴。

（一）毛泽东认真阅读和批注艾思奇著作

据《毛泽东哲学批注集》，延安时期，毛泽东曾研读和批注的哲学著作共 10 部。其中，艾思奇的著作达 3 部之多，包括《哲学与生活》《哲学选辑》《思想方法论》。艾思奇和郑易里合译的《新哲学大纲》，为毛泽东在延安研读哲学的主要参考书之一。1936 年 10 月，毛泽东到达陕北后，就曾写信给叶剑

① 郝卫国：《毛泽东讲吕蒙发愤读书》，《学理论》2005 年第 6 期。

英、刘鼎,要他们从西安购买艾思奇的《大众哲学》寄来。1937 年 1 月,艾思奇的《思想方法论》再版,毛泽东认真读了并作了批注。1937 年 9 月,毛泽东在读艾思奇的《哲学与生活》时,作了 3000 字的摘录,内容涉及相对与绝对、运动与静止等重要哲学范畴;书中阐述的"差别的东西不是矛盾"①等不当之处,则引起毛泽东的质疑,使他进一步思考其中的错综复杂关系。1937 年,毛泽东在写作《实践论》《矛盾论》时,毛泽东汲取并发挥了《大众哲学》中的观点,如感性认识和理性认识的辩证关系、实践在认识过程中的地位和作用、人类认识发展总规律、对立统一规律在唯物辩证法中的核心地位,等等②。《实践论》《矛盾论》发表后,毛泽东把《实践论》《矛盾论》的油印本亲自签送给艾思奇,希望他阅后提出修改意见。伊格纳修斯(Ignatius J. H. Ts'ao)认为,艾思奇的哲学著作中关于矛盾和实践的部分与毛泽东的论文中关于这一内容的部分基本相同。甚至认为,艾思奇和陈伯达有可能是"毛泽东思想的合著者"③。福格尔(Joshua Fogel)也认为,对毛泽东哲学论文中的语言、观点和组织的检查,表明他受到艾思奇的巨大影响④。日本学者竹内实将艾思奇的《研究提纲》和毛泽东的《矛盾论》进行了对比,从中得出了相似的结论,认为"毛泽东《矛盾论》的灵感来源于艾思奇的文本"⑤。尼克・奈特认为,"毛泽东在他《矛盾论》的最初写作当中,很有可能借鉴或者被艾思奇的大纲所影响。这两个文件的记录证实了这种可能性。艾思奇的《研究提纲》作为一个著作集的附录出现。毛泽东注释艾思奇的《研究提纲》,这本书作为《哲学选集》的第二部分

① 《毛泽东哲学批注集》,中央文献出版社 1998 年版,第 201 页。

② 参见李今山主编:《常青的〈大众哲学〉》,红旗出版社 2002 年版,第 161—173 页。

③ Ignatius J. H. Ts'ao, "Ai Ssu-ch'i: The apostle of Chinese communism", *Studies in Soviet Thought*, No. 12, 1972, pp. 15-16. 关于陈伯达的马克思主义中国化的贡献, See Raymond F.Wylie, *The E-mergence of Maoism: Mao Tse-tung, Chen Po-ta and the Search for Chinese Theory*, Stanford: Stanford U-niversity press, 1980.

④ Joshua Fogel, *Ai Ssu-ch'i's Contribution to the Development of Chinese Marxism*, Cambridge, Mass.: Harvard Contemporary China Series, No.4, 1987.

⑤ [日]竹内实:「毛沢東『矛盾論』の原型について」,『思想』1969 年第 538 号,第 55—94 页。

仅在1939年5月以后出现。”①1939年5月以后，在读艾思奇编《哲学选辑》时，毛泽东结合中国革命的经验，写下了大量批注。如，在读“绪论”哲学的党性时，毛泽东写道：“不管事物内部情况，将马克思主义原理硬套在事物上，说该事物应如何如何。这就是‘全然从外面去应用马克思主义原理’。”又说：“中国的速胜论者不单是主观主义，同时又是片面看问题的机械论，同时又是主观主义。”②

毛泽东也非常欣赏艾思奇大众化的叙述方法。毋庸置疑，毛泽东在阅读艾思奇的著述之前，也很注重语言的形象性和趣味性，但是艾思奇将使用形象生动的语言作为哲学通俗化和大众化的主要手段，这给毛泽东很大的触动。如毛泽东在其哲学著作中也相当注意用历史和现实中的事例来说明哲学原理，如在《实践论》中，在介绍感性认识的产生时，他就举例说国民党考察团刚到延安所获初步印象便是感性认识；在解释事物的变化发展时，毛泽东甚至借用了《大众哲学》中提到的鸡蛋孵化成小鸡的浅显例子。以深入浅出风格著称的《大众哲学》，始终在毛泽东心中占有一席之地：从初读时的“圈圈点点和杠杠”到晚年离京外出时仍将其作为必携书之一，这本书对毛泽东的影响可见一斑。

除了在各自的著作中推动哲学的大众化，毛泽东还与艾思奇不约而同地倡导普及哲学。1938年，艾思奇曾经提到，“把高深的哲学用通俗的词句加以解释”，“使哲学和人们的日常生活接近”是“有极大意义的”；哲学研究“不是书斋课堂里的运动”。③ 1963年5月，毛泽东在一处批示中指出：要“学习马克思主义的认识论，使之群众化，为广大干部和人民群众所掌握，让哲学从哲学家的课堂上和书本里解放出来”④。与毛泽东、艾思奇都有交往的周扬曾评

① ［澳］尼克·奈特：《艾思奇与毛泽东：哲学家在中国共产主义运动中的作用》，李静译，《毛泽东研究》2016年第3期。这里的《哲学选集》应为《哲学选辑》。

② 《毛泽东哲学批注集》，中央文献出版社1988年版，第312—313页。

③ 《艾思奇全书》第二卷，人民出版社2006年版，第491页。

④ 《毛泽东文集》第八卷，人民出版社1999年版，第323页。

论说:“毛泽东同志提倡哲学走出课堂,艾思奇同志就正是这样做的一个先驱者。”①尼克·奈特认为,在中国马克思主义哲学的发展史上,1937年标志着一个重要的转折点。这一年,毛泽东在延安的抗日军政大学开展了一系列讲座,其中有一些是关于马克思主义哲学中的辩证唯物主义,或者至少是解释世界的新哲学。毛泽东关于哲学的讲座笔记的部分草稿被修改成论文并发表。1949年以后,这些论文成为中国官方理解马克思主义哲学的奠基石。长期以来,这些关于哲学的论文(《矛盾论》《实践论》)成为研究毛泽东思想和马克思主义中国化的学者们争论的主题。其中一项争议是哲学家在马克思主义中国化进程中有何影响。毛泽东对上述哲学家写作的哲学文本进行了学习和批注,并在此基础上准备撰写《辩证法唯物论(讲授提纲)》。在这些文本中,尽管最重要的是苏联新哲学的译文,但是,中国哲学家的哲学著作同样构成毛泽东在1936年至1937年能够获得的文本的重要方面,而正是这些文本为他提供了马克思主义的观点和概念。艾思奇是其中最重要的哲学家。毛泽东将其视为中国最杰出的马克思主义哲学家之一,并仔细阅读和批注了经由艾思奇获得的新哲学著作。毛泽东不仅被艾思奇正统的辩证唯物主义所说服,也被他为非专业读者阐述辩证唯物主义的方法所说服。“艾思奇著作的意义在于:一方面,它们提供了对新哲学的通俗解释;另一方面,它们巩固了毛泽东独立地从苏联哲学文本中所得出的哲学观点。”②

(二)毛泽东读李达《社会学大纲》十遍

1927年大革命失败后,毛泽东与李达天各一方,毛泽东继续从事革命实际活动,而李达则战斗在理论战线的最前沿,先后辗转于武昌中山大学、上海法政大学、暨南大学、北平大学、中山大学、湖南大学等高校,在国民党的白色

---

① 《周扬文集》第五卷,人民文学出版社1994年版,第237页。

② [澳]尼克·奈特:《中国共产主义运动中的哲学家——艾思奇、毛泽东和中国马克思主义哲学家》,王桂花译,《现代哲学》2006年第3期。

恐怖与日寇的铁蹄肆虐之下，坚持翻译、研究和讲授马克思主义，并出版了一大批马克思主义著译。

从1927年到1949年新中国成立，毛泽东与李达之间的交往主要以李达的著译为中介。这期间，李达从日语翻译出版了《现代世界观》（德国塔尔海玛著）、《马克思主义经济学基础理论》（日本河上肇著）、《理论与实践的社会科学根本问题》（苏联卢波尔著）、《辩证法唯物论教程》（苏联西洛可夫、爱森堡等著，李达与雷仲坚合译）等四部著作，被时人誉为翻译介绍唯物辩证法工作“成绩最佳，影响最大”①之人。同时，他撰写了系统论述历史唯物论的专著《社会学大纲》、辅导读物《辩证法和唯物论问答》和以马克思主义的辩证唯物论观点分析经济、法律问题的《经济学大纲》《法理学大纲》《货币学概论》等专著，“就达到的水平和系统性而言，无一人能出李达之右。”②

在严酷的战争年代，纷飞的炮火与反动派的阻挠并没有隔断李达与毛泽东的哲学交往与革命情谊。1935年，李达的《社会学大纲》由北平大学法商学院作为讲义刊印，后经过修改和扩充，于1937年5月由上海笔耕堂书店出版；1936年，李达的《经济学大纲》也由北平大学法商学院作为讲义刊印。李达将这两本书先后寄给毛泽东。此时的毛泽东，经过二万五千里长征到达陕北，需要从哲学的高度清算党内的教条主义错误，总结革命斗争的经验。得到李达所寄《社会学大纲》，恰似雪中送炭。毛泽东称《社会学大纲》是中国人自己写的第一本马克思列宁主义哲学教科书，并致信李达，称赞他是“真正的人”。毛泽东还向延安新哲学学会和中国抗日军政大学的同志推荐《社会学大纲》。在一次小型干部会议上，毛泽东说：“李达同志给我寄了一本《社会学大纲》，我已经看了10遍。我写信让他再寄10本来，你们也可以看看。”③在读李达《社会学大纲》的批注中，毛泽东写下这样一段话：“找出法则、指示

① 郭湛波：《近五十年中国思想史》，山东人民出版社1997年版，第281页。

② 侯外庐：《韧的追求》，人民出版社2015年版，第35页。

③ 郭化若：《在毛主席身边工作的片断》，《解放军报》1978年12月28日。

实践、变革社会——这是本书的根本论纲。”①毛泽东向延安理论界推荐《经济学大纲》说,李达“寄我一本《经济学大纲》,我现在已读了三遍半,也准备读它十遍”。②

《毛泽东哲学批注集》中的“读书日记”表明,毛泽东读李达《社会学大纲》的时间为 1938 年 1 月 17 日至 3 月 16 日。据此,理论界一种观点认为,毛泽东在写作《实践论》《矛盾论》之前没有读到《社会学大纲》,因而没有受此书的影响。另一类观点根据郭化若的回忆与李达当时的行踪,认为毛泽东读到《社会学大纲》应在 1937 年下半年,最迟在 1938 年初,并由此断定毛泽东在写作《实践论》《矛盾论》之前读过《社会学大纲》。③ 那么,《社会学大纲》对毛泽东到底起了什么样的作用呢?《社会学大纲》全书共计五篇。从《毛泽东哲学批注集》看,毛泽东批注最多的是第一篇“唯物辩证法”,而在这一篇中批注最多的又是第一章“当作人类认识史的综合看的唯物辩证法”。毛泽东共打了 23 个“△”的着重号,说明他特别关注辩证法发展的历史。与之前阅读的《辩证法唯物论教程》相比,这是毛泽东没有看到过的内容,补充了他对西方哲学史了解的不足。毛泽东在第二章的文中和页边上共打了 54 个“?”。这些问题,有的可能是他一时没有弄清楚,留待继续思考的问题;有的地方可能是表示有不同看法,需要进行商榷的问题。例如,在读到“当作世界观与方法的统一看的唯物辩证法”中的一段“在个别科学还没有发展到高级水准之时,科学的世界观是不能成立的,……”时,毛泽东在旁边写上一个“对”④字,表示对这一观点的赞同;在读到“至于不带拮抗性的矛盾的发展,只通过部分的解决的阶段,矛盾的各个新发展阶段,就是矛盾的部分的解决的表现。自然或社会中凡属不采取飞跃的发展的变化,都属于这种场合”。毛泽东在旁边

---

① 《毛泽东哲学批注集》,中央文献出版社 1988 年版,第 209—210 页。

② 郭化若:《在毛主席身边工作的片断》,《解放军报》1978 年 12 月 28 日。

③ 参见汪信砚:《马克思主义哲学中国化:传统与创新》,北京师范大学出版社 2017 年版,第 418 页。

④ 《毛泽东哲学批注集》,中央文献出版社 1988 年版,第 236 页。

打了一个“?”,又写下“我以为不对”①几个字,说明他不同意书中的观点;在读到否定之否定关于事物的发展要经历三个阶段——“推移到后起的第三阶段时,事物的发展,就把最初低级阶段的一定的特征和性质,再行重演”一段时,毛泽东在旁批注:“为什么重演?”②这说明《社会学大纲》给毛泽东提出了许多值得深入思考的问题。最后,在读到“可能性与现实性”时,毛泽东写道:“抗日战争的客观条件与主观条件都不足。”“西安事变,保存军力,游击战争,创办学校,发行报纸。”“西安事变时抓住两党合作,七七事变后抓住游击战争。”③这与他之前读《辩证法唯物论教程》考虑的问题又一脉相承。

国外学者高度评价《实践论》和《矛盾论》的创新。日本哲学家松村一人认为,“《实践论》《矛盾论》,把辩证唯物主义推向一个新的阶段,它对争取解放的全世界人民来说,是现代的马克思列宁主义的经典著作,是取之不尽、用之不竭的伟大的思想武器。”④弗雷德里克·詹姆逊(Fredric Jameson)认为,阿尔都塞主义中的两大概念——生产方式概念(即不平衡关系的多层次结构)、主导结构概念,就是对《矛盾论》相关概念的结构主义改写。⑤ 阿尔都塞尤为关注“矛盾的不平衡的发展”。在他看来,这是列宁和毛泽东的原创性概念,它正确地解释了社会形成过程中多元决定的特征,并展现了“历史真实”的结构中共存着前进、后退、生存、发展的不平衡。他甚至在《保卫马克思》中认为列宁和毛泽东的著作“在形式上已经相当完善地解答了马克思主义辩证法有别于黑格尔辩证法的特性,以至于当代法国学者只要进一步思考、追根究源和加以发挥就可以了”。⑥《矛盾论》被阿尔都塞视作把马克思的辩证法与黑格尔的辩证法彻底划界,廓清马克思主义哲学与意识形态哲学之间的断裂的

---

① 《毛泽东哲学批注集》,中央文献出版社 1988 年版,第 243 页。

② 《毛泽东哲学批注集》,中央文献出版社 1988 年版,第 245 页。

③ 《毛泽东哲学批注集》,中央文献出版社 1988 年版,第 262—263 页。

④ 廖盖隆、李峰华主编:《毛泽东大典》第三卷,沈阳出版社 1993 年版,第 70 页。

⑤ 参见[美]詹姆逊:《辩证法的效价》,余莉译,中国社会科学出版社 2014 年版,第 37 页。

⑥ [法]路易·阿尔都塞:《保卫马克思》,顾良译,商务印书馆 2010 年版,第 175 页。

“症候性著作”,被认为是以实践状态出现的马克思主义辩证法上升到理论的典型著作,是对政治实践中的马克思主义辩证法结构的反思性描述。① 德里克(Arif Dirlik)认为,阿尔都塞在“重新思考马克思主义时,将毛泽东哲学作为一个起点”②。在21世纪,新左翼的领军人物齐泽克在2007年版《〈实践论〉和〈矛盾论〉》的英译本的导言中以自己的理论范式对《矛盾论》进行了“批判性”解读。与阿尔都塞等人都一样,齐泽克承认毛泽东思想对他们的影响,甚至称自己是毛泽东的崇拜者。齐泽克更是推崇《矛盾论》中关于经济基础与上层建筑关系的论述所蕴含的“文化革命意识”,认为这一意识契合了他们社会文化批判理论的核心要义。但更重要的是,在现代左翼反对资本主义现存秩序的替代方案,即使资本主义更人性、更民主、更公正、更宽容,已经走入死胡同的时代困境下,齐泽克与《矛盾论》所产生的新思想交集。他的理论探索立足于探索全球资本主义时代中真正的解放规划,这其中关键一点就必须重新恢复和诠释马克思主义唯物辩证法。而以《矛盾论》为核心的辩证法无论是在实践层面还是理论层面都是马克思主义哲学历史谱系中的重要成果。③

---

① 参见[法]路易·阿尔都塞、[法]艾蒂安·巴里巴尔:《读〈资本论〉》,李其庆、冯文光译,中央编译出版社2008年版,第20—23页。

② [美]阿里夫·德里克等:《毛泽东思想的批判性透视》,张放等译,中国人民大学出版社2015年版,第186页。

③ 参见[斯]齐泽克:《齐泽克眼中的毛泽东》,王芳译,《湖南科技大学学报(社会科学版)》2008年第5期。

第四章 《论十大关系》:社会主义建设辩证法的中国创新

无产阶级在夺取政权以后怎样搞建设,这是唯物辩证法和唯物史观的一个核心课题。马克思、恩格斯、列宁曾作过大量探索,提出相应的构想和方案。新中国成立初期,由于缺乏经验,照搬了苏联模式,走了弯路。20 世纪 50 年代,以毛泽东同志为主要代表的中国共产党人,力图将马克思主义辩证法的一般原理运用于中国社会主义建设的特殊实践,摆脱苏联模式的束缚,独立自主地探索具有中国特点的社会主义建设道路。《论十大关系》和《关于正确处理人民内部矛盾的问题》是这种探索的代表之作、原创之作,成为马克思主义辩证法宝库耀眼的明珠,为开辟具有中国特点的社会主义建设道路奠定了最初的哲学基础。

一、马克思主义经典作家关于未来社会的辩证法铺垫

根据唯物史观,一切国家最终都将走向社会主义。但经济文化都比较落后的国家有没有可能跨越资本主义"卡夫丁峡谷"而直接走向社会主义,在革命取得胜利后又怎样实现现代化,怎样建设社会主义,这是马克思主义发展史上的重大难题。毛泽东运用唯物史观分析中国国情,对中国社会主义建设道路作了艰苦卓绝的探索,实现了马克思主义一般原理与中国独特发展道路的结合。

(一)马克思和恩格斯对未来社会的一般构想

早年马克思和恩格斯认为,社会主义将首先在西欧发达资本主义国家取得胜利,而达到社会主义的途径只能是暴力革命,革命的胜利意味着共产主义时代的到来。这是一个工业化、现代化的联合体——生产力高度发达,消除了阶级压迫和阶级剥削,实行生产资料公有制,由社会有计划地组织生产,个人消费品实行按需分配的原则,个人能力将得到全面发展,实行充分的民主制度。恩格斯写的《共产主义原理》,马克思和恩格斯合著的《共产党宣言》,以及《资本论》都表达了这样的思想。马克思和恩格斯后来的著作表明,他们对建立这样一种社会制度的理想始终没有改变。1894 年 1 月 3 日,意大利共产党人朱・卡内帕请求恩格斯为 1894 年 3 月起在日内瓦出版的周刊《新纪元》在马克思的文献中找一段话作为题词,用简短的字句来表述未来新纪元的基本思想,以区别于但丁曾说的"一些人统治,另一些人受苦难"的旧纪元。恩格斯在回信中写道:"我打算从马克思的著作中给您找出一则您所期望的题词。我认为,马克思是当代唯一能够和那位伟大的佛罗伦萨人相提并论的社会主义者。但是,除了《共产主义宣言》(据编者注,即《共产党宣言》——引者)中的下面这句话(《社会评论》杂志社出版的意大利文版第 35 页),我再也找不出合适的了:'代替那存在着阶级和阶级对立的资产阶级旧社会的,将是这样一个联合体,在那里,每个人的自由发展是一切人的自由发展的条件。'"①这显然是不同于资本主义现代化的社会主义现代化图景。

(二)晚年马克思对东方国家社会主义道路的探索

晚年马克思在《给〈祖国纪事〉杂志编辑部的信》以及《给维・伊・查苏利奇的复信》中试图探讨落后俄国农村公社能否跨越资本主义"卡夫丁峡谷"而直接走向社会主义的可能性。马克思批判了尼・康・米海洛夫斯基在社会发

① 《马克思恩格斯文集》第 10 卷,人民出版社 2009 年版,第 666 页。

展问题上的机械论。“他一定要把我关于西欧资本主义起源的历史概述彻底变成一般发展道路的历史哲学理论，一切民族，不管它们所处的历史环境如何，都注定要走这条道路。”马克思认为这是对他思想的严重歪曲，“他这样做，会给我过多的荣誉，同时也会给我过多的侮辱。”①马克思认为俄国农村公社是可以跨越资本主义“卡夫丁峡谷”的，但这是有条件的：第一，俄国是在全国范围内把“农业公社”保存到今天的欧洲唯一的国家。它不像东印度那样，是外国征服者的猎获物。第二，俄国土地的天然地势适合于大规模地使用机器。农民习惯于劳动组合关系，这有助于他们从小地块劳动向合作劳动过渡。第三，和控制着世界市场的西方生产同时存在，就使俄国可以不通过资本主义制度的“卡夫丁峡谷”，而把资本主义制度所创造的一切积极的成果用到公社中来。

但是，马克思又指出：俄国公社正在经受着来自各方面的侵蚀。“要挽救俄国公社，就必须有俄国革命。”②尽管马克思对俄国继续走资本主义道路表示惋惜：“它一旦倒进资本主义制度的怀抱，它就会和尘世间的其他民族一样地受那些铁面无情的规律的支配。”③在《共产党宣言》1882 年俄文版序言中，马克思和恩格斯进一步探讨了俄国农村公社能否跨越资本主义“卡夫丁峡谷”的问题。“对于这个问题，目前唯一可能的答复是：假如俄国革命将成为西方无产阶级革命的信号而双方互相补充的话，那么现今的俄国土地公有制便能成为共产主义发展的起点。”④显然，马克思和恩格斯的意思是，俄国跨越资本主义“卡夫丁峡谷”是可能的，但也是有条件的，那就是俄国爆发革命，进而引发西方无产阶级革命，双方遥相呼应，相互补充，其结果两个革命都取得胜利。在这样的情况下，俄国就能够吸取西方资本主义现代化的先进文明成果，通过内部改造，从而走向社会主义，实现现代化。但马克思对于落后国家

① 《马克思恩格斯文集》第 3 卷，人民出版社 2009 年版，第 466 页。
② 《马克思恩格斯文集》第 3 卷，人民出版社 2009 年版，第 579 页。
③ 《马克思恩格斯文集》第 3 卷，人民出版社 2009 年版，第 466 页。
④ 《马克思恩格斯文集》第 2 卷，人民出版社 2009 年版，第 8 页。

如何实现现代化,并没有留下特别具体的论述。

(三)晚年列宁对俄国工业化道路的深入探索

列宁在20世纪面临的重大时代课题,就是在帝国主义时代,如何根据马克思科学社会主义的一般原理,紧密结合俄国的特殊国情,探索和开创落后国家走向社会主义,实现社会主义现代化的道路问题。列宁曾经把这种探索比喻为攀登一座还没有勘察过的非常险峻的高山,“在这里既没有车辆,也没有道路,什么也没有,根本没有什么早经试验合格的东西!”①他深深体会到,与先进国家相比,在落后国家搞社会主义,是革命容易建设难,开始革命容易,要继续坚持到建成社会主义,是相当困难的。

列宁对俄国社会主义现代化道路的探索经历了一个艰难曲折的过程,从中可以看出列宁在社会主义建设问题上原则性与灵活性的统一。十月革命前夕,在《远方来信》《四月提纲》《国家与革命》等著作中,列宁依据科学社会主义的一般原理和理想目标,提出把“全民的、国家的‘辛迪加’”②作为社会主义经济制度的理想模式。为了走向这个目标,无产阶级国家要把粮食垄断制、面包配给制、劳动义务制,作为实行统计和监督的最有力手段。1918年春天,在《苏维埃政权的当前任务》和《论“左派”幼稚性和小资产阶级性》中,列宁认为,主要任务已经从政治上“夺取俄国”转变到从经济上“管理俄国”,必须注意到俄国具有“五层楼梯式”的经济结构而小农经济占据优势,要求办“国家资本主义”,指出在苏维埃政权下,“国家资本主义就是社会主义的前阶,是社会主义取得可靠的胜利的条件。”③1919年3月,在为党的第八次代表大会制定党纲时,由于内外交困的战争环境和对世界革命形势的过高估计,加上认识上没有突破关于社会主义蓝图的某些传统观念,列宁一度中断了原来设想的迂回道路,明确地企图走直接过渡的道路。他曾设想:“苏维埃政权现时的

---

① 《列宁选集》第4卷,人民出版社2012年版,第638页。

② 《列宁选集》第3卷,人民出版社2012年版,第202页。

③ 《列宁选集》第3卷,人民出版社2012年版,第536页。

任务是坚定不移地继续在全国范围内用有计划有组织的产品分配来代替贸易,目的是把全体居民组织到生产消费公社中"。合作社被看作和"利用资产阶级专家是同类的任务","至于向共产主义的农业过渡的办法,俄共将通过实践来检验在实际生活中创造出来的三个主要措施,即国营农场、农业公社和共耕社"。① 当时试图把市场关系和货币的作用降低到最低限度,准备取消货币,实现共产主义的产品直接交换原则。1920 年,列宁亲自领导制定了《全俄电气化计划》。当时集中了两百多位专家,用了将近一年的时间,编制了第一个 10—15 年的发展科学技术和国民经济的远景规划。这实际上是以电气化为中心,在俄国通过技术改造来发展经济的一个长远设想。列宁高度评价了这个计划,称之为"第二个党纲",并提出"共产主义就是苏维埃加全国电气化"的著名公式。1921 年春天,在《论粮食税》等著作中,列宁放弃了战时共产主义时期企图走"直接过渡"道路的不切实际的幻想,要求重新回到 1918 年春天设想的迂回道路上来:"在最近这几年,必须善于考虑那些便于从宗法制度、从小生产过渡到社会主义的中间环节。"②列宁提出的任务,是回到国家资本主义,并"把商品交换这一形式固定下来"。他解释说:"既然我们还不能实现从小生产到社会主义的直接过渡,所以作为小生产和交换的自发产物的资本主义,在一定程度上是不可避免的,所以我们应该利用资本主义(特别是要把它纳入国家资本主义的轨道)作为小生产和社会主义之间的中间环节,作为提高生产力的手段、途径、方法和方式。"③而 1921 年 10 月以后,列宁进一步提出应"从国家资本主义转到由国家调节买卖和货币流通",并认为在 1921—1922 年的各个过渡形式中,商业正是党和国家"必须全力抓住的环节"。④ 同时,对农民实行更多的让步,是要"防止资本主义复辟和保证走共产

---

① 《列宁全集》第 36 卷,人民出版社 2017 年版,第 90、92 页。
② 《列宁选集》第 4 卷,人民出版社 2012 年版,第 510 页。
③ 《列宁选集》第 4 卷,人民出版社 2012 年版,第 510 页。
④ 《列宁选集》第 4 卷,人民出版社 2012 年版,第 605、614 页。

主义道路”的必要措施。① 1923 年 1 月,在《论合作社》一文中,列宁进一步提出从“合作社”入手进入社会主义的新观点。他说:“合作社的发展也就等于(只有上述一点‘小小的’例外)社会主义的发展,与此同时我们不得不承认我们对社会主义的整个看法根本改变了。”②这里的“根本改变”包含三层含义:一是工作重心的转变。“从前我们是把重心放在而且也应该放在政治斗争、革命、夺取政权等等方面,而现在重心改变了,转到和平的‘文化’组织工作上去了。”“现在,只要实现了这个文化革命,我们的国家就能成为完全社会主义的国家了。”③二是对合作社性质认识的改变。列宁在做《论粮食税》的报告时,认为合作社的性质是国家资本主义,到写作《论合作社》时已进一步认识到它属于社会主义性质。列宁说:对我们来说,合作社的发展也就等于社会主义的发展。“要是完全实现了合作化,我们也就在社会主义基地上站稳了脚跟。”④三是走向社会主义过渡方式的改变。从主张直接过渡向主张通过国家资本主义的间接过渡。列宁说:“国家资本主义将是一个巨大的进步,哪怕……我们付出的代价要比现在大,因为‘为了学习’是值得付出代价的,因为这对工人有好处,因为消除无秩序、经济破坏和松懈现象比什么都重要,因为让小私有者的无政府状态继续下去就是最大、最严重的危险,它无疑会葬送我们……而付给国家资本主义较多的贡赋,不仅不会葬送我们,反会使我们通过最可靠的道路走向社会主义。”⑤

由于各种主客观原因,列宁的探索没有能够继续下去。1928 年,苏联宣布结束“新经济政策”。1936 年,苏联宣布建成完全的社会主义。国家高度集权、高速工业化和全盘集体化,奠定了斯大林社会主义模式的基本特征。诚然,斯大林模式的形成有其特定的历史条件,但这个模式的强制推行加上他个

---

① 《列宁全集》第 41 卷,人民出版社 2017 年版,第 313 页。

② 《列宁选集》第 4 卷,人民出版社 2012 年版,第 773 页。

③ 《列宁选集》第 4 卷,人民出版社 2012 年版,第 773、774 页。

④ 《列宁选集》第 4 卷,人民出版社 2012 年版,第 773 页。

⑤ 《列宁选集》第 3 卷,人民出版社 2012 年版,第 524—525 页。

人的失误，最终给苏联和东欧社会主义的瓦解埋下伏笔，给世界社会主义造成巨大损失。

二、第二次世界大战后多重时代先机的推动

第二次世界大战后，时代主题的转变，原子能和信息化现代科技革命的先机，经济全球化趋势的形成，苏联模式与社会主义国家改革存在的矛盾，均成为推动中国共产党独立思考，进行哲学创新的重要原因。这一时期，毛泽东写出《论十大关系》和《关于正确处理人民内部矛盾的问题》等原创性光辉著作。

（一）时代主题转换的最初历史兆头

第二次世界大战的结束本来为时代主题的转换提供了前提，但实际上却出现了冷战时代的历史插曲。从1946年至1950年，雅尔塔、波茨坦体制包含的潜在矛盾，由于种种复杂的原因，迅速激化，形成东西方明显对峙的两大阵营：以美国为首，以北大西洋公约组织为依托的西方资本主义阵营；以苏联为首，以华沙条约为依托的东方社会主义阵营。如果说，20世纪40年代后5年，两极对立的冷战格局只是初步形成雏形的话，那么20世纪50年代头5年，冷战气氛骤然升温，并且出现了热战性质的两场局部战争。为了抢占中间地带，形成对苏联、中国的新月形包围圈，美国、法国先后发动了侵朝、侵越两场战争，迫使新中国政府不能不一手抓经济建设、一手抓反侵略战争。然而，冷战加剧只是世界历史发展中一时的表象而已，20世纪50年代中期峰回路转，世界风向变了，时代主题从战争与革命向和平与发展的转化已经开始，冷战时代松动的苗头，最集中表现在三个标志性事件中：朝鲜战争的结束；中印、中缅共同倡导的和平共处五项原则；美苏两个超级大国的关系开始出现某些缓和迹象，对峙、冷战格局开始有所松动。

有两个证据表明：以毛泽东同志为主要代表的中国共产党人，对于从冷战转向缓和的历史潮流作出及时、果断的反应。一是据薄一波回忆，在准备党的

八大的过程中,1955 年 12 月 5 日下午,中共中央在中南海西楼会议室召开有 122 位在京中央委员与党政军各部门负责人参加的座谈会,刘少奇传达毛泽东的讲话精神:"毛主席说:'我们要利用目前国际休战时间,利用这个国际和平时期,再加上我们的努力,加快我们的发展,提早完成社会主义工业化和社会主义改造'。关于八大的准备工作,毛主席提出,'中心思想是要讲反对右倾思想,反对保守主义'。可以设想,如果不加快建设,农业和私营工商业未改造,工业未发展,将来一旦打起来,我们的困难就会更大。因此,一切工作都要反对保守主义。毛主席说:'我们可以有几条路前进,几条路比较一下,要选一条比较合理、正确的中线。'"①二是毛泽东本人在《论十大关系》中也说:"过去朝鲜还在打仗,国际形势还很紧张,不能不影响我们对沿海工业的看法。现在,新的侵华战争和新的世界大战,估计短时期内打不起来,可能有十年或者更长一点的和平时期。"②

(二)现代科技革命预示的历史先机

一系列新发现的历史文献、历史事实证实,20 世纪 50 年代中期,世界范围正孕育一场超越近代工业化的现代型科技革命。主要有四个显著标志:一是原子能科学技术的迅速发展;二是系统论、控制论、信息论等新兴学科群的蓬勃兴起;三是电子计算机技术的突破发展;四是生物基因与生命工程技术的快速崛起。以毛泽东同志为主要代表的中国共产党人,以放眼世界的敏锐眼光,迅速捕捉到现代科技革命悄然兴起的最新潮流,千方百计探寻中国特色社会主义新道路,力求突破苏联僵化模式束缚,更好地适应现代科技革命解放生产力、推动生产力发展的需要。1955 年初,党中央作出决定,中国也要赶上世界潮流,推进现代科技革命,也要发展原子能等新科技,也要研制自己的原子弹。1955 年 3 月 31 日,在中国共产党全国代表会议上的讲话中,毛泽东首次

① 薄一波:《若干重大决策与事件的回顾》上卷,中共党史出版社 2008 年版,第 522 页。

② 《毛泽东文集》第七卷,人民出版社 1999 年版,第 26 页。

明确公开地提出“钻原子能”的新时代课题,“我们进入了这样一个时期,就是我们现在所从事的、所思考的、所钻研的,是钻社会主义工业化,钻社会主义改造,钻现代化的国防,并且开始要钻原子能这样的历史的新时期。”①1955 年 10 月,在周恩来总理的努力下,钱学森回到中国。1955 年 12 月,周恩来请钱学森到中南海,向党和国家高层领导人做关于现代科技革命与火箭、导弹新技术的学术报告,听报告的还有中央书记处书记、国务院副总理、各部部长以及一批元帅、大将、上将。

1956 年 1 月 14 日至 20 日,有 1279 人参加的中共中央关于知识分子问题会议在中南海召开,周恩来在主题报告中旗帜鲜明地提出现代科技革命给中国社会主义提出的新挑战。他说:世界科学技术在最近二三十年中有了特别巨大的进步,“科学技术新发展中的最高峰是原子能的利用。原子能给人类提供了无比强大的新的动力泉源,给科学的各个部门开辟了革新的远大前途。”“这些最新的成就,使人类面临着一个新的科学技术和工业革命的前夕。”②在这次会议结束时,毛泽东也发表讲话,提出中国要培养大批知识分子,要有计划地在科学技术上超越世界水平,先接近,后超过,把中国建设得更好。1956 年 1 月 25 日,毛泽东在最高国务会议上,首先明确提出制定长远规划,赶超世界科技革命浪潮问题。“我国人民应该有一个远大的规划,要在几十年内,努力改变我国在经济上和科学文化上的落后状况,迅速达到世界上的先进水平。”③1956 年 2 月至 7 月,中央调集 600 多位科学家,并请了近百名苏联专家,参与制订 12 年科学技术发展远景规划,确定了 616 个中心问题,从中确定了 56 项重大任务,又从中选出关系全局的 12 个重点,最后特别突出了赶超当代世界科技革命浪潮的 6 项紧急措施:计算机技术、半导体技术、无线电电子学、遥控自动化技术、原子弹技术、导弹研究。这是一个极富远见的战略构想。

---

① 《毛泽东文集》第六卷,人民出版社 1999 年版,第 395 页。

② 《周恩来选集》下卷,人民出版社 1984 年版,第 181 页。

③ 《聂荣臻回忆录》下卷,解放军出版社 1984 年版,第 769 页。

在此期间,在1956年4月25日中央政治局扩大会议上和5月2日最高国务会议上,毛泽东两次以《论十大关系》为主题发表重要讲演,其中三次讲到"原子弹问题"。《论十大关系》和《关于正确处理人民内部矛盾的问题》与当时世界科技革命浪潮的关系,由此可见一斑。

(三)经济全球化趋势初见端倪

20世纪50年代中期,经济全球化趋势初见端倪。主要有五个重要标志:

一是金融货币的全球化趋势。1944年7月,在第二次世界大战即将结束之际,44个国家参加的布雷顿森林会议协定,第一次形成直接影响全世界的布雷顿森林货币体系,第一次确定美元为国际通用货币,第一次形成以美元为中心的世界货币体系。同时,还建立了两个全球性的国际金融机构:国际货币基金组织和世界银行。

二是跨国性、区域性经济组织在东西方世界分别形成。以北大西洋公约组织的军事同盟,吸收德国,逐渐向欧洲市场、欧洲经济共同体方向发展,形成欧洲经济共同体。苏联、东欧6国建立起经济互助委员会。受冷战的影响,东西方市场相互分割,阻遏了从区域整体化向全球整体化经济联系的发展趋势。

三是跨国公司的兴起。第二次世界大战结束后,亚、非、拉民族独立成为不可阻遏的时代大潮,老牌殖民主义纷纷退出殖民地,而资本的扩张本性,促使他们变换手法,走上资本输出、跨国经营的新路径。在这种背景下,跨国公司迅速发展起来,其生产的所谓"国际性综合产品",已逐步占到举足轻重的地位,在有些重要的生产领域,已占到1/3以上,甚至成为国际分工、国际贸易的主体。如在机电领域,在世界出口贸易中占重要地位的美、英、法三国的跨国公司的"国际性综合商品"已占40%。

四是世界市场迅猛扩张。1956年,全世界国际贸易额为566亿美元。美国、西欧、日本之间的国际贸易,随着西欧、日本第二次世界大战后的恢复进程,到20世纪50年代中期已呈现明显扩大势头,东西方之间的冷战政策有所松动,出现了合二而一的苗头,东西方之间贸易额以每年20%的速度激增。

五是科技生产力走向全球化。从20世纪50年代中期开始，科学、技术、资源配置、劳动力分工——生产力系统的全球化趋势，开始新一轮的起步。1949年、1950年美国率先试办彩色电视传播系统，20世纪50年代中期迅速传到西欧、苏联、日本。1946年美国马利克等人制成由18000只电子管组成的第一台电子数字积分计算机(ENIAC)，1954年美国又首创第一台通用的电子计算机(UNIVAC)，标志着第一代电子管计算机的诞生。原子弹技术、氢弹技术也先后被美国、苏联、英国、法国、中国所掌握。

面对经济全球化的初见端倪，20世纪中期，毛泽东、周恩来顺应全球化趋势，亲自倡导在十个方面的双边关系(中苏关系，中美关系，中英关系，中德关系，中意关系，中日关系，中巴(巴基斯坦)关系，中泰关系，中印关系，中国同印度尼西亚关系等)中实行和平共处五项原则，为中国现代化新道路开创了和平、开放的崭新国际环境。

(四)社会主义改革的最初潮流

毛泽东《论十大关系》和《关于正确处理人民内部矛盾的问题》的写作，与20世纪50年代社会主义国家内部外部矛盾及其改革也有着十分密切的关系。突出表现在以下几个方面。

1.苏联内部矛盾与赫鲁晓夫盲动改革问题。1956年2月，赫鲁晓夫在苏共二十大上所做的“秘密报告”，集中暴露了传统苏联模式的种种内部矛盾。苏联模式本是苏联在20世纪30—50年代形成的战时体制，在战争年代发挥了不可替代的作用。但随着战争的结束，其内在矛盾也日益显现出来。有人将之概括为“八重八轻”：重政治轻经济，重工轻农，重重工业、轻轻工业，重军工轻民用，重计划轻市场，重速度轻效益，重积累轻消费，重国家和集体利益、轻个人利益。① 种种问题和矛盾，实质上是高度集中的传统计划经济僵化模

① 参见黄宗良：《从苏联模式到中国特色社会主义》，《中共党史研究》2010年第7期。

式,同和平与发展时期广大人民群众迫切需要发展生产力、改善生活的深层矛盾。毛泽东认为,赫鲁晓夫的报告“既揭了盖子,又捅了娄子”。如何对待斯大林问题,如何对待苏联模式问题,十分尖锐地摆在以毛泽东同志为主要代表的中国共产党人面前。

2. 苏南矛盾与南斯拉夫自治社会主义改革问题。第二次世界大战结束后,南斯拉夫的铁托和保加利亚的季米特洛夫试图借鉴苏联模式正反两方面的经验,探索适合本国特点的社会主义新道路,他们都提出了社会主义的民族特色问题。可惜的是,这些最初的改革在苏联模式的影响下被无理扼杀。1948 年 6 月,九国共产党情报局作出关于南斯拉夫的错误决议:把南斯拉夫保持农民个体所有、又限制资本主义的农村政策,说成是资本主义的富农路线;把南斯拉夫对主要工业部门实行国有化,保留一部分小企业私有制的工业政策,说成是鼓励资本主义政策;把南斯拉夫在党的领导下建立民族统一战线的政治方针政策,说成是取消党的领导;把对苏联及苏联专家大国沙文主义的不满,说成是反对苏联社会主义、迎合帝国主义者的政治需要。在巨大的压力面前,南斯拉夫逐渐走出一条“自治社会主义道路”,中心内容是“土地归农民”“工厂归工人”。1956 年 11 月,铁托发表著名的普拉演说,提出三个重大理论问题,把问题归结于“斯大林主义”“斯大林主义分子”“斯大林主义的制度根源”,提出“铲除斯大林主义路线”问题。这些议论在世界范围引起轩然大波,呼唤中国共产党人作出更为全面、更为科学、更为深刻、更为面向未来的新回答。

3. 苏德矛盾与东德改革问题。第二次世界大战结束后,民主德国(东德)在苏联的强大压力下,很大程度上机械地照搬了苏联模式。强制推行农业全盘集体化,引起农民强烈不满,农业连年歉收;军事工业、重工业比重过大,使人民生活水平很难提高,甚至严重下降;再加上还要偿还大量债务,与苏联进行不平等贸易,加剧了东德人民的不满。1953 年 6 月,东德发生了矛盾激化、工人罢工的“六一七”事件。数千工人在东柏林,在施特劳斯广场集会,全国 270 个地区、总共 30 万工人群众卷入罢工。由于政府反应迟钝,再加上敌对力量积极渗透,工人罢工迅速转化为普遍暴动,苏联驻军不得不出动坦克驱散人群。整个事件中死亡 25 人,受伤 400 人。这一事件使人们一下子看到了苏联模式的严重弊端。1953 年 7 月 14 日,德国统一社会党中央通过《党的新方针和任务》的决议,承认党的工作中出现错误,提出要根本改善德国经济政治状况,根本改善人民生活,强调发扬民主,联系群众,改进作风。苏共二十大后,东德进一步探讨改革之路,但由于东、西德分裂对峙以及苏联强大驻军等特殊情况,东德的改革还是很微弱、很不彻底的,因而埋下后来危机的历史根源。

4. 苏波矛盾与波兰改革问题。苏波矛盾由来已久、积怨甚深。历史根源在于沙皇专制、大国沙文主义思想严重,现实根源在于高度集中的传统计划经济的苏联僵化模式。20 世纪 40 年代末 50 年代初,在苏联的干预下,波兰党和国家领导层先后被进行了三次大清洗,许多对苏联错误做法有一定看法的波兰党和国家领导人都受到无辜打击。其中一个典型代表就是哥穆尔卡。第二次世界大战结束后,哥穆尔卡曾任党的总书记、政府第一副总理,他曾反对完全机械照搬苏联模式,主张实行一定的改革,根据波兰国情的固有特点,建设有自己特色的“波兰的社会主义”。但被扣上“民族主义”“右倾机会主义”等帽子,撤销党和国家领导职务,并被捕入狱。1956 年 6 月,波兰工业城市波兹南斯大林机车车辆厂工人要求减少税收,增加工资,被强硬拒绝后,16000 名工人愤然走上街头,其中包括 4000 名党员,沿途还有数千名工人、市民加入游行队伍。工人群众被市政领导拒绝接见之后,情绪更加激烈,和保安部队发生流血冲突,结果死亡 75 人,受伤 800 多人,被捕 658 人,直接物质损失高达波币 350 亿兹罗。① 此后,波兰党开始总结历史教训,决定请哥穆尔卡重新上台。苏联出兵四路,出动坦克包围波兰,开进华沙,赫鲁晓夫力图阻止哥穆尔卡上台和波兰改革,开社会主义阵营内部武装干涉别国内政的先例,遭到中国共产党人的严正抗议。在激烈对峙下,赫鲁晓夫和苏联军队被迫撤离。哥穆

---

① 参见刘彦顺:《波兰十月风暴》,世界知识出版社 2008 年版,第 87 页。

尔卡开始带领波兰党和人民,总结历史经验,寻找改革之路。

5. 苏匈矛盾与匈牙利改革浪潮涌动。20 世纪 40 年代末 50 年代初,拉科西等人盲从苏联模式,使拉伊克等领导人被迫害致死,卡达尔也被判处无期徒刑;个人专制横行无忌,民主法制被破坏殆尽;经济上发展缓慢,问题重重,人民生活水平严重下降。1953 年 6 月至 1955 年 3 月,纳吉担任部长会议主席,总结东德“六一七”事件的深刻历史教训,作了有限的、初步的局部改革。苏联领导人认为,纳吉改革再往前走,势必危及苏联模式的整个统治地位,因而又把拉科西、纳吉叫到莫斯科开会,否定纳吉的初步改革路线,要求重新走上苏联模式的僵化之路。在苏共二十大的强烈冲击下,一批激进的知识分子组成裴多菲俱乐部,呼唤纳吉上台,立即实行改革,平反冤假错案。1956 年 10 月 23 日,匈牙利发生推倒斯大林铜像的示威游行,要求格罗下台,纳吉上台,和平示威演变成武装混乱,发生了一系列剧烈冲突和流血事件。由于整个过程失去控制,各种力量猖狂活动,党和国家受到严重冲击,许多干部群众遭到屠杀。在骚乱的 13 天中,死亡上万人,全年国民收入的 1/4 毁于一旦,不少人家破人亡。这就是震惊世界的“匈牙利事件”。11 月 4 日,在苏军的帮助下,卡达尔宣告成立新的工农革命政府。纳吉遭苏军逮捕,并由国家法庭在 1958 年判处死刑。匈牙利事件由此结束,卡达尔领导的匈牙利局部改革由此开始。

6. 苏中矛盾与中国改革的最初尝试。中苏关系,既有和东欧国家相似的一面,也有不可忽视的重大差异,由此决定改革道路的不同抉择。共性的一面,就是苏联在与中国共产党人打交道时,不时流露出大国沙文主义、强加于人的错误倾向。但中苏关系与苏东关系相比,却有本质差异,自 1935 年遵义会议确立毛泽东的领导地位起,中国共产党一直是独立自主开展工作的,与苏联领导没有依附和隶属关系。对于赫鲁晓夫在苏共二十大所作的“秘密报告”,中国共产党人并没有任何惊慌失措、随声附和的表现,而是深思熟虑、独立思考的。经慎重讨论,于 1956 年 4 月、12 月发表《关于无产阶级专政的历史经验》《再论无产阶级专政的历史经验》两篇文章,对斯大林问题旗帜鲜明地提出自己的主张;对于波兹南事件中的苏波冲突问题,中国采取反对苏联武装干涉的严正立场;对于如何处理匈牙利事件,中国也提出了自己的正确主张;中国共产党还派出以刘少奇、邓小平为首的代表团,协助调解苏波关系、苏匈关系、苏东关系。

综上所述,毛泽东的《论十大关系》和《关于正确处理人民内部矛盾的问题》是在多重历史背景下完成的。我们应该从这个高度和视野去理解毛泽东社会主义建设的辩证法。几十年后,邓小平特别强调要学习毛泽东的世界胸怀。他说:"领导这么一个国家不容易呀!责任不同啊!最重要的问题是要胸襟开阔。要从大局看问题,放眼世界,放眼未来,也放眼当前,放眼一切方面。"①

三、唯物辩证法在中国社会主义建设中的创新发展

中国共产党人根据新民主主义的构想,建立了中华人民共和国,完成了"三大改造",取得抗美援朝的胜利,大长了中国人民的志气。但在新中国成立初期,由于缺乏经验,又照搬了苏联模式,在实践中暴露出诸多方面的弊病。怎样摆脱苏联模式的束缚,独立自主地建设具有中国特点的社会主义现代化国家,这是以毛泽东同志为主要代表的中国共产党人在完成社会主义改造之后面对的新难题。毛泽东于1956年发表《论十大关系》,前五条是经济建设中的五大矛盾,后五条是政治生活中的五大矛盾。② 毛泽东从社会主义建设辩证法的高度,提出了"重点论"与"两点论"相结合的对立统一论,为从理论思维上突破苏联僵化模式、建立中国新型体制,奠定了最初的方法论基础,体现了一种综合创新的中国化的马克思主义哲学智慧,把马克思主义的唯物辩证法与中国传统的整体思维、总体辩证法思想有机地熔为一炉。它不是通过

① 《邓小平文选》第三卷,人民出版社1993年版,第300页。

② 参见王东:《中华腾飞论》,中国人民大学出版社2001年版,第64页。

层层展开的概念分析,逐步地走向有机总体,而是通过十大矛盾、十大关系的把握,上升到对整个系统的总体把握。1957 年 1 月,毛泽东在省市自治区党委书记会议上的讲话,使《论十大关系》中蕴含的哲学主旨得到进一步淋漓尽致地发挥,“斯大林有许多形而上学,并且教会许多人搞形而上学。”“对立面的这种斗争和统一,斯大林就联系不起来。苏联一些人的思想就是形而上学,就是那么硬化,要么这样,要么那样,不承认对立统一。因此,在政治上就犯错误。”①1957 年 2 月 27 日,毛泽东在最高国务会议上的讲演《关于正确处理人民内部矛盾的问题》,是《论十大关系》的姊妹篇,二者堪称是社会主义建设时期的“新两论”。如同《实践论》和《矛盾论》为毛泽东哲学思想的科学体系,尤其是有中国特色的新民主主义论奠定了哲学基础那样,《论十大关系》和《关于正确处理人民内部矛盾的问题》这“新两论”,又为突破苏联模式,探索具有中国特点的符合中国实际的社会主义建设道路进行了最初的哲学奠基。1964 年 12 月,毛泽东在审阅周恩来在第三届人民代表大会第一次会议上的政府工作报告草稿时写道:“我们必须打破常规,尽量采用先进技术,在一个不太长的历史时期内,把我国建设成为一个社会主义的现代化的强国。”②这是毛泽东首次提出“社会主义的现代化强国”概念。这一时期,工业化和农业社会化齐头并进,经济增长速度近于 9%。综观毛泽东 20 世纪五六十年代中期以前的诸多讲话,其对社会主义现代化建设辩证法的探索最为突出地表现在以下三个方面。

(一)统筹兼顾的经济建设辩证法

社会主义改造完成后,党和国家的工作重心转移到经济建设上来,但怎样搞经济建设,这对中国共产党人来说是一个巨大难题。1956 年三四月间,毛泽东在大量调查研究的基础上,写成《论十大关系》,与苏联以往否定社会主

① 《毛泽东文集》第七卷,人民出版社 1999 年版,第 194、195 页。

② 《毛泽东文集》第八卷,人民出版社 1999 年版,第 341 页。

义条件下存在矛盾的说法根本不同的是，毛泽东明确肯定，“这十种关系，都是矛盾。世界是由矛盾组成的。没有矛盾就没有世界。”①处理好这些矛盾的关键在于坚持唯物辩证法，实事求是，我们的目的是“要把国内外一切积极因素调动起来，为社会主义事业服务”。②

1. 如何处理计划和市场的关系。列宁晚年进行了“新经济政策”的试验，斯大林时期则完全取消了市场。党的八大明确了自由市场是对国家市场的必要补充，提出：“我们应当改进现行的市场管理办法，取消过严过死的限制；并且应当在统一的社会主义市场的一定范围内，允许国家领导下的自由市场的存在和一定程度的发展，作为国家市场的补充。”③在与工商界人士的谈话中，毛泽东进一步指出：“自由市场”和“国有市场”可以“成双成对”，“地下”可以转为“地上”，不合法的使它“合法化”，还可以雇工。“可以搞国营，也可以搞私营。可以消灭了资本主义，又搞资本主义。”④1958 年 3 月，在成都会议上的讲话中，毛泽东回顾这段历史。他指出：1956 年 4 月提出十大关系，开始提出自己的建设路线，原则和苏联相同，但方法有所不同，有我们自己的一套内容。1960 年 3 月，在与尼泊尔首相柯伊拉腊的谈话中，毛泽东又坦率承认，从 1950 年到 1959 年这十年当中，“第一个五年计划期间，我们是总照抄。我们不懂嘛，只好抄苏联的。到第二个五年计划，我们就不照抄了。”⑤1960 年 6 月，在《十年总结》的短文中，他又说：“前八年照抄外国的经验。但从一九五六年提出十大关系起，开始找到自己的一条适合中国的路线”，“开始反映中国客观经济规律”。⑥

2. 如何处理重点和非重点的关系。毛泽东在《矛盾论》中系统阐述了主

---

① 《毛泽东文集》第七卷，人民出版社 1999 年版，第 44 页。

② 《毛泽东文集》第七卷，人民出版社 1999 年版，第 23 页。

③ 《刘少奇选集》下卷，人民出版社 1985 年版，第 237 页。

④ 《毛泽东文集》第七卷，人民出版社 1999 年版，第 170 页。

⑤ 《毛泽东文集》第八卷，人民出版社 1999 年版，第 158 页。

⑥ 中共中央文献研究室：《关于建国以来党的若干历史问题的决议注释本》，人民出版社 1983 年版，第 236 页。

要矛盾和次要矛盾、矛盾的主要方面与次要方面的关系。在《论十大关系》中,对社会主义建设中的重点和非重点做了具体的论述。在重工业与轻工业、农业的关系上,毛泽东指出:“重工业是我国建设的重点。必须优先发展生产资料的生产,这是已经定了的。”①但决不能因此而忽视农业和轻工业,而去片面地抓重工业。苏联社会主义建设暴露出来的一些缺点和错误,其根本原因就是在重点和非重点的问题上陷入形而上学。“我们现在的问题,就是还要适当地调整重工业和农业、轻工业的投资比例,更多地发展农业、轻工业。”②经验证明,这才是保证重工业为重点的行之有效的办法,这在理论上也合乎辩证法。同样,在沿海工业和内地工业、国防建设和经济建设的关系上,也存在重点和非重点的关系问题。毛泽东指出:“好好地利用和发展沿海的工业老底子,可以使我们更有力量来发展和支持内地工业。如果采取消极态度,就会妨碍内地工业的迅速发展。”③他还说,在国防建设的问题上,我们不但要有更多的飞机和大炮,而且还要有原子弹。“怎么办呢?可靠的办法就是把军政费用降到一个适当的比例,增加经济建设费用。只有经济建设发展得更快了,国防建设才能够有更大的进步。”④在谈及上述关系时,毛泽东强调,有时为了突出和发展重点,反而要重视从重点的对立面——非重点上去用力,这就是社会主义建设的辩证法。

3. 如何处理平衡与不平衡的关系。毛泽东在论述重工业和轻工业、农业的关系时,针对苏联和东欧一些国家,“由于轻重工业发展太不平衡而产生的严重问题”,提出“重工业和轻工业、农业的关系,必须处理好”。⑤ 在论述沿海工业和内地工业的关系时,他又指出:“沿海的工业基地必须充分利用,但是,为了平衡工业发展的布局,内地工业必须大力发展。”⑥在这里,毛泽东强

---

① 《毛泽东文集》第七卷,人民出版社 1999 年版,第 24 页。
② 《毛泽东文集》第七卷,人民出版社 1999 年版,第 24 页。
③ 《毛泽东文集》第七卷,人民出版社 1999 年版,第 26 页。
④ 《毛泽东文集》第七卷,人民出版社 1999 年版,第 27 页。
⑤ 《毛泽东文集》第七卷,人民出版社 1999 年版,第 24 页。
⑥ 《毛泽东文集》第七卷,人民出版社 1999 年版,第 25 页。

调社会主义事业发展的各方面布局必须平衡。在《关于正确处理人民内部矛盾的问题》一文中，他进一步界定平衡的概念。“所谓平衡，就是矛盾的暂时的相对的统一。”①他还说：“有时因为主观安排不符合客观情况，发生矛盾，破坏平衡，这就叫做犯错误。”②搞好综合平衡，把重点建设与全面安排结合起来，保证国民经济按比例发展，这是中国在实施第一个五年计划中的一条重要经验。周恩来在党的八大上的报告中指出：“应该根据需要和可能，合理地规定国民经济的发展速度，把计划放在既积极又稳妥可靠的基础上，以保证国民经济比较均衡地发展。”③我们强调重点，不是不要全面安排；我们要求全面安排，也不是说可以齐头并进。1956 年 11 月，陈云在关于商业问题的讲话中指出：“经济建设和人民生活必须兼顾，必须平衡。”他认为，这种平衡是个比较紧张的平衡。“所谓紧张的平衡，就是常常有些东西不够。”④在毛泽东看来，平衡并不是静态的平衡，而是一种动态平衡，是又平衡又不平衡，即总体上的平衡中包含着不平衡。毛泽东指出：“在客观上将会长期存在的社会生产和社会需要之间的矛盾，就需要人们时常经过国家计划去调节。我国每年作一次经济计划，安排积累和消费的适当比例，求得生产和需要之间的平衡。”⑤在这个意义上，不平衡是绝对的，平衡是相对的，“世界上没有绝对地平衡发展的东西，我们必须反对平衡论，或均衡论。”⑥

4. 如何处理统一性与独立性的关系。这个问题在处理中央和地方的关系上显得格外突出。针对当时一些人受苏联模式的影响，有片面强调国家利益、中央集权的思想倾向和一时间“几十只手插到地方，使地方的事情不好办”“表报之多，闹得泛滥成灾”的情况，毛泽东在《论十大关系》中对这个问题作了重要的论述。毛泽东指出：“从原则上说，统一性和独立性是对立的统一，

① 《毛泽东文集》第七卷，人民出版社 1999 年版，第 215—216 页。
② 《毛泽东文集》第七卷，人民出版社 1999 年版，第 216 页。
③ 《周恩来选集》下卷，人民出版社 1984 年版，第 218 页。
④ 《陈云文选》第三卷，人民出版社 1995 年版，第 29 页。
⑤ 《毛泽东文集》第七卷，人民出版社 1999 年版，第 215 页。
⑥ 《毛泽东选集》第一卷，人民出版社 1991 年版，第 326 页。

要有统一性,也要有独立性。”①在中央和地方关系问题上,“我们要统一,也要特殊。为了建设一个强大的社会主义国家,必须有中央的强有力的统一领导,必须有全国的统一计划和统一纪律,破坏这种必要的统一,是不允许的。同时,又必须充分发挥地方的积极性,各地都要有适合当地情况的特殊。”②应当在中央统一领导下,适当扩大地方自主权,给地方更多的独立性,更好调动地方的积极性和主动性。“有中央和地方两个积极性,比只有一个积极性好得多。”③要划清正当的独立性、正当的权利和本位主义、地方主义、闹独立性之间的界线,“可以和应当统一的,必须统一,不可以和不应当统一的,不能强求统一。”④

(二)生动活泼的民主政治建设辩证法

1956 年下半年,社会主义改造进入高潮,基于社会的变化和经济建设上的某些冒进等原因,国内出现了不同范围内生产生活资料供应相对紧张的状况,各地也出现了一些较为突出的社会矛盾与问题。社会主义条件下存在不存在矛盾,如何处理社会主义条件下的矛盾,引起以毛泽东同志为主要代表的中国共产党人的思考。1957 年,毛泽东发表《关于正确处理人民内部矛盾的问题》,对社会主义条件下的敌我矛盾和人民内部矛盾问题提出独具中国特点的看法。

1. 社会主义条件下矛盾还是否存在。在生产资料的社会主义改造完成以后,社会主义社会还有没有矛盾?1936 年,斯大林在其著作中认为,社会主义的生产关系和生产力之间是“完全适合”的。斯大林的这种观点影响相当广泛。直到 1952 年,才有所纠正。斯大林去世后,苏联哲学界开会讨论,批评了“无矛盾论”,不少人逐渐认识到社会主义条件下依然存在矛盾的事实。但在

---

① 《毛泽东文集》第七卷,人民出版社 1999 年版,第 29 页。
② 《毛泽东文集》第七卷,人民出版社 1999 年版,第 32 页。
③ 《毛泽东文集》第七卷,人民出版社 1999 年版,第 31 页。
④ 《毛泽东文集》第七卷,人民出版社 1999 年版,第 33 页。

相当长时间里,他们对社会主义条件下矛盾的认识还没有达到系统性的高度。1956 年,赫鲁晓夫在苏共二十大否定斯大林,当年又相继出现波兰事件、匈牙利事件。这些情况都说明,社会主义条件下,不仅存在矛盾,而且有时还会表现得特别激烈。在中国国内,在共产党的领导下,全国人民正在建设社会主义,矛盾似乎消失。而当一些地方发生少数人闹事等现象后,又陷入苦闷和不解。“许多人不敢公开承认我国人民内部还存在着矛盾,正是这些矛盾推动着我们的社会向前发展。许多人不承认社会主义社会还有矛盾,因而使得他们在社会矛盾面前缩手缩脚,处于被动地位;不懂得在不断地正确处理和解决矛盾的过程中,将会使社会主义社会内部的统一和团结日益巩固。”①在这样的背景下,如何吸取斯大林的教训,同时也汲取苏联和中国理论界讨论的成果,正确认识和处理社会主义社会的矛盾,成为毛泽东着重和反复加以思考的重大课题。1956 年 4 月,由《人民日报》发表的《关于无产阶级专政的历史经验》一文,公开批评有的人否定矛盾,“有一些天真烂漫的想法,仿佛认为在社会主义社会中是不会再有矛盾存在了。否认矛盾存在,就是否认辩证法。各个社会的矛盾性质不同,解决矛盾的方式不同,但是社会的发展总是在不断的矛盾中进行的。……旧的矛盾解决了,新的矛盾又会产生。”②这些话坚持对立统一规律和矛盾的普遍性,有力反对了社会主义“无矛盾论”。在《论十大关系》中,毛泽东进一步分析了当时带有普遍意义的十大矛盾。1956 年 12 月,在致黄炎培的一封信中,他又说:“社会总是充满着矛盾。即使社会主义和共产主义社会也是如此,不过矛盾的性质和阶级社会有所不同罢了。”③《关于正确处理人民内部矛盾的问题》的发表,标志着毛泽东对这一问题认识的系统化。他指出:“对立统一规律是宇宙的根本规律。这个规律,不论在自然界、人类社会和人们的思想中,都是普遍存在的。矛盾着的对立面又统一,又斗争,由此推动事物的运动和变化。矛盾是普遍存在的,不过按事物的性质不

① 《毛泽东文集》第七卷,人民出版社 1999 年版,第 213 页。

② 《关于无产阶级专政的历史经验》,《人民日报》1956 年 4 月 5 日。

③ 《毛泽东书信选集》,人民出版社 1983 年版,第 514 页。

同,矛盾的性质也就不同。对于任何一个具体的事物说来,对立的统一是有条件的、暂时的、过渡的,因而是相对的,对立的斗争则是绝对的。”①毛泽东的这段论述,奠定了社会主义社会矛盾学说总的理论基础。

2. 如何认识社会主义社会的基本矛盾。如何界定社会主义社会的基本矛盾,其性质特点及其解决方法?马克思和恩格斯曾依据唯物史观,科学考察资本主义社会生产力和生产关系、经济基础和上层建筑的矛盾运动,并在分析资本主义的各种矛盾时使用了“基本矛盾”这一概念,并且认为生产的社会化和资本主义私人占有之间的矛盾是“产生现代社会的一切矛盾的基本矛盾,现代社会就在这一切矛盾中运动,而大工业把它们明显地暴露出来了”。② 列宁继承马克思和恩格斯的思想,在分析资本主义经济危机的原因时也运用了社会的“基本矛盾”这一概念。他指出:“危机是由现代经济制度中另一个更深刻的基本矛盾,即生产的社会性和占有的私人性之间的矛盾引起的。”③列宁还运用这一理论分析了帝国主义的基本特征,得出无产阶级革命首先在一国取得胜利的结论。斯大林在1938年所著《论辩证唯物主义和历史唯物主义》一书中,明显否认社会主义社会还有矛盾,强调“这里生产关系同生产力状况完全适合”的观点。1940年,苏联理论界曾就社会主义社会的生产力与生产关系之间是否存在矛盾的问题展开过一次讨论。绝大多数人赞同斯大林这一观点。个别文章认为,“生产力和生产关系之间的矛盾过去是、将来仍然是推动社会主义社会发展的基本矛盾。”④斯大林晚年思想有所变化,1950年,在《马克思主义和语言学问题》中,他论述了经济基础和上层建筑之间的辩证关系,但他并没有把这一对矛盾看作是社会主义社会的基本矛盾。1952年,在《苏联社会主义经济问题》中,他承认,社会主义社会生产力和生产关系之间

---

① 《毛泽东文集》第七卷,人民出版社1999年版,第213页。

② 《马克思恩格斯文集》第3卷,人民出版社2009年版,第565页。

③ 《列宁全集》第2卷,人民出版社2013年版,第137页。

④ A.勃林捷罗夫为参加关于社会主义社会中生产力和生产关系之间完全适合问题的讨论而写的文章,见《在马克思主义旗帜下》1940年第8期。

仍然存在着矛盾,如果政策不对头,调节得不好,甚至会发生冲突,但是他也没有把这个问题看作是社会主义社会的基本矛盾。斯大林去世后,苏联哲学界展开讨论,大多数人开始承认社会主义社会存在着矛盾。有人认为,社会主义社会的矛盾只能是暂时的、局部的,而不能有基本矛盾。

1956 年,毛泽东依据马克思主义的基本原理,在总结国内外社会主义发展经验的基础上,集中中国共产党人的集体智慧,给“社会主义社会的基本矛盾”概念予以科学界定,并形成系统的理论。在马克思主义哲学发展史上,第一次明确将生产力和生产关系、经济基础和上层建筑之间的矛盾规定为社会的基本矛盾,指出社会主义社会的基本矛盾仍然是这两对矛盾。社会主义社会的基本矛盾从总体上看,是人民利益根本一致基础上的矛盾,是非对抗性矛盾,是一种基本适应情况下的局部不适应的矛盾,社会主义社会正是在这种又相适应又相矛盾的辩证运动中不断开辟自己的前进道路的。解决这些矛盾,不需要根本性质的变革,不是从根本上改变社会主义制度,而是在社会主义制度下,充分发挥这种制度的优越性,去逐步克服缺点,完善制度。也就是说,不是通过剧烈革命,而是通过社会主义制度本身,有领导、有步骤、有秩序地进行各项改革来实现。比起革命战争年代那种疾风暴雨式的阶级冲突的方法,解决社会主义社会的基本矛盾采取的是一种和平的、渐进的、非对抗的自我调节和自我完善的方式。毛泽东的这些论述,为人们观察人类社会发展的历史,研究社会主义社会基本矛盾的运动发展,解决社会主义社会的基本矛盾奠定了坚实理论基础。

3. 如何认识社会主义社会的人民内部矛盾。社会基本矛盾总要通过人与人之间的关系表现出来。怎样认识社会主义社会人与人之间的关系及其内在矛盾?马克思和恩格斯受社会历史条件的限制,不可能作出明确的回答。列宁曾经原则地指出:“对抗和矛盾完全不是一回事。在社会主义下,对抗将会消灭,矛盾仍将存在。”①但由于列宁去世过早,尚未来得及对社会主义社会的

① 《列宁全集》第 60 卷,人民出版社 2017 年版,第 281—282 页。

矛盾进行具体的研究。斯大林认为,苏联社会主义的矛盾主要有两种:一种矛盾是内部的矛盾,即无产阶级和农民间的矛盾;另一种矛盾是外部的矛盾,即社会主义国家和其他一切资本主义国家的矛盾。1936 年,苏联宣布建成社会主义,斯大林认为,在苏联矛盾已经没有了,如果有矛盾,根子则在外国帝国主义者。由此,斯大林在很长一段时间里,把党内的、人民内部的许多矛盾当作敌我矛盾来处理,犯了肃反扩大化错误。苏联理论界虽然在 1955—1957 年间承认社会主义社会有矛盾,并且讨论过社会主义社会的基本矛盾、主导矛盾,但始终没有形成一致的意见。虽然承认在社会主义条件下,人与人之间的矛盾有对抗性的一面,但并没有形成关于社会主义社会矛盾问题的全面认识。

在马克思主义哲学发展史上,毛泽东依据马克思主义的一般原理并结合无产阶级专政的历史经验、特别是中国社会主义革命和建设的实践经验,作出明确回答,形成了系统的理论。中国共产党人第一次明确提出“敌我矛盾”和“人民内部矛盾”概念,并且认为人民内部矛盾在现阶段有着多方面的表现,包括工人阶级内部的矛盾、农民阶级内部的矛盾、知识分子内部的矛盾、工农两个阶级之间的矛盾,以及工人、农民同知识分子之间的矛盾,工人阶级和其他劳动人民同民族资产阶级之间的矛盾,民族资产阶级内部的矛盾。同时,还有政府和群众,国家利益、集体利益同个人利益之间的矛盾,民主同集中的矛盾,领导同被领导之间的矛盾,国家机关某些工作人员的官僚主义作风同群众之间的矛盾。“人民内部的矛盾,是在人民利益根本一致的基础上的矛盾。”①正确处理人民内部矛盾必须坚持民主集中制的原则,凡属思想性质的问题,凡属于人民内部的争论,只能用民主的方法去解决,只能用讨论的方法、批评的方法、说服教育的方法去解决。“企图用行政命令的方法,用强制的方法解决思想问题,是非问题,不但没有效力,而且是有害的。”②处理不同利益主体间的矛盾,要坚持“统筹兼顾,适当安排”。在共产党和民主党派之间坚持要“长

① 《毛泽东文集》第七卷,人民出版社 1999 年版,第 206 页。
② 《毛泽东文集》第七卷,人民出版社 1999 年版,第 209 页。

期共存，互相监督”的方针。毛泽东提出了发展中国特色新型民主的目标：“我们的目标，是想造成一个又有集中又有民主，又有纪律又有自由，又有统一意志、又有个人心情舒畅、生动活泼，那样一种政治局面。”①社会主义社会的人民内部矛盾，总根源在社会主义社会的基本矛盾。其一，生产力不发达，不能满足人民日益增长的物质文化需要，这是产生人民内部矛盾的经济根源。其二，剥削阶级影响的存在，旧的剥削阶级思想的残余，现今西方资产阶级思想的影响，都是产生人民内部矛盾的政治思想根源。其三，人们对社会主义社会客观规律的认识，特别是对社会主义建设规律的认识，对各种物质利益关系的认识，有快有慢，有对有错，这是产生人民内部矛盾的认识论根源。其四，官僚主义，以及命令主义的存在，是产生人民内部矛盾的领导上的原因。毛泽东指出：“革命时期的大规模的急风暴雨式的群众阶级斗争基本结束，但是阶级斗争还没有完全结束。”②正确处理人民内部矛盾已经成为党和国家政治生活的主题。

由于生产资料私有制的社会主义改造已经完成，消灭了剥削阶级赖以存在的经济条件，就使剥削阶级作为一个完整的阶级已经不存在了。但是，社会主义社会并没有完全消灭阶级斗争，剥削阶级的残余还存在，极少数没有改造好的旧剥削分子还存在，一些新的反革命分子也可能出现，加上国际上存在着资产阶级，帝国主义者和反动派还会派遣特务来进行破坏，这就使社会主义社会必然存在少量的敌我矛盾。对敌我矛盾要采取专政的方法来解决。也就是说，在一定的时期剥夺敌人的言论自由权，不让他们参与政治活动，强迫他们服从人民政府的法律，强迫他们从事劳动，并在劳动中尽量使他们改造成为新人。对于那些盗窃犯、诈骗犯、杀人放火犯、流氓集团和各种严重破坏社会秩序的坏分子，也必须实行专政。这都是以社会主义国家的名义，镇压敌人的反抗，强制敌人服从。最后，毛泽东指出：敌我矛盾和人民内部矛盾是相互转化

① 《建国以来毛泽东文稿》第6册，中央文献出版社1992年版，第543页。

② 《毛泽东文集》第七卷，人民出版社1999年版，第216页。

的,要尽量促使敌我矛盾向人民内部矛盾转化。

(三)百花齐放的文化建设辩证法

如何发展社会主义新型文化,这同样是摆在共产党人面前的重大难题。1949 年 9 月 21 日,在《中国人从此站立起来了》一文中,毛泽东就写道:“随着经济建设的高潮的到来,不可避免地将要出现一个文化建设的高潮。中国人被人认为不文明的时代已经过去了,我们将以一个具有高度文化的民族出现于世界。”①在《关于正确处理人民内部矛盾的问题》中,毛泽东鲜明提出“百花齐放,百家争鸣”的方针。反映出毛泽东对社会主义文化建设的高度自信和决心。

1. 辨别香花,需要了解毒草。“双百”方针符合辩证法,符合真理发展规律。“正确的东西总是在同错误的东西作斗争的过程中发展起来的。真的、善的、美的东西总是在同假的、恶的、丑的东西相比较而存在,相斗争而发展的。当着某一种错误的东西被人类普遍地抛弃,某一种真理被人类普遍地接受的时候,更加新的真理又在同新的错误意见作斗争。这种斗争永远不会完结。这是真理发展的规律。”②据此,毛泽东反复说明,“禁止人们跟谬误、丑恶、敌对的东西见面,跟唯心主义、形而上学的东西见面”,这样的政策是危险的,“它将引导人们的思想衰退,单打一,见不得世面,唱不得对台戏”。他指出,在哲学里边,唯物主义和唯心主义、辩证法和形而上学,是对立统一的,一讲哲学就少不了这两个对子。苏联现在不搞对子,只搞“单干户”,说是只放香花,不放毒草,不承认社会主义国家中唯心主义和形而上学的存在。事实上,无论哪个国家,都有唯心主义,都有形而上学,都有毒草。苏联那里的许多毒草,是以香花的名义出现的,那里的许多怪议论,都戴着唯物主义或社会主义现实主义的帽子。为了提高辨别香花、毒草的能力,毛泽东劝大家不仅要懂

① 《毛泽东文集》第五卷,人民出版社 1996 年版,第 345 页。

② 《毛泽东文集》第七卷,人民出版社 1999 年版,第 230—231 页。

得唯物主义和辩证法，还要学一点它的对立面，唯心主义和形而上学。康德和黑格尔的书、孔子和蒋介石的书，需要读一读。他批评道，我们有些共产党员、共产党的知识分子的缺点，恰恰是对于反面的东西知道得太少。读了几本马克思的书，就那么照着讲，比较单调。讲话，写文章，缺乏说服力。你不研究反面的东西，就驳不倒它。①

2. 自由讨论，但不轻率下结论。依据实践是检验真理的唯一标准的观点，毛泽东指出："艺术和科学中的是非问题，应当通过艺术界科学界的自由讨论去解决，通过艺术和科学的实践去解决，而不应当采取简单的方法去解决。"②他以科学史上哥白尼的太阳系学说、达尔文的进化论等为例，说明为了判断正确的东西和错误的东西，常常需要有考验的时间。历史上新的正确的东西，在开始的时候常常得不到多数人承认，只能在斗争中曲折地发展。正确的东西，好的东西，人们一开始常常不承认它们是香花，反而把它们看作毒草。因此，他认为，对于科学上、艺术上的是非问题，应当保持慎重态度，提倡自由讨论，但不轻率地作结论。"艺术上不同的形式和风格可以自由发展，科学上不同的学派可以自由争论。利用行政力量，强制推行一种风格，一种学派，禁止另一种风格，另一种学派，我们认为会有害于艺术和科学的发展。"③自 1957 年 2 月 27 日毛泽东作了关于正确处理人民内部矛盾问题的讲话后，报刊上不断发表科学家、艺术家谈"双百"方针的文章。1957 年 4 月 29 日，《光明日报》发表北京大学教授、遗传学家李汝祺的《从遗传学谈百家争鸣》。毛泽东对这篇文章极为重视，建议《人民日报》予以转载，并为其拟题目《发展科学的必由之路》，还代写了编者按语。按语写道："这篇文章载在四月二十九日的《光明日报》，我们将原题改为副题，替作者换了一个肯定的题目，表示我们赞成这篇文章。我们欢迎对错误作彻底的批判（一切真正错误的思想和措施都应批判

① 参见《毛泽东文集》第七卷，人民出版社 1999 年版，第 193 页。

② 《毛泽东文集》第七卷，人民出版社 1999 年版，第 229 页。

③ 《毛泽东文集》第七卷，人民出版社 1999 年版，第 229 页。

干净),同时提出恰当的建设性的意见来。”①毛泽东对“发展科学必由之路”的精辟概括,再一次指出“双百”方针符合科学发展的规律。

3. 继承马克思,创新马克思。1959 年 12 月至 1960 年 2 月,在《读苏联〈政治经济学教科书〉的谈话》中,毛泽东进一步指出:任何国家的共产党人都要进行创造,产生自己的理论家,写出新的著作,单靠老祖宗是不行的。“我们党里有人说,学哲学只要读《反杜林论》、《唯物主义和经验批判主义》就够了,其他的书可以不必读。这种观点是错的。马克思这些老祖宗的书,必须读,他们的基本原理必须遵守,这是第一。但是,任何国家的共产党,任何国家的思想界,都要创造新的理论,写出新的著作,产生自己的理论家,来为当前的政治服务,单靠老祖宗是不行的。只有马克思和恩格斯,没有列宁,不写出《两个策略》等著作,就不能解决一九〇五年和以后出现的新问题。单有一九〇八年的《唯物主义和经验批判主义》,还不足以对付十月革命前后发生的新问题。适应这个时期革命的需要,列宁就写了《帝国主义论》、《国家与革命》等著作。……现在,我们已经进入社会主义时代,出现了一系列的新问题,如果单有《实践论》、《矛盾论》,不适应新的需要,写出新的著作,形成新的理论,也是不行的。”②这段论述,表明毛泽东对理论创新的渴望。不是简简单单否定老祖宗,也不是一味模仿老祖宗,而是在继承老祖宗的前提下,开拓创新,奋发进取,写出不同于老祖宗的新篇章。1966 年 3 月,在政治局扩大会议上的讲话中,毛泽东再次指出:“要突破,要创造,不要只解释,不要念语录,不能受束缚。列宁就不受马克思的束缚。不要迷信,要有新的论点,新的解释,新的创造,不然不行。”③

4. 学习外国,但不抄袭外国。1956 年 8 月 24 日,在同音乐工作者的谈话中,毛泽东指出:文化既有共性,遵循一般原理,但也有个性,表现形式要多样

① 《毛泽东书信选集》,人民出版社 1983 年版,第 526 页注释。

② 《毛泽东文集》第八卷,人民出版社 1999 年版,第 109 页。

③ 中共中央文献研究室编:《毛泽东年谱》(1949—1976)第五卷,中央文献出版社 2013 年版,第 570 页。

化。“地球上有二十七亿人，如果唱一种曲子是不行的。无论东方西方，各民族都要有自己的东西。”①文艺工作者要努力创造反映自己本民族特点的新作品。民族形式可以掺杂一些外国的东西，把学到的东西中国化。“不中不西的东西也可以搞一点，只要有人欢迎。”中国的和外国的要有机地结合，要向外国学习，学来创作中国的东西。“中国的和外国的，两边都要学好。半瓶醋是不行的，要使两个半瓶醋变成两个一瓶醋。”“非驴非马也可以。骡子就是非驴非马。驴马结合是会改变形象的，不会完全不变。”②显然，毛泽东的意思是打破条条框框，善于吸取人类创造的一切文明成果，综合创新。然而，吸收外国的东西不是简单照搬照抄。1962 年 12 月 24 日，在会见两个外国文化代表团时，当客人谈及中国的画家存在抄袭西方的画法的问题时，毛泽东说：这种抄袭之风已经有几十年、近百年了，特别是抄袭欧洲的东西。这个风气是不好的。“在文化方面，各国人民应该根据本民族的特点，对人类有所贡献。各国文化有共同点，但也有差别。共同点是都在同一时代，都处于二十世纪的下半个世纪，总有共同点。但是如果大家都画一样的画，都唱一样的曲调，千篇一律就不好了，就没有人看，没有人听，没有人欣赏。”③

5. 继承传统，批判利用。在社会主义建设时期，如何正确对待传统文化遗产？1960 年 12 月 24 日，毛泽东在接见古巴妇女代表团和厄瓜多尔文化代表团时，进一步就如何批判继承历史文化遗产的问题发表看法。毛泽东认为对中国古代文化应当充分地利用，批判地利用。一是要将封建主义的东西与非封建主义的东西区别开来。他说：“中国几千年的文化，主要是封建时代的文化，但并不全是封建主义的东西，有人民的东西，有反封建的东西。要把封建主义的东西和非封建主义的东西区别开来。”④二是要把封建主义发生、发展

① 《毛泽东文集》第七卷，人民出版社 1999 年版，第 77 页。

② 《毛泽东文集》第七卷，人民出版社 1999 年版，第 77、82 页。

③ 中共中央文献研究室编：《毛泽东年谱》（1949—1976）第四卷，中央文献出版社 2013 年版，第 501—502 页。

④ 中共中央文献研究室编：《毛泽东年谱》（1949—1976）第四卷，中央文献出版社 2013 年版，第 501 页。

和灭亡时期的东西区别开来。他说:"封建主义的东西也不全是坏的。我们要注意区别封建主义发生、发展和灭亡不同时期的东西。当封建主义还处在发生和发展的时候,它有很多东西还是不错的。"①这就是说,封建主义的东西并不完全是反动的,当封建主义还处在发生、发展的上升时期的时候,它的很多东西对社会发展具有促进作用,具有进步意义。三是对反封建主义的文化也要有批判、有区别地加以利用。毛泽东指出:"反封建主义的文化也不是全部可以无批判地利用的。封建时代的民间作品,也多少都还带有封建统治阶级的影响。我们应当善于进行分析,应当批判地利用封建主义的文化,而不能不批判地加以利用。"②如《水浒传》是一部描写农民起义的反封建的民间作品,但由于受封建时代统治阶级思想的影响,存在着只反贪官、不反皇帝的思想局限。

四、正确看待思想理论的发展

20 世纪 50 年代,党中央开始转移工作重心,毛泽东致力于社会主义建设规律的探索,提出一系列新的论断,形成社会主义建设的系统性辩证法。然而,50 年代后期,随着反右斗争的扩大化,党内重新出现"左"的思想倾向,以致发动"大跃进"和"文化大革命"。国外有一种错误观点认为,毛泽东晚年之所以犯错误,是因为"民粹主义"思想的影响。

民粹主义是与马克思主义同时代的一种思想体系,早在 19 世纪 50 年代,马克思致信恩格斯,批评俄国民粹派鼻祖赫尔岑,"似乎旧欧洲要用俄罗斯的血液来更新",并拒绝出席他们的集会。③ 马克思批评俄国民粹派,把他在《资

① 中共中央文献研究室编:《毛泽东年谱》(1949—1976)第四卷,中央文献出版社 2013 年版,第 501 页。

② 中共中央文献研究室编:《毛泽东年谱》(1949—1976)第四卷,中央文献出版社 2013 年版,第 501 页。

③ 参见《马克思恩格斯全集》第 28 卷,人民出版社 1973 年版,第 433 页。

本论》中描述的西欧资本主义的历史运动搬到农奴制改革的俄国现实生活里作不恰当的历史类比，明确指出，“极为相似的事变发生在不同的历史环境中就引起了完全不同的结果。”①这就是马克思后来致信查苏利奇谈到的，西欧资本主义生产的历史起源其“全部过程的基础是对农民的剥夺”。但是，“在这种西方的运动中，问题是把一种私有制形式变为另一种私有制形式。相反地，在俄国农民中，则是要把他们的公有制变为私有制。”②马克思、恩格斯从揭露和批判泛斯拉夫主义，到关注俄国革命，支持俄国革命，与后来俄国人称之为民粹派的一批著名革命家、社会活动家、学者长期保持着书信往来，写下了最早的在我们当代人看来是评论与批评俄国民粹派的文章。

由于近代中国是在资本主义列强的欺凌下缓慢开始近代化历程的，深重的民族危机和社会危机加剧了社会转型的痛苦，中国也出现了民粹主义。列宁指出，中国人“在完全不管俄国、不管俄国经验和俄国文献的情况下，提出了一些纯粹俄国的问题”。中国人的议论“同俄国民粹主义者十分相似，以至基本思想和许多说法都完全相同”。③ 具有忧国忧民传统的中国知识分子深受儒家“大同”理想的熏陶，自然也出现了用传统农业文明来批判西方工业文明的民粹主义，其中，如“主观社会主义”、国粹主义以及工读主义、新村主义、平民教育主义，等等，不一而足。

青年毛泽东在成为马克思主义者之前，也曾热衷于工读新村运动，1919年还列出了详细计划，希望通过新式学校教育，创造出新人，组成新家庭，联合成新村，并不断推广，进入一个理想的社会。④ 后来，毛泽东经历了一个向马克思主义者的转变过程。毛泽东在北京大学图书馆做助理员的时候，受李大钊影响，迅速地朝着马克思主义的方向发展。到了1920年夏天，已经在理论上和某种程度的行动上，成为一个马克思主义者。他曾回忆说，“在他（指李大钊）

① 《马克思恩格斯选集》第3卷，人民出版社1995年版，第342页。

② 《马克思恩格斯选集》第3卷，人民出版社1995年版，第774页。

③ 《列宁选集》第2卷，人民出版社1995年版，第290页。

④ 参见《毛泽东早期文稿》，湖南出版社1990年版，第454页。

的帮助下我才成了一个马克思主义者。他是我真正的老师,没有他的指点和教导,我今天还不知道在哪里呢。”①

1921年1月,毛泽东在致蔡和森的信中指出:“唯物史观是吾党哲学的根据。”②表明毛泽东已经接受了唯物史观,已经成为一个真正的马克思主义者。从《中国社会各阶级的分析》《湖南农民运动考察报告》,到《新民主主义论》《论联合政府》的发表,再到《论十大关系》和《关于正确处理人民内部矛盾的问题》,毛泽东始终坚持对中国社会的既唯物又辩证的分析态度。

(一)毛泽东高度重视对农民的教育

毛泽东是农民出身的知识分子,他对农民有着很深的感情。他出身于农民家庭,民主革命时期又基本上是在乡村活动。他一再强调,领导干部要“从群众中来,到群众中去”,要先当群众的学生,再当群众先生。这里所说的“群众”,实际上主要是指“农民”。但是,毛泽东对农民作为小生产者的局限性又保持着清醒的认识。他始终认为,一个“严重的问题是教育农民”。他对农民的教育主要从两方面着手:一是从政治思想上,从革命队伍和革命战争中锻炼和提高;二是从经济上,鼓励和引导农民走合作化的、集体化的道路。毛泽东之所以重视农民和农村,是因为中国是一个农民为主的国家。在中国革命爆发之时,中国社会依然是一个半殖民地、半封建国家,资本主义相当不发达,工人阶级只有200万人左右。没有农民阶级的参加,革命就不可能取得成功。中国革命之所以要走农村包围城市的道路,是因为当时城市是反动势力统治的中心,革命的力量又过于薄弱,无法与反动势力相对抗。李立三、瞿秋白、王明以及共产国际强调的以城市为中心的战略都在实践中先后遭到失败。然而,当新民主主义革命即将在全国取得胜利之时,毛泽东立即向全党发出号召:“从现在起,开始了由城市到乡村并由城市领导乡村的时期。党的工作重

---

① 转引自赵存生、陈占安主编:《纪念毛泽东诞辰110周年论集》,北京大学出版社2004年版,第2页。

② 《毛泽东书信选集》,人民出版社1983年版,第15页。

心由乡村移到了城市。”①“只有将城市的生产恢复起来和发展起来了，将消费的城市变成生产的城市了，人民政权才能巩固起来。”②“中国工人阶级的任务，不但是为着建立新民主主义的国家而斗争，而且是为着中国的工业化和农业近代化而斗争。”③“党在这里的中心任务，是动员一切力量恢复和发展生产事业，这是一切工作的重点所在。”④显然，对于农村和城市，政治和经济的辩证关系，毛泽东的认识是非常清晰的。

（二）毛泽东十分重视知识分子的作用

早在抗战时期，毛泽东就指出：“没有知识分子的参加，革命的胜利是不可能的”⑤，“全党同志必须认识，对于知识分子的正确的政策，是革命胜利的重要条件之一”⑥。因此，毛泽东提出，共产党必须善于吸收知识分子，加强革命知识分子队伍的建设。随着社会主义建设的全面展开，毛泽东强调，要改变我国经济上和科学文化上的落后状况，为此必须“有足够数量的、优秀的科学技术专家”。他向全党提出了培养无产阶级知识分子的要求，主张力争在十年内建立一支宏大的无产阶级知识分子的队伍。针对当时存在的对知识分子“估计不足，信任不够，安排不妥，使用不当，待遇不公，帮助不够”的问题，要求全党认真对待知识分子问题。他指出：“凡是真正愿意为社会主义事业服务的知识分子，我们都应当给予信任，从根本上改善同他们的关系，帮助他们解决各种必须解决的问题，使他们得以积极地发挥他们的才能。我们有许多同志不善于团结知识分子，用生硬的态度对待他们，不尊重他们的劳动，在科学文化工作中不适当地干预那些不应当干预的事务。所有这些缺点必须加以克服。”⑦

---

① 《毛泽东选集》第四卷，人民出版社 1991 年版，第 1427 页。
② 《毛泽东选集》第四卷，人民出版社 1991 年版，第 1428 页。
③ 《毛泽东选集》第三卷，人民出版社 1991 年版，第 1081 页。
④ 《毛泽东选集》第四卷，人民出版社 1991 年版，第 1429 页。
⑤ 《毛泽东选集》第二卷，人民出版社 1991 年版，第 618 页。
⑥ 《毛泽东选集》第二卷，人民出版社 1991 年版，第 620 页。
⑦ 《毛泽东著作选读》下册，人民出版社 1986 年版，第 779 页。

在当时较为民主、健康的政治氛围下,周恩来在1956年初代表中共中央明确宣布:我国知识分子的绝大多数已经是工人阶级的一部分。与此同时,中共中央发出了“向科学进军”的伟大号召,并集中600多位科学家编制了全国科学发展的12年远景规划,以突破高、精、尖、新技术为战略目标,为我国科学技术的发展奠定了基础。

(三)毛泽东并不简单排斥资本主义

在党的七大所作的口头政治报告中,毛泽东以俄国民粹派“要更快地搞社会主义,不发展资本主义”的“左”倾错误批判了党内存在的不顾中国生产力发展水平简单排斥资本主义、急于实现社会主义的“左”倾思想。在《论联合政府》的书面政治报告中,明确提出了判断中国一切政党作用的生产力标准。在社会主义改造完成之后,毛泽东依然思考着如何利用资本主义发展社会主义生产力的问题。1956年12月5日、6日、7日三天晚上,毛泽东同黄炎培、陈叔通等工商界人士谈话,批评苏联斯大林时期过早地结束了列宁的新经济政策。他认为,“现在我国的自由市场,基本性质仍是资本主义的,虽然已经没有资本家。它与国家市场成双成对。上海的地下工厂同合营企业也是对立物。因为社会有需要,就发展起来。要使它成为地上,合法化,可以雇工”,“还可以开夫妻店”,“可以开私营大厂,订个协议,十年、二十年不没收”。“这叫新经济政策。我怀疑俄国新经济政策结束得早了,只搞了两年退却就转为进攻,到现在社会物资还不充足。”“可以搞国营,也可以搞私营。可以消灭了资本主义,又搞资本主义。当然要看条件,只要有原料,有销路,就可以搞。”①薄一波后来回忆这段历史时写道:“毛主席的三次谈话,我觉得贯穿了一个基本精神,就是在中国还需要继续实行一段‘新经济政策’。”②

---

① 《毛泽东文集》第七卷,人民出版社1999年版,第170页。

② 薄一波:《若干重大决策与事件的回顾》上卷,中共中央党校出版社1993年版,第433页。

（四）毛泽东高度重视发展民主

毛泽东一生都在追求民主，反对极权。青年时期的毛泽东，受五四自由、民主精神的浸染，崇尚个性自由，提倡个性解放。在成长为马克思主义者后，他在唯物史观的基础上继续批判封建专制主义对个性的摧残，继续提倡个性自由。“万类霜天竞自由”的诗句反映了他向往自由和民主的心境。在延安时期，针对一些人责难共产党忽视或压制个性的言论，毛泽东则说：“被束缚的个性如不得解放，就没有民主主义，也没有社会主义。”①在延安各界宪政促进会成立大会上的演说中，毛泽东指出：“中国缺少的东西固然很多，但是主要的就是少了两件东西：一件是独立，一件是民主。这两件东西少了一件，中国的事情就办不好。”“这两件事，是目前中国的头等大事。”②我们要实行以工人阶级为领导、以工农联盟为基础的人民民主专政，这是主要的历史经验，也是主要的政治纲领。“我们现在要的民主政治，是什么民主政治呢？是新民主主义的政治，是新民主主义的宪政。它不是旧的、过了时的、欧美式的、资产阶级专政的所谓民主政治；同时，也还不是苏联式的、无产阶级专政的民主政治。”③在中共七大上，毛泽东多次讲个性解放、个性自由。他在引了《共产党宣言》中“每个人的自由发展是一切人的自由发展的条件”的话后指出：“不能设想每个人不能发展，而社会有发展，同样不能设想我们党有党性，而每个党员没有个性，都是木头，一百二十万党员就是一百二十万块木头。”④毛泽东把自由、民主不仅看成手段，更看成目的。中共七大提出要建设一个“独立的、自由的、民主的、统一的、富强的新中国”。共产党领导人民闹革命，目的就是要争自由、争民主。毛泽东在 1947 年的《新年祝词》的最后写道：“在不

---

① 《毛泽东文集》第三卷，人民出版社 1996 年版，第 208 页。
② 《毛泽东选集》第二卷，人民出版社 1991 年版，第 731 页。
③ 《毛泽东选集》第二卷，人民出版社 1991 年版，第 732 页。
④ 《毛泽东文集》第三卷，人民出版社 1996 年版，第 416 页。

久的将来,自由的阳光一定要照遍祖国的大地。”①

新中国成立后,毛泽东依然十分重视如何扩大社会主义民主的问题。1957年初,毛泽东发表了《关于正确处理人民内部矛盾的问题》的重要报告,提出了许多闪光思想,把正确处理人民内部矛盾作为和平建设时期的主题和总题目。毛泽东强调,在新的历史时期,正确认识和处理人民内部矛盾已经成为国家政治生活的主题,成为社会主义社会发展的动力,而民主的方法则是解决人民内部矛盾的基本原则。因此,发展民主和加强民主政治建设是社会主义社会的内在要求。他在正确处理人民内部矛盾这一总题目下,提出了建设生动活泼的政治局面的设想和要求,提出了一系列正确的方针政策。晚年毛泽东所犯的错误,正是由于他违反了他自己正确的东西,违反了毛泽东思想。

(五)毛泽东强调尊重规律的能动性

毛泽东重视精神的力量,但没有把精神性的意识、意志和觉悟看作社会发展的首要因素。毛泽东曾清楚指出:“感觉和思想是社会生活的产物”,“世界是物质的,不是精神的。物质决定精神,不是精神决定物质”。② “人们要想得到工作的胜利即得到预想的结果,一定要使自己的思想合于客观外界的规律性,如果不合,就会在实践中失败”③,“社会的变化,主要地是由于社会内部矛盾的发展,即生产力和生产关系的矛盾,阶级之间的矛盾,新旧之间的矛盾,由于这些矛盾的发展,推动了社会的前进,推动了新旧社会的代谢”。④

当然,毛泽东思想并不是一种机械唯物主义,在坚持物质因素是首要作用的前提下,毛泽东思想也重视精神、意识、觉悟的作用。例如,1936年毛泽东在总结战争的经验教训时就说过:“战争的胜负,主要地决定于作战双方的军事、政治、经济、自然诸条件,这是没有问题的。然而不仅仅如此,还决定于作

① 《毛泽东文集》第四卷,人民出版社1996年版,第211页。

② 《毛泽东哲学批注集》,中央文献出版社1988年版,第145、296页。

③ 《毛泽东选集》第一卷,人民出版社1991年版,第284页。

④ 《毛泽东选集》第一卷,人民出版社1991年版,第302页。

战双方主观指导的能力。”①他又说过，“武器是战争的重要的因素，但不是决定的因素，决定的因素是人不是物。力量对比不但是军力和经济力的对比，而且是人力和人心的对比。”②毛泽东还从哲学理论的角度指出：“当着如同列宁所说‘没有革命的理论，就不会有革命的运动’的时候，革命理论的创立和提倡就起了主要的决定的作用。”③这里，我们可以清晰地看到，在毛泽东的思想意识里，物质的作用和精神的作用并不是等量齐观的。毛泽东思想将物质的作用看作本原性的、第一性的作用，而精神的作用、甚至决定作用是在一定的具体条件下、就一定意义上讲的。如果坚持了物质决定作用就不能肯定精神的巨大作用，那就贬低了人的主体价值和作用，最终必然陷入宿命论。假如强调精神、意识在一定条件下的决定作用就是民粹主义因素的话，那么恩格斯的“赢得战斗胜利的是人而不是枪”④“枪自己是不会动的，需要有勇敢的心和强有力的手来使用它们”⑤的论述难道也是民粹主义？虽然这是错误的理解。

毋庸讳言，在中国革命和建设过程的某些阶段，中国共产党人的确犯过某种主观主义、唯意志论的错误，但这些错误并不是民粹主义潜流的显现，而是中国共产党及其领导人在探索马克思主义理论和中国革命实践相结合过程中的挫折和偏差，其中有着深刻的历史根源和复杂的社会原因，有待于我们进一步地挖掘。从根本上说，毛泽东思想关于历史发展的理论是马克思主义在中国的具体展开。晚年毛泽东在“以苏为鉴”，反思苏联模式的过程中，在许多方面都正确地指出了苏联传统计划经济体制的历史特点和严重弊端，但在理论思维中却没有注意到：苏联模式在增长方式上是“以高投入求高速度”作为至高无上的价值目标的，其最终目的是实行“超越战略”，即要求在短短的十多年时间里，赶上并超过西方发达资本主义国家。因而，在进行“以苏为鉴、

① 《毛泽东选集》第一卷，人民出版社 1991 年版，第 182 页。
② 《毛泽东选集》第二卷，人民出版社 1991 年版，第 469 页。
③ 《毛泽东选集》第一卷，人民出版社 1991 年版，第 326 页。
④ 《马克思恩格斯全集》第 15 卷，人民出版社 1963 年版，第 232 页。
⑤ 《马克思恩格斯全集》第 16 卷，人民出版社 1964 年版，第 211 页。

中苏比较”时,出发点和归宿点都是要求比苏联搞得更快,而不是根本转变并且超越苏联那种单纯追求高速度的非持续发展方式。于是,在新中国成立八年之后,在顺利完成第一个五年计划之后,经济建设中脱离国情、脱离实际、急于求成、急躁冒进、单纯追求超高速度的“左”倾思想不断抬头,不断升温。这种“左”倾冒进的指导思想,虽然在20世纪60年代初,在经济调整过程中一度被迫收敛,但在“文化大革命”中又被不断放大了。邓小平指出,“毛泽东同志是伟大的领袖,中国革命是在他的领导下取得成功的。然而他有一个重大的缺点,就是忽视发展社会生产力。不是说他不想发展生产力,但方法不都是对头的,例如搞‘大跃进’、人民公社,就没有按照社会经济发展的规律办事。”①

① 《邓小平文选》第三卷,人民出版社1993年版,第116页。

中 篇

中华民族富起来的哲学基础

第五章　马克思主义哲学中国化第二次飞跃的历史条件

20 世纪 70 年代末 80 年代初，以邓小平同志为主要代表的中国共产党人，把马克思主义的一般原理运用于中国实际，深入分析中国国情，把党和国家的工作重心转移到经济建设上来，作出实行改革开放的重大战略决策，开辟中国特色社会主义道路，创立了邓小平理论。以江泽民同志为主要代表的中国共产党人和以胡锦涛同志为主要代表的中国共产党人，运用马克思主义的基本原理分析新的国情，依据新的实践丰富和发展了毛泽东思想、邓小平理论，先后创立“三个代表”重要思想和科学发展观。这一阶段，开创了改革开放和社会主义现代化建设的新局面，集中体现为中国特色社会主义理论体系的形成和不断发展。这一理论体系蕴含着深刻的哲学思想，也开启马克思主义哲学中国化的新飞跃。其所以可能，主要有以下条件。

一、世界大变动大调整的时代背景

20 世纪 70 年代，整个世界发生大变动大调整，这种变动调整的剧烈和深刻程度远远超出人们的预料。最显著的变化，就是和平与发展成为时代主题，世界多极化和经济全球化深入发展，综合国力竞争日趋激烈。

（一）和平与发展成为时代主题

第二次世界大战后，时代主题发生重大变化，由战争与革命为主题的时代转变为和平与发展为主题的时代。世界最大的问题，一是和平问题，一是发展问题。从和平视角看，20 世纪 50 年代中期以后，苏联在核武器、洲际导弹和空间技术方面赶上美国，使得美国在战略上不受攻击的地位被剥夺。到 20 世纪 60 年代末 70 年代初，苏联无论是在常规兵力方面，还是在常规武器方面，都对美国形成超越之势。苏联与美国的核战略均势也逐步形成。20 世纪 60 年代末 70 年代初，美国的经济出现衰退。由于对越战的不断扩大，美国的军费开支直线上升，使得美国的财政赤字持续扩大。从 1965 年到 1968 年的四个年度里，美国经济都是财政赤字，总额度高达 392.55 亿美元①，紧随其后的必然是通货膨胀。整体而言，在 70 年代初期的美苏争霸过程中，一直是处于"苏攻美守"的状态，美国为了实现利益最大化，不得不对苏联实行缓和政策，形成两极格局。美苏之外，世界新型力量中心日益崛起。据统计，从 1955 年到 1974 年，欧共体国民生产总值在世界总值中所占的比重连年升高，美国经济实力的变化，必然引起政治关系的变化，欧洲开始独立地推行自己的外交政策，如戴高乐独立自主的外交方针、西德勃兰特的"新东方政策"等等，表明各国都想争取同美国建立较为平等的关系，从而保持自己政策行为的相对独立性。日本经济的迅速发展，使得美日间贸易、政治、外交摩擦也逐渐增多。此外，中国也拥有核武器，第三世界国家在第二次世界大战后反殖民主义的斗争取得巨大胜利，纷纷独立，反霸权主义的力量在增长。核武器的出现，意味着一旦战争发生，就会给人类带来巨大灾难，因此全世界人民都希望避免战争，争取和平。美国和苏联也不敢轻易发动世界大战，世界处于一个相对和平的时期。

另一个问题是南北问题，其核心是经济发展问题。邓小平一再讲，现在在世界上北方发达、富裕，南方不发达、贫困，而且相对地说，富的愈来愈富，穷的越来越穷。南方要改变贫困落后状态，除了南南合作，还要实行南北对话、南

---

① 根据《战后美国经济》编写组编：《战后美国经济》，上海人民出版社 1974 年版，第 167 页表格数据得出。

北合作；北方要继续发展，也要与南方合作。正如邓小平1985年3月在会见日本工商会议所访华团时所指出的，“欧美国家和日本是发达国家，继续发展下去，面临的是什么问题？你们的资本要找出路，贸易要找出路，市场要找出路，不解决这个问题，你们的发展总是要受到限制的。……现在世界人口是四十几亿，第三世界人口大约占世界人口的四分之三。其余四分之一的人口在发达国家，包括苏联，东欧（东欧不能算很发达），西欧，北美，日本，大洋洲的澳大利亚、新西兰，共十一二亿人口。很难说这十一二亿人口的继续发展能够建筑在三十多亿人口的继续贫困的基础上。”①

因此，20世纪下半叶世界各国人民面临的战略问题，可以用“东西南北”四个字来概括。和平与发展这两大主题是紧密相连的。制止战争、维护和平，是发展经济，扩大国际合作的必要前提和条件；世界各国特别是发展中国家的经济发展以及国际合作的扩大，又是制止战争，维护和平的重要因素。和平与发展互相促进，互为条件，不可分割。和平与发展成为时代主题，为中国解放思想，改变思维方式，重新认识世界、重新认识资本主义，大胆吸收和借鉴世界先进文明成果，大力发展生产力，改革社会生产关系，提供了有利国际环境。哲学是时代精神的反映，和平与发展的时代特征，要求我们在哲学上深刻理解“发展才是硬道理”，要求“求同存异”，充分利用矛盾的同一性，如此等等，反映这种时代精神的中国马克思主义哲学也就应运而生。

（二）经济全球化深入推进

20世纪下半叶以来，尤其是新千年之交，整个世界、各个领域最为突出的势头和特点就是经济全球化。经济全球化的概念最初产生于20世纪80年代。一般认为，这个概念最早是由美国经济学家泰奥多尔·莱维特（Theodore Levitt）于1985年在《市场全球化》一文中提出来的。他用这个词是形容前20年间国际经济的巨大变化，即商品、服务和技术在世界生产、消费和投资领域

① 《邓小平文选》第三卷，人民出版社1993年版，第105—106页。

中的扩散。国际货币基金组织(IMF)在1997年5月发表的一份报告中指出:经济全球化是指跨国商品与服务贸易及资本流动规模和形式的增加,以及技术的广泛迅速传播使世界各国经济的相互依赖性增强。

具体言之,经济全球化主要表现在:一是分工体系的国际化。企业生产的内部分工扩展为全球性分工,使生产要素在全球范围优化组合,从而促进了各国和全球经济的共同发展。国际生产分工已从传统的以自然资源为基础的分工逐渐发展为以现代工艺、技术为基础的分工,从产业部门间的分工发展到以产品专业化为基础的分工。另外,国际分工的形态也呈现出多样化,不仅有生产资源型分工,而且有生产工序型和零部件生产专业化型分工。二是跨国公司的全球经营。在全球化过程中,跨国公司和民族国家一样,成为全球经济活动的主体。它作为新的全球性经济单位使资本主义从民族国家中抽离出来,带来新的复杂关系。三是市场的全球化。20世纪80年代末到90年代初,苏联和东欧社会主义国家经历剧变,无一例外地向市场经济转轨,走向私有化、自由化的道路。以中国为代表的其他社会主义国家,也在坚持社会主义基本制度的前提下,向市场经济转变。因此,20世纪90年代以来,传统计划经济逐渐消失,市场经济一统天下,两个平行市场统一成为以市场经济为基础的整体,极大促进了全球性市场的形成。四是国际贸易全球化。突出表现为国际贸易总量和规模的不断扩大,国际贸易的种类、范围的不断扩大开放,不仅包括商品贸易,而且包括技术、服务、劳务的贸易,尤其是服务贸易的领域迅速扩展,包括金融保险服务、邮电通讯服务、文化教育服务、交通运输服务和信息咨询服务等。五是金融全球化。经济全球化的本质是资本全球化,而资本全球化要借助金融机构和金融工具才可能实现。所以,资本全球化的枢纽和杠杆是金融全球化。20世纪90年代初以后,随着现代电子技术和通讯手段的飞速发展,尤其是随着各国对资本流动管制的解除,经济信息资源在全球迅速、准确地传递,这大大推动了金融市场的发展,形成了24小时的金融交易,并且在极短时间内就可完成。由于新兴工业化国家加入、金融机构融资证券化和资产证券化等因素,金融全球化趋势更是大大增强。

经济全球化迅速改变人类的存在方式,包括人类的生存方式、交往方式以及思维方式,等等。从生产方式看,全球化犹如一个巨大的世界网络,使人类超越狭隘的、地域性的生存状态,转变为一种具有普遍的、全球性联系的世界性生存状态。从交往方式看,由于全球化的推动,交往方式发生重大变化。一是交往主体的多样化,有人与人、民族与民族、国家与国家、民间组织与国家、个人与跨国组织等多层面的交往。二是交往载体从以往的实体交往向实体交往和虚拟交往并存的方向发展,以往的"主—客"交往向"主—主"交往发展。从人类的思维方式看,全球化要求人们越来越具有全球意识,更多站在全球的高度、全球的视野思考和处理问题。中国共产党人敏锐地意识到:经济全球化本质上是生产关系的国际化,其根源在于劳动的社会化。中国改革开放的总设计师邓小平一再指出:关起门来搞建设是不能成功的。中国要积极打开大门,主动融入世界,勇敢接受全球化的挑战。经过和国际社会的反复谈判,中国于 2001 年加入世界贸易组织。马克思主义哲学中国化的第二次飞跃也正是中国共产党人,以全球化为背景和舞台,解放思想、与时俱进、求真务实,迅速变革自己的生产方式、交往方式和思维方式,赶超世界现代化先进水平的反映。

(三)第三次科技革命蓬勃发展

从 20 世纪下半叶开始,一股信息化的时代潮流迅速流行开来,改变着世界的面貌。人们一致认为,这是"信息社会""信息时代"的到来。1948 年,美国数学家与电机工程师申农(C.E.Shannon)发表影响深远的学术论文《通讯的数学理论》,宣告了信息论的创立,也成为现代科学革命起点的一个重要历史标志。同年,维纳发表控制论的奠基之作《控制论》,而该书的副标题则是"关于在动物和机器中控制和通讯的科学",表明"控制论——信息论"的内在联系。几乎在同一时间,贝塔朗菲(Ludwig von Bertalanffy)创立系统论。他的论文《关于一般系统论》先是于 1945 年 3、4 月间在《德国哲学周刊》上发表,但很快毁于战火,几乎无人知晓,而后在《普通生物学》1949 年第 19 期上,再次摘要发表,方才引起重视。信息论——控制论——系统论,虽然是三门科学、三个学科,却构成一个有机整体,一个以“信息、系统、控制”为主旨的横向科学群,或叫纵断科学群。信息科学形成后,迅速向哲学、医学、经济学、管理学、教育学、文艺学、军事学等学科渗透。

信息化主导的趋势,不仅体现在人们解释世界的科学理论中,而且存在于人们改造世界的技术创新中,成为现代技术革命的主要潮头。一是电视技术的发展。到1950年,已有5个国家有了定时的电视节目,1970年达到100个国家,1980年全世界有4亿台电视,在138个国家中有了电视节目。1954年,开始从黑白电视走向彩色电视;1962年,第一颗通信卫星“电星一号”发射成功,电视节目从此可以直接进行洲际传播,乃至全球传播。1980—2000年,电视传播技术与网络,有一系列的花样翻新,如有线电视、付费电视、卫星电视、模拟电视、数字电视、高清晰度电视、互动电视等等。二是电子计算机的发展。第一代电子管计算机,研制于1946—1957年,1946年世界上第一台通用计算机,由美国费城宾夕法尼亚大学创新出来,称之为“电子数字积分器与计算机”,其主要部件是电子管——电子真空管。总重量足有300吨,由9英尺高的金属模板构成,总计有1.8万个电子真空管,7万个电阻。第二代半导体晶体管计算机,研制于1958—1964年,以半导体晶体管为主要元器件,IBM公司生产的7090系列机为其典型代表。从1951年到1959年近10年间,美国生产的电子管计算机不过3000台,而从1965年到1968年,晶体管计算机就达到23000台。第三代电路计算机,研制于1965—1972年,这一时期集成电路取代了晶体管,成为其主要元器件,IBM公司生产的360系列机成为其主要代表。第四代大规模集成电路计算机,从1973年起至20世纪80年代研制完成,以大规模集成电路为其主要元器件,IMB公司生产的4300系列大型主机为其主流产品。三是通信技术的发展。20世纪后半叶,通信技术的创新发展,至少表现在九个层面,即短波通信、微波通信、卫星通信、光纤通信、传真通信、遥感通信、数据通信、移动通信、网络通信。四是微电子技术的发展。现代电子计算机技术是向着“大—小”两个方向发展的。或者越做越大,或者越做越小。其中,最引人注目的是微处理器、微机、笔记本电脑的制作。

信息技术的发展,导致产业发展的信息化。突出表现在:信息技术转化为信息产业,20世纪前期,电报、电话、广播、电影四大信息技术转化为信息产业,20世纪后半叶,电视、电子计算机、通信、微电子四大信息技术,迅速地转化为庞大的产业。各种信息技术,各个部门的信息产业,正在借助全球互联网和全球市场这两大中介系统,形成一个有机整体,信息产业群越做越大。信息产业迅速崛起,并与中介、咨询、旅游等各种服务业相结合,构成第三产业的主体内容,成为当代世界经济发展的一大趋势。

信息技术、信息产业的发展,渗透到人的交往和生产生活之中,导致人类交往方式、生产方式、生活方式的巨大变革。以邓小平同志为主要代表的中国共产党人深刻认识到信息化的重要性,提出"要实现现代化,关键是科学技术要能上去"。科学技术是第一生产力,中国要在高科技领域占有一席之地。中国共产党人在深刻认识信息时代的过程中,创新和发展了马克思主义的唯物史观。

二、中国进入新时期的理论和实践要求

粉碎"四人帮",通过真理标准大讨论,完整准确理解毛泽东思想,破除"两个凡是"的教条,拨乱反正,召开党的十一届三中全会,停止"以阶级斗争为纲"的错误路线,把党和国家的工作重心转移到经济建设上来,作出实行改革开放的伟大战略决策,这一切都为马克思主义哲学中国化第二次飞跃准备了重要基础。

(一)真理标准大讨论奠定坚实理论基础

实践作为检验真理的唯一标准,这是马克思主义哲学认识论的一个基本原理。但这样一个基本原理在"文化大革命"期间却被模糊了。毛泽东去世

后,"中国向何处去"的问题摆在党和国家面前。据《实践是检验真理的唯一标准》一文主要起草人胡福明的回忆:"中国已处于重大历史关头:要么坚持'文革'的理论、路线、政策,中国人民将陷入苦难深渊;要么改弦更辙,否定'文革'的理论、路线、政策,重新开辟社会主义现代化建设的新道路,使中华民族自立于世界民族之林。党、国家、民族处于十字路口。"①

1977年2月7日,《人民日报》《解放军报》《红旗》杂志联合发表"两报一刊"社论《学好文件抓住纲》,明确提出:"凡是毛主席的决策,我们都坚决拥护;凡是毛主席的指示,我们都始终不渝地遵循。"这就是著名的"两个凡是"。它实际上为人们设定了一个框框:毛主席批示过的中央文件不能变,毛主席定过的案件不能翻,毛主席没有说过的话不能改,毛主席没有做过的事不能做。从政治上讲,"两个凡是"实质上是要继续坚持"文化大革命"中盛行的"左"倾错误路线和错误思想。从哲学上讲,"两个凡是"实质上就是把领袖指示当成检验真理的标准。"两个凡是"一提出,就受到邓小平、陈云、叶剑英等许多领导人的反对,受到广大干部群众和理论工作者的抵制。

1978年5月10日,中央党校内部刊物《理论动态》发表了题为《实践是检验真理的唯一标准》的文章。11日,该文又以"本报特约评论员"的名义在《光明日报》公开发表,新华社当天予以转载。《人民日报》和《解放军报》第二天同时转载。这篇文章批评了把领袖指示教条化的倾向,指出要打碎"四人帮"强加在人们身上的精神枷锁,确立"实践是检验真理的唯一标准"的基本立场。文章首先提出一个问题:怎样区别真理和谬误?引发人们的思考。接下来就引用马克思的经典论断:"人的思维是否具有客观的真理性,这并不是一个理论的问题,而是一个实践的问题。"进而说明:理论是否客观、正确与否、是不是真理等,只能经由实践检验了才知道。离开了实践的思维都不属于辩证唯物主义认识论的范畴,而是一个纯粹经院哲学问题的争论。接着作者

① 胡福明:《真理标准大讨论的序曲——谈实践标准一文的写作、修改和发表过程》,《开放时代》1996年第1期。

从理论和科学史角度充分论证了实践在检验真理标准当中的“唯一性”问题。最后得出结论:“实践不仅是检验真理的标准,而且是唯一标准。”①该文发表后,引起强烈反响,掀起一场席卷全国的关于真理标准问题的大讨论。仅1978年下半年,从中央到地方,围绕真理标准问题召开的理论讨论会、座谈会,共有70多个,中央和省级报刊刊登关于“实践是检验真理的唯一标准”的专文650多篇,同时出版了一批具有重要影响力的著作,如中国社会科学院哲学研究所编写的《实践是检验真理的唯一标准》一书在短时间内就发行了1600多万册。②

实践是检验真理的唯一标准的讨论,被称为中国近现代史上继五四运动、延安整风运动之后的第三次马克思主义思想解放运动。它不仅进一步论证了实践是检验真理的唯一标准这一马克思主义的基本观点,而且极大地解放了人们的思想,为恢复和坚持实事求是的思想路线,实现党和国家工作重点的转移奠定了不可缺少的思想基础。对于马克思主义哲学研究而言,最为重要的意义在于清除“左”的思想影响,解放了思想,打破了禁区,为进一步深入研究马克思主义哲学开拓了空间,奠定了基础,提供了可能。

(二)正确组织路线的形成奠定坚实政治基础

组织路线上的拨乱反正,改革开放新时期组织路线的初步确立,最为突出、最为集中的体现,就是在党的十一届三中全会开始形成的积极倡导解放思想、改革开放的中央第二代领导集体,并且确立了邓小平同志在全党的核心地位。

党的十一届三中全会公报第一次用浓墨重彩,高度评价邓小平1975年全面整顿的历史贡献和历史地位:“一九七五年,邓小平同志受毛泽东同志委托

---

①　光明日报特约评论员:《实践是检验真理的唯一标准》,《光明日报》1978年5月11日。

②　参见李景源主编:《中国哲学30年(1978—2008)》,中国社会科学出版社2008年版,第3页。

主持中央工作期间，各方面工作取得很大成绩，全党、全军和全国人民是满意的。邓小平同志和中央其他领导同志一道，按照毛泽东同志的指示，对‘四人帮’的干扰破坏进行了针锋相对的斗争。‘四人帮’硬把一九七五年的政治路线和工作成就说成是所谓‘右倾翻案风’，这个颠倒了的历史必须重新颠倒过来。”①公报还高度评价了邓小平倡导的真理标准大讨论的深远历史意义。

全会还推举了一批积极支持邓小平出来工作、积极主张解放思想、改革开放的老同志和年富力强的新同志，担任中央重要领导职务。正如邓小平多年后讲到的，“党的十一届三中全会建立了一个新的领导集体，这就是第二代的领导集体。在这个集体中，实际上可以说我处在一个关键地位。”②1935 年的遵义会议，排除王明“左”倾教条主义在党中央的领导地位，确立了以毛泽东同志为核心的党的第一代中央领导集体，为新民主主义革命的胜利奠定了坚实可靠的组织基础。而 1978 年党的十一届三中全会之后，则形成了以邓小平同志为核心的第二代中央领导集体，为中国改革开放和邓小平理论的创立，奠定了坚实可靠的组织路线基础，这是马克思主义哲学中国化实现第二次飞跃的另一个重要条件。

（三）回答改革开放提出的新问题奠定坚实实践基础

邓小平指出：“我们现在所干的事业是一项新事业，马克思没有讲过，我们的前人没有做过，其他社会主义国家也没有干过，所以，没有现成的经验可学。我们只能在干中学，在实践中摸索。”③改革遵循由易到难，由农业到工业，由农村到城市，由经济到政治，由沿海到内地的次序，采取先试验后推广的方式。改革开放深入推进，实践提出一系列新的问题：我国的社会主义处在怎样的发展阶段，如何认识社会主义，怎样建设社会主义；经济体制改革与政治

---

① 中共中央文献研究室编：《三中全会以来重要文献选编》（上），人民出版社 1982 年版，第 9 页。

② 《邓小平文选》第三卷，人民出版社 1993 年版，第 309 页。

③ 《邓小平文选》第三卷，人民出版社 1993 年版，第 258—259 页。

体制改革的关系；社会主义和市场经济是什么关系；先富和后富的关系；速度和效益的关系；独立自主与对外开放的关系；拿什么标准来检验改革的得失成败；怎样正确处理改革、发展、稳定之间的关系；怎样正确处理物质文明和精神文明的关系；等等。正是对这些问题的深入思考，推动形成邓小平理论和邓小平的哲学思想。

党的十三届四中全会之后，我国的改革开放进入一个新的历史阶段。以江泽民同志为主要代表的中国共产党人，深入研究改革开放带来的深刻变化及其对党的领导水平和执政能力提出的新考验。这其中有当代世界社会主义发展遭遇严重曲折的考验；有向社会主义市场经济体制转轨的考验；有经济起飞高峰期加快发展，同时防止官僚腐败的考验；有按照"一国两制"方针推进祖国统一的考验；有全球化趋势与知识经济带来的21世纪全球格局与国力竞争的考验；等等。这种种考验汇合起来就构成一个重大的时代课题：跨世纪的中国向何处去？把一个什么样的中国带入21世纪，带入新世纪的世界格局，带入未来世界的新型文明中去？江泽民指出："在新的历史条件下，我国社会生活发生了广泛而深刻的变化，社会经济成分、组织形式、就业方式、利益关系和分配方式多样化的趋势还将进一步发展。这必然会给我国政治、经济、社会、文化生活带来深刻影响，给我们党执政和领导各项事业提出新的更高要求。充分认识和准确把握我国社会已经和正在发生的深刻变化，对加强新时期党的建设具有重大意义。"①在讨论《中共中央关于制定国民经济和社会发展"九五"计划和二〇一〇年远景目标的建议》时，江泽民发表《正确处理社会主义现代化建设中的若干重大关系》的讲话，提出要正确处理"十二个重大关系"：改革、发展、稳定的关系；速度和效益的关系；经济建设和人口、资源、环境的关系；第一、第二、第三产业的关系；东部地区和中西部地区的关系；市场机制和宏观调控的关系；公有制经济和其他经济成分的关系；收入分配中国家、企业和个人的关系；扩大对外开放和坚持自力更生的关系；中央和地方的

① 《江泽民文选》第三卷，人民出版社2006年版，第16页。

关系;国防建设和经济建设的关系;物质文明建设和精神文明建设的关系。对这些问题的回答,进一步推动形成“三个代表”重要思想和江泽民的相关哲学思想。

世纪之交,我国已基本实现小康,迎来了全面建成小康社会的新时期,中国特色社会主义引起国际社会更多人的关注,被誉为中国模式、中国道路、中国经验、中国奇迹、中国方案等。同时国内出现如生产方式粗放、贫富差距拉大、环境污染加剧、经济社会发展不平衡,“一条腿长,一条腿短”的矛盾。面对我国现代化建设中新出现的问题,以胡锦涛同志为主要代表的中国共产党人,深入总结人类关于发展的理论和经验,在准确把握世界发展趋势,科学分析我国发展阶段性特征的基础上,提出科学发展观,对“实现什么样的发展、怎样发展”的问题作了系统论述,并明确将之作为中国共产党执政兴国的核心理念和指导思想,实现了马克思主义发展观在新的历史条件下的综合创新,把马克思主义哲学中国化推向一个新的高度。

三、世界社会主义建设的经验教训

中国共产党人是一个善于在总结经验中前进的党。在改革开放新的历史起点上,中国共产党人深刻回顾新中国成立以来走过的道路,党的十一届六中全会作出《中共中央关于建国以来党的若干历史问题的决议》,对新中国成立后三十二年的历史作出系统的评估,同时总结世界上其他社会主义国家建设的经验教训,为开辟中国特色社会主义道路,实现马克思主义中国化的第二次飞跃提供了正反两方面的思想资源。

(一)深刻反思极左路线造成的巨大损失

晚年毛泽东试图突破苏联模式的束缚,独立自主探索具有中国特点的社会主义现代化,取得社会主义建设的巨大成就。然而,受国内外多种因素的影响,毛泽东在指导思想、工作重心上发生“左”倾。极左路线的推行,给党和国家造成巨大损失。一是由于权力过于集中，严重践踏民主法制，造成堆积如山的冤假错案。据统计，“文革”十年中，全国被立案审查的干部高达230万人，占“文革”前夕全国1200万干部的19.2%。中共中央和国家机关各部委被审查的干部有29885人，占干部总数的16.7%。其中，中央副部级和地方副省级以上的高级干部被立案审查的达75%。① 二是违背客观规律，排斥市场、商品、货币关系，导致经济结构失衡，统得过多过死，发展后劲严重不足。1957—1978年，中国经济一直在缓慢徘徊中增长，几乎达到了崩溃边缘。“文革”期间，有5年经济增长不超过4%，其中3年负增长：1967年增长-5.7%，1968年增长-4.1%，1976年增长-1.6%。损失人民币5000亿元。② 由于“文革”的破坏，仅1974年到1976年，全国就损失工业总产值1000亿元，钢产量2800万吨，财政收入400亿元。我国经济在世界经济总量中所占比重也由1952年的5.2%降至1978年的1.8%。三是自20世纪50年代后期开始，人民生活十分艰难，提高缓慢。从1957年到1976年，全国职工在长达20年的时间里几乎没涨过工资。1957年全国职工平均货币工资624元，1976年下降到575元，不进反退，还少了49元。③ 很多生活消费品供给不足，需凭票购买。流行40多年的粮票被称作“第二货币”。“三转一响一咔嚓”的自行车、手表、缝纫机、收音机、照相机，“五大件”置备整齐还不到600元，但对很多家庭来说，却是一个天文数字，只能敬而远之。

粉碎“四人帮”后，我们党彻底否定“文化大革命”，进一步反思以往照搬照抄苏联模式的教训。党的十一届三中全会果断停止“以阶级斗争为纲”的口号，把党和国家的工作重心转移到经济建设上来，作出改革开放重大决策。在党的十二大开幕词中，邓小平首次提出了“走自己的道路，建设有中国特色

① 曹普：《中国改革开放的由来》，《学习时报》2008年9月29日。

② 中央财经领导小组办公室编：《中国经济发展五十年大事记》，人民出版社1999年版，第222、228、282页。

③ 曾培炎主编：《新中国经济50年》，中国计划经济出版社1999年版，第897—898页。

社会主义”的论断。这就等于给中国人照搬照抄苏联模式画上了一个句号，也为探索中国式的现代化提供了思想指南。

（二）深刻总结“苏联模式”的失败教训

“苏联模式”是苏联20世纪三四十年代形成的，以快速实现国家工业化，以抵抗希特勒法西斯侵略为主要目标的发展模式。照搬“苏联模式”的突出问题表现在：第一，在主要矛盾和工作重心的关系问题上，过分夸大社会主义时期阶级斗争的严重性，提倡以“阶级斗争为纲”，强调无产阶级专政下的继续革命，最终走向全面批判、全面夺权、全面专政，在实践上导致了“文化大革命”的“十年动乱”。第二，在怎样建设社会主义的问题上，片面追求“以高积累、高投入，求高产值、高速度”的生产方式，最终酿成了1958年开始的三年“大跃进”。第三，在社会主义的体制问题上，片面强调“一大二公三纯”，排斥价值规律和市场经济在社会主义条件下的作用。最终导致吃“大锅饭”，严重损害了广大人民群众建设社会主义的积极性和主动性。第四，在时代主题和时代特征的认识问题上，片面强调战争迫在眉睫，在“反修防修”的口号下，强化以国家垄断、排斥市场为典型特征的计划经济体制。对苏联僵化模式的照搬照抄，导致中国国民经济、社会发展一度长期停滞，来回折腾，甚至被拖到崩溃的边缘，给党和国家造成巨大损失。党的十一届三中全会后，邓小平领导我们党再次反思苏联模式。一是深刻反思社会主义条件下的阶级斗争问题，认为“在剥削阶级作为阶级消灭以后，阶级斗争已经不是主要矛盾。由于国内的因素和国际的影响，阶级斗争还将在一定范围内长期存在，在某种条件下还有可能激化。既要反对把阶级斗争扩大化的观点，又要反对认为阶级斗争已经熄灭的观点”。① 二是深刻反思社会主义的所有制问题，明确肯定公有制实现形式的多样化，明确肯定非公有制经济是我国社会主义市场经济的重要组

① 中共中央党校教务部编：《十一届三中全会以来党和国家重要文献选编》，中共中央党校出版社2010年版，第112页。

成部分。提出对个体、私营等非公有制经济要继续鼓励、引导,使之健康发展。三是深刻反思社会主义条件下计划和市场的关系,认为计划和市场都是经济手段,它们本身没有姓“社”姓“资”的区别。“计划多一点还是市场多一点,不是社会主义与资本主义的本质区别。计划经济不等于社会主义,资本主义也有计划;市场经济不等于资本主义,社会主义也有市场。计划和市场都是经济手段。”①由此开创了中国特色社会主义。

20世纪80年代中期以后,一些人又受戈尔巴乔夫“新思维”的影响,急剧右转,根本放弃马克思主义、社会主义,于是人心大乱,政局大变。世界上的一些反华敌对势力,认为社会主义大失败的时代已经到来,各个社会主义国家会像多米诺骨牌那样,一个接一个地垮下去,下一个就要轮到中国了。于是他们把和平演变的主要矛头转向中国,采取制裁中国、封锁中国、孤立中国的强权政策。一时间,大有“黑云压城城欲摧”的势头。同时,中国周边国家日本及亚洲“四小龙”先后实现了现代化经济起飞。到20世纪90年代初,一些已经起飞的东南亚国家与地区,仍在持续、高速发展,一些尚未实现经济起飞的国家也跃跃欲试。到1991年,中国周边国家,除日本外,平均经济增长速度达到6%,而韩国、新加坡、泰国则达到7%—8%,而中国则回落到4%—5%。面对严峻挑战,邓小平处变不惊,沉着冷静,提出应对变局的两步韬略:第一步是在变局未定之时,冷静观察,稳住阵脚,沉着应付,韬光养晦,善于守拙,决不当头。第二步是在变局初定之时,出奇制胜,转守为攻,抓住机遇,深化改革,扩大开放,加速发展。1992年的南方谈话,彻底突破苏联模式,在世界社会主义遭受巨大挫折的背景下,中国进一步端正和坚定了自己的方向,开始了大踏步地前进。

四、党和国家领导人独有的哲学素养

马克思主义哲学中国化要求作为创新主体的个人,尤其是领导人,不仅要

① 《邓小平文选》第三卷,人民出版社1993年版,第373页。

熟练掌握马克思主义和中国优秀传统文化，更要熟悉中国现实，根据实践要求进行理论创新，具有坚韧不拔的毅力和持续斗争的精神。

（一）扎实的文化修养功夫

青少年时期的邓小平生活在中华民族与帝国主义、人民大众与封建主义的矛盾正日益加深的年代。邓小平和当时无数的爱国青年一样，怀着寻求救国救民真理的愿望，毅然远离自己的家乡，前往法国巴黎勤工俭学，后来又到莫斯科中山大学学习。邓小平晚年满怀深情地回忆自己青年时期学习和接受马克思主义的情况。他说："我的入门老师是《共产党宣言》和《共产主义 ABC》。"①这段珍贵的留学经历使他对西方现代化与东方现代化、资本主义近代工业化与社会主义近代工业化，都有了亲自接触和亲身体验。②这些经历深深地影响着他的思想文化素质，影响着他世界观、人生观、价值观的形成确立，影响着他的性格气质，影响着他胸襟广阔的世界公民意识的形成。

据考证，当时留学法国的旅欧共产主义青年团十分重视马克思主义理论的学习，所学内容主要有："共产主义原理"，如唯物史观、阶级斗争、马克思主义经济学等；"共产主义方略"，如统一战线、劳动运动、政治斗争、军事行动、经济政策等；"共产主义制度"，如苏维埃俄国的国家制度、现行法律、工厂设施、农村组织、教育制度等。基本教材是法文版的马克思主义经典著作，还有一些介绍俄国十月革命后苏联情况的小册子，以及法共《人道报》上介绍马克思主义理论的一些文章。旅欧共产主义青年团还自编了学习教材，名为《共产主义教程》，这个教程将马克思主义最根本最重要的理论观点，分为若干专题，以通俗的语言加以阐述。在旅欧共产主义青年团先进分子中间流传的还有国内出版的反映中国现实政治问题的进步书刊，如《孙中山遗嘱》

① 《邓小平文选》第三卷，人民出版社 1993 年版，第 382 页。

② 参见毛毛：《我的父亲邓小平》上卷，中央文献出版社 1993 年版，第 142、143 页。

《新青年》《向导》等。对上述这些马克思主义理论书刊和进步书刊,邓小平都有涉猎。① 邓小平后来回忆说:自从接受了马克思主义之后,“我从来就未受过其他思想的侵入,一直就是相当共产主义的。”②“我是个马克思主义者。我一直遵循马克思主义的基本原则。”③

邓小平对中国优秀传统文化的理解是从童年开始的。邓小平5岁进私塾发蒙,从小受过国学的熏陶,发蒙之学有《三字经》《百家姓》之类,初小时有《四书》《五经》之类,高小时还有《书经》《古文观止》上的文章。邓小平对中国传统历史典籍表现出浓厚兴趣。邓小平的女儿邓榕回忆说:“父亲特别爱看书,什么书都看,中外古典名著,历史人物传记……乃至整本整本的二十四史,他通通都喜欢读。在历史古籍中,他最喜欢读的还是《资治通鉴》。”④父亲“是史学兴趣极浓厚的人”⑤。国学熏陶和史学兴趣难免对邓小平的思想理论产生影响。据邓小平妻子卓琳回忆,邓小平有“三爱”,其中之一就是爱看中国历史经典书籍。他最喜欢读的是《资治通鉴》,邓小平家人说:《资治通鉴》“不知道看过多少遍了”。

邓小平还通读二十四史,最爱《三国志》,《后汉书》《新唐书》也爱不释手。改革开放新时期,邓小平出差时经常会带一两本《聊斋》、诗词一类的书,有空就翻翻。有张照片是他在视察杭州的船上,手中摊开的是一本宋词。各种工具书也是邓小平常翻的。他很喜欢看历史地理方面的图书,出门必带两本地图册:一本是《中华人民共和国地图集》,一本是《世界地图》,到每个地方都要打开地图知道自己的方位。邓小平还爱看字典辞典,家里的《辞海》是中华书局1947年的版本,被他翻得很旧了,折损的硬纸壳书皮是用订书钉固定住的。⑥

---

① 参见陈继安、胡哲峰:《邓小平之魂》,中共中央党校出版社1997年版,第21—22页。

② 毛毛:《我的父亲邓小平》上卷,中央文献出版社1993年版,第112页。

③ 《邓小平文选》第三卷,人民出版社1993年版,第173页。

④ 毛毛:《我的父亲邓小平》上卷,中央文献出版社1993年版,第102页。

⑤ 毛毛:《我的父亲邓小平》上卷,中央文献出版社1993年版,第618页。

⑥ 参见王达阳:《邓小平的读书学习生涯》,《学习时报》2021年8月30日。

邓小平也十分喜欢读外国的经典名著。1986 年 10 月 28 日，在会见冰岛总理时，邓小平曾说自己早年看过一本书："欧洲一个著名的文学家写了一部小说叫《冰岛渔夫》，我在 20 年代时就看过，了解到冰岛人民当时的生活条件相当艰苦。"随后他感叹："现在你们干得很好，发达起来了。"①《冰岛渔夫》描写了世代打鱼的渔民，经常葬身海底的悲惨命运。邓小平的博闻强识让客人很是吃惊和佩服，这完全来自他孜孜以求的读书生涯。

（二）在斗争实践中淬炼的哲学智慧

邓小平是一位用行动实践捍卫马克思主义的模范。邓小平一生"三落三起"，从来不计较个人的得失。在困难面前，他勇敢坚毅。他参加过党的八七会议，领导过龙州起义，建立了红七军、红八军和左右江革命根据地。在中央革命根据地，因拥护毛泽东的正确路线而被当时党内"左"倾领导者撤职；随后到红军总政治部工作，参加二万五千里长征，长征途中参加了遵义会议。抗日战争和解放战争中，为民族独立和解放作出了不朽功勋。新中国成立以后，担任党和国家重要领导职务，为社会主义制度的建立和社会主义建设的开展，进行了艰苦卓绝而富有成效的工作。"文化大革命"中受到错误批判和斗争，被剥夺了一切职务。1975 年，经周恩来提议，经党中央、毛泽东决定，由邓小平主持党政军日常工作。邓小平不辱使命，力挽狂澜，对"文化大革命"所造成的严重困难局面，进行大刀阔斧的治理和整顿，同"四人帮"进行针锋相对的斗争，不久再次被打倒。粉碎"四人帮"后，邓小平再次复出工作，进行拨乱反正，彻底结束"文化大革命"，全面改革，开创了我国改革开放和社会主义现代化建设新时期，开创了中国特色社会主义。

支撑和鼓舞邓小平不断为之奋斗的正是马克思主义、共产主义。他一再指出：共产主义作为精神力量的重要性。"为什么我们过去能在非常困难的情况下奋斗出来，战胜千难万险使革命胜利呢？就是因为我们有理想，有马克

① 参见王达阳：《邓小平的读书学习生涯》，《学习时报》2021 年 8 月 30 日。

思主义信念，有共产主义信念。”①“我们多年奋斗就是为了共产主义，我们的信念理想就是要搞共产主义。在我们最困难的时期，共产主义的理想是我们的精神支柱，多少人牺牲就是为了实现这个理想。”②邓小平号召全党要学习马克思主义哲学，教育广大青年树立共产主义远大理想。他说：“要特别教育我们的下一代下两代，一定要树立共产主义的远大理想。一定不能让我们的青少年作资本主义腐朽思想的俘虏，那绝对不行。”③“现在我们搞经济改革，仍然要坚持社会主义道路，坚持共产主义的远大理想，年轻一代尤其要懂得这一点。”④毛泽东两次夸赞邓小平善于“照辩证法办事”。

20世纪90年代初，世界社会主义遭受了前所未有的重大曲折，国际国内有人惊呼：“马克思主义失败了”“马克思主义死亡了”“马克思主义被证伪了”。面对这种情况，邓小平坚定地指出：“一些国家出现严重曲折，社会主义好像被削弱了，但人民经受锻炼，从中吸取教训，将促使社会主义向着更加健康的方向发展。因此，不要惊慌失措，不要认为马克思主义就消失了，没用了，失败了。哪有这回事！”“我坚信，世界上赞成马克思主义的人会多起来的，因为马克思主义是科学。”⑤邓小平以一个共产党人的经验告诫大家：“我们搞改革开放，把工作重心放在经济建设上，没有丢马克思，没有丢列宁，也没有丢毛泽东。老祖宗不能丢啊！”⑥

（三）不平凡的人生经历

邓小平是第一代中央领导集体的重要成员。20世纪30年代初，邓小平先后任瑞金、会昌县委书记。抗日战争中，他担任一二九师政治委员和刘伯承

---

① 《邓小平文选》第三卷，人民出版社1993年版，第110页。
② 《邓小平文选》第三卷，人民出版社1993年版，第137页。
③ 《邓小平文选》第三卷，人民出版社1993年版，第111页。
④ 《邓小平文选》第三卷，人民出版社1993年版，第116页。
⑤ 《邓小平文选》第三卷，人民出版社1993年版，第383、382页。
⑥ 《邓小平文选》第三卷，人民出版社1993年版，第369页。

长期共同治军。1942年他担任中共中央北方局太行分局书记。1943年，彭德怀、刘伯承赴延安参加整风，邓小平又代理北方局书记。解放战争中，他是第二野战军政治委员，与刘伯承共同率领野战军主力，千里挺进大别山，在我军从战略防御向战略进攻的历史转变中起了关键性作用。他是淮海战役的主要指挥者，根据党中央、毛泽东授权担任统摄全局的前委书记。他又是渡江战役的前委书记，指挥百万雄师过大江，先后解放南京、上海、江苏、江西、安徽、浙江等省。他先后任中原局、华东局第一书记等重要党政工作。1949年新中国成立之际，他担任中央人民政府委员、西南局书记、西南军政委员会领导。新中国成立后，邓小平于1952年调到中央工作，先被任命为政务院副总理兼财经委副主任，又任财政部部长。1954年任中共中央秘书长、组织部长、国务院副总理。1955年被增选为中共中央政治局委员，1956年在党的八大一次会议上当选为政治局常委、中央总书记。他主持中央书记处工作长达十年之久，成为以毛泽东同志为核心的中央领导集体的重要成员，为探索适合中国国情的建设社会主义的道路，为总结经验，调整政策，克服困难，担负着繁重的任务，一直到1966年“文化大革命”开始之前。在“文化大革命”的历史曲折中，邓小平一度被“打倒在地”，蒙难江西。1975年，他在毛泽东、周恩来的支持下，重新担任中共中央副主席、中央军委主席、国务院第一副总理，主持党和国家日常工作。毛泽东曾高度评价邓小平是文武全才。① 1956年至1963年间，邓小平先后七次受党中央、毛泽东派遣，去莫斯科处理中苏关系。实际上，在20世纪60年代中苏大论战中，“九评”等重要文章，最后把关定向的是党中央、毛泽东，而受命具体组织写作的是邓小平。在根本原则和立场问题上，他坚持原则、寸步不让，反对党与党之间的不平等关系。由于他协助毛泽东、周恩来处理国际关系、党际关系、中苏关系，也使邓小平对世界历史、时代潮流、国际事务有更深切、更直接地感受，练就了他目光远大、思维开阔、统率全局的本领。

---

① 参见袁南生、伍国用:《中华名人看邓小平》，湖南出版社1994年版，第318页。

粉碎“四人帮”后，邓小平重新出来工作，他从千头万绪中首先抓住决定性的环节，从思想路线的拨乱反正入手，反对“两个凡是”的观点，支持真理标准问题讨论，重新确立解放思想、实事求是的思想路线。十一届三中全会以后，邓小平成为第二代中央领导集体的核心，我国社会主义改革开放和现代化建设的总设计师，他那种理大局、断大事的特点更显突出。在邓小平看来，新时期的大局只有一个，这就是经济建设。围绕这个大局，邓小平在现代化建设的目标、动力及政治保证等方面都作了精心规划，为把握这个大局、大方向不动摇，他不遗余力。与此密切相连，对一些事关全局、影响大局发展的方向和前景的大问题，他能够作出及时而明智的决策。他对这些问题看得远、想得深、抓得准，敢于决断，敢下大决心，显示出一代战略家的恢宏气魄。

第六章　解放思想和实事求是:第二次飞跃的世界观奠基

实事求是是马克思主义哲学的精髓,无产阶级世界观的基础,毛泽东哲学思想的根本点,中国共产党人的思想路线。20 世纪 50 年代后期,受极左思想的影响,错误发动的“文化大革命”,严重践踏了党的思想路线,给党和国家造成巨大损失。邓小平通过支持真理标准大讨论,推翻“两个凡是”的教条,重新恢复党的实事求是的思想路线,赋予实事求是以新的思想内涵,为中国改革开放奠定坚实的哲学基础。邓小平在中央工作会议闭幕会上的讲话《解放思想,实事求是,团结一致向前看》,成为开启马克思主义哲学中国化第二次飞跃的标志,而解放思想和实事求是则成为邓小平哲学思想的精髓。

一、解放思想与实事求是内在本质的统一性

“实事求是”是马克思主义哲学的精髓,是中国共产党的思想路线。“实事”和“是”体现了事物存在的客观性和事物发展的规律性,“求”则体现了人的主体能动性。马克思在实践的基础上超越旧唯物主义和唯心主义,实现了客观性与主体性的统一,这是马克思主义哲学与以往一切旧哲学的根本区别。邓小平在领导我们党开辟中国特色社会主义道路的过程中,不仅恢复了党的实事求是的思想路线,而且第一次把解放思想和实事求是联系起来,赋予实事求是以新的思想内涵,发展了马克思主义主体性与客观性相统一的唯物主义世界观。

(一)实事求是是马克思主义哲学的精髓

早在改革开放的思想准备阶段,针对“左”倾教条主义对毛泽东思想的种种歪曲,从怎样完整准确理解毛泽东思想的角度,邓小平论述了实事求是与马列主义、毛泽东思想的根本联系。“毛泽东同志在延安为中央党校题词,就是‘实事求是’四个大字,这是毛泽东哲学思想的精髓。”①邓小平指出:林彪把毛泽东思想简单化为“老三篇”,“四人帮”把我们党的风气搞坏了。他们弄得我们党内同志不敢讲话,尤其不敢讲老实话,弄虚作假。“毛泽东同志倡导的作风,群众路线和实事求是这两条是最根本的东西。”②实事求是是马克思主义哲学的根本点,是毛泽东哲学思想的精髓。毛泽东从参加共产主义运动、缔造我们党的最初年代开始,就一直提倡和实行对于社会客观情况的调查研究,就一直同理论脱离实际、一切只从主观愿望出发、一切只从本本和上级指示出发而不联系具体实际的错误倾向作坚决的斗争。“实事求是,是无产阶级世界观的基础,是马克思主义的思想基础。”③

20 世纪 80 年代初,针对当时有人试图借实事求是否定毛泽东思想,走全盘西化道路的错误思想倾向,邓小平进一步论述了怎样正确理解实事求是的问题。他指出:马克思、恩格斯创立辩证唯物主义和历史唯物主义的思想路线,毛泽东同志用中国语言概括为“实事求是”四个大字。实事求是,一切从实际出发,理论联系实际,坚持实践是检验真理的标准,这就是我们党的思想路线。我们贯彻这条思想路线,就要反对教条主义,反对修正主义,坚持四项基本原则。离开四项基本原则,就没有根,没有方向,也就谈不上贯彻党的思想路线。“我们提倡的实事求是,是马列主义、毛泽东思想的一个基本组成部分,因此提倡实事求是决不能离开马列主义、毛泽东思想的基本原理”。④

---

① 《邓小平文选》第二卷,人民出版社 1994 年版,第 67 页。

② 《邓小平文选》第二卷,人民出版社 1994 年版,第 45 页。

③ 《邓小平文选》第二卷,人民出版社 1994 年版,第 143 页。

④ 《邓小平文选》第二卷,人民出版社 1994 年版,第 278—279 页。

苏东剧变后，社会主义“何去何从”成为一个关系党和国家生死存亡的重大挑战问题。1992 年，耄耋之年的邓小平在视察南方的谈话中，针对当时“左”的教条主义抬头的思想倾向，根据改革开放的实践，再次论述实事求是与马克思主义的关系。他指出：马克思主义打不倒并不是因为大本子多，“实事求是是马克思主义的精髓。要提倡这个，不要提倡本本。我们改革开放的成功，不是靠本本，而是靠实践，靠实事求是。”“实践是检验真理的唯一标准。”“我读的书并不多，就是一条，相信毛主席讲的实事求是。过去我们打仗靠这个，现在搞建设、搞改革也靠这个。我们讲了一辈子马克思主义，其实马克思主义并不玄奥。马克思主义是很朴实的东西，很朴实的道理。”①

不尊重客观规律不叫实事求是，在规律面前因循守旧、无所作为也不叫实事求是。“搞社会主义一定要遵循马克思主义的辩证唯物主义和历史唯物主义，也就是毛泽东同志概括的实事求是，或者说一切从实际出发。”②邓小平多次批评“大跃进”和“文化大革命”不顾实际的主观唯心主义，多次反对把领导人的个别言论教条化，多次批判全盘西化论者否定四项基本原则，不顾中国实际，照搬西方模式的错误，也多次批评“左”倾僵化论者抱残守缺，阻挠改革开放，不能接受新思想新观念的形而上学。他指出：“右可以葬送社会主义，‘左’也可以葬送社会主义。中国要警惕右，但主要是防止‘左’。右的东西有，动乱就是右的！‘左’的东西也有。把改革开放说成是引进和发展资本主义，认为和平演变的主要危险来自经济领域，这些就是‘左’。”③对待“左”和右的唯一办法就是解放思想，实事求是，有“左”反“左”，有右反右。中国革命和建设的一条基本经验就是马列主义必须与中国实际相结合，照搬别国模式，不管是苏联的还是美国的，都不符合中国实际。

---

① 《邓小平文选》第三卷，人民出版社 1993 年版，第 382 页。
② 《邓小平文选》第三卷，人民出版社 1993 年版，第 118 页。
③ 《邓小平文选》第三卷，人民出版社 1993 年版，第 375 页。

(二)要做到实事求是,必须首先解放思想

应该说,实事求是内在地包含着解放思想的内容。因为要如实地反映客观事物的本来面目,就必须与时俱进,独立思考,不盲从,不迷信。1942 年,在延安整风期间,毛泽东就指出:“共产党员对任何事情都要问一个为什么,都要经过自己头脑的周密思考,想一想它是否合乎实际,是否真有道理,绝对不应盲从,绝对不应提倡奴隶主义。”①新中国成立后,毛泽东多次讲,不能迷信苏联的经验,他们走过的弯路,我们要引以为戒,不能盲目跟从。要打倒奴隶主义,埋葬教条主义,独立自主地搞建设。应该说,邓小平是在毛泽东思想的基础上“接着讲”。一方面,他指出:要做到实事求是,必须首先解放思想。“解放思想,开动脑筋,实事求是,团结一致向前看,首先是解放思想。”②这是因为人的认识是一个无限的过程,只有不断进取,与时俱进,才能保持认识不落后于实践。但实际情况是,由于习惯势力、主观偏见和原有经验的局限,人们往往把已经取得的认识当作最终的结果而加以固化,以致不思进取,导致片面僵化。所以,只有解放思想,才能冲破旧习惯、旧观念的束缚,才能使认识跟上实践的发展,使主观符合客观,真正做到实事求是。邓小平指出:只有思想解放了,我们才能正确地以马列主义、毛泽东思想为指导,解决过去遗留的问题,解决新出现的一系列问题,正确地改革同生产力迅速发展不相适应的生产关系和上层建筑,根据我国的实际情况,确定实现四个现代化的具体道路、方针、方法和措施。反之,我们就会举步维艰,亡党亡国。因此,必须开动脑筋,调动社会主义建设中每个主体的能动性。“不但中央、省委、地委、县委、公社党委,就是一个工厂、一个机关、一个学校、一个商店、一个生产队,也都要实事求是,都要解放思想,开动脑筋想问题、办事情。”③另一方面,解放思想要以实事求是为基础。实事求是规定了解放思想的基本出发点,即从实际出发,具体

---

① 《毛泽东选集》第三卷,人民出版社 1991 年版,第 827 页。

② 《邓小平文选》第二卷,人民出版社 1994 年版,第 141 页。

③ 《邓小平文选》第二卷,人民出版社 1994 年版,第 143 页。

问题具体分析。同时,实事求是也规定了解放思想的落脚点,即冲破旧思想、旧观念的束缚,研究新情况,解决新问题,目的是做到思想和实际相符合、主观和客观相符合。只有坚持实事求是,才不致使解放思想脱离正确轨道,即尊重实践、尊重群众,走理论和实际相结合的道路。

解放思想与实事求是之间是有区别的。"解放思想"是相对于思想禁锢、保守、僵化而言的。邓小平指出:"我们讲解放思想,是指在马克思主义指导下打破习惯势力和主观偏见的束缚,研究新情况,解决新问题。"①由此看来,解放思想有两层意思:就社会环境而言,要创造一种破除迷信,冲破禁锢、僵化和守旧的旧气候,使整个社会和全民族的思想获得解放,从而将其自身的活力和能量尽可能地释放出来,为社会主义服务;就个人心智、思维而言,则要使自己的思想活跃起来,勇于思考,敢于创造创新。在这二者当中,前者更为重要,它决定后者,后者的发展状况则往往受制于前者。实事求是,则是相对于那种违背科学、违背客观规律的主观主义的态度、方法和作风而言的。它要求从实际出发,认识、掌握客观规律,作为行动的向导。解放思想要解决的是"要不要、敢不敢"冲破禁锢、更新观念的问题;实事求是,虽然也包含有思想解放,不迷信、不盲从的意思,但主要是解决"怎样解放思想、怎样创新"的问题。把两者混淆起来,加以等同,或者把两者割裂开来,对立起来,都是不对的。② 由此可见,只有解放思想,才能做到实事求是;只有实事求是,才能真正解放思想,两者互相依赖、互相促进,缺一不可。

(三)民主是解放思想的重要条件

民主集中制是中国共产党人的根本组织原则。针对我们党在相当长时间里"离开民主讲集中,民主太少"③的情况,邓小平指出:我们要创造民主的条件,要重申"三不主义":不抓辫子,不扣帽子,不打棍子。在党内和人民内部

① 《邓小平文选》第二卷,人民出版社 1994 年版,第 279 页。

② 参见雍涛:《邓小平哲学研究》,武汉大学出版社 1998 年版,第 31 页。

③ 《邓小平文选》第二卷,人民出版社 1994 年版,第 144 页。

的政治生活中,只能采取民主手段,不能采取压制、打击的手段。对于思想问题,无论如何不能用压服的办法,要真正实行"双百"方针。一听到群众有一点议论,尤其是尖锐一点的议论,就要追查所谓"政治背景"、所谓"政治谣言",就要立案,进行打击压制,这种恶劣作风必须坚决制止。"毛泽东同志历来说,这种状况实际上是软弱的表现,是神经衰弱的表现。我们的各级领导,无论如何不要造成同群众对立的局面。这是一个必须坚持的原则。"①他特别指出,我国的经济管理权限过于集中,缺乏经济民主,应该有计划大胆下放经济权限,给企业、地方和个人一定的经济自主权,让一部分地区、一部分企业、一部分工人农民,由于辛勤努力成绩大而收入先多一些,生活先好起来,带动左邻右舍,使整个经济波浪式前进,使全国各族人民都能比较快地富裕起来。

为了保障人民民主,必须加强法制。必须使民主制度化、法律化,使这种制度和法律不因领导人的改变而改变,不因领导人看法和注意力的改变而改变。"现在的问题是法律很不完备,很多法律还没有制定出来。往往把领导人说的话当做'法',不赞成领导人说的话就叫做'违法',领导人的话改变了,'法'也就跟着改变。"②所以,应该集中力量制定刑法、民法、诉讼法和其他各种必要的法律,例如工厂法、人民公社法、森林法、草原法、环境保护法、劳动法、外国人投资法等等。做到有法可依,有法必依,执法必严,违法必究。国要有国法,党要有党规。"宪法和党章规定的公民权利、党员权利、党委委员的权利,必须坚决保障,任何人不得侵犯。"③对于违反党纪的,不管是什么人,都要执行纪律,做到功过分明,赏罚分明,伸张正义,打击邪气。

二、中国马克思主义哲学的"新实践论"

解放思想与实事求是作为马克思主义哲学的精髓,本质上是对马克思主

---

① 《邓小平文选》第二卷,人民出版社 1994 年版,第 145 页。

② 《邓小平文选》第二卷,人民出版社 1994 年版,第 146 页。

③ 《邓小平文选》第二卷,人民出版社 1994 年版,第 144 页。

义实践观的集中概括和反映。邓小平总是把“解放思想与实事求是”和实践联系起来讲。“我们改革开放的成功,不是靠本本,而是靠实践,靠实事求是。”①邓小平作为中国特色社会主义道路的开创者和中国改革开放和现代化建设的总设计师,他尊重实践,崇尚实践。他的实践观,不仅继承了马克思主义的实践观,把实践的观点重新放置到马克思主义哲学核心的地位,而且结合中国改革开放的实际,特别强调实践的价值功能,并把二者有机地统一起来,给实践观注入崭新的时代内容,成为中国马克思主义哲学的“新实践论”。

(一)突出实践在改革开放中的主导作用

中国的改革开放是前无古人的事业,一切都没有既定的模式可循,一切都取决于实践。在新的历史条件下如何进行新的实践,邓小平提出了一套系统的“新实践论”。

1. 考验实践者胆略的“敢闯论”。邓小平指出:“现在我们正在做的改革这件事是够大胆的。但是,如果我们不这样做,前进就困难了。改革是中国的第二次革命。这是一件很重要的必须做的事,尽管是有风险的事。”②作为改革实践的主体要有胆略和勇气,在改革开放和现代化建设中一定要敢于突破既有观念,敢闯难关,敢闯禁区,开辟认识和实践的新领域。邓小平鼓励干部群众:改革开放胆子要大一些,敢于试验,不能像小脚女人一样。看准了的,就大胆地试,大胆地闯。没有一点闯的精神,没有一点“冒”的精神,没有一股气呀、劲呀,就走不出一条好路,走不出一条新路,就干不出新的事业。他说:“要克服一个怕字,要有勇气。什么事情总要有人试第一个,才能开拓新路。试第一个就要准备失败,失败也不要紧。”③“敢闯”从哲学上来说,是指那种具有开拓性、创造性的实践活动。“大胆地闯”的前提是看得准确,敢于试验,在确定有效后逐步推开,这样就可以防止盲目冒进,不至于蛮干。

① 《邓小平文选》第三卷,人民出版社 1993 年版,第 382 页。
② 《邓小平文选》第三卷,人民出版社 1993 年版,第 113 页。
③ 《邓小平文选》第三卷,人民出版社 1993 年版,第 367 页。

2. 选择正确方法的“试验论”。邓小平发挥毛泽东关于“一切经过试验”的思想，提出一切要大胆试验。“我们的方针是，胆子要大，步子要稳，走一步，看一步。我们的政策是坚定不移的，不会动摇的，一直要干下去，重要的是走一段就要总结经验。因为改革涉及人民的切身利害问题，每一步都会影响成亿的人。……这中间一定还会犯错误，还会出问题。关键是要善于总结经验，哪一步走得不妥当，就赶快改。”①他认为，创办经济特区是试验，农村改革和城市改革也是试验，整个改革开放都是试验，并对试验的几种情况及其方法论意义作了分析。在他看来，试验，从纵向看，大体有三种情况：一种是试验、总结、坚持，这是一种成功的试验；另一种是试验、总结、停止，这是一种失败的试验；还有一种是试验、总结，再试验，再总结，如此多次反复。因为在改革开放中，有些试验是否成功，不能看一时一事，要看相当长的时间。试验，从横向看，主要有两种情况：一是由点到面。这是指某一改革开放政策的实施，先在一个点上试验，取得经验，然后再推广到其他地区、部门。二是由少到多。这是指某项改革开放措施试验成功后，再推出新的措施，使改革开放由易到难，由农村到城市，由沿海到内地，由经济到政治，由局部到全面，把改革开放逐步推广到全国各地区、各部门、各行业、各单位，形成全面推进、重点突破的新格局。

3. 敢于承担后果的“风险论”。我们的改革开放是全新的事业，没有现成的经验和理论可搬，也没有十全十美、万无一失的政策可用，加之改革开放要触及很多人的利益，会遇到很多障碍，也会引起国内外敌对势力的捣乱和破坏，因而不可能一帆风顺，“要担很大风险”②，如产生丑恶腐朽的东西，出现两极分化，出现混乱甚至动乱，蜕变为资本主义，等等。但是，面对风险，不能惊慌失措。我们已经有了承担和抵抗风险的能力，而且“改革开放越前进，承担和抵抗风险的能力就越强。我们处理问题，要完全没有风险不可能，冒点风险

① 《邓小平文选》第三卷，人民出版社 1993 年版，第 113 页。
② 《邓小平文选》第三卷，人民出版社 1993 年版，第 262 页。

不怕”。① 敢于冒风险，正确认识风险，正确对待风险，这是改革开放实践对马克思主义者的必然要求。“不冒点风险，办什么事情都有百分之百的把握，万无一失，谁敢说这样的话？一开始就自以为是，认为百分之百正确，没那么回事，我就从来没有那么认为。”②只有未雨绸缪，保持高度警惕，搞清风险产生的可能原因，借鉴已有的经验，及早防范，才可能把风险降到最低水平。例如，城市改革就可以借鉴农村改革的经验，“城市改革比农村改革更复杂，而且有风险。我们经验不足。中国社会过去闭塞，造成信息不通，是一个很大的弱点。城市改革每走一步，都会影响千家万户。但是有农村改革的成功经验作借鉴，加上我们清醒地认识到有风险，可以避免犯大的错误。当然小错误、中错误总是难免的。”③

（二）注重实践的价值效果，反对无谓的争论

实践是否达到改变世界的目的，这就是实践的价值取向和价值效果问题。邓小平特别强调实践的价值效果。社会主义不是一个空洞的名词，只有生产力发展了，人民生活水平提高了，综合国力增强了，才能说明社会主义的优越性。“不能因为有社会主义的名字就光荣，就好。”④

1. 深刻反思以往实践的效果。认为新中国成立后的前30年，我们虽然取得了巨大成就，搞出了原子弹、氢弹，甚至洲际导弹。但总体来讲长期停滞徘徊不前，人民生活水平没有提高，综合国力不强。“现在说我们穷还不够，是太穷，同自己的地位完全不相称。”⑤我们搞社会主义几十年，但到1978年，国民生产总值人均只有300美元，工人的月平均工资只有四五十元，农村的大多

① 《邓小平文选》第三卷，人民出版社1993年版，第364页。

② 《邓小平文选》第三卷，人民出版社1993年版，第372页。

③ 《邓小平文选》第三卷，人民出版社1993年版，第117—118页。

④ 《邓小平文选》第二卷，人民出版社1994年版，第313页。

⑤ 《邓小平文选》第二卷，人民出版社1994年版，第312页。

数地区仍处于贫困状态。“现在虽说我们也在搞社会主义,但事实上不够格。”①从 1958 年到 1978 年的 20 年时间,中国实际上处于停滞和徘徊状态,国家的经济和人民的生活没有得到多大的发展和提高。究其原因,就在于我们把“什么是社会主义,怎样建设社会主义”这样一个根本的问题没有搞清楚。“一九四九年取得全国政权后,解放了生产力,土地改革把占人口百分之八十的农民的生产力解放出来了。但是解放了生产力以后,如何发展生产力,这件事做得不好。主要是太急,政策偏‘左’,结果不但生产力没有顺利发展,反而受到了阻碍。一九五七年开始,我们犯了‘左’的错误,政治上的‘左’导致一九五八年经济上搞‘大跃进’,使生产遭到很大破坏,人民生活很困难。一九五九、一九六〇、一九六一年三年非常困难,人民饭都吃不饱,更不要说别的了。一九六二年开始好起来,逐步恢复到原来的水平。但思想上没有解决问题,结果一九六六年开始搞‘文化大革命’,搞了十年,这是一场大灾难。……这十年中,许多怪东西都出来了。要人们安于贫困落后,说什么宁要贫困的社会主义和共产主义,不要富裕的资本主义。”②

2. 反对无谓的争论,允许“试”和“看”。邓小平指出:不搞争论,是我的一个发明。“不争论,是为了争取时间干。一争论就复杂了,把时间都争掉了,什么也干不成。”③改革开放是中国的新生事物,无论其本质属性的暴露,还是人们对新事物的认识,都需要一个过程。因此,对改革要有耐心,要允许试验,让人们“看”。不搞争论有利于鼓励人们开动脑筋,解放思想,勇于探索,勇于创新。比如,在改革初期,我国农村刚开始实行家庭联产承包责任制时,就有许多人不大理解或不理解,后来看了一年,有的看了两年,到第三年,慢慢都跟上了。对于办经济特区,从一开始就有不同意见,担心是不是搞了资本主义。1985 年 6 月,邓小平指出:“深圳经济特区是个试验,路子走得是否对,还要看

① 《邓小平文选》第三卷,人民出版社 1993 年版,第 225 页。

② 《邓小平文选》第三卷,人民出版社 1993 年版,第 227—228 页。

③ 《邓小平文选》第三卷,人民出版社 1993 年版,第 374 页。

一看。它是社会主义的新生事物。搞成功是我们的愿望,不成功是一个经验嘛。"①经过7年的发展,1992年,他再次来到深圳,在目睹深圳的变化后,他指出:"深圳的建设成就,明确回答了那些有这样那样担心的人。"②再比如,关于非公有制经济的雇工问题,一开始就引起人们不少争议。邓小平主张,对于这类现象不要轻易言动,看几年再说。"要动也容易,但是一动就好像政策又在变了。动还是要动,因为我们不搞两极分化。但是,在什么时候动,用什么方法动,要研究。"③像这类事情,一定要从大局出发,保持清醒头脑,不能因小失大,引起改革全局的动荡和反复。然而,不搞争论并不意味着对那些违背社会主义方向的错误思想不要进行批评或斗争。邓小平一再强调:改革开放不能改变社会主义方向,四个现代化前面要加上"社会主义"四个字。"某些人所谓的改革,应该换个名字,叫作自由化,即资本主义化。他们'改革'的中心是资本主义化。我们讲的改革与他们不同,这个问题还要继续争论的。"④针对国际大气候,他告诫中央负责同志:"反对资产阶级自由化,坚持四项基本原则,这不能动摇。这一点我任何时候都没有让过步。"⑤

3. 提出"实践"标准和"三个有利于"标准。我们的理论和政策是否正确,只能用实践的结果来检验,拿事实来说话。"实践是检验真理的唯一标准,实践是检验路线、方针、政策是否正确的唯一标准。"⑥办事要"讲实际效果、实际效率、实际速度、实际质量、实际成本"⑦,社会主义不单纯是一种理论,它必须在实践中不断满足人民的物质和文化需要。也就是说,社会主义的真理论和社会主义的价值论具有统一性。社会主义是一个很好的名词,但我们不是因为社会主义这个名词好才搞社会主义。社会主义绝不是空洞的理论,不要光

① 《邓小平文选》第三卷,人民出版社1993年版,第130页。
② 《邓小平文选》第三卷,人民出版社1993年版,第372页。
③ 《邓小平文选》第三卷,人民出版社1993年版,第216页。
④ 《邓小平文选》第三卷,人民出版社1993年版,第297页。
⑤ 《邓小平文选》第三卷,人民出版社1993年版,第299页。
⑥ 《邓小平文选》第三卷,人民出版社1993年版,第28页。
⑦ 《邓小平文选》第二卷,人民出版社1994年版,第100页。

喊社会主义的空洞口号,空讲社会主义不行,人民不相信。社会主义有没有优越性,社会主义的政策对不对,归根到底要看生产力是否发展,人民收入是否增加。社会主义的目的就是要全国人民共同富裕。这是压倒一切的标准。现在虽说我们也在搞社会主义,但按照社会主义标准来要求,这是很不够的,事实上不够格。只有生产力发展了,人民生活水平提高了,我们才能理直气壮地使社会主义优越于资本主义。

(三)强调实践经验的探索和积累

经验是宝贵的财富。邓小平主张从不同的历史阶段、不同的角度、不同的方面、不同的层次总结实践经验,从经验中得出新的结论,用以指导新的实践。

1. 高度重视总结经验。总结经验,在经验中学习和前进,这是中国共产党人的光荣传统。在《邓小平文选》中,有关总结经验的论述非常丰富,“走一步,看一步”“摸着石头过河”“在干中学,在实践中摸索”等经典论述早已成为广大干部群众的共识。据不完全统计,在三卷《邓小平文选》中,220 多篇文章中就有近 40 篇 90 余处谈及总结经验问题,直接提到“经验”“教训”等字样就有 500 多处。尤其是在第三卷中,不仅有 40 余处谈到总结经验问题,而且有 3 篇文章是直接以总结经验为题的。① 党的十一届三中全会之后,在邓小平的领导下,我们党总结了多方面的经验。比如,对新中国前 30 年历史经验的总结,对处理中苏两党两国关系历史经验的总结,等等。我们党正是在总结经验的基础上,制定了一系列新的路线、方针、政策。邓小平指出:“我们现在的路线、方针、政策是在总结了成功时期的经验、失败时期的经验和遭受挫折时期的经验后制定的。”②因此,我们对自己的政策有信心,要坚定不移,一直走下去。然而,中国国家这么大,搞改革开放又是前人没有干过的事情,难免会犯错误。“重要的是走一段就要总结经验”,“关键是要善于总结经验,哪一步

---

① 参见陶文昭:《邓小平在总结经验中引领改革开放》,《学习论坛》2009 年第 3 期。

② 《邓小平文选》第三卷,人民出版社 1993 年版,第 234 页。

走得不妥当,就赶快改”。① 遇到困难我们不能因噎废食,止步不前,“胆子还是要大,没有胆量搞不成四个现代化。但处理具体事情要谨慎小心,及时总结经验。小错误难免,避免犯大错误。”②我们的改革之所以能够取得成功,关键的一条就是同群众商量着办事,决心要坚定,步子要稳妥。“我们每走一步,都兢兢业业,大胆细心,及时总结经验,发现问题就做些调整,使之符合实际情况。”③总结经验是邓小平的重要方法论。正如邓小平所指出的,“我们每走一步都要总结经验,哪些事进度要快一点,哪些要慢一点,哪些还要收一收,没有这条是不行的,不能蛮干。”④

2. 善于辩证总结经验。邓小平一再强调,总结经验要实事求是,有一说一,有二说二,“不唯书,不唯上,只唯实”。这是因为实事求是反映了事物发展的客观规律,每个政党每个国家都要遵循。“每个党、每个国家都有自己的历史,只有采取客观的实事求是的态度来分析和总结,才有好处。”⑤正是基于这个原因,邓小平不仅恢复毛泽东倡导的实事求是的思想路线,而且把实事求是作为中国共产党人最基本的经验。他说:“我们取得的成就,如果有一点经验的话,那就是这几年来重申了毛泽东同志提倡的实事求是的原则。”⑥在与起草《关于建国以来党的若干历史问题的决议》有关人员谈话时,邓小平一再嘱托,对毛泽东的功过是非,一定要实事求是,作出恰如其分的概括。“对建国三十年来历史上的大事,哪些是正确的,哪些是错误的,要进行实事求是的分析,包括一些负责同志的功过是非,要做出公正的评价。”⑦总结经验一定要坚持辩证法,做到全面。不仅要总结历史经验,而且要总结新鲜经验;不仅要总结本国的经验,而且要总结别国的经验;不仅要总结正确的经验,而且要总

① 《邓小平文选》第三卷,人民出版社 1993 年版,第 113 页。
② 《邓小平文选》第三卷,人民出版社 1993 年版,第 229 页。
③ 《邓小平文选》第三卷,人民出版社 1993 年版,第 263 页。
④ 《邓小平文选》第三卷,人民出版社 1993 年版,第 219 页。
⑤ 《邓小平文选》第三卷,人民出版社 1993 年版,第 272 页。
⑥ 《邓小平文选》第三卷,人民出版社 1993 年版,第 95 页。
⑦ 《邓小平文选》第二卷,人民出版社 1994 年版,第 292 页。

结错误的经验;不仅要总结领导层的经验,而且要总结群众中的经验。“历史上成功的经验是宝贵财富,错误的经验、失败的经验也是宝贵财富。”①同时还提出要特别注意总结我国不成功的经验,即我们所犯的“左”的错误。“左”的错误是主观认识脱离客观实际,主观愿望超越现实国情,违背了事物发展的客观规律,犯了急性病。认识到“左”的错误的根源,我们的头脑就清醒了。发现了错误,就要赶快纠正,不要掩饰,不要回避。世界正在走向全球化,建设中国特色社会主义,自己的经验还不够,还要注意吸收人类创造的一切先进文明成果。邓小平特别提到,新加坡的社会秩序算是好的,他们管得严,我们应借鉴他们的经验。广东要20年赶上亚洲“四小龙”,物质文明和精神文明都搞好。此外,领导层每年都要总结经验,以便改进工作。但更重要的是总结群众的经验。“改革开放中许许多多的东西,都是群众在实践中提出来的。”②农村搞家庭联产承包,这个发明权是农民的。农村改革中的好多东西,都是基层创造出来的,我们把它拿来加工提高作为全国的指导。对于已有的经验和成果,一方面要珍惜,不能随便放弃,说变就变;另一方面,又不能固步自封,“随着实践的发展,该完善的完善,该修补的修补。”③

3. 从经验中得出新的结论。邓小平认为,总结经验是为了得出新的结论,以便更好面向未来。首先,他总结中国闭关自守的经验,得出中国必须开放的结论。他说:“我们吃过这个苦头,我们的老祖宗吃过这个苦头。恐怕明朝明成祖时候,郑和下西洋还算是开放的。明成祖死后,明朝逐渐衰落。以后清朝康乾时代,不能说是开放。如果从明朝中叶算起,到鸦片战争,有三百多年的闭关自守,如果从康熙算起,也有近二百年。长期闭关自守,把中国搞得贫穷落后,愚昧无知。中华人民共和国建立以后,第一个五年计划时期是对外开放的,不过那时只能是对苏联东欧开放。以后关起门来,成就也有一些,总的说来没有多大发展。当然这有内外许多因素,包括我们的错误。历史经验教训

① 《邓小平文选》第三卷,人民出版社1993年版,第234—235页。

② 《邓小平思想年编(1975—1997)》,中央文献出版社2011年版,第711页。

③ 《邓小平文选》第三卷,人民出版社1993年版,第371页。

说明,不开放不行。”①其次,他总结中国搞“大跃进”和“文化大革命”的经验,得出中国必须改革,制定新的政策的结论。他指出:“我们从一九五七年以后,耽误了二十年,而这二十年又是世界蓬勃发展的时期,这是非常可惜的。但另一方面也有一点好处,二十年的经验尤其是‘文化大革命’的教训告诉我们,不改革不行,不制定新的政治的、经济的、社会的政策不行。”②邓小平一再指出:贫穷不是社会主义,更不是共产主义。“现在我们正在总结建国三十年的经验。总起来说,第一,不要离开现实和超越阶段采取一些‘左’的办法,这样是搞不成社会主义的。我们过去就是吃‘左’的亏。第二,不管你搞什么,一定要有利于发展生产力。”③再次,他总结中国照搬照抄苏联模式的经验,得出走自己的道路,建设有中国特色社会主义的结论。他说:“我们的现代化建设,必须从中国的实际出发。无论是革命还是建设,都要注意学习和借鉴外国经验。但是,照抄照搬别国经验、别国模式,从来不能得到成功。这方面我们有过不少教训。把马克思主义的普遍真理同我国的具体实际结合起来,走自己的道路,建设有中国特色的社会主义,这就是我们总结长期历史经验得出的基本结论。”④在会见戈尔巴乔夫时,他进一步指出:“在革命成功后,各国必须根据自己的条件建设社会主义。固定的模式是没有的,也不可能有。墨守成规的观点只能导致落后,甚至失败。”⑤最后,他总结改革开放中新的经验教训,认为关键在于调动人民的积极性。“这些年来搞改革的一条经验,就是首先调动农民的积极性,把生产经营的自主权力下放给农民。农村改革是权力下放,城市经济体制改革也要权力下放,下放给企业,下放给基层”。⑥ 苏东剧变发生后,他总结苏东国家改革的经验教训,认为“世界上一些国家发生问

① 《邓小平文选》第三卷,人民出版社 1993 年版,第 90 页。

② 《邓小平文选》第三卷,人民出版社 1993 年版,第 266 页。

③ 《邓小平文选》第二卷,人民出版社 1994 年版,第 312 页。

④ 《邓小平文选》第三卷,人民出版社 1993 年版,第 2—3 页。

⑤ 《邓小平文选》第三卷,人民出版社 1993 年版,第 292 页。

⑥ 《邓小平文选》第三卷,人民出版社 1993 年版,第 180 页。

题,从根本上说,都是因为经济上不去,没有饭吃,没有衣穿,工资增长被通货膨胀抵消,生活水平下降,长期过紧日子”。① 从国内外的观察中,他一再嘱托,“不坚持社会主义,不改革开放,不发展经济,不改善人民生活,只能是死路一条。基本路线要管一百年,动摇不得。”②

(四)重申人民群众在实践中的主体地位

反对历史唯心主义,尊重人民群众的历史创造作用,这是马克思主义哲学的基本原理。马克思指出:“历史活动是群众的活动,随着历史活动的深入,必将是群众队伍的扩大。”“无产阶级能够而且必须自己解放自己。但是,如果无产阶级不消灭它本身的生活条件,它就不能解放自己。”③列宁继承马克思的思想,认为“生气勃勃的创造性的社会主义是由人民群众自己创立的”④。以毛泽东同志为主要代表的中国共产党人坚持马克思主义的群众史观,创立了“从群众中来,到群众中去”的领导方法和工作方法。邓小平把马克思主义的群众观贯彻于创立中国特色社会主义的实践,反复强调人民群众在改革开放中的主体地位。在他看来,人民群众不仅是决策的主体,建设的主体,也是评价的主体,监督的主体。邓小平在新的历史条件下,书写了马克思主义哲学关于人民群众主体地位的新篇章。

1. 群众路线是中国共产党的传家宝。早在 1977 年,在与“两个凡是”的斗争中,邓小平就一再强调,要完整准确地理解毛泽东思想,最为重要的就是群众路线和实事求是这两条。延安时期为什么搞大生产运动,一个重要原因就是征粮太多,群众有怨言。1979 年 11 月,在中央党、政、军机关副部长以上干部会上的讲话中,邓小平再次指出:密切联系群众是我们党的优良传统,但现在这一传统受到很大伤害。老干部要带头把党的好作风传给青年一代。

---

① 《邓小平文选》第三卷,人民出版社 1993 年版,第 354 页。

② 《邓小平文选》第三卷,人民出版社 1993 年版,第 370—371 页。

③ 《马克思恩格斯文集》第 1 卷,人民出版社 2009 年版,第 287、262 页。

④ 《列宁全集》第 33 卷,人民出版社 1985 年版,第 53 页。

"不要'做官当老爷',要反对'衙门作风',这是毛泽东同志的一些根本的思想观点,现在我们还是应该按照这些思想观点去办事。"①1980 年 12 月,在中央工作会议上的讲话中,邓小平再次指出:党的作风关系党的生死存亡。"群众是我们力量的源泉,群众路线和群众观点是我们的传家宝。党的组织、党员和党的干部,必须同群众打成一片,绝对不能同群众相对立。……全党同志,各级干部,特别是领导干部,必须经常记住这一点,经常用这个标准检查自己的一切言行。"②

2. 尊重群众首创精神,集中群众智慧。人民群众是中国共产党人的根本依靠力量。从群众中来,到群众中去,听取群众的意见,了解群众的心声,总结群众的做法,集中群众的智慧,根据群众实践制定党的路线、方针、政策,这是中国改革开放能够取得成功的根本经验。早在 1978 年,邓小平就强调,要通过贯彻按劳分配原则,充分调动人民群众的积极性。他说:"当前最迫切的是扩大厂矿企业和生产队的自主权,使每一个工厂和生产队能够千方百计地发挥主动创造精神。一个生产队有了经营自主权,一小块地没有种上东西,一小片水面没有利用起来搞养殖业,社员和干部就要睡不着觉,就要开动脑筋想办法。全国几十万个企业,几百万个生产队都开动脑筋,能够增加多少财富啊!"③为此,必须实行按劳分配的原则,多劳多得,可以让少数人因辛勤努力成绩大而收入多一些,生活先好起来。要实行考核制度,有奖有罚,对那些有特殊贡献的劳动者,不仅给予精神奖励,同时要发奖金,提高工资待遇。要尊重知识,尊重人才。"我们需要一些专家、懂行的人,现在不懂行的人太多了,'万金油'干部太多了。我们的干部有一千八百万,缺少的是专业干部,技术人员、管理人员和其他各种专业人员。如果能增加一百万司法干部,增加两百万合格的教员,有五百万科学研究人员,再有两百万会做生意的人,那就比较

① 《邓小平文选》第二卷,人民出版社 1994 年版,第 230 页。
② 《邓小平文选》第二卷,人民出版社 1994 年版,第 368 页。
③ 《邓小平文选》第二卷,人民出版社 1994 年版,第 146 页。

好了。”①科学技术是第一生产力，人才是发展生产力的关键。领导干部要善于发现人才，放手使用人才，为他们切实解决问题，创造成长环境。1987年6月，在会见南斯拉夫共产主义者联盟中央主席团委员科罗舍茨时，邓小平大赞农村乡镇企业异军突起，每年都以百分之二十几的速度增长。“这是我个人没有预料到的，许多同志也没有预料到，是突然冒出这样一个效果。”②1992年7月，中共十四大报告送审稿报请邓小平审阅。邓小平在充分肯定报告稿有分量的同时，也指出，改革开放中的许许多多的东西，都是由群众在实践中提出来的。报告中讲他的功绩，一定要放在集体领导范围内，绝不是一个人的脑筋就可以钻出什么新东西来，是群众的智慧，集体的智慧。他的功劳是把这些新事物概括起来，加以提倡。要写得合乎实际。③ 在视察南方的谈话中，邓小平再次指出：“农村搞家庭联产承包，这个发明权是农民的。”④

3. 倾听群众的呼声，代表人民利益。邓小平要求领导干部切实为群众着想，关心群众生活，倾听群众声音，代表人民利益。早在1975年8月，在任国务院副总理期间，邓小平就提出，一定要关心群众生活。“我是四川人，经常听到家乡的工人反映，蔬菜少，肉类缺。不仅是四川，还有好多地方都有这个缺乏副食品的问题。应该采取一些措施。比如重庆附近，可以专门划出一部分地种菜，生产的蔬菜首先供应工厂，还可以供应市民。工人有点菜吃，有点肉吃，农民也可以增加一些收入，这对于改善工农关系也有好处。我们正在考虑，是不是调点粮食给一些城市的郊区养点猪，比如调五亿斤粮食，养五百万头猪。”⑤一定要发扬民主，让群众讲话，听听群众的声音。“一个革命政党，就怕听不到人民的声音，最可怕的是鸦雀无声。”⑥坚决制止打击压制群众言论

---

① 《邓小平文选》第二卷，人民出版社1994年版，第196页。

② 《邓小平文选》第三卷，人民出版社1993年版，第238页。

③ 参见《伟大的实践，光辉的篇章》，《人民日报》1992年10月24日。

④ 《邓小平文选》第三卷，人民出版社1993年版，第382页。

⑤ 《邓小平文选》第二卷，人民出版社1994年版，第27页。

⑥ 《邓小平文选》第二卷，人民出版社1994年版，第144—145页。

的恶劣作风。1983 年 2 月,邓小平到江苏等地视察,回京后在与中央负责同志谈话时说,“这次,我经江苏到浙江,再从浙江到上海,一路上看到情况很好,人们喜气洋洋,新房子盖得很多,市场物资丰富,干部信心很足。看来,四个现代化希望很大。”①党只有紧紧地依靠群众,密切地联系群众,才能形成强大的力量。想问题,办事情,一定要从人民群众的利益出发,把“人民拥护不拥护”“人民赞成不赞成”“人民高兴不高兴”“人民答应不答应”作为党制定各项方针政策的出发点和归宿点。“我们要向世界说明,我们现在制定的这些方针、政策、战略,谁也变不了。为什么? 因为实践证明现在的政策是正确的,是行之有效的。人民生活确实好起来了,国家兴旺发达起来了,国际信誉高起来了,这是最大的事情。改变现在的政策,国家要受损失,人民要受损失,人民不会赞成,首先是八亿农民不会赞成。……从我们自己的实践看,不但我们这一代不能变,下一代,下几代,都不能变,变不了。”②

4. 自觉接受群众监督,坚决反对官僚主义。群众监督既是无产阶级政党本质特征的体现,也是发展社会主义民主的必然要求。没有民主就没有社会主义,就没有社会主义的现代化。邓小平指出:“无论党内的监督和党外的监督,其关键都在于发展党和国家的民主生活。”③“如果我们不受监督,不注意扩大党和国家的民主生活,就一定要脱离群众,犯大错误。”④为此,必须“切实保障工人农民个人的民主权利,包括民主选举、民主管理和民主监督”⑤。为防止权力异化和滥用,必须制定严格的监督制度,“让群众和党员监督干部,特别是领导干部。”⑥中国共产党作为执政党,如果没有监督,很容易染上官僚主义习气。1980 年,在《党和国家领导制度的改革》中,他列举官僚主义的种种表现,并且分析其成因和危害,由此向全党发出领导制度改革的必要性和紧

① 《邓小平文选》第三卷,人民出版社 1993 年版,第 24 页。
② 《邓小平文选》第三卷,人民出版社 1993 年版,第 83—84 页。
③ 《邓小平文选》第一卷,人民出版社 1994 年版,第 215 页。
④ 《邓小平文选》第一卷,人民出版社 1994 年版,第 270 页。
⑤ 《邓小平文选》第二卷,人民出版社 1994 年版,第 146 页。
⑥ 《邓小平文选》第二卷,人民出版社 1994 年版,第 332 页。

迫性。在视察南方的谈话中,他进一步指出:形式主义也是官僚主义,“现在有一个问题,就是形式主义多。电视一打开,尽是会议。会议多,文章太长,讲话也太长,而且内容重复,新的语言并不很多。”①党的十一届三中全会以来,党和国家先后出台一系列相关的法律法规和党纪条令,为群众监督提供了制度保障,同时也有效地规范了群众监督行为。②

三、实事求是精髓与实用主义基本精神辨析

在国内外邓小平哲学思想的研究中,相当一些人把邓小平理论中的“实事求是”“实践是检验真理的标准”“三个有利于”等马克思主义哲学“新实践论”与西方的实用主义混为一谈。此处我们拟通过对“实事求是”与实用主义基本精神的比较研究来澄清这一问题。笔者认为,实事求是与实用主义从其精神实质来看,主要有以下七个方面的不同。

(一)时代精神不同

虽然实事求是与实用主义都具有适应社会急剧变革的需要而突破教条主义束缚,反对僵化,勇于变革,勇于创新的特点;但实用主义代表的是19世纪末20世纪初美国资产阶级从自由资本主义走向垄断资本主义的要求,而邓小平实事求是精髓则反映的是20世纪70年代末中国追赶世界发展潮流,实现现代化,建设有中国特色社会主义的要求。

实用主义产生于19世纪70年代的美国。当时美国社会工业化、城市化和托拉斯的膨胀也带来了大量的社会问题,如贫富悬殊、公平竞争机会的丧失、对自然资源的掠夺性开发、腐败的流行、党魁政治、新式犯罪、移民问题、道德领域混乱等等。社会经济的发展同时引发了不同阶级、阶层和个人社会地

① 《邓小平文选》第三卷,人民出版社1993年版,第381页。

② 参见陈俊星:《邓小平群众监督思想探析》,《科学社会主义》2014年第4期。

位的变动,人们的思想和心理也正经历着一场严峻的考验。地位和形势的变化使人们更加关心社会的公正、效率和稳定等问题,关心个人在社会中的作用和前途,这种意识的复兴激发了一场广泛的改革运动。然而,人们虽有改革的愿望,但对于如何改革却一片茫然。当时在美国占统治地位的理论主要是社会达尔文主义、古典经济学和新教伦理。这些理论无法解决人们的理论困境。正是在这个时候,实用主义应运而生。它给美国思想界注入了新的生机和活力,适应了改革时代人心思变但又迷惘踟蹰的现实,给人们提供了一种行动的权宜之计。正如威廉·詹姆士所讲的:“那真像在漆黑之夜放出来的闪光一样!”①

邓小平理论产生于20世纪70年代末80年代初,它的产生与当代世界发展和中国社会主义建设的实际密切相关。一方面,从世界的发展来看,第二次世界大战后,特别是20世纪90年代以来,整个世界历史的发展出现了大变革和加速度,出现了一系列引人注目的新变化、新趋势、新特点:劳动社会化、交往普遍化、经济全球化、政治多极化、信息网络化、市场国际化等等;另一方面,从中国社会主义建设的实际来看,虽然取得了很大成就,但也遭受了严重挫折。主要的错误,用邓小平的话来说,一是关起门来搞建设,脱离了世界历史发展的潮流。当世界其他国家不断调整自己的产业结构,科学技术飞速发展之际,中国人却关起门来睡大觉。“我们最大的经验就是不要脱离世界,否则就会信息不灵,睡大觉,而世界技术革命却在蓬勃发展。”②二是照搬苏联模式,满脑袋框框。苏联模式给我们“带来很多问题”“我们很早就发现了,但没有解决好。”③三是脱离自己的实际,搞“大跃进”和“文化大革命”。邓小平认为,“我们就犯了‘左’的错误。总的来说,就是对外封闭,对内以阶级斗争为

① [美]威廉·詹姆士:《实用主义》,陈羽纶、孙瑞禾译,商务印书馆1979年版,第6页。

② 《邓小平文选》第三卷,人民出版社1993年版,第290页。

③ 《邓小平文选》第三卷,人民出版社1993年版,第261页。

纲,忽视发展生产力,制定的政策超越了社会主义的初级阶段。"①在极左思潮的影响下,很多人形成了一种"唯上""唯书",迷信权威,迷信教条,不动脑筋的生活习惯。这种"左"的教条主义的阴云在中国粉碎"四人帮"之后继续笼罩着中国大地。20 世纪 70 年代"两个凡是"的论调和 20 世纪 90 年代姓"社"姓"资"的争论就是突出的例证。邓小平反复强调要解放思想,实事求是,其根本目的就是要突破教条主义的框框,充分调动广大人民群众的积极性和创造性,赶超世界先进水平,实现中国的现代化。

实用主义反映了美国走向现代化的要求。19 世纪末 20 世纪初,世界资本主义正从自由竞争阶段走向垄断阶段。垄断资产阶级希望在国家政权的保护下,通过向海外扩张而取得新的原料产地和产品销售市场。重新瓜分殖民地是帝国主义时代的重要特点。美国是一个后起的帝国主义国家,比老牌帝国主义国家具有更强的竞争力。1860 年,美国工业生产还处于世界第四位,1894 年已跃居世界第一位。1840 年至 1842 年中英鸦片战争期间,美国舰队就已经在中国领海内活动,1849 年它迫使清政府缔结了《中美望厦条约》。美国在世界范围内展开了同其他资本主义国家进行掠夺殖民地的竞争。② 但是,移居美国的大部分人都是清教徒,掠夺殖民地与基督教的伦理精神是根本对立的。实用主义主张"有用即是真理",实际上是告诉人们,如果需要,不必拘泥于传统的道德观念。实用主义之所以能够为美国资产阶级所接受,正是因为它满足了帝国主义时代垄断资产阶级向海外扩张的要求。罗素在评价杜威时也指出:"杜威博士的见解在表现特色的地方,同工业主义与集体企业的时代是协调的。"这暗示了实用主义同垄断资本集团的关系。杜威为此恼羞成怒。但不管他如何辩解,实用主义客观上满足了垄断资本集团扩张的需要,这是不可否认的。罗素还说,"他是第一次世界大战的一个不由衷的支持

① 《邓小平文选》第三卷,人民出版社 1993 年版,第 269 页。

② 参见王守昌、[美]苏玉昆:《现代美国哲学》,人民出版社 1990 年版,第 31 页。

者。”“虽然他在一切经济问题上都非常主张改进，但他从来不是马克思主义者。”①

邓小平理论反映了当代中国人追赶世界潮流，实现中国现代化的要求。邓小平理论产生的时代，和平与发展已经成了时代的主题。邓小平强调要解放思想，实事求是，其目的是要解开林彪、“四人帮”套在人们头上的精神枷锁，从“左”的教条主义的束缚中解放出来，改革旧体制，解放和发展生产力，建设有中国特色的社会主义。中国奉行独立自主的和平外交政策，中国既不可能侵略别的国家，也不可能作别国的附庸，中国的发展主要依靠改革和科技进步。邓小平指出：“独立自主，自力更生，无论过去、现在和将来，都是我们的立足点。中国人民珍惜同其他国家和人民的友谊和合作，更加珍惜自己经过长期奋斗而得来的独立自主权利。任何外国不要指望中国做他们的附庸，不要指望中国会吞下损害我国利益的苦果。我们坚定不移地实行对外开放政策，在平等互利的基础上积极扩大对外交流。”②这与实用主义反映的时代精神有着本质的区别。

（二）民族精神不同

虽然实事求是与实用主义分别以不同的理论形式体现了中美两个民族求实务实、积极进取的精神，但实用主义强调的是美国人的个人主义和功利主义传统，实事求是则是对中国古代“道义论”与“功利论”的超越。

美国是一个由移民组成的国家，在开疆拓土的过程中，最需要的是脚踏实地的本领，他们不尚空谈，讨厌抽象的思辨，总是忙忙碌碌，说干就干，重视行动和效益。这种务实精神和“唯物”倾向在实用主义中表现得淋漓尽致。实用主义者尽可能地把自己的哲学称为一种“方法”，以避开空谈之嫌。在威廉·詹姆士的著作中，“兑现价值”“效用”“收获”“报酬”“信用制度”等商业

① ［英］罗素：《西方哲学史》下卷，马元德译，商务印书馆 1976 年版，第 386、379 页。

② 《邓小平文选》第三卷，人民出版社 1993 年版，第 3 页。

词汇充斥其间，使我们感觉到迎面吹来一种经商牟利的市井气息。在一些历史学家那里，美国人具有“实用的富于创造发明，能迅速找到应付办法的性格”。① 恩格斯曾赞扬美利坚民族是一个“比任何别的民族都要精力充沛的民族”②，“一旦美国人开始做了，他们就会以巨大的力量和飞快的速度做下去，使我们欧洲人相形之下显得十分幼小”③。实用主义正是以理论的形式概括了美国人这种独立、自由、机会均等、竞争、务实、实干、效用至上等思想观念，以及与之相联系的不迷信权威、不固守抽象原则和书本知识、不拘泥于旧传统习俗、崇尚科学、富于创新进取的“美国精神”。美国开拓新大陆的第一批移民是具有追求创新、极富冒险精神的清教徒。新大陆资源丰富，条件得天独厚，没有前资本主义枷锁的束缚，使美国人产生了一种自满自足的优越感。他们认为，是上帝将头号种子播撒美洲荒原，由他们去完成上帝赋予的使命。他们从一个地方搬到另一个地方，永远追逐着他们的美国梦。实用主义正是在理论上表达了美国人的这种乐观进取精神。据詹姆士对实用主义的解释，“对我们来说，除了实践的意义以外，并无别的意义可言。”④

实事求是最直接的思想来源是毛泽东思想，而它的深层基础则是中国古代哲学的知行观。强调“实”、注重“行”是中国传统哲学贯穿始终的一种优良传统。孔子强调研究历史要“言必有证”，要以足够的文献为依据；墨子提出“三表法”，即判断是非要看“古者圣王之事”“百姓耳目之实”“观其中国家百姓人民之利”；南宋以后兴起的“实学”，提倡“经世致用”“学用一致”，以实际效用作为研究学术和思想的唯一目的。实事求是正是对这种务实精神和实学传统的概括。

邓小平理论强调解放思想，实事求是。这种精神，不仅是中国共产党人在

① 中国社会科学院世界历史研究所：《世界历史译丛》1980 年第 1 期。

② 《马克思恩格斯全集》第 36 卷，人民出版社 1975 年版，第 668 页。

③ 《马克思恩格斯全集》第 38 卷，人民出版社 1972 年版，第 316—317 页。

④ ［美］威廉·詹姆士：《实用主义》，陈羽纶、孙瑞禾译，商务印书馆 1979 年版，第 26、27 页。

漫长的革命生涯中锤炼出来的，而且也是对中国历史上积极进取、变法图强精神的继承和发扬。在中国历史上，曾经产生过许多敢想敢做、破旧立新的改革家。他们往往既是思想家，又是实践家。他们所提出的具体的改革方案当然随历史的发展成为过去，但他们革故鼎新的变法精神却长存史册，激励后人。例如，商鞅的“治世不一道，便国不必法古”①的革新主张，韩非的“不期修古，不法常可，论世之事，因为之备”②的更化思想，王安石的“天变不足畏，祖宗不足法，人言不足恤”③的无畏气度，龚自珍的“一祖之法无不敝，千夫之议无不靡，与其赠来者以劲改革，孰若自改革”④的自我警醒，康有为的“变法而强，守旧而亡”⑤的急迫呼唤，谭嗣同的“我自横刀向天笑，去留肝胆两昆仑”⑥的牺牲精神。所有这些都已经过历史岁月的洗汰，成为中国哲学史、思想史的不朽篇章，并积淀在中华民族的文化传统中，成为我们民族精神的重要内容，至今仍焕发着激动人心的活力。邓小平在改革之初，面对社会主义体制的历史积弊，他勇敢地提出了社会主义的改革问题，指出：“现在，我们的经济管理工作，机构臃肿，层次重叠，手续繁杂，效率极低。政治的空谈往往淹没一切。这并不是哪一些同志的责任，责任在于我们过去没有及时提出改革。但是如果现在再不实行改革，我们的现代化事业和社会主义事业就会被葬送。”⑦在改革开放的每一个关键时刻，他总是鼓励人们要勇于探索、大胆试验、努力创新，大声疾呼：“要克服一个怕字，要有勇气。”“思想更解放一点，胆子更大一点，步子更快一点。”“改革开放胆子要大一些，敢于试验，不能像小脚女人一样。看准了的，要大胆地试，大胆地闯。”⑧邓小平这种变革创新的精神正是对中国

---

① 《商君书》，石垒译注，中华书局 2022 年版，第 6 页。

② 张觉等：《韩非子译注》，上海古籍出版社 2007 年版，第 673 页。

③ （元）脱脱等：《宋史》卷三百二十七，中华书局 1985 年版，第 10551 页。

④ （清）龚自珍：《龚自珍全集》，中华书局 1959 年版，第 6 页。

⑤ 姜义华、张荣华编校：《康有为全集》第 4 集，中国人民大学出版社 2007 年版，第 17 页。

⑥ （清）谭嗣同：《谭嗣同集》，岳麓书社 2012 年版，第 308 页。

⑦ 《邓小平文选》第二卷，人民出版社 1994 年版，第 150 页。

⑧ 《邓小平文选》第三卷，人民出版社 1993 年版，第 372 页。

传统民族精神的继承和弘扬。

实用主义体现了美国人的个人主义和功利主义传统。美国人具有追求个人功利的传统。这种寻求自我改善的愿望远可追溯至公元 4 世纪,当时英国学者派格勒就强调每个人都可通过理性的识别接近真理,并通过努力工作获得解脱。清教徒吸取了这种看法,一方面是人的堕落,另一方面是上帝的恩赐,结果是强烈地感到个人道德的缺陷,人们以此负罪心理追求圣洁化,尽力工作,以此实现上帝恩赐的希望。富兰克林是这种自主精神的典型。他认为,财富本身即美德的标志,而美德是坚定意志和不懈行动的结果,它除了给人带来社会地位的乐趣以外,还会结出珍贵的果实,即一个人为了获得财富而须铸就的完备和严谨的性格。实用主义与抹杀个性的各种教条作斗争,真实地再现了美国人独立自主的个人主义传统。威廉·詹姆士就是一个极力主张个人主义的哲学家。他被宾克莱描绘成“他简直像一个主张自由企业的哲学家,一个个人主义哲学家,一个敢于冒险的哲学家,一个重视实用性的哲学家”①,其哲学强调个性、功利、机会主义。而杜威哲学则从个人拯救转向社会改造,强调不仅为个人也为集体而工作的真理,当然这种真理的意义可最终归结到个人。尽管有这种差异,他们本质上都属于个人主义者,只是前者强调个人能量无拘无束地发挥,后者则强调只有通过协作,个人能量才能发挥到极限并对社会有意义。

实事求是是对中国古代“道义论”与“功利论”的继承和超越。中国古人曾经对义利问题进行过深刻的论述。春秋战国时代,战乱频仍,百姓苦不堪言,孔孟希望统治阶级多行仁义,在“利”面前,主张先义后利,“君子喻于义,小人喻于利。”庄子也认为,“小人则以身殉利,士则以身殉名,大夫则以身殉家,圣人以身殉天下。”②人的身份地位越高,“义”的层次也就越突出。墨子则认为,“义,利也。”“义”在本质上代表着社会整体利益的要求,它的原则不

① [美]L.J.宾克莱:《理想的冲突》,马元德等译,商务印书馆 1983 年版,第 20 页。

② 陈鼓应:《庄子今注今译》上册,商务印书馆 2014 年版,第 280 页。

是为道义而道义，而是以一定的功利为目的，以利集体、利国家、利天下为价值取向。“义，志以天下为芬，而能利之，不必用。”①“义”就是要立志把天下的事当成自己的分内之事去兼利万民，而不必考虑自己是否被重用。这些思想是符合当时社会要求的，在这里，义和利实际上是统一的，但后来被人们加以歪曲，认为孔孟“重义轻利”，而墨子“重功轻义”。传统义利观重“义”，并不表明它不言“利”，相反，它不但“言义必及利”②，而且是在更高层次上言利，是在义利相联系、相统一的高度上言利，主张义利双行，提出正义就是为了谋利，就要“义以生利，利以丰民”③，因为“义厚则敌寡，利多则民欢”④。正如董仲舒所言：“天之生人也，使人生义与利，利以养其体，义以养其心。心不得义不能乐，体不得利不能安。”⑤只是在言利的时候，不能以利害义，要见利思义，“不义，虽利勿动”。宋明理学家却强调理欲的对立，认为欲为万恶之源。二程提出：“出义则入利，出利则入义。”⑥他们还认为，义利问题是公私问题。“义利云者，公与私之异也。”⑦朱熹则提出了“存天理，灭人欲”的命题，把义利的对立推向了极端。明清之际，以王夫之、戴震为代表的思想家才纠正其偏弊，指出天理不能离欲而独立，“天下必无舍生养之道而存者，凡事为皆有于欲，无欲则无为矣；有欲而后有为，有为而归于至当不可易之谓理；无欲无为又焉有理！”⑧理的实质就在于“情之至于纤微无憾”，“以通天下之情，逐天下之欲”。“虽云‘天理人欲，不容并立’，乃可言人欲之害天理，而终不可言天理之害人欲。害人欲者，则终非天理之极至也。”⑨“文化大革命”中，义利的对立再次被推向极端，把发展生产力，提高人民生活水平称之为“唯生产力论”，认

① 罗炳良、胡喜云编著：《墨子解说》，华夏出版社 2007 年版，第 248 页。
② 陈桐生译注：《国语》，中华书局 2013 年版，第 103 页。
③ 陈桐生译注：《国语》，中华书局 2013 年版，第 284 页。
④ 《晏子春秋》，汤化译注，中华书局 2015 年版，第 165 页。
⑤ 《春秋繁露》，张世亮等译注，中华书局 2012 年版，第 330 页。
⑥ （宋）程颢、程颐：《二程集》遗书卷十一，中华书局 2004 年版，第 123 页。
⑦ （宋）程颢、程颐：《二程集》粹言卷一，中华书局 2004 年版，第 1172 页。
⑧ （清）戴震：《孟子字义疏证》，中华书局 1982 年版，第 58 页。
⑨ （明）王夫之：《读四书大全说》卷八，中华书局 2011 年版，第 969 页。

为一旦生活富裕就会“变修”,导致资本主义,说什么“宁要穷的社会主义”,片面地强调精神鼓励。邓小平以马克思主义革命家的理论勇气,实事求是,批判了林彪、“四人帮”鼓吹的“穷社会主义论”,纠正了晚年毛泽东忽视发展生产力的错误,高瞻远瞩世界发展潮流,提出了“三个有利于”的价值观,主张物质文明和精神文明要“两手抓,两手都要硬”。这种思想既不同于中国传统的“道义论”,又不同于“功利论”,而是对传统义利统一思想的批判性继承和超越。

(三)哲学渊源不同

实用主义直接来源于西方近代哲学,实事求是是毛泽东对马克思主义哲学精髓的概括,马克思主义哲学是在批判德国古典哲学的基础上创立的,因而实事求是与实用主义在思想源头上具有一定的共同性,但马克思主义哲学与实用主义从西方近代哲学吸取和借鉴的内容存在着本质的差别。

实用主义的主要思想源头是实证主义、唯意志主义、新康德主义、新黑格尔主义、马赫主义以及生命哲学。威廉·詹姆士一再宣称自己的理论来自英国实证主义。他在《实用主义》一书开头给英国实证主义者约翰·穆勒的献词中说:“我是从他那里,最早懂得实用主义的思想的开朗性;要是他现在还在世的话,我极愿把他当作我们的领导者。”①杜威则宣称他与新康德主义有着师承关系。他说:“我自己以及和我共同提出工具主义的人是从作为新康德派开始的。”②列宁认为:实用主义与马赫主义只是大同小异。“从唯物主义的观点看来,马赫主义和实用主义之间的差别,就像经验批判主义和经验一元论之间的差别一样,是微不足道的和极不重要的。”③实用主义与现代西方反理性主义思潮也有着密切的关系。这突出表现在他们对经验概念作了反理性

① [美]威廉·詹姆士:《实用主义》,陈羽纶、孙瑞禾译,商务印书馆1979年版,第2页。

② 转引自刘放桐:《实用主义述评》,天津人民出版社1983年版,第22页。

③ 《列宁选集》第2卷,人民出版社2012年版,第234页。

主义的解释,把一切非意识性的情感、体验均当作是经验。他们否认理性思维可以认识事物的本质,而认为它们不过是意志的工具,理性服从情感、意志。他们的这种观点正是师承了叔本华、尼采、柏格森等人的衣钵。实用主义的一些主要代表也公开承认他们对尼采、柏格森等人的师承关系。例如威廉·詹姆士对柏格森的反理性主义就赞扬备至。他说:"阅读他的著作使我有了勇气。"①威廉·詹姆士著名的"意识流"学说在一定程度上发扬光大于柏格森关于生命之流的学说。

美国实用主义哲学家莫利斯认为,实用主义的理论来源有四个:"1. 科学方法在十九世纪所享有的威望;2. 当代哲学中经验主义的力量相应的上升;3. 生物进化论的流行;4. 美国民主制理想的流行。"这里的第 1、3 两项都是关于自然科学的。莫利斯认为,实用主义创始人皮尔士的实用主义就是将科学方法推广于哲学。其他实用主义者也推崇科学方法。因此,莫利斯宣称"对科学方法的高度评价是所有美国主要实用主义者的基本思想的一部分"。至于以达尔文为代表的生物进化论,更被实用主义者用来当作自己的主要的科学根据。他还说:"主要的实用主义者都接受这样一种观点:人是作为处于长期进化过程中的一种生物而产生的,实用主义无疑是达尔文主义以后的哲学。它的经验主义是朝生物学方向演变的经验主义。""怎样从进化论的观点来解释人心、人的认识、人的自我、人的道德,这是实用主义者的最重要的问题。"②总之,实用主义承袭并集中了它以前的唯心主义哲学学派的许多观点,同时也吸收了某些唯物主义的思想成分,在一定程度上反映了 19 世纪自然科学发展的成果。但实用主义并不是彻底的唯物主义,它带有明显的折衷主义的思想特征。其实,他们中间有些人的观点本来就是彻底的唯心主义。

邓小平理论根源于马克思主义哲学。邓小平一再申明:"我是个马克思主义者。我一直遵循马克思主义的基本原则。马克思主义,另一个词叫共产

① [美]威廉·詹姆士:《多元的宇宙》,纽约 1912 年英文版,第 214 页。

② 转引自刘放桐:《实用主义述评》,天津人民出版社 1983 年版,第 24、25 页。

主义。我们过去干革命,打天下,建立中华人民共和国,就因为有这个信念,有这个理想。我们有理想,把马克思主义基本原则同中国实际相结合,所以我们才能取得胜利。革命胜利以后搞建设,我们也是把马克思主义的基本原则同中国实际相结合。"①马克思主义哲学也是一种西方哲学,它也吸取了19世纪自然科学的优秀成果。但马克思主义哲学继承的主要是西方理性主义的传统,它批判地吸取了德国古典哲学中唯物主义的合理内核和辩证法的合理成分,创立了以实践观为基础的彻底的唯物主义,与实用主义有着本质的区别。

(四)世界观不同

在本体论上,虽然邓小平理论的精髓与实用主义都强调要面向现实,从"实际"出发,强调实践、行动、经验的重要意义;但是,实事求是反映的是彻底唯物主义精神,实用主义则倡导的是折衷主义精神。

实用主义一词,英文原名 Pragmatism,意思就是行为、行动。它与"实践"和"实践的"这两个词同源出于希腊文πρa'ry μa,并都由这个词派生出来。实用主义的本意中就包含着实践、行动的意思。实用主义的要旨就是把实践看得高于一切。威廉·詹姆士认为他的彻底经验主义首先包括一个假定:只有可用经验来解释的事物才是哲学上可争论的事物;而不能经验的事物尽管可能可以存在,但绝不构成哲学争论的题材。根据这一假定,以彻底经验主义为基础的实用主义"坚持事实与具体性,根据个别情况的作用来观察真理,并予以概括"②。他说,"要做一个好的实用主义者,我们就必须面向经验,面向'事实'。""实用主义离开了事实,就觉得不舒适。"③杜威尤其强调哲学应面向现实,从经验出发,改造世界。他指出:"一种哲学倘若放弃捍卫固定不变

---

① 《邓小平文选》第三卷,人民出版社1993年版,第173页。

② [美]威廉·詹姆士:《实用主义》,陈羽纶、孙瑞禾译,商务印书馆1979年版,第38页。

③ [美]威廉·詹姆士:《实用主义》,陈羽纶、孙瑞禾译,商务印书馆1979年版,第86、37页。

的实体、价值和理想,就会为自己寻找一种新的事业。放弃绝对的、不变的实体和价值的寻求,也许看来像是一种牺牲,可是,这种抛弃正是开始承担一项具有更大活力的天职的条件。”①他说:“经验变成首先是做的事情。有机体决不是徒然站着,像米考伯一样,静等着事情的发生。它并不是被动地、死板地等候着外界有什么东西逼到它的身上。它按照它自己机体构造的繁简对环境发挥作用。”②胡适在《实验主义》中说:“杜威在哲学史上是一个大革命家。为什么呢? 因为他把欧洲近世哲学从休谟和康德以来的哲学根本问题一齐抹杀,一齐认为没有讨论的价值。一切理性派与经验派的争论,一切唯心论和唯物论的争论,一切从康德以来的知识论,在杜威的眼里,都是不成问题的争论,都可以‘不了了之’。”③怀特在分析实用主义时指出:“实用主义者坚决背弃了那些为职业哲学家所爱好的许多积习,并且断然反对这些积习,他丢开抽象思维和牵强附会,丢开字面的解决,丢开错误的先天理由,固定不变的原则,封闭的体系及冒牌的绝对与起源,他转向具体性和适应性,转向事实,转向行动和功能。”④怀特对实用主义的评价在一定程度上是中肯的。

解放思想,实事求是是贯穿邓小平理论的精髓。邓小平认为,实事求是,首先是解放思想,而“解放思想是指在马克思主义的指导下打破习惯势力和主观偏见的束缚,研究新情况,解决新问题”。“解放思想必须真正解决问题。我们的思想懒汉不少,讲现话、空话的多。真正仔细地研究新情况,解决新问题,切实地想办法使我们的步伐快一些,使生产力发展快一些,使国民收入增加快一些,把领导工作做得更好一些,这样的同志还不多。”⑤解放思想与实事

---

① 转引自[美]约翰·麦奎利:《二十世纪宗教思想》,高师宁译,上海人民出版社 1989 年版,第 217 页。

② 转引自赵修义等著:《现代西方哲学纲要》,华东师范大学出版社 1986 年版,第 193 页。

③ 葛懋春、李兴之编:《胡适哲学思想资料选》,华东师范大学出版社 1981 年版,第 67 页。

④ [美]M.怀特:《分析的时代》,杜任之译,商务印书馆 1986 年版,第 163 页。

⑤ 《邓小平文选》第二卷,人民出版社 1994 年版,第 279 页。

求是是一个问题的两个方面,体现了马克思主义主体性与客观性相统一的根本原则。二者归结到一点就是要尊重实践。实践的观点既是对旧唯物主义的超越,也是对唯心主义的超越;既是对理性主义的超越,也是对经验主义的超越。邓小平特别强调实践的重要意义,他反对无谓的争论。他说,不搞争论,是我的一个发明。看准了的就大胆地试,大胆地闯。制定的路线方针政策对不对,让实践来说话。实践是检验真理的唯一标准。一切从实际出发是实事求是的逻辑前提和基本出发点。邓小平反复强调:"我们只能按中国的实际办事","一切从社会主义初级阶段的实际出发"。①

邓小平强调实践,更强调在实践中总结经验。他多次指出,我们搞社会主义建设,既要重视外国的经验,也要重视自己的经验;既要重视历史的经验,也要重视现实中新总结的经验;既要重视成功的经验,更要重视失败的教训。邓小平指出:"我们花钱要买到经验,经验这个东西很贵,今后还要花钱买经验,要力争花很少的钱买更多的经验。"②"历史上成功的经验是宝贵财富,错误的经验、失败的经验也是宝贵财富。"③"关键在于不断地总结经验。""每年领导层都要总结经验,对的就坚持,不对的赶快改,新问题出来抓紧解决。恐怕再有三十年的时间,我们才会在各方面形成一整套更加成熟、更加定型的制度。"④

实用主义在唯物主义和唯心主义之间摇摆。威廉·詹姆士在《实用主义》第一章中就开宗明义地指出:"我希望我能引导你们发现实用主义正是你们在思想方法上所需要的中间的、调和的路线。"⑤实用主义者对于"实际""实在"的理解与邓小平的理解不同。实用主义的集大成者威廉·詹姆士所讲的"实际"或"实在"指称的是个人的各种实际经验。在他看来,生活的环境

---

① 《邓小平文选》第三卷,人民出版社 1993 年版,第 251 页。

② 《邓小平文选》第一卷,人民出版社 1994 年版,第 269 页。

③ 《邓小平文选》第三卷,人民出版社 1993 年版,第 234—235 页。

④ 《邓小平文选》第三卷,人民出版社 1993 年版,第 259、372 页。

⑤ [美]威廉·詹姆士:《实用主义》,陈羽纶、孙瑞禾译,商务印书馆 1979 年版,第 24 页。

和问题、旧的理论和观念、行动及其效果等等，凡是能够进入经验之中的，都是“实际”或“实在”。而各种各样的经验都扎根于彻底的纯粹经验的土壤之中，都是从纯粹经验中流淌出来的。那么，什么是“纯粹经验”呢？威廉·詹姆士并没有给“纯粹经验”下过一个明确的定义。他有时称之为“一种纷繁庞杂的混乱”“感觉的一种原始混沌”“一种意识流”“一种不可捉摸的内在之流”“一种生活之流”，“这种直接的生活之流供给我们后来的反思与其概念性的范畴以物质材料”。① 在威廉·詹姆士看来，世界很难说是唯物的还是唯心的，世界是一条永不停息的“经验”之流，它根本就没有什么确定性。威廉·詹姆士说：“如果我们首先假定世界上只有一种原始素材或质料，一切事物都由这种素材构成，如果我们把这种素材叫做‘纯粹经验’，那么，就不难把认知作用解释为纯粹经验的各个组成部分之间可能发生的一种特殊关系。”②他又说：“思维和事物，就它们的质料来说，绝对是同质的，……没有什么与事物素质不同的思维素质；不过同一的一段‘纯粹经验’（这是我给任何事物的原材料所起的名称）既可代表一个‘意识事实’，又可以代表一个物理实在，就看它在哪一个结构里。”③这种纯粹经验流向各个不同的结构、关系中，就构成了各种经验。而各种经验的意义在于它所引起的行动及实际效果。各种经验综合构成了“实在”。而“‘实在’一般是指真理所必须考虑的。……实在的第一部分就是我们的感觉流，……实在的第二部分，为我们信仰所必须考虑的，就是我们感觉之间或它们在我们心里的摹本之间所存在的关系。……实在的第三部分就是过去已有的真理”④。威廉·詹姆士描述的没有定性混沌不分的纯粹经验实质上是个人的主观感觉，类似于柏格森生命意志的冲动。由此可见，威廉·詹姆士的“实在”“实际”与实事求是的客观实在根本不同，其实质是主观

① ［美］詹姆士：《彻底的经验主义》，庞景仁译，上海人民出版社 1986 年版，第 50 页。

② ［美］詹姆士：《彻底的经验主义》，庞景仁译，上海人民出版社 1986 年版，第 2 页。

③ ［美］詹姆士：《彻底的经验主义》，庞景仁译，上海人民出版社 1986 年版，第 74 页。

④ ［美］威廉·詹姆士：《实用主义》，陈羽纶、孙瑞禾译，商务印书馆 1979 年版，第 124—125 页。

唯心主义和相对主义的混合物。英国哲学家罗素揭穿了威廉·詹姆士实用主义的底色,“他使用‘纯粹经验’一词,这反倒表露出一种或许不自知的贝克莱派的唯心论。”①威廉·詹姆士“彻底的经验主义”其实是彻底的唯心主义。

实事求是是对马克思主义彻底唯物主义的概括。邓小平理论精髓与实用主义在哲学世界观上具有本质的区别。实事求是的“实事”或“实际”就是指客观存在的一切事物,它既包括具体的实际问题、形势、任务,也包括人民群众的实际需要、利益、心态和自觉的志愿。人民群众的愿望、心态虽有主观色彩,但对于党和政府的决策者等主体而言,是一种物质性的客观因素。客观物质性的“实际”构成了实事求是认识和解决问题的逻辑前提和出发点。这一前提和出发点本质上是客观的、具体的和物质性的。它的哲学基础根植于马克思主义哲学之中。它体现了物质、实践决定意识和认识,意识、认识又反映物质和实践的辩证关系,是唯物主义的一元论、辩证法、认识论和历史观的基本原则的综合表现。

(五)真理观不同

在认识论上,虽然实事求是和实用主义都强调真理的效用,但实用主义把“效用原则”绝对化并作为检验真理的唯一标准,忽视真理的客观性;邓小平理论精髓则把效用作为真理的重要组成部分,强调真理的客观性,把人民群众的社会实践作为检验真理的唯一标准。

实用主义把效用原则绝对化。实用主义哲学的创始人皮尔士在创立实用主义之初就认为,事物、观念的意义在于它所引起的实际效果。他在《如何使我们的观念清楚》一文中说:“我只想指出,说我心里会有一种观念,它同设想到的事物的可感觉效果竟然毫无关系,那是完全不可能的事情。我们关于任何事物的观念乃是我们关于它的可感觉的效果观念;如果我们幻想我们具有任何别的观念,我们就是欺骗自己。”“考虑一下我们概念的对象应该具有什

① ［英］罗素:《西方哲学史》下卷,马元德译,商务印书馆1982年版,第371页。

么样的效果，这些效果能够设想有着实际的影响，那么，我们对这些效果的概念，就是我们关于对象的概念的全部。”①这就是所谓“皮尔士原则”。

威廉·詹姆士认为，思想产生行为，而行为必有效果，要研究思想的正确与否，与其从思想本身来辩论，倒不如干脆就看他行为的效果如何。实用主义的方法就是要把注意之点从最先的事物移到最后的事物，从通则移到事实，从范畴移到效果，它“不是去看最先的事物、原则、‘范畴’和假定是必需的东西，而是去看最后的事物、收获、效果和事实”②。基于这种认识，威廉·詹姆士把“皮尔士原则”作了更进一步的、直截了当地发挥，提出了“真理就是有用，有用就是真理”的著名公式，从而把观念的真理性与观念的主观效用直接等同起来。“它是有用的，因为它是真的”与“它是真的，因为它是有用的”，“这两句话的意思是一样的”。观念对你来说是有用的，那么，它就是真的；反过来，真的观念必须是能证实的，并能对你产生满意效果的观念。“只要观念（它本身只是我们经验的一部分）有助于使它们与我们经验的其他部分处于圆满的关系中，有助于我们通过概念的捷径，而不用特殊现象的无限相继续，去概括它、运用它，这样，观念就成为真实的了。譬如说，如果有一个概念我们能驾驭，如果一个概念能够很顺利地从我们的一部分经验转移到另一部分经验，将事物完满地联系起来，很稳定地工作起来而且能够简化劳动，节省劳动，那末，这个概念就是真的，真到这样多，真到这种地步，从工具的意义来讲，它是真的。”③

杜威认为，观念的意义不是揭示事物固有的特性，而是揭示处理问题、解决问题的方法、计划和预期效果。观念揭示的意义在付诸实际行动检验以前，都是试探性的，都是假设。所谓真理也是一种思想观念，是一种应付环境的理

① ［美］皮尔士：《如何使我们的观念清楚》，洪谦主编：《现代西方哲学论著选辑》上册，商务印书馆 1993 年版，第 186、187 页。

② ［美］威廉·詹姆士：《实用主义》，陈羽纶、孙瑞禾译，商务印书馆 1979 年版，第 31 页。

③ ［美］威廉·詹姆士：《实用主义》，陈羽纶、孙瑞禾译，商务印书馆 1979 年版，第 32—33 页。

智工具。他说："如果观念、意义、概念、学说和体系，对于一定环境的主动的改造，或对于某种特殊的困苦和纷扰的排除确是一种工具般的东西，它们的效能和价值就全系于这个工作的成功与否。如果它们成功了，它们就是可靠、健全、有效、好的、真的。如果它们不能排除纷乱，免脱谬误，而它们作用所及反致增加混乱、疑惑和祸患，那末它们便是虚妄。"①可见，在杜威那里，作为真理的概念、理论等的真假，完全取决于概念、理论等的实际效果。

只强调真理的效用，而忽视真理的客观性，必不可免地要导致主观真理论。实用主义真理观带有浓厚的市侩气息，它实质上体现了垄断资产阶级向海外扩张的思想动机。威廉·詹姆士在 1901 年的一次讲演中就敦促建立庞大的舰队，将商品和资本护送到海外，和其他国家一起进入权力角逐的舞台。这种观点正与"有用即是真理"的思想相吻合。

实事求是强调真理的效用，但检验真理的标准只能是社会实践。邓小平理论精髓的真理观，同样务实，强调效果，讲求实效，强调管用，甚至对马克思主义也一样强调"管用"，"学马列要精，要管用的。"②但是，实事求是的"是"，指的是客观事物的内在联系、规律以及合乎客观规律的方法，对"是"的认识便是真理。换言之，真理是对客观事物及其规律的正确反映，就是主观与客观相符合。而判定是非、检验真理的标准只能是实践，是人民群众的社会物质性活动。实践不仅仅包括实践最后获得的效果，也包括实践本身及其过程；不但包括价值判断标准，也包括事实判断标准，是价值判断标准与事实判断标准的统一。它作为事实判断标准，其实质是主观认识与客观规律相符合；它作为价值判断标准，要求认识导致的实际效果与人民群众的利益相一致。从实事求是的实践标准中，不难看到，实事求是所追求的"实际效果"，是在个人、集体和社会利益统一基础上实现的人民群众的最大利益，是符合"三个有利于"标准的最大化利益。它体现着社会主义、集体主义的价值观念和价值取向。

---

① ［美］杜威：《哲学的改造》，许崇清译，商务印书馆 1958 年版，第 84 页。

② 《邓小平文选》第三卷，人民出版社 1993 年版，第 382 页。

不能因为邓小平理论中具有强烈的时代性和针对性，就由此把邓小平理论归之于“实用主义”。“猫论”是20世纪60年代邓小平针对“大跃进”脱离我国实际、不顾经济规律而造成的严重失误而讲的，其目的是根据各地的实际，采取灵活多样的措施快速恢复生产，提高人民生活水平。讲“学马列要精，要管用”是针对20世纪90年代一些“左”的教条主义者不顾改革开放的实际，动辄拿马克思主义的“本本”来套社会主义的做法而讲的，它并不排斥专业科学理论工作者把理论工作搞得更扎实、更深入。而且，他还一再强调，祖宗的东西不能丢。“不丢老祖宗，发展老祖宗”是邓小平一贯坚持的基本原则。一定要用共产主义理想来教育我们的人民，尤其是我们的青年，要有理想。物质文明和精神文明要“两手抓，两手都要硬”。这与实用主义的真理观是根本上不同的。

（六）价值观不同

在价值观上，虽然邓小平理论精髓与实用主义都以自由、平等、求实、创新为其基本价值取向，反映了一种人文主义精神；但实用主义体现的是美国特色的资本主义价值观，邓小平理论体现的是以“三个有利于”为特征的中国特色社会主义的价值观。

实用主义的价值主体和价值标准都是个人功利。实用主义反对脱离现实的空谈，追求求实、创新的价值取向。关于求实、创新在前文已经作了论述，此处不再赘言。关于自由、平等，威廉·詹姆士和杜威等人的著作反映得特别突出。威廉·詹姆士以多元主义为其哲学基础，反对单一和划一，认为多样性才是生命的气味，才是孕育自由的母体。他可以容忍持各种不同观点的人，所有观点都可以自由竞争，实用主义是一种“走廊哲学”，所有的观点都与这条“走廊”是相通的。杜威也是一个民主派，他不像威廉·詹姆士那样强调知识贵族的领导，而断言一般智力足以使个人作出有价值的贡献。从这点看，他比威廉·詹姆士更愿接近普通大众。

实用主义的价值观与美国人的基本价值观密不可分。美国人虽然来自欧洲,但他们却没有欧洲人等级传统的枷锁。他们崇尚自由,强调平等。对清教徒来说,在上帝面前一切人都是平等的,一切人都被视为罪人,就个人的力量来说完全无能为力,哪一个人都不比另一个人更有价值。[①]《独立宣言》也宣称:我们认为这些真理是不言而喻的:人人生而平等,他们都从他们的"造物主"那里被赋予了某些不可转让的权利,其中包括生命权、自由权和追求幸福的权利。因此,尽管现实中不平等现象比比皆是,但在理论上人人都可平等地追求财富,沉浮宦海。而实质上,美国人是"生而平等,而不是变成平等的",其结果导致美国人对一种"绝对自由主义"的崇拜。[②] 实用主义体现了美国特色的资本主义价值观。

实事求是反映了中国特色社会主义的价值观,它是以社会主义初级阶段的国情为基础,以"三个有利于"为特征,以共同富裕为目标,以人民群众为主体的社会主义新型价值观。从早年从事中国革命到后来领导改革开放,邓小平对共产主义从来都坚信不疑。马克思主义认为,共产主义本身是一个消灭了剥削的"自由人的联合体"。邓小平也认为,"社会主义的本质,是解放生产力,发展生产力,消灭剥削,消除两极分化,最终达到共同富裕。"[③]在整个改革开放的过程中,邓小平始终强调,共同富裕是社会主义必须坚持的一个基本原则。邓小平在改革开放之初就提出,"民主是解放思想的重要条件"。邓小平反对权力过分集中,反对官僚主义,主张依法办事,在法律面前人人平等。

与实用主义不同的是,邓小平理论中价值观的主体是人民群众的利益。他认为我们制定的路线、方针、政策好不好,关键要看"人民拥护不拥护""人民赞成不赞成""人民答应不答应""人民高兴不高兴"。他强调,必须把肃清封建主义残余影响的工作同对于资产阶级损人利己、唯利是图思想和其他腐化思想的批判结合起来。"思想文化教育卫生部门,都要以社会效益为一切

① ［美］梅里亚姆:《美国政治学说史》,朱曾汶译,商务印书馆 1988 年版,第 14 页。

② ［美］罗伯特 · 海尔布罗纳等著:《现代化理论研究》,俞新天等译,华夏出版社 1989 年版,第 46 页。

③ 《邓小平文选》第三卷,人民出版社 1993 年版,第 373 页。

活动的唯一准则,它们所属的企业也要以社会效益为最高准则。思想文化界要多出好的精神产品,要坚决制止坏产品的生产、进口和流传。"①

邓小平认为,判断是非的标准,应该主要看是否有利于发展社会主义社会的生产力,是否有利于增强社会主义国家的综合国力,是否有利于提高人民的生活水平。"三个有利于"代表了适应社会主义市场经济新型体制的义利统一价值观,其本质特征是:功利当先,义在其中,义利统一,不可分割;以解放和发展生产力为人与自然关系的首要价值目标;以最终走向共同富裕为人与人社会关系的首要价值目标;以物质文明与精神文明共同发展,造就全面发展的"四有"新人为主体发展的首要价值目标。"三个有利于"的价值标准,既体现了中国社会主义市场经济发展的要求,又体现了20世纪乃至21世纪的时代精神。②

(七)历史观不同

虽然实用主义和实事求是都具有强调人的主体能动作用、反对宿命论的特点,但实用主义在强调主体能动作用的同时也否定了历史决定论,实事求是精髓体现了主体能动作用与历史决定作用的统一。

实用主义在强调个人主体能动作用的同时否定了历史决定论。威廉·詹姆士指出:"决定论者否认它(自由意志——作者),说个人不创造什么,只能把过去宇宙的全部推动力传给将来,人只是这个宇宙的一种极其渺小的表现。决定论者这样说是贬低了人的作用。去掉了这个创造性原则,人就不那么可羡慕的了。我想你们大半和我们一样是本能地相信自由意志的。"③"自由意志的实用主义的意义,就是意味着世界有新事物,在其最深刻的本质方面和表

① 《邓小平文选》第三卷,人民出版社1993年版,第145页。

② 参见成龙:《海外马克思主义中国化理论研究》,广东人民出版社2008年版,第299页。

③ [美]威廉·詹姆士:《实用主义》,陈羽纶、孙瑞禾译,商务印书馆1979年版,第62页。

面现象上、人们有权希望将来不会完全一样地重复过去或模仿过去。”“而决定论则使我们相信我们可能性的整个观念是人类愚昧所产生的；世界的命运全是受必然性和不可能性所支配的。”①威廉·詹姆士提出了一种“创造的实在论”的设想。他认为，所谓实在，不是现成的、永远完全的，不是被展示出来的，而是逐渐创造出来的。人类最大的优势就是主观能动性。人类的发展史也就是不断地改变世界的历史。拯救和改变世界不是不可能的，其条件就是我们每一个人的参与，每一个人都得尽力去做。

杜威认为，社会的含义是无限多样的，无论是经济的、政治的团体，还是宗教的、文化的、教育的团体，都是社会一词的含义。那么，其中有没有一种决定性的含义呢？也就是在构成社会的各种活动和因素中，有没有一种占主导地位、产生和调节其他因素的社会因素呢？杜威认为没有。他认为，如果主张各种社会因素中有一种因素起决定作用，那就是历史一元论。杜威主张历史的多元论，反对历史的一元论。他说：“社会不只是一个字，而是无定的许多东西。它包括人们由合群而共同享受经验和建立共同利益和目的的一切方式，如流氓群、强盗群、徒党、社团、职工组合、股份公司、村落、国际同盟等。而新方法的效力在于拿这些特殊的、可变的、相对的事实（与命题和目的相对，非形而上学的相对）的研究去替换一般概念的矜持摆弄。”②

胡克十分明确地反对认为社会生活领域有必然性、规律性，认为决定论不适合社会生活领域，如果把决定论用于社会生活就会取消人们的积极活动。他认为，决定论只能适用于“普通情况”即宏观世界，而不适用于具有“独特性”的微观世界。胡克还认为，只要人们积极行动，没有什么是必然的、不可避免的。在胡克看来，典型的社会决定论有三种：黑格尔的时代精神（绝对精神决定论）、斯宾塞的社会进化决定论和马克思主义的经济决定论。“对于后面这两派，进化论学说乃是一种形而上学的原理，而且根据所主张的逻辑原则

① ［美］威廉·詹姆士：《实用主义》，陈羽纶、孙瑞禾译，商务印书馆1979年版，第64页。

② ［美］杜威：《哲学的改造》，许崇清译，商务印书馆1958年版，第107—108页。

可以由此演绎出社会决定论的理论体系。而马克思主义者则把决定论的理论基础建基于历史经验之上，而且是方方正正地以此为其坚固的理论根据。他们把自己的主张建筑在细致的历史研究的基础上。而他们设想这种历史研究足以证实他们的基本假设：经济生产方式，以及由此而发生的集团利益的冲突就是历史的决定性因素。他们认为黑格尔是神秘的，斯宾塞是折衷主义的，而只有马克思主义本身才是科学的和一元论的。”①尽管正统马克思主义的经济决定论有其合理之处，然而把社会看成决定论体系则是错误的。他说：依照恩格斯看来，历史领域为一种必然性所支配，这种必然性在根底上是一种经济必然性。社会经济的发展以生产力的不断膨胀为其发动的源泉，它的进程是在生产力与生产关系的对立和冲突中向前发展的。胡克认为，这种经济决定论完全忽视了社会历史是人创造的，把社会历史看成毫无血肉的抽象体生产力与生产关系斗争的过程。胡克说，在许多正统马克思主义作品里，“你几乎能够看见资本和利润已经给‘生产力’套上了镣铐，‘生产力’正在拼命挣扎，而没有加入这一场拉锯战的人们屏住气，看它们打出个分晓来。”②胡克否定决定论，认为社会的发展是由多种多样的因素起作用的结果，没有一种经常起决定作用的因素。在社会发展中起决定性作用的，有时是政治，有时是科学技术，有时是宗教，有时是道德价值，有时是心理要求。总之，一切由偶然的机遇和人的选择而定。

实事求是把坚持历史决定论作为发挥个人能动作用的前提。邓小平认为马克思主义是科学，“它运用历史唯物主义揭示了人类社会发展的规律。封建社会代替奴隶社会，资本主义代替封建主义，社会主义经历一个长过程发展后必然代替资本主义。这是社会历史发展不可逆转的总趋势，但道路是曲折

① ［美］悉尼·胡克：《历史中的英雄》，王清彬译，上海人民出版社 1987 年版，第 52 页。

② ［美］悉尼·胡克：《历史中的英雄》，王清彬译，上海人民出版社 1987 年版，第 8 页。

的。”①邓小平特别强调,建设社会主义必须发挥人的主观能动性,但发挥能动性要以尊重客观规律为前提。在《邓小平文选》中,邓小平讲得最多的就是“要按辩证法办事”,他除了讲唯物辩证法的基本规律,即对立统一规律、质量互变规律、否定之否定规律外,他还讲到,“自然规律不可抗拒。”②他认为是否尊重客观规律,按客观规律办事是关系社会主义前途命运的事情。“在一九五八年,我们犯了错误,搞大跃进,开始不尊重经济规律了,这就使生产下降了。以后经过三年的调整,发生了变化,又较好地发展起来。但接着又搞文化大革命,这是一场灾难,经济方面完全乱了。所以我们现在搞四个现代化,不得不进行几年的调整。总之,我们现在强调要按经济规律办事。”③主观愿望违背客观规律,肯定要受损失。

邓小平认为在尊重客观规律的前提下应充分发挥个人的自觉能动性。一个党,一个国家,一个民族,如果一切从本本出发,思想僵化,迷信盛行,那它就不能前进,它的生机就要停止了,就要亡党亡国。“只有解放思想,坚持实事求是,一切从实际出发,理论联系实际,我们的社会主义现代化建设才能顺利进行,我们党的马列主义、毛泽东思想的理论也才能顺利发展。”④他主张要大胆地试,大胆地闯。但是,解放思想并不是瞎闯蛮干,而是做到主观和客观、理论和实际的结合。这与实用主义的社会历史观是根本不同的。

---

① 《邓小平文选》第三卷,人民出版社 1993 年版,第 382—383 页。
② 《邓小平文选》第二卷,人民出版社 1994 年版,第 227 页。
③ 《邓小平文选》第二卷,人民出版社 1994 年版,第 314 页。
④ 《邓小平文选》第二卷,人民出版社 1994 年版,第 143 页。

第七章　以“三个有利于”为标准的价值观奠基

价值是主体对客体能够满足自身需要的判断，价值观是主体关于价值基础、价值选择原则、价值评价标准、价值目标的基本观点。任何理论都包含着人们对周围世界的价值判断，反映着人们的价值观。马克思主义哲学的根本使命就是要“改变世界”，实现人类自由解放，社会主义、共产主义本质上建立在义利统一价值观的基础之上。然而，苏联模式社会主义割裂义利关系，根本扭曲马克思主义的价值观，坚持“以阶级斗争为纲”，生产力发展长期滞后，人民生活长期处于贫困状态，严重损害人民群众建设社会主义的积极性和主动性，给社会主义建设造成不可弥补的损失。改革开放不仅是马克思主义发展史上的壮举，也是中国几千年历史的伟大变革，“现在我们干的是中国几千年来从未干过的事。”①改革开放彻底颠覆了传统苏联模式的价值观，也彻底改造了中国传统价值观，形成了以“三个有利于”为核心的义利统一社会主义价值观的新体系，实现了价值观和社会主义观的统一。这一价值观体系的建构始于邓小平在党的十一届三中全会的主题报告，完成于 1992 年视察南方的谈话。这是马克思主义哲学中国化第二次飞跃的根本创新。

---

① 《邓小平文选》第三卷，人民出版社 1993 年版，第 118 页。

一、义利统一新型价值观的新体系

在改革开放新时期，邓小平结合以往社会主义建设的经验教训，紧紧围绕“什么是社会主义，怎样建设社会主义”这个主题，对马克思主义的价值观一再反思，对中国特色社会主义的价值主体、价值目标、价值基础、价值标准等问题进行了新的思考，用一系列崭新结论发展了马克思主义的价值观，形成马克思主义价值观新的体系，实现了马克思主义价值观的新飞跃。其基本特点是：“功利当先，义在其中，义利统一，不可割裂”①。

（一）人民主体价值定位论

人民群众是历史的创造者，这是唯物史观的基本原理。从这一原理出发，人民群众无疑是社会主义国家的主人，不仅是价值的创造者，而且是价值的分享者。针对党和国家体制中存在的形式主义、官僚主义作风，在改革开放的整个过程中，邓小平从多方面论述了人民群众作为社会主义价值主体的地位问题。

1.“不讲物质利益，那就是唯心论”。在 1978 年 12 月中央工作会议闭幕会上的讲话中，邓小平就提出，当前最迫切的问题是调动人民群众的积极性、主动性问题。调动人民群众的积极性，关键要正确处理利益分配的问题。要反对平均主义，吃大锅饭，要实行按劳分配原则，多劳多得。把个人利益、集体利益和国家利益统一起来，为国家创造的财富多，个人的收入和福利就应该多一些。“不讲多劳多得，不重视物质利益，对少数先进分子可以，对广大群众不行，一段时间可以，长期不行。革命精神是非常宝贵的，没有革命精神就没有革命行动。但是，革命是在物质利益的基础上产生的，如果只讲牺牲精神，

① 王东：《邓小平理论与跨世纪中国》，北京出版社 2000 年版，第 300 页。

不讲物质利益,那就是唯心论。”①邓小平明确肯定人民群众追求正当个人利益的合理性。我们提倡社会主义集体主义,但这“决不是说可以不注意个人利益”②。他还说,到共产主义高级阶段,生产力高度发达,“将更多地承认个人利益、满足个人需要。”③对于贡献大的个人,除了精神鼓励,还要给予物质奖励,要恢复奖金制度。应该让大家明白一个基本的道理:“致富不是罪过”。

2. 尊重群众首创精神,集中群众的智慧。对于人民群众的历史主体作用,早在 1977 年 7 月,在《完整地准确地理解毛泽东思想》一文中,邓小平就指出:“毛泽东同志是彻底的唯物主义者,他充分信任群众,历来反对不信任群众、不依靠群众。……毛泽东同志一向非常注意群众的议论,群众的思想,群众的问题。”④1985 年 4 月,在会见坦桑尼亚联合共和国副总统姆维尼的谈话中,邓小平再次指出:改革是大家的主意,人民的要求。现在尽管出现了一些问题,但我们心里踏实。“我们不靠上帝,而靠自己努力,靠不断总结经验,坚定地前进。”⑤1992 年,在视察南方的谈话中,针对“左”的教条主义,邓小平指出:改革开放的成功,是群众实践智慧的结果。1992 年 10 月,在对中共十四大报告审稿的意见中,邓小平再次强调,改革开放中许许多多的东西,绝不是一个人的脑筋就可以钻出什么新东西来,是群众的智慧,集体的智慧。他的功劳是把这些新事物概括起来,加以提倡。⑥

3. 越是困难的时候,越要关心群众。领导干部要同群众打成一片,不能搞特殊化,“只要你关心群众,同群众打成一片,不仅不搞特殊化,而且同群众一块吃苦,任何问题都容易解决,任何困难都能够克服。”⑦革命队伍中的家长制作风,官僚主义现象,严重影响党和人民群众的关系。“‘文化大革命’中,一

---

① 《邓小平文选》第二卷,人民出版社 1994 年版,第 146 页。
② 《邓小平文选》第二卷,人民出版社 1994 年版,第 175 页。
③ 《邓小平文选》第二卷,人民出版社 1994 年版,第 352 页。
④ 《邓小平文选》第二卷,人民出版社 1994 年版,第 45—46 页。
⑤ 《邓小平文选》第三卷,人民出版社 1993 年版,第 118 页。
⑥ 参见《伟大的实践,光辉的篇章》,《人民日报》1992 年 10 月 24 日。
⑦ 《邓小平文选》第二卷,人民出版社 1994 年版,第 228 页。

人当官，鸡犬升天，一人倒霉，株连九族，这类情况曾发展到很严重的程度。甚至现在，任人唯亲、任人唯派的恶劣作风，在有些地区、有些部门、有些单位，还没有得到纠正。一些干部利用职权，非法安排家属亲友进城、就业、提干等现象还很不少。”①党只有紧紧依靠群众，密切联系群众，随时听取群众的呼声，了解群众的情绪，代表群众的利益，才能形成强大的力量，顺利完成自己的各项任务。“如果哪个党组织严重脱离群众而不能坚决改正，那就丧失了力量的源泉，就一定要失败，就会被人民抛弃。”②

4. 自觉接受群众的监督。反对官僚主义，关键在于改革，切断官僚主义的制度根源，同时建立广泛的民主渠道，广开言路，使群众监督制度化、规范化。党的十一届三中全会以来，党和国家先后出台一系列相关的法律法规和党纪条令，如《关于党内政治生活的若干准则》《关于打击经济领域中严重犯罪活动的决定》《关于党和国家机关必须保持廉洁的通知》《关于加强党和人民群众联系的决定》《刑法》《行政诉讼法》《关于惩治贪污罪、贿赂罪的补充规定》《行政监察条例》等，为群众监督提供了制度保障，同时也有效地规范了群众监督行为。③

（二）共同富裕价值目标论

党的十一届三中全会之后，邓小平根据马克思、列宁、毛泽东对社会主义本质的论述，联系我国社会主义建设的实际，针对离开生产力谈论社会主义的抽象争论，邓小平逐渐提出共同富裕的价值目标，明确了社会主义的发展方向。

1. 共同富裕的前提是生产力发达，贫穷不是社会主义。邓小平反复强调：“马克思主义最注重发展生产力”。社会主义是共产主义的第一阶段，不发展生产力，就无法战胜资本主义，就不能充分体现社会主义的优越性，更不能向

---

① 《邓小平文选》第二卷，人民出版社 1994 年版，第 335 页。

② 《邓小平文选》第二卷，人民出版社 1994 年版，第 368 页。

③ 参见陈俊星：《邓小平群众监督思想探析》，《科学社会主义》2014 年第 4 期。

第二阶段——共产主义社会过渡。共产主义要实行按需分配,没有生产力的极大发展,没有社会物质财富的极大丰富,怎么可能实行按需分配。早在1979年11月,在会见美国不列颠百科全书出版公司编委会副主席吉布尼和加拿大麦吉尔大学东亚研究所主任林达光等人时,邓小平就指出:“我们不要资本主义,但是我们也不要贫穷的社会主义,我们要发达的、生产力发展的、使国家富强的社会主义。”①1980年4月,在会见阿尔及利亚民族解放阵线代表团时,邓小平指出:“不管你搞什么,一定要有利于发展生产力。发展生产力要讲究经济效果。只有在发展生产力的基础上才能随之逐步增加人民的收入。……要研究一下,为什么好多非洲国家搞社会主义越搞越穷。不能因为有社会主义的名字就光荣,就好。”②1987年4月,在会见捷克斯洛伐克总理什特劳加尔时,邓小平再次指出:“搞社会主义,一定要使生产力发达,贫穷不是社会主义。我们坚持社会主义,要建设对资本主义具有优越性的社会主义,首先必须摆脱贫穷。现在虽说我们也在搞社会主义,但事实上不够格。只有到了下世纪中叶,达到了中等发达国家的水平,才能说真的搞了社会主义,才能理直气壮地说社会主义优于资本主义。现在我们正在向这个路上走。”③

2. 发展太慢不是社会主义,应该让人民群众更快富裕起来。邓小平指出:“我们相信社会主义比资本主义的制度优越。它的优越性应该表现在比资本主义有更好的条件发展社会生产力。这本来是可能的,但过去人们有不同的理解,于是我们发展社会生产力的进程推迟了,特别是耽误了十年。”④第二次世界大战结束后,世界科学技术蓬勃发展,可谓“日新月异”“一日千里”,而我们却关起门来,对世界发展形势不闻不问,整整耽误了20年时间。“不努力搞生产,经济如何发展?社会主义、共产主义的优越性如何体现?我们干革命几十年,搞社会主义三十多年,截至一九七八年,工人的月平均工资只有四五

① 《邓小平文选》第二卷,人民出版社1994年版,第231页。

② 《邓小平文选》第二卷,人民出版社1994年版,第312—313页。

③ 《邓小平文选》第三卷,人民出版社1993年版,第225页。

④ 《邓小平文选》第二卷,人民出版社1994年版,第231页。

十元，农村的大多数地区仍处于贫困状态。这叫什么社会主义优越性?”①他一再要求广大干部和群众，一定要抓住机遇，尽可能快地发展起来。不能像小脚女人一样，看准了的就大胆地试，大胆地闯。

3. 平均主义不是社会主义，共同富裕不是同步富裕。针对平均主义、“大锅饭”造成的后果，邓小平指出：“过去搞平均主义，吃‘大锅饭’，实际上是共同落后，共同贫穷，我们就是吃了这个亏。改革首先要打破平均主义，打破‘大锅饭’，现在看来这个路子是对的。”②他认为，在经济政策上，“要允许一部分地区、一部分企业、一部分工人农民，由于辛勤努力成绩大而收入先多一些，生活先好起来。”③先富带动后富，最终实现共同富裕。决不能把政治态度当作评定工资等级的首要标准，“按劳分配就是按劳动的数量和质量进行分配。根据这个原则，评定职工工资级别时，主要是看他的劳动好坏、技术高低、贡献大小。……总之，只能是按劳，不能是按政，也不能是按资格。”④要根据生产力发展的状况，相应提高职工的工资，改善群众的生活。鼓励人们终身从事自己的职业。逐渐实行考核制度，要有奖有罚，奖罚分明。“要让一部分地方先富裕起来，搞平均主义不行。这是个大政策，大家要考虑。”⑤

4. 社会主义要实现全体人民共同富裕。实现共同富裕，这是社会主义与资本主义的本质区别。1985 年五六月间，在与中国台湾地区一些学者的谈话中，邓小平就指出：“社会主义与资本主义不同的特点就是共同富裕，不搞两极分化。创造的财富，第一归国家，第二归人民，不会产生新的资产阶级。国家拿的这一部分，也是为了人民，搞点国防，更大部分是用来发展经济，发展教育和科学，改善人民生活，提高人民文化水平。”⑥1986 年 9 月 2 日，在会见美

① 《邓小平文选》第三卷，人民出版社 1993 年版，第 10—11 页。
② 《邓小平文选》第三卷，人民出版社 1993 年版，第 155 页。
③ 《邓小平文选》第二卷，人民出版社 1994 年版，第 152 页。
④ 《邓小平文选》第二卷，人民出版社 1994 年版，第 101 页。
⑤ 《邓小平文选》第三卷，人民出版社 1993 年版，第 52 页。
⑥ 《邓小平文选》第三卷，人民出版社 1993 年版，第 123 页。

国记者华莱士时,邓小平又指出:“致富不是罪过。但我们讲的致富不是你们讲的致富。社会主义财富属于人民,社会主义的致富是全民共同致富。社会主义原则,第一是发展生产,第二是共同致富。我们允许一部分人先好起来,一部分地区先好起来,目的是更快地实现共同富裕。正因为如此,所以我们的政策是不使社会导致两极分化,就是说,不会导致富的越富,贫的越贫。坦率地说,我们不会容许产生新的资产阶级。”①1990 年 12 月,在与中央负责同志的谈话中,邓小平再次谈到共同富裕的问题。社会主义的目的就是要全国人民“共同致富,我们从改革一开始就讲,将来总有一天要成为中心课题。社会主义不是少数人富起来、大多数人穷,不是那个样子。社会主义最大的优越性就是共同富裕,这是体现社会主义本质的一个东西”②。社会主义制度应该而且能够避免两极分化。“解决的办法之一,就是先富起来的地区多交点利税,支持贫困地区的发展。……可以设想,在本世纪末达到小康水平的时候,就要突出地提出和解决这个问题。”③

(三)初级阶段价值基础论

价值目标的制定和实现只有从现实的国情出发才是切实可靠的。正确认识我国所处的发展阶段是正确认识国情、制定正确发展战略的前提。人口多、底子薄、生产力落后,这是中国的现实国情。1980 年 4 月,在会见阿尔及利亚民族解放阵线代表团时,邓小平指出:“不要离开现实和超越阶段采取一些‘左’的办法,这样是搞不成社会主义的。”④1981 年,党的十一届六中全会通过的《关于建国以来党的若干历史问题的决议》,第一次提出我国还处于社会主义初级阶段的论断。并且进一步指出:“我们的社会主义制度由比较不完善到比较完善,必然要经历一个长久的过程”,认为“社会主义经济建设必须

① 《邓小平文选》第三卷,人民出版社 1993 年版,第 172 页。
② 《邓小平文选》第三卷,人民出版社 1993 年版,第 364 页。
③ 《邓小平文选》第三卷,人民出版社 1993 年版,第 374 页。
④ 《邓小平文选》第二卷,人民出版社 1994 年版,第 312 页。

从我国国情出发，量力而行，积极奋斗，有步骤分阶段地实现现代化的目标”。[①] 1982年9月，党的十二大报告再次提出了社会主义初级阶段的提法，报告说：“我国的社会主义社会现在还处在初级发展阶段，物质文明还不发达。”[②]1986年9月，党的十二届六中全会通过的《中共中央关于社会主义精神文明建设指导方针的决议》，分别对这一阶段的内容作了一定的分析，“我国还处在社会主义的初级阶段，不但必须实行按劳分配，发展社会主义的商品经济和竞争，而且在相当长历史时期内，还要在公有制为主体的前提下发展多种经济成分，在共同富裕的目标下鼓励一部分人先富裕起来。”[③]党的十二届六中全会还明确提出我国社会的主要矛盾是人民日益增长的物质文化需要同落后的社会生产之间的矛盾。1987年3月21日，党的十三大召开前夕，党中央作了《关于草拟十三大报告大纲的设想》，提出十三大报告全篇拟以社会主义初级阶段作为立论的根据。邓小平对这个设想作了批示：“这个设计好。”[④]同年4月26日，邓小平在《社会主义必须摆脱贫穷》的谈话中说：“现在虽说我们也在搞社会主义，但事实上不够格。只有到了下世纪中叶，达到了中等发达国家的水平，才能说真的搞了社会主义。”[⑤]可以看出，这段话已经差不多概括了社会主义初级阶段的主要内容。8月29日，也就是党的十三大召开前夕，在会见意大利共产党人时，邓小平明确指出：“党的十三大要阐述中国社会主义是处在一个什么阶段，就是处在初级阶段，是初级阶段的社会主义。社会主义本身是共产主义的初级阶段，而我们中国又处在社会主义的初级阶段，

---

① 中共中央文献研究室编：《十一届三中全会以来重要文献选读》（上册），人民出版社1987年版，第344、346页。

② 中共中央文献研究室编：《十二大以来重要文献选编》（上），人民出版社1986年版，第26页。

③ 中共中央文献研究室编：《十一届三中全会以来重要文献选读》（下册），人民出版社1987年版，第1159页。

④ 中共中央党校教务部编：《〈邓小平文选〉（第三卷）辅导教材》，人民出版社1994年版，第15页。

⑤ 《邓小平文选》第三卷，人民出版社1993年版，第225页。

就是不发达的阶段。一切都要从这个实际出发,根据这个实际来制订规划。"①社会主义初级阶段在时间跨度上到底有多长。邓小平认为,从1956年生产资料私有制社会主义改造基本完成算起,到21世纪中叶社会主义现代化基本实现,社会主义初级阶段至少需要100年时间。党的十三大最突出的贡献,就是系统地阐述了社会主义初级阶段的理论,并且将它作为"我国制定和执行正确的路线和政策的根本依据"。其基本内容有四个方面:第一,我国的社会主义初级阶段,是指我国这样一个经济文化不发达的国家,社会主义社会成熟程度上的一个特殊阶段。从社会性质来说,我国已经是社会主义社会;从发展程度来说是初级阶段。第二,社会主义初级阶段既有社会主义因素,又有非社会主义因素,而以社会主义因素占主导地位。第三,社会主义初级阶段,时间从20世纪50年代中期社会主义改造基本完成,到21世纪中期社会主义现代化基本完成,至少需要一百年时间。第四,"它不是泛指任何国家进入社会主义都会经历的起始阶段,而是特指我国在生产力落后、商品经济不发达条件下建设社会主义必然要经历的特定阶段。"②在这个认识的基础上,党的十三大报告正式完整地表述了"一个中心,两个基本点"的基本路线,并明确界定它是"在社会主义初级阶段的基本路线"。因此,"社会主义初级阶段"理念的提出,不只是明确了一个时间概念,而且明确了党的基本路线的一个科学立足点。党的十三大以后,我国实行以公有制为主体,多种所有制形式并存的生产资料所有制和以按劳分配为主体,多种分配方式为补充的分配制度。

社会主义初级阶段理论是对马克思共产主义两个阶段理论的继承和发展。它再现了马克思历史唯物主义的真谛:生产关系一定要适合生产力发展的需要,在低级阶段采取高级阶段的形式,或者在高级阶段采取低级阶段的形式都会阻碍生产力的发展。基于这种分析,邓小平提出了"三步走"的发展战

① 《邓小平文选》第三卷,人民出版社1993年版,第252页。

② 中共中央党校教务部编:《十一届三中全会以来党和国家重要文献选编》,中共中央党校出版社2008年版,第193页。

略。1992 年南方谈话中，邓小平再次提出社会主义初级阶段的问题。他说：“我们搞社会主义才几十年，还处在初级阶段。巩固和发展社会主义制度，还需要一个很长的历史阶段，需要我们几代人、十几代人，甚至几十代人坚持不懈地努力奋斗，决不能掉以轻心。”①再次提醒全党注意社会主义初级阶段的长期性、艰巨性，并且提出了“巩固和发展社会主义制度”的问题，也就是说，即使社会主义初级阶段的任务完成之后，社会主义制度要巩固和发展，也要坚持不懈，不能掉以轻心。初级阶段理论的提出和系统阐发，客观上克服了价值追求的盲目性，使社会主义的价值追求奠立在客观的现实基础之上。

（四）“三个有利于”价值标准论

教条主义的思维方式在价值标准问题上有几个重要特点：简单对立、事先设定、抽象争论、高于一切。这种姓“社”姓“资”唯一价值标准论，在思维方式方法上是抽象的，矛头所向却是具体的，焦点集中在两大问题上：改革开放姓“资”不姓“社”，邓小平理论姓“资”不姓“社”。这种姓“社”姓“资”论本身的判断标准，就是传统计划经济的苏联模式和“以阶级斗争为纲”的“左”的教条主义。可以说，这种论调，本质上是“两个凡是”在 20 世纪 90 年代初期的新翻版。

早在 20 世纪 80 年代，在改革开放的起点上，邓小平就指出：“讲社会主义，首先就要使生产力发展，这是主要的。只有这样，才能表明社会主义的优越性。社会主义经济政策对不对，归根到底要看生产力是否发展，人民收入是否增加。这是压倒一切的标准。空讲社会主义不行，人民不相信。”②在南方谈话中，邓小平从四个方面批驳了姓“社”姓“资”唯一价值标准论。第一，把社会主义与资本主义简单对立起来，预先设定中国应当搞纯而又纯的社会主义，追求“一大二公三纯”的社会主义目标模式，不符合中国社会主义初级阶

---

① 《邓小平文选》第三卷，人民出版社 1993 年版，第 379—380 页。

② 《邓小平文选》第二卷，人民出版社 1994 年版，第 314 页。

段的基本国情。第二,对于改革开放与现代化探索中的许多新事物,预先设定姓“社”姓“资”,预先划定不能越雷池一步,不符合实践是检验真理的唯一标准的精神,更不符合改革开放的实践创新精神,在实践中必然畏头畏尾,迈不开步伐。第三,抽象争论姓“社”姓“资”,根本堵塞了落后国家利用资本主义文明成果、加速社会主义现代化建设的历史必由之路。第四,姓“社”姓“资”是对立统一的复杂辩证关系,很多东西只是中介环节、中性手段,没有姓“社”姓“资”的问题,如果不分青红皂白,什么东西都一分为二,要么姓“社”,要么姓“资”,必然将一些有利于社会主义建设的因素排除在社会主义之外。

在批判姓“社”姓“资”论的基础上,邓小平提出价值判断的新标准,即“三个有利于”的价值标准:“改革开放迈不开步子,不敢闯,说来说去就是怕资本主义的东西多了,走了资本主义道路。要害是姓‘资’还是姓‘社’的问题。判断的标准,应该主要看是否有利于发展社会主义社会的生产力,是否有利于增强社会主义国家的综合国力,是否有利于提高人民的生活水平。”①“三个有利于”标准,本质上是义利统一的价值标准。所谓社会主义的“义”,就是坚持走社会主义道路,坚持社会主义的基本制度不能动摇,先富带动后富、最终实现共同富裕的目标不能动摇。所谓社会主义的“利”,就是通过改革,使社会主义的体制机制符合生产力发展的要求,调动国内外一切积极因素为我所用,尽力发展社会主义的生产力,为满足人民的物质文化生活需要服务。

(五)改革开放价值动力论

社会主义价值目标的实现,根本动力在于改革开放。邓小平依据唯物史观的基本原理,系统总结苏联、东欧以及我国社会主义建设的经验教训,深刻分析我国社会生产力与生产关系、经济基础与上层建筑不相适应的状况,对改革的性质、目标、原则、步骤、举措都作了全面设计,形成了关于改革的理论体系。改革涉及政治、经济、文化、外交、军事等诸多领域,改革不是局部的某个

① 《邓小平文选》第三卷,人民出版社 1993 年版,第 372 页。

要素和某个方面的变革，而是从观念形态到社会体制，从经济、政治、科技、文教体制到各个领域的领导决策体制实行全方位的变革。各个领域的改革并不是孤立地进行的，而是相互联系的。邓小平强调，改革是社会主义制度的自我完善和发展，在整个改革开放中都要始终坚持四项基本原则，这是推进改革的政治保证；同时应处理好经济体制改革、政治体制改革和物质文明、精神文明建设的关系，加强民主与法制建设，处理好改革、稳定与发展，改革与对外开放等关系；改革应从社会主义初级阶段这一现实基础出发，分阶段分步骤有秩序地推进；改革的基本任务就是要解放和发展生产力，争取每推进一步，就使经济的发展上一个新台阶；改革是否成功，归根到底只能以“三个有利于”作为衡量的标准；改革中应始终坚持解放思想，实事求是的思想基础，应将改革开放与强国富民，实现国家的和平统一，建设有中国特色的社会主义统一起来。邓小平的改革理论逻辑结构严密、体系完整，具有鲜明的时代特色。

邓小平认识到改革的全面性、深刻性，而且对每一方面改革及其要达到的目标、实现目标的途径及检验标准都作了深刻的分析，具有较大的确定性和较强的可操作性。通过改革，把我国建设成为富强、民主、文明的社会主义现代化国家。具体而言，经济体制改革的目标是在坚持以公有制和按劳分配为主体、其他经济成分和分配方式为补充的基础上，建立和完善社会主义市场经济体制；政治体制改革的目标是以完善人民代表大会制度、共产党领导的多党合作制度和政治协商制度为主要内容，发展社会主义民主政治；同经济、政治的改革和发展相适应，以“有理想、有道德、有文化、有纪律”为目标，建设社会主义精神文明。① 三个方面的改革，经济体制改革是基础，是关键；政治体制改革是保证；社会主义精神文明建设为改革提供精神动力和智力支持。三方面结合起来，有重点、有步骤地推进。应将改革和社会发展联系起来，通过改革使我国从“事实上不够格”的社会主义向“够格”的社会主义转变，也就是在改

① 参见《中国共产党第十四次全国代表大会文件汇编》，人民出版社 1992 年版，第 13 页。

革中把量的变化和质的飞跃结合起来。

(六)计划与市场统一的价值途径论

实现社会主义价值目标需要一定的手段和途径。苏联模式认为,社会主义的价值目标只有通过计划经济才能实现,从而把市场、商品、货币等完全排除在社会主义之外。党的十一届三中全会后,邓小平总结国际共产主义运动的经验,对社会主义与市场经济的关系作了新的论述,彻底突破苏联模式,发现了实现社会主义价值目标的新途径。邓小平的论述其要点如下:

1. 明确提出社会主义也可以搞市场经济。党的十一届三中全会后,党和国家都面临经济体制改革方向的问题。经济理论界开始率先探讨社会主义与市场经济的关系问题。1979 年 11 月 26 日,邓小平在会见美国大不列颠百科全书出版公司编委会副主席吉布尼和加拿大麦吉尔大学东亚研究所主任林达光时,客人问:您是不是认为过去中国犯了一个错误,过早地限制了非资本主义的市场经济。邓小平回答这个问题时,明确指出:"说市场经济只存在于资本主义社会,只有资本主义的市场经济,这肯定是不正确的。社会主义为什么不可以搞市场经济,这个不能说是资本主义。……市场经济不能说只是资本主义的。市场经济,在封建社会时期就有了萌芽。社会主义也可以搞市场经济。"①在这里,邓小平批驳了认为市场经济只存在于资本主义的错误观念,明确肯定"社会主义市场经济"的概念,并且对两种市场经济的共同点和不同点作了分析,共同点在于都是经济方法,不同点在于所有制基础不同。作为经济方法,可以促进生产力发展,不会影响整个社会主义。

2. 明确肯定社会主义和市场经济不存在根本矛盾。1980 年 9 月,国务院在《关于经济体制改革的初步意见》中提出:"中国现阶段的社会主义经济是生产资料公有制占优势、多种经济成分并存的商品经济,必须建立与之相适应

---

① 《邓小平文选》第二卷,人民出版社 1994 年版,第 236 页。

的经济体制。”①当时，有的理论家不同意这种提法，认为这样讲模糊了社会主义经济和资本主义经济之间的本质区别。② 1984 年 10 月，党的十二届三中全会通过的《中共中央关于经济体制改革的决定》提出，我国的社会主义计划经济是公有制基础上有计划的商品经济。邓小平高度评价这一决定，认为这是马克思主义基本原理和中国社会主义实践相结合的政治经济学。1985 年 10 月，邓小平在会见美国时代公司组织的美国高级企业代表团时，代表团团长格隆瓦尔德问社会主义与市场经济之间是否存在矛盾，邓小平回答说：“社会主义和市场经济之间不存在根本矛盾。问题是用什么方法才能更有力地发展社会生产力。我们过去一直搞计划经济，但多年的实践证明，在某种意义上说，只搞计划经济会束缚生产力的发展。”③邓小平认为，把社会主义与市场经济结合起来，更能解放生产力，加速经济发展，体现社会主义制度的优越性。

3. 强调不要再讲以计划经济为主。尽管经济体制改革的实践已经朝着市场化的方向发展，但坚持以计划经济为主，甚至把市场经济等同于资本主义的观念依然根深蒂固。1987 年 2 月，在与几位中央负责同志的谈话中，邓小平指出：“为什么一谈市场就说是资本主义，只有计划才是社会主义呢？计划和市场都是方法嘛。只要对发展生产力有好处，就可以利用。它为社会主义服务，就是社会主义的；为资本主义服务，就是资本主义的。好像一谈计划就是社会主义，这也是不对的，日本就有一个企划厅嘛，美国也有计划嘛。我们以前是学苏联的，搞计划经济。后来又讲计划经济为主，现在不要再讲这个了。”④正是根据邓小平谈话的精神，党的十三大不再提以计划经济为主，而是认为计划和市场都是覆盖全社会的，对计划和市场的内在统一作了说明。

4. 认为计划和市场都是经济手段。党的十三大以后的不长时间，反对市

---

① 伍国友：《中华人民共和国史（1977—1991）》，人民出版社 2010 年版，第 300 页。

② 参见杨秋宝：《改革 40 年回望：邓小平和社会主义市场经济》，《金融博览》2018 年第 10 期。

③ 《邓小平文选》第三卷，人民出版社 1993 年版，第 148 页。

④ 《邓小平文选》第三卷，人民出版社 1993 年版，第 203 页。

场取向改革的论调有所上升,有的报刊载文直接将市场经济等同于资本主义。1989年6月,针对当时"左"的思潮,邓小平指出:"我们要继续坚持计划经济与市场调节相结合,这个不能改。实际工作中,在调整时期,我们可以加强或者多一点计划性,而在另一个时候多一点市场调节,搞得更灵活一些。以后还是计划经济与市场调节相结合。"①这就是说,计划和市场哪个多一点哪个少一点,没有绝对的界限,二者可以灵活结合,视情形而定。1990年12月,在与中央负责同志的谈话中,邓小平说:"我们必须从理论上搞懂,资本主义与社会主义的区分不在于是计划还是市场这样的问题。社会主义也有市场经济,资本主义也有计划控制。资本主义就没有控制,就那么自由?最惠国待遇也是控制嘛!不要以为搞点市场经济就是资本主义道路,没有那么回事。计划和市场都得要。不搞市场,连世界上的信息都不知道,是自甘落后。"②1991年春,在视察上海时的谈话中,邓小平又指出:"不要以为,一说计划经济就是社会主义,一说市场经济就是资本主义,不是那么回事,两者都是手段,市场也可以为社会主义服务。"③根据邓小平谈话的精神,上海《解放日报》发表了几篇署名皇甫平的文章。在《改革开放要有新思路》一文中,作者写道:"解放思想决不是一劳永逸的,就以计划和市场的关系而言,有些同志总习惯于把计划经济等同于社会主义,把市场经济等同于资本主义,认为在市场调节背后必然隐藏着资本主义的幽灵。随着改革的深化,越来越多的同志开始懂得:计划和市场只是资源配置的两种手段和形式,而不是划分社会主义和资本主义的标志,资本主义有计划,社会主义有市场。"④这篇文章,在理论界引起强烈反响。

5. 确立社会主义市场经济改革方向。1992年1月18日至2月21日,邓小平视察武昌、深圳、珠海和上海等地,沿途发表重要讲话,对计划和市场的关系问题作了进一步全面的精辟的论述,明确了中国继续改革的社会主义市场

① 《邓小平文选》第三卷,人民出版社1993年版,第306页。

② 《邓小平文选》第三卷,人民出版社1993年版,第364页。

③ 《邓小平文选》第三卷,人民出版社1993年版,第367页。

④ 皇甫平:《改革开放要有新思路》,《解放日报》1991年3月2日。

经济方向。邓小平首先从姓“社”姓“资”的争论说起,认为改革开放迈不开步子,不敢闯,说来说去就是怕资本主义的东西多了,走了资本主义道路。要害是姓“资”还是姓“社”的问题。紧接着提出计划和市场与社会主义的关系问题。明确指出计划和市场都是经济手段。既然计划和市场都是经济手段,那什么是社会主义呢?邓小平指出:“社会主义的本质,是解放生产力,发展生产力,消灭剥削,消除两极分化,最终达到共同富裕。”①最后,邓小平揭示了改革开放不敢闯的思想根源。“现在,有右的东西影响我们,也有‘左’的东西影响我们,但根深蒂固的还是‘左’的东西。有些理论家、政治家,拿大帽子吓唬人的,不是右,而是‘左’。‘左’带有革命的色彩,好像越‘左’越革命。‘左’的东西在我们党的历史上可怕呀!一个好好的东西,一下子被他搞掉了。右可以葬送社会主义,‘左’也可以葬送社会主义。中国要警惕右,但主要是防止‘左’。”②

党的十四大根据邓小平的建议,首次把建立社会主义市场经济体制确立为我国经济体制改革的目标,明确肯定使市场对资源配置起基础性作用,使经济活动遵循价值规律的要求。1993 年,党的十四届三中全会通过了《中共中央关于建立社会主义市场经济体制若干问题的决定》,进一步勾画了社会主义市场改革的蓝图和基本框架。

二、义利统一新型价值观的理论渊源及思想实质

邓小平义利统一价值观的新体系,具有深远而广泛的理论来源,不仅是对马克思主义价值观的继承发展,而且是对中国优秀传统文化价值观的创造性转化和创新性发展,更是对世界先进文明成果的批判性借鉴。

① 《邓小平文选》第三卷,人民出版社 1993 年版,第 373 页。

② 《邓小平文选》第三卷,人民出版社 1993 年版,第 375 页。

（一）马克思主义价值观的继承发展

在马克思主义哲学史上，马克思、恩格斯、列宁、毛泽东等人都曾依据时代条件，结合无产阶级的斗争实践，对马克思主义的价值观作过不懈探索，提出过一系列重要结论，成为邓小平义利统一价值观的基本思想来源。

1. 马克思对无产阶级价值观的设计。马克思毕生为无产阶级的解放事业而奋斗。社会主义、共产主义以生产力和交往的普遍发展为前提，是扬弃资产阶级私有财产制度的结果，是义利统一的价值观。早在《莱茵报》工作期间，马克思已经看到了摩泽尔河沿岸地区农民“骇人听闻的贫困”。在《〈黑格尔法哲学批判〉导言》中，他深入研究现代国家的本质，认为“现代国家本身置现实的人于不顾，或者只凭虚构的方式满足整个的人”①，提出“不摧毁一切奴役制，任何一种奴役制都不可能被摧毁”②的结论。而摧毁这个制度的只能是无产阶级，“无产阶级宣告迄今为止的世界制度的解体”③。

在《1844年经济学哲学手稿》中，马克思看到了资本主义异化劳动的事实。认为只有扬弃资本主义私有财产制度，才可能实现人对人的本质的真正恢复和占有。共产主义是人与自然、人与人之间矛盾的真正解决，“它是历史之谜的解答，而且知道自己就是这种解答。”④在《关于费尔巴哈的提纲》中，新唯物主义从实践出发，立足“人类社会”或“社会化的人类”，把“改变世界”作为根本目的，从而与一切旧哲学划清了界限。在《德意志意识形态》中，马克思进一步根据唯物史观，把资产阶级国家称为历史进程中的“虚假共同体”，强调共产主义将推翻一切旧的生产关系和交往关系的基础，以“真实共同体”代替“虚假共同体”，把“偶然的个人”变为“有个性的个人”。

在《共产党宣言》中，马克思深入考察资本的发展逻辑，认为在以资本为

---

① 《马克思恩格斯文集》第1卷，人民出版社2009年版，第11页。

② 《马克思恩格斯文集》第1卷，人民出版社2009年版，第18页。

③ 《马克思恩格斯文集》第1卷，人民出版社2009年版，第17页。

④ 《马克思恩格斯文集》第1卷，人民出版社2009年版，第185—186页。

主体的资产阶级社会里，资本具有独立性和个性，而活动着的个人却没有独立性和个性，无产阶级要用暴力推翻资产阶级的统治。在无产阶级夺取政权以后，要利用自己手中的权力，尽可能快地增加生产力的总量，把资本集中在国家手里，“已经积累起来的劳动只是扩大、丰富和提高工人的生活的一种手段”①，剥夺地产，征收高额累进税，废除继承权，没收一切流亡分子和叛乱分子的财产，把信贷和全部运输业集中在国家手里，消灭商品货币关系，实行按计划生产，消灭三大差别，教育与生产劳动相结合，实现人的自由全面发展。

在《资本论》中，马克思深入揭示资本与国家相互勾结，共同参与贩卖黑人奴隶，雇佣妇女和童工，以榨取剩余价值的罪恶。认为“资本来到世间，从头到脚，每个毛孔都滴着血和肮脏的东西”②。无产阶级就是要通过革命，推翻资本的统治，实行对剥夺者的再剥夺，从人对“人的依赖”和人对“物的依赖”走向人的独立自由发展。

在《哥达纲领批判》中，马克思进一步提出共产主义过渡时期的理论和共产主义“两个阶段”的理论，并且认为，在共产主义的低级阶段，个人消费品的分配还只能实行“按劳分配”的原则，虽然这还是资产阶级法权。只有在共产主义高级阶段，“在迫使个人奴隶般地服从分工的情形已经消失，从而脑力劳动和体力劳动的对立也随之消失之后；在劳动已经不仅仅是谋生的手段，而且本身成了生活的第一需要之后；在随着个人的全面发展，他们的生产力也增长起来，而集体财富的一切源泉都充分涌流之后，——只有在那个时候，才能完全超出资产阶级权利的狭隘眼界，社会才能在自己的旗帜上写上：各尽所能，按需分配！”③

恩格斯晚年把唯物史观概括为劳动史观，强调人民群众创造历史的主体作用，认为马克思“毕生的真正使命，就是以这种或那种方式参加推翻资本主

① 《马克思恩格斯文集》第 2 卷，人民出版社 2009 年版，第 46 页。

② 《马克思恩格斯文集》第 5 卷，人民出版社 2009 年版，第 871 页。

③ 《马克思恩格斯文集》第 3 卷，人民出版社 2009 年版，第 435—436 页。

义社会及其所建立的国家设施的事业,参加现代无产阶级的解放事业”①,这是对马克思核心价值取向的精准概括。

2. 列宁对俄国无产阶级价值观的探索。列宁毕生探索在俄国这样经济文化都比较落后的国家怎样解放和发展生产力,建设社会主义,实现马克思主义价值理想的道路。十月革命前夕,列宁提出把“全民的、国家的‘辛迪加’”②作为社会主义经济制度的理想模式。为了走向这个目标,无产阶级国家要把粮食垄断制、面包配给制、劳动义务制,作为实行统计和监督的最有力手段。1918 年春天,列宁要求办“国家资本主义”,提出了一个关于社会主义的公式:“苏维埃政权+普鲁士的铁路秩序+美国的技术和托拉斯组织+美国的国民教育等等等等++=总和=社会主义”③。1920 年,列宁主持编制了苏联的第一个10—15 年的发展科学技术和国民经济的远景规划。1921 年春天,列宁提出回到国家资本主义,并“把商品交换这一形式固定下来”。而 1921 年 10 月以后,列宁进一步提出应“从国家资本主义转到由国家调节买卖和货币流通”,并认为在 1921—1922 年的各个过渡形式中,商业正是党和国家“必须全力抓住的环节”④。同时,对农民实行更多的让步,是要“防止资本主义复辟,保证走共产主义道路”的必要措施。⑤ 1923 年 1 月,列宁进一步提出从“合作社”入手进入社会主义的新观点。列宁说:对我们来说,合作社的发展也就等于社会主义的发展。只要实现了合作化,“就在社会主义基地上站稳了脚跟。”⑥

3. 毛泽东对社会主义价值观的认识经历了一个复杂的过程。在《论联合政府》中,他曾提出,中国一切政党的政策及其实践的好坏最终取决于能否解放生产力。为了解放生产力,让全体人民过上幸福美好的生活,必须推翻“三

① 《马克思恩格斯文集》第 3 卷,人民出版社 2009 年版,第 602 页。
② 《列宁选集》第 3 卷,人民出版社 2012 年版,第 202 页。
③ 《列宁全集》第 34 卷,人民出版社 2017 年版,第 520 页。
④ 《列宁选集》第 4 卷,人民出版社 2012 年版,第 605、614 页。
⑤ 《列宁全集》第 41 卷,人民出版社 2017 年版,第 313 页。
⑥ 《列宁选集》第 4 卷,人民出版社 2012 年版,第 773 页。

座大山”在中国的统治，实现经济社会的全面改造，把经济掌握在新民主主义国家的手里。“在现阶段上，中国的经济，必须是由国家经营、私人经营和合作社经营三者组成的。而这个国家经营的所谓国家，一定要不是‘少数人所得而私’的国家，一定要是在无产阶级领导下而‘为一般平民所共有’的新民主主义的国家。”①在为党的七届二中全会所作的报告中，毛泽东创造性地提出了改造私有制、建立公有制的设想。“中国的现代性工业……最大的和最主要的资本是集中在帝国主义者及其走狗中国官僚资产阶级的手里。没收这些资本归无产阶级领导的人民共和国所有，就使人民共和国掌握了国家的经济命脉，使国营经济成为整个国民经济的领导成分”②。正是循着这一思想，新中国成立不久就进行对农业、手工业和资本主义工商业的社会主义改造。1956年1月，毛泽东更为明确地提出，“社会主义革命的目的是为了解放生产力”，对农业、手工业和资本主义工商业的社会主义改造，“必然使生产力大大地获得解放。这样就为大大地发展工业和农业的生产创造了社会条件。”③随着“三大改造”的完成，毛泽东开始设想建立一个纯粹的社会主义，萌生了“让资本主义绝种”“让小生产绝种”的想法。但随着认识的深化，他逐渐改变了这种想法。在与工商界人士的谈话中，认为我国的自由市场有存在的必要，“因为社会有需要，就发展起来。要使它成为地上，合法化，可以雇工。……可以开私营大厂……可以开投资公司。……可以消灭了资本主义，又搞资本主义。”④在党的八大开幕词中，毛泽东明确提出，“要把一个落后的农业的中国改变成为一个先进的工业化的中国。”⑤党的工作重心要转移到经济建设上来，解决“落后的生产力与人民对于建立先进的工业国的要求同落后的农业国的现实之间的矛盾”。毛泽东强调：“我们的根本任务已经由解放生产力变

① 《毛泽东选集》第三卷，人民出版社1991年版，第1058页。
② 《毛泽东选集》第四卷，人民出版社1991年版，第1431页。
③ 《毛泽东文集》第七卷，人民出版社1999年版，第1页。
④ 《毛泽东文集》第七卷，人民出版社1999年版，第170页。
⑤ 《毛泽东文集》第七卷，人民出版社1999年版，第117页。

为在新的生产关系下面保护和发展生产力。”①这些论述说明，毛泽东把大力发展生产力、实现国家工业化作为实现共同富裕的根本途径。②

然而，由于缺乏经验，新中国实际上照搬了“苏联模式”，毛泽东很早就发现了苏联模式的弊端，并写作《论十大关系》《关于正确处理人民内部矛盾的问题》等文章，试图突破苏联模式的束缚，独立自主地探索中国式现代化道路，但由于各种原因，最终搞了“大跃进”和“文化大革命”。其基本特征是脱离社会主义初级阶段的国情，不顾生产力发展的实际，在生产资料社会主义改造完成之后，在剥削阶级作为阶级已被消灭以后，仍然强调“无产阶级专政下的继续革命”，强调“以阶级斗争为纲”的路线。与这种极左思想路线相一致，在所有制形式上片面追求“一大二公三纯”；在分配方式上片面强调“平均主义”“大锅饭”，把与按劳分配、物质利益有关的范畴，一概斥之为应当加以限制的“资产阶级法权”；在经济体制上片面强调计划调节的作用，而把商品经济、市场关系统统斥之为“资本主义尾巴”。在价值评价标准上，把姓“社”姓“资”作为唯一的价值评价标准，片面强调精神鼓励的作用，排斥对现代科学技术、现代化管理先进方法的吸收和借鉴，根本割裂了义利统一的关系，更割裂了社会主义与物质利益的血肉联系。

可以看出邓小平对价值观的创新，完全站在马克思主义价值观的基础之上。他的价值主体论、价值目标论、价值基础论、价值标准论、价值动力论、价值途径论，都与马克思、列宁、毛泽东的论述相联系，同时吸取了国内外社会主义建设经验和教训。邓小平一再指出：“马克思主义的基本原则就是要发展生产力。马克思主义的最高目的就是要实现共产主义，而共产主义是建立在生产力高度发展的基础上的。社会主义是共产主义的第一阶段，是一个很长的历史阶段。社会主义的首要任务是发展生产力，逐步提高人民的物质和文

---

① 《毛泽东文集》第七卷，人民出版社 1999 年版，第 218 页。

② 参见王瑞芳：《1960 年前后毛泽东对社会主义本质问题的认识》，《晋阳学刊》2017 年第 5 期。

化生活水平。”①

（二）对中国传统价值观的创造性转化和创新性发展

中国传统价值观无疑是邓小平价值观的重要思想来源。中华民族在5000多年的发展进程中，创造了辉煌灿烂的古代文明。在对待中国传统价值观的问题上，邓小平采取吸收其精华，剔除其糟粕的态度。

1. 中国传统“富民观”。管仲是中国历史上较早提出“富民”思想的人。他说：“凡治国之道，必先富民。民富，则易治也；民贫，则难治也。故治国常富而乱国常贫，是以善为治国者必先富民，然后治之。”②人民富裕了国家就容易治理；反之，贫穷则难于治理。又言：“仓廪实，则知礼节；衣食足，则知荣辱”③。孔子提出“先富而后教”④的富民观。论语曰：“百姓足，君孰与不足？百姓不足，君孰与足？”⑤这段话用今天的话来讲就是：百姓的用度满足了，君主的用度怎么可能不满足？相反，百姓的用度不满足，君主的用度怎么可能满足？孟子主张“制民恒产”，认为人民有“恒产”才能有“恒心”。“民之为道也，有恒产者有恒心，无恒产者无恒心。”⑥荀子著有《富国》《强国》篇，认为“足国之道：节用裕民，而善臧其余。”“下贫，则上贫；下富，则上富。”⑦西汉初年，贾谊指出：“民非足也，而可治之者，自古及今，未之尝闻。”⑧东汉淮南王刘安也提出，“为治之本，务在于安民；安民之本，在于足用。”⑨魏晋时期思想家傅玄在其所著《傅子》中提出“民富则安，贫则危”的富民观⑩。北宋时期，王

① 《邓小平文选》第三卷，人民出版社1993年版，第116页。
② 李山、轩新丽译注：《管子》（下），中华书局2019年版，第715页。
③ 李山、轩新丽译注：《管子》（上），中华书局2019年版，第2页。
④ 杨伯峻、杨逢彬注译：《论语》，岳麓书社2000年版，第119页。
⑤ 杨伯峻、杨逢彬注译：《论语》，岳麓书社2000年版，第110页。
⑥ 金良年：《孟子译注》，上海古籍出版社2004年版，第110页。
⑦ 张觉：《荀子译注》，上海古籍出版社1995年版，第181、203页。
⑧ （汉）贾谊：《新书》，中华书局2012年版，第137页。
⑨ （汉）刘安：《淮南子》，陈广忠释注，中华书局2012年版，第797页。
⑩ （唐）魏徵：《群书治要》，中华书局2014年版，第603页。

安石写道:“尝以谓方今之所以穷空,不独费出之无节,又失所以生财之道故也。富其家者资之国,富其国者资之天下,欲富天下则资之天地。”①北宋仁宗年间,李觏作《富国策》和《强兵策》各十篇,系统阐述其富国富民思想。主张富国要靠“强本节用”,反对靠“厚取于民”达到富国目的。“是故贤圣之君,经济之士,必先富其国焉。所谓富国者,非日巧筹算,析毫末,厚取于民以谋怨也,在乎强本节用,下无不足而上则有余也。”②明清之际,邱浚指出:“古之明主,所以孜孜焉务民于农桑,薄税敛,广储蓄以实仓廪,备水旱,使天下之民,无间丰凶,皆得饱食暖衣,以仰事俯育,则常有其民而君位安,国祚长矣。”③所有这些思想,其核心理念就是“富国必先富民,民富则国富”,无疑成为邓小平共同富裕思想的重要传统文化基因。当然,邓小平在吸取这些思想时,也克服了传统文化中“重农抑商”“重义轻利”“德本财末”“知足常乐”等消极思想观念。

2. 中国传统“义利观”。在义利关系问题上,中国传统存在四种观点:重义轻利、重利轻义、义利并举、义利俱轻。儒家肯定利的合理性,但总体上坚持“重义轻利”。《论语》载,“子罕言利与命与仁。”④子曰:“君子喻于义,小人喻于利。”⑤孟子与孔子基本一致。他对梁惠王说:“王何必曰利,亦有仁义而已矣。”⑥当义利发生矛盾时,主张取“义”舍“利”。“生,亦我所欲也;义,亦我所欲也。二者不可得兼,舍生而取义者也。”⑦荀子主张以义制利。他认为,“先义而后利者荣,先利而后义者辱。”⑧韩非子对儒家的主张表示反对,认为全部社会伦理关系得以顺利建构的前提是承认个人私利的合法性。“好利恶害,

① 《宋本临川先生文集》(八),国家图书馆出版社 2018 年版,第 116 页。

② (宋)李觏:《李觏集》,中华书局 1981 年版,第 133 页。

③ (明)邱浚:《大学衍义补》(上),林冠群、周济夫校点,京华出版社 1999 年版,第 121—122 页。

④ 杨伯峻、杨逢彬注译:《论语》,岳麓书社 2000 年版,第 77 页。

⑤ 杨伯峻、杨逢彬注译:《论语》,岳麓书社 2000 年版,第 32 页。

⑥ 金良年:《孟子译注》,上海古籍出版社 2004 年版,第 1 页。

⑦ 金良年:《孟子译注》,上海古籍出版社 2004 年版,第 242 页。

⑧ 张觉:《荀子译注》,上海古籍出版社 1995 年版,第 50 页。

夫人之所有也。”①父子、君臣、夫妇、兄弟之间都是利害关系。仁义用于古代而不用于当世。“世异则事异”“事异则备变”。如果不顾客观世界的变化，一味强调上古的仁义道德，必然变得迂腐而不能治理当世。“以是言之，夫仁义辩智，非所以持国也。”②墨子认为，“义”和“利”不存在根本的矛盾。“义，利也。”“利，所得而喜也。”③义利合一的观点，在宋朝关于义利之辩的第三次辩论中提了出来，苏洵、陈亮等人，都力图从墨子的观点出发，运用《易经》的思维方式对自己坚持的义利观进行阐释。明末清初，王夫之明确肯定义和利都是个人存在的支撑力量。他说：“义足以用，则利足以和。和也者，合也，言离义而不得有利也。”④道家坚持从“道法自然”的观念出发，主张“绝圣弃智，民利百倍；绝仁弃义，民复孝慈；绝巧弃利，盗贼无有；此三者以为文不足。”⑤认为义和利都是对人的束缚，应予抛弃。庄子更看重个人的“逍遥”，认为“义”和“利”都是“大乱之本”，追求义利会给社会带来整个的颓废，应坚决予以摒弃。显然，邓小平对中国传统义利观是有选择的。他摒弃了“重义轻利”“重利轻义”“义利俱轻”的观念，而选择了“义利并重”的观念。

3. 中国传统“变化革新观”。中华民族是一个崇尚变化、勇于革新的民族。据儒家经典《大学》载：“汤之《盘铭》曰：‘苟日新，日日新，又日新。’《康诰》曰：‘作新民。’《诗》曰：‘周虽旧邦，其命维新’。是故君子无所不用其极。”⑥这就是说，商周时期，人们已经认识到变化革新的重要性，把革新作为崇高的使命。所谓“无所不用其极”就是将“维新”这件事做到极致。《易传·系辞上》记载了中华先祖的创新经过，认为变化革新来自事物自身的矛盾，“一阴一阳之谓道”“生生之谓易”⑦。自觉顺时应变是一种美德，“日新之谓

---

① 张觉等：《韩非子译注》，中华书局 2007 年版，第 555 页。

② 张觉等：《韩非子译注》，中华书局 2007 年版，第 678 页。

③ 罗炳良、胡喜云编著：《墨子解说》，华夏出版社 2007 年版，第 232、233 页。

④ （清）王夫之：《尚书引义》，王孝鱼点校，中华书局 1962 年版，第 277 页。

⑤ 饶上宽译注：《老子》，中华书局 2006 年版，第 47 页。

⑥ 王国轩译注：《大学中庸》，中华书局 2006 年版，第 9 页。

⑦ 黄寿祺、张善文：《周易译注》，上海古籍出版社 2004 年版，第 503 页。

盛德”。只有顺时应变,才能长久,所谓“穷则变,变则通,通则久”。如果真正做到这一点,则“自天祐之,吉无不利”①。《易传》第四十九卦充分肯定汤武革命是顺天应人的正义之举。“汤武革命,顺乎天而应乎人:革之时大矣哉!”②儒家的杰出代表荀子认为,只要发挥人的能动性,就可以“制天命而用之”。“大天而思之,孰与物畜而制之?从天而颂之,孰与制天命而用之?望时而待之,孰与应时而使之?”③《吕氏春秋·察今》中说:“世易时移,变法宜矣。”④时势在不断变化,治理国家的法也应随时势而变化。如果像楚人一样去“刻舟求剑”,必为世人所耻笑。《韩非子·五蠹》讥笑那些顽固守旧而不知变化的人,“今有构木钻燧于夏后氏之世者,必为鲧禹笑矣。有决渎于殷周之世者,必为汤武笑矣。然则今有美尧舜汤武之道于今之世者,必为新圣笑矣。”⑤王安石在批驳保守派的言论时指出:“天变不足畏,祖宗不足法,人言不足恤。”⑥王夫之在《思问录·外篇》中更明确地提出:“今日之风雷非昨日之风雷”,“今日之日月非昨日之日月”,“今日之官骸非昨日之官骸”,⑦因此,人们“不可持一凝滞之法”以待物,应随着事物的变化而变化。康有为在第六次上清帝书中说:“夫物新则壮,旧则老;新则鲜,旧则腐;新则活,旧则板;新则通,旧则滞,物之理也。法既积久,弊必丛生,故无百年不变之法。”⑧梁启超在《变法通议·自序》中说:“为不变之说者动曰:‘守古,守古’。庸知自太古、上古、中古、近古以至今日,固已不知万百千变。今日所目为古法而守之者,其与古人之意相去岂可以道里计哉?”⑨这些论述表明:因时因势而变化革新本身

---

① 黄寿祺、张善文:《周易译注》,上海古籍出版社 2004 年版,第 533 页。

② 黄寿祺、张善文:《周易译注》,上海古籍出版社 2004 年版,第 377 页。

③ 张觉:《荀子译注》,上海古籍出版社 1995 年版,第 258 页。

④ 《吕氏春秋》,张双棣等译注,中华书局 2007 年版,第 145 页。

⑤ 张觉等:《韩非子译注》,中华书局 2007 年版,第 673 页。

⑥ (元)脱脱等:《宋史》,中华书局 2000 年版,第 8467 页。

⑦ (明)王夫之:《思问录》,山东友谊出版社 2001 年版,第 286 页。

⑧ 姜义华、张荣华编校:《康有为全集》第 4 集,中国人民大学出版社 2007 年版,第 17 页。

⑨ 张品兴主编:《梁启超全集》第 1 卷,北京出版社 1999 年版,第 10 页。

就是一种价值，深深渗透在中华民族的骨髓中。邓小平在改革开放的过程中，一再强调：世界的变化日新月异、一日千里，我们关起门来搞建设不行，一定要尽快适应世界科技革命的步伐。胆子要大一点，步子要快一点，看准了的就大胆地试、大胆地闯。这种精神无疑与中国传统变化革新精神相契合，是对中国传统变化革新精神的发扬光大。

（三）对资本主义先进文明成果的吸收借鉴

资本主义是人类反封建斗争的产物，在几百年的发展中，资本主义创造了比以往人类文明成果的总和还要多的人类文明。大胆吸收和借鉴人类社会创造的一切文明成果，是发展社会主义的重要方法。当然，对资本主义一定要采取辩证分析的态度，有批判有鉴别地学习。

1. 利用资本主义的先进技术、管理方法、资金以及发展市场经济的经验为我服务。以什么样的途径和形式利用资本主义，是一个重大的战略问题。邓小平反复强调：“各国人民在资本主义制度下所发展的科学和技术，所积累的各种有益的知识和经验，都是我们必须继承和学习的”，“吸收外国资金、外国技术，甚至包括外国在中国建厂，可以作为我们发展社会主义社会生产力的补充”。① 邓小平认为，科学技术没有制度界限。我们要实现四个现代化，不学习外国的先进技术不行。怎样引进外国的先进技术？早在 1978 年 9 月 18 日，在听取中共鞍山市委负责同志汇报时的讲话中，他提出两个要求：“第一要学会，第二要提高创新。……凡是引进的技术设备都应该是现代化的，……我们要以世界先进的科学技术成果作为我们发展的起点。”“引进先进技术设备后，一定要按照国际先进的管理方法、先进的经营方法、先进的定额来管理，也就是按照经济规律管理经济。一句话，就是要革命，不要改良，不要修修补补。”②这段话明确告诉人们，我们不仅仅是引进，而是在引进的基础上，进行

---

① 《邓小平文选》第二卷，人民出版社 1994 年版，第 167—168、351 页。

② 《邓小平文选》第二卷，人民出版社 1994 年版，第 129、129—130 页。

消化吸收、创新推广，迅速提高中国的经济技术水平，实现经济的跨越式发展。1978年10月10日，在会见德意志联邦共和国新闻代表团时，他再次指出：我们过去有一段时间把向先进国家学习先进技术叫作“崇洋媚外”。“现在大家明白了，这是一种蠢话。我们派了不少人出去看看，使更多的人知道世界是什么面貌。关起门来，固步自封，夜郎自大，是发达不起来的。”①邓小平十分重视利用外资，1979年1月17日，在会见工商界领导人时，他指出：“现在搞建设，门路要多一点，可以利用外国的资金和技术，华侨、华裔也可以回来办工厂。吸收外资可以采取补偿贸易的方法，也可以搞合营，先选择资金周转快的行业做起。当然，利用外资一定要考虑偿还能力。”②吸收外资主要是吸收外商直接投资和利用国外的公私贷款。邓小平认为，有些东西我们到底能不能用，不要先入为主地下结论。比如，“证券、股市，这些东西究竟好不好，有没有危险，是不是资本主义独有的东西，社会主义能不能用？允许看，但要坚决地试。看对了，搞一两年对了，放开；错了，纠正，关了就是了。”③吸收外资要摒除过去那种“一无外债，二无内债”的陈旧观念，打破了“不用西方世界资金”的禁区。1979年，中国就在广东和福建沿海地区开设了四个经济特区。邓小平认为，特区起着“四个窗口”的作用，“特区是个窗口，是技术的窗口，管理的窗口，知识的窗口，也是对外政策的窗口。”④2001年，中国正式加入世界贸易组织，把“引进来”和“走出去”结合了起来，标志着中国对外开放进入一个新阶段，而市场经济与社会主义公有制的结合则实现了中国经济体制的根本性变革。

2. 吸收和利用资本主义政治文明的合理点。如何正确对待资本主义政治文明成果？当时党内外存在着两种极端的倾向，一种是盲目崇拜，进而主张全盘西化；一种是不加分析和辨别，一概加以拒绝。邓小平认为，和任何事物一

① 《邓小平文选》第二卷，人民出版社1994年版，第132页。
② 《邓小平文选》第二卷，人民出版社1994年版，第156页。
③ 《邓小平文选》第三卷，人民出版社1993年版，第373页。
④ 《邓小平文选》第三卷，人民出版社1993年版，第51—52页。

样，资本主义政治文明也有两个方面，我们也必须采取辩证分析的态度。社会主义制度与资本主义制度相比，到底哪个制度好？当然是社会主义好。资本主义的“三权分立”、两院制和多党制不一定是好东西，“资本主义国家的多党制有什么好处？……它们谁也不代表广大劳动人民的利益。”①在资本主义制度下，国家受资本的绑架和操控，成为替资本服务的工具。“资本主义无论如何不能摆脱百万富翁的超级利润，不能摆脱剥削和掠夺，不能摆脱经济危机，不能形成共同的理想和道德，不能避免各种极端严重的犯罪、堕落、绝望。”②资本主义基本政治制度，对中国根本不适合，要坚决予以批判和抵制。但邓小平又认为，资产阶级在反封建主义的过程中，在巩固和完善其国家政权的过程中，形成了一些有效的民主管理制度，主要有：普选制度、民主监督制度、公务员制度、人权的保障制度、人事制度、法律制度，等等。这些制度虽然与资本主义基本制度紧密相连，是为资本主义服务的，但不属于资本主义的基本制度和核心制度，有的是按照“主权在民”的原则制定的，还有的反映了公开、公正、竞争等原则。这些制度对我们的民主政治建设有较大的借鉴意义，应在批判分析的基础上继承其中的某些合理的成分。③ 有些人搞不清社会主义民主和资本主义民主的区别，盲目追求资产阶级民主，鼓吹“全盘西化”，主张把整个资本主义制度照搬过来，这是不切实际的，必须予以批判。“所谓资产阶级自由化，就是要中国全盘西化，走资本主义道路。”④他们极力美化资产阶级民主，贬低和否认社会主义民主。如果任其泛滥，后果极其严重，它会使一些人，特别是青年人迷失方向，造成社会混乱，扰乱改革开放，葬送社会主义。邓小平明确指出：资产阶级自由化，崇拜西方资本主义国家的“民主”“自由”，否定社会主义。“这不行。中国要搞现代化，绝不能搞自由化，绝不能走西方资本

---

① 《邓小平文选》第二卷，人民出版社 1994 年版，第 267 页。

② 《邓小平文选》第二卷，人民出版社 1994 年版，第 167 页。

③ 参见郑曙村：《邓小平对待资本主义政治文明成果的科学态度》，《中共云南省委党校学报》2002 年第 4 期。

④ 《邓小平文选》第三卷，人民出版社 1993 年版，第 207 页。

主义道路”。① 另一方面，也有的人长期受极左思想的影响，心底存在着一种“恐资症”，谈资色变；还有的人受小生产和习惯势力的影响，思想保守，墨守成规，固步自封，不愿意接受新生事物；还有的人盲目自大，自以为是，看不到人家的长处，盲目排外。这些“左”的僵化思想严重束缚人们的思想，使人们放不开手脚，大胆借鉴西方文明成果，妨碍社会主义民主政治的发展。这种思想也是要批判的。“关起门来，固步自封，夜郎自大，是发达不起来的。”②这些都是社会主义民主制度发展的严重障碍，必须进行彻底地清理。

3. 学习资本主义的进步文化。邓小平认为，考察资本主义文化成果，应该把资本主义放到整个人类历史过程来审视，要弄清什么是资本主义，总体来讲“资本主义要比封建主义优越”，创造了比以往社会文明的总和还要多的文明。因此，要继承资本主义先进文明成果来发展社会主义文化，对于资本主义国家中一些正直的学者、作家、艺术家所创作的有价值的东西，我们应该着重介绍。然而，资产阶级文化成果是资本主义政治、经济的反映，不可避免地打上资产阶级的烙印，对于其腐朽的东西，如绝对自由主义、极端个人主义、拜金主义、唯利是图、损人利己等观念，我们要坚决反对和抵制，决不能照搬照抄资本主义意识形态。“决不学习和引进各种丑恶颓废的东西。”③“贪污、盗窃、贿赂、走私这些资本主义世界腐朽的东西决不能引进来。”④邓小平严厉批评有的人不加分析、生吞活剥、照搬照抄西方文化的不良现象。“现在有些同志对于西方各种哲学的、经济学的、社会政治的和文学艺术的思潮，不分析、不鉴别、不批判，而是一窝蜂地盲目推崇。对于西方学术文化的介绍如此混乱，以至连一些在西方国家也认为低级庸俗或有害的书籍、电影、音乐、舞蹈以及录像、录音，这几年也输入不少。这种用西方资产阶级没落文化来腐蚀青年的状

① 《邓小平文选》第三卷，人民出版社 1993 年版，第 123 页。
② 《邓小平文选》第二卷，人民出版社 1994 年版，第 132 页。
③ 《邓小平文选》第二卷，人民出版社 1994 年版，第 168 页。
④ 《邓小平年谱（一九七五——一九九七）》，中央文献出版社 2004 年版，第 802 页。

况，再也不能容忍了。”①虽然搞精神污染的人只是少数，但危害很大，足以祸国殃民，“它在人民中混淆是非界限，造成消极涣散、离心离德的情绪，腐蚀人们的灵魂和意志，助长形形色色的个人主义思想泛滥，助长一部分人当中怀疑以至否定社会主义和党的领导的思潮。”②从长远来看，这是关系到我们的事业将由什么人来接班的问题，关系党和国家的前途和命运的问题。到底拿什么标准来检验引进的东西是好是坏呢？邓小平认为，关键要看是站在什么立场，代表什么人的利益，为谁说话，“不是都拥护实践是检验真理的唯一标准吗？一些同志应当看看他们的错误言论、有害作品、低级表演在人民、在青年中间产生了什么影响、什么后果嘛。一些正直的、友好的外国人士为此而替我们担心。当然也有人叫好。在大陆有人叫好，在台湾、香港和某些外国也有人叫好。奉劝这些同志在有人叫好的时候想一想：究竟是什么人站在什么立场上叫好，为了什么目的叫好，也用实践检验一下嘛。”③邓小平还批评一些干部子女不惜丧失国格、人格的可耻行为。“现在有些青年，有些干部子女，甚至有些干部本人，为了出国，为了搞钱，违法乱纪，走私受贿，投机倒把，不惜丧失人格，丧失国格，丧失民族自尊心，这是非常可耻的。”④

三、对国外一些错误观点的辨正

国外理论界一些人，由于不懂得辩证法，错误认为中国特色社会主义就是变相的“资本主义”，甚至提出所谓“中国特色资本主义”的谬论。分析国外学者在这个问题上的错误观点，对于我们正确认识邓小平哲学的价值观，坚持走中国特色社会主义道路，无疑具有重要意义。

---

① 《邓小平文选》第三卷，人民出版社 1993 年版，第 44 页。
② 《邓小平文选》第三卷，人民出版社 1993 年版，第 44 页。
③ 《邓小平文选》第三卷，人民出版社 1993 年版，第 45 页。
④ 《邓小平文选》第二卷，人民出版社 1994 年版，第 337—338 页。

（一）邓小平对错误观点的多视角批判

邓小平在各个不同时期针对人们的疑问，从各个不同的角度分析和回答了中国改革开放的社会主义性质，批驳了所谓中国走“资”的观点。具体地讲，邓小平论述姓“社”姓“资”的新视角主要表现在以下几个方面。

1. 从唯物史观视角说明中国走社会主义道路的历史必然性。国外某些学者认为，邓小平讲社会主义只是一种不得已的权宜之计，表面上讲的是社会主义，骨子里想的是资本主义。这种观点完全背离了邓小平思想。众所周知，从1979年至1992年的13年中，邓小平反复强调要坚持四项基本原则的重要性，而在四个坚持中，邓小平又特别强调坚持社会主义道路。他曾指出：“三中全会以来，我们一直强调坚持四项基本原则，其中最重要的一条是坚持社会主义制度。”①他的论述包含着以下内容。

第一，社会主义是人类历史发展不可逆转的总趋势。邓小平指出，历史唯物主义揭示了人类社会发展的一般规律。在《邓小平文选》中，邓小平运用唯物史观分析人类历史发展规律，告诫人们坚持走社会主义道路的论述很多，而《在武昌、深圳、珠海、上海等地的谈话要点》中的一段讲话最具有代表性和说服力。东欧剧变和苏联解体之后，很多人开始对社会主义的信念发生动摇。面对这种情况，邓小平坚定地指出：“马克思主义是科学。它运用历史唯物主义揭示了人类社会发展的规律。封建社会代替奴隶社会，资本主义代替封建主义，社会主义经历一个长过程发展后必然代替资本主义。这是社会历史发展不可逆转的总趋势，但道路是曲折的。资本主义代替封建主义的几百年间，发生过多少次王朝复辟？所以，从一定意义上说，某种暂时复辟也是难以完全避免的规律性现象。一些国家出现严重曲折，社会主义好像被削弱了，但人民经受锻炼，从中吸收教训，将促使社会主义向着更加健康的方向发展。”②

① 《邓小平文选》第三卷，人民出版社1993年版，第149页。

② 《邓小平文选》第三卷，人民出版社1993年版，第382—383页。

第二,中国的前途命运与社会主义道路休戚相关。中国改革开放的道路并不平坦,20 世纪 70 年代末,有人曾试图通过否定“文化大革命”来否定毛泽东思想,进而否定社会主义;80 年代中后期,资产阶级自由化思潮也力图否定四项基本原则,改变中国社会主义的航向。邓小平指出:中国没有共产党的领导、不搞社会主义是没有前途的。“只有社会主义才能救中国,只有社会主义才能发展中国。……不走社会主义道路中国就没有前途。……为什么说我们是独立自主的?就是因为我们坚持有中国特色的社会主义道路。否则,只能是看着美国人的脸色行事……那还有什么独立性啊!”①社会主义是中国改革开放、实现现代化的前提。“在改革中坚持社会主义方向,这是一个很重要的问题。我们要实现工业、农业、国防和科技现代化,但在四个现代化前面有‘社会主义’四个字,叫‘社会主义四个现代化’。我们现在讲的对内搞活经济、对外开放是在坚持社会主义原则下开展的。”②离开社会主义讲四个现代化,就是背离了我们的初衷。“我们干四个现代化,人们都说好,但有些人脑子里的四化同我们脑子里的四化不同。我们脑子里的四化是社会主义的四化。他们只讲四化,不讲社会主义。这就忘记了事物的本质,也就离开了中国的发展道路。”③

第三,社会主义、共产主义是我们共产党人的精神支柱。邓小平多次谆谆告诫,为什么我们过去能在非常困难的情况下奋斗出来,战胜千难万险呢?就是因为我们有理想,有马克思主义信念,有共产主义信念。他说:我们这些人的脑子里是有共产主义理想和信念的。要特别教育我们的下一代下两代,一定要树立共产主义的远大理想。一定不能让我们的青少年做资本主义腐朽思想的俘虏,那绝对不行。无论革命还是建设,我们都必须坚持共产主义理想。“我们建立的社会主义制度是个好制度,必须坚持。我们马克思主义者过去闹革命,就是为社会主义、共产主义崇高理想而奋斗。现在我们搞经济改革,

① 《邓小平文选》第三卷,人民出版社 1993 年版,第 311 页。
② 《邓小平文选》第三卷,人民出版社 1993 年版,第 138 页。
③ 《邓小平文选》第三卷,人民出版社 1993 年版,第 204 页。

仍然要坚持社会主义道路，坚持共产主义的远大理想，年轻一代尤其要懂得这一点。”①

2. 从人类文明发展的高度提出了计划和市场都是经济手段，本质上没有姓“社”姓“资”区别的崭新论断。在改革开放之初，邓小平就指出，有些东西，如科学技术和管理方法等，它们本身并没有阶级性，资本主义可以用，社会主义也可以用。“科学技术是人类共同创造的财富。任何一个民族、一个国家，都需要学习别的民族、别的国家的长处，学习人家的先进科学技术。”②科学技术本身是没有阶级性的，资本家拿来为资本主义服务，社会主义国家拿来为社会主义服务。中国古代有四大发明，世界各国后来不是也利用了嘛！现在世界上的先进技术、先进成果我们为什么就不能利用呢？我们要把世界上一切先进技术、先进成果作为我们发展的起点。我们学习资本主义国家的某些好东西，包括经营管理方法，也不等于实行资本主义。这是社会主义利用这种方法来发展社会生产力。把这当作方法，不会影响整个社会主义，不会重新回到资本主义。“要弄清什么是资本主义。资本主义要比封建主义优越。有些东西并不能说是资本主义的。比如说，技术问题是科学，生产管理是科学，在任何社会，对任何国家都是有用的。我们学习先进的技术、先进的科学、先进的管理来为社会主义服务，而这些东西本身并没有阶级性。”③在南方谈话中，邓小平进一步指出了社会主义吸收资本主义先进文明成果的重要性。他说：“社会主义要赢得与资本主义相比较的优势，就必须大胆吸收和借鉴人类社会创造的一切文明成果，吸收和借鉴当今世界各国包括资本主义发达国家的一切反映现代社会化生产规律的先进经营方式、管理方法。”④

邓小平的这些论述与马克思列宁主义具有直接的思想渊源关系。晚年马克思认为，俄国农村公社有可能成为未来新社会的起点，其重要原因之一，就

① 《邓小平文选》第三卷，人民出版社 1993 年版，第 116 页。
② 《邓小平文选》第二卷，人民出版社 1994 年版，第 91 页。
③ 《邓小平文选》第二卷，人民出版社 1994 年版，第 351 页。
④ 《邓小平文选》第三卷，人民出版社 1993 年版，第 373 页。

是“正因为它和资本主义生产是同时代的东西，所以它能够不通过资本主义生产的一切可怕的波折而吸收它的一切肯定的成就”。① 列宁在十月社会主义革命取得胜利以后，面对当时苏维埃政权所处的困境，曾经不无感叹地指出：“社会主义共和国不同世界发生联系是不能生存下去的，在目前情况下应当把自己的生存同资本主义的关系联系起来。”②列宁还针对当时所谓“无产阶级文化派”的“纯社会主义文化论”指出：无产阶级文化不是从天上掉下来的。“无产阶级文化应当是人类在资本主义社会、地主社会和官僚社会压迫下创造出来的全部知识合乎规律的发展。”③马克思和列宁的论述都说明了人类文明的超阶级性及其在各不同社会之间相互借鉴的合理性。邓小平正是沿着马克思和列宁的思路来思考当代中国如何吸取资本主义先进文明成果，以达到实现中国现代化的。

3. 从对立统一辩证法视角论述了中国和世界资本主义交往有利于社会主义，不会导致中国走“资”的思想。马克思主义的唯物辩证法认为，事物本身是以矛盾的方式存在的，矛盾双方既对立又统一，双方共处于一个统一体中。姓“社”姓“资”的争论把社会主义与资本主义的关系看成水火不能相容的，只看到它们的对立，看不到它们的统一和相互转化。邓小平不仅在理论上，而且用具体的事例批判了这种“非此即彼”形而上学思维方式的错误，揭示了社会主义与资本主义之间的对立统一关系，说明了和资本主义打交道不会导致中国走资本主义道路的道理。

改革开放初期，针对人们担心改革开放会导致资本主义的思想障碍，邓小平就指出：“我们的同志就是怕引来坏的东西，最担心的是会不会变成资本主义。恐怕我们有些老同志有这个担心。搞了一辈子社会主义、共产主义，忽然钻出个资本主义来，这个受不了，怕。影响不了的，影响不了的。肯定会带来一些消极因素，要意识到这一点，但不难克服，有办法克服。你不开放，再来个

---

① 《马克思恩格斯全集》第 19 卷，人民出版社 1963 年版，第 431 页。

② 《列宁全集》第 41 卷，人民出版社 1986 年版，第 167 页。

③ 《列宁选集》第 4 卷，人民出版社 2012 年版，第 285 页。

闭关自守，五十年要接近经济发达国家水平，肯定不可能。按照现在开放的办法，到国民生产总值人均几千美元的时候，我们也不会产生新资产阶级。基本的生产资料归国家所有，归集体所有，就是说归公有。国家富强了，人民的物质、文化生活水平提高了，而且不断提高，这有什么坏处！……合资经营的实际收益，大半是我们拿过来。不要怕，得益处的大头是国家，是人民，不会是资本主义。”①

20 世纪 90 年代初，在姓“社”姓“资”论严重困扰改革开放之际，邓小平以具体的事实，生动而形象地说明了社会主义与资本主义可以相互转化的关系。根据吴邦国的回忆，1992 年 2 月 10 日，邓小平视察了上海贝岭公司。该公司生产为数字程控交换机配套的集成电路，是由中方绝对控股的中外合资企业。“总经理陆德纯同志指着一台大束流离子注入机问我们，这是集成电路生产的关键设备之一，就是通过合资第一次引进的。小平同志沉思了一会儿，意味深长地指着离子注入机问我们，你们说这台设备姓‘社’还是姓‘资’。当我们正在发愣的时候，小平同志接着说，这台设备原来姓‘资’，因为是资本主义国家生产的，现在它姓‘社’，因为在为社会主义服务。‘资’可以转化为‘社’，‘社’也可以转化为‘资’。对外开放就是要引进先进技术为我所用，这台设备现在姓‘社’不姓‘资’。”②

邓小平还指出了姓“社”姓“资”争论的实质及其危害性。他说：“有些理论家、政治家，拿大帽子吓唬人的，不是右，而是‘左’。‘左’带有革命的色彩，好像越‘左’越革命。‘左’的东西在我们党的历史上可怕呀！……把改革开放说成是引进和发展资本主义，认为和平演变的主要危险来自经济领域，这些就是‘左’。我们必须保持清醒的头脑，这样就不会犯大错误，出现问题也容易纠正和改正。”③姓“社”姓“资”论本质上是“左”的教条主义在新的历史条

---

① 《邓小平文选》第三卷，人民出版社 1993 年版，第 90—91 页。

② 吴邦国：《牢记谆谆教导　推进伟大事业》，载中共中央文献研究室编：《回忆邓小平》(上)，中央文献出版社 1998 年版，第 27 页。

③ 《邓小平文选》第三卷，人民出版社 1993 年版，第 375 页。

件下的翻版，按它的思路走下去必然要把中国的改革开放重新引入抽象争论的缧绁之中。

4. 从马克思主义实践观视角论述了社会主义的本质，提出了判断姓“社”姓“资”的“三个有利于”的价值标准。实践的观点是马克思主义哲学一个根本观点。邓小平从马克思主义的实践观出发，重申了“实践是检验真理的唯一标准”这一马克思主义的真谛，批判了“两个凡是”的错误。他认为：“实践这个标准最硬，它不会作假。”①针对姓“社”姓“资”的抽象争论，邓小平指出，应该根据实践来回答什么是社会主义，怎样建设社会主义的问题，离开实践的争论是纯粹唯心主义的空想。

邓小平根据中国和世界其他国家几十年社会主义建设的实践，对各种错误的社会主义思维方式予以还原。这些思维方式包括：其一，把马克思和列宁“本本”里讲的社会主义教条化的思维方式。邓小平指出：马克思已经去世有一百多年，世界发生了翻天覆地的变化，我们“绝不能要求马克思为解决他去世之后上百年、几百年所产生的问题提供现成答案。列宁同样也不能承担为他去世以后五十年、一百年所产生的问题提供现成答案的任务。真正的马克思列宁主义者必须根据现在的情况，认识、继承和发展马克思列宁主义。”②我们当然不会由科学的社会主义退回到空想的社会主义，也不会让马克思停留在几十年或一百多年前的个别论断的水平上。其二，迷信别国模式的思维方式。邓小平多次谈到过去照搬照抄苏联模式给我们党和国家造成的巨大损失。他说，苏联搞社会主义，从1917年十月革命算起，已经63年了，但是怎么搞社会主义，它也吹不起牛皮。别国经验，只可借鉴，不可迷信。其三，社会主义只能贫穷的思维模式。邓小平指出，“四人帮”叫嚷要搞“穷社会主义”“穷共产主义”，胡说共产主义主要是精神方面的，简直是荒谬之极！如果一个国家搞社会主义，生产力发展缓慢，越搞越穷，那绝不是社会主义。“马克思主

① 吴邦国：《牢记谆谆教导　推进伟大事业》，载中共中央文献研究室编：《回忆邓小平》（上），中央文献出版社1998年版，第28页。

② 《邓小平文选》第三卷，人民出版社1993年版，第291页。

义又叫共产主义，马克思主义的基本原则是，在社会主义阶段实行‘各尽所能，按劳分配’，在共产主义阶段实行‘各尽所能，按需分配’。按需分配要物资的极大丰富，难道一个贫穷的社会能够按需分配？共产主义能够是贫穷的吗？”“贫穷不是社会主义，发展太慢也不是社会主义。”①

在排除了各种错误的社会主义思维方式之后，邓小平进一步根据我国几十年社会主义建设的实践和改革开放以来的实践，指出：“社会主义的本质，是解放生产力，发展生产力，消灭剥削，消除两极分化，最终达到共同富裕。”②这个定义，既指出了社会主义的根本任务，也指出了社会主义的制度要求和奋斗目标。判断姓“社”还是姓“资”，“应该主要看是否有利于发展社会主义社会的生产力，是否有利于增强社会主义国家的综合国力，是否有利于提高人民的生活水平。”③凡符合“三个有利于”的都是属于社会主义的，都是应该放手去干的；凡是不符合“三个有利于”的，都是不属于社会主义的，就要坚决予以抵制。“三个有利于”的标准是实践标准的进一步具体化，是我国几十年社会主义建设实践经验的总结，它与实践标准本质上是完全一致的。

邓小平关于社会主义本质以及“三个有利于”价值标准的提出，使社会主义的内涵变得更加丰富，开阔了人们的思维视野，回答了姓“社”姓“资”的争论，为人们进一步解放思想，大胆改革开放提供了重要的方法论依据。一切符合“三个有利于”标准的就大胆地试，大胆地闯。

5. 从改革开放具体事实视角论述了中国改革开放的社会主义性质。事实胜于雄辩。中国改革开放到底姓“社”还是姓“资”？邓小平主张用具体的事实来回答。深圳经济特区是 1979 年在邓小平的倡导下创立的。经济特区到底姓“社”还是姓“资”？邓小平开始时并没有先入为主地予以肯定。1984 年，邓小平通过对深圳和珠海的实地考察，在耳闻目睹了那里的真实情况之后才肯定经济特区建设的成就：“深圳的发展和经验证明，我们建立经济特区的

① 《邓小平文选》第三卷，人民出版社 1993 年版，第 254、255 页。
② 《邓小平文选》第三卷，人民出版社 1993 年版，第 373 页。
③ 《邓小平文选》第三卷，人民出版社 1993 年版，第 372 页。

政策是正确的。”①1987 年,邓小平通过再次考察之后说:“现在我可以放胆地说,我们建立经济特区的决定不仅是正确的,而且是成功的。”②1992 年,邓小平通过第三次考察,进一步坚定了办经济特区的信念,他指出:“对办特区,从一开始就有不同意见,担心是不是搞资本主义。深圳的建设成就,明确回答了那些有这样那样担心的人。特区姓‘社’不姓‘资’。从深圳的情况看,公有制是主体,外商投资只占四分之一,就是外资部分,我们还可以从税收、劳务等方面得到益处嘛!多搞点‘三资’企业,不要怕。只要我们头脑清醒,就不怕。我们有优势,有国营大中型企业,有乡镇企业,更重要的是政权在我们手里。有的人认为,多一分外资,就多一分资本主义,‘三资’企业多了,就是资本主义的东西多了,就是发展了资本主义。这些人连基本常识都没有。我国现阶段的‘三资’企业,按照现行的法规政策,外商总是要赚一些钱。但是,国家还要拿回税收,工人还要拿回工资,我们还可以学习技术和管理,还可以得到信息、打开市场。因此,‘三资’企业受到我国整个政治、经济条件的制约,是社会主义经济的有益补充,归根到底是有利于社会主义的。”③

我国的改革开放是一个充满了复杂的思想斗争的过程,可以说,改革开放的每一步都伴随着姓“社”还是姓“资”这样的疑问。据吴邦国回忆,邓小平在参观上海时还说了这样一段话:“姓‘社’还是姓‘资’?现在不是争论得很多嘛。这是个大原则,要用事实来回答。农村改革是一大壮举,改革开放一下子破了陈规陋习,取消人民公社,实行家庭联产承包。当时许多人不赞成,第二年赞成的是三分之一,第三年赞成的是三分之二,第四年全跟上了。当时好吵呀。实践证明,承包制姓‘社’不姓‘资’。家庭联产承包制的问题是用实践来回答的,城市改革的问题也要用实践来回答。”邓小平在参观上海闵行开发区时指出,“你们闵行开发区在很短的时间内就收回了投资,是原投资的 2.8

① 《邓小平文选》第三卷,人民出版社 1993 年版,第 239 页。
② 《邓小平文选》第三卷,人民出版社 1993 年版,第 239 页。
③ 《邓小平文选》第三卷,人民出版社 1993 年版,第 372—373 页。

倍,这就是事实。但这还不够,还要用上百、上千的事实来回答,回答改革开放姓‘社’不姓‘资’,有利于社会主义,不利于资本主义。”①邓小平的这段谈话,可以说既是对改革开放实践复杂性的一个回忆,也是对姓“社”姓“资”论的一个总回答。

(二)错误观点的症结所在

来自国内外的错误观点具有一定的共同性,他们本质上仍然用教条主义的、僵化社会主义的模式和抽象的争论来评价邓小平理论。

1. 僵化地看待社会主义的体系。社会主义本来是一个不断发展着的过程。马克思和恩格斯在创立科学社会主义之初,在《德意志意识形态》中就强调,“共产主义对我们来说不是应当确立的状况,不是现实应当与之相适应的理想。我们所称为共产主义的是那种消灭现存状况的现实的运动。这个运动的条件是由现有的前提产生的。”②恩格斯在共产主义者和卡尔·海因岑中指出,“共产主义不是教义,而是运动。它不是从原则出发,而是从事实出发。”③在《共产党宣言》德文版序言中,马克思和恩格斯特别强调,对于共产主义原理的实际运用,“随时随地都要以当时的历史条件为转移”。④

然而,在社会主义发展的历史上,曾经有一段时间,人们在“什么是社会主义,怎样建设社会主义”的问题上,把思考的重点更多的不是放在自己的现实上,而习惯于从马克思和恩格斯的“本本”中去寻找现成的答案。凡是“本本”上有的就是社会主义的,是可以做的;凡是“本本”上没有的就是资本主义的,是不能做的,并且把马克思和恩格斯关于未来社会的蓝图简单化为清一色的公有制、清一色的计划经济、清一色的平均主义“大锅饭”分配方式以及激

① 吴邦国:《牢记谆谆教导 推进伟大事业》,见中共中央文献研究室编:《回忆邓小平》(上),中央文献出版社 1998 年版,第 28 页。

② 《马克思恩格斯文集》第 1 卷,人民出版社 2009 年版,第 539 页。

③ 《马克思恩格斯文集》第 1 卷,人民出版社 2009 年版,第 672 页。

④ 《马克思恩格斯文集》第 2 卷,人民出版社 2009 年版,第 5 页。

烈的阶级斗争。在这种理论的指导下，当时的中国领导人不顾自己生产力的事实，不注意发展生产力，改善人民生活，却大搞阶级斗争扩大化，大搞个人崇拜。

国外某些学者看不到邓小平在新的历史条件下对社会主义的新发展，依然按照传统那种固定不变的思维模式来衡量邓小平理论。实践证明，他们并没有真正读懂马克思主义的“本本”。在他们的眼里，社会主义只能贫穷，不能富裕；社会主义只能讲清一色的公有制，不能有任何其他所有制形式存在；社会主义只能搞清一色的计划经济，不能搞市场经济；只能搞激烈的阶级斗争，不能以经济建设为中心。这是一种“本本主义”思维模式的再翻版。

2. 割裂社会主义同世界的联系。社会主义作为一个活的有机体，它不可避免地要和周围环境打交道，周围环境当然包括资本主义环境。马克思指出：共产主义是以生产力的普遍发展和与此相联系的世界交往为前提的。“无产阶级只有在世界历史意义上才能存在，就像共产主义——它的事业——只有作为‘世界历史性的’存在才有可能实现一样。”①列宁也指出：“社会主义共和国不同世界发生联系是不能生存下去的，在目前情况下应当把自己的生存同资本主义的关系联系起来。”②

可是，第二次世界大战之后，在国际上形成了以苏联和美国为首的社会主义和资本主义两大阵营长期互相对峙、互相封锁的局面。长期对峙的局面在人们的心目中形成了社会主义与资本主义之间只有对立、没有统一的思想认识。凡资本主义的都是应该加以拒斥的。“宁要社会主义的草，不要资本主义的苗”就是一个自我封闭的突出例证。“四人帮”把学习外国的先进技术诬蔑为崇洋媚外。“文化大革命”时期曾经把反修防修，防止资本主义复辟作为社会主义的中心任务来抓，并且以防止资本主义复辟为名，打倒了一大批党和国家领导人，造成了大量的冤假错案，从而在人们的心理上造成了一种对资本

① 《马克思恩格斯文集》第1卷，人民出版社2009年版，第539页。

② 《列宁全集》第41卷，人民出版社1986年版，第167页。

主义的恐惧。

邓小平在新的历史条件下对社会主义与资本主义的关系作了新的论述。他指出，现在任何一个国家要发展起来，离开其他国家的发展都不可能，中国的发展离不开世界；只有吸收和借鉴包括资本主义在内的世界各国人民创造的先进文明成果，才能实现中国的现代化；社会主义与资本主义不仅有对立的一面，而且在一定条件下是可以相互转化的；判断姓“社”姓“资”的标准只能是“三个有利于”的标准。邓小平的这些论述为中国开展同世界上其他国家的交往奠定了重要的理论基础。但是，海外学者依然在用计划经济条件下形成的思维模式思考中国的社会主义改革。在他们看来，证券、股市、承包制、市场经济都是资本主义的专利，是永远和资本主义连在一起的。社会主义向资本主义学习，就是走向资本主义。这只能割裂社会主义同世界的联系。

3. 否定社会主义的多样性。事物的发展是多样性的统一。历史上，奴隶制、封建制、资本主义制在不同国家、不同地区其表现形式都不尽相同。社会主义也不可能只有一个单一的模式。正如毛泽东指出的，“不可能设想，社会主义制度在各国的具体发展过程和表现形式，只能有一个千篇一律的格式。我国是一个东方国家，又是一个大国。因此，我国不但在民主革命过程中有自己的许多特点，在社会主义改造和社会主义建设的过程中也带有自己的许多特点，而且在将来建成社会主义社会以后还会继续存在自己的许多特点。”① “自力更生为主，争取外援为辅，破除迷信，独立自主地干工业、干农业、干技术革命和文化革命，打倒奴隶思想，埋葬教条主义，认真学习外国的好经验，也一定研究外国的坏经验——引以为戒，这就是我们的路线。”②

邓小平讲：“我们的现代化建设，必须从中国的实际出发。无论是革命还是建设，都要注意学习和借鉴外国经验。但是，照抄照搬别国经验、别国模式，从来不能得到成功。这方面我们有过不少教训。把马克思主义的普遍真理同

① 《建国以来毛泽东文稿》第七册，中央文献出版社 1992 年版，第 273 页。

② 《建国以来毛泽东文稿》第六册，中央文献出版社 1992 年版，第 143 页。

我国的具体实际结合起来，走自己的道路，建设有中国特色的社会主义，这就是我们总结长期历史经验得出的基本结论。”①海外某些人鼓吹所谓“中国特色资本主义”论，否定社会主义应有的多样性，否定邓小平理论在社会主义观上的新水平。在他们的心目中，社会主义只有一个模式，他们仍然用传统计划经济条件下形成的思维模式来衡量当今中国的社会主义。

4. 否定邓小平对马克思主义的继承和发展。马克思主义认为，社会存在决定社会意识，而生产力是最基本的社会存在。任何一个国家，如果离开了劳动，不要说一年，就是几个星期都是要灭亡的，这是连小孩都懂的道理。然而，在“大跃进”和“文化大革命”时期，有人却离开生产力的发展，片面强调精神的力量。说什么“不怕做不到，就怕想不到”“阶级斗争一抓就灵”，把意识形态的力量夸张到了极点。实践证明，这种做法完全违背了马克思主义关于生产力是社会发展的最终决定力量的观点。邓小平指出，马克思主义最注重发展生产力。贫穷不是社会主义；发展太慢也不是社会主义。社会主义的本质是解放生产力，发展生产力，消灭剥削，消除两极分化，最终达到共同富裕。党的十一届三中全会以来，在邓小平的领导下，我们采取了一系列发展生产力的措施，使人民生活得到极大改善。然而，海外某些人仍然在沿袭过去那种姓“社”姓“资”抽象争论的思维习惯，并以此标准来评价邓小平理论，这是极其荒谬的。

---

① 《邓小平文选》第三卷，人民出版社 1993 年版，第 2—3 页。

第八章　以“三个代表”重要思想为标志的唯物史观创新

在改革开放的新时期，以邓小平同志为主要代表的中国共产党人依据唯物史观的基本原理，不断改革和完善社会主义的基本经济制度、政治制度和文化制度，使生产关系和上层建筑不断适应生产力和经济基础发展的要求，这是中国改革开放的哲学基础。世纪之交，国际上发生东欧剧变、苏联解体，社会主义遭受重大曲折，经济全球化、政治多极化、文化多样化深入发展。受国际“大气候”的影响，中国国内也出现了政治风波，社会主义何去何从，中国共产党何去何从，人们心头疑云重重。以江泽民同志为主要代表的中国共产党人，深入总结人类社会发展规律、社会主义建设规律和共产党执政规律，根据新的实践提出“三个代表”重要思想，对唯物史观进行高度凝练概括，指出 21 世纪中国进一步改革创新的方向所在，把党的先进性建设与代表中国先进生产力的发展要求、代表中国先进文化的前进方向、代表中国最广大人民的根本利益相结合，在新的历史条件下创新和发展了唯物史观，对马克思主义哲学中国化做出了新的原创性贡献。

一、先进生产力的一般逻辑和中国逻辑

唯物史观认为，人类社会的发展归根结底是由生产力的发展决定的。中国共产党进行的一切奋斗、一切牺牲、一切创造都是从解放和发展生产力出发

的。毛泽东在党的七大报告中明确指出:“中国一切政党的政策及其实践在中国人民中所表现的作用的好坏、大小,归根到底,看它对于中国人民的生产力的发展是否有帮助及其帮助之大小,看它是束缚生产力的,还是解放生产力的。”①邓小平指出:“马克思主义最注重发展生产力。”②“科学技术是第一生产力。”③把解放和发展生产力同社会主义的本质联系起来,明确提出社会主义的根本任务就是发展生产力。江泽民提出“先进生产力”的概念,把“代表中国先进生产力的发展要求”作为“三个代表”之首,结合世纪之交的世界形势,深入总结人类社会发展规律、社会主义建设规律和共产党执政规律,不断为生产力的解放和发展开辟道路,对唯物史观关于生产力和生产关系相互关系的原理作了新的运用和新的阐释。

(一)生产力发展规律的外化显现

人类社会的发展史,首先是物质生产的发展史,是生产力的发展史。而生产力又是在人与自然、人与社会的矛盾中发展的。现实的人既处在生产力之中,又处在生产关系、上层建筑、意识形态之中。政治作为经济的集中体现,更对生产力发展起着重大影响。因此人和自然的矛盾、生产力和生产关系的矛盾,经济基础和上层建筑的矛盾,总要表现为人与人之间的矛盾,在阶级社会中则表现为阶级矛盾。不同的个人、集团、阶级,根据他们在上述矛盾中的地位和利益的不同就会扮演不同的角色。当生产力发展到一定阶段,并且出现新的、先进的生产力时,原有的生产关系、上层建筑、意识形态变成了制约生产力发展的桎梏,不同的个人、集团、阶级必然进行新的选择,或者站在旧的落后的生产力一边,或者站在新的先进生产力一边。政党作为阶级力量的体现,同样也有一个对待新的先进生产力的态度问题,或者代表先进生产力,或者反对阻碍先进生产力。“人类社会的发展,就是先进生产力不断取代落后生产力

① 《毛泽东选集》第三卷,人民出版社 1991 年版,第 1079 页。
② 《邓小平文选》第三卷,人民出版社 1993 年版,第 63 页。
③ 《邓小平文选》第三卷,人民出版社 1993 年版,第 274 页。

的历史进程。”①

代表先进生产力的发展要求，这是马克思主义政党的本质所在。中国共产党的阶级性质、中国共产党的马克思列宁主义性质、中国共产党的最高纲领，从根本上决定了中国共产党代表中国先进生产力发展要求的使命和特征。中国共产党只有始终代表中国先进生产力的发展要求，才能保持中国工人阶级政党的性质，才能始终成为中国工人阶级的先锋队，同时成为中国人民和中华民族的先锋队，在中国社会向前发展的过程中始终站在时代的前列。只有在中国社会发展进程中不断地、及时地、正确地解决什么是中国先进生产力、什么是中国先进生产力发展的要求等问题，才能自觉地代表中国先进生产力的发展要求，才能自觉地保持其先进性。

党的先进性是具体的、历史的。“我们党要始终代表中国先进生产力的发展要求，就是党的理论、路线、纲领、方针、政策和各项工作，必须努力符合生产力发展的规律，体现不断推动社会生产力的解放和发展的要求，尤其要体现推动先进生产力发展的要求，通过发展生产力不断提高人民群众的生活水平。”②要做到这一点，就必须保持思想的与时俱进。江泽民指出：实践没有止境，解放思想也没有止境。“我们一定要看到《共产党宣言》发表一百五十多年来世界政治、经济、文化、科技发生的重大变化，一定要看到我国社会主义建设发生的重大变化，一定要看到广大党员、干部和人民群众工作生活条件和社会环境发生的重大变化。要充分估计这些变化带来的影响。离开了活生生的现实，还用几十年前甚至一百多年前的老观点来套现实社会的发展，是绝对行不通的。”③共产党人必须用发展的观点来看待变化了的形势。正确认识社会主义发展的历史进程，正确认识资本主义发展的历史进程，正确认识我国社会主义改革实践过程对人们思想的影响，正确认识当今的国际环境和国际政治

① 《江泽民文选》第三卷，人民出版社2006年版，第274页。

② 《江泽民文选》第三卷，人民出版社2006年版，第272—273页。

③ 《江泽民文选》第三卷，人民出版社2006年版，第339页。

斗争带来的影响。以我们正在做的事情为中心，正确看待马克思主义，用先进的思想武装全党。

推动科技创新是发展当代先进生产力的集中体现。江泽民提出的“代表先进生产力的发展要求”，在强调生产力的决定性作用的基础上，突出强调了科学技术对当代生产力发展的推动作用，对邓小平“科学技术是第一生产力”的观点作了进一步拓展。“科学技术是第一生产力，而且是先进生产力的集中体现和主要标志。科学技术的突飞猛进，给世界生产力和人类经济社会的发展带来了极大的推动。未来的科技发展还将产生新的重大飞跃。”我们必须高度重视知识、技术、人才在社会发展中的作用，通过不断的理论创新、制度创新、科技创新、文化创新，实现我国生产力的跨越式发展。江泽民强调，“这是我们党代表中国先进生产力发展要求必须履行的重要职责。”①

为生产力的发展创造条件是党的根本任务和重要职责。邓小平把发展生产力和社会主义的本质、社会主义的根本任务统一起来，江泽民把发展生产力、为生产力的进一步发展创造条件作为党的根本任务和重要职责。由此对党员提出明确的要求：“全党同志无论在什么岗位上，都要对自己所从事的工作经常加以检查和总结，看看是不是符合先进生产力的发展要求，符合的就毫不动摇地坚持，不符合的就实事求是地纠正。”②发展了马克思主义哲学的生产力理论。

（二）中国生产力发展的体制要求

在改革开放的新时期，邓小平突破传统计划经济的思维定势，一再指出：计划和市场都是工具，本身没有阶级性，资本主义可以用，社会主义也可以用。从根本上解除了把计划经济和市场经济看作属于社会基本制度范畴的思想束缚，使我们在计划与市场关系问题上的认识有了新的重大突破。但是，中国所

① 《江泽民文选》第三卷，人民出版社 2006 年版，第 275 页。
② 《江泽民文选》第三卷，人民出版社 2006 年版，第 274 页。

要建立的新体制究竟应明确规定为什么体制,能不能叫市场经济体制,当时人们的意见分歧很大。有人提出应当建立"计划与市场相结合的社会主义商品经济体制",有人提出必须建立"社会主义有计划的市场经济体制",也有人提出要建立"社会主义市场经济体制"。这些不同的提法反映出来的一个重要问题,就是如何正确认识和处理计划与市场的关系问题。担心没有"有计划"这几个字,就不是严格意义上的社会主义,甚至担心市场作用多了还会产生资本主义。①

1992年6月,江泽民在中央党校省部级干部进修班上的讲话中指出,加快经济体制改革的根本任务,就是要尽快建立社会主义的新经济体制,而建立一个新经济体制的关键问题,就是在国家宏观调控下,更加重视和发挥市场在资源配置中的作用。对于新经济体制的提法,他明确表示倾向于使用"社会主义市场经济体制"这个提法,不再突出强调"有计划"三个字。那种认为市场作用多了,就会走上资本主义道路的担心,是没有根据的和不正确的。1992年10月,在党的十四大报告中,江泽民明确指出:"实践的发展和认识的深化,要求我们明确提出,我国经济体制改革的目标是建立社会主义市场经济体制,以利于进一步解放和发展生产力。"②党的十四届三中全会通过的《中共中央关于建立社会主义市场经济体制若干问题的决定》,提出了立足于市场经济基础上的综合配套改革方案:建立社会主义市场经济体制,就是要使市场在国家宏观调控下对资源配置起基础性作用。为实现建立社会主义市场经济体制的目标,必须进一步解放思想,转变计划经济的传统观念,坚持整体推进和重点突破相结合;转换国有企业经营机制,建立现代企业制度;培育和发展市场体系;转变政府职能,建立健全宏观经济调控体系;建立合理的个人收入分配和社会保障制度;深化农村经济体制改革;深化对外经济体制改革,进一步扩大对外开放;进一步改革科技体制和教育体制;加强法律制度建设;加强和

① 参见本书编写组:《与时俱进的理论创新——江泽民重要论述专题研究》,人民出版社2006年版,第105页。

② 《江泽民文选》第一卷,人民出版社2006年版,第226页。

改善党的领导，为20世纪末初步建立社会主义市场经济体制而奋斗。

党的十五大把从计划经济到社会主义市场经济的转变，列为邓小平理论的重要内容，把坚持和完善社会主义市场经济体制，作为今后一个时期经济体制改革的重大课题。江泽民指出，根据我们现在的认识，社会主义市场经济体制的基本框架是：在公有制为主体、多种经济成分共同发展的方针指导下，建立适应社会主义市场经济要求的现代企业制度；形成全国统一开放的市场体系，实现城乡紧密结合，国内市场和国际市场相互衔接，促进资源的优化配置；转变政府管理经济的职能，建立以间接手段为主的完善的宏观调控体系，保证国民经济的健康运行；建立以按劳分配为主体、多种分配方式并存，效率优先、兼顾公平的收入分配制度，鼓励一部分地区一部分人先富起来，最终实现全体人民的共同富裕；建立多层次的社会保障制度，为城乡居民提供同我国国情相适应的社会保障，促进经济发展和社会稳定。围绕这些环节，还要建立和完善法律体系，以保证市场在国家宏观调控下对资源配置发挥基础性作用。党的十六大进一步强调，要“完善社会主义市场经济体制”。为贯彻落实十六大报告提出的建成完善的社会主义市场经济体制和更具活力、更加开放的经济体系的战略部署，深化经济体制改革，促进经济社会全面发展，党的十六届三中全会通过《中共中央关于完善社会主义市场经济体制若干问题的决定》，提出要按照“五个统筹”的要求，更大程度地发挥市场在资源配置中的基础性作用，建设统一开放竞争有序的现代市场体系。

社会主义市场经济体制与资本主义市场经济体制相比，既有共性，又有区别。市场经济的一般性即市场经济的共性，是抽象掉特定社会制度以后的市场经济内在的经济属性，资本主义发达国家在发展市场经济中有许多成功的经验和合理的做法，这些东西，反映了市场经济的一般规律，反映了现代化大生产的内在要求，是人类的共同财富。这些成功的经验和合理的做法，主要是指市场经济的运行机制和方法，它们是现代化大生产的产物，是市场经济一般规律的反映，本身不带有社会制度的性质。但世界经济发展史表明，迄今为止，市场经济总是与各国所特有的历史条件和社会基本制度联系在一起，因而不能不具有各自的特殊性。资本主义市场经济体制是建立在私有制基础之上的,而社会主义市场经济体制是建立在以公有制为主体的基础上的,因而这两种市场经济体制所服务的经济基础及其上层建筑,都是有本质区别的。江泽民指出:“我们搞的是社会主义市场经济,‘社会主义’这几个字是不能没有的,这并非多余,并非画蛇添足,而恰恰相反,这是画龙点睛。所谓‘点睛’,就是点明我们的市场经济的性质。西方市场经济符合社会化大生产、符合市场一般规律的东西,毫无疑义,我们要积极学习和借鉴,这是共同点;但西方市场经济是在资本主义制度下搞的,我们的市场经济是在社会主义制度下搞的,这是不同点,而我们的创造性和特色也就体现在这里。”①社会主义市场经济反映了社会主义初级阶段的要求,只有通过发展社会主义市场经济,去实现工业化和经济的社会化、市场化、现代化,才能解放和发展生产力,实现社会主义向更高阶段的历史跨越。

(三)完善与体制相适应的所有制关系

所有制关系决定着生产关系中的其他关系。党的十一届三中全会突破传统“一大二公”模式的束缚,逐步确立了以公有制为主体、多种所有制经济成分共同发展的方针,使我国所有制结构发生了明显的变化,极大地推动了社会生产力的发展。党的十四大进一步阐明了所有制结构与社会主义市场经济的关系。江泽民指出:“社会主义市场经济体制是同社会主义基本制度结合在一起的。在所有制结构上,以公有制包括全民所有制和集体所有制经济为主体,个体经济、私营经济、外资经济为补充,多种经济成分长期共同发展,不同经济成分还可以自愿实行多种形式的联合经营。”②1995 年,江泽民在上海、长春召开的企业座谈会上指出:“坚持以公有制为主体、多种经济成分共同发展,是建设有中国特色社会主义的一个重大方针。”③1997 年,在党的十五大

① 江泽民:《论社会主义市场经济》,中央文献出版社 2006 年版,第 203 页。

② 《江泽民文选》第一卷,人民出版社 2006 年版,第 227 页。

③ 《江泽民文选》第一卷,人民出版社 2006 年版,第 444—445 页。

报告中，江泽民明确提出，“公有制为主体、多种所有制经济共同发展，是我国社会主义初级阶段的一项基本经济制度。”①这一论述，把我们党多年来在所有制问题上的探索成果——以公有制为主体、多种所有制经济共同发展，提高到社会主义基本经济制度的地位。从“多种经济成分”到“多种所有制经济”，由“方针”上升到“基本经济制度”，这就大大拓展了我国基本经济制度的内涵。江泽民指出：“这一制度的确立，是由社会主义性质和初级阶段国情决定的：第一，我国是社会主义国家，必须坚持公有制作为社会主义经济制度的基础；第二，我国处在社会主义初级阶段，需要在公有制为主体的条件下发展多种所有制经济；第三，一切符合‘三个有利于’的所有制形式都可以而且应该用来为社会主义服务。”②我国是社会主义国家，只有坚持公有制的主体地位，才能体现社会主义性质，体现社会公平；只有允许多种所有制形式存在，才能体现初级阶段的基本国情，充分调动社会各方面的积极性；只有坚持“三个有利于”的标准，才能扫除前进道路上的各种障碍。

针对社会上对“公有制”的模糊认识，江泽民指出：公有制经济不仅包括国有经济和集体经济，还包括混合所有制经济中的国有成分和集体成分。公有制的主体地位主要体现在：公有资产在社会总资产中占优势；国有经济控制国民经济命脉，对经济发展起主导作用。对公有制的主导作用不能机械理解，要一切从实际出发，坚持质和量的统一。“只要坚持公有制为主体，国家控制国民经济命脉，国有经济的控制力和竞争力得到增强，在这个前提下，国有经济比重减少一些，不会影响我国的社会主义性质。”③公有制实现形式可以而且应当多样化。一切反映社会化生产规律的经营方式和组织形式都可以大胆利用。要努力寻找能够极大促进生产力发展的公有制实现形式。比如，关于股份制，江泽民指出：“股份制是现代企业的一种资本组织形式，有利于所有权和经营权的分离，有利于提高企业和资本的运作效率，资本主义可以用，社

① 《江泽民文选》第二卷，人民出版社 2006 年版，第 19 页。

② 《江泽民文选》第二卷，人民出版社 2006 年版，第 19 页。

③ 《江泽民文选》第二卷，人民出版社 2006 年版，第 19—20 页。

会主义也可以用。不能笼统地说股份制是公有还是私有,关键看控股权掌握在谁手中。国家和集体控股,具有明显的公有性,有利于扩大公有资本的支配范围,增强公有制的主体作用。"①他还强调,股份制是公有制多种实现形式中的一种形式,不是唯一形式,不能搞"一刀切",不要"刮风",不要以为一搞股份制什么问题都能解决。对股份合作制经济,要支持和引导,不断总结经验,使之逐步完善。

(四)为非公有制经济正名

如何认识社会主义条件下的非公有制经济,这在社会主义发展史上是一个争论十分激烈的问题。党的十一届三中全会后,农村因实行家庭联产承包责任制而有了剩余劳动力,城市因知识青年返城而无法安排工作。1980 年 8 月,中央转发《进一步做好城镇劳动就业工作》的文件,提出改革劳动体制,允许"自谋职业",可以"从事个体工商业和劳动服务"。1981 年国务院《关于城镇非农业个体经济若干政策性规定》,认为"从事个体经营的公民,是自食其力的独立劳动者",个体经营"对于发展生产,活跃市场,满足人民生活的需要,扩大就业"都有重大意义。1983 年,我党用"搞活经济、繁荣市场、方便群众、安置就业"十六个字概括个体经济的作用,同时扩大对城乡个体经济经营范围和规模的限制。1984 年党的十二届三中全会通过的《中共中央关于经济体制改革的决定》进一步指出:"我国现在的个体经济是和社会主义公有制相联系的,不同于和资本主义私有制相联系的个体经济,它对于发展社会生产、方便人民生活、扩大劳动就业具有不可替代的作用,是社会主义经济必要的有益的补充,是从属于社会主义经济的。"②这就把社会主义制度中的非公有制经济与一般意义上的私有经济区别开来。1988 年 4 月,七届人大通过的《中华人民共和国宪法修正案》也指出:"私营经济是社会主义公有制经济的补

---

① 《江泽民文选》第二卷,人民出版社 2006 年版,第 20 页。

② 中共中央党校教务部编:《十一届三中全会以来党和国家重要文献选编》,中共中央党校出版社 2008 年版,第 181 页。

充。国家保护私营经济的合法的权利和利益,对私营经济实行引导、监督和管理。”①从此,党和国家对私营经济的性质和地位有了明确的态度和政策。党的十三届四中全会认为,以公有制为主体、多种经济成分共同发展的格局在我国已初步形成。

1992年,在党的十四大报告中,江泽民指出:“在所有制结构上,以公有制包括全民所有制和集体所有制经济为主体,个体经济、私营经济、外资经济为补充,多种经济成分长期共同发展,不同经济成分还可以自愿实行多种形式的联合经营。”②在这里,非公有制经济仍然是公有制经济的必要“补充”。1997年,在党的十五大报告中,江泽民进一步指出:“非公有制经济是我国社会主义市场经济的重要组成部分。”③这一论述,实现了非公有制经济由“对立论”“补充论”向“重要组成部分论”的根本性转变,大大丰富和发展了马克思主义关于社会主义所有制的理论。江泽民指出:“对个体、私营等非公有制经济要继续鼓励、引导,使之健康发展。”④1998年,在纪念党的十一届三中全会召开20周年大会上的讲话中,江泽民强调:“我国是社会主义国家,必须坚持公有制为主体。同时,必须坚持多种所有制经济共同发展,积极鼓励和引导非公有制经济健康发展。不能只强调前者而不讲后者,也不能只强调后者而不讲前者,否则都会脱离社会主义初级阶段的实际,都不利于生产力的发展。公有制是我国社会主义经济制度的基础,非公有制经济是我国社会主义市场经济的重要组成部分。离开公有制为主体,就不成其为社会主义经济。”⑤在这里,公有制经济与非公有制经济都具有各自的重要地位,公有制经济是基础,非公有制经济是重要组成部分。否定公有制经济或者否定非公有制经济都不利于发展社会主义的生产力。

① 《十三大以来重要文献选编》(上),人民出版社1991年版,第216页。
② 《江泽民文选》第一卷,人民出版社2006年版,第227页。
③ 《江泽民文选》第二卷,人民出版社2006年版,第20页。
④ 《江泽民文选》第二卷,人民出版社2006年版,第20页。
⑤ 《江泽民文选》第二卷,人民出版社2006年版,第256页。

2002年,在党的十六大报告中,江泽民指出:"根据解放和发展生产力的要求,坚持和完善公有制为主体、多种所有制经济共同发展的基本经济制度。"①坚持和完善基本经济制度,必须把握三个要求:第一,必须毫不动摇地巩固和发展公有制经济。第二,必须毫不动摇鼓励、支持和引导非公有制经济发展。第三,坚持公有制为主体,促进非公有制经济发展,统一于社会主义现代化建设的进程中,不能把这两者对立起来。党的十六届三中全会进一步放宽了非公有制经济的投资范围及其政策待遇。指出:要大力发展和积极引导非公有制经济,允许非公有资本进入法律法规未禁入的基础设施、公用事业及其他行业和领域。非公有制企业在投融资、税收、土地使用和对外贸易等方面,与其他企业享受同等待遇。要改进对非公有制企业的服务和监督。党的十六届四中全会进一步强调了"两个毫不动摇"。要正确处理坚持公有制为主体和促进非公有制经济发展的关系,毫不动摇地巩固和发展公有制经济、发挥国有经济的主导作用,毫不动摇地鼓励、支持和引导个体、私营等非公有制经济发展,使两者在社会主义现代化建设进程中相互促进、共同发展。党的十六届五中全会在以往政策的基础上强调,要坚持和完善基本经济制度,坚持公有制为主体、多种所有制经济共同发展。

(五)完善社会主义初级阶段的分配制度

分配制度是生产关系的重要内容。分配制度是否合理,关系社会主义制度优越性的发挥,关系人民群众劳动积极性的调动,关系生产力发展的速度和质量。党的十四大提出,"在分配制度上,以按劳分配为主体,其他分配方式为补充,兼顾效率与公平。运用包括市场在内的各种调节手段,既鼓励先进,促进效率,合理拉开收入差距,又防止两极分化,逐步实现共同富裕。"②这一论述,为正确处理效率与公平的关系,建立科学合理的分配制度奠定了基础。

① 《江泽民文选》第三卷,人民出版社2006年版,第547页。

② 《江泽民文选》第一卷,人民出版社2006年版,第227页。

党的十五大再次重申，“把按劳分配和按生产要素分配结合起来，坚持效率优先、兼顾公平，有利于优化资源配置，促进经济发展，保持社会稳定。”①江泽民指出：“解决收入分配问题，不能再搞分配上的‘平均主义’、‘吃大锅饭’，根本的还是要适应发展社会主义市场经济的要求，引入竞争机制，通过促进经济发展来逐步解决问题。同时采取相应的政策措施，保护合法收入，调节过高收入，取缔非法收入，防止收入分配上的过分悬殊，把广大干部群众的积极性充分调动起来。”②这样的论述，坚持了在收入分配问题上的“两点论”，既反对平均主义，又反对两极分化，体现了社会主义的本质特征。同时也提出了具体的举措。

党的十六大进一步指出：“坚持效率优先、兼顾公平，既要提倡奉献精神，又要落实分配政策，既要反对平均主义，又要防止收入悬殊。初次分配注重效率，发挥市场的作用，鼓励一部分人通过诚实劳动、合法经营先富起来。再分配注重公平，加强政府对收入分配的调节职能，调节差距过大的收入。规范分配秩序，合理调节少数垄断性行业的过高收入，取缔非法收入。以共同富裕为目标，扩大中等收入者比重，提高低收入者收入水平。”③这一论述，把“效率”和“公平”的实现放在不同阶段和不同领域，对不同的收入分配提出不同的对待政策，使社会主义的分配制度更加具体化。

二、先进文化的一般逻辑和中国逻辑

文化是上层建筑的重要组成部分。世纪之交，随着互联网及其信息技术的发展，文化在各国生产力发展、社会整合、综合实力提高中所起的作用越来越明显。“国际权威机构在分析各国综合竞争力时，普遍认为一个国家的劳

① 《江泽民文选》第二卷，人民出版社 2006 年版，第 22 页。

② 中共中央文献研究室编：《江泽民论有中国特色社会主义》（专题摘编），中央文献出版社 2002 年版，第 58 页。

③ 《江泽民文选》第三卷，人民出版社 2006 年版，第 550 页。

动力素质、政府对人民的组织动员能力、参与国际化程度等,都与该国文化发展的综合水平密切相关。它不但能够提升人的生产力和物质的生产力,而且能够传播自己的意识形态,吸引更多的国际盟友。正因如此,文化被许多有识之士称为综合国力中的重要'软权力',而且形成了当今世界上影响深远的'软权力理论'"①。中国共产党要代表中国先进文化的前进方向,涉及"中国共产党"与"文化""先进文化""中国先进文化""先进文化的前进方向""中国先进文化的前进方向"等多层思想联系,把党的建设与中国先进文化的前进方向相结合,既指出了先进文化建设的重要性,也指出了党的建设的重要方向和重大战略任务。

(一)全球化形势对中国文化的要求

20 世纪 90 年代之后,经济全球化、政治多极化、文化多样化的势头强劲,为我国发展带来许多新的发展机遇,但同时也提出空前挑战。苏东剧变后,我国作为共产党领导的社会主义国家,成为西方国家冷战思维的"眼中钉",而通过互联网进行文化渗透,则成为西方国家进行"和平演变",瓦解社会主义的主渠道。如何占领文化发展制高点,牢牢把握社会主义文化前进方向,坚定中国特色社会主义理想信念,成为中国共产党人在新的历史条件下面临的迫切任务。

1. 从经济全球化的趋势来看,经济全球化增强了国与国、民族与民族之间的联系和亲和力,给我国社会主义文化建设抢占新的舆论阵地带来机遇。互联网是对外、对内的重要舆论阵地,也是我们把握国际动态、了解舆论信息的新渠道,它使宣传地域全球化;互联网灵活迅捷的宣传形式将增强舆论宣传的辐射力、吸引力、感染力;随着计算机和通信技术的不断发展,以及网上快速传播、同步交流、信息检索、现实虚拟、游戏娱乐、电子商务等功能的广泛应用,网

① 花建:《世界进步潮流和代表先进文化的前进方向》,《毛泽东思想邓小平理论研究》2002 年第 4 期。

络媒体功能越来越多，给新闻事业和宣传思想工作的发展创造了难得的机遇，使宣传途径多样化；互联网的特性为我们文化建设以最经济合理的投入来充分利用全球网络资源提供了新的机遇。另一方面，在经济全球化的条件下，文化的独立性正在不断被削弱，文化发展正越来越紧密地被捆绑在经济发展的列车上，经济政治强权随之也滋生出文化强权，似乎经济越发达，文化也就越优秀，就越有资格凌驾于其他价值观念之上，进行文化的传播和渗透，并采取各种手段对社会主义国家的优秀文化进行贬低、丑化和攻击，大力推行“西化”“分化”的政治图谋。江泽民指出：经济全球化使各国经济受到国际经济运行的影响更加广泛、更加深刻，从发达国家到发展中国家，各国都在积极制订面向新世纪的经济社会发展战略，高度重视高新技术发展和产业结构调整。“我们必须继续埋头苦干，加紧做好工作。”①

2. 从政治多极化趋势来看，在当代，和平与发展仍是世界主流。政治多极化有利于加强与世界各国的文化交流与合作，展示中华文明的国际形象，推动中国文化走向世界，有利于加强我国的政治文化建设，有利于建立公正合理的国际文化新秩序，与世界上主持正义、爱好和平与民主的国家和民族，建立稳固的世界反霸权文化战线，为我国的文化建设创造和平稳定的国际环境，维护我国的文化安全和文化主权。同时，国际竞争也日趋激烈，形成经济关系政治化和政治关系经济化，制裁与反制裁、干涉与反干涉的斗争同时并存的状况。政治多极化也带来政治文化的冲突，我国政治文化的整合、凝聚、规范功能受到一定削弱，对我国的政治信仰和政治认同形成阻碍。中西方社会制度的根本差异，决定了两种政治文化在阶级属性上的本质区别。某些国家为了实现独霸全球的政治目的，不遗余力地对社会主义国家进行文化倾销和文化侵略，使文化产业和政治阴谋更加紧密地联系在一起，美化自己国家的价值观念和生活方式，使得其他国家的人民特别是青少年盲目羡慕和追求这些价值观念和生活方式，轻视甚至鄙视本民族独特的文化价值观念和生活方式，从而形成

---

① 《江泽民文选》第三卷，人民出版社 2006 年版，第 11 页。

文化领域的依附关系。1993年,美国哈佛大学教授亨廷顿发表《文明的冲突》一书,认为未来国际政治斗争的主线,主要不是军事冲突、意识形态冲突,而是文明的冲突。具体地说,就是以基督教为主的西方文明与以儒教为主的东方文明、以伊斯兰教为主的阿拉伯文明的冲突,西方文明尤其需要警惕与防范儒家文明与伊斯兰文明的联合,并断言未来全球的冲突将是文明的冲突。这种理论很快被克林顿推广到科索沃战争之中,在辩解美国出兵科索沃的战略动机时,曾对科索沃的价值地位进行了“文化”意义上的诠释。此外,伊拉克战争、阿富汗战争,都是世界制度文化和意识形态巨大的差异对抗和冲突的经典案例。美国也力图通过政治文化的渗透,促使“中国出现从共产主义到民主制度的广泛的、和平的演变”①。正如美籍阿拉伯学者赛义德在《文化与帝国主义》中所说的,第三世界的文化作为“边缘话语”正受着居于中心地位的西方话语的“后殖民统治”。江泽民指出:“世界正处在向多极化发展的趋势之中,单极和多极的斗争十分激烈,多极格局的最终形成将经历一个曲折漫长的过程。东欧剧变、苏联解体后,中国作为世界上最大的社会主义发展中国家,实际上已成为社会主义的一面旗帜。国际敌对势力把中国视为眼中钉,千方百计想搞垮中国共产党的领导和社会主义制度,一刻也没有停止对我国实施西化、分化的政治战略。”②他提醒全党同志首先是高级干部绝不可麻痹大意。

3. 从文化多样化的趋势来看,当今世界有200多个国家,有几千个民族,有不同的文明和文化,不能只有一种模式、一种要求。然而,在文化多样化的潮流中,美国恃其文化强权对世界各国各地区进行文化输出,其目的主要是推行一整套资本主义的意识形态、价值观念和生活方式,来控制全世界人民的精神和灵魂。譬如通过无孔不入的大众文化传播媒介,竭力推销一种消费主义的意识形态,使发展中国家人民在不知不觉中接受以追求物欲满足为目标的资本主义生活方式,其直接后果就是导致相当一部分人精神空虚,理想、信念

① 刘连第等:《中美关系的轨迹》,时事出版社1995年版,第353页。

② 《江泽民文选》第三卷,人民出版社2006年版,第7—8页。

和主体意识丧失，各种腐化、堕落行为和种种社会犯罪行为频繁发生。这也是以美国为首的西方国家扳倒苏联，不战而胜的重要战略武器。冷战后，美国中央情报局力图把曾经对付苏联的那一套搬到对付中国的《十条诫命》中来，其中包括：“尽量用物质来引诱和败坏他们的青年，鼓励他们藐视、鄙视，进一步公开反对他们原来所受的思想教育”；“一定要尽一切可能，做好宣传工作，包括电影、书籍、电视、无线电波……和新式的宗教传播。只要他们向往我们的衣、食、住、行、娱乐和教育的方式，就是成功的一半”。① 当国际互联网把西方发达国家的文化精神带入千家万户时，西方社会的生活方式、交往方式、道德观、价值观也被无意识地模仿，并逐步由感觉欣赏变为主动追求。从而造成一些人价值观念的混乱，精神生活的迷失。

（二）发展市场经济更需先进文化的价值引领

从国内发展的状况来看，20 世纪 90 年代，中国正处在市场经济的创建中，体制尚不健全，法制尚不完善，加之西方价值观念的渗透，给党的建设带来巨大挑战。

1. 市场经济带来双面效应。如同一枚硬币有两个面一样，作为商品经济发展的产物，市场经济对人们的思想观念和价值取向也产生两方面的效应。一方面，在市场经济条件下，由于经济活动要靠价值规律调节，集体的自主权和个人的选择权不断扩大开放，人们的自主性、积极性得到发挥；随着市场运行机制的发展，形成了一些新观念，诸如竞争观念、效益观念、平等观念等；市场经济条件下求利的动机促进了人们知识的不断更新和学习先进科学技术的积极性，有利于人们自身的全面发展。但另一方面，以利益为导向的市场经济，容易诱发个人私欲，导致利己主义、极端个人主义、拜金主义和享乐主义等等。在封建思想和西方腐朽思想影响下，在发展市场经济的过程中，消费主

① 参见周向军等：《代表中国先进文化的前进方向研究》，中国人民大学出版社 2004 年版，第 99 页。

义、享乐主义和拜金主义在中国已经抬头。

2. 党的建设面临新挑战。在思想观念方面，一些党员用等价交换原则对待党和人民的事业，按酬付劳，严重冲击着无私奉献精神，为了以最小的投入获得最大的收益，部分党员见利忘义，甚至不择手段损人利己。在党的组织方面，市场经济的自主性强调经济行为主体的相对独立性和自主权力，使得决策权分散，在一些党员和党的组织中出现了本位主义、小团体主义、地方保护主义，这妨碍了政令畅通，损害了中央的权威。在道德作风方面，市场经济的开放性，使得在引进资金、技术、管理经验的同时，一些消极的腐朽的东西也乘机而入，党内一些意志薄弱者被腐蚀以致堕落，有的甚至出卖党的利益，出卖国格人格，影响党的先进性和纯洁性。同时，由于中国尚处在新旧体制转换的过程中，体制机制尚不健全、改革不配套等问题，给人以可乘之机，腐败现象滋生和蔓延，侵蚀党的健康肌体，疏远党群关系，动摇党的群众基础。

3. 创新成为文化发展的关键。伴随经济全球化以及文化领域更加激烈的国际竞争，创新意识和创新能力成为各民族在文化竞争中能否掌握主动权的决定性因素。反观我国当时的文化发展状况，很多学者言必称“现代主义”“后现代主义”，“西化”问题突出，造成中国文化原创力的深层弱化，使中国文化的现代化失去应有的文化原创动力。

（三）制定推进中国先进文化建设的系统工程

在当代中国，发展先进文化就是发展中国特色社会主义文化，就是建设社会主义精神文明。这涉及各个方面，是一项系统工程。代表中国先进文化的前进方向，必须注意从整体上搞好这项工程，必须全面推进当代中国先进文化建设。其中最重要的是：牢牢把握先进文化的前进方向，切实加强思想理论建设和道德建设，切实加强教育科学和文化事业建设，着力提高国民素质，培养“四有”新人。

1. 牢牢把握先进文化的前进方向。坚持什么样的文化方向，推动建设什么样的文化，是一个政党在思想上精神上的一面旗帜。中国共产党是以马克思主义武装起来的党，我们国家是以马克思主义为指导思想的社会主义国家，这就决定了我们的文化建设必须以马克思主义为指导。这是坚持文化建设的社会主义方向，保证社会主义文化建设健康发展的根本要求。江泽民一再指出：在社会主义文化建设中绝不能搞“指导思想多元化”，马克思主义的基本原理任何时候都必须坚持，老祖宗不能丢。否则，我们就会失去凝聚全党和全国人民团结奋斗、共同前进的思想政治基础，就会引起思想混乱，失去安定团结的政治局面。在新的历史条件下，怎样坚持和发展马克思主义？江泽民指出：与时俱进是马克思主义的理论品格，马克思主义必须随时代和实践而不断发展。全党同志要努力在掌握理论的科学体系上下功夫，在掌握基本原理及其精神实质上下功夫，在掌握马克思主义立场、观点、方法并用以指导实践上下功夫。以我国改革开放和现代化建设的实际问题、以我们正在做的事情为中心，着眼于马克思主义理论的运用，着眼于对实际问题的理论思考，着眼于新的实践和新的发展。自觉地把思想认识从那些不合时宜的观念、做法和体制中解放出来，从对马克思主义的错误和教条式的理解中解放出来，从主观主义和形而上学的桎梏中解放出来。决不能停留在对马克思主义的某些原则上、某些本本的教条式理解上，或者停留在对社会主义的一些不科学的甚至扭曲的认识上，或者停留在那些超越社会主义阶段的不正确的思想上。

2. 切实加强思想道德建设。思想理论和道德建设是文化建设的核心，也是一个国家、民族共同理想和精神支柱的集中体现。江泽民指出：我们进行的社会主义现代化建设的各项事业，是相互协调和全面发展的事业，不但经济建设要上去，人民的思想道德、科学文化素质和社会秩序、社会风气都要搞好，这样才能促进社会的全面进步和整个社会文明的全面发展。实施以德治国方略，塑造民族精神，不仅是建设社会主义精神文明的内在要求，而且是建设社会主义物质文明和政治文明的内在要求。加强社会主义思想道德建设是推进我国先进文化建设的重要内容和中心环节。在我国现阶段，加强社会主义思想道德建设必须从三个方面下功夫。一要积极探索建立和完善与社会主义市场经济相适应、与社会主义法律规范相协调、与中华民族传统美德相承接的社会主义思想道德体系。二要加强共同理想、信念的教育,引导人们树立正确的世界观、人生观和价值观,正确认识中国特色社会主义建设规律,坚定走中国特色社会主义道路。三要把先进性和广泛性结合起来,把社会主义道德教育和社会公德、职业道德、家庭美德教育结合起来,形成和完善不同层次的道德体系。

3. 大力发展教育和科学事业。发展教育和科学事业是社会主义文化建设的基础工程。改革开放以来,特别是党的十三届四中全会以来,党中央、国务院提出并实施科教兴国战略,加大对教育和科学事业的投入,使我国教育和科学事业进入了历史上发展最快最好的时期。但是,与我国社会主义现代化建设的要求相比,我国教育和科学事业仍存在较大差距,迫切需要进一步加快教育和科学事业的发展。一要提高对教育在现代化建设中先进性、全局性作用的认识,继续落实教育的优先发展的战略地位。党的十六大报告指出:“教育是发展科学技术和培养人才的基础,在现代化建设中具有先导性全局性作用,必须摆在优先发展的战略地位。”①二要深化教育创新,深化教育改革。为此,必须坚持和发展适应国家和社会发展要求的教育思想,确立与21世纪我国经济和社会发展需要相适应的教育观和人才观;破除制约教育创新的体制障碍,优化教育结构,合理配置教育资源;全面推进素质教育,改革教学内容、方法和手段,提高教育质量;充分利用现代科学技术手段,大力提高教育的现代化、信息化水平;进一步扩大开放,推进教育国际合作与交流;加强教师队伍建设,提高教师的师德和业务水平。三要高度重视科学事业的发展,制定科学和技术长远发展的规划,在全社会形成崇尚科学、鼓励创新、反对迷信和伪科学的良好氛围。

4. 积极发展社会主义文化事业和文化产业。文化事业和文化产业是文化建设中既相互联系又相互区别的两个重要组成部分。它们之间既有共性,又有不同的特点和规律。发展文化事业和文化产业,一要坚持把社会效益放在

---

① 《江泽民文选》第三卷,人民出版社2006年版,第560页。

首位的原则。当社会效益和经济效益发生矛盾时,要自觉服从社会效益,而不能一切向钱看,绝不能为了追求经济效益去牺牲社会效益。二要大力支持和保障文化公益事业。文化公益事业是社会为公众提供文化产品和服务的事业,难以完全依靠自身直接的赢利来解决生存和发展问题,但它对整个社会来说又十分重要。因此,国家必须在投入上给予保障,政策上给予支持。同时要引导和鼓励文化公益部门和单位面向市场,深化改革,改进管理,降低成本,增强自身发展活力。三是积极发展文化产业。文化产业的兴起和蓬勃发展是当代科学技术进步和经济全球化条件下文化发展的一个重要世界性趋势,也是当今世界日趋激烈的综合国力竞争的一个重要方面。在西方发达国家,文化产业不仅成为重要的支柱产业,在整个经济总量中占有相当的比例,而且成为扩大对外贸易,推行文化霸权的重要途径。随着改革开放的深入,综合国力的提高,人民生活水平的改善,人民群众对文化产品的要求也愈来愈高。然而,与人民群众对精神文化的需求相比,我国的文化产业化程度较低,难以满足人民群众的需求,而且面临严峻的国际挑战。因此,我国必须抓紧制定和完善文化产业政策,运用财政、税收、金融手段,组建文化产业集团,促进文化产业发展,增强文化产业的整体实力和竞争力。

5. 继续深化文化体制改革。文化体制改革是发展和繁荣我国社会主义先进文化的重要保证。改革最主要的任务:一是健全文化管理体制。加强和改善党对文化工作的领导,理顺政府与文化企事业单位的关系,实行党委领导、政府管理、行业自律、企事业单位依法运营。二是健全微观运行机制。公益性文化事业单位要进一步推进内部干部、人事(劳动)、分配三项制度改革,形成干部能上能下、职工能进能出、收入能高能低的竞争机制和管理机制。经营性文化企业单位要实施公司制改造,完善法人治理结构,建立现代企业制度。三是健全文化市场体系。加快文化产品市场和生产要素市场建设,培育市场主体,发展市场中介组织,形成统一、开放、竞争、有序的文化市场体系。四是健全文化经济政策。对文化事业和文化产业实行不同的政策,保护文化事业的发展,推进文化产业面向市场,做大做强。五是健全资源优化配置机制,充分发挥市场在国家宏观调控下对文化资源配置的基础性作用。以资产和业务为纽带，运用市场机制，推动兼并、联合、重组，实行多种经营和跨地区发展，打造文化品牌，重点扶持和发展一批文化产业集团。六是健全对外文化交流机制。大力开拓文化产品国际市场，积极实施“走出去”战略。

三、最广大人民的根本利益的一般逻辑和中国逻辑

能否代表最广大人民的根本利益，这关系到共产党执政的合法性和执政基础。东欧剧变、苏联解体，这些国家的共产党纷纷下台，一个重要的原因就是他们逐渐脱离群众，改革没有能够改善人民生活，不能代表最广大人民的根本利益。“三个代表”重要思想关于“始终代表中国最广大人民的根本利益”的思想，正是吸取了国际共产主义运动以及其他国家执政党的经验教训。“人民群众”作为一个历史范畴，在不同时期有不同的内涵；作为一个整体概念，它由不同阶级、阶层、团体、组织和个人组成。在新的历史发展时期，“最广大人民”不仅包括社会主义全体劳动者，还包括拥护社会主义和拥护祖国统一的爱国者，显示出空前的广泛性和包容性。“根本利益”要解决好市场经济利益多元化格局下复杂利益关系和矛盾的新问题。中国共产党作为执政党，不能只代表某一阶级、某一集团、某一部分甚至是相当多数的部分人的利益，而必须代表最广大人民的根本利益。历史唯物主义强调利益的重要性，“三个代表”重要思想提出“最广大人民”和“根本利益”两个范畴，根据新的历史条件，创新和发展了历史唯物主义理论。

（一）马克思主义执政党的本质特征

马克思和恩格斯强调，历史活动是群众的事业，历史活动的深入必然带来群众队伍的扩大。中国共产党在革命、建设和改革开放的整个过程中，始终不渝、誓死捍卫群众利益，真正为社会主义、共产主义而奋斗，不骄傲、不自满，时

刻反省，虚心向群众学习，甘当群众的小学生，用民主的方法做好群众工作，在实践中丰富和发展了马克思主义的群众观。

1. 依靠群众，为了群众，全心全意为群众谋利益。为无产阶级的整体利益而奋斗，这是马克思主义政党的根本特点。马克思和恩格斯指出：“过去的一切运动都是少数人的，或者为少数人谋利益的运动。无产阶级的运动是绝大多数人的，为绝大多数人谋利益的独立的运动。”①在中国，工人阶级的利益同全体人民以及整个民族的历史命运联系在一起，党为工人阶级的利益而奋斗，也就是为全体人民和整个民族的利益而奋斗。作为中国无产阶级先锋队组织的中国共产党，除了最广大人民群众的利益之外，没有自己的特殊利益。党的全部任务和责任，就是为实现人民群众的根本利益而奋斗。人民群众既是价值目标，也是依靠的根本力量。毛泽东说：“人民，只有人民，才是创造世界历史的动力。”②中国共产党所领导的战争是人民战争。只有关心群众利益，才能动员人民群众，结成最广泛的人民阵线，筑起打不倒的铜墙铁壁。毛泽东指出：要动员广大群众参加革命战争，就必须关心广大群众的切身利益。“我们对于广大群众的切身利益问题，群众的生活问题，就一点也不能疏忽，一点也不能看轻。”③在《为人民服务》一文中，毛泽东进一步指出：“我们这个队伍完全是为着解放人民的，是彻底地为人民的利益工作的。”④共产党人的根本宗旨就是“全心全意为人民服务”。共产党领导人民闹革命，打土豪、分田地，不惜为群众牺牲一切。而且，中国共产党制定了严格的组织纪律，所到之处，秋毫无犯，不拿群众一针一线。群众得到实惠，就跟着共产党走，为革命通风报信，站岗放哨，冒着生命危险掩护干部和战士。在改革开放的新时期，邓小平一再强调，我们制定的路线、方针、政策好不好，关键要看人民“拥护不拥护”“赞成不赞成”“高兴不高兴”“答应不答应”。

---

① 《马克思恩格斯文集》第2卷，人民出版社2009年版，第42页。

② 《毛泽东选集》第三卷，人民出版社1991年版，第1031页。

③ 《毛泽东选集》第一卷，人民出版社1991年版，第136页。

④ 《毛泽东选集》第三卷，人民出版社1991年版，第1004页。

2. 向群众学习，不断反省，端正自己的行动方向。荀子在《劝学》中说："君子博学而日参省乎己，则知明而行无过矣。"中国共产党是一个不断自我反省、自我革命的政党，在学习中进步的政党，遵义会议、八七会议、延安整风、七届二中全会、十一届三中全会实际上都是进行自我反省、自我革命的会议。中国共产党不仅进行批评和自我批评，还经常向群众学习请教，"放下臭架子、甘当小学生"，走群众路线。1941 年 3 月，毛泽东在《农村调查》序中写道："没有满腔的热忱，没有眼睛向下的决心，没有求知的渴望，没有放下臭架子、甘当小学生的精神，是一定不能做，也一定做不好的。必须明白：群众是真正的英雄，而我们自己则往往是幼稚可笑的，不了解这一点，就不能得到起码的知识。"①在党的七届二中全会上，毛泽东告诫全党："务必使同志们继续地保持谦虚、谨慎、不骄、不躁的作风，务必使同志们继续地保持艰苦奋斗的作风。"②进城后要准备和不拿枪的敌人进行斗争，提防敌人糖衣裹着的炮弹，共产党人意志不能懈怠，不能学李自成。这种谦虚谨慎的作风，保证了共产党与群众的血肉联系，保证了其正确的行动路线。

3. 讲究工作方法，正确处理人民内部矛盾。中国共产党历来主张通过调查研究了解群众疾苦，反映群众意愿，反对形式主义和官僚主义。民主革命时期，毛泽东就工作方法问题，专门写了《关心群众生活，注意工作方法》一文，强调："如果仅仅提出任务而不注意实行时候的工作方法，不反对官僚主义的工作方法而采取实际的具体的工作方法，不抛弃命令主义的工作方法而采取耐心说服的工作方法，那末，什么任务也是不能实现的。"③新中国成立后，在社会主义建设时期，在《关于正确处理人民内部矛盾的问题》一文中，毛泽东系统总结我们党成功的经验，认为关键在于工作方法。他说：在 1942 年，我们曾经把解决人民内部矛盾的这种民主的方法，具体化为一个公式，叫做"团结——批评——团结"。经过几年之后，到 1945 年中国共产党召开第七次全

---

① 《毛泽东选集》第三卷，人民出版社 1991 年版，第 790 页。

② 《毛泽东选集》第四卷，人民出版社 1991 年版，第 1438—1439 页。

③ 《毛泽东选集》第一卷，人民出版社 1991 年版，第 140 页。

国代表大会的时候，果然达到了全党团结的目的，因此就取得了人民革命的伟大胜利。①

（二）新形势提出重大挑战

进入新世纪中国共产党的党员队伍、党所处的地位和环境，党所肩负的任务，都发生了重大变化。如果不能顺应时代潮流、国情变化和党自身变化的新形势，就不能够经得起改革开放和执政的考验，就要失去先进性和执政地位乃至被时代所淘汰，就无法真正代表最广大人民的根本利益。

1. 党的执政地位对党的领导水平和执政能力提出新考验。新中国成立后，中国共产党从革命党转变为执政党，掌握了政权，有了调动全国人、财、物等资源的权力，而且权力之大，可调动的资源之多，都是未执政前无法比拟的。大批党员、干部担任了从中央到地方各个部门、各个地区的领导职务，手中掌握了这样那样的权力。能否真正懂得我们的权力来自人民，能不能正确地运用手中的权力，能不能始终保持与人民群众的密切联系，永远不脱离群众，这是执政党面临的最大难题。我们党历来要求共产党员和党的各级干部，必须坚持党和人民的利益高于一切，个人利益服从党和人民的利益，吃苦在前，享受在后，决不允许以权谋私。从我们党的现状来看，我们党总体上经受住了执政的考验。但许多事实也一再说明，我们党成为执政党以后，党内一些人逐渐不思进取、好逸恶劳，不愿意艰苦奋斗，滋长了贪图享乐的思想，他们利用手中掌握的权力谋取私利，形式主义、官僚主义的不良作风开始抬头。他们或者对广大群众的利益，特别是对下岗职工、贫困人口的生活困难不闻不问，整天为自己的利益盘算，或者地方面貌长期没有改变，群众的生活还比较清苦，自己却先住上小楼，坐上豪华轿车，整天花天酒地，或者不愿意带领和组织群众发展生产、改善生活，一心只想着替自己安排“后路”，为子女、亲属、朋友等安排“出路”。江泽民指出：“如果我们不警惕、不警觉，让那些与我们党的性质和

---

① 参见《毛泽东文集》第七卷，人民出版社 1999 年版，第 210 页。

宗旨相违背的错误思想和腐败行为蔓延开来，那将带来灾难性后果。”①

2. 改革开放带来的深刻变化对党的领导水平和执政能力提出新考验。在新的历史条件下，我国社会生活发生了广泛而深刻的变化，社会经济成分、组织形式、就业方式、利益关系和分配方式多样化的趋势还将进一步发展。

其一，从计划经济向市场经济的转变，城乡人民就业方式和生产方式的变化。江泽民指出：“在计划经济体制下，国家基本上全部承担了城市居民的就业要求，农村人口也全部组织在当时那种集体经济的体制中。党员、群众基本上都在政府直接管理的部门或单位中工作，党的组织和领导主要通过从上到下组织严密的部门和单位来实施。现在，在党政事业机关和国有企业之外，出现了新的经济组织和社会活动领域。很多人在非公有制经济领域中就业，不少人自谋职业。农村实行联产承包责任制，农民和基层组织的关系也与过去不同了。”②在新的历史条件下如何加强党的领导，如何使党的领导覆盖社会和市场的广泛领域，成为亟待解决的重大问题。

其二，由于劳动性质、就业方式、收入分配等的变化，不同地区、不同部门、不同职业、不同方面的群众，在整体利益一致的情况下，出现不同群体和不同阶层之间具体利益的差别。江泽民指出：“我国工人、农民和其他社会阶层，在就业、分配等方面出现了多样性。既有在国有企业工作的职工，也有在非公有制企业中工作的职工；既有在技术、知识、资本密集的企业工作的职工，也有在劳动密集的企业工作的职工；还有相当一部分困难企业的职工和下岗职工；既有收入较高的职工，也有收入较低的职工。农村也出现了农民企业家、乡镇企业职工、专业户、进城务工的农民，还有继续在农村务农的农民，部分地区农村仍存在相当数量的贫困人口。”③在这样的情况下，党如何更好地代表全体人民的根本利益和不同社会群体的具体利益，正确处理效率和公平的关系，关

① 《江泽民文选》第三卷，人民出版社 2006 年版，第 181 页。
② 《江泽民文选》第三卷，人民出版社 2006 年版，第 16 页。
③ 《江泽民文选》第三卷，人民出版社 2006 年版，第 17 页。

系到党的领导能否有效实施。

其三，在公有制为主体、多种所有制经济共同发展的格局下，非公有制企业在活跃城乡经济、满足社会多方面需要、增加就业、促进国民经济发展等方面发挥着重要作用。江泽民指出：“全国现在有私营企业近一百五十万户，个体工商户三千一百多万户，从业人员八千二百多万人。无论从经济实力上看还是从人数上看，分量都不轻。……非公有制经济是我国社会主义市场经济的重要组成部分。”①如何在坚持公有制经济控制国民经济命脉并对经济发展起主导作用的前提下，加强党对非公有制企业的领导，促进非公有制经济健康发展，把非公有制企业的群众团结在党的周围，是新的历史条件下对党的领导水平和执政能力提出巨大的考验。

其四，随着改革的深化和市场经济的发展，人民群众对物质利益的要求在不断提升，物质利益的多样化不可避免。这些利益要求，不仅会在群众的工作生活中表现出来，也会在我们工作的不同领域和部门表现出来。但与此同时，商品交换的法则也容易侵蚀到社会政治生活和人们的精神领域，引发见利忘义、权钱交易，导致国家意识、集体意识和互助精神、奉献精神的减弱。如何满足人民群众不断增长的物质文化需求，又防止消极腐败行为对党的肌体的侵蚀，是摆在中国共产党面前的一道难题。江泽民指出，“这不仅要求我们党的方针政策更好地保证和满足群众实现自己的合理利益要求，也要求党更好地发挥总揽全局、协调各方的领导核心作用，把全体人民和各方面的积极性充分调动起来，为实现共同的目标而奋斗。”②

3. 党自身构成的变化对党的领导水平和执政能力提出新考验。国际共产主义的经验教训表明：执政的共产党如果不能正确对待自身构成的变化，也就无法巩固自己的阶级基础和群众基础，从而巩固自己的执政地位。改革开放以来，随着我国出现的“四个多样化”（即经济成分多样化、组织形式多样化、

① 《江泽民文选》第三卷，人民出版社 2006 年版，第 17 页。

② 《江泽民文选》第三卷，人民出版社 2006 年版，第 18 页。

就业方式多样化、利益关系和分配方式多样化),工人阶级的队伍发生了新的变化,社会阶层构成也发生了新的变化,出现了民营科技企业的创业人员和技术人员、受聘于外资企业的管理技术人员等新的社会阶层。这些变化就给党的建设提出了新的课题。在新的历史条件下,我们党能否适应这种新的变化而不断完善自身的构成,进一步巩固、扩大党的阶级基础和执政基础,对党的领导水平和执政能力提出新的考验。江泽民指出:“伟大而艰巨的建设有中国特色社会主义事业,需要全社会各个方面忠诚于祖国和社会主义的优秀分子,以自己的实际行动带领群众共同加以推进。能否自觉地为实现党的路线和纲领而奋斗,是否符合党员条件,是吸收新党员的主要标准。来自工人、农民、知识分子、军人、干部的党员是党的队伍最基本的组成部分和骨干力量,同时也应该把承认党的纲领和章程、自觉为党的路线和纲领而奋斗、经过长期考验、符合党员条件的社会其他方面的优秀分子吸收到党内来,并通过党这个大熔炉不断提高广大党员的思想政治觉悟,从而不断增强我们党在全社会的影响力和凝聚力。”①这一论述,不仅指出了马克思主义执政党先进性的检验标准,分析了中国社会阶层和党的群众基础的变化,而且指明了党在新的历史条件下如何与时俱进,适时吸收全社会各阶层的优秀分子,壮大党的队伍,从而提高党的执政能力的问题。

4. 党的历史使命对党的领导水平和执政能力提出新考验。中国共产党的前途和命运关系整个国家和民族的命运。从新民主主义到社会主义、从社会主义到建设中国特色社会主义、从实现社会主义现代化到最终实现共产主义,这是中国共产党人确定不移的奋斗目标。党的纲领是最低纲领和最高纲领的统一。江泽民指出:“一个政党的纲领就是一面旗帜。在革命、建设和改革的各个历史阶段中,我们党既有每个阶段的基本纲领即最低纲领,也有确定长远奋斗目标的最高纲领。我们是最低纲领与最高纲领的统一论者。”②全党同志

① 《江泽民文选》第三卷,人民出版社 2006 年版,第 286 页。

② 《江泽民文选》第三卷,人民出版社 2006 年版,第 292—293 页。

既要坚定共产主义理想信念，否定和抛弃共产主义，就会失去前进方向，又要脚踏实地，以我们正在做的事情为中心。“全党同志既要树立共产主义的远大理想，坚定信念，以高尚的思想道德要求和鞭策自己，更要脚踏实地地为实现党在现阶段的基本纲领而不懈努力，扎扎实实地做好现阶段的每一项工作。忘记远大理想而只顾眼前，就会失去前进方向；离开现实工作而空谈远大理想，就会脱离实际。”①无论坚定共产主义理想信念，还是坚持党在社会主义初级阶段的基本路线方针政策，都要求党员领导干部具有扎实的理论基础，清晰的世界观、价值观、人生观，同时具备运用马克思主义理论分析和解决实际问题的能力，不断把中国特色社会主义推向未来。对全党同志来说，都是重大而艰巨的考验。

（三）实现好最广大人民群众根本利益的途径

办好中国的事情，关键在党。在新的历史条件下，中国共产党要代表最广大人民群众的根本利益，必须以创新的态度面对现实，变革党的执政理念，改进执政方式，巩固执政基础，强化执政能力。

1. 着力更新党的执政理念，以与时俱进的态度洞察时代发展。马克思主义是中国共产党人立党立国的根本指导思想，是全国各族人民团结奋斗的共同理论基础。“马克思主义具有与时俱进的理论品质。如果不顾历史条件和现实情况的变化，拘泥于马克思主义经典作家在特定历史条件下、针对具体情况作出的某些个别论断和具体行动纲领，我们就会因为思想脱离实际而不能顺利前进，甚至发生失误。”②中国共产党的执政地位既是历史的选择、人民的选择，也是中国共产党自觉努力的结果。但取得这个执政地位后，中国共产党还必须不断努力，保持自身的先进性。始终保持执政党的先进性，是党在新的历史条件下所面对的一个重大时代课题。时代在发展，形势在变化，我们党要不

① 《江泽民文选》第三卷，人民出版社 2006 年版，第 293 页。

② 《江泽民文选》第三卷，人民出版社 2006 年版，第 282—283 页。

断巩固自己的执政地位,必须紧跟世界发展进步的潮流,始终代表中国先进生产力的发展要求、先进文化的前进方向和最广大人民的根本利益,坚决解决党内存在的突出问题,提出坚持"三个代表"的要求,其出发点和着眼点就在这里。

中国共产党要不断巩固自己的执政地位,就必须做到"三个代表",坚持党的先进性。做到"三个一定要"。江泽民指出:"一定要看到《共产党宣言》发表一百五十多年来世界政治、经济、文化、科技发生的重大变化,一定要看到我国社会主义建设发生的重大变化,一定要看到广大党员、干部和人民群众工作生活条件和社会环境发生的重大变化"①。在思想上搞清楚"四个如何认识":如何认识社会主义发展的历史进程;如何认识资本主义发展的历史进程;如何认识我国社会主义改革实践过程对人们思想的影响;如何认识当今的国际环境和国际政治斗争带来的影响。江泽民要求全党同志"在贯彻党的理论和路线方针政策时,在从事的各项事业中,都要牢记落实'三个代表'要求,看看我们所采取的措施、所做的工作是不是符合'三个代表'要求,符合的就毫不动摇地坚持,不完全符合、需要调整补充的就积极调整补充,不符合的就勇于实事求是地纠正,以利我们的改革和建设不断向前迈进,充分体现共产党人的先进性和时代精神"。②

2. 着力强化党的执政能力,提高党的领导水平和执政水平。把提高领导水平和执政水平作为党的建设的重要内容,把加强党的执政能力建设作为执政党建设的根本环节,这是以江泽民同志为主要代表的中国共产党人提出的新论断,是党的十六大对党的建设提出的新要求,是新时期中国共产党执政党建设的新发展。政党能力概念是一个复合体系,它包括各个方面的具体要求。"为了实现对它所代表的利益、权利和其他诉求的真正的辩护或维护,它就必须以发挥那些表现为宗旨、纲领、原则、方针等理论特性的东西为中心,来自觉地同相应的政治行动相对接。"③从理论逻辑上说,执政党的能力主要表现为

---

① 《江泽民文选》第三卷,人民出版社 2006 年版,第 339 页。

② 《江泽民文选》第三卷,人民出版社 2006 年版,第 26—27 页。

③ 洪志健:《论"三个代表"的科学体系》,广西人民出版社 2003 年版,第 136—137 页。

执政能力。任何执政党都是特定阶级利益的代表，其执政能力的衰退，势必造成代表性能的弱化。任何政党都将概莫能外，对中国共产党来说也是如此。

推进新时期党的建设新的伟大工程，进一步解决两大历史性课题，就是要不断提高领导水平和执政水平、增强拒腐防变和抵御风险的能力。这是一个问题的两个方面。党的十六大明确强调，党的执政能力建设，主要有五个方面的能力：科学判断形势的能力、驾驭市场经济的能力、应对复杂局面的能力、依法行政的能力、总揽全局的能力。具体来说，亟待建设的执政能力，有五个方面的内容：一是以宽广的眼界观察世界，正确把握时代发展的要求，善于进行理论思维和战略思维，不断提高科学判断形势的能力。二是坚持按照客观规律和科学规律办事，及时研究解决改革和建设中的新情况新问题，善于抓住机遇加快发展，不断提高驾驭市场经济的能力。三是正确认识和处理各种社会矛盾，善于协调不同利益关系和克服各种困难，不断提高应对复杂局面的能力。四是增强法制观念，善于把坚持党的领导、人民当家作主和依法治国统一起来，不断提高依法行政的能力。五是立足全党全国工作大局，坚定不移地贯彻党的路线方针政策，善于结合实际创造性地开展工作，不断提高总揽全局的能力。五个方面的能力建设要求，涵盖了作为党员领导干部所应具备能力的基本方面。

3. 着力加强和改进党的执政方式和领导方式。这是中国共产党作为执政党建设的重要方面。对中国共产党而言，改进党的执政方式，从根本上说，就是要改进和完善党的领导的实现方式。从理论上看，传统的执政方式，主要就是人们比较熟悉的党的一元化领导。这种执政方式在革命年代和计划经济条件下曾经是行之有效的，但也内在地具有某些明显的局限性，它容易造成执政党功能的弱化，并且使执政党陷入被动境地。随着我国社会主义市场经济体制的建立，依法治国、建设社会主义法治国家的要求更加迫切，加强和改进党的执政方式和领导方式的必要性就突显出来了。

党的十六大对如何认识和提高党的领导水平做了系统的论述。其一，党的领导主要是政治、思想和组织领导，通过制定大政方针，提出立法建议，推荐重要干部，进行思想宣传，发挥党组织和党员的作用，坚持依法执政，实施党对国家和社会的领导。党的领导不是事无巨细，面面俱到，直接实施，直接执行。其二，党委在同级各种组织中发挥领导核心作用，集中精力抓好大事，支持各方独立负责、步调一致地开展工作。党不是包揽一切，而是通过一定的机构和机制实现其领导作用。因此，要进一步改革和完善党的工作机构和工作机制。其三，要按照党总揽全局、协调各方的原则，规范党委与人大、政府、政协以及人民团体的关系，支持人大依法履行国家权力机关的职能，经过法定程序，使党的主张成为国家意志，使党组织推荐的人选成为国家政权机关的领导人员，并对他们进行监督；支持政府履行法定职能，依法行政；支持政协围绕团结和民主两大主题履行职能。其四，要充分发挥各社会团体的作用。加强对工会、共青团和妇联等人民团体的领导，支持他们依照法律和各自章程开展工作，更好地成为党联系广大人民群众的桥梁和纽带。①

4. 着力巩固党的执政基础，增强阶级基础和扩大群众基础。执政基础是执政党最为根本的存在根基。巩固和发展党的执政基础，要坚持“两个统一”：一个是坚持党的阶级基础与党的群众基础的统一，一个是坚持党的阶级性与党的先进性的统一。关于党的执政基础，江泽民指出：贯彻“三个代表”重要思想，必须坚持党的工人阶级先锋队性质，始终保持党的先进性，同时要根据经济发展和社会进步的实际，不断增强党的阶级基础和扩大党的群众基础，不断提高党的社会影响力和凝聚力；中国共产党要始终成为中国工人阶级的先锋队，同时还要成为中国人民和中华民族的先锋队。坚持“两个统一”是中国共产党取得成功的基本经验。正是由于党始终坚持以工人阶级作为自己的阶级基础，始终保持着工人阶级先锋队的性质，因此它才能够保持马克思主义政党的本色；同时由于党注意自身的群众基础，代表最广大人民群众的利益，用先进思想影响和教育群众，吸引其中的先进分子加入到组织之中，它才能不断发展壮大。

---

① 参见《江泽民文选》第三卷，人民出版社 2006 年版，第 555—556 页。

世纪之交,在社会经济政治发展呈现复杂局面、国际上诸多工人阶级政党和共产党纷纷改旗易帜的情况下,中国共产党重申自己作为工人阶级先锋队基础不动摇。这是中国共产党在复杂的国际国内情况下保持自己工人阶级政党本色的基本保证。坚持党的阶级基础,就要看到中国工人阶级在发展社会主义市场经济和经济社会转型过程中的重大变化。随着社会主义基本经济制度的内部调整,出现多种所有制经济共同发展的局面,社会阶层构成相应发生新的变化,出现了民营科技企业的创业人员、受聘于外资企业的管理技术人员、个体户、私营企业主、中介组织的从业人员、自由职业人员等新社会阶层的广大人员,他们在社会主义建设的各个领域发挥积极作用,成为中国特色社会主义的建设者。在承认党的最基本组成部分和骨干力量的同时,把承认党的纲领、愿意为此自觉奋斗、经过长期考验、符合条件的优秀分子吸收到党内来,有助于党的发展壮大和结构优化,巩固党的执政基础,增强社会影响力和凝聚力,调动一切积极因素为共同目标而奋斗。提出和坚持“两个统一”,为新形势下巩固党的执政基础提供了重要思想指南。

第九章　以科学发展观为标志的发展观创新

发展既是人类从古到今的不懈追求,也是马克思主义唯物辩证法的总原则。人类社会的历史就是不断提高自身的主体能力,不断从自然、社会与人自身的历史局限中摆脱出来,逐步获得自由解放的历程。在改革开放新的历史起点上,邓小平一再强调:发展才是硬道理;改革是推动中国发展的必由之路;中国要抓住世界历史机遇,隔几年上一个新台阶。世纪之交,江泽民则强调,全党同志一定要与时俱进,不断根据实践的要求进行创新。进入新世纪以后,以胡锦涛同志为主要代表的中国共产党人,面对我国现代化建设中新出现的问题,如生产方式粗放、贫富差距扩大、环境污染加剧等,运用唯物辩证法和唯物史观深入总结人类关于发展的理论和经验,在准确把握世界发展趋势,科学分析我国发展阶段性特征的基础上,提出科学发展观,对"实现什么样的发展、怎样发展"的问题进行系统谋划,并明确将之作为中国共产党执政兴国的核心理念和指导思想,实现了马克思主义发展观、西方现代化发展观、中国传统发展观在新的历史条件下的综合创新,在新世纪的第一个十年,把马克思主义哲学的发展观推向一个崭新的高度。

一、以人的价值为根本价值的发展观

"以人为本",这是唯物史观的本质内涵。唯物史观在其创立和发展的过程中,批判地吸收资产阶级人道主义和人本主义的合理成分,但又在实践的基础上对其进行根本性的改造和理论创新,认为人是发展的前提、动力、目的、标准。以人为本,这是马克思主义哲学价值观的根本逻辑。

(一)立足人民群众是马克思主义政党的本质

从现实的人的存在出发,这是唯物史观的基本出发点。在《〈黑格尔法哲学批判〉导言》中,马克思曾指出:“人就是人的世界,就是国家,社会。”①在《1844年经济学哲学手稿》中,马克思指出:整个人类历史都是人自己劳动的结果。“整个所谓世界历史不外是人通过人的劳动而诞生的过程,是自然界对人来说的生成过程。”②这就是说,没有人,没有人的劳动实践活动,就没有人类的历史。在马克思和恩格斯合写的《神圣家族》中,他们更为鲜明地指出人的活动与历史的关系。“历史什么事情也没有做,它‘不拥有任何惊人的丰富性’,它‘没有进行任何战斗’!其实,正是人,现实的、活生生的人在创造这一切,拥有这一切并且进行战斗。并不是‘历史’把人当做手段来达到自己——仿佛历史是一个独具魅力的人——的目的。历史不过是追求着自己目的的人的活动而已。”③在《德意志意识形态》中,马克思和恩格斯更进一步指出:“全部人类历史的第一个前提无疑是有生命的个人的存在。因此,第一个需要确认的事实就是这些个人的肉体组织以及由此产生的个人对其他自然的关系。”④马克思和恩格斯也自觉地把人作为自己研究的出发点。“我们不是从人们所说的、所设想的、所想象的东西出发,也不是从口头说的、思考出来的、设想出来的、想象出来的人出发,去理解有血有肉的人。我们的出发点是从事实际活动的人。”⑤马克思和恩格斯一再强调:唯物史观是关于现实的人

---

① 《马克思恩格斯文集》第1卷,人民出版社2009年版,第3页。
② 《马克思恩格斯文集》第1卷,人民出版社2009年版,第196页。
③ 《马克思恩格斯文集》第1卷,人民出版社2009年版,第295页。
④ 《马克思恩格斯文集》第1卷,人民出版社2009年版,第519页。
⑤ 《马克思恩格斯文集》第1卷,人民出版社2009年版,第525页。

及其历史发展规律的科学。它的前提是人,但我们所说的人不是处在某种虚幻的离群索居和固定不变的状态中的人,而是处在现实的、可以通过经验观察到的、在一定条件下进行的发展过程中的人。现实的人及其活动是人类社会得以生成、建构和发展的前提。人就是人的社会关系,社会历史就是人类谋求生存和发展的历史,社会发展规律就是人的活动规律。一旦离开人的活动,就没有社会及其发展,就没有社会历史的发展规律和发展趋势。

把马克思所说的人落实到当代中国,就是以人为本的人。如何理解这个人? 由中共中央宣传部组织编写的《科学发展观学习读本》指出:“以人为本的人,是指最广大人民群众。在当代中国,就是以工人、农民、知识分子等劳动者为主体,包括社会各阶层在内的最广大人民群众。”①以人为本,就是要把人民群众作为发展的首要价值,“一切向人看”,而不是“一切向钱看”。一方面,中国共产党是以马克思主义理论武装起来的工人阶级的政党,是“两个先锋队”“一个领导核心”的统一,中国共产党代表中国最广大人民群众的利益。这是毫无疑问的。但随着改革开放的深入,更深层次的矛盾日益凸显,有的人把发展简单等同于 GDP 增长,完全置“人”于不顾。一些干部丧失党性和基本价值原则,以权谋私,与民争利,站到人民的对立面,影响极其恶劣。受拜金主义、享乐主义、利己主义影响,一些生产者灵魂扭曲,唯利是图,为一己之私而不惜制假贩假,污染环境。社会上甚至出现是非不分、黑白不辨、善恶美丑观念混乱的不良情况。在这样的背景下,党中央及时提出科学发展观,强调“全心全意为人民服务是党的根本宗旨,党的一切奋斗和工作都是为了造福人民”②。胡锦涛指出:党的各级领导干部,一定要树立正确的世界观、价值观和政绩观,要经常深入实际,真实倾听群众呼声,真实反映群众愿望,真情关怀群众疾苦,把最广大人民的根本利益放在首要位置,“要做到心里装着群众,凡事想着群众,工作依靠群众,一切为了群众,时刻把人民群众的安危冷暖放

① 中共中央宣传部理论局组织编写:《科学发展观学习读本》,学习出版社 2006 年版,第 18—19 页。

② 《胡锦涛文选》第二卷,人民出版社 2016 年版,第 624 页。

在心上，深怀爱民之心，恪守为民之责，善谋富民之策。要从群众最关心、最迫切需要解决的实际问题入手，急群众之所急，想群众之所想，办群众之所需，倾听群众呼声，体察群众情绪，反映群众诉求，关心群众疾苦，为群众诚心诚意办实事，尽心竭力解难事，坚持不懈做好事。”①这就是说，发展要立足当代中国现实的人民群众的基本要求。

（二）新形势下如何发挥人民群众的创造活力

唯物史观认为，历史是人的实践活动的结果。如果没有人的参与，社会的物质生产、精神生产，人与自然之间的物质变换，就不可能发动和进行。人本身的天赋、创造性和主体能力的充分发展是社会财富中最本质的东西，因为一切社会财富都是人的本质力量的对象化，都是人的主体力量的创造性成果。马克思和恩格斯指出：“人们为了能够‘创造历史’，必须能够生活。但是为了生活，首先就需要吃喝住穿以及其他一些东西。因此第一个历史活动就是生产满足这些需要的资料，即生产物质生活本身，而且，这是人们从几千年前直到今天单是为了维持生活就必须每日每时从事的历史活动，是一切历史的基本条件。”②已经得到满足的第一个需要连同满足这种需要的工具必将引起新的需要，这种连续不断的过程就成为人类的历史。物质生活资料的生产过程，同时也是精神生产以及生命的生产和再生产的过程。这一切都是因为人的主体活动而引起的，没有人就没有历史，就没有社会的一切。历史活动是群众的事业，人民群众自己创造自己的历史；生产力的发展，精神财富的创造，上层建筑的革新，社会形态的更替，都应该归功于人民群众的历史活动。整个人类历史只不过是不断追求人的自由、幸福、解放和发展的历史。

中国共产党正是因为依靠人民群众，推翻了“三座大山”在中国的统治，建立了社会主义的新中国。也正是依靠人民群众推进改革开放，取得社会主

① 中共中央宣传部理论局组织编写：《科学发展观学习读本》，学习出版社 2006 年版，第 23 页。

② 《马克思恩格斯文集》第 1 卷，人民出版社 2009 年版，第 531 页。

义现代化建设的大踏步前进。胡锦涛指出:“高度重视群众工作,坚持人民主体地位,发挥人民首创精神,是由我们党的性质决定的,也是由我们党的根本宗旨决定的。群众是真正的英雄,是我们党的力量源泉和胜利之本。”①胡锦涛认为,在新的历史时期,我们要继续发挥人民群众的首创精神,充分调动人民群众投身改革开放的积极性和主动性。首先,必须坚持党的群众路线,带着深厚的情感做群众工作,千方百计把群众工作做深、做细、做实。其次,要清醒认识新形势的变化给群众工作带来的新情况、新问题、新挑战。“有的党员、干部群众观念淡薄,党的宗旨意识不强,不依靠、不相信群众,甚至脱离群众、脱离实际,违背群众意愿;有的党员、干部群众立场不坚定,个人主义严重,一事当先只为自己考虑、不为群众考虑,对群众疾苦漠不关心,对群众呼声置若罔闻,对群众利益麻木不仁,甚至见利忘义、以权谋私;有的党员、干部做群众工作方式方法简单,缺乏亲和力和感召力,按照法律和政策规定办事本领不强,对互联网等新兴媒体不了解、不熟悉,习惯于发号施令、做表面文章,形式主义、官僚主义严重;有的地方和部门群众工作制度不健全,已有制度贯彻落实不力,一些工作领域和环节缺乏制度安排,工作系统性、协调性、持续性不强。”②再次,树立群众观点,最根本的是要深刻认识群众路线是实现党的思想路线、政治路线、组织路线的根本工作路线。虽然与过去相比,我们现在拥有的经济实力和财力大大提高了,我们掌握的各方面资源大大增加了,我们可以运用的科技手段大大丰富了,“但我们必须牢记,世界上没有任何力量可以代替人民的力量,任何时候任何情况下群众观点都不能丢、不能忘。”③最后,正确的方式方法是做好群众工作的重要保障。面对新形势的新要求,必须在总结成功经验和有效做法的基础上不断创新,综合运用法律、政策、经济、行政等手段和教育、协商、疏导等办法,注意运用现代科技,提高群众工作针对性和实效性。

---

① 《胡锦涛文选》第三卷,人民出版社 2016 年版,第 442 页。

② 《胡锦涛文选》第三卷,人民出版社 2016 年版,第 443—444 页。

③ 《胡锦涛文选》第三卷,人民出版社 2016 年版,第 444 页。

（三）满足人民群众新的需求是发展的全部目的

发展就是为了满足人不断增长的需求，人是发展的全部目的。唯物史观认为，人的一切活动都是为满足自己需要而进行的活动。人的需要是无限丰富的，有维持生命、保持种的延续的生理需求，包括食欲、睡眠、性欲等等；有维护生命、财产安全，避免对生命造成威胁的需要；有进行社会交往，追求友谊、爱情，以及隶属关系的需要；有获得尊重、得到他人承认的需要；有对理想的实现、发挥最大潜能的需要。为了满足自己的需要，人就不得不进行生产，彼此之间就必然发生经济的、政治的、文化的、技术的交往，并将这种交往关系制度化、规范化，构成社会有机系统。这是人类生产与动物生产的本质区别。马克思指出："诚然，动物也生产。动物为自己营造巢穴或住所，如蜜蜂、海狸、蚂蚁等。但是，动物只生产它自己或它的幼仔所直接需要的东西；动物的生产是片面的，而人的生产是全面的；动物只是在直接的肉体需要的支配下生产，而人甚至不受肉体需要的影响也进行生产，并且只有不受这种需要的影响才进行真正的生产；动物只生产自身，而人再生产整个自然界；动物的产品直接属于它的肉体，而人则自由地面对自己的产品。动物只是按照它所属的那个种的尺度和需要来构造，而人却懂得按照任何一个种的尺度来进行生产，并且懂得处处都把固有的尺度运用于对象；因此，人也按照美的规律来构造。"①人的本质正是在社会中进行劳动实践的本质。社会是人们相互交往的产物，"人永远是这一切社会组织的本质"②。人也是社会发展的本质和目的。人类社会发展的历史，正是不断实现人的本质力量的历史。在与自然、社会的交往中，人类不但改造客观世界，而且改造主观世界。"炼出新的品质，通过生产而发展和改造着自身，造成新的力量和新的观念，造成新的交往方式，新的需要和新的语言。"③经济社会发展是人的发展的手段，而人的发展则是经济社

---

① 《马克思恩格斯文集》第 1 卷，人民出版社 2009 年版，第 162—163 页。

② 《马克思恩格斯全集》第 1 卷，人民出版社 1956 年版，第 293 页。

③ 《马克思恩格斯文集》第 8 卷，人民出版社 2009 年版，第 145 页。

会发展的目的。

人的需要是无限丰富的和不断增长的。一方面，经过多年改革，随着生产力的发展，我国人民生活水平有了明显提高，人们的需求层次明显提高，精神性需求在增加，政治参与意识明显增强。“人民群众民主法制意识不断增强，政治参与积极性不断提高，对发展社会主义民主政治和落实依法治国基本方略提出了新要求。”①另一方面，党和国家领导层面的某些领导方式和执政方式、领导体制和工作机制没有能够适时改进，一些领导干部和领导班子思想理论水平不高、依法执政能力不强、解决复杂矛盾本领不大，素质和能力同形势的发展要求还不适应。胡锦涛指出：共产党人“要自觉把改革的力度、发展的速度、社会可承受的程度统一起来，真正做到在社会稳定中推进改革发展，通过改革发展促进社会稳定”。② 既要通过深化改革满足人民群众新的社会需求，同时又要扎实解决好关系群众切身利益的问题。关键是要坚持依法办事，坚持按政策办事，坚决维护群众合法权益。“要把解决群众切身利益工作纳入制度化法制化轨道。”③进一步实现好、维护好、发展好最广大人民根本利益。胡锦涛指出：我们推动科学发展，根本目的就是要做到发展为了人民、发展依靠人民、发展成果由人民共享，“使贯彻落实科学发展观的过程成为不断为民造福的过程，成为不断提高人民生活质量和水平的过程，成为不断提高人民思想道德素质、科学文化素质和健康素质的过程，成为不断保障人民经济、政治、文化、社会权益的过程，让发展成果惠及广大人民群众。”④

（四）把人民群众的意见作为检验发展的最高标准

资产阶级把获得“金钱”和“利润”的多少作为检验发展的标准。“它使人和人之间除了赤裸裸的利害关系，除了冷酷无情的‘现金交易’，就再也没有

① 《胡锦涛文选》第二卷，人民出版社 2016 年版，第 275 页。

② 《胡锦涛文选》第二卷，人民出版社 2016 年版，第 118 页。

③ 《胡锦涛文选》第二卷，人民出版社 2016 年版，第 119 页。

④ 《胡锦涛文选》第三卷，人民出版社 2016 年版，第 97 页。

任何别的联系了。”①资本主义的生产过程，就是资本的生产和积累过程。为了获取更多的剩余价值，资产阶级采用各种手段，在全球进行殖民掠夺，抢占原料市场，从事黑人奴隶贸易。“如果有10%的利润，它就保证到处被使用；有20%的利润，它就活跃起来；有50%的利润，它就铤而走险；为了100%的利润，它就敢践踏一切人间法律；有300%的利润，它就敢犯任何罪行，甚至冒绞首的危险。如果动乱和纷争能带来利润，它就会鼓励动乱和纷争。”②资产阶级无限膨胀的物质欲望，使资本的积累过程变成罪恶的积累过程。“资本来到世间，从头到脚，每个毛孔都滴着血和肮脏的东西。”③随着资本积累的加强，资产阶级的生产关系与生产力发展之间的矛盾越来越大，突出表现为周期性经济危机的爆发和阶级矛盾的尖锐化，“资产阶级不能统治下去了，因为它甚至不能保证自己的奴隶维持奴隶的生活，因为它不得不让自己的奴隶落到不能养活它反而要它来养活的地步。社会再不能在它统治下生存下去了，就是说，它的生存不再同社会相容了。”④资产阶级的灭亡和无产阶级的胜利是同样不可避免的。

在社会主义条件下，发展无论何时何地都要以人为中心，把人民群众满意不满意、高兴不高兴、喜欢不喜欢、赞成不赞成作为检验发展的最高标准。2008年9月，在全党深入学习实践科学发展观活动动员大会上的讲话中，胡锦涛指出：“科学发展取得了多大成效、是否真正实现了，人民群众感受最真切、判断最准确。推动科学发展，必须紧紧依靠人民群众，做到谋划发展思路向人民群众问计，查找发展中的问题听人民群众意见，改进发展措施向人民群众请教，落实发展任务靠人民群众努力，衡量发展成效由人民群众评判。”⑤2011年7月，在庆祝中国共产党成立90周年大会上的讲话中，胡锦涛再次重

① 《马克思恩格斯文集》第2卷，人民出版社2009年版，第34页。
② 《马克思恩格斯文集》第5卷，人民出版社2009年版，第871页。
③ 《马克思恩格斯文集》第5卷，人民出版社2009年版，第871页。
④ 《马克思恩格斯文集》第2卷，人民出版社2009年版，第43页。
⑤ 《胡锦涛文选》第三卷，人民出版社2016年版，第99页。

申:“来自人民、植根人民、服务人民,是我们党永远立于不败之地的根本。以人为本、执政为民是我们党的性质和全心全意为人民服务根本宗旨的集中体现,是指引、评价、检验我们党一切执政活动的最高标准。”①

二、根本转变我国发展方式的整体发展观

胡锦涛指出:“经验表明,一个国家坚持什么样的发展观,对这个国家发展会产生重大影响,不同的发展观往往会导致不同的发展结果。”②2004 年 3 月 10 日,在中央人口资源环境工作座谈会上的讲话中,胡锦涛再次指出:“科学发展观是用来指导发展的,不能离开发展这个主题,离开了发展这个主题就没有意义了。”③这段论述,旗帜鲜明地揭示了科学发展观的根本旨意所在。无论是“全面协调可持续”的基本要求,还是“统筹兼顾”的根本方法,都是唯物辩证发展观在当代中国的具体运用和发展。

(一)实现生产方式从粗放型转向集约型的转变

经过二十多年的改革发展,我国政治、经济、文化、社会生活各个方面都发生了巨大的变化,取得了巨大的成就,但同时,也存在着一些突出的不平衡不协调问题。突出表现为:一是城乡发展不平衡。从 1978 年到 2001 年,我国的 GDP 翻了三番多,年递增 9.4%,但农民的收入并没有得到很大的增加,城乡人均收入差距呈逐年拉大之势:1995 年是 2.72∶1,2001 年为 2.92∶1,2002 年为 3.1∶1,2003 年扩大为 3.2∶1,2005 年为 3.22:1,2007 年为 3.33:1。二是地区发展不平衡。2000 年以后,从东部地区与中部地区人均 GDP 的比较来看,相对差距由 33.2%进一步上升到 46.2%,扩大了 13 个百分点,从东部地区与西部地区人均 GDP 的比较来看,相对差距由 45.4%进一步上升到

① 《胡锦涛文选》第三卷,人民出版社 2016 年版,第 532 页。
② 《胡锦涛文选》第二卷,人民出版社 2016 年版,第 166 页。
③ 《胡锦涛文选》第二卷,人民出版社 2016 年版,第 167 页。

56.4%，扩大了11个百分点。三是经济社会发展不协调。经济发展了，经济结构调整了，但社会结构没有相应地调整过来，人口结构、就业结构、城乡结构、地区结构、阶层结构严重失衡；经济发展了，但教育、科技、文化、医疗卫生、环境保护等社会事业没有相应的发展，社会事业发展严重滞后于经济发展。出现了“一条腿长，一条腿短”的现象。四是生态环境急剧恶化。人们以为发展就是经济发展，只要经济上去就行了，其他一切都可不管。由此带来自然环境的严重破坏，人与自然的矛盾从未如此突出。在开发的口号声中，大量耕地被闲置，土地利用强度飞速加大，土地肥力急剧衰退，废水排放总量超过环境容量的82%，七大江河水系劣Ⅴ类水质占40.9%，75%的湖泊出现不同程度的富营养化。五是内外资源利用不平衡。改革开放以来，我国在引进国外技术和资源方面取得巨大成就，但仍存在很大问题，主要是对国际战略资源的进口和储备严重不足。一些资源如铬、钴、铂、钾和金刚石严重短缺，铁、锰、铜、铝、硼亦需大量进口。部分优势资源矿产如钨、锡、锑，也因开发过度，耗竭速度加快。①

深感我国发展方式存在问题的严重性，在2010年省部级主要领导干部深入贯彻落实科学发展观加快经济发展方式转变专题研讨班上的讲话中，胡锦涛系统分析世界进入新世纪之后发展的新特点，提出要通过加快经济发展方式的转变改变我国的发展方式。一要加快经济结构调整。按照优化需求结构、供给结构、要素投入结构的方向和基本要求，从解决对经济发展全局影响较大的结构性问题入手，既着眼于化解过去积累的矛盾和问题，又为经济不断迈上新台阶、长期保持平衡较快发展创造条件。二要加快推进产业结构调整。适应需求结构变化趋势，优化三次产业结构，加快产业结构升级，完善现代产业体系，全面提升产业技术水平和国际竞争力。三要加快推进自主创新。必须紧紧抓住新一轮世界科技革命带来的战略机遇，更加注重自主创新，加快科

① 参见成龙：《科学发展观：指导中国现代化建设的崭新理论》，《甘肃理论学刊》2004年第3期。

技成果向现实生产力转化，推进科技体制改革，推进国家创新体系建设，建设宏大的创新人才队伍，以谋求经济长远发展主动权，形成长期竞争优势，为加快经济发展方式转变提供强有力的科技支撑。四要加快推进农业发展方式转变。走中国特色农业现代化道路，大幅提高农业综合生产能力，大幅降低农业生产经营成本，大幅增强农业可持续发展能力，全面提高农业现代化水平，扎实推进社会主义新农村建设。五要加快推进生态文明建设。加强生态保护，既是转变经济发展方式的必然要求，也是转变经济发展方式的重要着力点，还是扩大内需、拉动经济增长的重要途径。确保“十一五”时期主要污染物排放总量减少10%、单位国内生产总值能源消耗降低20%，确保到2020年单位国内生产总值二氧化碳排放比2005年下降40%—45%、非化石能源占一次能源消费比重达到15%左右、森林面积比2005年增加4000万公顷、森林蓄积量比2005年增加13亿立方米。① 六要加快推进经济社会协调发展。没有社会发展和经济发展方式转变相协调，没有相应的教育、就业、社会保障等制度相配套，加快经济发展方式转变也难以实现。因此，必须加快提高教育现代化水平，加快实施扩大就业的发展战略，加快社会保障体系建设，加快发展面向民生的公益性社会服务。七要加快发展文化产业。必须加快公共文化服务体系建设，加快发展经营性文化产业，加快开拓文化市场。八要加快推进对外经济发展方式转变。既要加快调整出口贸易结构，推动出口贸易从规模速度型向质量效益型转变，也要调整进口贸易结构，扩大先进技术、关键设备和零部件进口，促进节能降耗环保产品进口，推动我国企业自主创新和产业结构优化升级，完善重要进口资源储备体系。这是对我国转变发展方式作出的全面系统的安排。

（二）促进社会有机体内部各要素各系统协调发展

马克思认为，社会是在生产实践基础上形成的，由多要素、多系统相互作

① 参见《胡锦涛文选》第三卷，人民出版社2016年版，第343—357页。

用,共同构成的活的有机整体。社会有机整体的存在以两个重要的前提要素为条件。一是自然界的存在。社会有机体不是孤立存在的,而是与自然界紧密联系的,必须与自然界进行持续不断的物质、能量和信息的交换,才能维持自己的存在和发展。马克思指出:“人靠自然界生活。这就是说,自然界是人为了不致死亡而必须与之处于持续不断的交互作用过程的、人的身体。”①二是“现实的人”。人既是社会历史的“剧作者”,又是“剧中人”。社会有机体从社会客体方面说,它是由生产力和生产关系、经济基础和上层建筑构成的大系统。而这一大系统又是由三个重要子系统构成的,即社会经济系统(即生产关系的总和)、社会政治系统(即法律的和政治的上层建筑)、社会文化系统(即各种社会意识形式)。从社会主体的角度说,社会又是由个人、家族、企业、团体、政党、民族、国家等不同层次的社会组织构成的不同层次的系统,其中个人是社会的原始细胞,不同的人群共同体则是社会的组织和器官。马克思把个人比作社会的“细胞”,把社会共同体比作社会“器官”或“组织”,把生产方式比作社会的“骨骼”,把一切政治的、思想的等等复杂的社会关系比作社会的“血肉”。任何社会有机体无疑从一产生就具有一定的独立性,但相对于构成它自身的要素来说,它是一个统一整体,其所以是整体,是因为社会所有各要素都从属于社会。这些要素(系统)与整体的关系是从属的关系。尽管要素构成子系统,子系统构成社会整体,并在社会整体中占据一定的位置,发挥着独特的功能,遵循着一定的秩序和规则,一旦脱离其从属的社会整体,它就不再属于该社会整体,就会失去原社会整体所赋予的特质。社会整体赋予各要素或子系统的特质是:生态系统是社会有机体存在和发展的自然前提,经济系统是社会有机体存在和发展的物质基础,政治系统是社会有机体存在和发展的政治保障,文化系统是社会有机体存在和发展的价值导向,人和人群共同体是社会有机体存在和发展的主体力量。各要素或系统之间的内在本质的联系,便构成人类社会发展的客观规律。

---

① 《马克思恩格斯文集》第1卷,人民出版社2009年版,第161页。

科学发展观无疑遵循马克思的社会有机体理论。胡锦涛指出:“马克思主义经典作家认为,未来理想社会是社会生产力高度发达和人的精神生活高度发展的社会,是人与人和谐相处、人与自然和谐共生的社会。”①全面发展、协调发展、可持续发展是社会有机体健康发展的必然要求。那么,什么是全面协调可持续发展?胡锦涛强调说:“全面发展,就是要以经济建设为中心,全面推进经济、政治、文化建设,实现经济发展和社会全面进步。协调发展,就是要统筹城乡发展、统筹区域发展、统筹经济社会发展、统筹人与自然和谐发展、统筹国内发展和对外开放,推进生产力和生产关系、经济基础和上层建筑相协调,推进经济、政治、文化建设的各个环节、各个方面相协调。可持续发展,就是要促进人与自然的和谐,实现经济发展和人口、资源、环境相协调,坚持走生产发展、生活富裕、生态良好的文明发展道路,保证一代接一代地永续发展。”②

首先,社会是一个全面发展的有机体。这个有机体是由“各个环节”“各个方面”构成的。从社会客体的视角看,社会是由物质生产力和物质生产关系组成的物质资料生产方式的基础性部分,由社会政治组织及其设施以及法律制度构成的政治上层建筑部分,由社会精神生产与精神生活领域构成的观念上层建筑部分组成的有机整体。在这一有机整体中,生产力发展起着决定性的作用。因此,科学发展观强调,发展是第一要义。必须以经济建设为中心,大力发展社会生产力。同时,社会有机体的发展是经济、政治、文化、社会、生态等多种因素交互作用的过程。只有各个要素、各方面相互适应形成整体合力,才能推进社会有机体的发展。从社会主体的视角看,社会是由不同的人和人群组成的,围绕满足人的需要、实现人的目的,形成了经济活动、政治活动、文化活动、社会活动和生态活动,其积极的进步的成果的总和就是物质文明、政治文明、精神文明、社会文明和生态文明。其中,生态文明建设是社会有机体发展的前提,物质文明建设是社会有机体发展的物质基础,政治文明建设

① 《胡锦涛文选》第三卷,人民出版社 2016 年版,第 5 页。

② 中共中央文献研究室编:《科学发展观重要论述摘编》,中央文献出版社、党建读物出版社 2008 年版,第 35 页。

是社会有机体发展的基本保障,精神文明建设是社会有机体发展的灵魂和支撑,社会文明建设是社会有机体发展的环境和条件。“五大文明”相互联系、相互作用,构成社会全面进步的有机体。

其次,社会是一个协调发展的有机体。社会有机体各要素、各部分、各环节之间相互适应、相互促进、良性互动、协同发展是维持社会有机体的基本要求,是推动社会有机体正常运行和发展的规律。然而,在以往的社会实践中,由于主客观多方面的原因,造成社会有机体各要素、各部分、各环节之间的失衡、不协调现象。科学发展观提出,要通过统筹兼顾的方法协调社会有机体各要素、各部分、各环节的发展,使社会有机体的各要素、各部分、各环节之间在发展规模、发展速度、发展程度、发展效益等方面比例适当、结构合理,能够达到相互促进,良性运行,共同发展的协调状态。科学发展观还认为,社会有机体各要素、各部分、各环节的协调发展,在社会发展的不同历史时期、不同的发展阶段是不同的。就我国目前发展现状而言,一是要协调、统筹好城乡之间、区域之间、经济社会之间、人与自然之间、国内发展与对外开放之间的关系;二是协调、统筹好经济、政治、文化、社会、生态建设之间的关系;三是协调、统筹好生产力与生产关系、经济基础与上层建筑之间的关系。

再次,社会是一个可持续发展的有机体。科学发展观认为,只有人与自然、人与社会和谐相处,自然资源可持续利用,生态良好,人自身生产和再生产才能正常进行,社会有机体才能正常运行和发展。正是在此意义上,科学发展观要求我们必须树立可持续发展观,发挥人类自觉的能动性,促进人与自然、人与社会的和谐共生,实现经济发展和人口、资源、环境相协调,坚持走生产发展、生活富裕、生态良好的文明发展道路。为此,在推动经济社会发展时,必须把发展经济与永续利用自然资源、保护环境统一起来,把人类生存的物质生活资料需要与自然资源和环境的承受能力统一起来,把人类改造自然利用自然的能力与人类利用自然的科学性与道德性统一起来,把当前发展与未来发展,当代人的发展需要与子孙后代人的发展需要统一起来,把经济发展指标与资源节约指标、环境友好指标统一起来,实现经济发展和人口、资源、环境相协调,注重发展过程的持久性、连续性,保证永续发展。

(三)根据环境的变化适时调整发展策略

马克思不仅阐明了社会是一个由多要素多系统构成的有机整体,而且强调它是一个经常变化不断更新的有机整体。马克思指出:“现在的社会不是坚实的结晶体,而是一个能够变化并且经常处于变化过程中的有机体。”①列宁也说过:“马克思和恩格斯称之为辩证方法(它与形而上学方法相反)的,不是别的,正是社会学中的科学方法,这个方法把社会看做处在不断发展中的活的机体(而不是机械地结合起来因而可以把各种社会要素随便搭配起来的一种什么东西),要研究这个机体,就必须客观地分析组成该社会形态的生产关系,研究该社会形态的活动规律和发展规律。”②社会有机体经常变化和不断更新的根本原因就在于,社会有机体内部的各要素、各系统之间的矛盾及相互作用,特别是生产力与生产关系、经济基础与上层建筑的矛盾。就社会有机体变化和发展的外部原因来说,任何社会有机体都是一个开放系统,它必须与周围的自然环境和外部世界不断进行物质、能量和信息交换,从而不断实现自身的变化和发展。社会有机体要维持自己的存在和发展,就必须不间断地和自然界进行物质变换,为此,必须进行物质生产。与此同时,人类还必须进行精神的生产和人自身的生产。正是在物质生产、精神生产和人自身的生产过程中,社会需要不断地得到满足,而“已经得到满足的第一个需要本身、满足需要的活动和已经获得的为满足需要而用的工具又引起新的需要”③,从而使社会有机体不断地复制和更新自己,“再生产这种相互关系,又新生产这种相互关系。这是他们本身不停顿的运动过程,他们在这个过程中更新他们所创造的财富世界,同样地也更新他们自身。”④

① 《马克思恩格斯文集》第 5 卷,人民出版社 2009 年版,第 10—13 页。

② 《列宁选集》第 1 卷,人民出版社 2012 年版,第 32 页。

③ 《马克思恩格斯文集》第 1 卷,人民出版社 2009 年版,第 531 页。

④ 《马克思恩格斯文集》第 8 卷,人民出版社 2009 年版,第 204 页。

21世纪初的中国,面临国际国内复杂的形势。一方面,世界多极化、经济全球化趋势继续在曲折中发展,和平与发展依然是时代主题。世界科技进步日新月异,全球产业结构调整步伐加快,为扩大国际交流提供了有利条件。当时我国已持续20多年的快速增长,社会主义市场经济体制的建立,对外开放的扩大,综合国力的提高,人民生活的改善,进一步激发了全国人民建设小康社会的热情。成为贯彻落实科学发展观的有利条件。另一方面,世界仍然很不太平,不稳定、不确定、不安全因素有所增加。我国经济社会发展中的一些突出矛盾和问题也不可能很快得到解决。正是基于中国特色社会主义所处的内外环境,胡锦涛一再告诫党员领导干部,贯彻落实科学发展观一定要坚持求真务实。"求真务实,是辩证唯物主义和历史唯物主义一以贯之的科学精神,是我们党的思想路线的核心内涵,也是党的优良传统和共产党人应该具备的政治品格。"①大力弘扬求真务实精神、大兴求真务实之风:一要进一步认识我国将长期处于社会主义初级阶段,生产力发展水平还不高,人均国内生产总值仍居于世界后列,人口多、底子薄,发展不平衡的基本国情,想问题、办事情,一定要从基本国情这个最大的实际出发。二要抓好工作落实,"坚持讲实话、出实招、办实事、务实效,把工作着力点真正放到研究解决改革发展稳定中的重大问题上,放到研究解决群众生产生活中的紧迫问题上,放到研究解决党的建设中的突出问题上。"②三要建立健全制度保障,特别要坚持和完善各项学习制度,调查研究制度,联系群众制度,民主集中制度,民主决策制度,公开办事制度,等等。

三、促进社会全面进步的和谐发展观

促进社会全面进步,构建社会主义和谐社会,这是科学发展观的重要内

① 《胡锦涛文选》第二卷,人民出版社2016年版,第151页。

② 《胡锦涛文选》第二卷,人民出版社2016年版,第159页。

容。胡锦涛指出:“我们所要建设的社会主义和谐社会,应该是民主法治、公平正义、诚信友爱、充满活力、安定有序、人与自然和谐相处的社会。”①这不仅是马克思关于未来理想社会的反映,也是千百年来中华民族精神的体现,更是进入新世纪中国社会发展的必然要求,描绘了科学发展观的奋斗目标。

(一)社会和谐是科学社会主义的应有之义

如何正确处理人与周围世界的关系,构建和谐社会,实现人的自由全面发展,这是马克思主义哲学的根本价值取向,胡锦涛指出:“马克思主义经典作家认为,未来理想社会是社会生产力高度发达和人的精神生活高度发展的社会,是每个人自由而全面发展的社会,是人与人和谐相处、人与自然和谐共生的社会。这就是说,社会和谐是科学社会主义的应有之义,是我们党不懈奋斗的目标。”②

1. 马克思和恩格斯从揭示人类不可避免的矛盾开始,深刻阐述了未来社会实现人与自然、人与社会、人与人和谐发展的必然性。马克思和恩格斯所论述的人类面临的两大矛盾:

一是人与自然的矛盾。一方面,自然本身就是人的生命的组成部分。“没有自然界,没有感性的外部世界,工人什么也不能创造。自然界是工人的劳动得以实现、工人的劳动在其中活动、工人的劳动从中生产出和借以生产出自己的产品的材料。”③另一方面,人们又通过改造自然获得对自身的改造。马克思批评以往的哲学家看不到人类通过实践不断将“自在之物”变为“为我之物”,将“自在自然”变为“人化自然”的事实。费尔巴哈“没有看到,他周围的感性世界决不是某种开天辟地以来就直接存在的、始终如一的东西,而是工业和社会状况的产物,是历史的产物,是世世代代活动的结果,其中每一代都立足于前一代所奠定的基础上,继续发展前一代的工业和交往,并随着需要的

① 《胡锦涛文选》第二卷,人民出版社 2016 年版,第 285 页。
② 《胡锦涛文选》第二卷,人民出版社 2016 年版,第 521 页。
③ 《马克思恩格斯文集》第 1 卷,人民出版社 2009 年版,第 158 页。

改变而改变他们的社会制度”。① 正是基于对人和自然关系的这种理解，晚年恩格斯警告人们要善待自然，与自然界和谐相处。“我们连同我们的肉、血和头脑都是属于自然界和存在于自然之中；我们对自然界的全部统治力量，就在于我们比其他一切生物强，能够认识和正确运用自然规律。”因此，“我们不要过分陶醉于我们人类对自然界的胜利。对于每一次这样的胜利，自然界都对我们进行报复。……美索不达米亚、希腊、小亚细亚以及其他各地的居民，为了得到耕地，毁灭了森林，但是他们做梦也想不到，这些地方今天竟因此而成为不毛之地”。②

二是人与社会、人与人的矛盾。一方面，马克思看到了资本主义制度下富者愈富、贫者愈贫的两极分化和人的畸形发展。马克思从资本主义的劳动异化看到资本主义本身无法克服的矛盾，展开对资本主义最无情的批判，认为资本主义的国家是一种“虚假联合体”，“必须推翻使人成为被侮辱、被奴役、被遗弃和被蔑视的东西的一切关系”，③“使人的世界即各种关系回归于人自身”。④ 马克思和恩格斯指出，共产主义将是人与自然、人与社会矛盾的根本解决。“这种共产主义，作为完成了的自然主义，等于人道主义，而作为完成了的人道主义，等于自然主义，它是人和自然界之间、人和人之间的矛盾的真正解决，是存在和本质、对象化和自我确证、自由和必然、个体和类之间的斗争的真正解决。”⑤共产主义将消除分工的限制而使每个人获得自由而全面发展。“在共产主义社会里，任何人都没有特殊的活动范围，而是都可以在任何部门内发展，社会调节着整个生产，因而使我有可能随自己的兴趣今天干这事，明天干那事，上午打猎，下午捕鱼，傍晚从事畜牧，晚饭后从事批判，这样就

---

① 《马克思恩格斯文集》第 1 卷，人民出版社 2009 年版，第 528 页。
② 《马克思恩格斯文集》第 9 卷，人民出版社 2009 年版，第 559—560 页。
③ 《马克思恩格斯文集》第 1 卷，人民出版社 2009 年版，第 11 页。
④ 《马克思恩格斯文集》第 1 卷，人民出版社 2009 年版，第 46 页。
⑤ 《马克思恩格斯文集》第 1 卷，人民出版社 2009 年版，第 185 页。

不会使我老是一个猎人、渔夫、牧人或批判者。”①

2. 列宁虽然没有明确提出和谐社会的概念，但他的思想中却包含丰富的构建社会主义和谐社会的思想。在十月革命胜利后，列宁根据国情和形势的变化，适时调整党和国家工作的重点和策略。要求正确处理领袖、政党、阶级、群众之间的关系，不能把领袖和群众对立起来；正确对待资本主义的遗产，利用市场商品货币关系来发展经济，允许资产阶级与无产阶级合作，发展对外贸易。正确处理无产阶级和农民小资产阶级之间的关系，重要条件在于“实现自己专政的或者说掌握国家政权的无产阶级和大多数农民之间达成妥协”②。正确处理不同民族之间的关系，大民族要为小民族让步，而且尽可能让步大一些，“在这种情况下，在对少数民族让步和宽容这方面做得过些比做得不够要好。”③列宁深刻认识到经济建设的重要性，但经济建设离不开政治建设，要求改组工农检察院，吸收优秀工农分子进入国家机构的设想。在实际执行中，列宁认为应该把文化建设放到更为重要的地位。俄国历史发展的独特顺序、独特道路，带来了俄国社会主义发展中的独特矛盾，即比较先进的政治制度与落后的经济文化之间的矛盾。“当前的关键（链条的环节）= 提出的任务之大不仅与物质贫困，而且与文化贫困之间的脱节”④。俄共十一大是列宁生前亲自参加的最后一次党代表大会，在起草文件时，他极为清晰地揭示着这一矛盾。“建立社会主义社会基础的经济和政治手段足够了。缺少什么？缺少文化，缺少本领。”⑤在生命的最后，列宁在关于“工作重心转移”的问题上，有一个引人深思的新提法。“我们不得不承认我们对社会主义的整个看法根本改变了。这种根本的改变表现在：从前我们是把重心放在而且也应该放在政治斗争、革命、夺取政权等等方面，而现在重心改变了，转到和平的‘文化’组织工

---

① 《马克思恩格斯文集》第 1 卷，人民出版社 2009 年版，第 537 页。
② 《列宁全集》第 41 卷，人民出版社 2017 年版，第 51 页。
③ 《列宁全集》第 43 卷，人民出版社 2017 年版，第 357 页。
④ 《列宁全集》第 43 卷，人民出版社 2017 年版，第 408 页。
⑤ 《列宁全集》第 43 卷，人民出版社 2017 年版，第 403 页。

作上去了……只就国内经济关系来说，那么我们现在的工作重心的确在于文化主义。”①

3. 以毛泽东同志为主要代表的中国共产党人，在社会主义革命和建设的实践中，十分注重各方面的和谐发展。早在20世纪40年代，在《新民主主义论》一文中，毛泽东就已经认识到经济、政治、文化之间不可分离的辩证关系，并且提出未来新中国经济建设、政治建设、文化建设的三大纲领。尤其难能可贵的是，毛泽东在这篇文章中提出，新中国成立后，为了改变生产力落后的状况，允许国营经济、合作经济、国家资本主义经济、私人资本主义经济、小商品经济五种经济成分长期共存，共同发展，保障一切正当的私有财产。“将中国建设成为一个独立、自由、民主、统一和富强的新国家。”②新中国成立后的20世纪50年代，毛泽东先后发表《论十大关系》《关于正确处理人民内部矛盾的问题》，对如何建设社会主义进行了深入探索，包含许多和谐社会的内涵。如关于国家、生产单位和生产者个人的关系，提出“不能只顾一头，必须兼顾国家、集体和个人三个方面，也就是我们过去常说的‘军民兼顾’、‘公私兼顾’”。③ 关于党和非党的关系，提出“长期共存，互相监督”的方针。1957年发表的《关于正确处理人民内部矛盾的问题》，提出处理人民内部矛盾要运用“团结——批评——团结”的方法，采取民主集中、说服教育的方法。积累和消费要有一个适当的比例，要求得生产和需要之间的平衡。“我们的方针是统筹兼顾、适当安排。无论粮食问题，灾荒问题，就业问题，教育问题，知识分子问题，各种爱国力量的统一战线问题，少数民族问题，以及其他各项问题，都要从对全体人民的统筹兼顾这个观点出发，就当时当地的实际可能条件，同各方面的人协商，作出各种适当的安排。”④文化建设方面要采取“百花齐放、百家争鸣”的方针，共产党和民主党派之间实行“长期共存、互相监督”的方针。

---

① 《列宁选集》第4卷，人民出版社2012年版，第773页。

② 《毛泽东选集》第三卷，人民出版社1991年版，第1030页。

③ 《毛泽东文集》第七卷，人民出版社1999年版，第28页。

④ 《毛泽东文集》第七卷，人民出版社1999年版，第228页。

“我们的目标,是想造成一个又有集中又有民主,又有纪律又有自由,又有统一意志、又有个人心情舒畅、生动活泼,那样一种政治局面。”①这是关于社会主义和谐社会建设的美好设计。

4. 以邓小平同志为主要代表的中国共产党人带领我们进行改革开放,要求做到平衡发展,协调发展,本质上就是追求和谐发展。首先,邓小平领导我们党拨乱反正,平反各种冤假错案,开展真理标准讨论,彻底否定“文化大革命”,恢复党的实事求是的思想路线,果断停止“以阶级斗争为纲”的政治路线,把党和国家的工作重心转移到经济建设上来,端正党的组织路线,清除打砸抢分子,理顺了我们党的思想路线、政治路线和组织路线。其次,在改革开放的进程中,邓小平致力于突破苏联模式的束缚,强调各方面的协调发展。物质文明和精神文明要“两手抓,两手都要硬”;经济体制改革与政治体制改革两者不可分割,脱离任何一方都会导致社会畸形发展,因而必须配套发展;沿海地区要尽快发展起来,内地要支持沿海,内地要顾这个大局,沿海发展到一定时候,要反过来帮助内地发展,这也是一个大局;正确处理速度和效益的关系,主张在谋求效益的前提下适当提高发展速度,不鼓励不顾效益的高速度;经济建设与法制建设要协调发展,只有坚决打击经济领域的犯罪,才能维护社会生产和人民生活的正常秩序,推进社会主义建设的顺利进行;对内搞活经济与对外开放要共同发展,不改革不行,不开放也不行;正确处理先富后富的关系,允许一部分人由于辛勤劳动而先富起来,先富带动后富,最终实现共同富裕。最后,在苏东剧变后,面对国内外新的形势,邓小平一再发出警告:外国人不要企图把中国搞乱,中国一旦乱了,“一打内战就是血流成河,……交通中断,难民不是百万、千万而是成亿地往外面跑,首先受影响的是现在世界上最有希望的亚太地区。”②中国人自己也不要贬低自己,一定要稳住阵脚,冷静观察,沉着应对,用和平共处五项原则来处理国际关系。“中国问题的关键在于

① 《建国以来毛泽东文稿》第6册,中央文献出版社1992年版,第543页。
② 《邓小平文选》第三卷,人民出版社1993年版,第361页。

共产党要有一个好的政治局，特别是好的政治局常委会。只要这个环节不发生问题，中国就稳如泰山。”①计划和市场都是手段，本质上没有姓“社”姓“资”的区别，要善于大胆吸取人类文明先进成果，包括资本主义发达国家的先进生产方式和管理方法来为社会主义服务。“中国要警惕右，但主要是防止‘左’。”②“左”和右都可能葬送社会主义，“左”的东西更具有危险性。

5.“三个代表”重要思想同样包含着一系列构建社会主义和谐社会的思想。1995 年 9 月 28 日，在党的十四届五中全会上，江泽民发表《正确处理社会主义现代化建设中的若干重大关系》的讲话，其中讲了十二个重大关系。江泽民认为，这十二大关系是关系社会主义现代化全局的新矛盾新问题，并且运用唯物辩证法逐一分析，提出指导方针。这可说是一个建设社会主义和谐社会的总纲。

首先，关于人与自然的关系。我国政府早在 1993 年就召开了“中国 21 世纪国际研讨会”，宣布了实施可持续发展的战略的宏伟构想。1994 年，又颁布了《中国 21 世纪议程》，并将可持续发展纳入“九五”计划和 2010 年远景目标纲要。1997 年 7 月 16 日，在第四次全国环境保护会议上的讲话中，江泽民重申了上述思想，强调必须切实保护资源环境，不仅要安排好当前的发展，还要为子孙后代着想，决不能吃祖宗饭、断子孙路，走浪费资源和先污染、后治理的路子。并且提出五项具体的举措。“一是坚持节水、节地、节能、节材、节粮以及节约其他各种资源，农业要高产、优质、高效、低耗，工业要讲质量、讲低耗、讲效益，第三产业与第一、第二产业要协调发展；二是继续控制人口增长，全面提高人口素质；三是消费结构要合理，消费方式要有利于环境和资源保护，决不能搞脱离生产力发展水平、浪费资源的高消费；四是加强环境保护的宣传教育，增强干部群众自觉保护生态环境的意识；五是坚决遏制和扭转一些地方资源受到破坏、生态环境恶化的趋势。”③2001 年 7 月 1 日，在庆祝中国共产党成

① 《邓小平文选》第三卷，人民出版社 1993 年版，第 365 页。

② 《邓小平文选》第三卷，人民出版社 1993 年版，第 375 页。

③ 《江泽民文选》第一卷，人民出版社 2006 年版，第 532—533 页。

立80周年大会上的讲话中,江泽民更是旗帜鲜明地指出:"要促进人和自然的协调与和谐,使人们在优美的生态环境中工作和生活。坚持实施可持续发展战略,正确处理经济发展同人口、资源、环境的关系,改善生态环境和美化生活环境,改善公共设施和社会福利设施。努力开创生产发展、生活富裕和生态良好的文明发展道路。"①

其次,关于人与社会的关系。江泽民看到了发展中的不平衡。他指出:"贫穷不是社会主义。一部分人富起来、一部分人长期贫困,也不是社会主义。……我在西南、西北一些地方看到,有些农户家徒四壁,连玉米糊糊都喝不饱,有的吃盐、喝水都相当困难。看到这些,心里很不安!古代有的政治家尚且讲'意莫高于爱民,行莫厚于乐民',我们作为共产党人,看到群众生活如此困苦,更应寝不安席、食不甘味!……在全国五百九十二个贫困县中,有一百零五个县是革命老区县。老区人民为建立新中国作出了巨大贡献和牺牲,如果到那时还不能帮助群众摆脱贫困,我们将愧对革命先烈,愧对老区人民。"②江泽民认为,要改变这种现状,必须坚持开发式扶贫的方针,增强贫困地区自我发展能力;更加广泛地动员全社会力量参与扶贫;依靠贫困地区干部群众,坚持不懈地苦干实干;进一步加强对扶贫开发工作的领导,层层实行责任制。与此同时,中央提出西部大开发战略,科教兴国战略,"引进来"与"走出去"相结合的战略。

再次,关于中国发展与世界发展的关系。江泽民强调,我们这个地球上有上千个民族、二百多个国家和地区,所处的自然环境不同,社会发展经历各异,形成了多种多样的生活方式、价值观念、宗教信仰和文化传统。"世界多样性是客观存在,应该正视它、适应它。这就要求各国互相尊重,互不干涉内政,平等相待,求同存异,和平共处,发展合作。只有这样,才有可能维持持久的和平与稳定,为各国共同发展创造必要的国际环境。"③和而不同是人类各种文明

① 《江泽民文选》第三卷,人民出版社2006年版,第295页。

② 《江泽民文选》第一卷,人民出版社2006年版,第549页。

③ 《江泽民文选》第一卷,人民出版社2006年版,第331页。

协调发展的真谛。世界各国人民要携手共进，共同创造和平繁荣的新世纪。

（二）构建和谐社会是中国传统哲学的核心价值

构建社会主义和谐社会有着深厚的历史文化渊源。与西方哲学以主客二分为前提，以“自我”为中心的思维方式相区别，中国哲学在其思想发端之时，就形成了“以和为贵”“合而不同”的思维取向，内在地包含着建构和谐社会的思想。

1. 追求“天人合一”“物我两忘”的境界。中国哲学与西方哲学的本质区别之一，在于西方哲学家自古以来强调天人之间的对立，力图通过认识自然，最终达到控制自然、主宰自然、改造自然的目的。而中国哲学则强调天人和谐、天人一体、天人协调，把认识自然，实现与天地的和谐统一作为人生的最高境界。据《逸周书·文传解》，西周时期，周文王已经有了取用有节、善待自然的思想观念。他告诫子孙：在万物繁殖生长之际，不能乱砍滥取，随便猎杀，超前使用。《左传·昭公二十五年》载：“能协于天地之性，是以长久”①。意思是说，能与天地之性达到协调统一，就能长久存在。老子认为，只有尊循自然，顺应自然，才能“得道”。得道者多助，失道者寡助。墨子认为，天人之间是互通的，人能够领略天之欲，天也会领略人之欲，“我为天之所欲，天亦为我所欲。”②庄子把实现与天地“并生”，与万物合而“为一”作为人生的最高境界。孔子也认为，天人之间是相通的，天能予人以德，人能弘扬天道。孟子认为，人心、人性与天同出一源，“尽心”就能“知性”，“知性”就能“知天”。只要用心返省内求，就能进入“上下与天地同流”的理想境界。《易传》认为，能达到“天人合一”就是至高无上的“大人”境界，“夫‘大人’者，与天地合其德，与日月合其明，与四时合其序，与鬼神合其吉凶”③。王阳明将这种境界概括“万物一体”的“大人”境界。张载提出与人与物相统一的“民胞物与”思想，“民吾同

---

① 李梦生：《左传译注》下，上海古籍出版社2004年版，第1147页。

② 罗炳良、胡喜去编著：《墨子解说》，华夏出版社2007年版，第154页。

③ 黄寿祺、张善文：《周易译注》，上海古籍出版社2004年版，第19页。

胞,物吾与也。”“凡天下疲癃残疾、惸独鳏寡,皆吾兄弟之颠连而无告者也”①。程颢则提出视天地万物为一体的“至仁”境界。既然万物都是我这同一身躯的肢体,就必须爱惜自己的肢体,了解自己身体的病痛,并及时加以治疗,否则就是“不仁”。“夫人岂有视四肢百体而不爱者哉?……夫手足在我,而疾痛不与知焉,非不仁而何?”②

2. 遵循“协和万邦”“以和为贵”的人伦。“和”是中国古人处理不同个人、不同群体、不同国家之间关系的基本准则。《尚书》第一篇《尧典》即记载:“(帝尧)克明俊德,以亲九族。”“百姓昭明,协和万邦。”第二篇《舜典》也记载:“命汝典乐……八音克谐,无相夺伦,神人以和。”《皋陶谟》讲:“同寅协恭和衷哉。”《礼记·乐记》说:“和,故百物皆化。”《论语》第一篇《学而》载,孔子的弟子有子说:“礼之用,和为贵。先王之道,斯为美。”“和”也是天地化生万物的方式。《系辞传》说:“天地絪缊,万物化醇。男女构精,万物化生。”③“和”也是解决人与人之间矛盾的最好方法。孟子认为,“天时不如地利,地利不如人和。”“故曰,域民不以封疆之界,固国不以山溪之险,威天下不以兵革之利,得道者多助,失道者寡助。寡助之至,亲戚畔之;多助之至,天下顺之。’”④怎样才能达到“和”?孔子强调走“中庸之道”。他说:“政宽则民慢,慢则纠之以猛。猛则民残,残则施之以宽。宽以济猛,猛以济宽,政以是和。”⑤孟子亦说:“执中无权,犹执一也。所恶执一者,为其贼道也,举一而废百也。”⑥《中庸》首篇中说:“喜怒哀乐之未发,谓之中。发而皆中节,谓之和。中也者,天下之大本也;和也者,天下之达道也。致中和,天地位焉,万物育焉。”⑦对于“中庸”,朱熹解释说:“中、庸只是一个道理,以其不偏不倚,故谓之‘中’;以其不差

① (宋)张载:《张载集》,中华书局1978年版,第62页。
② (宋)程颢、程颐:《二程集》(上),中华书局2004年版,第74页。
③ 黄寿祺、张善文:《周易译注》,上海古籍出版社2004年版,第542页。
④ 金良年:《孟子译注》,上海古籍出版社2004年版,第78页。
⑤ 李梦生:《左传译注》(下),上海古籍出版社2004年版,第1106页。
⑥ 金良年:《孟子译注》,上海古籍出版社2004年版,第283页。
⑦ 陈襄民等:《五经四书全译》(四),中州古籍出版社2000年版,第3013页。

异可常行,故谓之‘庸’。”①就是说,“中庸”就是恰到好处,把握好一个“度”。

3. 探索“形神一体”“内外兼备”的方法。中国哲学在其发端之时就强调心身之间的整体性、统一性。墨子明确提出:“生,刑与知处也。”②人的生命是形体与心知的统一体。《管子》四篇对身心的论述更为详尽,《心术上》论述了心与身特别是与耳目等器官的关系,“心之在体,君之位也;九窍之有职,官之分也。心处其道,九窍循理;嗜欲充益,目不见色,耳不闻声。”③心的活动如果合乎其节度,身体的官能就各循其理;心中如果嗜欲过多,身体器官就受损伤。因此《心术》提倡,“洁其宫,开其门,去私毋言,神明若存。纷乎其若乱,静之而自治。”④过多的嗜欲使心纷乱,治心之道在静心去欲。

庄子认为,精神与形体相合,便有了生命。“夫昭昭生于冥冥,有伦生于无形,精神生于道,形本于精,而万物以形相生。”⑤高超的技巧来自“神”的作用。“方今之时,臣以神遇而不以目视,官知止而神欲行。依乎天理,批大郤,导大窾,因其固然,枝经肯綮之未尝微碍,而况大軱乎!”⑥形神相互影响,相互以养。“无视无听,抱神以静,形将自正。必静必清,无劳汝形,无摇汝精,乃可以长生。目无所见,耳无所闻,心无所知,汝神将守形,形乃长生。慎汝内,闭汝外,多知为败。我为汝遂于大明之上矣,至彼至阳之原也;为汝入于窈冥之门矣,至彼至阴之原也。天地有官,阴阳有藏,慎守汝身,物将自壮。”⑦庄子提出了“心斋”“坐忘”的治心方法。“若一志,无听之以耳而听之以心,无听之以心而听之以气!耳止于听,心止于符。气也者,虚而待物者也。唯道集虚。虚者,心斋也。”⑧

---

① (宋)黎靖德编:《朱子语类》卷第六十二,中华书局1986年版,第1483页。
② 罗炳良、胡喜云编著:《墨子解说》,华夏出版社2007年版,第233页。
③ 李山、轩新丽译注:《管子》(下),中华书局2019年版,第623页。
④ 李山、轩新丽译注:《管子》(下),中华书局2019年版,第626页。
⑤ 陈鼓应:《庄子今注今译》下册,商务印书馆2007年版,第656页。
⑥ 陈鼓应:《庄子今注今译》上册,商务印书馆2007年版,第116页。
⑦ 陈鼓应:《庄子今注今译》上册,商务印书馆2007年版,第329页。
⑧ 陈鼓应:《庄子今注今译》上册,商务印书馆2007年版,第139页。

孟子认为，在形神关系中，“志”主导着“气”，“气”是“志”的表现。“夫志，气之帅也；气，体之充也。夫志至焉，气次焉；故曰持其志，无暴其气。”“志”和“气”是相互影响的，“志壹则动气，气壹则动志也。今夫蹶者、趋者，是气也而反动其心。”孟子强调修养浩然之气，“其为气也，至大至刚，以直养而无害，则塞于天地之间。其为气也，配义与道。无是，馁也。是集义所生者，非义袭而取之也。行有不慊于心，则馁矣。”①荀子认为，身和心是相互依存的，形具而神生，心居中虚，以治五官。“天职既立，天功既成，形具而神生，好恶、喜怒、哀乐藏焉，夫是之谓天情。”②心有知万物的功能，但心知万物是通过征取耳目感官对万物的感觉实现的，这就是所谓“征知”。达到“虚一而静”，心的状态就是“大清明”，就可以正确地思维、推理、论说。

“天人合一”“物我两忘”的境界，“协和万邦”“以和为贵”的人伦，“形神一体”“内外兼备”的方法，使中国人在思考我与自然、我与他人、我与我的关系时，内在地要求相互统一，作为价值选择的基本准则。可以说，中国哲学在其源起之时，各家各派思想中就已内在地包含着和谐的思想。

（三）构建和谐社会是新的时代精神对中国发展的必然要求

世界现代化的经验表明，在人均国内生产总值达到1000美元之后，经济社会发展就进入一个关键时期。在这个阶段，如果社会稳定，举措得当，就会一跃而上，进入发展的新阶段。如果应对失误，就有可能丧失机遇，导致经济长期徘徊不前，社会动荡不安。当时我国经过20多年的改革开放，人民生活水平由温饱进入小康，但也带来了诸多新的矛盾和挑战。

1. 社会关系日益复杂。根据毛泽东《中国社会各阶级的分析》一文，1949年前中国社会的阶级和阶层主要有七个方面，包括地主和买办阶级、民族资产阶级、小资产阶级、半无产阶级、无产阶级、游民无产者阶层、农民阶级。新中国

---

① 金良年：《孟子译注》，上海古籍出版社2004年版，第58页。

② 张觉：《荀子译注》，上海古籍出版社1995年版，第348页。

成立后，通过“三化一改”，剥削阶级和流氓无产阶级被消灭，社会阶层关系简单化，只剩下了农民和工人，以及知识分子。由于照搬苏联模式，党政一体化，实行单一的计划经济，取消了商品货币关系，实行平均主义的分配方式，社会关系极度简单化。党的十一届三中全会后，随着改革的深入发展，社会分工扩大和职业的专业化程度的提高，分化出许多新的阶层，社会关系日益复杂化，“城乡发展不平衡、地区发展不平衡、经济社会发展不平衡矛盾更加突出，缩小发展差距和促进经济社会协调发展任务艰巨。”①

2. 社会利益矛盾日益突出。20 世纪 50 年代，人民内部矛盾比较突出，毛泽东写了《关于正确处理人民内部矛盾的问题》一文，但当时的人民内部矛盾主要是先进思想与落后思想的矛盾，因而毛泽东提出要用“团结——批评——团结”的方法、“惩前毖后，治病救人”的方法来解决。但随着我国改革开放的深入，人民内部矛盾转为不同群体之间的利益矛盾。矛盾的互动往往采取激化甚至尖锐的方式，具有倾向激化、诉诸冲突的趋势。

3. 思想观念多元化发展。在计划经济时代，价值观念高度政治化、道德化、单一化，以实现国家和集体利益为本位，以完成国家计划、符合国家和上级主管部门要求为特征，个人利益要服从国家和集体利益。随着改革开放的深入，政治、经济、文化体制的变革，市场经济以及各类民营经济的发展，价值主体开始多元化，个人主义、享乐主义、利己主义抬头。“各种思想文化相互激荡，人们受各种思想观念影响的渠道明显增多、程度明显加深，人们思想活动的独立性、选择性、多变性、差异性明显增强。”②价值标准多元化，个人之间、群体之间、公众和政府之间，达成共识的难度相对增加。如何满足群众不断增长的需求，同时以社会主义核心价值观引领社会，成为摆在党和政府面前的一道极富挑战的难题。

4. 信息化、全球化影响空前广泛。世纪之交，人们强烈地感受到，几乎所

---

① 《胡锦涛文选》第二卷，人民出版社 2016 年版，第 275 页。

② 《胡锦涛文选》第二卷，人民出版社 2016 年版，第 275 页。

有的前沿科学领域都在酝酿着一系列重大的突破和创新,信息爆炸、知识爆炸的高潮远未穷尽。人类正在经历一场全球性科学技术革命。全球化已成为现代科学技术运动的主要特征之一,出现了科技研究开发资源的全球配置、科学技术活动的全球管理和研究成果全球共享等新特点,科学技术的发明创造和转移也在全球范围内进行。据中国互联网络信息中心《第 26 次中国互联网络发展状况统计报告》,截至 2010 年 6 月底,我国互联网普及率已达到 31. 8%,超过世界平均水平,网民人数达到 4. 2 亿。信息网络技术极大开阔了民众的眼界,我国公众的网络政治参与迅速发展起来。网络也成为各种敌对势力对我国实施意识形态渗透的重要渠道,他们企图通过网络谣言煽动群众闹事,把人们思想搞乱,然后浑水摸鱼、乱中取胜,从而达到否定马克思主义,推翻中国共产党领导和我国社会主义制度的目的。这也在客观上对党和政府的工作提出了新的更高的要求。

5. 社会流动性明显增强。改革开放前的"铁饭碗"导致终身就业制,即绝大多数人终身在一个单位就业,而且由于户籍制度的锁定,人们很难在不同单位、不同地区、不同城市之间流动。改革开放打开人口流动的巨大洪流。据统计,我国流动人口 1982 年为 657 万,占总人口的 0. 65%;1990 年为 3261 万,占总人口的 2. 80%;2000 年为 1. 44 亿,占总人口的 11. 60%;2005 年为 1. 56 亿,占总人口的 11. 90%;2010 年为 2. 50 亿,占总人口的 18. 67%。人口的流动,极大地推动了社会生产力的迅速发展,但同时也增加了社会管理的难度,造成城乡发展不平衡的局面,社会组织和管理面临新的挑战。

6. 党和政府自身的转变尚未完成。坚持党的领导是中国特色社会主义的本质特征。在计划经济时代,党和政府的领导主要依靠强制和行政命令,动员群众的方式主要是搞运动,而市场经济要求政府不直接介入经济,党和政府的领导主要依靠民主和法制。这种转变在世纪之交还处于初级阶段,尚未最后完成。社会上各种消极腐败现象以及各类严重犯罪活动向党内的渗透,使中国共产党面临多方面的考验和危险。胡锦涛指出:"执政考验、改革开放考验、市场经济考验、外部环境考验是长期的、复杂的、严峻的。精神懈怠的危险,能力不足的危险，脱离群众的危险，消极腐败的危险，更加尖锐地摆在全党面前。”①

正是针对上述的矛盾和问题，胡锦涛指出：构建社会主义和谐社会是中国特色社会主义的一项基本任务。要加强和改善党的领导，在指导思想上要做到“六个必须”：“必须坚持以邓小平理论和‘三个代表’重要思想为指导，坚持社会主义基本制度，坚持走中国特色社会主义道路；必须树立和落实科学发展观，坚持以经济建设为中心，坚持‘五个统筹’，促进社会主义物质文明、政治文明、精神文明建设与和谐社会建设全面发展；必须坚持以人为本，始终把最广大人民根本利益作为党和国家工作根本出发点和落脚点，在经济发展的基础上不断满足人民群众日益增长的物质文化需要，促进人的全面发展；必须尊重人民群众创造精神，通过深化改革、创新体制，调动一切积极因素，激发全社会创造活力；必须注重社会公平，正确反映和兼顾不同方面群众利益，正确处理人民内部矛盾和其他社会矛盾，妥善协调各方面利益关系；必须正确处理改革发展稳定的关系，坚持把改革的力度、发展的速度、社会可承受的程度统一起来，使改革发展稳定相互协调、相互促进，确保人民群众安居乐业，确保社会政治稳定和国家长治久安。”②同时要切实做好十个方面的具体工作：切实保持经济持续快速协调健康发展；切实发展社会主义民主；切实落实依法治国的基本方略；切实加强思想道德建设；切实维护和实现社会公平正义；切实增强全社会创造活力；切实加强社会建设和管理；切实处理好新形势下的人民内部矛盾；切实加强生态环境建设和治理工作；切实做好保持社会稳定工作。

① 《胡锦涛文选》第三卷，人民出版社 2016 年版，第 528 页。

② 《胡锦涛文选》第二卷，人民出版社 2016 年版，第 286—287 页。

下　篇

中华民族强起来的哲学基础

第十章　马克思主义哲学中国化新的飞跃的历史条件

经过中国共产党成立100多年,新中国成立70多年,改革开放40多年的不懈努力,社会主义中国的面貌发生根本性变化。习近平总书记用“三个伟大飞跃”和“三个前所未有”来概括这种变化。然而,社会主义初级阶段的基本国情没有变,最大发展中国家的国际地位没有变。如何把中国建设成为世界现代化强国,实现中华民族伟大复兴,成为新时代中国共产党人的重大使命。习近平新时代中国特色社会主义思想科学回答中国之问、世界之问、人民之问、时代之问,用一系列新思想新观点新论断创新和发展了辩证唯物主义和历史唯物主义,实现了马克思主义哲学中国化的新的飞跃。这是客观条件和主体精神相互作用的结果。

一、世界格局中的西方霸权及其衰落

世界格局是世界范围不同势力相互作用、此消彼长而形成的较为稳定的权力结构。近代西方国家经过文艺复兴的洗礼,人的创造活力无限释放,伴随科技革命、工业革命、交通革命以及地理大发现,荷兰、英国、德国、美国相继凭借自己科技创新的优势,通过掠夺殖民地而走上霸权之路。然而当一个事物登峰造极到达顶点之时,就必然向下降落。西方霸权走向衰落是历史的必然。

(一)马克思很早就预见了资本主义的灭亡

马克思指出:资产阶级用他的方式创造了一个新的时代——“资产阶级时代”,它创造了巨大的生产力,确立了资产阶级的生产关系和道德关系,开拓了世界市场,建造了巨大的城市,把民族的历史改变为世界历史。同时也开启了“文明的国家”统治和奴役“未开化和半开化的国家”,“西方国家”殖民和掠夺“东方国家”的历史。然而,资产阶级开创的现代文明并没有克服自身的基本矛盾。周期性经济危机的爆发,使“社会所拥有的生产力已经不能再促进资产阶级文明和资产阶级所有制关系的发展”①。资产阶级的生产关系也同时培养了它自己的掘墓人。到19世纪40年代,工人阶级开始登上政治舞台。马克思认为,资本主义的发展已经到了尽头,资产阶级再也不能支配“自己用法术呼唤出来的魔鬼了”。资本主义不仅为富人创造了“奇迹般的东西”,也为工人创造了前所未有的贫困,“劳动生产了美,但是使工人变成畸形”。② 从这一点也可以看出,“资产阶级不能统治下去了,因为它甚至不能保证自己的奴隶维持奴隶的生活,因为它不得不让自己的奴隶落到不能养活它反而要它来养活的地步。”③马克思由此得出“两个必然”的结论,号召全世界无产者联合起来,推翻资产阶级的统治。

(二)列宁在帝国主义链条上打开一个缺口

19世纪末20世纪初,资本主义从自由竞争时代发展到帝国主义时代。列宁认为,这是从帝国主义向“社会主义过渡的时代”“无产阶级革命的时代”“无产阶级社会主义革命的时代”“帝国主义战争的时代”“无产阶级的政治统治代替资产阶级统治的时代”。④ 列宁认为,帝国主义“造成惨祸、灾难、破产

---

① 《马克思恩格斯文集》第2卷,人民出版社2009年版,第37页。

② 《马克思恩格斯文集》第1卷,人民出版社2009年版,第158—159页。

③ 《马克思恩格斯文集》第2卷,人民出版社2009年版,第43页。

④ 转引自陶文昭:《列宁时代观的新视角》,《晋阳学刊》2012年第4期。

和粗野——这一切就使目前所达到的资本主义发展阶段成为无产阶级社会主义革命的时代"①。帝国主义发展的不平衡原理,必然导致其内在矛盾激化,战争不可避免。应该说,列宁的判断是十分准确的。20 世纪初,帝国主义两大集团之间为重新瓜分世界领土,争夺世界霸权,爆发了震惊寰宇的第一次世界大战。列宁领导俄国无产阶级冲破帝国主义的东方战线,在帝国主义最薄弱的环节上打开一个缺口,取得十月社会主义革命的胜利,建立了世界上第一个社会主义国家,并且粉碎了国内反动派的叛乱和 14 个帝国主义国家的武装干涉,改变了整个世界力量的对比,唤醒了被压迫民族和人民的革命热情。20 世纪 30 年代,帝国主义的内在矛盾和危机引发第二次世界大战。大战进一步消耗了帝国主义列强的力量,中国和东欧各国共产党人领导人民相继取得民主革命和社会主义革命的胜利,社会主义的力量得到迅速壮大和加强,亚非拉各殖民地国家人民取得反殖民主义斗争的胜利而纷纷独立,帝国主义的殖民体系崩塌,世界格局由此发生颠覆性变化,结束了帝国主义一统天下的局面。

(三)帝国主义霸权令世界长期动荡不安

第二次世界大战后,随着以美国为首的"北大西洋公约"组织和以苏联为首的"华沙条约"组织的成立,"两大阵营"长期对垒的局面开始形成,苏美两个超级大国为争夺世界霸权,长期进行军备竞赛,国际局势异常紧张,局部冲突时有发生,直到 20 世纪 80 年代才有所缓和。20 世纪 90 年代,随着东欧剧变和苏联解体,世界两极格局开始向多极化方向发展,形成了美国独霸天下的局面,以致美国籍的日本人弗兰西斯·福山(Francis Fuknyama)在《历史的终结》一书宣称:"西方的'自由主义'(Liberalism)已没有任何其他的对手。"②"自由民主可能形成'人类意识形态进步的终点'与'人类统治的最后形态',也构成'历史的终结'。换言之,以前的统治形态有最后不得不崩溃的重大缺

---

① 《列宁全集》第 29 卷,人民出版社 2017 年,第 474 页。

② [美]弗兰西斯·福山:《历史的终结》,黄胜强、许铭原译,远方出版社 1998 年版,第 388 页。

陷和非理性，自由民主也许没有这种基本的内在矛盾……自由民主的‘理念’已不能再改良了。”①这种观点典型反映了西方国家在冷战结束后的狂妄自大和不可一世心理。美国开始四面出击，先后发动了海湾战争（1991 年）、科索沃战争（1999 年）、阿富汗战争（2001 年）、伊拉克战争（2003 年）、利比亚战争（2011 年）以及空袭叙利亚（2017 年、2018 年）等战争。战争不仅使美国耗费巨大人力物力，仅阿富汗战争就使美国耗费 1 万亿美元，牺牲的士兵多达 6000 人，而且战争也使美国在道义上“输掉了战争”。经济尚未复原，2008 年又爆发金融危机和经济危机，一大批金融机构倒闭，股市纷纷暴跌，企业大量破产，经济急剧下滑。

（四）资本主义悄然走向第三次普遍危机

进入 21 世纪以来，世界格局发生重大变化。一方面，以美国为首的西方霸权日益衰落。一是西方国家人口生理年龄普遍老化，青壮年劳动力严重缺乏。据统计，西方主要发达国家的人口中位数年龄总体接近 50 岁。其中，日本为 49 岁，德国为 48 岁，英国为 42 岁，美国为 40 岁。虽然美国的人口年龄中位数较低，但如果抛开拉丁裔、非洲裔人口，美国白人人口年龄中位数则达到 48 岁，与德国差不多。一个社会的持续发展，必须有源源不断的后续劳动力作补充。青壮年劳动力的缺乏，无疑要制约生产力的发展，而人的生产和教育培养又不可能在短期内迅速得到解决。人口因素无疑成为西方国家生产力发展的重大制约因素。二是虚拟资本增长过快，产业严重空心化。早在 20 世纪 70 年代，美国就借美元的霸权地位赤裸裸地盘剥世界财富，制造货币危机，到处“薅羊毛”。然而，物极必反。据统计，美国虚拟资产规模，从 1977 年的 69533 亿美元增长到 2006 年的 904772 亿美元，30 年间竟然扩张了 13 倍。②

---

① ［美］弗兰西斯·福山：《历史的终结》，黄胜强、许铭原译，远方出版社 1998 年版，第 1 页。

② 参见胡晓、过新伟：《美元本位、美国经济虚拟化与国际资本流动》，《中央财经大学学报》2015 年第 1 期。

2018年，美国GDP高达18万亿美元，但实体经济占比只有不足5万亿美元，其余大部分都是虚拟经济带来的，国内有70%的就业人口转向金融和金融服务业。恩格斯说过，“一切资本主义生产方式的国家，都周期地患一种狂想病，企图不用生产过程作中介而赚到钱。”①虚拟经济的过度膨胀，典型反映了美国经济的投机性、寄生性，经济的风险性明显增强。为重振美国实体经济，美国政府几乎到了不择手段的地步，但仍然收效甚微。三是资本力量过强。资本垄断正从19世纪的私人垄断、20世纪的国家垄断，走向21世纪的跨国垄断，乃至全球垄断。垄断资本绑架国家，操纵社会，掠夺劳动，国家的功能被严重削弱，社会和劳动的活力得不到应有的发挥。总统选举完全变成了资本间的厮杀。据统计，从2007年至2012年期间，200家美国最为活跃的企业用来资助联邦游说和竞选的捐款竟然高达58亿美元，但这些企业和公司因此得到联邦政府的巨额回报，其价值共计达到4.4万亿美元，“这意味着，企业为影响美国政治花费的每一美元可以获取760美元的回报。”②垄断资本还竭力构建符合其利益需求的世界经济秩序和运行规则，而当一种规则不能为他们带来更大利益时，他们就以各种理由修改规则或废除规则，扰乱国际秩序。帝国主义的腐朽性、反动性、垂死性比历史上任何时候都表现得更为强烈。四是贫富分化、阶层分化严重。据统计，美国最富有的1%人口所占有国民收入财富的比例，从1980年的9%上升到2007年的23.5%，2018年这一比率则超过38.6%。中产阶级的数量大幅下降，近一半的美国家庭生活拮据，1850万人生活在极端贫困中。另外，美国社会隐藏的种族歧视也是导致社会动荡的重要因素。中国人民大学安启念教授认为，目前资本主义世界的第三次普遍性危机已悄然形成，这是“在资本主义框架内不可克服的危机”，“将使资本主义制度真正走向自己的历史终点”。③

对于以美国为首的西方霸权走向衰落的事实，国外学者和政治家也从不

① 《马克思恩格斯文集》第6卷，人民出版社2009年版，第67—68页。

② 常健：《美国大选尽显金钱政治本质》，《人民日报》2016年4月18日。

③ 安启念：《列宁与当今世界》，《马克思主义研究》2020年第4期。

同视角作了分析。美国著名社会学家沃勒斯坦(Immanuel Wallerstein)认为,美国作为一个全球性大国,它的衰退可上溯到20世纪70年代。造就美国霸权的经济、政治和军事因素也正是不可避免地造成美国衰落的因素。① 托尼·博萨(Anthony V. Bouza)认为,腐败、堕落和价值体系的坍塌是“美国世纪行将结束”的主要原因。“如果我们面对家庭观念的消亡和城市的衰落仍能坚信我们自己不会受到腐蚀,如果我们眼看着显贵们的堕落却能视而不见这种堕落对我们未来的影响,如果在信仰危机中我们仍能坚信我们终将得到上帝的拯救,如果在普遍的道德沦丧的环境中我们仍然认为自己能够生存下去,那么,我们可以宣称,我们就是行将沉没的‘泰坦尼克’号游轮上的尽情享乐的快乐的游客。”②英国伦敦里士满大学国际关系学教授比伦特·格卡伊(Blüent Gökay)认为,20世纪50年代和60年代,来自德国和日本的竞争第一次削弱了美国领导的霸权制度。20世纪80年代以后,中国、印度和其他新兴经济体在这方面则更胜一筹。美国和英国均试图寻找危机与衰落的应对之策。“但是,就它们本身的结构性危机而言,全球化和新自由主义这两种主要的应对之策并没有成功扭转颓势。”③印裔加拿大学者阿米塔·阿查亚(Amitav Acharya)认为,到21世纪第一个十年末期,美国面对的不仅是其相对实力的衰落,而且包括绝对实力的衰落。后者不仅受到其入侵伊拉克行动的影响,而且和其内部的弱点和管理不善相关。“‘美国的世界秩序’终结不只是‘单极时刻’的终结,还是美国霸权更长时期的物质和规范力量的终结。”④即西方国家内部存在的裂隙,无疑进一步削弱了西方霸权的力量。

---

① 参见[美]曼纽尔·沃勒斯坦:《美国实力的衰落》,谭荣根译,社会科学文献出版社2007年版,第3页。

② [美]托尼·萨博:《美国大衰落:腐败、堕落和价值体系的坍塌》,赵文书译,江苏人民出版社2017年版,第3页。

③ [英]比伦特·格卡伊和瓦西里斯·福斯卡斯:《美国的衰落》,贾海译,新华出版社2013年版,第2页。

④ [加]阿米塔·阿查亚:《美国世界秩序的终结》,袁正清、肖莹莹译,上海人民出版社2017年版,第7页。

二、中国发展方式日益走向成熟

发展方式体现了人们对发展道路及其规律的思想认识和理论把握。近代以来,在人类走向现代化的进程中,资本主义曾经一路领先,创造了现代化的各种方式并为其他国家效仿。但随着世界格局的深刻改变,资本主义的发展方式一统天下的局势发生了变化。

(一)"苏联模式"的出现及问题

马克思在19世纪40年代展开对资本主义发展方式的考察,揭示了资本主义造成异化劳动的事实。无产阶级只有推翻资产阶级的统治,才可能实现劳动解放和人类解放,"以一种全面的方式,就是说,作为一个完整的人,占有自己的全面的本质"①,以"真实共同体"代替"虚假共同体",把"偶然的个人"变为"有个性的个人"。"一旦社会占有了生产资料,商品生产就将被消除,而产品对生产者的统治也将随之消除。社会生产内部的无政府状态将为有计划的自觉的组织所代替。"②20世纪20年代,晚年列宁在俄国掀起包括政治、经济、文化在内的"全盘改革",制定了以"新经济政策"为核心的发展战略。可惜的是列宁去世过早,"新经济政策"很快就为"苏联模式"所取代。"苏联模式"作为一种应对资本主义封锁和冷战的策略,目的在于在国家控制下,以尽可能快的速度实现国家工业化,从而取得反法西斯战争的最后胜利。出于特殊情况,因而过多强调国家的绝对控制权,这是无可非议的。但问题在于:在战争结束后,"苏联模式"已逐渐不适宜本国形势的发展,而这一模式却被教条化为社会主义的唯一模式并向社会主义国家强行输出。南斯拉夫、匈牙利、波兰等国都曾试图摆脱苏联模式的束缚,探索具有本国特点的发展道路,但最

① 《马克思恩格斯文集》第1卷,人民出版社2009年版,第189页。
② 《马克思恩格斯选集》第3卷,人民出版社2012年版,第671页。

终都因与苏联模式的矛盾而被无理扼杀。20世纪80年代，改革再次成为世界性浪潮，戈尔巴乔夫高举“新思维”的旗帜，力图彻底否定苏联模式，根本改造“整个社会大厦”，要“一切从头做起”，建设“人道的民主的社会主义”。其基本途径是借助英美“新自由主义”，推行以私有化、市场化、全球资本主义化、个人主义化为主旨的“休克疗法”，结果反共反社会主义的势力趁机出笼，大肆活动，大造舆论，终于使苏联在剧烈的动荡中陷入前所未有的危机状态，最终背离改革初衷，导致共产党下台，国家解体。

（二）中国特色社会主义是数代人不懈探索的结果

早在20世纪40年代，在《新民主主义论》和《论联合政府》等文章中，毛泽东就指出：即将成立的新中国，不仅与“旧式的、欧美式”的资产阶级专政的共和国相区别，而且和“苏联式的、无产阶级专政的”社会主义共和国相区别，原因是这两种模式都不适合中国国情。这可以说是中国特色社会主义萌芽的最初源头。新中国成立后，毛泽东、刘少奇、周恩来、陈云、邓小平等老一辈无产阶级革命家结合我国社会主义建设的实际以及苏联模式暴露的问题，提出大量塑造中国模式的新思想。1949年12月，周恩来在《当前财经形势和新中国经济的几种关系》中提出，新中国要注意处理好左右全局的“六大关系”，包含着城乡结合、工业主导、公私兼顾、劳资两利、调动中央和地方两个积极性等思想。1951年，刘少奇提出，中国社会的矛盾大体可分为“根本敌对的矛盾”和“可以和解的矛盾”。在国营工厂中，阶级矛盾和剥削关系“已经被消灭了，不再存在了”。① 因此，要特别注意处理好干群矛盾、公私矛盾、国家与企业的矛盾。总体来看，新中国的制度模式从一开始就具有创新性。比如，在政治上，把人民代表大会制度确立为中华人民共和国的根本政治制度，制定了中华人民共和国第一部宪法，确立了中国共产党领导的多党合作和政治协商的基本制度，确立了民族区域自治制度和基层群众自治制度。在经济上，通过农业

① 《刘少奇选集》下卷，人民出版社1985年版，第93页。

合作化的方式,实现了对个体农业的社会主义改造;通过手工业合作化的道路,完成对个体手工业的社会主义改造;通过国家资本主义,实现了对资本主义工商业的社会主义改造。20 世纪 50 年代中期,毛泽东发表《论十大关系》和《关于正确处理人民内部矛盾的问题》等著作,总结苏联模式的教训,指出"过去我们就是鉴于他们的经验教训,少走了一些弯路,现在当然更要引以为戒"①。认为苏联和东欧国家"片面地注重重工业,忽视农业和轻工业,因而市场上的货物不够,货币不稳定"②。毛泽东一再强调,我国是一个东方大国,一定要有自己的特点,要打倒奴隶主义,埋葬教条主义,不能千篇一律。毛泽东认识到私营经济在中国存在较长时间的必要性。他认为,"自由市场"与"国家市场"可以"成双成对",上海的地下工厂可以"使它成为地上,合法化,可以雇工"。"可以消灭了资本主义,又搞资本主义。""这叫新经济政策"。③ 刘少奇已经认识到单纯计划经济的局限性。他说:"社会主义经济的特点是有计划性,是计划经济,但是实际社会经济活动包括各行各业、各个方面,有几千种、几万种、几十万种,国家计划不可能计划那么几千、几万、几十万种,只能计划那么多少类,结果就把社会经济生活搞得简单了,呆板了。"④他认为,利用自由市场可以弥补计划经济的不足,可以使社会主义经济既有计划性,又有多样性、灵活性的特点。因此,必须给地方和企业一定的自治权。所有这些思想,都为中国特色社会主义的形成奠定了最初思想基础,尤其弥足珍贵。

现在,经过党的十一届三中全会以来 40 多年的探索发展,中国的发展方式已经走向成熟。中国特色社会主义的独特之处在于:第一,中国共产党的领导是中国特色社会主义的本质特征和最大优势。不搞多党竞选,不搞"三权分立",不搞"两院制",实行人民代表大会制度,坚持中国共产党领导人多党合作和政治协商制度、民族区域自治制度和基层群众自治制度,这不仅与当今

---

① 《毛泽东文集》第七卷,人民出版社 1999 年版,第 23 页。

② 《毛泽东文集》第七卷,人民出版社 1999 年版,第 24 页。

③ 《毛泽东文集》第七卷,人民出版社 1999 年版,第 170 页。

④ 《刘少奇年谱》(1898—1969)下卷,中央文献出版社 1996 年版,第 399 页。

世界资本主义相区别,也与其他社会主义相区别。第二,坚持以人民为中心的发展思想,人民不仅是中国特色社会主义的建设者、依靠者,而且是国家制度的制定者、监督者,利益的创造者、共享者。各种力量同向发力,能够集中力量办大事,这与以资本为主体的“英美模式”“北欧模式”和高度集中的“苏联模式”都截然不同。第三,坚持公有制为主体与多种所有制经济共同发展,按劳分配为主体、多种分配方式并存,社会主义市场经济体制等基本经济制度,把市场决定作用和国家调控作用相结合,提高效率同促进社会公平相结合,坚持独立自主同参与经济全球化相结合,这与“西方教科书”截然不同,在社会主义发展史上也是独一无二的。第四,坚持马克思主义的指导地位,大力弘扬中华优秀传统文化和革命文化的时代价值,同时借鉴世界文明发展中的有益成果,坚持“古为今用、洋为中用、去粗取精、去伪存真”①的原则,融合古今中外,继承与发展相结合,综合创新中国特色社会主义的新文化,这种开放包容的文化制度不仅与西方排斥异己的所谓“普世价值”的文化制度相区别,也与一些国家和民族闭关自守的文化制度相区别。第五,坚持把改革和创新作为发展的根本动力之源,摒弃“弱肉强食”的丛林法则以及“零和博弈”的旧思维,提出构建人类命运共同体倡议,力主求同存异,合作共赢,为世界发展提供中国方案、中国智慧、中国经验,追求自身发展与世界共同发展的统一,这与近代以来西方大国通过殖民主义、掠夺弱小国家而崛起的霸权之路截然不同。第六,立足于中华民族5000多年的文明史,近代以来180余年的斗争史,新中国成立以来70余年的发展史,改革开放以来40余年的探索史,这是世界上任何其他国家所不具有的独特历史环境。正如美国中国问题研究专家戴维·W.张指出的:“中国特色有很多,如人口多、幅员辽阔、物产丰富、可耕地贫乏、生活方式和生活水平低下、饱受贫穷和落后、历史悠久的儒家传统文化、辛亥革命的挑战、苏联经济模式的失败等等。中国很难照搬任何外国的现代化模式,无论是西方的、东欧的,甚至是日本的模式。中国就是中国,她只能走

① 《习近平著作选读》第一卷,人民出版社2023年版,第150页。

自己的路。"①中国共产党领导人民经过近百年的奋斗,实现了"三个伟大飞跃",站在"三个前所未有"的平台上。党的十九届四中全会认为,中国特色的社会主义制度拥有"十三个显著优势",同时对中国特点的制度体系首次集中概括为十三个方面。这一切都说明,"一整套更加成熟、更加定型的制度"已经形成,中国特色社会主义已经走向成熟。

中国方案也得到世界越来越多人的认可。早在 21 世纪初,国外就掀起研究中国发展方式的热潮。有雷默(Joshua Cooper Ramo)"三个定理"的说法,奈斯比特(JohnNaisbitt)"八大支柱"的说法,巴里·诺顿(Barry Naughton)"两个层面"的说法,乔纳森·安德森(Jonathan Anderson)"四件事情"的说法,埃里克·安德森(Eric C. Anderson)"六个因素"的说法,亚历山大·萨利茨基"综合方案"的说法,伯特尔·奥尔曼(B. Ollman)等人"市场社会主义"的说法,等等。② 新加坡东亚研究所所长郑永年指出:"中国模式不仅属于中国历史,也属于世界历史。"③意大利经济学家洛丽塔·纳波利奥尼(Loretta Napoleoni)认为,20 世纪 80 年代以来,改革成为世界性潮流,但在所有的改革中,"中国模式成为最大的赢家"④。

三、中国积极投身新的工业革命

近代以来,工业革命成为推动全球生产力发展的根本动力。迄今为止,人类社会已经历三次工业革命,每一次都把人类的现代化推向一个新的高度。实践表明:谁能抓住工业革命的机遇,谁就在全球发展中处于主动的有利的地

---

① David W. Chang, *China under Deng Xiaoping*: *Political and Economic Reform*, New York:St. Martin's Press,1988,p.266.

② 参见成龙:《国外中国模式研究评析》,人民出版社 2018 年,第 39—53 页。

③ [新加坡]郑永年:《中国模式:经验与困局》,浙江人民出版社 2010 年版,第 1 页。

④ [意]洛丽塔·纳波利奥尼:《中国道路:一位西方学者眼中的中国模式》,孙豫宁译,中信出版社 2013 年版,第 14 页。

位;反之则处于半主动半有利或者完全被动的不利的地位。

(一)马克思和列宁高度重视工业革命

在马克思的文献里,可以发现大量有关工业革命的论述。马克思认为,18世纪的现代技术创新、产业革命的关键环节乃至决定性环节,还是蒸汽机实现的动力机革命,这是更有普遍意义的、历史意义的第二次革命,也是瓦特真正伟大天才之处。他深刻认识到工业革命促进人类文明发展的作用。“自然力的征服,机器的采用,化学在工业和农业中的应用,轮船的行驶,铁路的通行,电报的使用,整个整个大陆的开垦,河川的通航,仿佛用法术从地下呼唤出来的大量人口——过去哪一个世纪料想到在社会劳动里蕴藏有这样的生产力呢?”①

列宁所处的时代是第二次工业革命的后期。列宁深刻认识到工业化的重要性。当时的俄国,虽经彼得大帝的改革有了一定的工业基础,但总体来讲仍是一个落后的农业国家,农业经济几乎占了整个经济的2/3。要使苏维埃政权长存,就必须进行工业化,建立稳固的重工业基础。只有这样,才能在与帝国主义的较量中不落下风。列宁指出:社会主义是以发达的大工业为支撑的,“开发资源、建立社会主义社会的真正的和唯一的基础只有一个,这就是大工业。如果没有资本主义的大工厂,没有高度发达的大工业,那就根本谈不上社会主义,而对于一个农民国家来说就更是如此。”②在共产国际第四次代表大会上,列宁再次指出:工业关系苏维埃能不能生存下去的问题。“没有工业,我们就会灭亡,而不能成为独立国家。”③1920年,列宁亲自领导由200多人组织的专家队伍,花了将近一年的时间,制定了《全俄电气化计划》。列宁高度评价了这个计划,认为可以称之为“第二个党纲”,并在此基础上提出“共产主义就是苏维埃加全国电气化”的著名公式。

---

① 《马克思恩格斯文集》第2卷,人民出版社2009年版,第36页。

② 《列宁全集》第41卷,人民出版社2017年版,第301—302页。

③ 《列宁全集》第43卷,人民出版社2017年版,第286页。

(二)近代以来中国人对工业革命的认识

对工业革命,中国经历了一个从毫无感知到奋力追赶的过程。早在1792年,英国派出马嘎尔尼使团,借给乾隆皇帝祝寿之机,向中国展示第一次工业革命的成果,但中国清朝政府反应迟钝,态度冷淡,以致与第一次工业革命失之交臂。在经历鸦片战争的挫折后,先进的中国人开始进行反思。继魏源、林则徐提出"师夷长技以制夷"的策略,梁廷楠的《海国四说》,姚莹的《康輶纪行》、徐继畬的《瀛寰志略》等著作,更为全面地考察了西方国家的地理、历史、社会、经济和政治状况。19世纪60年代,清政府内部有识之士掀起"洋务运动",仿照西方的工业技术和商业模式,利用官办、官督商办、官商合办等形式发展近代工商业,引进和移植大机器生产和资本主义生产方式,播下了中国工业化的最早种子。之后,康有为和梁启超领导的"维新变法",力主"工商立国",建议开发矿藏,"精机器之工,精运转之路"。同时,设立商务局,派廉洁大臣长于理财者经营其事。"夫富国之法有六:曰钞法,曰铁路,曰机器轮舟,曰开矿,曰铸银,曰邮政。"①孙中山更进一步认识到,中国与西方国家的最大差距在于生产方式的落后。"中国今尚用手工为生产,未入工业革命之第一步,比之欧美已临第二革命者有殊。故于中国两种革命必须同时并举,既废手工采机器,又统一而国有之。于斯际中国正需机器,以营其巨大之农业,以出其丰富之矿产,以建其无数之工厂,以扩张其运输,以发展其公用事业。"②孙中山所著《建国方略》,实际上是一幅全面论证和系统设计的中国工业化蓝图。新中国一成立,中国共产党人就坚定地把实现国家工业化作为长远的奋斗目标。新中国成立不久,20世纪50年代就提出了实现"四个现代化"的奋斗目标。中国制定和顺利完成第一个五年计划,苏联援华建设的156个工业项目,以及相关的配套项目,门类齐全,自成体系,使中国迅速从一个落后的农

① 姜义华、张荣华编校:《康有为全集》第2集,中国人民大学出版社2007年版,第37页。

② 《孙中山选集》上卷,人民出版社2011年版,第223—224页。

业国进入了工业国行列。60年代,“两弹一星”试验成功、第一艘核潜艇下海、大庆油田、“三线”钢铁基地建设取得重大进展,电子工业、石油化工等一批新兴工业建设起来,主要工业产品产量成十倍、上百倍地增长。与此同时,农业生产有了较大的发展,粮食棉花等各类农产品成倍增产,农业机械化有了初步基础。但从总体上看,由于帝国主义长期封锁,中国和西方工业化之间的距离有进一步拉大之势。

(三)中国由“跟跑者”变为“并跑者”和“领跑者”

党的十一届三中全会之后,中国共产党人再次面向世界,深刻审视现代生产力发展的新特点,把创新置于决定国家和民族命运的高度,采取多方面的超越战略,迅速补上自己的短板,取得举世瞩目的成就。在某些领域,我国正在由“跟跑者”变为“并跑者”,甚至是“领跑者”。现在,以新材料技术、基因工程、人工智能、量子技术、核聚变等为代表的第四次工业革命正在叩击中国大门,中国人完全有可能完整地抓住这次工业革命的机遇,引领世界工业革命的步伐,变为世界真正的工业化强国。首先,中国历经第一次工业革命、第二次工业革命和第三次工业革命,既留下了刻骨铭心的历史教训,也积累了奋力赶超的历史经验,深刻体会到积极投身工业革命的重要性,这是中国走向未来最为宝贵的历史财富。其次,党的十八大以来,以习近平同志为核心的党中央,对中国未来的战略目标、发展理念、发展布局、安全保障等问题都做了整体擘画,制定了一系列振兴科技,实现创新发展的战略、规划和制度,奠定了中国赢得未来的重要思想基础和制度基础。再次,中国生产力迅猛发展,国家对创新的高度重视和各类科研人才的培养,能够为未来创新发展提供坚实的物质基础和人才保障。据统计,自2013年以来,我国成为世界第二大研发经费投入国,研发人员总量、发明专利申请量分别连续6年和8年居世界首位。为阻止中国在新工业革命中前进的脚步,以美国为首的西方势力,不择手段地打压中国高科技企业和机构,甚至以“脱钩断链”相威胁。可见,争夺第四次工业革命主导权的斗争,已经到了白热化的程度。只要我们稳住阵脚,沉着应对,从自己的实际出发，抓住核心和关键，“咬定青山不放松”，继续艰苦创业，不懈奋斗，就一定能够披荆斩棘，实现新的跨越发展，夺得这场斗争的胜利。

世界格局的变化和中国自身的发展，都成为产生马克思主义哲学中国化新的飞跃的历史条件。而哲学的创新不仅与时代和社会发展密切相关，而且与创新主体的主观素养有着十分密切的关系。习近平新时代中国特色社会主义思想对马克思主义的哲学创新发挥着不可替代的重要作用，对马克思主义的发展作出巨大的原创性贡献。

党的十八大以来，以习近平同志为核心的党中央，正是在调查研究的基础上，在深刻把握党情、国情、世情的基础上，把马克思主义哲学的基本原理运用于当代中国的实际，在回答中国之问、世界之问、人民之问、时代之问的过程中，创立了以“十个明确”“十四个坚持”“十三个方面成就”为主要内容的习近平新时代中国特色社会主义思想，实现了马克思主义中国化新的飞跃，同时也带来了马克思主义哲学中国化新的飞跃。

第十一章 "六个必须坚持":新的飞跃的世界观和方法论奠基

进入新时代,以习近平同志为核心的党中央,根据当代中国和世界新的实践,在总结马克思主义哲学中国化经验的基础上,提出"六个必须坚持"的世界观和方法论,不断谱写马克思主义中国化时代化新篇章,继续推进实践基础上的理论创新,开辟马克思主义哲学中国化时代化新境界。"六个必须坚持"是相互联系的有机整体,彰显了中国共产党人思维的人民性、自主性、辩证性、实践性、整体性、广阔性等特点①,体现了新时代中国共产党人的立场、观点和方法。

一、"必须坚持人民至上"的基本立场

"必须坚持人民至上",这不仅是马克思主义哲学的本质属性,也是中国共产党人的根本立场和初心使命的体现,更是新时代中国共产党全面推进理论创新和哲学创新的基本出发点。立场错了,就可能南辕北辙,犯颠覆性错误。因而"必须坚持人民至上"在"六个必须坚持"中占据首要位置。

(一)马克思主义哲学的本质属性

马克思主义哲学一开始就是面向工人阶级的,这是其鲜明的阶级立场,也

① 参见成龙:《"六个必须坚持"的内在逻辑》,《求索》2023年第4期。

是它与以往的一切旧哲学的本质区别之一。根据唯物史观,劳动是人类社会存在和发展的根本前提。马克思指出:“任何一个民族,如果停止劳动,不用说一年,就是几个星期,也要灭亡。”①而人民群众是劳动的主体,生产力的发展,精神财富的创造,上层建筑的革新,社会形态的更替,都应该归功于人民群众的历史活动。劳动本来是人的自由自觉的活动,但在资本主义制度下却变成一种被迫的谋生手段。一旦停止强制,工人就会像逃避瘟疫一样逃避劳动。劳动为富人创造了“奇迹”“宫殿”“美”和“智慧”,但为工人生产了“赤贫”“棚舍”“畸形”“愚钝”和“痴呆”。马克思把资产阶级的国家称为“虚假共同体”,所谓“自由、平等、博爱”也只是资产阶级所标榜的意识形态。正如恩格斯所揭示的:“工人比起资产阶级来,说的是另一种方言,有不同的思想和观念,不同的习俗和道德原则,不同的宗教和政治。这是两种完全不同的人,他们彼此是这样地不同,好像他们属于不同的种族。”②共产党作为工人阶级的先锋队组织,其目的就是要推翻资产阶级的统治,夺取政权,对社会进行整体改造,使人民群众成为管理国家、管理劳动的真正主人,最终实现全人类解放。

(二)中国共产党人的根本宗旨

“必须坚持人民至上”,体现了中国共产党人的根本宗旨。中国共产党是以马列主义为理论武装的新型政党,从成立的那天就担负起为中国人民谋幸福、为中华民族谋复兴的历史使命。早在新民主主义革命时期,毛泽东就为我们党制定了“全心全意为人民服务”的宗旨,认为只有人民才是创造世界历史的动力。他反复强调,“应该深刻地注意群众生活的问题,从土地、劳动问题,到柴米油盐问题”,“一切这些群众生活上的问题,都应该把它提到自己的议事日程上”。③ 新中国成立之初,国家机构的设置大都冠以“人民”二字。如政府是“人民政府”、最高权力机构是“全国人民代表大会”、协商机构称为“中

① 《马克思恩格斯文集》第10卷,人民出版社2009年版,第289页。

② 《马克思恩格斯文集》第1卷,人民出版社2009年版,第437—438页。

③ 《毛泽东选集》第一卷,人民出版社1991年版,第138页。

国人民政治协商会议”，法院、检察院称为“人民法院”“人民检察院”，等等，突出反映了新中国的群众性、人民性。党的八大正确地把国内的主要矛盾定义为人民对于经济文化迅速发展的需要同当前经济文化不能满足人民需要的状况之间的矛盾，并把集中力量解决这个矛盾作为党和国家的主要任务。这一认识也充分体现出中国共产党时刻把人民利益放在首要位置。

从党的十一届三中全会开始，以邓小平同志为主要代表的中国共产党人重新认识社会主要矛盾，制定了“三步走”的发展战略，把人民的“温饱”“小康”“富裕”作为头等大事来抓，并且一再强调，改革要尊重群众首创精神，注意集中群众智慧，把人民群众拥护不拥护、赞成不赞成、高兴不高兴、答应不答应作为制定各项方针政策的出发点，作为判断各项工作成败得失的基本标准。进入新世纪，以江泽民同志为主要代表的中国共产党人提出“三个代表”重要思想，其中“始终代表最广大人民的根本利益”是“三个代表”重要思想的根本出发点和落脚点。以胡锦涛同志为主要代表的中国共产党人提出科学发展观，其核心是“以人为本”。这里的“人”当然是中国最广大的人民群众。

进入新时代以来，以习近平同志为核心的党中央坚持以人民为中心的发展思想，坚持党的性质和宗旨的高度统一，不忘初心、牢记使命，出台中央八项规定，严厉整治“四风”，坚持反腐败无禁区、全覆盖、零容忍，坚定不移“打虎”“拍蝇”“猎狐”，不允许任何人以任何名义削弱或侵害人民的权利和利益。同时，着力推进全面深化改革，解决体制机制上的顽瘴痼疾，推出一系列改革举措。着力解决群众急难愁盼问题，在发展中保障和改善民生，在进一步全面深化改革中增进民生福祉。

随着我国综合国力的提高，人民对美好生活的需要日益广泛，不仅对物质文化生活提出了更高要求，而且在民主、法治、公平、正义、安全、环境等方面的要求日益增长。然而，相对于人民需要层次的提高，我们的发展还不够平衡不够充分。“不平衡”突出表现为城乡之间、区域之间、经济社会之间、人与自然之间、内外资源利用之间的不平衡；“不充分”突出表现为生产力发展不充分，体制机制发展不充分。党的十九大正是根据新时代我国社会发展的新特征，紧扣社会主要矛盾的新变化,统筹推进经济建设、政治建设、文化建设、社会建设、生态文明建设,全面建成小康社会、实现第一个百年奋斗目标,同时又要乘势而上开启全面建设社会主义现代化国家新征程,向第二个百年奋斗目标进军。

党的二十大报告指出:“一切脱离人民的理论都是苍白无力的,一切不为人民造福的理论都是没有生命力的。我们要站稳人民立场、把握人民愿望、尊重人民创造、集中人民智慧,形成为人民所喜爱、所认同、所拥有的理论,使之成为指导人民认识世界和改造世界的强大思想武器。”①这段论述,正是对中国共产党根本宗旨和初心使命的总概括。中国共产党为人民利益而生,一旦脱离人民就失去了自身存在的合法性。

(三)新时代推进理论创新的价值目标

党的二十大报告指出:“人民性是马克思主义的本质属性,党的理论是来自人民、为了人民、造福人民的理论,人民的创造性实践是理论创新的不竭源泉。”②鲜明指出了新时代理论创新的马克思主义立场。习近平总书记结合当代中国实践,对新时代如何坚持人民至上,提出精辟论述。

1.“坚持人民至上”不是抽象玄奥的理念。发展为了人民,这是中国特色社会主义本质特征的体现。根据《中华人民共和国宪法》,党和政府的一切权力都来自人民。习近平总书记一再强调,“人民群众关心的问题是什么?是食品安不安全、暖气热不热、雾霾能不能少一点、河湖能不能清一点、垃圾焚烧能不能不有损健康、养老服务顺不顺心、能不能租得起或买得起住房,等等。”③

---

①　习近平:《高举中国特色社会主义伟大旗帜　为全面建设社会主义现代化国家而团结奋斗——在中国共产党第二十次全国代表大会上的报告》,人民出版社 2022 年版,第 19 页。

②　习近平:《高举中国特色社会主义伟大旗帜　为全面建设社会主义现代化国家而团结奋斗——在中国共产党第二十次全国代表大会上的报告》,人民出版社 2022 年版,第 19 页。

③　《习近平关于社会主义社会建设论述摘编》,中央文献出版社 2017 年版,第 18—19 页。

"全党同志要把人民放在心中最高位置,坚持全心全意为人民服务的根本宗旨,实现好、维护好、发展好最广大人民根本利益,把人民拥护不拥护、赞成不赞成、高兴不高兴、答应不答应作为衡量一切工作得失的根本标准,使我们党始终拥有不竭的力量源泉。"①为人民服务不是抽象的,不只说在嘴上,而是要从群众的切身利益做起,想群众之所想、急群众之所急、解群众之所困,在学有所教、劳有所得、病有所医、老有所养、住有所居上持续取得新进展。

2. 发挥人民首创精神,紧紧依靠人民推进改革。中国特色社会主义是人民群众自己的事业。2013 年 11 月 12 日,在中共十八届三中全会第二次全体会议上的讲话中,习近平总书记指出:"全会决定归纳了改革开放积累的宝贵经验,其中很重要的一条就是强调必须坚持以人为本,尊重人民主体地位,发挥群众首创精神,紧紧依靠人民推动改革。"改革开放以来,正是依靠人民的合力,发挥人民首创精神,才推动了改革开放的不断深化。当前,我们已经全面建成小康社会,如期实现第一个百年奋斗目标,全面开启了第二个百年奋斗目标新征程。只有密切党群、干群关系,保持同人民群众的血肉联系,我们的事业才能无往而不胜。"如果我们脱离群众、失去人民拥护和支持,最终也会走向失败。"②因此,必须与人民群众心连心、同呼吸、共命运。把人民群众作为推进发展的主心骨,始终相信群众,紧密联系群众,坚持问政于民、问需于民、问计于民,广泛听取基层和群众意见,做到谋划发展思路向人民群众问计,查找发展中的问题听取人民群众意见,改进发展措施向人民群众请教,落实发展任务依靠人民群众努力。从人民伟大实践中汲取智慧和力量,办好顺民意、解民忧、惠民生的实事,纠正损害群众利益的行为。善于从人民群众的创造性实践中总结发展经验,不断提炼升华,努力形成可复制、可推广的经验。

---

① 习近平:《在庆祝中国共产党成立 95 周年大会上的讲话》,《人民日报》2016 年 7 月 2 日。

② 中共中央文献研究室编:《十八大以来重要文献选编》(上),中央文献出版社 2014 年版,第 81 页。

3. 坚持人民利益，确保在共建中实现共享。发展成果由人民共享，这是由共产党的本质属性决定的。习近平总书记指出：“全心全意为人民服务，是我们党一切行动的根本出发点和落脚点，是我们党区别于其他一切政党的根本标志。党的一切工作，必须以最广大人民根本利益为最高标准。检验我们一切工作的成效，最终都要看人民是否真正得到了实惠，人民生活是否真正得到了改善，人民权益是否真正得到了保障。”①成果共享包含人民对经济快速发展带来的不断增长的财富的共享和每个社会成员自身发展机会和发展权利的共享。“以人民为中心的发展思想，不是一个抽象的、玄奥的概念，不能只停留在口头上、止步于思想环节，而要体现在经济社会发展各个环节。要坚持人民主体地位，顺应人民群众对美好生活的向往，不断实现好、维护好、发展好最广大人民根本利益”。② 那么，怎样实现好、维护好、发展好广大人民根本利益呢？应该从老百姓最关心、最切近的生活做起。“民生工作离老百姓最近，同老百姓生活最密切。要持之以恒把民生工作抓好，发扬钉钉子精神，有坚持不懈的韧劲……一年接着一年干，锲而不舍向前走，做到件件有着落、事事有回音，让群众看到变化、得到实惠。”③

4. 要健全人民当家作主的制度体系。通过法律保障人民群众的各项民主权利，发挥人民群众从事国家和社会事务管理的积极性和创造性。习近平总书记指出：民主不是装饰品，一个国家民主不民主，关键在于是不是真正做到了人民当家作主。“如果人民只有在投票时被唤醒、投票后就进入休眠期，只有竞选时聆听天花乱坠的口号、竞选后就毫无发言权，只有拉票时受宠、选举后就被冷落，这样的民主不是真正的民主。”④

---

① 中共中央文献研究室编：《十八大以来重要文献选编》（上），中央文献出版社 2014 年版，第 697—698 页。

② 《习近平谈治国理政》第二卷，外文出版社 2017 年版，第 213—214 页。

③ 《习近平谈治国理政》第二卷，外文出版社 2017 年版，第 361 页。

④ 《习近平谈治国理政》第四卷，外文出版社 2022 年版，第 259 页。

二、“必须坚持自信自立”的主体精神

马克思主义哲学的根本使命是“改变世界”,“改变世界”首先要求作为变革主体的无产阶级具有坚定的信念和独立分析周围事物、作出正确判断的能力。中国共产党人正是因为“自信自立”才战胜一个又一个艰难险阻,取得革命、建设和改革开放的伟大成就。同样的,全面推进中国式现代化也需要“自信自立”的精神。在“六个必须坚持”中,“自立自信”是另一个前提性要求。只有坚持“自信自立”,才能正确面对客观现实问题。

(一)马克思主义哲学的主体前提

马克思主义哲学不同于以往的一切旧哲学的根本之点就在于面向世界、改变世界。马克思主义哲学认为,人类正是通过主体实践活动,不断将“自在之物”变为“为我之物”,由此“炼出新的品质,通过生产而发展和改造着自身,造成新的力量和新的观念,造成新的交往方式,新的需要和新的语言”。① 改变世界是一个无限复杂的过程,作为实践主体的人,必须具有认识世界,作出某种判断的能力。如果对事物缺乏基本的“自信自立”,什么事情都刻舟求剑、照抄照搬,必然脱离实际,造成不良后果。而“自信自立”来自对事物本质的清晰认识和准确判断。

19 世纪 40 年代,马克思主义一诞生,就遭到资产阶级的各种诬蔑和攻击。“为了对这个幽灵进行神圣的围剿,旧欧洲的一切势力,教皇和沙皇、梅特涅和基佐、法国的激进派和德国的警察,都联合起来了。”②恩格斯说过,马克思是世界上最遭嫉恨和最受污蔑的人,各国的反动派都竞相驱逐他、诽谤他、诅咒他。但马克思总是以满腔的热情和坚韧不拔的毅力投入战斗。马克

① 《马克思恩格斯全集》第 46 卷(上),人民出版社 1979 年版,第 494 页。

② 《马克思恩格斯文集》第 2 卷,人民出版社 2009 年版,第 30 页。

思的自信自立正是源于他对历史发展规律的深刻认识。正如恩格斯所指出的,“马克思发现了人类历史的发展规律,即历来为繁芜丛杂的意识形态所掩盖着的一个简单事实。”①

20世纪初,列宁将马克思主义的一般辩证法运用于分析俄国的特殊实际,领导俄国布尔什维克党,突破帝国主义的东方战线,取得十月革命的胜利,建立了世界上第一个社会主义国家。列宁说:“世界不会满足人,人决心以自己的行动来改变世界。”②列宁在与修正主义、折衷主义、唯心主义的斗争中,捍卫了马克思主义的唯物主义世界观,取得三年卫国战争的胜利,表现出战斗唯物主义者自信自立的坚定姿态。

近代以来,中国遭受帝国主义列强的侵略,中国人深刻认识到文化创新、哲学创新的重要性。但在如何创新的问题上,有“全盘西化论”“儒学复古论”等种种论调,这些都是缺乏自信自立的表现。习近平总书记一再强调,要自觉把握历史主动。党的二十大报告指出:“既不能刻舟求剑、封闭僵化,也不能照抄照搬、食洋不化。”③这显然是对历史经验的总结。“必须坚持自信自立”,点出了中国共产党人与马克思主义哲学在历史主体性上的契合一致。

(二)中国共产党人不断走向成功的主体因素

党的百年奋斗成功道路是党领导人民独立自主探索开辟出来的。自信自立是其中重要的主体因素。

面对蒋介石屠杀共产党人的腥风血雨,共产党带领人民创建人民军队,建立红色政权,开辟以农村包围城市、武装夺取政权的中国革命道路。第五次反“围剿”失败后,中国共产党又带领红军爬雪山、过草地,成功粉碎国民党的围

---

① 《马克思恩格斯文集》第3卷,人民出版社2009年版,第601页。

② 《列宁全集》第55卷,人民出版社2017年版,第183页。

③ 习近平:《高举中国特色社会主义伟大旗帜 为全面建设社会主义现代化国家而团结奋斗——在中国共产党第二十次全国代表大会上的报告》,人民出版社2022年版,第19页。

追堵截,胜利到达陕北,迎来革命的新高潮。面对日本帝国主义的侵略,中国共产党人建立广泛的抗日统一战线,取得抗日战争的胜利。在解放战争中,战胜数倍于己的国民党反动派,迎来新中国的壮丽日出。新中国成立初期,中国共产党人在新中国百废待兴之际,为保家卫国毅然和美帝国主义进行殊死搏斗,取得抗美援朝的胜利。在建设道路上,勇于突破苏联模式的束缚,独立自主地探索中国的现代化道路。即便出现问题,也能够正确面对,重新回到以经济建设为中心的轨道上,实行改革开放,成功开辟了中国特色社会主义的道路。

邓小平一再指出:毛泽东同志倡导的作风,实事求是,群众路线,独立自主是最为重要的。在会见加拿大前总理特鲁多时,邓小平指出:“要求全世界所有国家都照搬美、英、法的模式是办不到的。……中华人民共和国不会向美国学习资本主义制度”。① 在南方谈话中,他更是告诫全党,“一个中心,两个基本点”的“基本路线要管一百年,动摇不得。”②这突出反映了中国共产党人的自信和自立。

党的二十大报告指出:“马克思主义的中国篇章是中国共产党人依靠自身力量实践出来的,贯穿其中的一个基本点就是中国的问题必须从中国基本国情出发,由中国人自己来解答。”③这段论述,揭示了中国共产党人坚持自信自立的思想实质。

(三)新时代推进哲学创新的主体要求

“自信自立”是对实践主体的一种素质要求。党的十八大以来,习近平总书记高度重视党员领导干部主体精神的培育。认为党员领导干部队伍中,确

---

① 《邓小平文选》第三卷,人民出版社 1993 年版,第 359—360 页。

② 《邓小平文选》第三卷,人民出版社 1993 年版,第 370—371 页。

③ 习近平:《高举中国特色社会主义伟大旗帜　为全面建设社会主义现代化国家而团结奋斗——在中国共产党第二十次全国代表大会上的报告》,人民出版社 2022 年版,第 19 页。

实存在信念不足的问题。主要有三个方面:

一是少数同志“真经”没念好,总想着到“西天取经”。有的同志看不清西方“普世价值”暗藏的玄机,“认为西方‘普世价值’经过了几百年,为什么不能认同?西方一些政治话语为什么不能借用?接受了我们也不会有什么大的损失,为什么非要拧着来?有的人奉西方理论、西方话语为金科玉律,不知不觉成了西方资本主义意识形态的吹鼓手。”①有的人鼓吹马克思主义“过时论”,认为中国现在搞的不是马克思主义,而是“新自由主义”“实用主义”“民族主义”“新权威主义”。在一些地方,马克思主义被边缘化、空泛化、标签化,在一些学科中“失语”,在教材中“失踪”,在论坛上“失声”。②

二是“集成”“总装”“创新”“特色”成果不多。我国虽然是哲学社会科学大国,研究队伍、论文数量、政府投入等在世界上都是排在前面的,“但目前在学术命题、学术思想、学术观点、学术标准、学术话语上的能力和水平同我国综合国力和国际地位还不太相称。”③比如,在批判的基础上加以创新,体现中国特色、发出中国声音方面仍有不足;存在着简单延续历史文化母版,套用经典作家模板,照搬其他国家实践,移植国外现代化模式的现象,缺少应有的创新;一些学科设置同我国社会发展联系不够紧密,学科体系不够健全,新兴学科、交叉学科建设比较薄弱,教材体系建设上不去。“一切刻舟求剑、照猫画虎、生搬硬套、依样画葫芦的做法都是无济于事的。”④

三是“先天不足”和“教学倒挂”现象存在。有一些从事马克思主义教育的年轻教师属于从“学校门”到“学校门”,参加工作后又没有经历过实践锻炼,受条件限制也很少有机会进行系统培训,以致对理论和实践的修养都得不

---

① 习近平:《在全国党校工作会议上的讲话》,人民出版社 2016 年版,第 8 页。

② 习近平:《在哲学社会科学工作座谈会上的讲话》,人民出版社 2016 年版,第 10 页。

③ 习近平:《在哲学社会科学工作座谈会上的讲话》,人民出版社 2016 年版,第 15 页。

④ 习近平:《在哲学社会科学工作座谈会上的讲话》,人民出版社 2016 年版,第 22 页。

到及时提升,科研能力还有一定差距,课堂说服力不强。还有的教师经历和阅历等方面甚至赶不上学员。“有人说,没当过领导的在给领导干部讲领导艺术,没出过国的在给经常出国的人讲国外经验,没经历复杂环境考验的在帮助每天同各类矛盾打交道的人出主意解难题。”①还有的同志从事教育教学的工作理念、方式、手段不能与时俱进,运用现代化教学手段的能力还不够强。面对受众阅读习惯和信息需求的深刻变化,在理论宣传方面依然遵循着老办法、老调调、老习惯,表达方式呆板单调,感染力不强,回应能力不足,存在受众不爱看、不爱听的问题,时效性、针对性、可读性有待增强。

那么,怎样才能改变上述的问题,做到自信自立呢?对此,习近平总书记从多维度做了重要论述。

一要读原著、学原文、悟原理,下一番真功夫。研读经典著作是系统掌握马克思主义原理的基本渠道。马克思主义经典著作,包含着经典作家所汲取的人类探索真理的丰富思想成果,体现着经典作家的政治立场、政治信仰和献身共产主义事业的品格。习近平总书记强调:“对马克思主义经典著作的学习研究,开出基本书目,引导学员读原著、学原文、悟原理,特别是要理解其中包含的马克思主义立场、观点、方法,不要浅尝辄止②。通过有计划有重点地研读原著,从根本上了解和信服马克思主义的真理性,坚定理想信念;从根本上把握马克思主义的世界观和方法论,坚定政治立场和党性原则;从根本上认识马克思主义的发展进程及其基本理论与创新理论的相互关系,做到在继承中坚持、在坚持中发展、在发展中创新,做到“学而信、学而用、学而行”。

二要多搞“集成”和“总装”,多搞“自主创新”和“综合创新”,为建设具有中国特色、中国风格、中国气派的哲学社会科学体系作出贡献。要按照立足中国、借鉴国外,挖掘历史、把握当代,关怀人类、面向未来的思路,着力构建中国特色社会科学,在指导思想、学科体系、学术体系、话语体系等方面充分体现中

① 习近平:《在全国党校工作会议上的讲话》,人民出版社 2016 年版,第 23 页。

② 习近平:《在全国党校工作会议上的讲话》,人民出版社 2016 年版,第 16 页。

国特色、中国风格、中国气派。

三要紧紧针对现实问题,充分发挥马克思主义理论教育的功能。“理论只要彻底,就能说服人。”加强马克思主义教育,一定要有的放矢,坚持问题导向,注重回答人们普遍关注的问题,解开思想疙瘩,反对主观主义、教条主义、形式主义,防止空对空、两张皮。“发展21世纪马克思主义、当代中国马克思主义,必须立足中国、放眼世界,保持与时俱进的理论品格,深刻认识马克思主义的时代意义和现实意义。”①

三、“必须坚持守正创新”的科学态度

“必须坚持守正创新”不仅是对马克思主义唯物辩证法的继承发展,也是对中国共产党人思维传统的集中体现,更是新时代中国共产党人基础性的工作方法和思想方法,是推进哲学创新必须坚持的科学态度。

(一)马克思主义哲学的思维方式

唯物辩证法是与形而上学相对立的思维方式。形而上学对事物采取固定的、僵硬的、一成不变的态度。“他们在绝对不相容的对立中思维;他们的说法是:‘是就是,不是就不是;除此以外,都是鬼话’。”②相反,唯物辩证法则采取另外一种态度。“辩证法在考察事物及其在观念上的反映时,本质上是从它们的联系、它们的联结、它们的运动、它们的产生和消逝方面去考察的。”③事物处在永无止境的发展之中,发展是“克服”和“保留”的统一,是“扬弃”。

恩格斯批评费尔巴哈对黑格尔哲学采取形而上学的态度,把澡盆里的“婴儿”连同“脏水”一起倒掉了。与此相反,马克思主义哲学则对包括黑格尔和费尔巴哈在内的一切旧哲学采取了“扬弃”的态度,实现了唯物论和辩证法

① 《习近平谈治国理政》第二卷,外文出版社2017年版,第65页。

② 《马克思恩格斯文集》第9卷,人民出版社2009年版,第24页。

③ 《马克思恩格斯文集》第9卷,人民出版社2009年版,第25页。

的结合,成为超越旧哲学的新哲学。不仅如此,马克思还认为,人类社会的发展也是在“克服”和“保留”中进行的。每一代人都是因为得到前一代人的生产力而向前发展的。“后来的每一代人都得到前一代人已经取得的生产力并当做原料来为自己新的生产服务,由于这一简单的事实,就形成人们的历史中的联系。”①生产力是如此,交往形式也是如此。为了保留既有的文明成果,当交往方式不再适合于生产力的发展时,就不得不改变他们继承下来的一切社会形式。

马克思和恩格斯对他们自己的观点也采取辩证的态度。就在《共产党宣言》发表25年后,当他们再度回顾这个宣言时,他们一方面充分肯定《宣言》所阐述的一般原理,另一方面又认为“第二章末尾提出的那些革命措施根本没有特别的意义”②。晚年恩格斯一再指出:我们的理论是行动的指南,而不是教条。这种观点被毛泽东概括为“一分为二”,既看到其正确的、可以采纳、借鉴、保留的方面,也要分清其错误的、不可接受的、必须加以批判的方面。

“守正创新”正是对唯物辩证法科学态度的概括。党的二十大报告指出:“我们从事的是前无古人的伟大事业,守正才能不迷失方向、不犯颠覆性错误,创新才能把握时代、引领时代。”③守正创新是马克思主义哲学的基本方法。只有“守正”,才能继承前人,以之作为创新的基础;只有“创新”,才能发展前人,以之完成前人的使命。“必须坚持守正创新”点出了党的创新理论、创新哲学与马克思主义哲学在科学态度上的内在联系。

(二)中国共产党人的思维传统

“守正创新”是中国共产党人的思维传统。民主革命时期,毛泽东针对教

---

① 《马克思恩格斯文集》第10卷,人民出版社2009年版,第43页。

② 《马克思恩格斯文集》第2卷,人民出版社2009年版,第5页。

③ 习近平:《高举中国特色社会主义伟大旗帜 为全面建设社会主义现代化国家而团结奋斗——在中国共产党第二十次全国代表大会上的报告》,人民出版社2022年版,第20页。

条主义的态度，要求共产党人树立“实事求是”的态度。不是为着“本本”，而是解决革命的具体问题找立场、观点和方法。凭借这种实事求是的态度，他创造性地提出中国新民主主义革命的理论，开辟了既不同于法国巴黎公社又不同于俄国的中国革命道路。

在社会主义建设时期，在探索中国现代化道路的过程中，毛泽东一再告诫人们：共产党人要独立思考，不走苏联模式的老路，大胆创新。在与来访的非洲客人谈话时，他指出：马列主义的基本原理至今未变，但个别结论是可以改变的。“马列主义有关实用的部分，现在有些已不适用了。”①

在改革开放的新时期，邓小平反复强调：“解放思想，就是要运用马列主义、毛泽东思想的基本原理，研究新情况，解决新问题。”要做到实事求是，首先要解放思想。只有思想解放了，才能做到实事求是，才能纠正过去的错误，大胆创新。我们党正是秉持唯物辩证法，突破“两个凡是”的教条，拨乱反正，正确处理各种遗留问题。既坚持改革开放，又坚持“四项基本原则”；既坚持毛泽东思想，又纠正晚年毛泽东的错误；既学习和借鉴世界先进文明成果，又不走资本主义道路。“我们改革开放的成功，不是靠本本，而是靠实践，靠实事求是。”②江泽民指出，“坚持党的思想路线，解放思想、实事求是、与时俱进，是我们党坚持先进性和增强创造力的决定性因素。”③胡锦涛强调把“坚持解放思想、实事求是、与时俱进，以科学态度对待马克思主义，用发展着的马克思主义指导新的实践”作为我们保持和发展马克思主义政党先进性的根本点。

中国共产党人是坚持守正创新的典范。“守正”和“创新”是一个事物的两个方面。“守正”是基础，“创新”是目的。不坚持“守正”就可能失去发展的基础，而不坚持“创新”就可能因循守旧，错失发展的机遇。“守正创新”坚持了事物发展的辩证法。党的二十大把“守正创新”上升到世界观和方法论的高度，这是对中国共产党人实事求是世界观和方法论的继承发展，也是对中

---

① 《毛泽东文集》第八卷，人民出版社 1999 年版，第 4 页。

② 《邓小平文选》第三卷，人民出版社 1993 年版，第 382 页。

③ 《江泽民文选》第三卷，人民出版社 2006 年版，第 537 页。

国共产党人历史经验的系统总结。

(三)新时代推进中国式现代化的辩证方法

中国式现代化不是从天上掉下来的,而是党领导人民百年不懈奋斗探索出来的。全面推进中国式现代化,首先需要"守正",然后才能"创新"。党的十八大以来,以习近平同志为核心的党中央正是根据新的形势和任务,守正创新,提出一系列新理念新思想新战略,创新和发展了中国式现代化的理论。

一是在改革开放初期"三步走"战略目标解决人民温饱问题、人民生活总体小康的目标提前实现的基础上,明确了从2020年到本世纪中叶的"两阶段"奋斗目标。第一阶段,从2020年到2035年,在全面建成小康社会的基础上,再奋斗15年,基本实现社会主义现代化。第二阶段,从2035年到本世纪中叶,在基本实现现代化的基础上,再奋斗15年,把我国建成富强民主文明和谐美丽的社会主义现代化强国。这实际上就是在党的十六大、十七大、十八大的基础上,根据我国发展实际,对"三步走"发展战略的调整,把"基本实现现代化"的目标提前了15年,同时又明确提出了建成"社会主义现代化强国"的目标。

二是提出"创新、协调、绿色、开放、共享"的新发展理念。新发展理念所呈现的,本质上是一种创新发展、还原发展、保质发展、平衡发展、普惠发展、精准发展的发展观。其中,创新是引领发展的第一动力,协调是持续健康发展的内在要求,绿色是永续发展的必要条件,开放是国家繁荣发展的必由之路,共享是中国特色社会主义的本质要求。五大发展理念紧密联系、层层递进、交相辉映,是关系我国现代化发展全局的思想理念的深刻变革。党的二十大报告进一步指出:"必须完整、准确、全面贯彻新发展理念",并且对如何贯彻新发展理念作出战略安排,要求构建高水平社会主义市场经济体制,建设现代化产业体系,全面推进乡村振兴,促进区域协调发展,推进高水平对外开放。

三是提出统筹推进"五位一体"总体布局、协调推进"四个全面"战略布局,实现了总体布局和战略布局的结合,"战略布局"服从于"总体布局",是为深化“总体布局”服务的。实现两大布局的结合，通过全面深化改革，“构建系统完备、科学规范、运行高效的党和国家机构职能体系，形成总揽全局、协调各方的党的领导体系，职责明确、依法行政的政府治理体系；中国特色、世界一流的武装力量体系，联系广泛、服务群众的群团工作体系。”①“五位一体”总体布局强调的是中国现代化的全面性、系统性、整体性，“四个全面”战略布局则强调的是中国现代化的深刻性、艰巨性、长远性。“战略布局”和“总体布局”一起，成为整体推进中国特色社会主义现代化的最新战略安排。

四是提出总体国家安全观和军队现代化改革的新思想。强调要以人民安全为宗旨，以政治安全为根本，以经济安全为基础，以军事、文化、社会安全为保障，以促进国际安全为依托，维护各领域国家安全，构建国家安全体系，走中国特色的国家安全道路。同时，根据总体国家安全观的要求，构建集政治安全、国土安全、军事安全、经济安全、文化安全、社会安全、科技安全、信息安全、生态安全、资源安全、核安全于一体的国家安全体系，推动军队国防现代化改革，努力建设一支听党指挥、能打胜仗、作风优良的人民军队，“把人民军队全面建成世界一流军队”②。党的二十大进一步提出，要健全国家安全体系，增强维护国家安全能力，提高公共安全治理水平，完善社会治理体系。习近平总书记一系列重要论述，为中国式现代化建设创造和平安定的环境提供了新的理论和实践依据，丰富和发展了国家安全的内涵和外延，成为指导新时代国家安全工作的指导方针。

五是着眼于通过全面深化改革，建立健全体制机制来保证党的领导。明确坚持党总揽全局、协调各方的领导核心地位；健全党中央实行全面领导的体制机制；强调严格执行向党中央请示报告的制度；深化党和国家机构改革，推进国家治理体系和治理能力现代化。健全党统一领导、全面覆盖、权威高效的监督体系，完善权力配置和运行制约机制。“要以党内监督为主导，推动人大

① 《习近平谈治国理政》第三卷，外文出版社2020年版，第168—169页。

② 《习近平谈治国理政》第三卷，外文出版社2020年版，第384页。

监督、民主监督、行政监督、司法监督、审计监督、财会监督、统计监督、群众监督、舆论监督有机贯通、相互协调。”①促进各类监督贯通协调，让权力在阳光下运行。

四、“必须坚持问题导向”的使命追求

马克思主义哲学本质上是关于问题的哲学。为了解决问题，就必须去分析、批判、反思，形成关于问题的世界观、历史观、价值观、认识论和方法论。中国共产党人正是在解决中国革命、建设和改革开放实践问题的过程中，形成了毛泽东思想、邓小平理论、“三个代表”重要思想、科学发展观和习近平新时代中国特色社会主义思想。新时代推进哲学创新仍需坚持问题思维的方法。

（一）马克思主义哲学的根本观点

马克思主义哲学和一切旧哲学不同的地方，正在于他面向现实，解决现实的问题。他关心的是现实人的现实问题，而现实的问题是由现实的实践引发的，实践的面向不同，产生的问题也不同，而对问题的分析和解决构成人们关于事物的认识论。

实践无止境，问题无止境，人们的认识也无止境。直面现实，反思历史，在批判中总结经验，揭示本质，澄清谬误，发现真理，这是问题发现的基本形式。马克思说：“问题就是公开的、无畏的、左右一切个人的时代声音。问题就是时代的口号，是它表现自己精神状态的最实际的呼声。”②

在各种问题中，时代问题是关系全局的根本性问题，它反映历史发展的总体趋势，不因个别人、个别群体、个别集团的意志为转移。正如孙中山所说：“世界潮流，浩浩荡荡，顺之则昌，逆之则亡。”作为时代口号的时代主题，影响

---

① 《习近平谈治国理政》第三卷，外文出版社2020年版，第549页。

② 《马克思恩格斯全集》第40卷，人民出版社1982年版，第289—290页。

着该时代一切问题的性质和发展方向,马克思指出:“这是一种普照的光,它掩盖了一切其他色彩,改变着它们的特点。”①只有代表时代发展趋势的政治力量才可能把它公开地无畏地写在自己的纲领上。

时代问题的解决是有条件的,世界上没有万能钥匙,每一时代的人们只能解决自己时代的问题。“人类始终只提出自己能够解决的任务,因为只要仔细考察就可以发现,任务本身,只有在解决它的物质条件已经存在或者至少是在生成过程中的时候,才会产生。”②问题不是凭空产生的,也不是凭空能够解决的。宋代哲学家朱熹有诗写道:“昨夜江边春水生,蒙冲巨舰一毛轻。向来枉费推移力,此日中流自在行。”这就是说,条件具备时,“蒙冲巨舰”也是“一毛轻”,但若条件不具备,都是“枉费推移力”。

马克思主义哲学的本质在于改变世界,而改变世界要从具体的问题出发。不同时代人们所面临的问题不同,因而必须采取的战略策略也不同。“必须坚持问题导向”,鲜明指出了党的创新理论与马克思主义哲学在出发点上的共同点。

(二)中国共产党人一以贯之的思想传统

“必须坚持问题意识”是中国共产党人的思想基点。面对问题,分析问题,解决问题,这是中国共产党人改变世界的基本途径。中国共产党的早期领导人李大钊在20世纪20年代就碰到“问题与主义”的论战。有人说:少谈点主义,多研究几个问题。李大钊回答说:“问题”与“主义”并不矛盾,而且,问题的解决正是以“主义”的存在为前提的,二者交相为用、并行不悖。马克思的唯物史观是对问题进行“根本解决”的“主义”。

问题有不同领域的问题,有不同层次的问题,有宏观的大局的问题,也有微观的具体的问题。一方面,毛泽东强调解决具体问题的重要性。毛泽东形

---

① 《马克思恩格斯文集》第8卷,人民出版社2009年版,第31页。

② 《马克思恩格斯文集》第2卷,人民出版社2009年版,第592页。

象地把任务和方法之间的关系,比喻为过河的问题。“我们的任务是过河,但是没有桥或没有船就不能过。不解决桥或船的问题,过河就是一句空话。”① 革命者要从解决具体的问题入手。“我们应该深刻地注意群众生活的问题,从土地、劳动问题,到柴米油盐问题。妇女群众要学习犁耙,找什么人去教她们呢?小孩子要求读书,小学办起了没有呢?对面的木桥太小会跌倒行人,要不要修理一下呢?许多人生疮害病,想个什么办法呢?一切这些群众生活上的问题,都应该把它提到自己的议事日程上。”②只有这样,我们才能得到群众的支持,动员千百万群众投身革命战争。另一方面,毛泽东也从更为宏观的方面分析中国所处的形势。他认为,由于俄国十月革命的胜利改变了整个世界历史的方向,中国革命已经成为世界革命的一部分。必须站在世界革命的大背景下去思考中国革命,“什么叫问题?问题就是事物的矛盾。哪里有没有解决的矛盾,哪里就有问题。”③民主革命时期,中国共产党人面对的最大矛盾就是帝国主义和中华民族的矛盾、封建主义和人民大众的矛盾。这些矛盾都必须通过革命来解决,因而革命的问题、怎样革命的问题是中国社会的根本问题,毛泽东所有的文章都与革命不同时期所要解决的矛盾相联系。

新中国的成立是否意味着所有矛盾的解决?毛泽东认为,社会主义并不意味着一切都是好的。“矛盾是永远存在的,一万年以后还是有的。一个矛盾克服了,又一个矛盾产生了。在任何时间、任何地方、任何人身上,总是有矛盾存在的,没有矛盾就没有世界。有人以为一到了社会主义社会,国家就十分美好,没有什么坏的东西了,这其实是一种迷信。”④但他认为,在剥削阶级消灭后,处理人民内部矛盾成为社会政治生活的主题,共产党人应该花更多的功夫去解决人民内部矛盾。《论十大关系》和《关于正确处理人民内部矛盾的问题》是毛泽东思考社会主义时期矛盾和问题的经典之作。

---

① 《毛泽东选集》第一卷,人民出版社 1991 年版,第 139 页。
② 《毛泽东选集》第一卷,人民出版社 1991 年版,第 138 页。
③ 《毛泽东选集》第三卷,人民出版社 1991 年版,第 839 页。
④ 《毛泽东文集》第七卷,人民出版社 1999 年版,第 66 页。

在改革开放的新时期,邓小平一再强调,“什么是社会主义,什么是马克思主义”,这个问题过去我们并没有搞清楚。围绕这一中心问题,他对社会主义的本质问题,根本任务问题,发展阶段问题,改革开放问题,市场经济问题,祖国统一问题,从不同的视角和层面反复进行思考,开辟了中国特色社会主义道路。以江泽民同志为主要代表的中国共产党人紧紧围绕“建设什么样的党、怎样建设党”的问题,把党的先进性建设贯穿于“代表先进生产力的发展要求、代表先进文化的前进方向、代表最广大人民的根本利益”三个根本性问题和各项具体工作之中,刷新了党的建设的总体面貌,把中国特色社会主义成功推向 21 世纪。在 21 世纪的新起点上,以胡锦涛同志为主要代表的中国共产党人面对我国现代化建设中新出现的问题,如生产方式粗放、贫富差距拉大、环境污染加剧、社会建设滞后等问题,提出科学发展观,对“实现什么样的发展、怎样发展”的问题作了系统论述,把马克思主义的发展观推向一个新的高度。

(三)新时代中国共产党人哲学创新的思想基点

问题是时代的号角。党的十八大以来,以习近平同志为核心的党中央正是紧紧围绕“新时代坚持和发展什么样的中国特色社会主义、怎样坚持和发展中国特色社会主义,建设什么样的社会主义现代化强国、怎样建设社会主义现代化强国,建设什么样的长期执政的马克思主义政党、怎样建设长期执政的马克思主义政党”的问题,踔厉奋发,勇毅前行,在回答时代问题的过程中形成习近平新时代中国特色社会主义思想。实践无止境,问题无止境,理论创新亦无止境。

党的二十大报告进一步指出:“今天我们所面临问题的复杂程度、解决问题的艰巨程度明显加大,给理论创新提出了全新要求。”①一方面,世界发展格

---

①　习近平:《高举中国特色社会主义伟大旗帜　为全面建设社会主义现代化国家而团结奋斗——在中国共产党第二十次全国代表大会上的报告》,人民出版社 2022 年版,第 20 页。

局发生重大变化。人类面临空前严重的气候危机、安全危机、南北危机、文明危机、道德危机。另一方面,中国特色社会主义的发展进入一个新的高度,人民群众的需要层次明显提高,而改革进入“深水区”,我们党面临一系列难啃的“硬骨头”,都需要运用新的理论新的方法去解决。

具体言之,党和国家工作中存在的具体问题,主要包括:1. 发展不平衡不充分问题,推进高质量发展的问题,科技创新能力不强的问题;2. 确保粮食、能源、产业链供应链可靠安全和防范金融风险还须解决许多重大问题;3. 重点领域改革还有不少硬骨头要啃;4. 意识形态领域存在不少挑战;5. 城乡区域发展和收入分配差距仍然较大;6. 群众在就业、教育、医疗、托育、养老、住房等方面面临不少难题;7. 生态环境保护任务依然艰巨;8. 一些党员、干部缺乏担当精神,斗争本领不强,实干精神不足,形式主义、官僚主义现象仍较突出;9. 铲除腐败滋生土壤任务依然艰巨,等等。①

习近平总书记指出:“理论创新只能从问题开始。从某种意义上说,理论创新的过程就是发现问题、筛选问题、研究问题、解决问题的过程。”②只有正视这些现实问题,迎难而上,才可能分析和解决问题,创新和发展马克思主义哲学,开辟马克思主义哲学中国化时代化新境界。

五、“必须坚持系统观念”的思维方法

马克思主义哲学认为,由于事物之间的普遍联系,世界成为一个有机整体。作为改变世界主体的无产阶级也要树立整体的观念,对事物进行整体的思考。系统思维也是中国共产党人基础性的思想方法和工作方法,更是新时

---

① 参见习近平:《高举中国特色社会主义伟大旗帜　为全面建设社会主义现代化国家而团结奋斗——在中国共产党第二十次全国代表大会上的报告》,人民出版社 2022 年版,第 14 页。

② 习近平:《在哲学社会科学工作座谈会上的讲话》,人民出版社 2016 年版,第 20 页。

代推进哲学创新的基本思想观念。

(一)马克思主义哲学的整体观念

唯物辩证法认为,世界是由相互联系的事物构成的有机整体系统,任何事物、要素的发展变化都可能引起其他事物和要素的发展变化。

1. 自然界就是“各种物体相联系的总体”。一方面,物质世界的万事万物都处于普遍联系当中,自然界就是各种事物相互联系、相互作用所形成的整体系统。恩格斯指出:“关于自然界所有过程都处在一种系统联系中的认识,推动科学到处从个别部分和整体上去证明这种系统联系。”①随着自然科学的进步,人们通过认识自然界各领域和各过程之间的联系,“能够依靠经验自然科学本身所提供的事实,以近乎系统的形式描绘出一幅自然界联系的清晰图画。”②另一方面,人是构成自然系统的要素,人类是自然界长期运动的产物,人类的生存发展是以自然界提供的物质条件为基础和前提,马克思指出:“人靠自然界生活。……所谓人的肉体生活和精神生活同自然界相联系,不外是说自然界同自身相联系,因为人是自然界的一部分。”③恩格斯也强调,“人本身是自然界的产物,是在自己所处的环境中并且和这个环境一起发展起来的”。④ 而人与自然作为有机整体,人们以劳动实践活动为中介不断与自然界建立起更多更复杂的联系,使得自然界深刻打上人类的烙印。

2. 社会也是普遍联系而经常变化的有机整体。马克思、恩格斯将人类社会作为内部各要素、各环节紧密联系的整体来看待,认为“一切关系在其中同时存在而又互相依存的社会机体”。⑤ 作为资本主义社会生产过程总体的各环节即生产、分配、交换、消费等要素之间的相互联系和相互作用,强调“不同

---

① 《马克思恩格斯文集》第 9 卷,人民出版社 2009 年版,第 40 页。
② 《马克思恩格斯文集》第 4 卷,人民出版社 2009 年版,第 300 页。
③ 《马克思恩格斯文集》第 1 卷,人民出版社 2009 年版,第 161 页。
④ 《马克思恩格斯文集》第 9 卷,人民出版社 2009 年版,第 38—39 页。
⑤ 《马克思恩格斯文集》第 1 卷,人民出版社 2009 年版,第 604 页。

要素之间存在着相互作用。每一个有机整体都是这样”。① 而且，社会是经常处于变化过程中的有机体。马克思指出：“现在的社会不是坚实的结晶体，而是一个能够变化并且经常处于变化过程中的有机体。”②而这一切根源于人类的实践活动。一方面，人通过实践活动与自然界相联系，把自然界变为人的无机的身体。另一方面，人通过实践活动而与他人相联系，构成一个无限广阔的关系之网。“人的本质不是单个人所固有的抽象物，在其现实性上，它是一切社会关系的总和。”③在生产力极其低下的原始社会，社会有机体只表现为原始的家庭、氏族和部落联盟，随着生产力的发展，社会有机体进一步扩大为国家，而现代大工业的发展则打破各个民族国家之间相互隔绝的状态，把整个世界连接成为一个有机整体。生产力和生产关系、经济基础和上层建筑相互矛盾运动构成社会有机体的一般结构。在经济形态内在矛盾的催动下，社会不断向前发展，构成人类社会由低到高的演进形态。

3. 人类的认识本身同样是有机联系的整体。一方面，马克思、恩格斯强调要坚持整体、联系、运动、发展的观点认识客观世界。恩格斯批判了形而上学孤立、静止、片面看待事物的思维方式，指出它“看到一个一个的事物，忘记它们互相间的联系；看到它们的存在，忘记它们的生成和消逝；看到它们的静止，忘记它们的运动；因为它只见树木，不见森林”。④ 而辩证法则是以系统的观点来把握事物，“在考察事物及其在观念上的反映时，本质上是从它们的联系、它们的联结、它们的运动、它们的产生和消逝方面去考察的。”⑤认识到“每种现象的一切方面（而且历史在不断地揭示出新的方面）相互依存，极其密切而不可分割地联系在一起，这种联系形成统一的、有规律的世界运动过程”⑥。

① 《马克思恩格斯文集》第 8 卷，人民出版社 2009 年版，第 23 页。
② 《马克思恩格斯文集》第 5 卷，人民出版社 2009 年版，第 10—13 页。
③ 《马克思恩格斯文集》第 1 卷，人民出版社 2009 年版，第 501 页。
④ 《马克思恩格斯文集》第 9 卷，人民出版社 2009 年版，第 24 页。
⑤ 《马克思恩格斯文集》第 3 卷，人民出版社 2009 年版，第 541 页。
⑥ 《列宁选集》第 2 卷，人民出版社 2012 年版，第 423 页。

另一方面,马克思、恩格斯认为思维本身也是一个整体。马克思将资本主义社会生产作为总体来认识,进而指出,“具体总体作为思想总体、作为思想具体,事实上是思维的、理解的产物;但是,决不是处于直观和表象之外或驾于其上而思维着的、自我产生着的概念的产物,而是把直观和表象加工成概念这一过程的产物。”①表明人的思维在对客观的“具体总体”反映时同样形成一个完整的思维总体。作为科学思维认识集大成的马克思主义也是一个系统整体。马克思指出:“不论我的著作有什么缺点,它们却有一个长处,即它们是一个艺术的整体”。② 列宁将马克思主义理论体系生动地比喻为“一块整钢”,强调“马克思主义的全部精神,它的整个体系,要求人们对每一个原理都要(α)历史地,(β)都要同其他原理联系起来,(γ)都要同具体的历史经验联系起来加以考察”③,揭示了马克思主义理论整体性的特征。唯物辩证法同样作为一个有机整体而存在,列宁指出:辩证法、逻辑学、认识论不是三个东西,而是同一个东西。“辩证法本来是人类的全部认识所固有的”,“辩证法也就是(黑格尔和)马克思主义的认识论”。④ 强调“考察的客观性(不是实例,不是枝节之论,而是自在之物本身)”,不但要注意到事物本身的联系和发展,“这个事物对其他事物的多种多样的关系的全部总和”,“这个事物(或现象)的发展、它自身的运动、它自身的生命”⑤;还要看到事物内部“对立面的总和与统一”,运用分析和综合的结合,把握各个部分的分解和所有这些部分的总和、总计,把事物看成联系着的总过程。

4. 现代系统科学表明:任何事物都以系统的方式存在着。一般系统论的创始人贝塔朗菲强调,“一般系统论是关于‘整体’的一般科学,在此之前整体

① 《马克思恩格斯文集》第 8 卷,人民出版社 2009 年版,第 25 页。

② 《马克思恩格斯文集》第 10 卷,人民出版社 2009 年版,第 231 页。

③ 《列宁选集》第 2 卷,人民出版社 2012 年版,第 785 页。

④ 《列宁全集》第 55 卷,人民出版社 1990 年版,第 308 页。

⑤ 《列宁全集》第 55 卷,人民出版社 1990 年版,第 190 页。

被人们看作是一个不明确的、模糊的和半形而上学的概念。”①一般系统论指明系统不是各个要素之间的简单累加、机械加成，系统体现出各个组成要素所没有的新的性质、功能和运动规律，处于系统中的各要素的性质、功能和规律也不同于它们在孤立状态的性质、功能和规律，“你可以看到，一个要素在系统内部的行为不同于它在孤立状态中的行为。你不能从孤立的部分概括出整体的行为。”②系统内部关键要素的性质和功能甚至会对整个系统的性质和功能产生决定性作用。一般系统论还对系统的共性如层次性、结构性、动态性等特征作了概括和说明。控制论是研究各类系统控制规律的科学，它高度综合出不同控制系统的特点，为人类对系统进行管理和控制提供了方法论指导。它将研究客体的系统存在作为认识的出发点，提出控制和信息的全新概念，指明反馈是控制论的核心问题，从科学角度建构起控制—信息—反馈的联系链条，阐明了系统要素联系的普遍性和多样性。信息论是研究信息计量、传递和变换规律的科学，它以系统的观点来认识通信过程，并以定量的方式对信息作出概念突破，阐明信息作为普遍联系的特殊形式，成为事物之间相互联系与相互作用的中介，进而使得事物构成层次不同的系统。此外，耗散结构理论和协同学等现代系统科学新理论还进一步对系统的组织和演进规律作出探索。耗散结构理论指出系统只有同外部环境保持开放，才能充满活力，走向有序状态；协同学则阐明系统内部要素协同运动的条件和规律，揭示出系统协同走向有序的作用机制。

党的二十大报告指出：“万事万物是相互联系、相互依存的。只有用普遍联系的、全面系统的、发展变化的观点观察事物，才能把握事物发展规律。”③

---

① [美]冯·贝塔朗菲：《一般系统论：基础、发展和应用》，林康义、魏宏森等译，清华大学出版社1987年版，第34页。

② [美]冯·贝塔朗菲：《一般系统论：基础、发展和应用》，林康义、魏宏森等译，清华大学出版社1987年版，第63页。

③ 习近平：《高举中国特色社会主义伟大旗帜　为全面建设社会主义现代化国家而团结奋斗——在中国共产党第二十次全国代表大会上的报告》，人民出版社2022年版，第20页。

这段论述,正是对马克思主义哲学有机联系观点的概括,鲜明点出了党的创新理论与马克思主义哲学在整体观念上的一致性。

(二)中国共产党人基础性的思想方法和工作方法

中国共产党人无论分析和解决问题,制定战略策略,历来强调从大局出发,进行系统地思考。民主革命时期,毛泽东反复强调,战争的指挥员,一定要从大局、整体出发,做到对敌、我、友关系的整体把握,不打无准备之仗,如《中国革命战争的战略问题》一文所论及的战争关系就多达 40 多对。刘伯承总结战争能否取得胜利的经验,他说:“五行不定,输得干干净净。”所谓“五行”就是“任务、敌情、我情、时间、地形”。① 也就是说,战争是由“五行”构成的有机整体系统。如果不能从整体上把握战争,就不能赢得战争。

20 世纪 50 年代,毛泽东在大量调查研究的基础上发表《论十大关系》,其内容包括:重工业和轻工业、农业的关系、沿海工业和内地工业的关系、经济建设和国防建设的关系、国家、生产单位和生产者个人的关系、中央和地方的关系、汉族和少数民族的关系、党和非党的关系、革命和反革命的关系、是非关系、中国和外国的关系,构成毛泽东对中国现代化的系统思考。所谓“统筹兼顾、适当安排”就是要考虑到各个方面,不能顾此失彼。

在改革开放时期,邓小平指出:现代化建设的任务很多,一定要注意处理好各方面之间相互依存的辩证关系,“如像经济与教育、科学,经济与政治、法律等等,都有相互依存的关系,不能顾此失彼。”②他从各个方面揭示事物的相关性,比如,“比例关系”“综合平衡”“中心与非中心”等等。“现代化建设的任务是多方面的,各个方面需要综合平衡,不能单打一。”③江泽民强调要注意处理好社会主义现代化建设中的“十二大关系”,包括改革、发展、稳定的关系;速度和效益的关系;经济建设和人口、资源、环境的关系;第一、第二、第三

① 转引自《邓小平文选》第三卷,人民出版社 1993 年版,第 187 页。
② 《邓小平文选》第二卷,人民出版社 1994 年版,第 249—250 页。
③ 《邓小平文选》第二卷,人民出版社 1994 年版,第 250 页。

产业的关系;东部地区和中西部地区的关系;市场机制和宏观调控的关系;公有制经济和其他经济成分的关系;收入分配中国家、企业和个人的关系;扩大对外开放和坚持自力更生的关系;中央和地方的关系;国防建设和经济建设的关系;物质文明建设和精神文明建设的关系。胡锦涛在党的十七大报告中提出,“要按照中国特色社会主义事业总体布局,全面推进经济建设、政治建设、文化建设、社会建设,促进现代化建设各个环节、各个方面相协调,促进生产关系与生产力、上层建筑与经济基础相协调。”①所有这些,都是中国共产党人运用系统观念的典范案例。

历史经验表明:什么时候从全局出发,系统分析形势,分清哪些是有利因素,哪些是不利因素,弄清事物的来龙去脉,前因后果,才可能作出正确的战略策略。相反,片面的、未经系统思考的决策,最终都走向失败,给党和国家的事业造成巨大损失。

(三)新时代推进哲学创新的基本思想观念

习近平总书记反复强调系统思维的重要性。“在中国当领导人,必须在把情况搞清楚的基础上,统筹兼顾、综合平衡,突出重点、带动全局,有的时候要抓大放小、以大兼小,有的时候又要以小带大、小中见大,形象地说,就是要十个指头弹钢琴。”②他认为,全面深化改革决不能毫无章法地瞎闯蛮干,而是要加强顶层设计。这样考虑,“是因为要解决我们面临的突出矛盾和问题,仅仅依靠单个领域、单个层次的改革难以奏效,必须加强顶层设计、整体谋划,增强各项改革的关联性、系统性、协同性。”③

改革必须统筹谋划各个方面、各个层次、各个要素,注重推动各项改革相互促进、良性互动、协同配合。要坚持整体推进,加强不同时期、不同方面改革配套和衔接,注重改革措施整体效果,防止畸重畸轻、单兵突进、顾此失彼。

---

① 《胡锦涛文选》第二卷,人民出版社 2016 年版,第 624 页。

② 《习近平著作选读》第一卷,人民出版社 2023 年版,第 222 页。

③ 习近平:《论党的宣传思想工作》,中央文献出版社 2020 年版,第 36 页。

“这项工程极为宏大,零敲碎打调整不行,碎片化修补也不行,必须是全面的系统的改革和改进,是各领域改革和改进的联动和集成,在国家治理体系和治理能力现代化上形成总体效应、取得总体效果。”①

党的二十大围绕全面推进中国式现代化这一思想主题,对党在新时代新征程的中心任务进行系统规划和安排。习近平总书记指出:“我国是一个发展中大国,仍处于社会主义初级阶段,正在经历广泛而深刻的社会变革,推进改革发展、调整利益关系往往牵一发而动全身。”②因此,必须运用好系统观念,科学谋划我国现代化事业的全局。

六、“必须坚持胸怀天下”的世界视野

马克思主义认为,由于资本的国际联合,任何一个国家的无产阶级要想单独取得胜利都是不可能的,无产阶级的革命事业必须具有国际性的联合和国际性的战略,采取联合的行动,才可能取得胜利。中国共产党人历来都是从世界历史的视野来制定自己的战略策略的。坚持胸怀天下也是新时代推进哲学创新的必由之路。

(一)马克思主义哲学的鲜明特征

马克思主义不是狭隘民族主义。在标志着系统阐述新世界观思想的代表之作《德意志意识形态》中,马克思和恩格斯就认为,由于生产力的发展,交通工具的改进,交往的普遍发展,历史已由民族的历史转变为世界历史,“地域性的个人为世界历史性的、经验上普遍的个人所代替。”③与此同时,资本的统

① 《习近平关于协调推进“四个全面”战略布局论述摘编》,中央文献出版社 2015 年版,第 80 页。

② 习近平:《高举中国特色社会主义伟大旗帜 为全面建设社会主义现代化国家而团结奋斗——在中国共产党第二十次全国代表大会上的报告》,人民出版社 2022 年版,第 20—21 页。

③ 《马克思恩格斯文集》第 1 卷,人民出版社 2009 年版,第 538 页。

治也成为一种世界性的存在，无产阶级只有联合起来，推翻整个资产阶级的统治，才可能建立共产主义。“共产主义只有作为占统治地位的各民族‘一下子’同时发生的行动，在经验上才是可能的”①。恩格斯在稍后发表的《共产主义原理》中，在回答共产主义能不能单独在一个国家发生时，他指出：“不能。单是大工业建立了世界市场这一点，就把全球各国人民，尤其是各文明国家的人民，彼此紧紧地联系起来，以致每一国家的人民都受到另一国家发生的事情的影响。……共产主义革命将不是仅仅一个国家的革命，而是将在一切文明国家里，至少在英国、美国、法国、德国同时发生的革命”②。

在《共产党宣言》中，马克思和恩格斯再次指出：“联合的行动，至少是各文明国家的联合的行动，是无产阶级获得解放的首要条件之一。”③有人攻击共产党人，说共产党人要“取消祖国，取消民族”。马克思和恩格斯回答说：“工人没有祖国。决不能剥夺他们所没有的东西。”④晚年马克思和恩格斯也坚持了这一思想。1892 年，恩格斯在《社会主义从空想到科学的发展》英文版导言中说：“欧洲工人阶级的胜利不是仅仅取决于英国。至少需要英法德三国的共同努力，才能保证胜利。”⑤

恩格斯 1893 年致保尔·拉法格的信中说：“无论是法国人、德国人，还是英国人，都不能单独赢得消灭资本主义的光荣。如果法国——可能如此——发出信号，那么，斗争的结局将决定于受社会主义影响最深、理论最深入群众的德国；虽然如此，只要英国还掌握在资产阶级手中，那么，不管是法国还是德国，都还不能保证最终赢得胜利。无产阶级的解放只能是国际的事业。”⑥共产主义革命的世界性质要求无产阶级具有世界胸怀，从世界视野组织无产阶级的革命运动。从第一国际工人协会到第二、第三国际工人协会，从马克思、

① 《马克思恩格斯文集》第 1 卷，人民出版社 2009 年版，第 538—539 页。
② 《马克思恩格斯文集》第 1 卷，人民出版社 2009 年版，第 687 页。
③ 《马克思恩格斯文集》第 2 卷，人民出版社 2009 年版，第 50 页。
④ 《马克思恩格斯文集》第 2 卷，人民出版社 2009 年版，第 50 页。
⑤ 《马克思恩格斯文集》第 3 卷，人民出版社 2009 年版，第 522 页。
⑥ 《马克思恩格斯文集》第 10 卷，人民出版社 2009 年版，第 655—656 页。

恩格斯到列宁,正是以世界胸怀看待无产阶级的革命斗争,组织了无产阶级波澜壮阔的革命运动。

(二)中国共产党人的胸怀格局

“必须坚持胸怀天下”是中国共产党人的基本格局。中国共产党自成立时起就把中国工人阶级的命运同世界无产阶级的运动结合起来。中国共产党的早期领导人李大钊也正是从俄国十月革命看到世界的未来,“试看将来的环球,必是赤旗的世界!”①李大钊主张“世界上无论何种族何国民,只要立于人类同胞的地位,用那真正 Democracy 的精神,来扶持公理,反对强权的人,我们都认他为至亲切的弟兄。我们情愿和他共同努力,创造一个平等、自由、没有远近亲疏的世界”②。

毛泽东在领导中国革命的过程中,时刻关注着世界反法西斯战争形势的发展,自觉把中国革命看作世界无产阶级革命的一部分。毛泽东指出:“我们的战争是神圣的、正义的,是进步的、求和平的。不但求一国的和平,而且求世界的和平,不但求一时的和平,而且求永久的和平。”③新中国的成立为中国共产党人追求世界和平创造了条件。20 世纪 50 年代中期,毛泽东和周恩来首创和平共处五项原则,强调国家不论大小一律平等,各国人民之间相处要平等相待。不同制度的国家,可以和平共处。在中国还相当贫困的情况下,中国给第三世界国家以巨大无偿援助。1960 年 10 月,毛泽东在与斯诺谈话时说:“我们要维持世界和平,不要打世界大战。我们主张国与国之间不要用战争来解决问题。”④中国是个很穷的国家,我们要打开大门,广泛向世界学习。“我们的方针是,一切民族、一切国家的长处都要学,政治、经济、科学、技术、

---

① 《李大钊全集》第二卷,人民出版社 2006 年版,第 263 页。
② 《李大钊全集》第三卷,人民出版社 2006 年版,第 78 页。
③ 《毛泽东选集》第二卷,人民出版社 1991 年版,第 476 页。
④ 《毛泽东外交文选》,中央文献出版社、世界知识出版社 1994 年版,第 453 页。

文学、艺术的一切真正好的东西都要学。”①

20世纪70年代末80年代初，邓小平重新审视中国与世界各国的关系，发展独立自主的多边外交，把世界和平推向一个崭新的境界。邓小平反复强调，中国的发展离不开世界，主张把和平与发展问题提到全人类的高度来认识，在和平共处五项原则下通过合作与对话改变国际经济政治秩序。20世纪90年代中期以后，国际上以美国为首的北约悍然入侵南斯拉夫，炸毁我驻南斯拉夫大使馆；亚洲金融危机的爆发，也使整个东南亚地区一度处于慌乱之中。以江泽民同志为主要代表的中国共产党人从实际出发，在国际事务中积极倡导和推进世界格局的多极化，坚定奉行独立自主和平外交，加强和推动国际合作，自觉承担国际义务，再次有力维护了世界的和平发展。21世纪初，以胡锦涛同志为主要代表的中国共产党人提出建设“和谐世界”的理念，中国与世界的关系经历了由主流世界的反抗者、批判者、游离者，到接受者、参与者、合作者，再到倡导者、建设者、塑造者的转变，全方位承担地区和全球责任。

随着第三次科技革命的发展，全球化、信息化成为时代发展的潮流，世界各国之间的联系越来越紧密，越来越成为“你中有我、我中有你”的共同体，任何一个国家都不可能离开世界其他国家而单独发展。

（三）新时代推进哲学创新的思维空间

党的二十大把“胸怀世界”上升到世界观和方法论的层面，正是对中国共产党人历史经验的概括和总结。党的二十大报告指出：“我们要拓展世界眼光，深刻洞察人类发展进步潮流，积极回应各国人民普遍关切，为解决人类面临的共同问题作出贡献，以海纳百川的宽阔胸襟借鉴吸收人类一切优秀文明成果，推动建设更加美好的世界。”②鲜明指出了新时代中国共产党人哲学创

---

① 《毛泽东外交文选》，中央文献出版社、世界知识出版社1994年版，第236页。

② 习近平：《高举中国特色社会主义伟大旗帜　为全面建设社会主义现代化国家而团结奋斗——在中国共产党第二十次全国代表大会上的报告》，人民出版社2022年版，第21页。

新的世界要求。

进入新时代，随着西方金融危机的震荡，一些国家民粹主义、贸易保护主义抬头，全球化受到质疑和反对。同时，基于霸权主义的历史逻辑，国际上一些人散布“中国威胁论”“中国崩溃论”“中国责任论”“中国拖累论”“中国失速论”等论调，百般遏制中国发展。针对世界发展进程中的共同问题和中国发展面临的特殊问题，一方面我们党批驳外界诬蔑中国的不实之词，另一方面又提出解决人类难题的“中国方案”——人类命运共同体的战略构想。习近平总书记指出：零和博弈、国强必霸、赢者全拿的逻辑不适合于中国。首先，时代发生巨大变化，各国相互联系、相互依存的程度空前加深，人类生活在同一个地球村里，生活在历史和现实交汇的同一个时空里，越来越成为“你中有我、我中有你”的命运共同体。其次，中华民族是爱好和平的民族。“国虽大，好战必亡”“四海之内皆兄弟”“协和万邦”“以和为贵”“和而不同”“化干戈为玉帛”“国泰民安”“睦邻友邦”“天下太平”“天下大同”等理念在中国世代相传，中国不存在霸权主义的文化基因。再次，文明是多样性的统一。现今世界共有 200 多个国家和地区，以及 2500 多个民族和多种宗教。要求世界各国什么都完全相同，只有一种生活方式，只有一种语言，只有一种音乐，只有一种服饰，那是不可想象的。最后，中国的发展成就，不是抢别人饭碗得来的，而是中国人民几十年含辛茹苦、流血流汗干出来的。中国不仅是全球化的受益者，也是全球化的回报者。在批驳各种谬论的同时，习近平总书记提出了打造“人类命运共同体”的构想，本质上是和平发展的新型时代观、平等互利的新型交往观、义利统一的新型价值观、包容互鉴的新型文明观、清洁美丽的生态环境观的统一。

“六个必须坚持”是一个相互联系、相互依存有机整体。其中，最为重要的是人民至上的立场和自信自立的主体前提。立场错了，一切都错了；没有基本的主体自信，根本谈不上面对问题。“问题导向”是思想中心，一切都是围绕问题展开的。“守正创新”“系统观念”是基本的思维方法和工作方法。最后，“胸怀天下”是思想视野，是在什么视域、什么范围进行思考的问题。因此,“六个必须坚持”是一个包括“前提——中心——方法——视域”四个方面构成的有机整体。只有坚持了正确的立场,而且有足够的自信,才能正确地面对问题;只有采取正确的方法,才能科学地分析和解决问题;只有放眼世界,才能高瞻远瞩,把握大势,采取正确的战略策略。

第十二章　中国式现代化：马克思主义现代化观的新建构

现代化是近代以来由科技革命、工业革命而引发的社会生产方式、交往方式、思维方式、生活方式的整体变革过程。在中国共产党的历史上，毛泽东、周恩来于 20 世纪六七十年代最早提出实现“四个现代化”的目标。邓小平于 20 世纪 80 年代提出建设“中国式的现代化”。习近平总书记在庆祝中国共产党成立 100 周年的讲话中明确指出：一百年来，“党领导人民成功走出中国式现代化道路，创造了人类文明新形态，拓展了发展中国家走向现代化的途径，给世界上那些既希望加快发展又希望保持自身独立性的国家和民族提供了全新选择。”①党的二十大报告全面论述中国式现代化的基本特征、本质要求、战略安排、总体目标、基本原则，形成新时代中国共产党人系统的现代化理论。中国式现代化理论是唯物史观与中国实际和中国优秀传统文化相结合的产物，是马克思主义现代化观的重大创新。如何理解中国式现代化的基本内涵，如何理解中国式现代化的思想来源及思想实质，如何理解中国式现代化对资本主义现代化的超越，中国式现代化理论的独特创新在哪里？这是中国式现代化研究的核心问题。

---

① 《中共中央关于党的百年奋斗重大成就和历史经验的决议》，人民出版社 2021 年版，第 64 页。

一、在世界现代化进程中开创中国式现代化

现代化是近代以来从欧洲开始，而后蔓延于整个世界的一种潮流。现代化把整个世界卷入其中，实现现代化成为世界各国共同的命运。早在清朝末年，现代化就强烈冲击中国，中国开始一次次回应，从洋务运动、戊戌变法到五四运动，人们对现代化的思考先后从“器物”层面转向“制度”层面，再到“文化”层面，一次比一次深刻。中国共产党成立后，我们党围绕“民族复兴”主题，一改对西方现代化潮流的被动应对，从指导思想、领导力量、中国道路三个方面掌握历史主动，领导中国革命、建设、改革不断取得新的胜利，彰显出对实现社会主义现代化的不懈追求，从国家工业化到“四个现代化”，再到社会主义全面现代化。① 党的十八大以来，以习近平同志为核心的党中央，以世界现代化为大背景，适应新时代的要求，对中国“如何实现现代化、怎样实现现代化”的问题进行整体性、系统性思考，提出实现中国式现代化的新理念新思想新论断，构成习近平新时代中国特色社会主义思想的重要组成部分，成为指导强国建设和民族复兴伟业的行动指南。

（一）五大基本特征论

习近平总书记指出：“中国式现代化，是中国共产党领导的社会主义现代化，既有各国现代化的共同特征，更有基于自己国情的中国特色。”②认为中国式现代化具有五个基本特征，这五个基本特征构成了中国式现代化的基本内涵。

1. 中国式现代化是人口规模巨大的现代化。西方资本主义发达国家通过

---

① 参见韩庆祥：《中国式现代化的哲学逻辑》，《中国社会科学》2023 年第 7 期。

② 习近平：《高举中国特色社会主义伟大旗帜　为全面建设社会主义现代化国家而团结奋斗——在中国共产党第二十次全国代表大会上的报告》，人民出版社 2022 年版，第 22 页。

各种方式，利用全球资源，实现了少数人口的现代化，迄今为止总量不超过10亿人口。而中国这样一个东方大国，人口超过14亿，其规模超过现有发达国家的总和，究竟能不能主要依据自身力量实现现代化起飞，这是世界性的历史难题。其艰巨性和复杂性前所未有。习近平总书记指出："同样一桌饭，即使再丰盛，八个人吃和八十个人吃、八百个人吃是完全不一样的。"①在相当长的时期内，中国仍然是世界上最大的发展中国家。人口规模巨大，反映了中国现代化的基本国情，这是我们想问题、办事情，制定战略策略的基本出发点。另一方面，14亿人口将是巨大的市场、巨大的潜力。14亿人口整体迈入现代化，将彻底改写世界现代化的版图，在人类历史上将是一件具有深远意义的大事。

2. 中国式现代化是全体人民共同富裕的现代化。实现共同富裕是中国式现代化的本质特征，是中国式现代化与资本主义现代化的本质区别所在。资本主义现代化是以资本为主体的现代化，其根本特点就是少数人富裕，多数人贫穷，最终结果就是两极分化。一些发展中国家在现代化的进程中，曾经临近发达国家的门槛，却因为没有能够处理好经济发展与社会公平的关系等一系列问题而掉入"中等收入陷阱"，长期不能自拔，甚至停滞倒退。中国式现代化坚持以人民为中心，发展依靠全体人民，发展成果由全体人民共享。正确处理经济发展与社会发展的关系，不仅注意"把蛋糕做大"，而且强调"把蛋糕切好"。绝不能出现"富者累巨万，而贫者食糟糠"的现象。党的十八大以来，中国共产党领导人民打赢脱贫攻坚战，使近1亿农村贫困人口脱贫，创造了世界反贫困历史的奇迹。当然，共同富裕不是同步富裕，也不是马上富裕，实现共同富裕需要一个长期的过程。既要反对平均主义思想，也要防止两极分化倾向。

3. 中国式现代化是物质文明和精神文明相协调的现代化。物质富足、精神富有是社会主义现代化的根本要求。物质贫困不是社会主义，精神贫乏也不是社会主义。西方早期现代化片面追求物质财富的增加，而不注意社会的

---

① 《习近平外交演讲集》第一卷，中央文献出版社2022年版，第117页。

精神文明建设，其结果物欲横流，造成人的本质的异化、劳动关系的异化、人与自然关系的异化，资源被无节制地开采浪费，环境严重污染，社会关系冷漠，个人成为固定在一个特定角落的螺丝钉，造成人的片面畸形发展。中国式现代化坚持物质文明和精神文明“两手抓，两手都要硬”的方针。一方面，在40多年时间里，我国生产力快速发展，综合国力极大增强，人民生活水平有了巨大提高。另一方面，中国式现代化坚持以马克思主义为指导，牢牢掌握意识形态工作领导权、管理权、话语权，加快构建中国特色哲学社会科学，培育和践行社会主义核心价值观，提高全民族思想道德文化水平，推动文化事业全面繁荣和文化产业快速发展，社会主义精神文明建设跃上新台阶。实现了物质文明和精神文明的同步协调发展。“当高楼大厦在中国大地上遍地林立时，中华民族精神的大厦也应该巍然耸立。我们将不断提高人民物质生活和精神生活水平，做到家家仓廪实衣食足，又让人人知礼节明荣辱。”①

4. 中国式现代化是人与自然和谐共生的现代化。人与自然是生命共同体，一方面，自然界是人的无机生命，人一刻也离不开自然，自然界为人类提供生存空间，以及人类生存所需的阳光、空气、水，人从自然界获得基本生产资料和生活资料；另一方面，人类根据自己生存的需要而改造自然界，将“自在世界”变为“为我世界”，在改造客观世界中改造主观世界。人只有爱护自然、珍惜大自然，与大自然和谐相处，才能永续发展。相反，无止境地向自然索取，甚至破坏自然必然遭到大自然的报复。西方国家在早期现代化进程中，不注意人与自然的关系，造成严重的环境问题。最著名世界十大污染事件包括：马斯河谷烟雾事件（1930年）、洛杉矶光化学烟雾事件（1943年）、多诺拉烟雾事件（1948年）、伦敦烟雾事件（1952年）、日本水俣病事件（1956年）、日本骨痛病（痛痛病）事件（1955—1972年）、日本米糠油事件（1968年）、印度博帕尔事件（1984年）、苏联切尔诺贝利核泄漏事件（1986年）、瑞士剧毒物污染莱茵河事

---

① 《习近平在亚太经合组织第二十九次领导人非正式会议上的讲话》，人民出版社2022年版，第6—7页。

件(1986 年)。习近平总书记指出:“近代以来,西方国家的现代化大都经历了对自然资源肆意掠夺和生态环境恶性破坏的阶段,在创造巨大物质财富的同时,往往造成环境污染、资源枯竭等严重问题。”①我国在现代化建设过程中,始终注意经济发展与环境保护的统一,坚决反对不顾环境,无止境掠夺开发自然资源,走西方国家先破坏、后修复的老路。党的十八大把生态文明建设纳入“五位一体”总体布局。党的十八届三中全会作出的《中共中央关于全面深化改革若干重大问题的决定》提出,要系统改革、制度创新,为生态文明建设提供制度保证。党的十八大之后,我国设立了统一规范的国家生态文明试验区,开展生态文明体制改革综合试验,为完善生态文明制度体系探索路径、积累经验。党的十八届五中全会把“绿色”作为五大发展理念之一,具体阐明了“绿色”发展理念的科学内涵与重大意义。党的二十大把生态文明建设作为中国式现代化新道路的五大特征之一,而且进一步将其作为体现中国式现代化核心实质的本质要求。习近平总书记指出:“走老路,去消耗资源,去污染环境,难以为继! 中国现代化建设之所以伟大,就在于艰难,不能走老路,又要达到发达国家的水平,那就只有走科学发展之路。”②

5. 中国式现代化是走和平发展道路的现代化。坚持走和平发展道路,这是中国式现代化的突出特征。“西方国家的现代化,充满战争、贩奴、殖民、掠夺等血腥罪恶,给广大发展中国家带来深重苦难。”③西方现代化建立在功利主义主导的丛林法则之上。据统计,从 16 世纪到 19 世纪,西班牙从拉美殖民地榨取 250 万公斤黄金和 1 亿公斤白银。葡萄牙从巴西搜刮到至少价值 6 亿美元的黄金和 3 亿美元的钻石,而其从巴西蔗糖业取得的利润比从开采金矿和金刚钻矿所得利润要大 10 倍。相伴而生的跨大西洋黑奴贸易,接踵而至的

① 习近平:《中国式现代化是强国建设、民族复兴的康庄大道》,《求是》2023 年第 16 期。

② 习近平:《论坚持人与自然和谐共生》,中央文献出版社 2022 年版,第 23—24 页。

③ 习近平:《中国式现代化是强国建设、民族复兴的康庄大道》,《求是》2023 年第 16 期。

英法德等国对非洲、亚洲殖民地原材料的攫取和市场的宰割,直至20世纪日本帝国主义对中国等亚洲国家的入侵,都是依靠掠夺落后国家推进本国现代化的铁证。① 时至今日,美国除凭借美元霸权,还进行明火执仗的抢劫。据报道,自2003年美联军进入伊拉克以来,美国掠夺走伊拉克1500亿美元的石油,损失1000亿美元以上。美军撤离阿富汗后,无理扣押阿富汗70亿美元的外汇储备。中国式现代化依靠改革创新和科技进步,不走战争、掠夺、殖民主义的老路,中国式现代化一开始就建立在改革创新的基础之上。党的十八大以来,以习近平同志为核心的党中央,明确提出要把改革创新作为推进发展的第一驱动力。习近平总书记指出:一个国家和民族的创新能力,从根本上影响甚至决定国家和民族前途命运。创新包括理论创新、体制创新、制度创新、人才创新等。习近平总书记指出:"中国走的是和平发展道路,中国的发展不是自私自利、损人利己、我赢你输的发展,对他国、对世界决不是挑战和威胁。中国决不会称霸,决不搞扩张。中国越发展,对世界和平与发展就越有利。"②

(二)独特六观引领论

习近平总书记指出:中国式现代化,打破了"现代化=西方化"的迷思,中国式现代化具有不同于西方现代化的理论基础。"中国式现代化蕴含的独特世界观、价值观、历史观、文明观、民主观、生态观等及其伟大实践,是对世界现代化理论和实践的重大创新。"③

1. 独特世界观。西方现代化的世界观,在17世纪表现为英国培根、洛克的唯物主义经验论和笛卡尔的唯心主义唯理论;在18世纪表现为法国启蒙学者的机械论唯物主义和形而上学唯物主义;在19世纪则表现为德国哲学家康

① 冯维江:《从中西比较的视域把握中国式现代化的动力与优势》,《光明日报》2021年12月1日。

② 《习近平关于中国特色大国外交论述摘编》,中央文献出版社2020年版,第111页。

③ 《习近平在学习贯彻党的二十大精神研讨班开班式上发表重要讲话强调　正确理解和大力推进中国式现代化》,《人民日报》2023年2月8日。

德的二元论和黑格尔的唯心主义理念论;在20世纪则表现为美国实用主义、个人至上主义。所有这些哲学,在社会历史观上均表现为唯心主义,本质上是为资产阶级的利益服务的。马克思主义哲学一开始就是面向工人阶级的,马克思在实践基础上创立辩证唯物主义和历史唯物主义,实现了人民性和科学性的统一,历史观和自然观的统一,唯物论、辩证法、认识论的统一,实现了哲学史上的革命变革。延安时期,毛泽东针对党内存在的教条主义倾向,结合中国优秀传统文化,将马克思主义的世界观概括为"实事求是"四个大字,成为中国共产党人世界观的基础。在改革开放的新时期,邓小平针对当时万马齐喑的局面,认为"实事求是"首先是"解放思想",只有思想解放了,才能大胆创新,才能做到"实事求是"。党的二十大提出"六个必须坚持"的世界观和方法论,实现了世界观的人民性、主体性、辩证性、实践性、系统性、世界性的统一。

2.独特价值观。中国式现代化坚持以马克思主义、中国特色社会主义为指导,本质上是义利统一的价值观。所谓"利"就是人民的利益、权利。所谓"义"就是平等、公平、正义、道义。在资本主义现代化形成的过程中,"义"和"利"被割裂,资产阶级只追求"利"而不讲"义",除压榨本国人民,还到世界各地疯狂抢劫,占领殖民地。其结果富者愈富,贫者愈贫。中国式现代化以马克思主义为精神武装。马克思主义认为,社会主义必须建立在发达的生产力基础之上,因为如果没有发达的生产力,"那就只会有贫穷、极端贫困的普遍化;而在极端贫困的情况下,必须重新开始争取必需品的斗争,全部陈腐污浊的东西又要死灰复燃。"①只有生产力的普遍发展,才能实行"各尽所能,按需分配"的原则,才能真正展现社会主义、共产主义的优越性。另一方面,社会主义、共产主义又是建立在公平正义基础之上的,因为如果没有公平正义,那就必然导致社会的不平等。习近平总书记指出:"我国现代化是全体人民共同富裕的现代化。共同富裕是中国特色社会主义的本质要求,我国现代化坚持以人民为中心的发展思想,自觉主动解决地区差距、城乡差距、收入分配差

---

① 《马克思恩格斯文集》第1卷,人民出版社2009年版,第538页。

距，促进社会公平正义，逐步实现全体人民共同富裕，坚决防止两极分化。”①

3. 独特历史观。历史观是人们对历史的根本观点和看法。中国式现代化建立在唯物史观的基础之上。唯物史观认为，历史的发展归根结底是由社会的生产方式决定的，生产力和与生产关系、经济基础和上层建筑构成社会经济形态的一般结构。当生产关系和上层建筑适合生产力和经济基础的要求时，就促进生产力和经济基础的发展，反之，则起阻碍作用。近代以来，中国遭受帝国主义列强的侵略，救国救民，实现民族解放成为中华民族的根本任务。在这一进程中，不同的阶级站在不同的立场，提出无数救国救民的方案。有魏源、林则徐等人“师夷长技以制夷”的方案，有洋务派“中学为体，西学为用”的方案，有康有为、梁启超“戊戌变法”的方案，有孙中山“辛亥革命”的方案，但所有这些方案最终都失败了。直到十月革命一声炮响，马克思主义开始在中国传播，伴随着中国共产党的成立，才使中国革命的面貌焕然一新。实践表明：没有中国共产党，就没有社会主义，也没有中国式现代化。中国式现代化是历史的选择、人民的选择。坚持正确的历史观，就是要坚持唯物史观，坚持守正创新，正确看待历史的“过去”和“现在”的关系，坚决反对历史虚无主义，在继承和发展中把历史推向未来。当代中国共产党人的历史观是马克思主义唯物史观与中国5000多年文明史、近代170多年中华民族独立解放史、中国共产党100多年创立发展史、新中国成立70多年不懈奋斗史、改革开放40多年创新探索史的融合创新的结果。

4. 独特文明观。张岱年认为，中国文化的基本精神：一是刚健有为；二是和与中；三是崇德利用；四是天人协调。② 与西方文明不同的是，中华文明向来反对战争，在处理人与人、民族与民族、国家与国家之间的关系时，中国人历来强调“君子以厚德载物”“德不孤必有邻”“协和万邦”“和为贵”的精神。儒家经典《尚书》第一篇《尧典》记载：“克明俊德，以亲九族。九族既睦，平章百

① 《习近平著作选读》第二卷，人民出版社2023年版，第367页。

② 《张岱年全集》第5卷，河北人民出版社1996年版，第418—427页。

姓,百姓昭明,协和万邦,黎民于变时雍。”说明帝尧正是通过“亲和”“协和”的办法使宗族内部、百姓之间、国家之间相互亲近、和睦相处的。老子讲:“大者宜为下”“大邦者下流,天下之牝,天下之交也。”①《论语》讲:“上好礼,则民莫敢不敬;上好义,则民莫敢不服;上好信,则民莫敢不用情。夫如是,则四方之民襁负其子而至矣”②,“远人不服,则修文德以来之”③。孟子指出,“交邻国以道”“仁者为邻以大事小”“智者为能以小事大”。④《中庸》讲:“万物并育而不相害,道并行而不相悖”。墨子主张兼爱、非攻,甚至提出要求说“视人之国若视其国”⑤。美国历史学家保罗・肯尼迪(Paul Kennedy)认为:“根据中国儒学准则,战争活动与武装力量之所以有必要,仅是怕外部野蛮人的攻击和内部发生动乱。”⑥著名德国社会学家马克斯・韦伯在其1916年发表的《儒教与道教》一书中指出:儒教的本质是和平主义的,“儒教的‘理性’是一种秩序的理性主义;儒教理性具有本质上和平主义的特征,这种性质在历史上逐步升级……”⑦马来西亚总理马哈蒂尔说:“千百年来中国从来没有向海外拓展领土的野心。在历史上,中国虽然三度极其强盛,但中国也从来没有占领过东南亚。当年郑和来到马六甲并不是要占领马六甲,而是来同马来西亚的苏丹建立良好关系。”⑧中国式现代化主张平等相处、相互借鉴、对话交流、相互包容、求同存异,本质上是反对霸权主义,坚持平等、互鉴、对话、包容的文明观,呈现出共性与个性、民族性与世界性、物质文明与精神文明、守正与创新的辩证统一。正如习近平总书记指出的:“中国式现代化,深深植根于中华优秀传统文化,体现科学社会主义的先进本质,借鉴吸收一切人类优秀文明成果,代表人

① 陈鼓应:《老子今注今译》,商务印书馆2003年版,第293页。

② 杨伯峻、杨逢彬注译:《论语》,岳麓书社2000年版,第118页。

③ 杨伯峻、杨逢彬注译:《论语》,岳麓书社2000年版,第157页。

④ 金良年:《孟子译注》,上海古籍出版社2004年版,第29页。

⑤ 罗炳良等编著:《墨子解说》,华夏出版社2007年版,第93页。

⑥ 参见[德]保罗・肯尼迪:《大国的兴衰》,纽约1987年版,第8页。

⑦ 转引自辛向阳、陈先奎:《中国和平崛起的民族文明特质》,《学习时报》2004年9月27日。

⑧ 新华社吉隆坡1995年英文电讯。

类文明进步的发展方向，展现了不同于西方现代化模式的新图景，是一种全新的人类文明形态。”①

5. 独特民主观。中国式现代化的民主观克服了西方政治文明的基因缺陷，跨越了现代化发展的逻辑陷阱，是最真实、最广泛、最管用的社会主义民主。首先，从民主的主体维度来看，中国式现代化的民主观坚持人民至上，人民不仅是民主制度的设计者、建设者、依靠者，而且是实际的参与者、执行者和监督者，这与以资本为主体的英美式民主和以国家为主体的苏联式民主都截然不同。其次，从制度维度来看，中国式现代化的民主观不搞多党竞选，实行共产党领导下的多党合作制；不搞“三权分立”，立法、行政、司法都在党的领导下进行；不搞“两院制”，实行人民代表大会制度；不搞联邦制，坚持中国共产党领导的多党合作和政治协商制度、民族区域自治制度和基层群众自治制度。这不仅与当今世界资本主义相区别，也与其他社会主义相区别。再次，从实践维度看，中国式现代化的民主观具有切实可行的实践机制，能够切实有效反映人民意愿，倾听群众呼声，制定切实可行的战略策略，取得了良好的实践效果。中国能在短时间内迅速赶上世界现代化先进水平，成为世界第二大经济体，充分说明中国民主制度的有效性、优越性。当然，这并不是说中国的民主制度已经完美无缺了，正如习近平总书记指出的：“中国特色社会主义民主是个新事物，也是个好事物。当然，这并不是说，中国政治制度就完美无缺了，就不需要完善和发展了。”②

6. 独特生态观。生态观是人类对于生态问题总的观点，包含着社会发展中怎样处理人与自然、人与社会系统性关系的根本看法。中国式现代化继承和发展马克思主义的生态观，创新和转化中华优秀传统文化的生态观，同时克服西方早期现代化“先污染，后治理”造成严重后果的经验教训，实现了发展观、文明观、治理观与生态观的高度统一。

---

① 《习近平在学习贯彻党的二十大精神研讨班开班式上发表重要讲话强调　正确理解和大力推进中国式现代化》，《人民日报》2023 年 2 月 8 日。

② 《习近平谈治国理政》第二卷，外文出版社 2017 年版，第 289 页。

首先,中国式现代化坚持人与自然和谐共生的生态价值观。人与自然的关系是人类存在的最基本的关系。人因自然而生,也因自然而亡,人一刻也不能离开自然,人与自然是一种共生关系。生态环境没有替代品,用之不觉,失之难存。如果竭泽而渔,最后必然是什么鱼也没有了。人类对大自然的伤害最终会伤及人类自身,这是无法抗拒的规律。古代美索不达米亚、希腊、小亚细亚以及其他各地的居民,为了得到耕地,不惜毁林开荒,但是他们做梦也想不到,这些地方今天竟因此而成为不毛之地。生态文明是人类文明发展演进的必然结果,强调生态文明并不是要放弃工业文明而退回到农业文明时代,而是把农业文明时代热爱自然、顺应自然、敬畏自然的理念与工业文明时代发展物质生产力的理念辩证统一起来,形成新的文明观,引领人类社会进步。党的十八大以来,党中央把“生态文明”纳入“五位一体”的总体布局,在“新发展理念”中明确提出“绿色发展”,彰显了党中央对生态价值的高度重视。

其次,中国式现代化坚持发展方式绿色转型的生态发展观。生态环境的优劣与人类采取的生产方式和生活方式有着不可分割的联系。不合理的发展方式和生活方式必然导致生态环境的破坏。中国式现代化是人口规模巨大的现代化,“粗放扩张、人地失衡、举债度日、破坏环境的老路不能再走了,也走不通了。”①实现生态保护,必须加快推动形成绿色低碳的生产方式和生活方式。为此,要建设绿色低碳的现代化产业体系,构建市场导向的绿色科技创新体系,推进各类资源节约集约利用体系,倡导简约适度绿色低碳的生活方式。坚持山水林田湖草沙一体化保护和系统治理。

再次,中国式现代化坚持以完善生态文明制度体系为保障的生态治理观。要实现生态环境的根本转变,构筑完备的生态文明制度体系是重中之重。习近平总书记指出:“保护生态环境必须依靠制度、依靠法治。只有实行最严

① 《习近平关于城市工作论述摘编》,中央文献出版社 2023 年版,第 21 页。

格的制度、最严密的法治,才能为生态文明建设提供可靠保障。"①牢固树立生态环境法治理念,健全生态文明制度体系,用制度管权治吏、护蓝增绿,健全落地见效的生态环境监管考核体制,做到有权必有责、有责必担当、失责必追究。

最后,中国式现代化坚持构建人与自然生命共同体的全球生态观。地球是全人类赖以生存与发展的唯一家园。当代经济和生态环境问题的全球化,将人类的利益和命运紧紧联系在一起,构成了现实的命运共同体。生态环境问题的跨国界蔓延,危及全人类的共有家园,任何一国都无法置身事外、独善其身,需要国际社会携手应对。国际社会只有同舟共济,合作应对全球性环境问题,共同推动绿色循环低碳发展,共同呵护好地球家园,让子孙后代既能享有丰富的物质财富,又能遥望星空、看见青山、闻到花香。

(三)五个文明协调发展论

中国式现代化是按照"五位一体"总体布局建构起来的系统工程。其中,物质文明是基础,政治文明是保证,精神文明是思想灵魂,社会文明是发展目标,生态文明是时代特征。五个文明之间既相互区别又相互联系,形成对立统一的辩证关系,特别突出的是相互补充、相互依存、相互支撑、相得益彰的耦合关系,共同构成一种内涵丰富而又协调发展的新型文明体系。

1. 物质文明:中国式现代化的物质基础。中国式现代化是在一个人口众多的东方大国进行的,如何解决社会生产力相对落后的突出矛盾,为现代新型文明打下坚实可靠的物质技术基础,自始至终是一个关系其历史命运的头号难题。进入新时代,物质文明建设的两个最大特点:一是以现代科技创新为动力。2012 年召开的党的十八大,已经把"实施创新驱动发展战略"作为"加快转变发展方式"的一项重要内容。而从党的十八大到党的十九大、党的二十大的新发展,在于进一步从"世界大势与中国国情"这双重视角统一的新高

① 《习近平关于社会主义生态文明建设论述摘编》,中央文献出版社 2017 年版,第 99 页。

度,使创新驱动战略更加重要,内容更为具体。2014 年 6 月 9 日,习近平总书记在两院院士大会上发表讲话,主旨之一就是"加快从要素驱动、投资规模驱动发展为主向以创新驱动发展为主的转变"①。而实施创新驱动发展战略,"最根本的是要增强自主创新能力,最紧迫的是要破除体制机制障碍,最大限度解放和激发科技作为第一生产力所蕴藏的巨大潜能。"②二是构建现代化经济体系。如果说 2013 年党的十八届三中全会提出"使市场在资源配置中起决定性作用和更好发挥政府作用",抓住了一个推进社会主义市场经济体制创新的"关键突破口",那么 2017 年召开的党的十九大则提出了全面建构现代化经济体系的新方略、新目标。党的十九大报告的第五大部分,题目就是"贯彻新发展理念,建设现代化经济体系"。习近平总书记所讲的现代化经济体系,是由社会经济活动各个环节、各个领域、各个层面的相互关系和内在联系构成的有机整体。其具体内容包括:建设创新驱动、协同发展的产业体系;建设统一开放、竞争有序的市场体系;建设体现效率、促进公平的收入分配体系;建设彰显优势、协调联动的城乡区域发展体系;建设资源节约、环境友好的绿色发展体系;建设多元平衡、安全高效的全面开放体系。三是推动高质量发展。2022 年召开的党的二十大对物质现代化的发展提出更高要求。党的二十大报告第四部分的题目就是"加快构建新发展格局,着力推动高质量发展"。要求建设高标准的市场经济体制,建设现代化产业体系,全面推进乡村振兴,促进区域协调发展,推进高水平对外开放。

2. 政治文明:中国式现代化的政治保证。中国式现代化要想健康持续发展,不仅需要有坚实可靠的物质基础,而且需要坚强有力的政治保证,这就是要有相应的国家制度创新,其最为核心的内容就是国家治理体系和治理能力现代化。从中国历史和社会主义发展史来看,把国家现代化、国家制度创新作为时代主题,都是在理论创新、实践创新、制度创新上迈出的重要一步。也可

① 《习近平谈治国理政》第一卷,外文出版社 2018 年版,第 119 页。
② 《习近平谈治国理政》第一卷,外文出版社 2018 年版,第 121 页。

以说，这是继马克思《资本论》体系中资本与国家，列宁《国家与革命》及其“政治遗嘱”，改革开放起点上邓小平首倡经济体制改革和国家制度创新并举的基本思路之后，在新的历史条件下再次提出“改革与国家”“全面深化改革与国家制度创新”的重大时代课题。党的十九届四中全会讨论通过的《中共中央关于坚持和完善中国特色社会主义制度、推进国家治理体系和治理能力现代化若干重大问题的决定》，是在政治现代化、国家现代化大道上迈出的重要一步。党的二十大报告的题目就是《高举中国特色社会主义伟大旗帜　为全面建设社会主义现代化国家而团结奋斗——在中国共产党第二十次全国代表大会上的报告》，把国家现代化、政治现代化提到了新高度，并且更加突出三大奠基石，即党的领导、人民民主、国家法治的总建构。①

3. 精神文明：中国式现代化的思想灵魂。中国式现代化不仅需要坚实的物质基础和强有力的政治保证，而且需要以内在的精神文明为精神引领。只有物质文明建设和精神文明建设都搞好，国家物质力量和精神力量都增强，全国各族人民物质生活和精神生活都改善，中国特色社会主义事业才能顺利前进。习近平总书记指出：“没有先进文化的积极引领，没有人民精神世界的极大丰富，没有民族精神力量的不断增强，一个国家、一个民族不可能屹立于世界民族之林。”②马克思主义是我们党的指导思想，共产主义是我们党的远大理想。理想信念是共产党人精神上的“钙”，革命理想高于天。如果党员干部理想信念坚定、干事业精气神足，人民群众精神振奋、发愤图强，就可以创造出很多人间奇迹。如果党员、干部理想信念动摇、宗旨淡化，人民群众精神萎靡、贪图安逸，那往往可以干成的事情也干不成。我们必须毫不放松理想信念教育、思想道德建设、意识形态工作，用习近平新时代中国特色社会主义思想武装全党，解决好世界观、人生观、价值观这个“总开关”问题，建设具有强大凝聚力和引领力的社会主义意识形态，培育和践行社会主义核心价值观，继承和

① 参见王东：《中国式现代化新道路与人类文明新形态》，吉林人民出版社 2023 年版，第 369 页。

② 习近平：《论党的宣传思想工作》，中央文献出版社 2020 年版，第 96 页。

弘扬优秀传统文化,提高全民族思想道德水平,培育社会文明风尚,促进人民精神生活共同富裕。“我们要继续锲而不舍、一以贯之抓好社会主义精神文明建设,为全国各族人民不断前进提供坚强的思想保证、强大的精神力量、丰润的道德滋养。”①党的领导是社会主义精神文明建设的关键,核心是坚持党性原则,树立正确政治方向,站稳政治立场,始终同党中央保持一致,坚决维护党中央权威,坚定“四个自信”。对政治性、原则性、导向性问题,必须旗帜鲜明、敢抓敢管。“始终绷紧导向这根弦,讲导向不含糊、抓导向不放松。”②要做大做强正面宣传,紧紧围绕党的基本理论、基本路线、基本方略和党中央重大决策部署,精心开展主题宣传、形势宣传、政策宣传、成就宣传、典型宣传,形成强大的主流舆论场。

4. 社会文明:中国式现代化的发展目标。社会文明是指社会领域的进步程度和社会建设的积极成果,包括社会主体文明(个人发展、家庭幸福、邻里和谐、社会和谐)、社会关系文明(人际关系、家庭关系、邻里关系、社团关系、群体关系)、社会观念文明(社会理论、社会心理、社会风尚、社会道德)、社会制度文明(社会制度、社会体制、社会政策、社会法律)、社会行为文明(社会活动、社会工作、社会管理)等方面的总和。中国式现代化的社会文明观根本超越两极分化、阶级对立、个人主义的资本主义文明,创造了一种以“自由平等、合作劳动、共同富裕、和谐发展、公平正义”为主要特点的社会文明。所谓“自由平等”就是每个主体在人格身份地位上没有高低贵贱之分,这就为个人的发展,家庭的幸福,邻里的和谐,社会的和谐提供了根本的前提条件。所谓“合作劳动”就是在社会主义条件下,人和人之间的关系是一种“人人为我,我为人人”的互为对方的劳动关系,彻底消除了资本主义下劳动异化和人对人的剥削关系。所谓“共同富裕”就是实行以按劳分配为主体的分配制度,建立健全一整套社会保障制度体系,保护广大劳动群众,保护困难群体,保证所有

---

① 习近平:《论党的宣传思想工作》,中央文献出版社 2020 年版,第 132 页。

② 《习近平关于社会主义精神文明建设论述摘编》,中央文献出版社 2022 年版,第 4 页。

人都走在共同富裕的道路上。所谓"和谐发展"就是保障社会各方面之间相互协调,严谨有序,从而消灭了资本主义运行的无序状态。所谓"公平正义"就是通过一系列的制度体系,保证每一个人都得到公平公正地对待,保证整个社会秩序的公平正义。

5. 生态文明:中国式现代化的时代特征。中国式现代化,不仅意味着一种产业革命,一种现代化模式的革命,一种发展道路的革命,而且从更深刻、更长远、更根本的意义上说,意味着人类社会生产力的革命,天人关系的革命,人类价值观、天人观、发展观的革命。从生产力视角看,以往的马克思主义教科书将生产力定义为人类改造自然、征服自然、获取物质生活资料的能力。这种说法打上了工业文明的烙印,未能充分反映现代科技革命带来的最新认识成果与实践成果。今天,在全球面临生态危机的背景下,我们应当说:生产力是人类利用自然、改造自然、控制自然,使之造福于人类持续发展的主体性能力。这样的定义,其实更加符合马克思在《资本论》中对劳动实践活动本质特征的理解。"联合起来的生产者,将合理地调节他们和自然之间的物质变换,把它置于他们的共同控制之下,而不让它作为一种盲目的力量来统治自己;靠消耗最小的力量,在最无愧于和最适合于他们的人类本性的条件下来进行这种物质变换。"①而现代系统论、控制论、信息论的发展则为人与自然之间的这种控制调节关系提供了新的理论支持。从价值观视角看,传统价值观强调人类征服自然、占有自然,让自然服从于人的需要,服从于人的目的,把自然变成人的致富之源,高扬人的主体性、驾驭自然有用性。而现代新型价值观则强调人与自然和睦相处,和谐共生,共同发展,持续发展。从发展观的视角看,传统发展观片面强调单纯经济增长,强调人类如何占有和征服自然,从自然获取更多的物质财富,把物质财富、物质消费、物质享受看得高于一切。而现代新型发展观强调的却是以经济为基础的社会、文化的全面可持续发展,是人与自然、人与人、身与心的和谐发展。

---

① 《马克思恩格斯文集》第7卷,人民出版社2009年版,第928—929页。

“五个文明”协调发展，构成中国式现代化的独有条件。习近平总书记指出：“我经常想，中国形成了统一的多民族、拥有十三亿多人口而又精神上文化上高度团结统一的国家，这在世界上是独一无二的。中国连绵几千年发展至今的历史从未中断，形成了独具特色、博大精深的价值观念和文明体系，这在世界上是独一无二的。中国形成了适合我国实际、符合时代特点的中国特色社会主义并取得了巨大成功，这在世界上是独一无二的。中国形成了全心全意为人民服务、拥有八千九百多万名党员、紧密组织起来的中国共产党并在中国长期执政，这在世界上是独一无二的。”①

（四）全面推进系统工程论

中国式现代化是一个复杂的系统工程。全面推进中国式现代化，最为重要的就是正确处理现代化进程的各种重大关系。2023 年 2 月 7 日，在新进中央委员会委员、候补委员和省部级主要领导干部学习贯彻习近平新时代中国特色社会主义思想和党的二十大精神研讨班上的讲话中，习近平总书记指出：“推进中国式现代化是一个系统工程，需要统筹兼顾、系统谋划、整体推进，正确处理好顶层设计与实践探索、战略与策略、守正与创新、效率与公平、活力与秩序、自立自强与对外开放等一系列重大关系。”②这一论述，为新时代全面推进中国式现代化提供了基本价值原则和实践遵循，具有重要的方法论意义。

1. 正确处理顶层设计与实践探索的关系。顶层设计与实践探索是辩证统一、相促互进的关系。一方面，顶层设计是实践探索的基本前提，只有加强顶层设计，才能为实践探索提供翔实可靠的战略策略、方案举措。另一方面，只有通过实践探索，才能检验顶层设计是否切实可行、正确与否，才能为新的顶层设计提供新的资料。加强顶层设计必须洞察世界大势，体悟人民群众的意愿，把握历史规律，使制定的规划和政策体系体现时代性、把握规律性、富于创

① 《习近平著作选读》第二卷，人民出版社 2023 年版，第 115 页。

② 《习近平在学习贯彻党的二十大精神研讨班开班式上发表重要讲话强调　正确理解和大力推进中国式现代化》，《人民日报》2023 年 2 月 8 日。

造性，做到远近结合、上下贯通、内容协调，使顶层设计具有前瞻性、引领性。推进实践探索胆子要大，步子要稳，要有钉钉子精神，一张蓝图绘到底。“如果东一榔头西一棒子，结果很可能是一颗钉子都钉不上、钉不牢。”①实践探索没有止境，顶层设计就没有止境，要不断促进顶层设计与实践探索的结合。

2. 正确处理战略与策略的关系。战略和策略是一个问题的两个方面。战略是关系全局性和决定性意义的长远规划，而策略则是为达到战略目标而使用的具体方法。策略从属于战略，战略需要各种策略的支持。如何正确处理战略和策略的关系？习近平总书记从四个方面做了重要论述。首先，要增强战略的前瞻性，准确把握事物发展的必然趋势，敏锐洞悉前进道路上可能出现的机遇和挑战，以科学的战略预见未来、引领未来。其次，要增强战略的全局性，谋划战略目标、制定战略举措、作出战略部署，都要着眼于解决事关党和国家事业兴衰成败、牵一发而动全身的重大问题。再次，要增强战略的稳定性，战略一经形成，就要长期坚持、一抓到底、善作善成，不要随意改变。最后，要把战略的原则性和策略的灵活性有机结合起来，灵活机动、随机应变、临机决断，在因地制宜、因势而动、顺势而为中把握战略主动。

3 正确处理守正与创新的关系。“守正”和“创新”的关系是前提和目标的关系。“守正”是前提，“创新”是目的，只有“守正”才能“创新”，只有“创新”才能实现“守正”。在新的历史条件下，在全面推进中国式现代化的进程中，如何正确处理守正与创新的关系？一方面，任何现代化都是历史积累的结果，中国式现代化是中国共产党人领导人民百年不懈奋斗的成果。正是在百年不懈奋斗中，经过反复试验，在普遍性与特殊性的结合中，找到了适合中国特点的正确道路、理论、文化和制度，奠定了实现中国式现代化的物质基础、理论基础、文化基础和制度基础。一旦离开这些基础，必将犯颠覆性错误。所以，中国式现代化必须坚持马克思主义的指导地位，坚守中华文化立场，坚持党的领导，坚持中国式现代化的中国特色、本质要求和重大原则。“要守好中

① 《习近平谈治国理政》第一卷，外文出版社 2018 年版，第 400 页。

国式现代化的本和源、根和魂，毫不动摇坚持中国式现代化的中国特色、本质要求、重大原则，确保中国式现代化的正确方向。”①另一方面，创新是推动中国式现代化的第一动力源。只有不断创新，才能占领发展的制高点，把握时代先机，在百年未有之大变局中处于有利地位，才能啃下我国现代化建设面临的“硬骨头”。因此，必须把握新时代创新的内涵和方向，增强创新能力，营造创新的氛围。“要把创新摆在国家发展全局的突出位置，顺应时代发展要求，着眼于解决重大理论和实践问题，积极识变应变求变，大力推进改革创新，不断塑造发展新动能新优势，充分激发全社会创造活力。”②

4. 正确处理效率与公平的关系。效率和公平在中国特色社会主义条件下本质上是辩证统一、相辅相成的关系。一方面，效率是公平的基础，没有效率就没有公平实现的物质条件和源泉。效率主要体现的是生产力和经济的发展，没有生产力和经济的发展，没有效率的提高和财富的增长，公平就成了无源之水、无本之木。另一方面，公平是效率的前提，没有公平就没有效率存在的理由和保证。在改革开放初期，为打破平均主义，更好地调动人民群众的积极性，党和政府更多地把效率放在第一位。但一些地方片面理解“效率优先、兼顾公平”的方针，导致行政权力的过分集中，扭曲分配关系，混乱分配秩序，弱化劳动者权益，使城乡、地区结构矛盾突出，反而扩大了分配收入差距。鉴于此，我们党适时进行调整，先后提出“初次分配注重效率，再分配注重公平”，以及“初次分配和再分配都要兼顾效率和公平，再分配更加注重公平”的方针。党的二十大更进一步提出要“构建初次分配、再分配、第三次分配协调配套的制度体系”③。基于对效率和公平关系的辩证理解及其历史经验的

---

① 《习近平在学习贯彻党的二十大精神研讨班开班式上发表重要讲话强调　正确理解和大力推进中国式现代化》，《人民日报》2023 年 2 月 8 日。

② 《习近平在学习贯彻党的二十大精神研讨班开班式上发表重要讲话强调　正确理解和大力推进中国式现代化》，《人民日报》2023 年 2 月 8 日。

③ 习近平：《高举中国特色社会主义伟大旗帜　为全面建设社会主义现代化国家而团结奋斗——在中国共产党第二十次全国代表大会上的报告》，人民出版社 2022 年版，第 47 页。

总结，习近平总书记指出：中国式现代化，“既要创造比资本主义更高的效率，又要更有效地维护社会公平，更好实现效率与公平相兼顾、相促进、相统一。”①

5. 正确处理活力与秩序的关系。活力与秩序是中国式现代化创新发展的两个基本前提条件。“秩序”和“活力”之间又是相依相存、相互促进的关系。“秩序”是激发“活力”的前提，没有秩序，没有稳定，什么事情也干不成。反过来，只有“活力”才能促进发展，更进一步增进“秩序”，维护稳定。活力和秩序的辩证关系，蕴含着发展与安全、激励与约束、整体与局部等多重辩证逻辑，且二者在实践中深度依赖、交融共生并能够内在转化。习近平总书记指出：“一个现代化的社会，应该既充满活力又拥有良好秩序，呈现出活力和秩序有机统一。”②正确处理秩序和活力的关系，必须辩证认识和把握国内外大势，统筹“两个大局”，深刻认识我国社会主要矛盾转变及错综复杂的国际形势带来的新矛盾新挑战，以科技创新催生新发展动能，以深化改革激发发展活力，以高水平对外开放打造国际合作和竞争新优势，以共建共治共享拓展社会发展新局面。

6. 正确处理自立自强与对外开放的关系。“自强自立”和“对外开放”在中国式现代化中分别体现了内因和外因的辩证关系。唯物辩证法认为，内因是发展变化的根据，外因是发展变化的条件。一方面，独立自主、自立自强历来是我们党立党立国的重要原则，是党历经百年奋斗得出的宝贵经验和精神财富。中国式现代化必须建立在自立自强的基础上。另一方面，对外开放是中国的基本国策，推进高水平对外开放是推进中国式现代化必须坚持的重大原则。习近平总书记指出：“要坚持独立自主、自立自强，坚持把国家和民族发展放在自己力量的基点上，坚持把我国发展进步的命运牢牢掌握在自己手中。要不断扩大高水平对外开放，深度参与全球产业分工和合作，用好国内国

① 《习近平在学习贯彻党的二十大精神研讨班开班式上发表重要讲话强调 正确理解和大力推进中国式现代化》，《人民日报》2023 年 2 月 8 日。

② 《习近平著作选读》第二卷，人民出版社 2023 年版，第 332 页。

际两种资源,拓展中国式现代化的发展空间。”①

二、中国式现代化理论的思想来源及本质属性

中国式现代化理论不仅是对马克思主义现代化观的继承发展,而且是对中国优秀传统文化思想基因的创造性转化和创新性发展,更是对西方现代化观的批判和扬弃,是古今中外、综合创新的现代化思想成果。

(一)马克思主义现代化观的继承发展

在马克思的著作里虽然没有直接提到“现代化”一词,但这并不意味着马克思没有关于现代化的思想,在马克思的著作中,大量存在着“资产阶级的时代”“现代资产阶级方式”以及“现代”等术语。如在《〈黑格尔法哲学批判〉导言》中,马克思多次用“现代”“现代的”和“当代的”“现代各国”“现代国家”等词语来表达“现代化”及其现代化造成的结果。在《共产党宣言》中,马克思把现代社会界定为“现代资产阶级社会”“资产阶级时代”,同时使用了“现代的国家政权”“现代的工业劳动”“现代的资本压迫”等概念,并指出现代资产阶级社会是由资本主义生产方式、特别是机器大工业所造就的。在《资本论》中,马克思反复用“现代”来指代资本主义社会,正是通过“现代资产阶级生产”这一资产阶级生产方式把前资本主义社会与现代社会区分开来。因此,现代化就是“现代资产阶级生产”所展开的历史过程。所谓资本主义就是资本逻辑下的社会生产,它所进行的过程与现代化是同构的。当然,马克思所面对的对象是资产阶级社会,他对现代化的建构正是在批判资本主义现代化的基础上形成的。

马克思、恩格斯面对的是资本主义现代化,而要把握资本主义现代化就

① 《习近平在学习贯彻党的二十大精神研讨班开班式上发表重要讲话强调　正确理解和大力推进中国式现代化》,《人民日报》2023 年 2 月 8 日。

必须深入到资产阶级的生产方式之中,“资本和劳动的关系,是我们全部现代社会体系所围绕旋转的轴心。”①资本是理解资本主义现代化的核心线索。马克思对资本现代性采取了辩证批判的态度。一方面,马克思认为,现代化首先是生产方式的现代化,“蒸汽和机器引起了工业生产的革命。现代大工业代替了工场手工业;工业中的百万富翁、一支一支产业大军的首领、现代资产者,代替了工业的中间等级。”②正是通过工业革命,现代资产阶级创造了巨大的生产力,资产阶级在不到一百年的时间里所创造的生产力比过去一切世代所创造的全部生产力还要多还要大。资产阶级无情斩断封建的生产关系的羁绊,撕下笼罩在人们头上的温情脉脉的面纱,把人与人之间的一切关系变成了简单的金钱关系。资产阶级还创立了巨大的城市,“使城市人口比农村人口大大增加起来。”③资产阶级创造了新的文明,“它创造了完全不同于埃及金字塔、罗马水道和哥特式教堂的奇迹。”④资产阶级开拓了世界市场,使一切国家的生产和消费都成为世界性的了,使交往由地域性交往变为世界性交往。资产阶级还建立了统一的多民族国家,实现了经济和政治的日益集中,过去“各自独立的、几乎只有同盟关系的、各有不同利益、不同法律、不同政府、不同关税的各个地区,现在已经结合为一个拥有统一的政府、统一的法律、统一的民族阶级利益和统一的关税的统一的民族”。⑤ 资产阶级改变了人们的思维方式,把过去一切保守的、僵化的、原封建不动的观念和见解变为不断地变革、不停地运动的观念和见解。“一切等级的和固定的东西都烟消云散了,一切神圣的东西都被亵渎了。人们终于不得不用冷静的眼光来看他们的生活地位、他们的相互关系。”⑥商品交换塑造了人的自由平等理性,市场培植了人的独立理性,资本激发出人的创

① 《马克思恩格斯文集》第3卷,人民出版社2009年版,第79页。
② 《马克思恩格斯文集》第2卷,人民出版社2009年版,第32页。
③ 《马克思恩格斯文集》第2卷,人民出版社2009年版,第36页。
④ 《马克思恩格斯文集》第2卷,人民出版社2009年版,第34页。
⑤ 《马克思恩格斯文集》第2卷,人民出版社2009年版,第36页。
⑥ 《马克思恩格斯文集》第2卷,人民出版社2009年版,第34—35页。

造性。

同时，资产阶级的现代化给人类带来新的危机和灾难。一部资本主义的现代化史就是工人阶级遭受奴役的历史，尤其是资本与理性、科技、消费的相互勾连，致使现代社会生活呈现为"一个着了魔的、颠倒的、倒立着的世界"①。首先，资本主义现代化把"人"降低为"物"，造成劳动异化。劳动本来是人的自由自觉的活动，现在却变成一种外在的强制性的东西。一种外在的谋生手段，"它压抑工人的多种多样的生产志趣和生产才能，人为地培植工人片面的技巧"②，工资只是维持工人生命及其延续后代所需生活必需品的费用。只要外在的强制一停止，"人们就会像逃避瘟疫那样逃避劳动"③。无产者完全失去自身的独立性，工人变成机器的单纯的附属品，劳动只限于极其简单、极其单调和极容易学会的操作。"工场手工业把工人变成畸形物。"④其次，资本主义现代化造成社会基本矛盾的尖锐化。生产的社会化要求由社会占有生产资料，但让资产阶级自动放弃对财产的占有，犹如天方夜谭。自1825年以来，资本主义每隔大约十年就发生一次经济危机。危机期间，工人大量失业，生产力遭受破坏，生产严重萎缩，大量新产品被毁弃。马克思指出："资产阶级的关系已经太狭窄了，再容纳不了它本身所造成的财富了。"⑤资产阶级不仅创造了现代化的大机器工业，而且锻造了置自身于死地的武器，即现代的工人阶级。19世纪40年代，欧洲三次工人运动标志着工人阶级开始独立登上政治舞台。再次，资本主义现代化无节制地向自然索取，破坏大自然，造成人和自然的对立。在资本逻辑的支配下，为获取无限增长的利润，达到资本增值的目的，资本家肆无忌惮地掠夺自然资源，破坏生态环境，甚至人为地创造有害于人类生存和发展的人工自然物，如海洛

① 马克思：《资本论》第3卷，人民出版社2004年版，第940页。
② 马克思：《资本论》第1卷，人民出版社2004年版，第417页。
③ 《马克思恩格斯文集》第1卷，人民出版社2009年版，第159页。
④ 马克思：《资本论》第1卷，人民出版社2004年版，第417页。
⑤ 《马克思恩格斯文集》第2卷，人民出版社2009年版，第37页。

因等各种有害毒品，以及对人体基本有害无益的烟草，还有用于各种破坏活动和非法活动的工具。最后，资产阶级的现代化是不平等的、非正义的现代化。大工业的发展使农村屈服于城市，使未开化和半开化的国家从属于文明的国家，使农民的民族从属于资产阶级的民族，使东方从属于西方。资产阶级到全球各地抢占殖民地，掠夺原料，占领市场，激起弱小民族和国家的反抗。

马克思和恩格斯描绘了未来现代化的图景。首先，现代化将把人的自由全面发展放在首要位置，以自由的、全面发展的劳动取代畸形的、片面的、单向度的劳动，使劳动成为人的第一需要，把被资本颠倒了的主客关系重新颠倒过来，人不再受制于"物"，把虚假的、形式的自由变为真正的、现实的自由。其次，现代化将建立在生产资料的社会主义公有制，实行有计划生产，取消商品生产，消灭生产社会化与生产资料私有制之间的矛盾，因而消灭了生产的无政府状态，消除了人与社会的对立。将颠倒的世界颠倒过来，"组成为一个自觉的、有计划的联合体"①。把人和人之间异己的、敌对的关系转变为相互的、互主体的关系。生产关系的变革将促进生产力的发展，社会财富充分涌流。再次，现代化将正确处理人与自然的矛盾，把自然看成人的无机的身体，实现改造自然与保护自然的统一。一方面，人将自然界作为自己的生存空间，从自然界获取生产和生活资料，把自然界看作人和人之间关系的纽带；另一方面，人"通过实践创造对象世界，改造无机界"②，实现人与自然之间矛盾的真正解决。最后，现代化应是平等正义的现代化。交往的普遍发展使现代化成为一种世界性的生产和生活，各交往主体之间都是平等合作的关系，弱小民族和国家的地位将受到尊重。

（二）中国优秀传统文化基因的创造性转化

文化基因是决定文化系统、文明形态传承与发展的基本要素。习近平总

① 马克思：《资本论》第3卷，人民出版社2004年版，第745页。

② 《马克思恩格斯文集》第1卷，人民出版社2009年版，第162页。

书记指出:“中国式现代化,深深植根于中华优秀传统文化。”①“如果没有中华五千年文明,哪里有什么中国特色?”②文化基因的核心内容,就是思维方式与价值观念,集中体现到哲学观念中。中华文明中孕育的最重要的文化基因有:人我统一的互主体观;公平公正的民主观;和而不同的交往观;包容互鉴的文明观;诚实守信的道德观;四海一家的大同观;天人合一的生态观;义利统一的价值观;兼容并包的多元文化观;等等。这些文化基因深深内嵌在中国人的血液和性格之中,构成中国式现代化的传统文化基底。

1. 人我统一的互主体观。与西方哲学强调“自我”与“他人”主客二分的观点不同,中国哲学历来强调“人我统一”,强调人和人之间的互敬互爱。儒家所说的“仁”,本身就是两个人的意思,进一步延伸就是两个人互爱的意思。《论语·乡党》载:“厩焚。子退朝,曰:‘伤人乎’?不问马。”③马厩被烧毁,孔子退朝回来,先问人而不问马,典型反映了中国传统文化中的人本主义思想。如何对待他人?孔子提出“仁者爱人”“己欲立而立人,己欲达而达人”④的观点,自己想要达到的,也让别人达到。反之,自己不想遭遇的,也不要强加于人,“己所不欲,勿施于人”⑤。孟子接着说:“老吾老,以及人之老;幼吾幼,以及人之幼。”⑥敬爱自家的老人,从而也敬爱别人家的老人;呵护自己的孩子,从而也呵护别人的孩子。当时的杨朱学派提出“拔一毛而利天下,不为也”的观点,遭到孟子猛烈地抨击,认为这种只顾自己、不顾他人的行为是“禽兽不如”的行为。老子把“慈爱”视为“三宝”之一,“夫慈,以战则胜,以守则固”。⑦在老子看来,大道的核心就是无私奉献的精神。“生而不有,为而不恃,长而

---

① 《习近平在学习贯彻党的二十大精神研讨班开班式上发表重要讲话强调　正确理解和大力推进中国式现代化》,《人民日报》2023年2月8日。

② 习近平:《在文化传承发展座谈会上的讲话》,人民出版社2023年版,第5页。

③ 《论语》,杨伯峻译注,中华书局2002年版,第105页。

④ 《论语》,杨伯峻译注,中华书局2002年版,第65页。

⑤ 《论语》,杨伯峻译注,中华书局2002年版,第166页。

⑥ 《孟子》(下),杨伯峻译注,中华书局1960年版,第16页。

⑦ 《老子道德经校注释》,楼宇烈校释,中华书局2008年版,第171页。

不宰,是谓玄德。”①如何达到“玄德”境界?老子认为最为重要的是从道的本性出发,少私寡欲,尽力帮助他人。给予他人的越多,自己得到的也会越多。“圣人不积,既以为人,己愈有;既以与人,己愈多。”②墨子目睹当时“大国攻小国”“大家乱小家”“强劫弱”“众暴寡”“诈谋愚”“贵敖贱”“为人君者不惠”“臣者不忠”“父者不慈”“子者不孝”“贱人执其兵刃、毒药、水、火,以交相亏贼”③等可怕现实,强调人与人之间要“兼相爱”“交相利”,主张“爱人若己”。具体来说,就是要像对待自己的国一样对待他人的国,像对待自己的家一样对待他人的家,像对待自己的身体一样对待他人的身体,“视人之国若视其国,视人之家若视其家,视人之身若视其身”④。“爱人,待周爱人而后为爱人”⑤。爱人就是要兴利除弊,做有利于天下人的事。“仁之事者,必务求兴天下之利,除天下之害,将以为法乎天下。利人乎,即为;不利人乎,即止。”⑥先秦时期形成的互主体观深刻影响中国人的思维方式,形成中国人为他人着想、为他人谋划的思维习惯,成为中国式现代化不同于西方现代化的独特文化基因之一。

2. 公平公正的民主观。讲究人格平等,做事公平公正,先公后私,反对自私自利,这是中国传统文化的重要追求之一。早在20世纪40年代,冯友兰就曾指出:中国传统文化包含着民主的思想,“首先要提出的是人类的平等。中国传统文化中各学派都承认这个理论,他们有的主张一切人在道德上都是一样的好;有的主张一切的人都一样能作道德的人。”⑦老子主张自然意义上的平等。他认为,道为天地之始,万物之母,万事万物都由道衍生而来,“道生

---

① 《老子道德经校注释》,楼宇烈校释,中华书局2008年版,第24页。
② 《老子道德经校注释》,楼宇烈校释,中华书局2008年版,第192页。
③ 《墨子》,方勇评注,商务印书馆2018年版,第144页。
④ 《墨子》,方勇评注,商务印书馆2018年版,第136页。
⑤ 《墨子》,方勇评注,商务印书馆2018年版,第423页。
⑥ 《墨子》,方勇评注,商务印书馆2018年版,第289页。
⑦ 冯友兰:《中国传统文化的精神》(上),国际文化出版公司1998年版,第245页。

一,一生二,二生三,三生万物"①。在"道"面前,人和人没有高低贵贱之分。"天地不仁,以万物为刍狗;圣人不仁,以百姓为刍狗。"②孔子认为,每个人虽然出身不同,但具有平等的自由意志。"三军可夺帅也,匹夫不可夺志也。"③社会最大的祸患就是财富分配的不公,"不患寡而患不均"。只要做到财富的平均分配就是实现了平等,就能消除贫困,即"盖均无贫"④。孟子进一步认为,任何人都有成为圣贤的可能,"人皆可以为尧、舜。"⑤君臣之间是完全对等的关系,君怎样对待臣,臣就怎样对待君。"君之视臣如手足,则臣视君如腹心;君之视臣如犬马,则臣视君如国人;君之视臣如土芥,则臣视君如寇仇。"⑥君臣之间要各守其道,各尽其责。"欲为君,尽君道;欲为臣,尽臣道。"⑦杀死残暴的君主就是诛杀一个"独夫",不算"弑君"。荀子同样认为,普通人可以成为大禹那样的圣人。"涂之人可以为禹。"⑧墨子所讲"兼爱"之"兼",本义就有"平等"之意。《说文解字》释"兼"字为"并也,又从持称,兼持二禾口。持二禾而不专一禾,即隐含平等之意"⑨。墨子认为,天是广大而无私的,"天之行广而无私"⑩。在"天"面前,国无大小,人无长幼贵贱,都是天之臣。"今天下无大小国,皆天之邑也。人无幼长贵贱,皆天之臣也。"⑪选贤任能,要一视同仁,不偏党父兄,不偏护富贵,不爱宠美色。韩非子认为,立法的本质就是抑制人的自私,"夫立法令者,以废私也。"⑫法律面前人人平等:"法不阿贵,

---

① 《老子道德经校注释》,楼宇烈校释,中华书局2008年版,第117页。
② 《老子道德经校注释》,楼宇烈校释,中华书局2008年版,第13—14页。
③ 《论语》,杨伯峻译注,中华书局2002年版,第95页。
④ 《论语》,杨伯峻译注,中华书局2002年版,第172页。
⑤ 《孟子》(下),杨伯峻译注,中华书局1960年版,第276页。
⑥ 《孟子》(下),杨伯峻译注,中华书局1960年版,第186页。
⑦ 《孟子》(下),杨伯峻译注,中华书局1960年版,第165页。
⑧ (清)王先谦:《荀子集解》,沈啸寰、王星贤整理,中华书局2012年版,第428页。
⑨ 赵馥洁:《墨子"兼爱"说述评》,《人文杂志》1983年第3期。
⑩ 《墨子》,方勇评注,商务印书馆2018年版,第26页。
⑪ 《墨子》,方勇评注,商务印书馆2018年版,第27页。
⑫ 《韩非子》,高华平等译注,中华书局2015年版,第652页。

绳不挠曲……刑过不避大臣，赏善不遗匹夫。”①这种追求平等的民主精神，深深埋藏在中国人的心灵深处，并为之不懈奋斗，经过几千年的孕育，成为中国式现代化重要的精神动源之一。

3. 和而不同的交往观。中国传统文化历来强调不同文明、不同主体之间的统一、融合、协作、相济，反对分裂和斗争。《尚书·尧典》记载：“（帝尧）克明俊德，以亲九族”“百姓昭明，协和万邦。”②就是说，尧帝以“协和”的办法处理不同民族、不同邦国之间的关系。在中国古人看来，“和”是化生万物的力量。“和，故百物皆化。”③“和”是最美的王道，“礼之用，和为贵。先王之道，斯为美；小大由之。”④《中庸》称“中和”是天下之大本，天下之达道。达到“中和”，天地便各归其位，万物便生长发育。“喜怒哀乐之未发谓之中，发而皆中节谓之和。中也者，天下之大本也；和也者，天下之达道也。致中和，天地位焉，万物育焉。”⑤中国古人还把“和”与“合”结合起来，“合”本身包含着“和”的意思。《荀子·礼论》：“天地合而万物生，阴阳接而变化起，性伪合而天下治。”⑥《周易大传》提出“保合太和”的观念。《彖传》言：“乾道变化，各正性命，保合太和，乃利贞。”⑦管子指出，只要按规律治理天下，就能达到“合和”，并因之达于“谐辑”。“畜之以道，则民和；养之以德，则民合。和合故能谐，谐故能辑，谐辑以悉，莫之能伤。”⑧当然，中国古代哲学家所讲的“和合”并不等于千篇一律，不讲立场、不分是非、没有原则地与对方妥协。早在西周晚期，郑国大夫史伯就曾说过：“夫和实生物，同则不继。以他平他谓之和，故能丰长

① 《韩非子》，高华平等译注，中华书局2015年版，第50页。
② 李民、王健：《尚书译注》，上海古籍出版社2004年版，第1页。
③ （清）孙希旦撰，沈啸寰、王星贤点校：《礼记集解》，中华书局2022年版，第939页。
④ 《论语》，杨伯峻译注，中华书局2002年版，第8页。
⑤ 《大学中庸》，王文锦译注，中华书局2019年版，第19页。
⑥ （清）王先谦：《荀子集解》，沈啸寰、王星贤整理，中华书局2012年版，第356页。
⑦ 《周易》，周振甫译注，中华书局1991年版，第2页。
⑧ 李山、轩新丽译注：《管子》（上），中华书局2019年版，第318页。

而物归之;若以同裨同,尽乃弃矣。”①只有不同的因素相互配合协调,事物才能生长。孔子讲:“君子和而不同,小人同而不和。”②合和并不等于随波逐流,随声附和,儒家经典《中庸》讲“故君子和而不流,强哉矫;中立而不倚,强哉矫。”③清朝顺治皇帝在整修故宫三大殿时,将其更名为“太和殿”“中和殿”“保和殿”,目的在于祈求社会的和谐、安定。在中国古人看来,“合和”既是万物化生之道,又是人与社会长久的生存之道,矛盾双方斗来斗去,最终在“合和”中化解统一。中国人这种和而不同、和合共生的精神追求,与西方人强调相互斗争、相互分裂的思维倾向截然不同,深刻影响中国式现代化的思维方式。

4. 包容互鉴的文明观。中国传统文化历来强调要宽容地对待他人,包容他人的缺点和过失。老子认为,宽容是大道的品格。“道冲而用之,或不盈,渊兮似万物之宗。”④正因为“道”是一个虚体,他才能包容万物,成为万物之宗。老子希望人们胸怀宽广,“旷兮其若谷”⑤,“上德若谷”⑥,谦让处下,不争而善胜。“江海所以能为百谷王者,以其善下之,故能为百谷王。”⑦既坚持原则又不伤害他人,在矛盾中把握好处理问题的“度”。“是以圣人方而不割,廉而不刿,直而不肆,光而不耀。”⑧庄子高度肯定老子宽容万物思想,称老子“常宽容于物,不削于人,可谓至极”⑨。《周易》认为,大地因其宽广而容纳万物,君子因为宽厚而成其美德。“地势坤,君子以厚德载物。”⑩《尚书》记载,商的左相仲虺称赞成汤能够行宽宏仁爱之德政,彰明大信于天下万民。“克宽克

---

① 《国语》,陈桐生译注,中华书局 2016 年版,第 304 页。
② 《论语》,杨伯峻译注,中华书局 2002 年版,第 141 页。
③ 《大学中庸》,王文锦译注,中华书局 2019 年版,第 22 页。
④ 《老子道德经校注释》,楼宇烈校释,中华书局 2008 年版,第 10 页。
⑤ 《老子道德经校注释》,楼宇烈校释,中华书局 2008 年版,第 33 页。
⑥ 《老子道德经校注释》,楼宇烈校释,中华书局 2008 年版,第 112 页。
⑦ 《老子道德经校注释》,楼宇烈校释,中华书局 2008 年版,第 169 页。
⑧ 《老子道德经校注释》,楼宇烈校释,中华书局 2008 年版,第 152 页。
⑨ 《庄子今注今译》(下),陈鼓应注释,中华书局 1983 年版,第 881 页。
⑩ 《周易》,周振甫译注,中华书局 1991 年版,第 13 页。

仁，彰信兆民。”[①]《大戴礼记》称：“水至清则无鱼，人至察则无徒”[②]，过分严苛地要求他人，不可能有真正的朋友。《中庸》认为，只有以宽广的胸怀包容万物，才能配得上天地之德。“万物并育而不相害，道并行而不相悖，小德川流，大德敦化，此天地之所以为大也。”[③]孔子要求行“忠恕”之道。教导弟子：“宽则得众”[④]，“无求备于一人”[⑤]，“既往不咎”[⑥]，“躬自厚而薄责于人”[⑦]。孟子认为，只有敬爱他人的人才会得到他人的敬爱。“爱人者，人恒爱之；敬人者，人恒敬之。”[⑧]如果有人对你不敬，那一定要从自身找原因。“有人如此，其待我以横逆，则君子必自反也；我必不仁也，必无礼也，此物奚宜至哉？”[⑨]荀子认为，严格要求自己而宽容他人，这是成就天下大事的规律，“故君子之度己则以绳，接人则用抴。度己以绳，故足以为天下法则矣；接人用抴，故能宽容，因求以成天下之大事矣。故君子贤而能容罢，知而能容愚，博士而能容浅，粹而能容杂，夫是之谓兼术。”[⑩]《周书》曰：“记人之善，忘人之过。”[⑪]李斯总结历史的经验，认为只有宽厚地对待人才，才能达到国家富强的目的。“泰山不让土壤，故能成其大；河海不择细流，故能就其深；王者不却众庶，故能明其德。”[⑫]《汉书》称：“上不宽大包容臣下，则不能居圣位。”[⑬]即做君主的如果不能宽大包容臣子，就无法居于君主之位。韩愈特别推崇古代君子“严于律己，

---

① 李民、王健：《尚书译注》，上海古籍出版社 2004 年版，第 111 页。

② 《大戴礼记》，黄怀信译注，上海古籍出版社 2019 年版，第 193 页。

③ 《大学中庸》，王文锦译注，中华书局 2019 年版，第 43 页。

④ 《论语》，杨伯峻译注，中华书局 2002 年版，第 183 页。

⑤ 《论语》，杨伯峻译注，中华书局 2002 年版，第 198 页。

⑥ 《论语》，杨伯峻译注，中华书局 2002 年版，第 30 页。

⑦ 《论语》，杨伯峻译注，中华书局 2002 年版，第 165 页。

⑧ 《孟子》（下），杨伯峻译注，中华书局 1960 年版，第 197 页。

⑨ 《孟子》（下），杨伯峻译注，中华书局 1960 年版，第 197 页。

⑩ （清）王先谦撰，沈啸寰、王星贤整理：《荀子集解》，中华书局 2012 年版，第 84—85 页。

⑪ 孙雍长主编：《周书》，汉语大词典出版社 2004 年版，第 480 页。

⑫ 韩兆琦译注：《史记》（七），中华书局 2010 年版，第 5535 页。

⑬ （汉）班固：《汉书》，中华书局 2007 年版，第 253 页。

宽以待人”的风范。“古之君子，其责己也重以周；其待人也轻以约”，“取其一，不责其二；即其新，不究其旧；恐恐然惟惧其人之不得为善之利”。① 在唐代，不仅儒释道三家并立，而且伊斯兰教、犹太教、基督教在中国都有传播。新文化运动时期，蔡元培先生在北京大学倡导“兼容并包”的办学理念，允许各种学派同时并存，创造了北京大学前所未有的繁荣和辉煌。相互包容，相互融合，这是中华文明5000多年长盛不衰的根本原因之一。这种兼容并包的文明观，延续到今日，使中国式现代化能够平等地看待其他文明，吸取其他文明的优势和长处，以之作为中国式现代化的重要营养之源。

5. 诚实守信的道德观。“诚信”是“诚”和“信”的统一，都是相对于他人而言的。孔子将“信”作为践行“仁”的实践途径之一而纳入“五常”，“恭、宽、信、敏、惠”；称“人而无信，不知其可也”②，“笃信好学，守死善道”③，“刚、毅、木、讷近仁”④。老子认为，一个人如果诚信不足，人们就不再信任他。“信不足，焉有不信焉。”⑤轻易许诺别人，必然困难重重。“夫轻诺必寡信，多易必多难。”⑥在日常生活中，要处处讲究诚信。“信者吾信之，不信者吾亦信之，德信。”⑦庄子把诚信看作至高无上的品格。“无行则不信，不信则不任，不任则不利。”⑧《中庸》认为，“诚”是“成己”与“成物”的统一。“诚者自成也，而道自道也。诚者物之始终，不诚无物，是故君子诚之为贵。诚者非自诚己而已也，所以成物也。成己，仁也；成物，知也。性之德也，合外内之道也，故时措之宜也。”⑨“至诚”是经纶天下的“大经”，立于天下的“大本”。孟子认为，“诚”

---

① （唐）韩愈著，马其昶校注，马茂元整理：《韩昌黎文集校注》，上海古籍出版社2020年版，第26页。

② 《论语》，杨伯峻译注，中华书局2002年版，第21页。

③ 《论语》，杨伯峻译注，中华书局2002年版，第82页。

④ 《论语》，杨伯峻译注，中华书局2002年版，第143页。

⑤ 《老子道德经校注释》，楼宇烈校释，中华书局2008年版，第40页。

⑥ 《老子道德经校注释》，楼宇烈校释，中华书局2008年版，第164页。

⑦ 《老子道德经校注释》，楼宇烈校释，中华书局2008年版，第129页。

⑧ 《庄子今注今译》（下），陈鼓应注释，中华书局1983年版，第790页。

⑨ 《大学中庸译注》，王文锦译注，中华书局2019年版，第37页。

是“天道”在“人道”的体现。“诚者，天之道也；思诚者，人之道也。”①《大学》认为，自天子至庶人，都要把修养品性作为根本，而修养品性的根本则在于诚意。“古之欲明明德于天下者先治其国，欲治其国者先齐其家，欲齐其家者先修其身，欲修其身者先正其心，欲正其心者先诚其意，欲诚其意者先致其知，致知在格物。物格而后知至，知至而后意诚，意诚而后心正，心正而后身修，身修而后家齐，家齐而后国治，国治而后天下平。”②墨子强调诚信的实际践行，“信：不以其言之当也，使人视城得金”③，故主张“重诺守信”④。荀子融合儒、道、墨家思想，进一步把“诚”界定为“诚心守仁”“诚心行义”。管子把“诚”和“信”结合起来，认为诚信是团结和维系下心的关键。“诚信者，天下之结也。”⑤西汉时期，董仲舒第一次把“信”列入“五常之道”，“仁、义、礼、智、信”成为中国封建社会的核心价值观。刘向进一步将信提升到道德准则层面，称“人背信则名不达”⑥。宋代二程认为，“信”和“诚”密不可分：“诚则信矣，信则诚矣。不信不立，不诚不行。”⑦丧失诚信，于己欺心，于人欺德，“自谋不诚则欺心而弃己，与人不诚则丧德而增怨。”⑧人如果没有诚信，无法在世间立足。王充认为，“诚”是一种重要的精神力量，“精诚所加，金石为开”⑨。法家高度重视诚信在国家治理中的作用。商鞅认为：“国之所以治者三：一曰法，二曰信，三曰权。”⑩韩非子也坚持同样的观点，认为：“明于治之数，则国虽小，富；赏罚敬信，民虽寡，强。”⑪韩非子称赞晋文公

① 《孟子》(下)，杨伯峻译注，中华书局 1960 年版，第 173 页。
② 《大学中庸译注》，王文锦译注，中华书局 2019 年版，第 3 页。
③ 《墨子》，方勇评注，商务印书馆 2018 年版，第 366 页。
④ (清)王先谦：《荀子集解》，沈啸寰、王星贤整理，中华书局 2012 年版，第 46 页。
⑤ 李山、轩新丽译注：《管子》(上)，中华书局 2019 年版，第 225 页。
⑥ (汉)刘向：《说苑校证》，向宗鲁校证，中华书局 1987 年版，第 400 页。
⑦ (宋)程颢、程颐：《二程集》(上)，王孝鱼点校，中华书局 1981 年版，第 318 页。
⑧ (宋)程颢、程颐：《二程集》(下)，王孝鱼点校，中华书局 1981 年版，第 1198 页。
⑨ 黄晖撰：《论衡校释》(上)，中华书局 2018 年版，第 198 页。
⑩ 《商君书》，石磊译注，中华书局 2011 年版，第 105 页。
⑪ 《韩非子》，高华平等译注，中华书局 2015 年版，第 177 页。

“以诚信降卫国”[①],将“信”看作是一项至高无上的美德加以歌颂。唐太宗李世民以“大信行于天下”,将“诚信”作为治国执政的重要指导思想,认为“号令不信,则民不知所从,天下何由而治乎”[②]。魏徵提出“德礼诚信,国之大纲”的为政思想,曾上书谏言:“夫君能尽礼,臣能竭忠,必在于内外无私,上下相信。上不信则无以使下,下不信则无以事上,信之为道大矣!”[③]周敦颐认为“诚”是宇宙间的初始状态,是天地间一切善行的本源,提出“圣,诚而已矣。诚,五常之本,百行之原也”[④]。朱熹称“诚,实也”“诚者,真实无妄谓,天理之本也”。[⑤] 王夫之认为,“诚”是贯通仁义礼智勇的中枢。“‘诚’为仁义礼义之枢,‘诚之’为知仁勇之枢”[⑥]。戴震认为,一切善和德都可归之于“诚”。“诚者,实也。善之端不可胜数,举仁义礼三者而善备矣;德性之美不可胜数,举智仁勇三者而德备矣。曰善,曰德,尽其实之谓诚。”[⑦]孙中山强调,任何人和国家做事都要讲信义。他批评五四时期那些不加分析,片面盲目排斥旧道德的人;认为人与人之间应相互守诚,反对相互欺诈,这是中华文明不同于西方文明的一个重要价值追求。这种道德传统延续到当代中国,成为中国式现代化的本质特点之一。

6. 四海一家的大同观。在中国传统文化中,诸子百家学说纷杂,然天下精神一致百虑、殊途同归,其共同特点就是实现“天下大同”。儒家经典《礼记·礼运》中细致描述了“天下大同”的理想图景:“大道之行也,天下为公。故人不独亲其亲,不独子其子,使老有所终,壮有所用,幼有所长,矜、寡、孤、独、废疾者皆有所养,男有分,女有归。货恶其弃于地也,不必藏于己;力恶其不出于

① 《韩非子》,高华平等译注,中华书局 2015 年版,第 429 页。

② (宋)司马光编著:《资治通鉴》(下),胡三省音注,上海古籍出版社 1987 年版,第 1285 页。

③ 骈宇骞译注:《贞观政要》,中华书局 2022 年版,第 394 页。

④ (宋)周敦颐撰:《周子通书》,徐洪兴导读,上海古籍出版社 2000 年版,第 32 页。

⑤ (宋)朱熹:《四书章句集注》,中华书局 1983 年版,第 96 页。

⑥ (明)王夫之:《船山全书》第 6 册,岳麓书院 2010 年版,第 519 页。

⑦ (清)戴震:《孟子字义疏证》,中华书局 1961 年版,第 46 页。

身也，不必为己。是故谋闭而不兴，盗窃乱贼而不作，故外户而不闭。是谓大同”①。道家致力于构建一个没有战争、没有争执，人人“甘其食，美其服，安其居，乐其俗”②的无为之世。墨家的创始人墨子以“天下之人皆相爱”③为基本图景，提倡“兼爱”“交利”“非攻”“尚贤”“尚同”的政治理想，认为“今天下无大小国，皆天之邑也；人无幼长贵贱，皆天之臣也”④，强调国与国、人与人之间的平等，摒弃了因国家、个体之间的差异而分你我的思维，表达了“一同天下之义”的目标。张载在《西铭》中进一步提出“民胞物与”的人道主义纲要。“民吾同胞，物吾与也。……尊高年，所以长其长；慈孤弱，所以幼吾幼。圣其合德，贤其秀也。凡天下疲癃残疾、茕独鳏寡，皆吾兄弟之颠连而无告者也。”⑤从二程到朱熹，发挥了“以爱释仁”“以公释仁”的仁爱观。朱熹主张：“仁者爱之理，爱之得其当，则义也。”⑥“仁是根，恻隐是萌芽。亲亲，仁民、爱物，便是推广到枝叶处。”⑦近代农民革命领袖洪秀全在《原道醒世训》中指出，“天下凡间，分言之则有万国，统言之则实一家”⑧，力图建立一个“天下一家，共享太平”⑨的太平盛世。康有为始终坚信孔子所描绘的“大同”社会，“凡大同之世，全地大同，无国土之分，无种族之异，无兵争之事……并作坦途。”⑩为此，康有为提出了“去九界”之说，认为只有历经“治乱世”“升平世”，最终才能到达“太平世”，即“大同世界”。孙中山对世界未来的理想与目标浓缩在他的“天下为公”构想中，力图通过实行“三民主义”，实现“共天下”的目标。“民族主义”强调打破种族歧视，恢复中华；“民权主义”赋予人民基本政

---

① 《礼记》(上)，胡平生、张萌译注，中华书局2017年版，第419页。
② 《老子》，汤漳平、王朝华译注，中华书局2014年版，第299页。
③ 《墨子》，方勇译注，中华书局2015年版，第4页。
④ 《墨子》，方勇译注，中华书局2015年版，第4页。
⑤ 《张载集》，章锡琛点校，中华书局1978年版，第62页。
⑥ 《朱子语类》(第四册)，黎靖德编，王星贤校点，中华书局1985年版，第1324页。
⑦ 《朱子语类》(第一册)，黎靖德编，王星贤校点，中华书局1985年版，第118页。
⑧ 《中国哲学史资料简编》，中华书局1963年版，第232页。
⑨ 《中国哲学史资料简编》，中华书局1963年版，第235页。
⑩ 康有为：《大同书》，周振甫、方渊校点，中华书局2012年版，第255页。

治权利,倡导“真正以人民为主”;“民生主义”主张“耕者有其田”,为满足底层农民的生产愿望而努力,集中体现了孙中山对实现“天下为公”理想的美好憧憬与不懈追求。“大同”体现了中华民族几千年来的理想,这一理想与马克思主义追求的共产主义理想高度契合相通,深刻影响中国式现代化的目标取向。

7. 天人合一的生态观。中华文明在其发源之际,就蕴藏着主客统一、天人合一的文化根基,形成与西方主客二分、天人分裂完全不同的生态观。一是强调对大自然要取之有节、用之有度,不能一网打尽、竭泽而渔。《史记·殷本纪》有“网开三面”的典故记载:“汤出,见野张纲四面,祝曰:‘自天下四方皆入吾纲。’汤曰:‘嘻,尽之矣!’乃去其三面。祝曰:‘欲左,左。欲右,右。不用命,乃入吾纲。’诸侯闻之,曰:‘汤德至矣,及禽兽。’”诱捕禽兽者祝祷一网打尽,而商汤以仁心待万物,网开三面,为田野间的禽兽留下生机。《周易·比卦》有“王用三驱”的记载:“九五,显比,王用三驱,失前禽,邑人不诫,吉。”孔颖达疏:“褚氏诸儒皆以为三面著人驱禽。必知三面者,禽唯有背己、向己、趣己,故左右及于后,皆有驱之。”“王用三驱”来自于古代天子狩猎习惯,网开一面,顺其自然,三方驱围以待入网者,同样为逃离者留下生机。《礼记·曲礼》载:“国君春田不围泽,大夫不掩群,士不取麛卵”。春天时节,孕育万物,国君打猎不能包围整个猎场,大夫不能猎取整个兽群,士不猎取幼兽和禽蛋。《史记·孔子世家》载,孔子曾说:“丘闻之也,刳胎杀夭则麒麟不至郊,竭泽涸渔则蛟龙不合阴阳,覆巢毁卵则凤凰不翔。何则?君子讳伤其类也。夫鸟兽之于不义也尚知辟之,而况乎丘哉!”麒麟和凤凰是百兽之王、百鸟之王,也是吉祥的象征,一旦用“刳胎杀夭”“竭泽而渔”的方式猎杀其同类,则不至。二是强调要尽心尽性,参赞天地之化育,以仁心对待自然。《诗经·大雅·烝民》说:“天生烝民,有物有则,民之秉彝,好是懿德”。“天”按照它的法则化育万民,赋予万民以美德,以致“人道”和“天道”相通。据《春秋》桓公七年载:二月己亥“焚咸丘”。杜注、孔疏《春秋》,焚“火田”,即焚林而猎。正义曰:“咸丘,地名。以火焚地,明为田猎,故知焚是火田也。……礼,天子不合围,诸侯不掩群。尚不尽取一群，岂容并焚一泽？知其讥尽物，故书也。”表明先贤们厌恶“求尽物于山泽”，断绝田渔之业的做法。孔子做四言诗《槃操》：“干泽而渔，蛟龙不游。覆巢毁卵，凤不翔留。惨予心悲，还原息陬。”又有《周易·系辞下》把“生”看作“天”之“大德”，称“天地之大德曰生”。《孟子·梁惠王上》强调“君子之于禽兽也，见其生不忍见其死；闻其声不忍食其肉”，“是乃仁术也”。在这里，“仁”由人而推到了物。《礼记·中庸》强调，“唯天下至诚，为能尽其性。能尽其性，则能尽人之性。能尽人之性，则能尽物之性。能尽物之性，则可以赞天地之化育。可以赞天地之化育，则可以与天地参矣。”只有至诚，尽心尽性，才能了解万物生长的自然规律，达到与天地相参的境界。三是遵守自然时令，让草木山川能够可持续发展。《礼记·月令》是以阴阳五行之学指导年景农事的施政纲领，做到了上察天文、下守农时，其中“是月也，毋竭川泽，毋漉陂池，毋焚山林”，体现了原始的顺应自然保护生态的意识。《荀子·王制》载“圣王之制”：“草木荣华滋硕之时，则斧斤不入山林，不夭其生，不绝其长也。鼋鼍、鱼鳖、鳅鳣孕别之时，罔罟毒药不入泽，不夭其生，不绝其长也”。要求以“时禁”约束行为，保证物种的绵延。《论语·述而》记载：孔子“钓而不纲，弋不射宿”，就是捕鱼用鱼竿而不用渔网，不射正在休息的鸟兽。《诗经·小雅·鱼丽》说：“鱼丽于罶，鲿鲨。君子有酒，旨且多。鱼丽于罶，鲂鳢。君子有酒，多且旨。鱼丽于罶，鰋鲤。君子有酒，旨且有。物其多矣，维其嘉矣。物其旨矣，维其偕矣。物其有矣，维其时矣。”就是根据自然时令科学取用所需，才是保证万物繁盛的根本。《周礼·秋官·司寇》：“禁山之为苑、泽之沉者”。郑司农注“泽之沉者，谓毒鱼及水虫之属”，郑玄解释“为其就禽兽鱼鳖自然之居而害之”。《荀子·致士篇》强调“川渊深而鱼鳖归之，山林茂而禽兽归之”“川渊枯则鱼龙去之，山林险则鸟兽去之”，直接说明了山、林、川、泽等自然资源与禽、兽、鱼、鳖等动物之间互为依存的关系。

（三）对西方现代化观的批判借鉴

英美式现代化是通过暴力掠夺而建立起来的。马克思几乎所有的著作都充满对资本逻辑的批判。资产阶级是从依靠暴力,通过剥夺农民公有地进行原始积累而走向现代化的。马克思借哈里逊《英国概述》中的话说:"'我们的大掠夺者什么也不在乎!'农民的住房和工人的小屋被强行拆除,或者任其坍毁。"①耕地不断减少,而牧场却日渐增加。在整个 14 世纪和 15 世纪的大部分时期,耕地和牧场之比大约为 2∶1 或者 3∶1,甚至 4∶1。而到 16 世纪中叶,这个比例已发生颠倒性变化,牧场和耕地之比从 3∶2 发展到后来的 2∶1,直到最后达到 3∶1。到 19 世纪,人们观念中已不存在农民和公有地之间的联系了。"1801 年到 1831 年农村居民被夺去 3511770 英亩公有地,并由地主通过议会赠送给地主"②。失去土地的农民并没有因此而结束曾经的噩梦,他们不得不进入资产者的工厂工作,作为工人接受新的压榨。马克思引用菲尔登的话描述工人的劳动状况:"在许多工厂区,尤其是在兰开夏郡,这些任凭工厂主支配的无依无靠的无辜儿童,遭到了极其残忍的折磨。他们被过度的劳动折磨致死……他们被鞭打,戴上镣铐,受尽挖空心思的残酷虐待;他们大多饿得骨瘦如柴,但还得在皮鞭下干活……他们有时甚至被逼得自杀!……德比郡、诺丁汉郡和兰开夏郡的那些与世隔绝的美丽而浪漫的山谷,竟成为折磨人,甚至常常虐杀人的恐怖地方!"③工人被像士兵一样组织起来,像零件一样镶嵌在机器上不停地运转。"他们每日每时都受机器、受监工、首先是受各个经营工厂的资产者本人的奴役。"④男工不仅受女工和童工的排挤,而且受到越来越先进的机器的排挤。当厂主的剥削暂告一段落,工人领到用现金支付工资,房东、小店主、当铺老板立刻向他们迎面扑来,被迫接受下一层级的剥削。劳动为富人创造了"奇迹般的东西",但给工人只生产了贫穷。"工人变成赤贫者,贫困比人口和财富增长得还要快。"⑤劳动本来是人的自由自觉的

① 《马克思恩格斯文集》第 5 卷,人民出版社 2009 年版,第 825 页。
② 《马克思恩格斯文集》第 5 卷,人民出版社 2009 年版,第 836 页。
③ 《马克思恩格斯文集》第 5 卷,人民出版社 2009 年版,第 869 页。
④ 《马克思恩格斯文集》第 2 卷,人民出版社 2009 年版,第 38 页。
⑤ 《马克思恩格斯文集》第 2 卷,人民出版社 2009 年版,第 43 页。

活动,但对工人来说却变成了肉体的折磨和精神的摧残,成为一种片面的、畸形的、单向度的人。“只要肉体的强制或其他强制一停止,人们就会像逃避瘟疫那样逃避劳动。”①在资产阶级面前,人和人之间除了金钱,就不再有别的什么关系。不仅无产者的妻子和女儿受他们支配,甚至把自己的妻子和儿女也视为利用和取乐的工具。马克思痛斥资产阶级道德沦丧、鲜廉寡耻的行为,“他们还以互相诱奸妻子为最大的享乐。”②工人遭受压迫的情况,无论在英国或法国,无论在德国或美国,到处都是一样的。随着国际垄断资本的形成,工人不但遭受本国资产阶级的压榨,而且受整个世界资产阶级的剥削。

国家完全成为替资本服务的工具。15 世纪末和整个 16 世纪,在资本原始积累的过程中,整个西欧都颁布了血腥的法律,禁止失去土地的农民流浪,以此保障资产者得到充足的劳动力。英国在亨利八世时期(1509—1547 年),身强力壮的流浪者第一次被捕要遭到鞭打和监禁,第二次被捕除再次遭受鞭打还要被割去半只耳朵,第三次被捕则要当作重罪犯和社会的敌人被处死。1547 年颁布的法令规定,拒绝劳动的人一旦被告发为游惰者,就要判为告发者的奴隶,主人有权鞭打奴隶,给他戴上镣铐,强迫其从事令人厌恶的劳动。初次逃亡达 14 天的奴隶可判为终身奴隶,并在额头和脸颊打上 S 烙印,第三次逃亡则要以叛国罪而被处死。“主人可以把他出卖,遗赠,作为奴隶出租,完全像对待其他动产和牲畜一样。”③为防奴隶逃跑和便于识别的需要,主人可以随便在自己奴隶的脖子、手或脚上套一个铁环。法国也有同样的法律。这样,因暴力掠夺而失去土地、被驱逐赶出家园的农村居民,按照这些稀奇古怪而恐怖的法律的规定,他们甚至没有流浪的权利,在鞭打、烙印、酷刑的逼迫下进入工厂,训练成遵守雇佣劳动纪律的工人。劳工法对违约的雇主和工人做了没有任何公平可言的规定:“对违约的雇主只许提出民事诉讼,而对违约

---

① 《马克思恩格斯文集》第 1 卷,人民出版社 2009 年版,第 159 页。
② 《马克思恩格斯文集》第 2 卷,人民出版社 2009 年版,第 50 页。
③ 《马克思恩格斯文集》第 5 卷,人民出版社 2009 年版,第 844 页。

的工人则可提出刑事诉讼。”①为防止工人的反抗,资产阶级还制定了各种残酷的禁止工人结社的法令。这些法令使工人阶级处于绝对的、几乎是奴隶般的依赖状态。资产阶级还制定了允许屠杀殖民地土著居民的法律。那些新教大师、新英格兰的清教徒们,“1703 年在他们的立法会议上决定,每剥一张印第安人的头盖皮和每俘获一个红种人都给赏金 40 镑;1722 年,每张头盖皮的赏金提高到 100 镑;1744 年马萨诸塞湾的一个部落被宣布为叛匪以后,规定了这样的赏格:每剥一个 12 岁以上男子的头盖皮得新币 100 镑,每俘获一个男子得 105 镑,每俘获一个妇女或儿童得 55 镑,每剥一个妇女或儿童的头盖皮得 50 镑!”②资产者的脚和手伸到哪里,哪里就会变成一片人烟稀少的荒芜之地。爪哇巴纽旺宜省在 1750 年有 8 万多居民,而到 1811 年只有 8000 人了,只占原有居民的 10%。各国还竞相争夺贩卖黑人奴隶的权利。英国获得到 1743 年为止,每年供给西班牙 4800 个黑人的权利。“利物浦用于奴隶贸易的船只,1730 年 15 艘,1751 年 53 艘,1760 年 74 艘,1770 年 96 艘,1792 年 132 艘。”③资本积累史就是无产阶级和受压迫民族的血泪史,资产阶级的罪行可谓罄竹难书。马克思愤怒地斥责道:“资本来到世间,从头到脚,每个毛孔都滴着血和肮脏的东西。”④20 世纪上半期,为重新瓜分殖民地,争夺世界霸权,欧洲爆发了震惊人寰的两次世界大战。其中,第一次世界大战将 33 个国家 15 亿人口卷入战争,共计约 846. 5 万人死亡。第二次世界大战先后有 61 个国家和地区、20 亿以上的人口卷入战争,战争中军民共伤亡 9000 余万人。

毋庸置疑,第二次世界大战后,资本主义国家内部一些有识之士一再反思,对资本主义的生产关系进行较大幅度的调整,出现了一些有利于工人阶级的新因素。比如,社会保障制度的广泛推行,职工参与企业管理制度的规定,征收高额累进税,推行社会福利制度,资本社会化趋势加强,等等。同时,由于

---

① 《马克思恩格斯文集》第 5 卷,人民出版社 2009 年版,第 850 页。
② 《马克思恩格斯文集》第 5 卷,人民出版社 2009 年版,第 863 页。
③ 《马克思恩格斯文集》第 5 卷,人民出版社 2009 年版,第 870 页。
④ 《马克思恩格斯文集》第 5 卷,人民出版社 2009 年版,第 871 页。

生产自动化程度的提高,工人阶级的劳动条件和生活条件有所改善,劳资矛盾相对缓和,但这并没有根本改变工人阶级受剥削、被支配的地位。美国经济学家大卫·哈维(David Harvey)指出:"我们随意拿一些描述当代劳动者处境的文字(例如孟加拉国成衣厂,或是洛杉矶血汗工厂的情况),比较《资本论》中描述'工作日'的经典章节,很可能会发现两者并无不同。同样令人震惊的是,我们拿里斯本、圣保罗和雅加达劳动者阶级、边缘族群和失业者的生活条件,与恩格斯 1844 年的经典著作《英国工人阶级状况》(The Condition of the Working Class in England)相比,会发现两者没有什么实质差别。"①法国经济学家皮凯蒂(Thomas Piketty)的考察说明,在当今发达资本主义国家里,贫富差距不是在缩小而是在扩大。"2010 年以来,在大多数欧洲国家,尤其是在法国、德国、英国和意大利,最富裕的 10%人群占有国民财富的约 60%。最令人惊讶的是,在所有这些社会里,半数人口几乎一无所有:最贫穷的 50%人群占有的国民财富一律低于 10%,一般不超过 5%。在法国,最富裕的 10%占有总财富的 62%,而最贫穷的 50%只占有 4%。在美国,美联储的调查表明,最上层 10%占有美国财富的 72%,而最底层的半数人口仅占 2%。"②而且,底层弱势人群的人权一再遭受侵犯。据统计,自 2015 年以来,美国警方已经射杀了 6300 多人。新冠疫情暴发后,美国政府不思治理之策,反而鼓噪"病毒溯源",一再"甩锅"推责,大搞政治操弄,因新冠疫情致死的病例超过 100 万例。美国著名营销学专家菲利普·科特勒(Philip Kotler)认为,当今的资本主义仍存在 14 个缺陷,其中包括:"没有或者很少提出解决持续贫困的方法""收入和财富的不平等日益加剧""数十亿工人的工资难以维持生计""随着生产的自动化,可能无法为工人提供足够多的就业岗位""未能使企业为其经营活动所产生的全部社会成本支付足够的费用""对环境和自然资源的利用缺乏管

---

① [美]大卫·哈维:《资本社会的 17 个矛盾》,许儒宋译,中信出版社 2016 年版,第 324—325 页。

② [法]托马斯·皮凯蒂:《21 世纪资本论》,巴曙松等译,中信出版社 2014 年版,第 261—262 页。

制”,等等。① 总统选举完全受富人、名人、媒体和利益集团的操纵。2018年中期选举中,40%以上的竞选资金是由仅占美国总人口0.01%的富豪提供的。据统计,91%的美国国会选举取决于是否获得最多资金支持,约70%的美国人对政策制定没有任何影响。皮尤研究中心的调查数据显示,只有2%的美国人表示可以相信美国政府“几乎总是”做正确的事情,只有22%的美国人表示可以相信美国政府“大部分时间”做正确的事情。② 据《政客》网站刊文,在2020年总统选举中,美国制药企业针对两党进行了大量政治捐款,民主党政府上台后“投桃报李”,仅莫德纳公司就获益近10亿美元。联邦政府以大量采购新冠疫苗的方式直接向制药企业输送利益,造成美国疫苗大量囤积浪费。③

中国式现代化在成长过程中,既吸取了西方现代化的理性主义逻辑,坚定不移走科技创新之路,坚持“科学技术是第一生产力”的原理,又破除西方现代化“使人从属于物”的实用主义、功利主义,坚持社会公平正义,走共同富裕之路,把人的幸福和人的发展放在首要位置,走出了一条完全不同于西方现代化的新路。习近平总书记指出:“我们说中国道路走得对、行得通,不是哪个人的主观判断,而是历史和现实作出的回答,是国际对比得出的结论。我们讲中国特色,既是独具特色的,又是独具优势的。”④

(四)中国共产党人现代化观的发扬光大

近代以来,现代化成为世界历史的主题和潮流。到中国共产党成立之时,西方各国,包括中国的近邻日本,已先后完成两次科技革命和工业革命,建立了资本主义的现代化发展模式。中国共产党人深刻认识到:在中国,不实现现

---

① 参见[美]菲利普·科特勒:《直面资本主义:困境与出路》,郭金兴等译,机械工业出版社2016年版,第11页。

② 参见《美国民主情况》,《人民日报》2021年12月6日。

③ 中华人民共和国国务院新闻办公室:《2021年美国侵犯人权报告》,《人民日报》2022年3月1日。

④ 《习近平著作选读》第一卷,人民出版社2023年版,第541页。

代化，就不可能有民族振兴、人民幸福。从立党之初起，中国共产党人都一以贯之地探索中国现代化的发展道路，形成一系列既一脉相承又与时俱进的重要理论，其中包含着中国共产党人对“什么是现代化”“怎样实现中国现代化”的深邃思考，体现了中国共产党人现代化观的演进过程。①

毛泽东领导人民闹革命，目的是破坏旧的生产关系和上层建筑，建立现代新型国家制度，实现人民当家作主，解放和发展生产力。新中国成立前夕，中国人民政治协商会议第一届全体会议通过的《中国人民政治协商会议共同纲领》明确规定了国家性质和政权机关，“中华人民共和国为新民主主义即人民民主主义的国家，实行工人阶级领导的、以工农联盟为基础的、团结各民主阶级和国内各民族的人民民主专政”，“国家最高政权机关为全国人民代表大会”。从中国历史看，新中国的国家制度建构，完全不同于中国历代封建王朝的建构，也不同于以蒋介石为代表的官僚资产阶级、大地主阶级的建构。从国际视野看，新中国的国家建构，既不同于欧美式的、资产阶级专政的、资本主义的共和国，也不同于苏联式的、无产阶级专政的、社会主义的共和国。在社会主义改造完成后，以毛泽东同志为主要代表的中国共产党人，吸取苏联模式的教训，对如何独立自主地建设中国的现代化做了多方面的探索，为中国现代化的创新发展奠定了重要理论和实践基础。

20 世纪 70 年代后期，以邓小平同志为主要代表的中国共产党人，围绕“什么是社会主义，怎样建设社会主义”，彻底突破苏联模式，开辟中国道路，解放和发展生产力，改革和创新国家制度，释放和调动经济活力，把经济建设作为中心任务来抓，开启中国现代化建设的新时期。首先，在经济上给群众更多的经营自主权，在农村实行家庭联产承包责任制，城市实行租赁制、股份制，创办经济特区，吸引世界各国的资金、技术、人才，以及各方面的管理经验。在分配制度上，打破以往的“大锅饭”，让一部分人由于辛勤劳动收入多尽快先

① 参见成龙：《中国共产党对中国现代化道路的百年探索》，《武汉大学学报》2021 年第 4 期。

富起来,先富带动后富,最终实现共同富裕。提出计划和市场都是手段,本质上没有姓“社”姓“资”的区别。应该以“三个有利于”作为检验改革成功与否的标准。看准了的就大胆试大胆闯。其次,在政治上大力发扬社会主义民主,加强法制建设,做到有法可依,有法必依,执法必严,违法必究。借鉴世界政治文明的先进成果,逐渐废除领导干部职务终身制,建立了国家公务员制度、职工退休制度、反腐倡廉制度、舆论监督制度,等等。邓小平一再强调,改革是在坚持“四项基本原则”的前提下进行的,中国决不照搬西方的政治制度。再次,在文化上破除各种禁区禁令,强调物质文明和精神文明都搞好,才是有中国特色的社会主义。

以江泽民同志为主要代表的中国共产党人围绕“建设什么样的党,怎样建设党”,提出“三个代表”重要思想,在新的历史条件下进一步解放和发展社会生产力,推进国家制度创新,调动各方面的创造活力,开创全面改革开放新局面,成功把中国特色社会主义推向21世纪。党的十四大把建立社会主义市场经济体制确立为我国经济体制改革的目标,明确肯定使市场对资源配置起基础性作用。党的十四届三中全会进一步勾画了建立社会主义市场经济体制的蓝图和基本框架。党的十五大明确肯定公有制实现形式的多样化,非公有制经济是我国社会主义市场经济的重要组成部分。

以胡锦涛同志为主要代表的中国共产党人围绕“新形势下实现什么样的发展、怎样发展”等重大问题,形成了科学发展观,抓住重要战略机遇期,聚精会神搞建设,一心一意谋发展,强调坚持以人为本、全面协调可持续发展,着力保障和改善民生,成功在新形势下坚持和发展了中国特色社会主义。党的十六大进一步完善以按劳分配为主体、多种分配方式并存的分配制度,确立劳动、资本、技术和管理等生产要素按贡献参与分配的原则。党的十七大提出要加快经济方式的转变,努力提高自主创新能力,建设创新型国家,完善基本经济制度,健全现代市场体系。

党的十八大以来,以习近平同志为核心的党中央,紧紧围绕新时代坚持和发展什么样的中国特色社会主义、建设什么样的社会主义现代化强国、怎样建设社会主义现代化强国、建设什么样的长期执政的马克思主义政党、怎样建设长期执政的马克思主义政党等重大时代课题,通过全面深化改革,不断推进国家治理体系和治理能力现代化建设,强调改革的系统性、整体性、协同性,以中国式现代化全面推进强国建设、民族复兴伟业。第一,不忘初心使命,站稳人民立场。新时代能不能做到以人民为中心,这是一个基本的政治立场问题。中国共产党的根基在人民、血脉在人民。“在我们这么一个有着14亿人口的国家,每个人出一份力就能汇聚成排山倒海的磅礴力量,每个人做成一件事、干好一件工作,党和国家事业就能向前推进一步。”①随着中国特色社会主义进入新时代,我国处于新的历史发展方位,社会主要矛盾也发生了转变,共产党人必须根据主要矛盾的转变,把满足人民新的更高的需求作为自己的奋斗目标。党的二十大报告指出:中国式现代化是全体人民共同富裕的现代化。“我们要站稳人民立场、把握人民愿望、尊重人民创造、集中人民智慧。”②这进一步明确了中国共产党的价值取向。

第二,贯彻新发展理念,健全推动经济高质量发展体制机制,建成现代化经济体系。党的十八届三中全会提出,全面深化改革的重点是经济体制改革,核心问题是处理好政府和市场的关系,使市场在资源配置中起决定性作用。党的十八届五中全会进一步提出“创新、协调、绿色、开放、共享”的新发展理念,提供了“管全局、管根本、管方向、管长远”的根本指导思想。党的十九大进一步提出“贯彻新发展理念、建设现代化经济体系”新构想。党的十九届四中全会又提出“建设高标准市场体系”的新要求。党的二十大又进一步提出“加快构建新发展格局,着力推动高质量发展”的经济战略构想。党的二十届三中全会明确提出“构建高水平社会主义市场经济体制”。全面深化改革调动了各方面的创造活力,我国经济总量从2012年的54万亿元增长到2023年

① 《习近平谈治国理政》第四卷,外文出版社2022年版,第61页。

② 习近平:《高举中国特色社会主义伟大旗帜　为全面建设社会主义现代化国家而团结奋斗——在中国共产党第二十次全国代表大会上的报告》,人民出版社2022年版,第19页。

的 126 万亿元，稳居世界第二大经济体。

第三，发展全过程人民民主，坚持和完善人民当家作主制度体系。党的十八届三中全会规划了深化政治体制改革的基本轮廓。党的十八届四中全会就构建中国特色社会主义法治体系、法治国家作出专门的决定。党的十九届三中全会又提出建构党和国家机构职能体系、党的领导体系、政府治理体系、武装力量体系、群团工作体系的整体规划。党的十九届四中全会就坚持和完善党的领导制度体系、人民当家作主制度体系、中国特色社会主义法治体系、中国特色社会主义政府治理体系做了系统设计。中国共产党人冲破既有思想观念和固化利益的藩篱，成功建构了各领域基础性的制度框架，一套更加成熟、更加定型的制度体系已经形成，国家治理体系和治理能力现代化水平迈上新台阶，许多领域实现历史性变革、系统性重塑、整体性重构。

第四，深化文化体制机制改革，建设社会主义文化强国。中国共产党人坚持“双百”方针和“双创”原则，不断回答中国之问、世界之问、人民之问、时代之问，牢牢掌握党对意识形态的领导权，深入实施马克思主义理论研究和建设工程，加快构建中国特色哲学社会科学学科体系、学术体系、话语体系，提出实现“两个结合”的重要任务，广泛践行社会主义核心价值观，提高全社会文明程度，繁荣发展文化事业和文化产业，增强中华文明传播力和影响力，开辟马克思主义中国化时代化新境界，全党全国各族人民历史自信、文化自信明显增强、精神面貌更加奋发昂扬。

第五，推进社会事业改革创新，深化教育综合改革，健全促进就业创业体制机制，健全资本、知识、技术、管理等由要素市场决定的报酬机制，运用税收等多种手段调节收入分配格局，努力缩小城乡、区域、行业收入分配差距，完善覆盖全民的社会保障体系，强化提高人民健康水平的制度保障，创新社会治理体制，改进社会治理方式，激发社会组织活力，创新有效预防和化解社会矛盾的体制，健全公共安全体系。党的十八大以来，我国社会建设取得显著成就，建成了世界上规模最大的教育体系、社会保障体系、医疗卫生体系，教育普及水平实现历史性跨越，基本养老保险覆盖 10.4 亿人，基本医疗保险参保率稳定在 95%。

第六，不断完善生态文明制度体系，推动经济社会发展全面绿色转型。将生态文明纳入“五位一体”总体布局，要求正确处理生态保护与经济发展的辩证关系，懂得“绿水青山就是金山银山”的道理，“美丽中国”成为中国人追求的重要目标，推出《关于加快推进生态文明建设的意见》《生态文明体制改革总体方案》，对生态环境实行最严格的源头保护制度、资源高效利用与损害赔偿制度、生态保护和修复制度，生态环境保护责任追究制度，等等。已形成一套更加健全的生态文明制度体系，污染防治攻坚向纵深推进，绿色、循环、低碳发展迈出坚实步伐，生态环境保护发生历史性、转折性、全局性变化。

中国式现代化是中国共产党人的伟大创造。它坚持以人民为中心，以实现全体人民共同富裕为目标，创造主体是人民，实践主体是人民，成果享有者也是人民。中国式现代化既吸取了西方现代化重视科学技术、发展市场经济、强调权力监督和法治建设的经验，又克服了其放纵资本，任由资本绑架国家，国家只为资本利益服务，最终少数人富裕多数人贫穷的本质局限。中国式现代化既充分发挥国家的宏观调控作用，又坚持人民对国家的监督，建设全过程人民民主；既肯定各类资本的积极作用，又加强规范和引导。中国式现代化让一切劳动、知识、技术、管理、资本的活力竞相迸发，让一切创造社会财富的源泉充分涌流，让发展成果更多更公平惠及全体人民。

三、中国式现代化理论的世界意义

中国式现代化理论不仅系统阐述了中国式现代化的基本特征、本质属性、理论观点，而且深刻分析了推进中国式现代化的战略举措。中国式现代化理论继承和发展马克思主义的现代化观，浸染中国传统文化的底色，突破西方传统现代化观，形成现代化的新型世界观、价值观、发展观。“实践表明，中国式现代化既切合中国实际，体现了社会主义建设规律，也体现了人类社会发展规律。”①

---

① 《习近平著作选读》第二卷，人民出版社 2023 年版，第 368 页。

(一)深刻改变人类现代化的结构版图

西方现代化大约是18世纪起步的,现代化概念的一些核心思想可以追溯到很远。“现代化”一词产生于文艺复兴之后的启蒙运动时期(1748—1770)。① 现代化奠基于西方人文主义思想,现代化的进程也是哲学理性反思的进程,哲学反思的成果成为推进现代化的哲学基础,而再反思的成果则形成关于现代化的新哲学。西方现代化经历了一个从“理性主义—非理性主义—理性主义”的过程。20世纪上半叶,如何实现发展中国家的现代化,成为一个世界性的研究课题。20世纪五六十年代兴起于西方的“现代化理论”(Modernization Theory)认为,现代化就是从农业时代向工业时代、农业经济向工业经济、农业社会向工业社会、农业文明向工业文明转变的历史过程。由此断言,发达国家的今天就是发展中国家的明天,后发国家唯一的选择就是全盘西化,其实质在于建立一种以资本主义私有制度、自由市场制度、分权型或集权型现代国家机构为基本要素的发展模式。20世纪60年代末出现的“依附理论”(Dependency Theory)则以拉丁美洲、非洲等发展中国家为研究对象,把发展中国家欠发展和低度发展的原因归之于世界资本主义体系,认为发展中国家只有切断与发达资本主义国家早期形成的依附性关系,摆脱其外围的、受剥削的地位,才能走上自己的现代化之路,获得真正的发展,主张“脱钩论”。20世纪70年代,由美国著名历史学家沃勒斯坦提出的“世界体系理论”(World-System Theory),把外部动力和条件提升到理解现代化的“关键钥匙”的地位,认为在整个现代化的进程中,西方国家处于“核心”(Core)的地位,非西方国家则处于“边缘”(Periphery)的地位,“核心”和“边缘”共同构成了世界体系并成为这一体系的两极,现代资本主义世界体系正是建立在“核心”和“边缘”的不平等交换基础之上的,“核心”地区攫取了“边缘”地区的剩余价

① 参见何传启:《现代化科学:国家发达的科学原理》,科学出版社2010年版,第23页。

值。正是不平等的交换造成发展中国家的贫穷落后,也形成发达国家的资本积累。第三世界国家要想克服资本主义世界体系的弊端,走出历史的困境,唯一的出路是通过本国的民族解放运动,同时配合发达国家内部的社会运动,形成所谓"反体系运动",消灭不平等的交换关系。

然而,从世界范围的实践效果来看,这种理论并没有改变发展中国家不发达的现状,除极少数发展中国家和地区,利用后发优势抓住了历史机遇,如"亚洲四小龙",实现了经济高速增长,步入现代化殿堂之外,大多数发展中国家至今仍然步履蹒跚,艰难地摸索着自己的现代化之路,常常陷入巨大困境。据联合国统计,1971 年世界上有 25 个国家被列为不发达国家,2002 年已增至 49 个。1960 年发达国家与发展中国家之间的收入差距为 31 ∶ 1,而 1997 年则扩大至 74 ∶ 1。1993 年,世界上有 16 亿人的人均收入低于 15 年前的水平,贫困人口达 13 亿,而到 1999 年,这一数字进一步增加到 15 亿。① 发展中国家如何实现现代化的时代课题并没有得到真正的解决。

中国作为世界上最大的发展中国家,以中国式现代化理论为指导,一方面,广泛吸纳和借鉴世界现代化的有益经验,吸引了世界大量的资金、技术、人才,以及各方面的管理经验。1992 年中国吸收外资首次超过 100 亿美元,达到 110 亿美元,位列全球发展中国家的首位。从 1992 年至 2009 年,连续 17 年成为世界上吸收外资最多的发展中国家。2017 年中国实际使用外资的金额超过 1300 亿美元,吸引外商直接投资(FDI)达到了 1310 亿美元,仅次于美国。2019 年至 2021 年中国吸收外资连续 3 年刷新历史纪录,2022 年 1 至 11 月实际使用外资规模达到 1. 16 万亿元,为历史同期最高水平。② 另一方面,坚定不移奉行独立自主,自力更生的方针。既把握发展规律,统筹兼顾、系统谋划、整体推进,又大胆地干,大胆地闯,创新发展理念,转变发展方式,破解发

---

① 参见宋利芳、熊昆:《经济全球化时代的后发优势与发展中国家的对策》,《世界经济研究》2003 年第 8 期。

② 参见王俊岭:《中国吸引外资规模仍处历史高位》,《人民日报》(海外版)2024 年 1 月 1 日。

展难题;既坚持人民的主体地位,把人民利益放在首要位置,尊重群众的首创精神,又强调加强党的领导,提高党的执政能力,坚定不移地推进反腐败斗争;既强调原则的坚定性,又兼顾具体策略的灵活性,根据时代特点和实践的具体要求,不断调整发展战略。为发展中国家走向现代化提供了中国理论。习近平总书记指出:"我国的实践向世界说明了一个道理:治理一个国家,推动一个国家实现现代化,并不只有西方制度模式这一条道,各国完全可以走出自己的道路来。可以说,我们用事实宣告了'历史终结论'的破产,宣告了各国最终都要以西方制度模式为归宿的单线式历史观的破产。"①

(二)树立中国式现代化创新发展的示范

社会主义国家怎样实现现代化?这是国际共产主义运动史上的重大难题。马克思和恩格斯根据欧洲革命的实践,创立了科学社会主义的一般原理,从逻辑上对未来社会进行了现代化设计。20世纪初期,列宁领导俄国无产阶级突破帝国主义的东方战线,建立了世界上第一个社会主义国家。在理论和实践上对社会主义现代化进行了多方面的试验,提出了包括"新经济政策"在内的多种方案,但由于列宁去世过早,加上战争的迫近,"新经济政策"实施不久就被宣布停止。第二次世界大战结束后,南斯拉夫、保加利亚、东德、波兰、匈牙利等东欧社会主义国家试图借鉴苏联模式正反两方面的经验,寻找适合本国特点的新路,但迫于冷战时代外部环境的压力,最终被无理扼杀。20世纪80年代到90年代初,改革再次成为整个社会主义国家汹涌的浪潮。然而,以戈尔巴乔夫为代表的改革派却声言要一切从头做起,最终根本动摇社会主义大厦,导致东欧剧变,苏联解体。一时间,社会主义"失败论",马克思主义"过时论",似乎成了颠扑不破的真理。也正是在这个关键时刻,中国改革开放的总设计师邓小平审时度势,牢牢把握改革的主动权,坚守社会主义的改革方向,力挽狂澜,改变了世界社会主义的命运,中国成为世界社会主义的桥头

① 《习近平关于中国式现代化论述摘编》,中央文献出版社2023年版,第66页。

堡,把世界社会主义运动推向一个崭新的阶段。党的十八大以来,以习近平同志为核心的党中央以巨大的政治勇气全面深化改革,许多领域实现了历史性变革、系统性重塑、整体性重构。

中国式现代化显示出多方面的优越性。首先,社会主义与市场经济的有效结合,使各种经济因素混合发力,相互补充,确保了社会健康有序的竞争和发展环境,创造了40多年持续发展的奇迹。其次,在中国,共产党是唯一的执政党,不搞多党竞选,不搞“轮流坐庄”,八个民主党派不是反对党、在野党,而是参政党,它们与共产党不是对立的、互相竞争的关系,而是合作者和监督者的关系。同时,中国也不搞“三权分立”和“两院制”,实行人民代表大会制度,实行“自上而下”与“自下而上”的相互结合,逐渐推进社会主义民主政治建设。这种体制避免了政治纷争,减少了政治运行的成本,能在较短时间动员民众集中力量办大事,有效维护社会稳定。比如,在申办奥运、抗震救灾、克服世界金融危机的不良影响的过程中,中国的政治制度都显示出不可替代的优势。再次,坚定奉行“共同富裕”的发展目标,不断促进社会“公平正义”。邓小平曾反复强调,社会主义的本质是共同富裕,两极分化不是社会主义。党的十七大第一次把“促进社会公平正义”写进了党的文献,报告指出:实现社会公平正义是中国共产党人的一贯主张,是发展中国特色社会主义的重大任务。党的十八大再次强调,“共同富裕是中国特色社会主义的根本原则”,“公平正义是中国特色社会主义的内在要求”①,要加紧建设对保障社会公平正义具有重大作用的制度,逐步建立以权利公平、机会公平、规则公平为主要内容的社会公平保障体系,努力营造公平的社会环境,保证人民平等参与、平等发展权利。党的十九大提出了一系列实现社会公平正义的具体举措。如坚持按劳分配原则,完善按要素分配的体制机制,促进收入分配更合理、更有序。鼓励勤劳守法致富,取缔非法收入。坚持在经济增长的同时实现居民收入同步增长、在劳动生产率提高的同时实现劳动报酬同步提高。拓宽居民劳动收入和财产性收

① 《胡锦涛文选》第三卷,人民出版社2016年版,第624、623页。

入渠道。履行好政府再分配调节职能,加快推进基本公共服务均等化,缩小收入分配差距。党的二十大进一步提出,要完善分配制度,实施就业优先战略,健全社会保障体系,推进健康中国建设,从理论和实践上丰富和发展了社会主义的价值观。

(三)奠定建构人类文明新形态的理论基础

“文明”是一个难于把握的概念。美国历史学家布鲁斯·马兹利什(Bruce Mazlish)认为,“文明”是相对于“野蛮”而言的。文明是具体的、相对的。对一些人来说,文明是成就的缩影,是现代进步的最终归宿。而在另外一些人看来,文明是使人丧失人性的外部威胁,它使生活变得机械化,挑战着“传统的”信念。西方现代化是建立在现代西方理性主义基础之上的。理性主义遵循着决定论、主客二分和中介思维等原则,并以“逻各斯”为出发点和轴心,形成了各命题、观点之间具有一致性、相通性和相融性等特征的一个联接一个的冷冰冰的思想体系。理性主义在造福人类的同时,也导致了人类的巨大痛苦。理性主义在造就西方现代化的同时也给人类带来灾难和危机。

1. 理性主义以主客二分为前提,以人类征服自然,获取最大物质利益为目标,导致物欲横流,造成了人类生存环境的巨大危机。据统计,由于侵蚀、盐渍化和污染,全世界平均每年约有 500 万公顷土地不能用于粮食生产。由于不合理垦殖、放牧和气候变化,全世界沙漠面积每年大约扩大 2 万—7 万平方公里,热带森林每年破坏率为 2%,由于不合理的采伐和狩猎,全世界鸟类中有 139 个种和 39 个亚种已经灭绝,还有 600 多种动物濒临灭绝。

2. 理性主义坚信世界的必然性、秩序性、确定性、可还原性和统一性,轻视甚至忽略社会生活的偶然性、无序性、差异性、特殊性,由此造成社会生活中的极权主义和人性的极大扭曲。一方面,人受制于物。资本的积累,黑人奴隶的贩卖,对殖民地的掠夺,对资本和原料市场的占领,以及两次世界大战,这一切都是在理性主义的背景下进行的。由于劳动被逐渐地理性化和机械化,随着人在这个过程中活动力的减少,他丧失的热情越来越多,他意志的沦丧日益加重。另一方面,人受制于他人。在理性主义的原则下,每个人都力图保持他自己的主体性,而把他人当作客体,当作对象,当作奴隶。于是,在他人的目光中,我只是一种自在的存在,只是万物中之一物,我是他的奴隶。而在我的目光中,他是物,是我的奴隶,我是主人。每个人都与他人相对立,面对他人,行使自己作为个人的权利。于是,我与他人之间构成一种计谋关系,这些计谋旨在使他人永远是一个对象,而他人则要千方百计使这些计谋垮台。

3. 理性主义坚信逻辑在人类思维中的重要性,否定了世界及其人类认识的非逻辑性和不可通约性。理性主义假设在认识之前就存在着绝对真理,认识的任务就是不断向它趋近。它假设历史规律外在于人类的活动,在活动之前就已经存在,是一种与逻辑的理性分析的内在统一,至于与人类的多样化的活动则只是一种外在的统一。它只承认在认识过程中的认识者的能动作用,却忽视了在认识过程中认识者的"为我"的意义,以及在认识结果中认识者个人的贡献。培根和洛克强调经验及其归纳逻辑的绝对性,笛卡尔把理性演绎绝对化,康德主张"范畴的客观演绎",费希特确立了"自我—非我—自我"的正反合体系,谢林强调无差别的"绝对同一",黑格尔建立了"绝对精神"的体系框架。理性主义肆意扩张理性的"霸权",将理性作为人及其世界的本质,忽略人的欲望、情感、意志、生命力等内在要素,世界成为一架毫无生气,永远按预定目标运动的机器。

西方现代化所创造的文明是一种"单数文明""唯一文明",其实质是"西方中心论"的帝国文明观,具有把"文明"异化为"野蛮"的逻辑和基因,把世界划分为西方世界和非西方世界,认为西方世界是"主",其他非西方世界都是"客",属于蒙昧、野蛮、未开化的民族,自由民主是神圣不可侵犯的"天赋人权",是社会进化的普适原则、绝对标准。并将这样一种原则、标准强加于世界其他民族和国家,若不服统治就"打压"。受资本逻辑宰制的西方现代化只能内生出"物化文化""资本型文化""单向度文化""殖民扩张式文化",在此基础上又衍生出为我、单赢、掠夺、扩张、冲突和暴力,并异化为"野蛮",以"恶"护"恶",不可能创造人类文明新形态。

中国式现代化以马克思主义为基础,同时吸取中国优秀传统文化的精华,形成与西方现代化完全不同的形态。正如习近平总书记指出的,中国式现代化蕴含的独特世界观、价值观、历史观、文明观、民主观、生态观等及其伟大实践,是对世界现代化理论和实践的重大创新。中国式现代化是人口规模巨大的现代化,是全体人民共同富裕的现代化,是物质文明和精神文明相协调的现代化,是人与自然和谐共生的现代化,是走和平发展道路的现代化。中国式现代化是按照"五位一体"总体布局建构起来的系统工程。

中国式现代化新道路和人类文明新形态是相互贯通的。尽管两者是并列提出来的,但一个在前,一个在后。"事实上,是中国式现代化新道路内生出人类文明新形态。"①中国式现代化所蕴含的文明是一种"复数"文明,是坚持多样性统一的文明,各文明之间是相互包容、相互借鉴、相互平等的互主体关系。中国式现代化创造了人类文明新形态。

① 陈学明等:《走向人类文明新形态》,天津人民出版社2022年版,第8页。

第十三章　国家治理现代化：马克思主义国家观的新发展

国家是政治上层建筑的核心。无产阶级在取得政权后，如何建构不同于资本主义的现代新型民主国家，这是历史唯物主义的核心课题，从马克思、列宁到中国共产党人，对国家的起源、本质和职能，以及无产阶级国家的建构等重大问题都做了不懈探索，形成一脉相承又与时俱进的马克思主义国家观，奠定了无产阶级国家创新发展的哲学基础。然而，马克思主义国家观在国际上却是一个受到诸多挑战的问题，尤其在苏联解体、东欧剧变后，以美国为首的西方国家更把中国当成下一个瓦解的对象，加紧进行意识形态渗透，采取各种手段打压中国。以习近平同志为核心的党中央，面对国内外挑战，深入推进国家治理体系和治理能力现代化建设，在新的实践中创新和发展了马克思主义的国家观。

一、在国内外挑战中创新和发展马克思主义国家观

马克思主义国家观在当代面临的挑战，从国际社会看，主要有四种观点：一是认为马克思一生之中并没有认真深入研究思考过国家问题，也没有这方面的论著，因而也没有自己的国家观，没有自己始终一贯的国家观。① 二是认

① 参见［德］亨利希·库诺：《马克思的历史、社会和国家学说——马克思的社会学的基本要点》，袁志英译，上海译文出版社 2006 年版，第 240、241 页；［法］列菲弗尔：《国家论》，重庆出版社 1988 年版，第 101、140 页。

为马克思主义国家观的实质是“国家暴力论”,20 世纪 30—50 年代的苏联模式教科书体系,以及西方自由主义、新自由主义思潮,都持这种观点。① 三是把马克思主义国家观归结于极权主义、专制主义,认为柏拉图、黑格尔、马克思是民主的三大敌人,其代表人物是波普尔和哈耶克。四是认为苏联和东欧国家社会主义的失败,证明了马克思主义国家观的失败。诸多自由主义、新自由主义的理论家都持这种看法。②

就中国共产党人自身而言,对中国特色社会主义的国家制度,尤其是领导制度、组织制度等更带有根本性、全局性、稳定性和长期性的问题做过大量探索,作为政治体制改革的重点任务,提出过大量重要论述,丰富和发展了马克思主义的国家观,但改革仍在进行之中,各方面的制度尚未成熟定型,还存在许多难啃的“硬骨头”。党的十八届三中全会通过的《中共中央关于全面深化改革若干重大问题的决定》指出:“当前,我国发展进入新阶段,改革进入攻坚期和深水区。必须以强烈的历史使命感,最大限度集中全党全社会智慧,最大限度调动一切积极因素,敢于啃硬骨头,敢于涉险滩,以更大决心冲破思想观念的束缚、突破利益固化的藩篱,推动中国特色社会主义制度自我完善和发展。”③这段论述告诉我们,改革要面对的是“思想观念的束缚”“利益固化的藩篱”等诸多难啃的“硬骨头”。

“法”是国家意志的集中体现。党的十八届四中全会通过的《中共中央关于全面推进依法治国若干重大问题的决定》指出:“必须清醒看到,同党和国家事业发展要求相比,同人民群众期待相比,同推进国家治理体系和治理能力现代化目标相比,法治建设还存在许多不适应、不符合的问题,主要表现为:有的法律法规未能全面反映客观规律和人民意愿,针对性、可操作性不强,立法

① 参见[英]安东尼·吉登斯:《民族—国家与暴力》,胡宗泽、赵力涛译,生活·读书·新知三联书店 1998 年版,第 386 页。

② 参见王东、刘军:《马克思列宁主义源头活水论》(中),辽宁人民出版社 2020 年版,第 205 页。

③ 《中共中央关于全面深化改革若干重大问题的决定》,人民出版社 2013 年版,第 8 页。

工作中部门化倾向、争权诿责现象较为突出；有法不依、执法不严、违法不究现象比较严重，执法体制权责脱节、多头执法、选择性执法现象仍然存在，执法司法不规范、不严格、不透明、不文明现象较为突出，群众对执法司法不公和腐败问题反映强烈；部分社会成员尊法信法守法用法、依法维权意识不强，一些国家工作人员特别是领导干部依法办事观念不强、能力不足，知法犯法、以言代法、以权压法、徇私枉法现象依然存在。这些问题，违背社会主义法治原则，损害人民群众利益，妨碍党和国家事业发展，必须下大气力加以解决。”①这段论述集中反映了国家法律制度方面存在的问题。

党的十九届三中全会通过的《中共中央关于深化党和国家机构改革的决定》指出：“当前，面对新时代新任务提出的新要求，党和国家机构设置和职能配置同统筹推进‘五位一体’总体布局、协调推进‘四个全面’战略布局的要求还不完全适应，同实现国家治理体系和治理能力现代化的要求还不完全适应。主要是：一些领域党的机构设置和职能配置还不够健全有力，保障党的全面领导、推进全面从严治党的体制机制有待完善；一些领域党政机构重叠、职责交叉、权责脱节问题比较突出；一些政府机构设置和职责划分不够科学，职责缺位和效能不高问题凸显，政府职能转变还不到位；一些领域中央和地方机构职能上下一般粗，权责划分不尽合理；基层机构设置和权力配置有待完善，组织群众、服务群众能力需要进一步提高；军民融合发展水平有待提高；群团组织政治性、先进性、群众性需要增强；事业单位定位不准、职能不清、效率不高等问题依然存在；一些领域权力运行制约和监督机制不够完善，滥用职权、以权谋私等问题仍然存在；机构编制科学化、规范化、法定化相对滞后，机构编制管理方式有待改进。这些问题，必须抓紧解决。”②这段论述集中反映了国家治理体系和治理能力现代化方面存在的问题。

---

① 《中共中央关于全面推进依法治国若干重大问题的决定》，人民出版社 2014 年版，第 3—4 页。

② 《中共中央关于深化党和国家机构改革的决定》，人民出版社 2018 年版，第 13—14 页。

以习近平同志为核心的党中央,正是面对这些问题,依据马克思主义国家观的一般原理,进一步总结社会主义国家建设的经验和教训,借鉴中国优秀传统文化以及世界先进文明成果中国家建设的有益经验,深入推进国家治理体系和治理能力现代化建设,提出一系列新理念新思想新观点,形成新时代中国马克思主义的国家观,对马克思主义的国家观作出了原创性贡献。

(一)加强党对国家全面领导论

近代以来,政党成为国家的实际组织者和国家职能的实际执行者。20 世纪 80 年代末 90 年代初,苏联和东欧国家在改革的过程中,由于不断淡化、虚化、丑化、边缘化甚至放弃党对国家的领导,最终导致国家解体、变质,走上一条不归路。中国共产党人敏锐地认识到这一点。邓小平晚年发出振聋发聩的警告:"常委会的同志要聚精会神地抓党的建设,这个党该抓了,不抓不行了。"①中央要有权威,党的领导关键在领导核心,"中国问题的关键在于共产党要有一个好的政治局,特别是好的政治局常委会。"②进入新时代,以习近平同志为核心的党中央,围绕党内存在的新问题,对"为什么加强党的领导,怎样加强党的领导"的问题做了系统的回答。习近平总书记指出:"办好中国的事情,关键在党。中国特色社会主义最本质的特征是中国共产党领导,中国特色社会主义制度的最大优势是中国共产党领导。坚持和完善党的领导,是党和国家的根本所在、命脉所在,是全国各族人民的利益所在、幸福所在。"③我们强调坚持党的领导、人民当家作主、依法治国有机统一,最根本的是坚持党的领导。只有坚持党的领导,才能实现人民当家作主,才能实施依法治国。古人讲"六合同风,九州共贯",在当代中国,没有党的领导是不可能做到的。

---

① 《邓小平文选》第三卷,人民出版社 1993 年版,第 314 页。

② 《邓小平文选》第三卷,人民出版社 1993 年版,第 365 页。

③ 习近平:《在庆祝中国共产党成立 95 周年大会上的讲话》,人民出版社 2016 年版,第 22 页。

“党政军民学，东西南北中，党是领导一切的。”①但加强党的领导，并不是事无巨细，面面俱到，什么都由党来管。党是最高政治领导力量，主要体现在引领政治方向、统领政治体系、决断重大事项、领导社会治理等方面。哪个领域、哪个方面、哪个环节缺失了弱化了，都会削弱党的力量，损害党和国家事业。其一，领导对象要全面覆盖。国家治理体系是由众多子系统构成的复杂系统，这个系统的核心是中国共产党，人大、政府、政协、监委、法院、检察院、军队，各民主党派和无党派人士，各企事业单位，工会、共青团、妇联等群团组织，都要坚持中国共产党领导。其二，领导内容要全面。党的领导必须是全面的、系统的、整体的，必须体现到经济建设、政治建设、文化建设、社会建设、生态文明建设和国防军队、祖国统一、外交工作、党的建设等各方面。其三，领导过程要全面。既制定路线方针政策，又协调各方、督促落实，贯穿于治国理政的立法、决策、执行、管理、监督等各项工作之中。其四，领导方法要全面。通过制定大政方针，提出立法建议，推荐重要干部，进行思想宣传，发挥党组织和党员的作用等，坚持依法执政，实施党对国家和社会的领导。坚持党对一切工作的领导，不能只停留在口头表态上，必须落实到行动上，切实贯彻和体现到改革发展稳定、内政外交国防、治党治国治军各个领域各个方面，确保党始终总揽全局、协调各方。

坚持党的全面领导，既要政治过硬，也要本领高强。要着力提高党把方向、谋大局、定政策、促改革的能力和定力，善于处理各种复杂矛盾，勇于战胜各种艰难险阻，牢牢把握工作主动权，把党总揽全局、协调各方落到实处。其一，党的领导第一位的就是举旗定向。把方向就是要高举中国特色社会主义伟大旗帜，坚持以习近平新时代中国特色社会主义思想为指导，以高度自觉推进社会革命和自我革命，一以贯之坚持和发展中国特色社会主义，一以贯之推进党的建设新的伟大工程，一以贯之增强忧患意识、防范风险挑战。其二，着力提高谋大局的能力和定力。不谋全局者不足谋一域，要善于观大势、谋大

---

① 习近平：《论坚持党对一切工作的领导》，中央文献出版社2019年版，第10页。

事，自觉在大局下想问题、做工作。要牢固树立大局意识，自觉把工作放到大局中去思考、定位、摆布，做到正确认识大局、自觉服从大局、坚决维护大局。其三，着力提高定政策的能力和定力。在推进经济社会发展中，要坚持以人民为中心，着眼解决人民日益增长的美好生活需要和不平衡不充分的发展之间的矛盾，抓住群众最关心最直接最现实的利益问题，制定切实管用的政策措施。其四，着力提高促改革的能力和定力。改革开放是决定当代中国命运的关键一招，也是实现"两个一百年"奋斗目标、实现中华民族伟大复兴的关键一招。当前，全面深化改革已经进入新的阶段，必须一鼓作气、坚定不移，敢于啃硬骨头、敢于涉险滩，进一步解放思想、进一步解放和发展社会生产力、进一步解放和增强社会活力。

贯彻落实党对一切工作的领导，一要自觉在思想上政治上行动上同党中央保持高度一致，从思想上正本清源、固本培元，不断提高政治判断力、政治领悟力、政治执行力，深刻领悟"两个确立"的决定性意义，增强"四个意识"、坚定"四个自信"、做到"两个维护"，始终在思想上政治上行动上同党中央保持高度一致。二要健全和完善党的领导制度体系。健全党中央对重大工作的领导体制，党中央对重大工作的领导体制，是加强党的全面领导的制度安排，是实现党的全面领导的直接体现。健全党的全面领导制度，发挥党在各种组织中总揽全局、协调各方的领导核心作用，把党的领导贯彻到党和国家所有机构履行职责全过程。必须完善党在各种组织中发挥领导作用的制度，党的全面领导要体现到各种组织中去，发挥好党在同级各种组织中的领导核心作用。必须完善党协调各方的机制，要深化党和国家机构改革，完善党和国家机构职能体系，加强统筹协调，理顺职责关系，形成党组织统一领导下各职能部门分工协作的工作机制，保证党实施集中统一领导，保证其他机构协同联动，高效运行。必须完善党领导各项事业的制度，把党的领导贯彻落实到统筹推进"五位一体"总体布局、协调推进"四个全面"战略布局各领域各方面各环节。

（二）人民主体新型国家本质论

坚持人民主体地位是社会主义国家的本质属性。习近平总书记指出：坚持人民当家作主，这是人类历史上的伟大创举。“中国这样一个有五千多年文明史、几亿人口的国家建立起人民当家作主的新型政治制度，在中国政治发展史乃至世界政治发展史上都是具有划时代意义的。”①根据《中华人民共和国宪法》，党和政府的一切权力都来自人民。人民不仅是国家的创立者、制度的制定者、执行者、监督者，而且是国家财富的创造者、分享者。这是中国特色社会主义国家与资本主体的资本主义国家，以及国家主体的苏联式国家截然不同的地方。“我们要坚持国家一切权力属于人民的宪法理念，最广泛地动员和组织人民依照宪法和法律规定，通过各级人民代表大会行使国家权力，通过各种途径和形式管理国家和社会事务、管理经济和文化事业，共同建设，共同享有，共同发展，成为国家、社会和自己命运的主人。”②人民主体是通过一系列的制度体系实现的。新中国成立以来，特别是改革开放以来的历史证明，中国现行的制度体系是符合中国国情、体现社会主义国家性质、保证人民当家作主、保障实现中华民族伟大复兴的好制度。“人民当家作主是社会主义民主政治的本质和核心。人民民主是社会主义的生命。没有民主就没有社会主义，就没有社会主义的现代化，就没有中华民族伟大复兴。”③坚持人民主体地位，就必须健全民主制度，丰富民主形式，拓宽民主渠道，体现人民意志、保障人民权益、激发人民创造活力，用制度体系保证人民当家作主。“国家各项工作都要贯彻党的群众路线，密切同人民群众的联系，倾听人民呼声，回应人民期待，不断解决好人民最关心最直接最现实的利益问题，凝聚起最广大人民智

① 中共中央文献研究室编：《十八大以来重要文献选编》（中），中央文献出版社 2016 年版，第 51 页。

② 中共中央文献研究室编：《十八大以来重要文献选编》（上），中央文献出版社 2014 年版，第 89 页。

③ 中共中央文献研究室编：《十八大以来重要文献选编》（中），中央文献出版社 2016 年版，第 54—55 页。

慧和力量。”①

(三)中国特色政治发展道路论

道路决定国家发展的根本方向。古今中外,由于政治道路选择不当而导致社会动荡、国家分裂、人亡政息的例子比比皆是。怎样选择自己的政治道路?习近平总书记指出:在政治制度模式上,我们就是要咬定青山不放松。“世界上不存在完全相同的政治制度,也不存在适用于一切国家的政治制度模式。‘物之不齐,物之情也。’各国国情不同,每个国家的政治制度都是独特的,都是由这个国家的人民决定的,都是在这个国家历史传承、文化传统、经济社会发展的基础上长期发展、渐进改进、内生性演化的结果。”②评价一个国家的政治制度,决不能脱离特定的社会政治条件来抽象地评判,决不能千篇一律、定于一尊。“要坚持从国情出发、从实际出发……还要把握现实要求、着眼解决现实问题,不能割断历史,不能想象突然就搬来一座政治制度上的‘飞来峰’”③。

中国实行工人阶级领导的、以工农联盟为基础的人民民主专政的国体,实行人民代表大会制度的政体,实行中国共产党领导的多党合作和政治协商制度,实行民族区域自治制度,实行基层群众自治制度,具有鲜明的中国特色。“这样一套制度安排,能够有效保证人民享有更加广泛、更加充实的权利和自由,保证人民广泛参加国家治理和社会治理;能够有效调节国家政治关系,发展充满活力的政党关系、民族关系、宗教关系、阶层关系、海内外同胞关系,增强民族凝聚力,形成安定团结的政治局面;能够集中力量办大事,有效促进社

---

① 中共中央文献研究室编:《十八大以来重要文献选编》(中),中央文献出版社 2016 年版,第 55 页。

② 中共中央文献研究室编:《十八大以来重要文献选编》(中),中央文献出版社 2016 年版,第 60 页。

③ 中共中央文献研究室编:《十八大以来重要文献选编》(中),中央文献出版社 2016 年版,第 59 页。

会生产力解放和发展,促进现代化建设各项事业,促进人民生活质量和水平不断提高;能够有效维护国家独立自主,有力维护国家主权、安全、发展利益,维护中国人民和中华民族的福祉。”①

中国特色政治发展道路是近代以来历史逻辑、理论逻辑、实践逻辑的必然结果,也是中国共产党本质属性、根本宗旨的必然要求。改革开放 40 多年的实践证明,中国特色政治发展道路是具有强大生命力、符合中国国情、保证人民当家作主的正确道路。我们要放眼世界,在独立自主的基础上,虚心学习世界各国的好东西,用以丰富和完善我们的政治制度,但我们决不能囫囵吞枣、邯郸学步,“照抄照搬他国的政治制度行不通,会水土不服,会画虎不成反类犬,甚至会把国家前途命运葬送掉。只有扎根本国土壤、汲取充沛养分的制度,才最可靠、也最管用。”②我们强调推进国家治理体系和治理能力现代化,绝不是西方化、资本主义化。“我们全面深化改革,不是因为中国特色社会主义制度不好,而是要使它更好;我们说坚定制度自信,不是要固步自封,而是要不断革除体制机制弊端,让我们的制度成熟而持久。我们不仅要防止落入‘中等收入陷阱’,也要防止落入‘西化分化陷阱’。”③中国制度模式以其成功实践向世界说明:治理国家、推动现代化,并不只有西方制度模式一条道路。“我们用事实宣告了‘历史终结论’的破产,宣告了各国最终都要以西方制度模式为归宿的单线式历史观的破产。”④

(四)制度及其体制机制系统重构论

现代系统论认为,最佳结构产生最佳功能。党的十八大以来,党中央先后

① 中共中央文献研究室编:《十八大以来重要文献选编》(中),中央文献出版社 2016 年版,第 61—62 页。

② 中共中央文献研究室编:《十八大以来重要文献选编》(中),中央文献出版社 2016 年版,第 60 页。

③ 中共中央文献研究室编:《习近平关于社会主义政治建设论述摘编》,中央文献出版社 2017 年版,第 8—9 页。

④ 中共中央文献研究室编:《习近平关于社会主义政治建设论述摘编》,中央文献出版社 2017 年版,第 7 页。

推出一系列全方位改革举措,坚决破除各方面体制机制弊端,深入推进国家治理体系和治理能力现代化建设,为中国发展注入强大动力。“系统性重塑、整体性重构”①是新时代国家体制机制改革的突出特点。

党的十八届三中全会指出:“全面深化改革的总目标是完善和发展中国特色社会主义制度,推进国家治理体系和治理能力现代化。”②实现国家治理体系和治理能力现代化,关键是制度现代化,而制度现代化关键是法治现代化。“法律是治国之重器,法治是国家治理体系和治理能力的重要依托。”③党的十八届四中全会专门就全面推进依法治国作出决定,把依法治国的总目标确定为:形成完备的法律规范体系、高效的法治实施体系、严密的法治监督体系、有力的法治保障体系,形成完善的党内法规体系,坚持依法治国、依法执政、依法行政共同推进,坚持法治国家、法治政府、法治社会一体建设,实现科学立法、严格执法、公正司法、全民守法,促进国家治理体系和治理能力现代化。并且指出:“全面推进依法治国是一个系统工程,是国家治理领域一场广泛而深刻的革命,需要付出长期艰苦努力。”④

全面推进国家治理体系和治理能力现代化,重点是党和国家机构改革。党的十九届三中全会专门作出决定,提出“深化党和国家机构改革,目标是构建系统完备、科学规范、运行高效的党和国家机构职能体系,形成总揽全局、协调各方的党的领导体系,职责明确、依法行政的政府治理体系,中国特色、世界一流的武装力量体系,联系广泛、服务群众的群团工作体系”⑤。党的十九届四中全会专

---

① 习近平:《高举中国特色社会主义伟大旗帜　为全面建设社会主义现代化国家而团结奋斗——在中国共产党第二十次全国代表大会上的报告》,人民出版社 2022 年版,第 9 页。

② 《中共中央关于全面深化改革若干重大问题的决定》,人民出版社 2013 年版,第 3 页。

③ 中共中央文献研究室编:《十八大以来重要文献选编》(中),中央文献出版社 2016 年版,第 141 页。

④ 《中共中央关于全面推进依法治国若干重大问题的决定》,人民出版社 2014 年版,第 8 页。

⑤ 参见《中共中央关于深化党和国家机构改革的决定》,人民出版社 2018 年版,第 16—17 页。

门就如何坚持和完善中国特色社会主义制度，推进国家治理体系和治理能力现代化作出决定，就推进国家治理体系和治理能力现代化的时代背景、基本原则、总体目标、具体内容做了系统设计和安排。坚持和完善党的领导制度体系，提高党科学执政、民主执政、依法执政水平；坚持和完善人民当家作主制度体系，发展社会主义民主政治；坚持和完善中国特色社会主义法治体系，提高党依法治国、依法执政能力；坚持和完善中国特色社会主义行政体制，构建职责明确、依法行政的政府治理体系；坚持和完善社会主义基本经济制度体系，推动经济高质量发展；坚持和完善社会主义文化制度体系，巩固全体人民团结奋斗的共同思想基础；坚持和完善统筹城乡的民生保障制度，满足人民日益增长的美好生活需要；坚持和完善共建共治共享的社会治理制度，保持社会稳定、维护国家安全；坚持和完善生态文明制度体系，促进人与自然和谐共生；坚持和完善党对人民军队的绝对领导制度体系，确保人民军队忠实履行新时代使命任务；坚持和完善"一国两制"制度体系，推进祖国和平统一；坚持和完善独立自主的和平外交政策，推动构建人类命运共同体；坚持和完善党和国家监督体系，强化对权力运行的制约和监督。"坚持和完善"以及"体系化建构"成为十九届四中全会的关键词。

（五）全过程人民民主论

健全人民当家作主的制度体系，保证人民依法实行民主选举、民主协商、民主决策、民主管理、民主监督，发挥人民群众积极性、主动性、创造性，实现全过程人民民主，这是中国特色社会主义国家制度的本质特征。2021 年 12 月，在中央人大工作会议上的讲话中，习近平总书记指出：我国全过程人民民主不仅有完整的制度程序，而且有完整的参与实践。"我国全过程人民民主实现了过程民主和成果民主、程序民主和实质民主、直接民主和间接民主、人民民主和国家意志相统一，是全链条、全方位、全覆盖的民主，是最广泛、最真实、最管用的社会主义民主。"①民主是"过程"和"成果"、"程序"和"实质"、"直接"

① 《习近平著作选读》第二卷，人民出版社 2023 年版，第 532 页。

和“间接”、“人民”和“国家”的统一。是否真正实现了民主、保障了民主，不仅要看“过程”，也要看“成果”；不仅要看“程序”，也要看“实质”；不仅要看“直接”，也要看“间接”；不仅要看“人民民主”，也要看“国家意志”。民主不是装饰品，一个国家民主不民主，关键要看人民是否真正当家作主。不仅要看人民是否具有“投票权”，更要看是否具有“广泛参与权”；不仅要看人民在选举过程中得到“什么承诺”，更要看这些承诺在选举过后是否得到“兑现”；不仅要看制度和法律规定了“什么样的政治程序和政治规则”，更要看这些制度和法律是否得到“真正执行”；不仅要看权力运行规则和程序是否民主，更要看权力是否真正受到“人民监督和制约”。党的二十大报告进一步指出：“全过程人民民主是社会主义民主政治的本质属性，是最广泛、最真实、最管用的民主。”①这些论述，突出说明中国社会主义民主与资本主义民主的本质区别。

二、新时代中国马克思主义国家观的理论来源及思想实质

新时代中国马克思主义国家观不仅是对马克思主义国家观的继承发展，也是对中国优秀传统文化中国家治理思想的创造性转化和创新性发展，更是对世界先进文明成果中有关国家创新发展思想的批判性借鉴。

（一）马克思恩格斯国家观的继承发展

马克思和恩格斯毕生研究国家问题，对国家的来源、本质、未来社会主义国家的建设等问题进行了大量探索，提出一系列观点，成为新时代中国马克思主义国家观的思想来源。

青年马克思在走向社会之初，还是一个黑格尔理性主义的信仰者，在理性

① 习近平：《高举中国特色社会主义伟大旗帜　为全面建设社会主义现代化国家而团结奋斗——在中国共产党第二十次全国代表大会上的报告》，人民出版社 2022 年版，第 37 页。

与现实的交往中，逐渐对黑格尔的国家学说产生怀疑，国家问题成为马克思探讨的核心问题。1841—1842 年，在《莱茵报》工作期间，马克思写下《评普鲁士最近的书报检查令》《关于林木盗窃法的辩论》《摩泽尔记者的辩护》等文章，为劳苦大众的利益辩护，公开批判普鲁士的书报检查制度，认为自由报刊是国家精神的体现。“没有新闻出版自由，其他一切自由都会成为泡影。”①马克思开始质疑黑格尔法哲学把“国家法律”说成是天经地义的“国家理性”和“普遍利益”的信条，初步触及“国家法律——阶级关系——物质利益”三者的关系。马克思 1843 年写的《黑格尔法哲学批判》，实质上是对黑格尔国家观的批判。马克思旗帜鲜明地主张人民主权论，批判黑格尔的君主主权论、君主立宪论，认为“民主制是一切形式的国家制度的已经解开的谜”②。不是国家制度创造人民，而是人民创造国家制度，只有民主制才是普遍和特殊的真正的统一。马克思从王权、行政权和立法权的对立，探寻现代国家的由来、本质及其内在矛盾，构成马克思关于现代新型民主国家观的最初框架。

1843 年 10 月中至 12 月中，马克思所写《论犹太人问题》《〈黑格尔法哲学批判〉导言》等著作，其中心思想是深入批判普鲁士专制主义国家制度，探索国家和无产阶级的关系。《〈黑格尔法哲学批判〉导言》第一次提出工人阶级历史使命的思想——无产阶级将摧毁一切奴役制，实现人的彻底解放，宣告迄今为止的世界制度的解体。《论犹太人问题》认为，困扰近代德国的犹太人问题，根源不在宗教解放，而在于国家制度与社会制度，因而不仅要打破普鲁士专制主义国家制度，实现政治解放，而且要从根本上消灭奴役人的剥削制度，实现人类解放。1844 年 11 月，马克思所写《关于现代国家的著作的计划草稿》，篇幅虽然简短，但包含着大量的理论问题。马克思对第九个问题作了重要补充：“为消灭[Aufhebung]国家和市民社会而斗争。”③这既是对以往研究国家问题的总结，也是未来研究国家问题的思想框架和总纲，为理解整个马克

① 《马克思恩格斯全集》第 1 卷，人民出版社 1995 年版，第 201 页。

② 《马克思恩格斯全集》第 3 卷，人民出版社 2002 年版，第 39 页。

③ 《马克思恩格斯全集》第 42 卷，人民出版社 1979 年版，第 238 页。

思国家观,尤其是早期国家观,提供了一把钥匙。

1843 年底至 1844 年初,马克思初来巴黎,摘录了《勒·勒瓦瑟尔回忆录》,着重记载了 1792 年 8 月至 1793 年 5、6 月间国民公会的历史,作为现代国家、人民主权、人民立法、人民执法的典型体现与历史起源。据卢格等人披露,马克思 1844 年曾想写一部《国民公会史》或《法国革命史》,并曾为此忙碌工作了好几个月。① 《1844 年经济学哲学手稿》序言开头,就提到这一研究与国家观研究的不同视阈及其内在联系。现代国家的劳动——异化劳动,不是让工人感到幸福,而是感到不幸。"异化劳动把自主活动、自由活动贬低为手段。"②这是一种替他人服务的、受他人支配的、处于他人强迫和压制之下的活动,其根源在于资本主义的私有财产制度。无产阶级将扬弃私有财产制度,建立共产主义,实现人与自然、人与人的和谐发展,把人的本质还给人。"它是历史之谜的解答,而且知道自己就是这种解答。"③

1844 年 9—11 月间,马克思和恩格斯合写的《神圣家族》一书,在马克思执笔的两节《犹太人问题,第三号》《对法国革命的批判的战斗》中,在批判性论战中,触及现代国家的几个基本理论要点:政治解放实质与现代国家的关系;国家与市民社会的关系;现代国家与人权的关系;现代国家制度与古代国家制度的关系;法国革命与现代国家制度起源的关系。马克思为何要把法国作为现代国家演绎的典型加以考察?恩格斯在《路易·波拿巴的雾月十八日》第三版序言中揭示了其中的奥秘:法国是近代以来阶级斗争及其结果表现得最为彻底的国家,"而正在上升的无产阶级反对占统治地位的资产阶级的斗争,在这里也以其他各国所没有的尖锐形式表现出来。"④

1845 年春,完成"两个转变"的马克思,开始运用彻底的唯物史观研究国

---

① 参见王东、刘军:《马克思列宁主义源头活水》(中),辽宁人民出版社 2021 年版,第 218 页。

② 《马克思恩格斯文集》第 1 卷,人民出版社 2009 年版,第 163 页。

③ 《马克思恩格斯文集》第 1 卷,人民出版社 2009 年版,第 185—186 页。

④ 《马克思恩格斯文集》第 2 卷,人民出版社 2009 年版,第 469 页。

家问题。1845 年秋至 1846 年 5 月马克思和恩格斯合写的《德意志意识形态》第一卷第一章,即“费尔巴哈章”,初步阐明分工、生产方式演进与国家的起源,特别是近代国家的起源问题。这一章手稿运用唯物史观阐明国家的演变、国家的实质、国家的功能、现代国家、法律的实质、罗马法的本质特征,还涉及国家的意识形态问题。马克思指出:“现代国家是与这种现代私有制相适应的。现代国家由于税收而逐渐被私有者所操纵,由于国债而完全归他们掌握;现代国家的存在既然受到交易所内国家证券行市涨落的调节,所以它完全依赖于私有者即资产者提供给它的商业信贷。”①在过去的一切时代里,国家不过是命运之神的创造,个人受分工和生产工具,以及有限的交往形式的支配,国家只是“虚假共同体”,而未来国家受人们自己创造活动的支配,各个人占有现有生产力的总和,“各个人在自己的联合中并通过这种联合获得自己的自由。”②

1848 年 2 月由马克思和恩格斯合写的《共产党宣言》是建立现代新型国家的政治宣言。《宣言》第一章系统阐述现代资产阶级国家的起源、本质和职能,以及未来发展趋势,并从资产阶级国家不可调和的内在矛盾预示无产阶级新型国家产生的历史必然性。《宣言》第二章的末尾最集中地阐述工人阶级通过革命夺取政权、开创现代新型国家的历史使命:“工人革命的第一步就是使无产阶级上升为统治阶级,争得民主。”③然后,利用国家杠杆推进生产关系变革,并且尽可能快地增加生产力的总量,把全部生产集中在联合起来的个人手中,公共权力失去政治性质,消除阶级对立的存在条件,国家走向消亡,最终实现每个人的自由全面发展。

1851 年 1 月至 11 月,在《1848 年至 1850 年的法兰西阶级斗争》一书中,马克思把 1848 年巴黎六月起义视为工人阶级推翻资产阶级统治,创建无产阶级现代新型国家,实现“工人阶级专政”的第一次尝试。并且运用唯物史观分

---

① 《马克思恩格斯文集》第 1 卷,人民出版社 2009 年版,第 583 页。

② 《马克思恩格斯文集》第 1 卷,人民出版社 2009 年版,第 571 页。

③ 《马克思恩格斯文集》第 2 卷,人民出版社 2009 年版,第 52 页。

析资产阶级和无产阶级之间、资产阶级内部不同派别之间错综复杂的斗争,把金融贵族对经济生活、国家权力、社会舆论的垄断作为法国革命失败的经济根源和政治根源,并且再次发出“只要工人还是奴隶,匈牙利人、波兰人或意大利人都不会获得自由”①的深刻洞见。1851 年 12 月中旬至 1852 年 3 月 25 日,马克思写作的《路易·波拿巴的雾月十八日》,专讲 1848 年法国革命失败,怎样一步步走向路易·波拿巴发动政变、复辟帝制的经过。这场闹剧的背后则是国家制度、国家政体的演变蜕化,其阶级根源、经济基础在于:上层有金融贵族与大地主的勾结,下面有千百万小农经济,他们共同呼唤拿破仑式的专制皇帝再现。1852 年 3 月,马克思致约·魏德迈的信,简要分析他对阶级斗争、无产阶级专政及其未来走向的预测,为理解这一时期马克思的国家观提供了一把钥匙。

19 世纪 50—70 年代,马克思最为庞大的著作《资本论》,紧紧围绕资本生产、流通、分配、消费的各个环节,深入挖掘现代国家的起源、本质、职能及其发展趋势。在现代资本主义国家,纸币、法币的印制和流通离不开国家信用制度的支撑,工作日长度、相对剩余价值的生产都离不开国家的强制干预;资本的原始积累,对乡村居民的剥夺,海外殖民制度、国债制度、现代税收制度、保护关税制度的制定,都是在国家暴力的支持下进行的。资本家之间的相互竞争,其结果:“生产资料的集中和劳动的社会化,达到了同它们的资本主义外壳不能相容的地步。这个外壳就要炸毁了。”②马克思从资本积累的历史宣告现代资产阶级国家不可避免走向灭亡的总趋势。推翻资产阶级统治后建立的无产阶级现代新型国家不是回到新的私有制,而是“在协作和对土地及靠劳动本身生产的生产资料的共同占有的基础上,重新建立个人所有制”。③ 前者是少数掠夺者剥夺人民群众,后者则是人民群众剥夺少数掠夺者。

晚年马克思对国家问题的思考变得更为具体更为深入。1871 年 3 月 18

① 《马克思恩格斯文集》第 2 卷,人民出版社 2009 年版,第 104 页。
② 《马克思恩格斯全集》第 44 卷,人民出版社 2001 年版,第 874 页。
③ 《马克思恩格斯全集》第 44 卷,人民出版社 2001 年版,第 874 页。

日至5月28日的法国巴黎公社，这是无产阶级超越资产阶级现代国家，建立自己新型民主国家的第一次尝试。马克思抓住这道历史闪电，写作《法兰西内战》，实质是把巴黎公社的革命实践作为新型无产阶级国家的最初萌芽，阐发新型无产阶级国家根本超越资产阶级现代国家的本质特征。公社是由巴黎各区通过普选选出的市政委员组成的，所有的公职人员只能领取相当于工人工资的报酬。公社取消了常备军和国家官吏，宣布政教分离，并剥夺一切教会所占有的财产。“这个新的、摧毁了现代国家政权的公社”并不是中世纪公社的再现。“它实质上是工人阶级的政府，是生产者阶级同占有者阶级斗争的产物，是终于发现的可以使劳动在经济上获得解放的政治形式。”①公社试图“剥夺剥夺者”，把土地和资本完全变成自由的和联合的劳动的工具，从而使《共产党宣言》所说的“联合起来的个人所有制”成为现实。马克思说：“请问诸位先生，这不是共产主义，‘可能的’共产主义，又是什么呢?”②这是一个与这个凡尔赛的“旧世界”相对峙的“新世界”。

1875年4月底至5月7日，马克思写的《哥达纲领批判》，在巴黎公社的基础上，针对德国工人政党领袖关于未来国家的错误认识，深入思考无产阶级新型国家的建设问题。马克思第一次提出未来社会“两个阶段”的理论，重点思考过渡时期和共产主义低级阶段无产阶级国家的特殊性，以及与之相应的生产力发展、社会财富分配等问题。“我们这里所说的是这样的共产主义社会，它不是在它自身基础上已经发展了的，恰好相反，是刚刚从资本主义社会中产生出来的，因此它在各方面，在经济、道德和精神方面都还带着它脱胎出来的那个旧社会的痕迹。”③与早年认识不同的是，马克思开始认为，共产主义不是“一下子”的立刻行为，而是有一个相对的过渡时期，这个时期的国家只能是无产阶级专政的国家。在社会主义时期，财富的分配还只能实行“按劳分配”的原则。

---

① 《马克思恩格斯文集》第3卷，人民出版社2009年版，第158页。
② 《马克思恩格斯文集》第3卷，人民出版社2009年版，第159页。
③ 《马克思恩格斯文集》第3卷，人民出版社2009年版，第434页。

1877 年 10 月至 11 月间,马克思《给〈祖国纪事〉杂志编辑部的信》,明确提出研究俄国国家问题的方法论:《资本论》只是西欧资本主义起源的一般历史概述,至于俄国生产方式、国家制度、发展道路,不能简单套用《资本论》的方式,必须具体情况具体分析,把握俄国自身的特殊性。1881 年 2 月 18 日,马克思《给维・伊・查苏利奇的复信》,先后写作四份草稿,却未能完成。其中包含晚年马克思对俄国村社制度、生产方式的基本观点,也包含对俄国沙皇专制、国家制度的基本观点,关于俄国革命、推翻沙皇专制,建立新型民主国家道路的理论预见。

马克思去世后,恩格斯在清理马克思遗稿的过程中,发现马克思晚年笔记中的主体部分《古代社会》一书的摘要,关于《国家与文明起源》的笔记,正好与自己的原有研究不谋而合。于是,在马克思一周年之际,恩格斯在马克思晚年笔记的基础上,特别是摩尔根的《古代社会》一书摘要的基础上,写成 10 多万字的小型专著《家庭、私有制和国家的起源》,在比较研究的基础上,总结概括出国家起源道路的三种模式:雅典模式、罗马模式、日耳曼模式,第一次比较系统地表述了马克思国家观的历史基础、理论基础、哲学基础。恩格斯还在其去世的当年,即 1895 年 2 月 14 日至 3 月 6 日,为马克思《1848 年至 1850 年的法兰西阶级斗争》一书写作《导言》,既肯定马克思国家观的基本理论,又指出马克思去世后十多年来主要资本主义国家发生的新变化,认为像 1848 年革命与《共产党宣言》中所主张的街头主义、暴力夺权的道路,已经落后于这些国家的国情变化,由于普选权在这些国家已经实现,因而合法斗争、议会斗争已经变成工人阶级政党夺权的主要现实道路、现实选择、现实任务。

在纪念马克思诞辰 200 周年大会上的讲话中,习近平总书记指出:马克思主义第一次站在人民的立场探求人类自由解放的道路,以科学的理论为最终建立一个没有压迫、没有剥削、人人平等、人人自由的理想社会指明了方向。"学习马克思,就要学习和实践马克思主义关于人民民主的思想。马克思、恩格斯指出,'无产阶级的运动是绝大多数人的,为绝大多数人谋利益的独立的运动','工人阶级一旦取得统治权,就不能继续运用旧的国家机器来进行管理’，必须‘以新的真正民主的国家政权来代替’。国家机关必须由社会主人变为社会公仆，接受人民监督。我们要坚定不移走中国特色社会主义政治发展道路，在坚持党的领导、人民当家作主、依法治国有机统一中推进社会主义民主政治建设，不断加强人民当家作主的制度保障，加快推进国家治理体系和治理能力现代化，充分调动人民的积极性、主动性、创造性，更加切实、更有成效地实施人民民主。”①这段论述，既指出了马克思恩格斯国家观的思想要点，也点出了新时代中国马克思主义国家观的核心内容，说明了二者之间继承发展的思想联系。

（二）苏联国家的创立及其走向失败的反思总结

列宁把马克思的国家观运用于无产阶级革命的具体实践，创立了世界上第一个无产阶级专政的现代新型民主国家，列宁对无产阶级如何夺取政权、如何巩固政权、如何发展社会主义新型民主都作了广泛而深入的探索，提出无产阶级专政新型国家建设的新思想，丰富和发展了马克思主义国家观。

1. 运用马克思主义国家观指导无产阶级革命。1916 年 11、12 月间，列宁拟定题为“关于国家的作用问题”的论文提纲，开始更为系统地研究马克思主义国家观，写下《马克思主义论国家》的“蓝皮笔记”，按照“1848 年革命——1871 年巴黎公社革命——晚年恩格斯的补充研究”这样一条主线、三个历史阶段，具体考察马克思、恩格斯约 20 多份文献。1917 年二月革命后写成的五封《远方来信》和 1917 年 4 月的“四月提纲”可谓“蓝皮笔记”思考成果的最初应用。

据《列宁全集》中文第二版第 29 卷统计，1917 年 4 月列宁刚回俄国的一个月内，发表文章讲话足有 90 篇之多，约合汉字 30 万字②，其核心思想，就是

① 习近平：《在纪念马克思诞辰 200 周年大会上的讲话》，《人民日报》2018 年 5 月 5 日。

② 参见王东、刘军：《马克思列宁主义源头活水——时代观、国家观、社会主义观》中篇，辽宁人民出版社 2021 年版，第 332 页。

从资产阶级临时政府手中夺取国家政权,一切政权归苏维埃,要和平、要土地、要面包,并打开通向社会主义的大道。在以上工作的基础上,列宁于 1917 年下半年 7、8、9 三个月,在拉兹里夫湖畔等地突击写成列宁主义国家观的奠基之作《国家与革命》,剖析“国家与革命”问题的重大意义,集中阐述马克思主义国家观的一般理论,即国家的起源、国家的本质、国家的构成、国家的功能、国家变革的发展趋势、暴力革命与国家自行消亡,系统梳理了马克思主义国家观对“国家与革命”的基本态度,并在总结历史经验中首次提出无产阶级专政学说,批判了第二国际修正主义者在“国家与革命”这个根本问题上的错误观点。

在十月革命危机的关键时刻,列宁还写下直接指导革命实践的《大难临头,出路何在》《布尔什维克应当夺取政权》《马克思主义和起义》《给中央委员会的信》,终于在十月革命实践中一举夺取国家政权,实现了“一切政权归苏维埃”,建立无产阶级新型国家的目标。

2. 全面揭示无产阶级专政的实质和意义。从 1918 年到 1920 年的三年卫国战争期间,列宁把思考的重心转向取得政权的无产阶级新型国家如何巩固国家政权的问题。在十分危急的情况下,以列宁为首的布尔什维克党被迫实行“战时共产主义”政策,其实质是建立全国大一统的管理体制,实行“直接领导制”“统收统支制”,以确保国家国防安全的需要。列宁于 1918 年底,借《国家与革命》再版之机,依据 1852 年马克思致约·魏德迈的信,特别突出地强调“无产阶级专政”思想才是马克思国家观的思想精髓。几乎同时,列宁出版《无产阶级革命和叛徒考茨基》一书,专门批判考茨基新出版的小册子《无产阶级专政》,认为考茨基此书“就是口头上假意承认马克思主义而实际上市侩式地歪曲马克思主义和卑鄙地背弃马克思主义的典型”。①

1919 年 3 月,列宁在共产国际第一次代表大会开幕词中,开门见山地指出无产阶级专政作为时代课题的现实意义和国际普遍意义。“人民已经认识

① 《列宁全集》第 31 卷,人民出版社 2017 年版,第 32 页。

到目前爆发的这场斗争的伟大意义。只是必须找出一种能使无产阶级实现自己的统治的实际形式。这种形式就是实行无产阶级专政的苏维埃制度。”①1919 年 5 月，列宁在《向匈牙利工人致敬》一文中提出“无产阶级专政不仅在于暴力，而且主要不在于暴力”的闪光思想，认为无产阶级专政，“它的主要实质在于劳动者的先进部队、先锋队、唯一领导者即无产阶级的组织性和纪律性。无产阶级的目的是建成社会主义，消灭社会的阶级划分，使社会全体成员成为劳动者，消灭一切人剥削人现象的基础。”②1919 年 7 月 11 日，列宁在斯维德洛夫大学作题为《论国家》的专题演讲，认为“国家问题是一个最复杂最难弄清的问题，也可说是一个被资产阶级的学者、作家和哲学家弄得最混乱的问题”③。列宁全面阐述国家的实质、国家的意义、国家的演进形态，以及共产党人对待国家的态度。

从 1919 年 9 月开始，到十月革命两周年纪念为止，列宁以“无产阶级专政”为题，形成一个写作大纲，其理论框架，大体上是“四大部分，32 个要点”，第四部分最后落到俄国无产阶级专政特殊性问题：其一，无产阶级专政是无产阶级阶级斗争的新形式（和具有新任务的新阶段）；其二，无产阶级专政是摧毁资产阶级民主和建立无产阶级民主；其三，无产阶级专政和帝国主义的特征；其四，无产阶级专政和苏维埃宪法。④ 1919 年 10 月 30 日，列宁完成《无产阶级专政时代的经济和政治》的前五个部分，重点转向俄国无产阶级专政在经济、政治方面面临的特殊问题，指出“无产阶级推翻资产阶级就是朝着消灭阶级的方向迈进了最有决定意义的一步，而无产阶级要完成这一事业，就应当利用国家政权机关来继续进行阶级斗争，就应当对被推翻了的资产阶级和动摇不定的小资产阶级采用斗争、影响、诱导等不同的方法来继续进行阶级

① 《列宁全集》第 35 卷，人民出版社 2017 年版，第 483 页。
② 《列宁全集》第 36 卷，人民出版社 2017 年版，第 375 页。
③ 《列宁全集》第 37 卷，人民出版社 2017 年版，第 61 页。
④ 《列宁全集》第 37 卷，人民出版社 2017 年版，第 440—441 页。

斗争。”①

1920年4、5月间,在《共产主义运动中的“左派”幼稚病》中,针对党内外的疑问,列宁论述了无产阶级专政国家体系中领袖、政党、阶级、群众之间的相互关系。“谁都知道,群众是划分为阶级的;……阶级是由政党来领导的;政党通常是由最有威信、最有影响、最有经验、被选出担任最重要职务而称为领袖的人们所组成的比较稳定的集团来主持的。”②1920年7月4日,列宁为共产国际第二次代表大会草拟《关于共产国际第二次代表大会的基本任务的提纲》,不仅提出战时共产主义时期的“无产阶级专政论纲”,而且提出“无产阶级专政体系”这个新理念。

3. 晚年列宁提出国家全盘改革的构想。1920年底、1921年初,在三年内战已经结束的历史背景下,列宁国家观的思想主题也逐渐转向“国家与改革”问题。列宁指出:取消战时共产主义政策,实行粮食税,这是一个关系巩固工农联盟,巩固无产阶级专政的重大问题,而最为根本的则是打破国家垄断制。这在《十月革命四周年》《论黄金在目前和在社会主义完全胜利后的作用》等文章中反复作了说明。列宁指出:国家职能必须从主要依靠“国家命令”“国家强制”的战时共产主义政策转向以国家资本主义作为特殊中介、主要依靠市场机制的新经济政策模式。“否则你们就不能达到共产主义,否则你们就不能把千百万人引导到共产主义。”③这是现实生活和革命发展的客观进程告诉我们的。国家资本主义是能够按我们的意志加以控制的资本主义,关键的问题就在于无产阶级国家要自觉地、合规律性又合目的性地掌握国家资本主义。“应该在这个基本领域从头学起,而只有当我们完全领会到和意识到这一点的时候,我们才能担保说,我们能够学会这点。”④

与此同时,列宁也不止一次地尖锐指出:苏维埃民主制在形式与内容上存

① 《列宁全集》第37卷,人民出版社2017年版,第279页。

② 《列宁全集》第39卷,人民出版社2017年版,第21页。

③ 《列宁全集》第42卷,人民出版社2017年版,第187页。

④ 《列宁全集》第43卷,人民出版社2017年版,第89页。

在重大矛盾。1920 年 1 月,列宁提出国家监察工作全盘工农化的原则,他力主把国家监察人民委员部逐步改组为工农检查院,把国家监督与工农监督结合起来,并以人民监督、社会监督为主。令列宁感到最为棘手的问题,是国家机关中的官僚主义问题。官僚主义不仅渗透进国家机关,而且渗透进党的机体,工农检查院几乎形同虚设、成了附庸。同时,党、国家、人民三支监察机构很不协调,难以构成统一强大的人民监督系统。① 面对这种困境,列宁经过苦苦思索,把主要希望寄托在强化人民监督权上。列宁最后之作,《给代表大会的信》《怎样改组工农检查院》《宁肯少些,但要好些》,其中心议题都是强化人民监督权。

在生命的最后时刻,令列宁更为忧心的是俄国文化的落后状况。在列宁看来,国家经济改革和政治改革的战略构想,最终取决于文化能否跟得上的问题。1923 年 1 月 2 日,由列宁口授笔录的《日记摘录》透露当时俄国的识字状况,"果然不出所料,我们距离普遍识字还远得很,甚至和沙皇时代(1897 年)比,我们的进步也太慢。""直到今天还没有摆脱半亚洲式的不文明状态。"②在《论合作社》一文中,列宁进一步指出:"为了通过新经济政策使全体居民人人参加合作社,这就需要整整一个历史时代。在最好的情况下,我们度过这个时代也要一二十年。但这终究是一个特殊的历史时代,如果不经过这一历史时代,不做到人人识字,没有足够的见识,没有充分教会居民读书看报,没有做到这一点的物质基础,没有一定的保障,如防备歉收、饥荒等等的保障——没有以上这些条件,我们就达不到自己的目的。"③在列宁看来,"没有一场文化革命",就不可能完成合作化的任务,正是在这个意义上,列宁认为,文化工作是更为根本的工作,党和国家的工作重心应该转移到文化组织工作上去。"从前我们是把重心放在而且也应该放在政治斗争、革命、夺取政权等等方

① 王东:《系统改革论——列宁遗嘱,苏联模式,中国道路》,吉林人民出版社 2014 年版,第 264—265 页。

② 《列宁选集》第 4 卷,人民出版社 2012 年版,第 762、763 页。

③ 《列宁选集》第 4 卷,人民出版社 2012 年版,第 770 页。

面,而现在重心改变了,转到和平的‘文化’组织工作上去了。如果不是因为国际关系,不是因为必须为我们在国际范围内的阵地进行斗争,我真想说,我们的重心转移到文化主义上去了。”①显然,晚年列宁的国家观是一个集“经济改革——政治改革——文化改革”于一体的“全盘改革构想”。只有通过这种全盘改革,才能改变国家的落后状况,实现向现代国家的跃迁。

列宁去世过早,他关于现代新型国家改革的战略构想在实践中并没有得到坚决贯彻执行,很快就被以全面垄断为特征的所谓“苏联模式”所取代。国家垄断制的推行使苏联陷入空前的危机。20 世纪 80 年代,戈尔巴乔夫试图借助“新思维”对苏联模式进行从经济基础到上层建筑的根本改造,建设人道的民主的社会主义。政治上弱化党对国家的领导,经济上推动西方新自由主义提供的“休克疗法”,企图一夜之间根本改变苏联的现状,文化上大肆渲染西方“普世价值”观。其结果,改革越改越糟,人民生活不但没有改善而且一再下降。一批反党反社会主义的敌对分子乘势出笼,在国内外敌对势力的配合下,终于将整个国家大厦连根推倒。

毛泽东曾经指出:十月革命一声炮响,给中国送来了马克思列宁主义。中国革命的成功、中国国家建设都与列宁思想、苏联国家发展模式有着十分密切的联系。在改革开放的新时期,邓小平一再指出:社会主义到底是个什么样子,可能列宁的思路比较好,搞了个“新经济政策”。邓小平总结“苏联模式”的教训,1989 年 5 月在会见来访的戈尔巴乔夫时指出:“列宁之所以是一个真正的伟大的马克思主义者,就在于他不是从书本里,而是从实际、逻辑、哲学思想、共产主义理想上找到革命道路,在一个落后的国家干成了十月社会主义革命。”②世纪之交,江泽民回顾国际共产主义运动的经验,指出:“马克思、恩格斯、列宁和毛泽东同志,都善于根据实际情况的发展变化,提出新的思想和理论。……苏联经过七十多年的社会主义建设,却发生了剧变的悲剧,最后解体

---

① 《列宁选集》第 4 卷,人民出版社 2012 年版,第 773 页。

② 《邓小平文选》第三卷,人民出版社 1993 年版,第 292 页。

了、垮台了，这是为什么？其中的原因和教训需要全面深刻地加以总结。总结好了，马克思列宁主义就会有新的发展。”①胡锦涛指出：“第一个社会主义国家苏联所以会解体，具有光荣斗争历史的苏联共产党所以会失去政权并顷刻瓦解，原因是多方面的，其中很重要的一条就是理论上政治上出了问题，指导思想上的多元化导致党内思想混乱，思想政治上彻底解除武装。苏联共产党从思想涣散走到组织瓦解，教训是很深刻的。”②进入新时代，习近平总书记进一步总结苏联国家最终走向覆灭的教训，指出：“苏联解体前，在所谓‘公开性’、‘民主化’的口号下，苏共放弃了民主集中制原则，允许党员公开发表与组织决议不同的意见，实行所谓各级党组织自治原则，一些苏共党员甚至领导层成员成了否定苏共历史、否定社会主义的急先锋，成了传播西方意识形态的大喇叭，苏共党内从思想混乱演变到组织混乱。最后，这样一个有着九十多年历史、连续执政七十多年的大党老党就哗啦啦轰然倒塌了。人们曾经提出一个问题，苏共早年在有二十万党员时能够夺取政权，在有二百万党员时能够打败法西斯侵略者，而在有近二千万党员时却丢失了政权、丢失了自己，这是为什么？我看，很重要的一个原因是政治纪律被动摇了，谁都可以言所欲言、为所欲为，那还叫什么政党呢？那是乌合之众了。”③在习近平总书记看来，苏联国家走向解体，归根结底是因为党的组织纪律涣散，在西方和平演变面前，对自己的道路失去信念，沦落为西方意识形态的“传声筒”，由此提出了加强党对国家事业的全面领导，坚定走中国特色社会主义政治发展道路，建设全过程人民民主的主张。

（三）中国马克思主义国家观的守正创新

中国共产党人始终坚持马克思主义国家观的一般原理，结合中国具体国

① 《江泽民文选》第三卷，人民出版社 2006 年版，第 25—26 页。

② 《胡锦涛文选》第一卷，人民出版社 2016 年版，第 453 页。

③ 习近平：《论坚持党对一切工作的领导》，中共中央文献出版社 2019 年版，第 19—20 页。

情,不断为创建中国特色的现代新型国家而不懈奋斗,积累了治国理政的丰富经验,成为新时代中国马克思主义国家观最直接的思想来源。而中国共产党最为重要的经验就是独立自主探索国家发展道路,不受任何外来势力的干涉。

1. 创建新中国的新民主主义国家观。近代中国遭受帝国主义、封建主义和官僚资本主义三重压迫,中国共产党人的目标就是要推翻“三座大山”在中国的统治,创建无产阶级领导的现代新型民主国家。早在 20 世纪 30 年代,中华苏维埃临时政府制定《中华苏维埃共和国宪法大纲》(以下简称《宪法大纲》)以及《中华苏维埃共和国土地法令》《中华苏维埃共和国劳动法》《中华苏维埃共和国关于经济政策的决定》等法律文件。《宪法大纲》指出:“中国苏维埃政权所建设的是工人和农民的民主专政的国家。”①这就确立了中华苏维埃共和国的政权性质,即国体是工农民主专政。这是中国共产党探索现代新型国家的最初萌芽。20 世纪 40 年代,毛泽东在《新民主主义论》《论联合政府》等著作中,系统阐述创建新民主主义中国的纲领。一是反封建独裁的民主论。“中国缺少的东西固然很多,但是主要的就是少了两件东西:一件是独立,一件是民主。这两件东西少了一件,中国的事情就办不好。”②国民党的一党专政,实质是封建专制的遗毒,是中华民族团结的破坏者,是走向新民主主义的大敌。我们要建立新民主主义国家,和国民党完全不同。二是多党联合政府论。共产党人要建设新中国,其典型特征是建立多党联合政府,把各党各派和无党无派的代表人物团结在一起,成立民主的联合政府,以便实行民主改革。三是民主国体政体论。中国新民主主义的共和国,既不同于欧美式资产阶级专政的共和国,也不同于苏联式无产阶级专政的共和国,乃是几个民主阶级联盟以反帝反封建的国家形态和政权形态。新民主主义政权组织,应该采取民主集中制,由各级人民代表大会决定大政方针,选举政府。③ 新型民主国

---

① 韩延龙、常兆儒编:《中国新民主主义革命时期根据地法制文献选编》第一卷,中国社会科学出版社 1981 年版,第 13 页。

② 《毛泽东选集》第二卷,人民出版社 1991 年版,第 731 页。

③ 《毛泽东选集》第二卷,人民出版社 1991 年版,第 677 页。

体和新型民主政体是内容与形式的统一。四是人民民主监督论。由人民选举的人民代表大会是国家权力的最高机关,实行人民立法,决定大政方针,选举各级政府,政府机关在人民代表大会的委托下、监督下集中处理日常事务。五是个性自由解放论。实现人的自由解放是马克思主义的根本目标。“有些人怀疑中国共产党人不赞成发展个性,不赞成发展私人资本主义,不赞成保护私有财产,其实是不对的。民族压迫和封建压迫残酷地束缚着中国人民的个性发展……我们主张的新民主主义制度的任务,则正是解除这些束缚和停止这种破坏,保障广大人民能够自由发展其在共同生活中的个性。”①新民主主义政治纲领的中心点,是人民民主、人民监督。1949 年 9 月,根据《中国人民政治协商会议共同纲领》的规定,创建了新中国的基本政治制度,并于 1954 年颁发了新中国的第一部宪法。

2. 实现中国现代化的独立自主国家道路观。新中国的成立使国家职能由革命转向建设。20 世纪 50 年代中期,毛泽东在广泛调查研究的基础上发表《论十大关系》,反思苏联模式,对国家现代化建设提出一系列新的论述。他一再指出:“自力更生为主,争取外援为辅,破除迷信,独立自主地干工业、干农业、干技术革命和文化革命,打倒奴隶思想,埋葬教条主义,认真学习外国的好经验,也一定研究外国的坏经验——引以为戒,这就是我们的路线。”②在完成“三大改造”,进入社会主义阶段之后,处理人民内部矛盾成为我国政治生活的主题。如何处理人民内部矛盾?毛泽东发表《关于正确处理人民内部矛盾的问题》,指出:人民内部矛盾不同于敌我矛盾,处理敌我矛盾用专政的方法,而处理人民内部矛盾只能用民主的方法。“凡属于思想性质的问题,凡属于人民内部的争论问题,只能用民主的方法去解决,只能用讨论的方法、批评的方法、说服教育的方法去解决,而不能用强制的、压服的方法去解决。”③毛泽东提出,在共产党和各民主党派之间要坚持“长期共存、互相监督”的方针,

① 《毛泽东选集》第三卷,人民出版社 1991 年版,第 1058 页。
② 《建国以来毛泽东文稿》第七册,中央文献出版社 1992 年版,第 273 页。
③ 《毛泽东文集》第七卷,人民出版社 1999 年版,第 209 页。

我们的目标是想造成一个“又有集中又有民主，又有纪律又有自由，又有统一意志、又有个人心情舒畅、生动活泼，那样一种政治局面”①。这些探索，客观上奠定了中国新型国家制度的基本框架。

3. 中国特色社会主义国家观的初步形成。改革开放以来，根据马克思主义国家观的基本原理，中国共产党人致力于政治体制的改革，矛头直指党和国家体制中存在的官僚主义和封建遗毒，建立现代法治体系，充分调动各方面的积极性。

一是加强民主法治建设。早在1978年，邓小平就指出：党内确实存在权力过于集中的官僚主义，“这种官僚主义常常以‘党的领导’、‘党的指示’、‘党的利益’、‘党的纪律’的面貌出现，这是真正的管、卡、压。”②“必须使民主制度化、法律化，使这种制度和法律不因领导人的改变而改变，不因领导人的看法和注意力的改变而改变。现在的问题是法律很不完备，很多法律还没有制定出来。往往把领导人说的话当做‘法’，不赞成领导人说的话就叫做‘违法’，领导人的话改变了，‘法’也就跟着改变。所以，应该集中力量制定刑法、民法、诉讼法和其他各种必要的法律，例如工厂法、人民公社法、森林法、草原法、环境保护法、劳动法、外国人投资法等等，经过一定的民主程序讨论通过，并且加强检察机关和司法机关，做到有法可依，有法必依，执法必严，违法必究。”③1979年6月，在会见以竹入义胜委员长为团长的日本公明党第八次访华团时，邓小平再次指出：过去我们好多年没有法，吃够了动乱的苦头。民主和法制，“这好像两只手，任何一只手削弱都不行。”④党的十五大报告明确把依法治国作为党领导人民治理国家的基本方略，进一步强调：“依法治国，就是广大人民群众在党的领导下，依照宪法和法律规定，通过各种途径和形式管理国家事务，管理经济文化事业，管理社会事务，保证国家各项工作都依法进

① 《毛泽东文集》第八卷，人民出版社1999年版，第293页。
② 《邓小平文选》第二卷，人民出版社1994年版，第142页。
③ 《邓小平文选》第二卷，人民出版社1994年版，第146—147页。
④ 《邓小平文选》第二卷，人民出版社1994年版，第189页。

行，逐步实现社会主义民主的制度化、法律化，使这种制度和法律不因领导人的改变而改变，不因领导人看法和注意力的改变而改变。”并且提出，“加强立法工作，提高立法质量，到二〇一〇年形成有中国特色社会主义法律体系”。①党的十六大报告继续强调加强社会主义法制建设，指出：“坚持有法可依、有法必依、执法必严、违法必究”，“坚持法律面前人人平等。加强对执法活动的监督，推进依法行政，维护司法公正，提高执法水平，确保法律的严格实施。维护法制的统一和尊严，防止和克服地方和部门的保护主义。拓展和规范法律服务，积极开展法律援助。加强法制宣传教育，提高全民法律素质，尤其要增强公职人员的法制观念和依法办事能力。党员和干部特别是领导干部要成为遵守宪法和法律的模范。”②党的十七大报告进一步强调建设社会主义法治国家，提出“全面落实依法治国基本方略，加快建设社会主义法治国家”“推进依法行政”“深化司法体制改革”等。经过努力，中国特色社会主义法律体系形成，社会主义法治国家建设成绩显著。行政体制改革深化，司法体制和工作机制改革也取得新进展。

二是推进党和国家领导制度及机构改革。国家作为上层建筑，机构设置一定要和生产力发展相适应。而当时的现实情况是，我们的机构设置存在着层次重叠，手续繁杂，人浮于事，办事拖拉，不讲效率的问题。1980 年，在《党和国家领导制度的改革》一文中，邓小平全面分析党和国家现行领导制度的弊端，认为：“主要的弊端就是官僚主义现象，权力过分集中的现象，家长制现象，干部领导职务终身制现象和形形色色的特权现象。”③并且指出：“干部领导职务终身制现象的形成，同封建主义的影响有一定关系，同我们党一直没有妥善的退休解职办法也有关系。……关键是要健全干部的选举、招考、任免、考核、弹劾、轮换制度，对各级各类领导干部（包括选举产生、委任和聘用的）职务的任期，以及离休、退休，要按照不同情况，作出适当的、明确的规定。任

① 《江泽民文选》第二卷，人民出版社 2006 年版，第 28—29、30 页。

② 《江泽民文选》第三卷，人民出版社 2006 年版，第 555 页。

③ 《邓小平文选》第二卷，人民出版社 1994 年版，第 327 页。

何领导干部的任职都不能是无限期的。”①不进行机构改革,四个现代化就没有希望。邓小平指出:精简机构是一场革命,“这场革命不搞,让老人、病人挡住比较年轻、有干劲、有能力的人的路,不只是四个现代化没有希望,甚至于要涉及到亡党亡国的问题,可能要亡党亡国。”②改革的目标就是建立充满生机和活力的体制机制,让广大群众开动脑筋想办法。1986 年 9 月,在《关于政治体制改革问题》一文中,邓小平再次指出:我国进行政治体制改革的目的,“总的来讲是要消除官僚主义,发展社会主义民主,调动人民和基层单位的积极性。要通过改革,处理好法治和人治的关系,处理好党和政府的关系。”并且指出:“我们政治体制改革总的目标是三条:第一,巩固社会主义制度;第二,发展社会主义社会的生产力;第三,发扬社会主义民主,调动广大人民的积极性。”③在 1987 年召开的党的第十三次代表大会上,改革干部人事制度的总体构想被提了出来,决定将执行国家公务的人员从现有干部队伍中分离出来,建立国家公务员制度。1988 年,七届全国人大一次会议决定成立国家人事部,负责全面实行公务员制度的准备工作。国家机关工作人员一律实行公开考试,择优录取的办法,取得了明显的社会效益。1993 年,国务院正式颁发《国家公务员暂行条例》,国家行政机关开始推行公务员制度,新的干部人事制度框架初步形成。随着社会政治经济的发展,我国不断深化国家机构改革,从 1981 年至 2018 年间,党中央部门进行了 4 次改革,国务院机构进行了 7 次改革,逐步建立起中国特色的党和国家机构职能体系。2023 年,习近平总书记提出“深化党和国家机构改革,推进国家治理体系和治理能力现代化”的重要论述,为我们推动工作指明了方向。

三是始终坚持正确政治方向不动摇。在整个改革开放的过程中,邓小平十分注重吸取西方政治文明的先进成果,比如,注重法制的精神、舆论监督的

---

① 《邓小平文选》第二卷,人民出版社 1994 年版,第 331—332 页。

② 《邓小平文选》第二卷,人民出版社 1994 年版,第 397 页。

③ 《邓小平文选》第三卷,人民出版社 1994 年版,第 177、178 页。

方法、国家公务员制度、退休制度、反腐倡廉制度等，都先后被我们所吸收借鉴。但他又始终如一地强调，必须坚持“四项基本原则”，决不照搬西方的政治制度。“评价一个国家的政治体制、政治结构和政策是否正确，关键看三条:第一是看国家的政局是否稳定;第二是看能否增进人民的团结，改善人民的生活;第三是看生产力能否得到持续发展。”①一个国家采取什么样的政治制度，一定要从本国国情出发，“要求全世界所有国家都照搬美、英、法的模式是办不到的。……中华人民共和国不会向美国学习资本主义制度。”②有人担心改革会导致两极分化。邓小平回答说:我们搞的是社会主义的市场经济，一是坚持公有制的主体地位，二是坚持社会主义方向。“我还要说，我们社会主义的国家机器是强有力的。一旦发现偏离社会主义方向的情况，国家机器就会出面干预，把它纠正过来。”③进入新世纪，江泽民继续深化了全党对这一重要思想的认识，他指出:“讲政治，核心是坚持正确的政治方向、政治立场。我们搞的现代化是社会主义现代化，我们搞的市场经济是社会主义市场经济。在这些根本问题上，中央历来是十分明确的。”④“在事关政治方向和根本原则的问题上，我们一定要旗帜鲜明、理直气壮、毫不含糊。对于违反以经济建设为中心、违反四项基本原则、违反改革开放政策的错误思想政治观点，都必须进行积极的思想斗争，绝不能听之任之。”⑤胡锦涛也强调指出，“中国特色社会主义政治发展道路是我国发展社会主义民主政治的正确道路，必须更加坚定不移走中国特色社会主义政治发展道路”，“我们发展社会主义民主政治，需要借鉴人类政治文明有益成果，但绝不照搬西方政治制度模式，绝不放弃我国社会主义政治制度的根本。”

习近平总书记充分肯定从毛泽东到邓小平、江泽民和胡锦涛几代共产党

① 《邓小平文选》第三卷，人民出版社 1993 年版，第 213 页。

② 《邓小平文选》第三卷，人民出版社 1993 年版，第 359—360 页。

③ 《邓小平文选》第三卷，人民出版社 1993 年版，第 139 页。

④ 《江泽民文选》第一卷，人民出版社 2006 年版，第 499 页。

⑤ 《江泽民文选》第三卷，人民出版社 2006 年版，第 231 页。

人为社会主义中国的创建、巩固和发展作出的贡献。2014 年 2 月,在省部级主要领导干部学习贯彻十八届三中全会精神全面深化改革专题研讨班上的讲话中,习近平总书记又指出:“从形成更加成熟更加定型的制度看,我国社会主义实践的前半程已经走过了,前半程我们的主要历史任务是建立社会主义基本制度,并在这个基础上进行改革,现在已经有了很好的基础。后半程,我们的主要历史任务是完善和发展中国特色社会主义制度,为党和国家事业发展、为人民幸福安康、为社会和谐稳定、为国家长治久安提供一整套更完备、更稳定、更管用的制度体系。”①2019 年 11 月,在《关于〈中共中央关于坚持和完善中国特色社会主义制度、推进国家治理体系和治理能力现代化若干重大问题的决定〉的说明》中,习近平总书记再次指出:“建设社会主义现代化国家、实现中华民族伟大复兴,是我们党孜孜以求的宏伟目标。自成立以来,我们党就团结带领人民为此进行了不懈奋斗。随着改革开放逐步深化,我们党对制度建设的认识越来越深入。1980 年,邓小平同志在总结‘文化大革命’的教训时就指出:‘领导制度、组织制度问题更带有根本性、全局性、稳定性和长期性。’‘制度好可以使坏人无法任意横行,制度不好可以使好人无法充分做好事,甚至会走向反面。’1992 年,邓小平同志在南方谈话中说:‘恐怕再有三十年的时间,我们才会在各方面形成一整套更加成熟、更加定型的制度。’党的十四大提出:‘在九十年代,我们要初步建立起新的经济体制,实现达到小康水平的第二步发展目标。再经过二十年的努力,到建党一百周年的时候,我们将在各方面形成一整套更加成熟更加定型的制度。’党的十五大、十六大、十七大都对制度建设提出明确要求。”②这一系列重要论述说明了新时代中国式现代化国家观与中国共产党人以往国家观之间的思想衔接关系。从发展进程来讲是“前半程”和“后半程”的关系,从发展状况来讲是“初步成熟初步定型”和“更加成熟更加定型”的关系。

---

① 《习近平关于全面深化改革论述摘编》,中央文献出版社 2014 年版,第 27 页。

② 《中共中央关于坚持和完善中国特色社会主义制度　推进国家治理体系和治理能力现代化若干重大问题的决定》,人民出版社 2019 年版,第 46—47 页。

（四）中国传统国家治理思想的创造性转化和创新性发展

中华民族具有5000多年的文明史，国家治理在中国传统政治文化中占据着核心地位。梁启超认为，中国学术以研究人类现世生活之理法为中心，“道家的‘无治主义’、儒家的‘礼治主义’，墨家的‘新天治主义’，法家的‘物治主义’或‘法治主义’”①构成最为重要的几个派别。冯友兰也认为，“战国诸子及其成家之时，无不谈政治。”②中国传统文化也把“治国”作为研究对象，其“治”的理念是古代社会国家治理中的核心思想。西汉史学家司马谈在《论六家要旨》中按：“《易·大传》：‘天下一致而百虑，同归而殊途’。夫阴阳、儒、墨、名、法、道德，此务为治者也，直所从言之异路，有省不省耳。”班固在《汉书·艺文志》中，也对先秦各家的思想旨归做了总评，他称其为“九流”，并认为：“观此九家之言，舍短取长，则可以通万方之略矣！”这里的“万方之略”，即是“治国之方略”“治世之道术”。由此可见，中国哲学就是以“治国之道”“治道”为研究对象的哲学。③ 中华文明之所以能够薪火相传、绵延相续，这与中国传统的国家治理理念有着不可分割的关系。春秋战国之际，诸子奔走于天下，阐述自己的治国理念，展现“百家争鸣”的局面。然而，自汉武帝采纳董仲舒“罢黜百家，独尊儒术”的建议，在整个封建社会里，儒家的治国理念占据了主导地位，其中最为重要的则是“大一统的国家观”，“四海一家”的天下观，“克己奉公”的行政观，民贵君轻、民为国本的民本观，为国以礼、德主刑辅的治理观。

受中国传统国家治理思想的影响，中国的国家制度及其政治体制表现出独一无二的特征。浙江大学赵鼎新教授认为，在中国两千多年的封建帝制时

---

① 梁启超：《先秦政治思想史》，天津古籍出版社2003年版，第3页。

② 陈来：《中国哲学的精神——冯友兰集》，上海文艺出版社1998年版，第49—50页。

③ 刘静、韩冰：《中国传统国家治理理念及其现代价值》，《中共杭州市委党校学报》2015年第6期。

代，中国历史至少呈现如下七项主要政治特征：第一，世界史上其他帝国一旦灭亡则不复重兴，唯有中国自公元前221年秦帝国建立到1911年辛亥革命爆发，其间虽历经数番朝代兴衰隆替，但一个相似的帝国政体却得以延运续祚、绵延不绝。第二，早在秦朝统一前后，中国便出现了科层制政府并逐渐形成和完善了一套择优录取的科层选拔体制（meritocratically selected bureaucracy），远早于欧洲形成类似政制近两千年。第三，中国有世界几大文明中最为显著的强国传统。这一点的意思是相对于经济、文化、宗教等社会权力，政治权力在中国传统社会一直居于主导地位，其表现就是国家权力比较强大。第四，在古代世界的其他地方，军队领袖一般拥有决定性的政治影响力，而在中国古代帝制时代的大部分时间里，军队由文官控制，除非内战乱世，武将一般没有干涉政事的能力。第五，世界上绝大多数帝国均凭借军事征服以实现领土扩张，而古代帝制中国的开疆拓土，主要是北方游牧民族入主中土之后自身汉化的结果。第六，与其他世界文明体系相比，唯有古代帝制中国，超验的宗教，未曾对其政治产生重大影响，而政府对各种信仰均抱有宽容的态度。第七，与欧洲不同，商人阶级在古代中国的政治舞台上不具有重要的政治地位，即使在商业化和城市化水平臻至顶峰的北宋时期亦是如此。①

除上述国家观及国家治理观之外，中华民族也特别重视制度的变革创新。春秋时期，各国争相改革，齐国管仲推行“相地而衰征”的新税制，郑国子产实行“作封洫”“作丘赋”“铸刑书”的三项改革，鲁国的“初税亩”制度和楚国的“书土田”和“量入修赋”制度，实际承认了公田的私有化。战国时期，魏国的李悝率先实施“平籴法”，楚国吴起整顿吏治，齐威王“谨修法律而督奸吏”，郑国申不害以“见功而与赏，因能而授官”取代了以往的世卿世禄制，秦国任用商鞅实行全面变法。汉初废除秦时的严刑酷法，轻徭薄赋，出现了历史上少有的“文景之治”。三国时期，曹操在北方颁布“屯田令”，并废除察举制，颁发

① 赵鼎新：《东周战争与儒法国家的诞生》，夏江旗译，华东师范大学出版社2006年版，第1—2页。

"唯才是举令";诸葛亮在蜀国兴修水利,广辟人才资源,广泛收揽"才策功干"之士;孙权在吴国扩大海外交往,举贤任能"忘短贵长",达到了人尽其才的效果。两晋南北朝时期,北魏孝文帝全面推行汉化改革。政治上实行"班禄"制,调整结构,华夷无别;经济上实行"均田制""三长制""新租调制";文化上摒弃鲜卑旧习,断北语、改姓氏、禁胡服、变籍贯、定族姓。隋唐时期,隋文帝杨坚创三省六部制,轻徭薄赋,统一货币和度量衡,修订《开皇律》,以科举制选拔人才。宋代,王安石变法,设置"制置三司条例司",先后颁行"均输法""青苗法""农田水利法""免役法""市易法",以及"保甲法""保马法""将兵法"。明代张居正向皇帝上疏,推行"省议论""振纲纪""重诏令""核名实""固邦本""饬武备"等六大改革。清代康有为、梁启超面对国家被列强瓜分的危急形势,七次上书光绪帝进行变法。政治上实行"君主立宪制",经济上明确提出"工商立国",文化上开民智,废科举,办新式教育,力挽清王朝之颓势。孙中山融合中西文明,高举"三民主义"大旗,创建"五权宪法",制定《建国大纲》,力图建立一个"与欧美并驾"或"驾乎欧美之上"的强大中国,实现"振兴中华"的梦想。

习近平总书记高度重视中国传统文化中的治国理政智慧。他常常引用传统文化中的经典名言来说明现实的治国理政问题。一是引用中国传统反映民本思想的话语来说明中国共产党人治国理政与人民群众的关系。比如,在庆祝中国人民政治协商会议成立 65 周年大会上的讲话中,引用《尚书·泰誓》中的"天视自我民视,天听自我民听"以及《管子·牧民》中的"政之所兴在顺民心,政之所废在逆民心"来说明"政"与"民心"的关系。在《摆脱贫困》等著作中,引用明代张居正《请蠲积逋以安民生疏》中的"治政之要在于安民,安民之道在于察其疾苦"来说明"治政之要"。在参加兰考县委常委班子专题民主生活会时的讲话中,引用清代郑板桥的诗"衙斋卧听萧萧竹,疑是民间疾苦声。些小吾曹州县吏,一枝一叶总关情",要求共产党人像焦裕禄那样,把人民群众时刻放在心上。在亚太经合组织工商领导人峰会上的主旨演讲中,引用《管子·治国》中的"凡治国之道,必先富民",以及《文子·上义》中的"治国有常,而利民为本”,说明治国的关键所在。二是引用中国传统反映德治思想的话语来说明中国共产党治国理政的准则。比如,在《之江新语·要用人格魅力管好自己》等文中,引用《论语·子路》中的“政者,正也。其身正,不令而行;其身不正,虽令不行”说明领导者身先垂范的重要性。在党的十九大报告中,他引用《礼记·礼运》中的“大道之行,天下为公”表达共产党人天下为公的博大胸怀。在党的群众路线教育实践活动总结大会上的讲话中,引用《老子·第六十四章》中的“为之于未有,治之于未乱”,强调领导干部要保持清醒头脑、增强忧患意识,居安思危,防患于未然,在处理问题中要学会“下先手棋”。在第二届世界互联网大会开幕式上的讲话中,引用《墨子·兼爱上》中的“天下兼相爱则治,交相恶则乱”,说明互联网时代“同舟共济、互信互利”的道理,批判“零和博弈、赢者通吃”的错误理念。三是引用中国传统文化中反映天下观的话语来说明不同主体间相互包容的关系。例如,在联合国教科文组织总部的演讲中,他引用明清《古今贤文》中的“一花独放不是春,百花齐放春满园”说明文明的多样性、多元化。在中法建交50周年纪念大会上的讲话中,他引用《礼记·中庸》中的“万物并育而不相害,道并存而不相悖”说明中国梦的“中国性”和“世界性”。在《永远做太平洋岛国人民的真诚朋友》等文中,他引用《老子·第八十一章》中的“既以为人,己愈有;既以与人,己愈多”说明中华民族是崇尚道义、讲情重义、先义后利的民族,要懂得互惠互利、彼此双赢。四是引用中国传统文化中反映法治思想的话语来说明依法治国的重要性。例如,在新疆考察工作结束时的讲话中,引用《韩非子·有度》中的“国无常强,无常弱。奉法者强则国强,奉法者弱则国弱”,要求领导干部和立法、司法、执法者,一定要首先在实践中贯彻法治思维,做到知行合一,铁面无私。在省部级主要领导干部学习贯彻十八届三中全会精神专题研究班上的讲话中,引用王安石《周公》中的“立善法于天下,则天下治;立善法于一国,则一国治”,说明“善法”与国家治理的关系。在《关于〈中共中央关于全面推进依法治国若干重大问题的决定〉的说明》等文中,引用张居正《请稽查章奏随事考成以修实政疏》中的“天下之事,不难于立法,而难于法之必行”,说明法律的生命力在于实施,法律的权威也在于实施。五是引用中国传统文化中反映变化革新的话语来说明中华民族长盛不衰的道理。在庆祝改革开放40周年大会上的讲话中,习近平总书记指出:“几千年前,中华民族的先民们就秉持‘周虽旧邦,其命维新’的精神,开启了缔造中华文明的伟大实践。自古以来,中国大地上发生了无数变法变革图强运动,留下了‘治世不一道,便国不法古’等豪迈宣言。”①用来说明中华民族是一个崇尚变化革新的民族,变革和开放总体上是中国的历史常态。同时,把历史上改革创新中的教训作为我国国家治理的重要借鉴。习近平总书记指出:“历史上,战国时期的商鞅变法,宋代的王安石变法,明代的张居正变法,在当时历史条件下都取得了一定成效。但是,由于当时君主专制的政权性质和社会矛盾的不断激化,各种利益关系错综复杂,加之统治集团内部盘根错节、相互倾轧,改革触动了一些既得利益集团的利益,他们的变法都遭遇了强大阻力,甚至弄得自己身败名裂。清代洋务派代表人物之一张之洞,是有改革观念的一个人。清代末年,社会矛盾积重难返,大局变革势在必行,各种观点沸沸扬扬,各种人物粉墨登场,搞得莫衷一是,张之洞感叹道:‘旧者因噎而食废,新者歧多而羊亡;旧者不知通,新者不知本。不知通则无应敌制变之术,不知本则有非薄名教之心。’说的就是因把握不好守成和变革的分寸形成共识之难。”②在这里,习近平总书记正是借历史的教训说明:改革必须凝聚共识,正确处理“守成”和“变革”的关系,只有万众一心,才能风雨无阻。在文化传承发展座谈会上的讲话中,习近平总书记指出:“中华优秀传统文化有很多重要元素,比如,天下为公、天下大同的社会理想,民为邦本、为政以德的治理思想,九州共贯、多元一体的大一统传统,修齐治平、兴亡有责的家国情怀,厚德载物、明德弘道的精神追求,富民厚生、义利兼顾的经济伦理,天人合一、万物并育的生态理念,实事求是、知行合一的哲学思想,执两用中、守中致和的思维方法,讲信修睦、亲仁善邻的交往之道等,共

① 习近平:《在庆祝改革开放40周年大会上的讲话》,《人民日报》2018年12月19日。

② 《习近平关于全面深化改革论述摘编》,中央文献出版社2014年版,第45—46页。

同塑造出中华文明的突出特性。”①应该说，这是对中国传统国家观的一次总概括。这些元素，既是中国传统国家观的内涵，也是国家治理的重要渠道、方法和手段，是理念和方法的统一。

（五）西方大国创新发展经验的批判借鉴

西方国家在进入近代以后，其创新发展的速度骤然加快，各方面的创新成果喷涌而出，荷兰、英国、德国、美国凭借自己的创新优势，相继走向世界舞台的中心，成为现代化世界强国。其中最为重要的一条就是以国家创新带动科技创新、产业创新、大学创新、教育创新、哲学创新，等等，形成全面创新的优势。

西方创新萌芽始于中世纪的意大利。公元 1000 年前后，自治城市在欧洲逐渐兴起，这是欧洲国家制度创新的开始。到 11、12 世纪，自治城市进一步发展，乃至在地中海沿岸，形成了星罗棋布式的自治城市群、城市国家群，其中最为显著的有威尼斯、热那亚、佛罗伦萨、那不勒斯等等。自治城市、城市国家的兴起，根本改变了欧洲的社会经济结构，使城市主宰农村的作用重新焕发，为走向近代化奠定了坚实经济基础。几乎与城市革命一起兴起的是农业革命、人口革命、商业革命，而罗马法的复兴则为自治城市商品经济的发展提供了国家法律制度的规范支撑、制度保证、法治基础。城市的发展产生对新型人才的需求，由此推动中世纪大学应运而生，而其发源地首先集中在地中海周边、意大利半岛的沿海城市群。其中，波隆那大学是创办最早的中世纪大学，它以罗马法、教会法、城市法、商业法为课程主干系统，培养出如但丁、马可尼、哥白尼等一大批推动意大利文艺复兴、文化创新的杰出人才。② 然而，意大利城市国家综合创新的兴盛势头却未能持续发展。到 16、17 世纪，崛起的荷兰取代了意大利的地位。

---

① 习近平：《在文化传承发展座谈会上的讲话》，人民出版社 2023 年版，第 2 页。

② 参见王东：《中国创新论》，光明日报出版社 2012 年版，第 14 页。

支撑荷兰崛起的,是多方面相互交叉影响的创新因素。尼德兰革命推翻封建专制统治,首次建立了近代资产阶级民主共和国,实现了国家制度的重大创新;采用风力锯木机、巨型起重机等一系列那个时代的先进机械发明了制造平底货船的技术,从1500年到1700年,荷兰航运业扩大了10倍,实现了交通革命的重大创新,最大货运量达到900吨。1580年以后,乃至1660年前后,荷兰形成了当时欧洲最发达的运河系统、内河运输网络。不仅如此,荷兰还控制了波罗的海的近海运输系统,发展了大西洋的远洋航行,实现了交通运输系统的重大创新。古代中世纪的商贸活动,多半都是近距离的,最多发展到近海为主,17世纪的荷兰,不仅使短距离商贸活动,中距离波罗的海近海贸易网更加发达,而且开通了大西洋国际商道,同时开创了日常用品大宗贸易的新格局,根本超越了古代中世纪远程贸易以少量奢侈品、香料为主的传统商业格局。荷兰还掀起金融革命,创立股份制公司、股票交易、银行信用体系,实现了国家利用近代金融系统作为中介干预市民社会的重大创新。为适应上述各种创新的需要,荷兰人民还创办了自己的新型大学。最为著名的当数1575年创立的莱顿大学,带头倡导16、17世纪人文主义教育改革,用新教伦理、民族精神、科学精神取代神学的绝对统治地位,培养了一批富于创造精神的近代新型人才,其中包括人文科学的格劳秀斯,自然科学的惠更斯,艺术上的伦勃朗。17世纪三大著名哲学家洛克、笛卡尔、斯宾诺莎都在荷兰完成哲学创新。

17、18世纪,世界历史的大转变把英国推上创新发展的顶峰。早在1215年,英国就出现了《大宪章》和议会制,成为中世纪内部蕴涵的近代化国家的最初种子。1500年前后的近代交通大革命、商业革命,使国际商道的中心从地中海转向大西洋,以往似乎是“文明世界”边缘的小小岛国,一下子成了大西洋国际商道的中枢所在。从1640年英国革命到1688年光荣革命,英国又率先打破绝对主义的封建专制、君主专制,找到一条君主立宪制的改良道路,实现了国家政治制度的重大创新。18世纪上半叶,英国通过“圈地运动”消灭了以自耕农为主的小农经济,为工业革命获得必要的原料及其自由流动的劳动力作了历史铺垫。从1763年开始,瓦特经过十多年的持续努力,运用近代力学与布莱克在热学方面的发现，发明了蒸汽机。之后，蒸汽机被广泛应用到纺织业、制造业、交通运输业，由此完成了近代工业化的产业革命。小小的英伦三岛，其人口仅占世界的 2%，而其生产的工业品，一度占全世界工业生产的 40%—50%，号称“世界工厂”“永不落日的大英帝国”。与国家创新、科技创新、产业创新一起成长的是英国牛津、剑桥等大学的创新发展。牛津大学创立了举世闻名的图书馆系统，在英国哲学家培根倡导下，理工科实验室普遍建立，剑桥大学则通过不断努力，逐步形成了推动大学科学研究、理论创新、科学教育的长效机制，其中包括天文台、实验室制度，大学科学研究制度等，使科学创新蔚然成风，创新人才不断涌现。牛顿的数学、力学和光学，哈雷的天文学，波义耳的化学，哈维的血液循环说，显示出英国在自然科学方面的重大进展，而培根、霍布斯、洛克等人的经验主义则体现了英国在哲学方面的创新发展。

18、19 世纪之交，原本明显落后于英国、法国的德国，奋起成为创新型国家。1792 年和 1806 年两次普法战争的失败，迫使德意志民族痛定思痛，锐意改革。1807 年十月议会，规定了占有和使用土地的自由，废除了农奴制度，解除一切农庄农民人身依附关系；1808 年各市镇按城市条例实行自治；1811 年允许工商自由；1812 年颁布法令，解放犹太人；1809 年设立了国防部，创建了总参谋部；1914 年引入普遍兵役制，实行了军事近代化变革。① 在国家制度创新的进程中，施泰因、哈登贝格等政治家认识到，没有根本性的教育创新，尤其是大学教育创新，政治、经济、军事改革就不可能深入持久，取得彻底成功。1808 年，洪堡被任命为新建的普鲁士教育部部长，他所创办的柏林大学，贯穿了一个全新的人文主义的办学理念，实现了古希腊柏拉图、亚里士多德开创的古典主义、文艺复兴时代的近代人文主义，康德开创的德国古典哲学、启蒙人文主义的综合创新，一方面强调独立自由的学术研究，另一方面强调完整人格的培养教育，使柏林大学在 19 世纪科学创新中，起到举足轻重，甚至首屈一指

① 吴友法、黄正柏主编：《德国资本主义发展史》，武汉大学出版社 2000 年版，第 65 页。

的带头作用。

20世纪,美国成为领先世界的综合创新型国家。1775年开始的独立战争,美国摆脱英国殖民统治,踏上资本主义独立自由发展的道路。1861—1865年的南北战争,国家的统一,黑人奴隶的解放,提供了现代工业发展的广阔空间和可供自由选择的劳动力资源。到1894年,美国工业生产总值已超越其他世界强国而跃居世界第一位。19世纪末20世纪初,工业资本和银行资本高度融合,垄断资本主义又率先取代自由竞争资本主义,步入资本主义新的发展阶段。1913年3月,威尔逊在总统就职演说中,开宗明义地提出了开源创新、建设创新型国家的基本主张。到第一次世界大战爆发前夕,美国现代化工业产值已经超过了英、法、德、日四国的总和。开放的政策,源源不断的外国移民,多元文化的大融合,使美国文明迅速崛起,不但与欧洲文明并驾齐驱,共同引领大西洋时代,而且进一步迎来太平洋时代的曙光。20世纪30年代,面对资本主义世界的普遍危机和前所未有的大萧条,美国又率先推出"罗斯福新政",宣布实行以国家垄断资本主义为主导的改革策略,进一步调整和重构政治国家与市民社会的关系。与美国国家创新、工业创新一起成长的是美国大学教育创新。在美国大学中,彪炳于世的世界名校至少在10所以上,并有九校组成的"常青藤"之说。在美国国家创新、科技创新、工业创新、大学教育创新的进程中,起思想引擎作用的则是实用主义的哲学创新。19世纪末20世纪初,由皮尔士、詹姆斯等人创立的实用主义首先在哈佛大学兴起。20世纪中期,哈佛大学哲学教授蒯因带头把分析哲学的"语言转向"与实用主义哲学方法与精神相结合,创立了美国式的实用主义的分析哲学。20世纪后期,哈佛大学教授罗尔斯发表《正义论》,开创自由主义政治哲学的新阶段、新形态。正是一波接着一波的哲学创新,为美国教育创新、科技创新、工业创新、国家创新以及其他各类创新提供了思维方式、价值观念。

习近平总书记在青年时期就注意研究西方历史,对西方国家创新发展的历史有着清晰的认识和把握,对于西方国家所谓"普世价值"及其政治制度模式给予坚决的批判和抵制,而对于西方国家以国家创新带动其他各方面创新,从而实现整体创新，促进社会整体发展，提升国家综合实力的经验则给予有批判的借鉴。首先，借鉴西方国家创新发展的历史经验，提出中国发展的核心和关键所在。人类的发展史就是不断创新的历史，创新始终是推动国家和民族，甚至整个人类社会前进发展的重要力量。而到近代，人类创新的速度骤然加快。人类在最近几百年取得的科技创新成果，超过过去几千年的总和。习近平总书记指出："罗马帝国、波斯帝国、阿拉伯帝国、奥斯曼帝国等古代大帝国最终走向衰败和解体，除了政治、军事、地缘上的原因外，创新不足和技术停滞也是重要原因。鸦片战争我们被动挨打，也是这个原因。对历史规律，我们要认真研究和镜鉴。"①历史的经验表明：惟创新者强，不能创新者弱。停滞僵化，固步自封是注定要失败的。其次，从西方国家创新发展的历史经验，提出构建国家创新体系。创新驱动是一个复杂的社会系统工程，涉及经济社会各个领域，必须统筹协调，整体推进。只有统筹协调，才能防止各领域、各部门、各方面我行我素、分散封闭、交叉重复等碎片化现象，加快建立健全各主体、各方面、各环节有机互动、协同高效的国家创新体系，实现优势领域、共性技术和关键技术的重大突破。再次，在与西方国家创新发展的比较中，指出中国创新发展的特殊性。我国的特殊国情，决定中国的现代化不可能是"串连式"的，而只能是"并联式"的。实现这一目标，一要发挥我们的制度优势，抓重大、抓尖端、抓基本，走自主创新的道路。二要以科技创新为核心，大力提高科技工作者的创新能力，特别要增强原始创新、集成创新和引进消化吸收再创新能力，全方位推进产品、品牌、产业、商业模式创新升级。三要坚持人才是第一资源，建立更为合理灵活的人才管理机制和评价机制，打通人才流动、使用、发挥作用中的体制机制障碍，充分调动人才的积极性、主动性、创造性，建立一支宏大的创新人才队伍。②

---

①　《习近平关于科技创新论述摘编》，中央文献出版社 2016 年版，第 30—31 页。

②　参见成龙：《全面创新：建设现代化世界强国的根本逻辑》，《中州学刊》2019 年第 5 期。

三、新时代中国马克思主义国家观的世界意义

以习近平同志为核心的党中央，在新的历史条件下，以马克思主义国家观为依据，结合中国实际和文化传统，深入推进国家治理体系和治理能力现代化建设，形成更加成熟更加定型的中国特色社会主义国家制度，取得历史性成就，发展了马克思主义的国家观，彰显了中华民族对自己道路选择的自信，创造了人类政治文明发展的新形态。

（一）马克思主义国家观创新发展的新阶段

马克思恩格斯毕生研究国家问题，对国家的起源、本质、职能，以及无产阶级现代新型民主国家的创建、巩固和发展等问题，都根据当时的理论和实践条件做过探索性的研究，奠定了无产阶级国家观的基础。然而，马克思和恩格斯的国家观还只限于19世纪西欧无产阶级的革命实践。马克思恩格斯曾寄希望于1848年欧洲革命的成功，但欧洲革命很快就失败了。1871年成立的巴黎公社，是无产阶级建立现代新型国家的第一次尝试，但很快就被资产阶级镇压了。这就是说，在马克思和恩格斯的时代，真正的无产阶级新型民主国家还没有建立起来。马克思和恩格斯对无产阶级新型民主国家建立和巩固的复杂性、艰巨性的认识还远远不足。1877年，在《给〈祖国纪事〉杂志编辑部的信》中，马克思抱怨尼·康·米海洛夫斯基将他关于西欧国家资本主义起源的特殊理论泛化为一般理论的错误。“他这样做，会给我过多的荣誉，同时也会给我过多的侮辱。”①恩格斯晚年也一再指出：他和马克思的理论是行动的指南，而不是包治百病的“灵丹妙药”。这就是说，马克思恩格斯关于无产阶级新型国家理论的社会基础也是有限，还缺乏更为广泛的一般性，还需要在与各国具体实践相结合中进一步检验和发展。

---

① 《马克思恩格斯文集》第3卷，人民出版社2009年版，第466页。

列宁创立了世界上第一个社会主义国家,在理论和实践两个方面都发展了马克思主义的国家观。然而,列宁去世后,他关于现代新型国家改革的战略构想在实践中并没有得到坚决贯彻执行,很快就被以全面垄断为特征的"苏联模式"所取代。经济上固守战时体制,由国家直接组织生产、交换、分配、消费,把整个社会当成国家统一调配、平均分配的大工厂;政治上用高度集权的僵化政治体制代替生动活泼的民主政治体制,形成从上到下的书记委任制、总书记独裁制、干部职务终身制,党的代表大会、中央委员会名存实亡,党政不分,以党代政,取消人民监督,以人治代替法制;文化上形成以领袖个人崇拜为典型特征的文化专制体制。苏联模式完全背离了"每个人的自由、和谐、全面发展"的共产主义理想目标。苏联模式展现的国家观本质上是对晚年列宁国家观的全面倒退。20 世纪 50 年代,斯大林去世之时,国家垄断制度的推行使苏联陷入空前的危机,赫鲁晓夫批判斯大林的个人崇拜,但并没有改变苏联模式本身。由于对改革本身缺乏严密的逻辑思考,在很多方面表现出摇摆不定、前后矛盾,往往凭个人主观愿望,依靠行政命令强制推行改革,特别是到后期,随着赫鲁晓夫领导地位的巩固,他头脑日益膨胀,个人专断,唯意志论日益增长。赫鲁晓夫没有能够解决苏联模式的根本体制问题,最终归于失败。勃列日涅夫上台后,更加顽固地推行以极权主义、专制主义为特征的个人崇拜,官僚主义发展到登峰造极的地步,逐渐形成一个自成一体的贵族集团,严重脱离人民群众。20 世纪 80 年代,改革再次成为世界性浪潮,戈尔巴乔夫试图借助"新思维"对苏联模式进行从经济基础到上层建筑的根本改造,建设人道的民主的社会主义,最终将整个国家大厦连根推倒,导致社会主义国家发展的严重曲折。

中国共产党人把马克思主义的国家观运用于中国的具体实际,结合中国固有文化传统,不断丰富和发展马克思主义的国家观。特别是党的十八大以来,以习近平同志为核心的党中央深入推进国家治理体系和治理能力现代化建设,着力强调党对国家现代化事业的领导核心地位,强调国家职能结构的完备性、科学性、有效性,强调法治国家、法治政府、法治社会的统一,强调"五个文明”的协调发展，强调全过程人民民主，进一步使国家体制、国家职能向整体化、系统化方向完善发展。2013 年 11 月，党的十八届三中全会作出的《中共中央关于全面深化改革若干重大问题的决定》中指出：“到二〇二〇年，在重要领域和关键环节改革上取得决定性成果，完成本决定提出的改革任务，形成系统完备、科学规范、运行有效的制度体系，使各方面制度更加成熟更加定型。”①经过十年改革，这一目标已经完成。党的二十大报告指出：“各领域基础性制度框架基本建立，许多领域实现历史性变革、系统性重塑、整体性重构，新一轮党和国家机构改革全面完成，中国特色社会主义制度更加成熟更加定型，国家治理体系和治理能力现代化水平明显提高。”②2024 年 7 月召开的党的二十届三中全会作出的《中共中央关于进一步全面深化改革　推进中国式现代化的决定》中提出了进一步全面深化改革总目标，“继续完善和发展中国特色社会主义制度，推进国家治理体系和治理能力现代化。到二〇三五年，全面建成高水平社会主义市场经济体制，中国特色社会主义制度更加完善，基本实现国家治理体系和治理能力现代化，基本实现社会主义现代化，为到本世纪中叶全面建成社会主义现代化强国奠定坚实基础”，明确改革重点聚焦的七个方面，指出“到二〇二九年中华人民共和国成立八十周年时，完成本决定提出的改革任务”。③ 这一系列论述将马克思主义国家观的创新发展推向一个崭新的阶段。

（二）中华民族道路选择的新成果

近代以来，自鸦片战争打开中国大门，中华民族开始对自己的文化传统及

---

① 《中共中央关于全面深化改革若干重大问题的决定》，人民出版社 2013 年版，第 7 页。

② 习近平：《高举中国特色社会主义伟大旗帜　为全面建设社会主义现代化国家而团结奋斗——在中国共产党第二十次全国代表大会上的报告》，人民出版社 2022 年版，第 9 页。

③ 《中共中央关于进一步全面深化改革　推进中国式现代化的决定》，人民出版社 2024 年版，第 4、5 页。

其政治国家进行反思和审视,进行新的选择。洋务派提出“中学为体,西学为用”,实质上就是在维护中国固有文化传统的基础上,保留封建君主专制的国家形式。戊戌变法时期,康有为先后七次上书光绪帝,反复申述内外交困的形势,敦促光绪帝借鉴西方国家制度模式,实行君主立宪制,实质上就是以英国资产阶级的国家形式为学习范例。辛亥革命时期,孙中山把卢梭视之为民权主义的“圣人”。他认为,正是由于卢梭才发生了法国大革命。他直接引用卢梭民权理论中的重要概念“公意”一词为中国革命做注解。他说:“满清政府者,君主专制之政府,非国民公意之政府也。”①孙中山形象地把共和制下人民和政府的关系比作“股东”和“办事人”的关系。“共和之真义在使人脱离奴隶,凡百政制,以民为主。譬如商业,国家如一公司,人民即公司之股东,国民即公司之董事,政府即公司之办事人”②,如果政府不能为人民谋利益,则人民随时可以推翻政府,即所谓“政府善则扶之,不善则推翻之”③。这种思想正是来自卢梭关于“人民主权”的思想。为了从根本上改变中国高度集权的专制政体,孙中山主张仿效欧美国家的分权制衡原则重建中国政治。辛亥革命前,他曾多次讲过:中国革命后要仿照美国的政府而“缔造我们的新政府”④,“倘用北美联邦制度实最相宜。”⑤辛亥革命后,他再次讲:“现在中华民国共和政体,与专制政体不同。专制政体之主权,为君主一人所私有,共和政体三权分立,各有范围,三者之中尤以立法机关为要。”⑥孙中山也多次谈到欧美国家“节制资本”“平均地权”、通过税收进行再分配,用以解决贫富两极分化的政策,并将之作为三民主义的重要组成部分。邹容设计了民主共和国的政治方案,要求“悉准美国办理”。辛亥革命后不久,袁世凯篡夺了革命果实,不久宣布称帝,改国号为“中华帝国”。袁世凯的称帝举措不仅遭到孙中山、梁启超

① 《孙中山全集》第2卷,中华书局1986年版,第338页。
② 《孙中山全集》第4卷,中华书局1985年版,第290页。
③ 《孙中山全集》第2卷,中华书局1986年版,第343页。
④ 《孙中山全集》第1卷,中华书局1981年版,第255页。
⑤ 《孙中山全集》第1卷,中华书局1981年版,第562页。
⑥ 《孙中山全集》第2卷,中华书局1982年版,第440页。

等人的坚决反对,北洋将领段祺瑞、冯国璋等对此也深为不满,帝国主义列强也不断对他提出警告。

五四新文化运动借助西方“民主”“科学”两大理念,矛头直指统治中国传统儒家思想观念和封建专制主义制度。正如李大钊所说,孔子的学说只是中国农业经济时代的产物,“为历代帝王专制之护符”①。现在,时代变了,西洋的工业文明打进来了,孔子之于今日之吾人,成了残骸枯骨。陈独秀则将中国传统文化比作“粪秽”,称“东方文化之圣徒”研究国学,是在“粪秽中寻找毒药”②,在道路选择的迷惘之际,传来了俄国十月革命的消息,中国先进的知识分子开始把学习的目光转向苏联。早在十月革命之前,李大钊就写了《俄国革命之远因近因》《俄国大革命之影响》。十月革命胜利后,1918 年 12 月所写《Bolshevism 的胜利》,说明李大钊已经从内心钦佩列宁等俄国革命家。他对布尔什维主义的未来充满信心,“试看将来的环球,必是赤旗的世界!”“Bolshevism 的胜利,就是二十世纪世界人类人人心中共同觉悟的新精神的胜利!”③在 1919 年 9 月写的《我的马克思主义观》一文中,李大钊强调俄国革命的影响,“自俄国革命以来,‘马克思主义’几有风靡世界的势子,德、奥、匈诸国的社会革命相继而起,也都是奉‘马克思主义’为正宗。”④1921 年至 1923 年,李大钊又多次论述了俄国政权性质问题,他把这个政权称作“劳农政府”“无产阶级专政”“苏维埃”。李大钊在《由平民政治到工人政治》一文中指出,俄国十月革命家是“无产阶级”,他们建立的政权是无产阶级专政,由无产阶级一个阶级“操纵之”。⑤ 1921 年,中国共产党在第一个纲领中提出“采取苏维埃的形式,把工农劳动者和士兵组织起来”。1922 年 7 月,中国共产党在二大纲领中提出“建立中华联邦共和国”。20 世纪二三十年代,中国共产党人

① 《李大钊全集》第 1 卷,人民出版社 2006 年版,第 247 页。
② 《陈独秀文章选编》(中),三联书店 1984 年版,第 404 页。
③ 《李大钊全集》第 2 卷,人民出版社 2006 年版,第 263 页。
④ 《李大钊全集》第 3 卷,人民出版社 2006 年版,第 15 页。
⑤ 《李大钊文集》下,人民出版社 1984 年版,第 504—505 页。

仿照苏联模式,进行红色根据地建设。

20 世纪 40 年代,毛泽东发表《新民主主义论》《论联合政府》等文章,开始思考未来建立一个什么样的中国的问题。毛泽东写道:“现在所要建立的中华民主共和国,只能是在无产阶级领导下的一切反帝反封建的人们联合专政的民主共和国,这就是新民主主义的共和国,也就是真正革命的三大政策的新三民主义共和国。”①这种新民主主义的共和国,既和“旧形式的、欧美式的、资产阶级专政的、资本主义的共和国相区别”,也和“苏联式的、无产阶级专政的、社会主义的共和国相区别”②,说明新民主主义共和国是一种全新的国家形式。

然而,在解放战争即将取得胜利之际,1948 年 11 月 7 日,即十月革命 31 周年之际,毛泽东发表《全世界革命力量团结起来,反对帝国主义的侵略》一文。毛泽东明确表示反对“第三条道路”,主张“一切试图走‘中间路线’、‘中间道路’的人,即企图站在帝国主义者的反革命路线和反对帝国主义及其走狗的人民革命路线之间的人,也是彻底虚伪的和彻底破产了。”③1949 年 6 月 30 日,毛泽东发表的《论人民民主专政》一文,指出:积中国革命 40 年和 28 年的经验,“中国人不是倒向帝国主义一边,就是倒向社会主义一边,绝无例外。”④“苏联共产党就是我们的最好的先生,我们必须向他们学习。”这种学习是“恭恭敬敬地学,老老实实地学”⑤。20 世纪 50 年代,为全面学习苏联的经验,中国派出大批留学生。

20 世纪 50 年代中期,毛泽东发表《论十大关系》和《关于正确处理人民内部矛盾的问题》,试图全面总结苏联模式的教训,独立自主地探索符合中国国情的现代化道路,正确处理人民内部矛盾,建立生动活泼的民主政治。但由于

---

① 《毛泽东选集》第二卷,人民出版社 1991 年版,第 675 页。

② 《毛泽东选集》第二卷,人民出版社 1991 年版,第 675 页。

③ [德]迪特·海茵茨希:《中苏走向联盟的艰难历程》,张文武等译,新华出版社 2001 年版,第 212 页。

④ 《毛泽东选集》第四卷,人民出版社 1991 年版,第 1473 页。

⑤ 《毛泽东选集》第四卷,人民出版社 1991 年版,第 1481 页。

国内外多种因素的影响,毛泽东不仅没有摆脱苏联模式,反而进一步固化了苏联模式。“文化大革命”结束后,我们党进一步反思以往照搬照抄苏联模式的教训,果断停止“以阶级斗争为纲”的口号,把党和国家的工作重心转移到经济建设上来,作出改革开放重大决策,开启独立自主探索具有中国特点的社会主义国家制度的新时期。

苏联解体、东欧剧变后,西方世界一些人自以为自由、民主已经达到人类的价值巅峰,弥漫着一股普遍的而浅薄的乐观情绪。“西方国家策划‘颜色革命’,往往从所针对的国家的政治制度特别是政党制度开始发难,大造舆论,大肆渲染,把不同于他们的政治制度和政党制度打入另类,煽动民众搞街头政治。”①中东、中亚、北非一些国家的政权在颜色革命中被瓦解,而中国也成为他们的“眼中钉”“肉中刺”,企图通过各种途径改旗易帜、改名换姓,用他们所谓“普世价值”改变中国的意识形态和国家制度。在政治发展道路的问题上,我们在思想上十分明确,那就是坚定不移走中国特色社会主义政治发展道路,持续推进国家治理体系和治理能力现代化。习近平总书记指出:“我们需要借鉴国外政治文明有益成果,但绝不能放弃中国政治制度的根本。中国有九百六十多万平方公里土地、五十六个民族,我们能照谁的模式办?谁又能指手画脚告诉我们该怎么办?……照抄照搬他国的政治制度行不通,会水土不服,会画虎不成反类犬,甚至会把国家前途命运葬送掉。只有扎根本国土壤、汲取充沛养分的制度,才最可靠、也最管用。”②中国人在经历多次国家形式的选择后,进一步走出“西化”的迷雾,巩固和完善了实现中华民族伟大复兴的政治制度基础,坚定了道路自信。

(三)人类政治文明发展的新形态

政治文明是一个国家观念领域的政治上层建筑,集中反映了一个国家政

① 《习近平关于社会主义政治建设论述摘编》,中央文献出版社 2017 年版,第 18 页。

② 《十八大以来重要文献选编》(中),中央文献出版社 2016 年版,第 60 页。

治传统和制度文明的核心特征，体现一国人民对多样化政治发展道路的探索追求与实践创新。① 在政治文明中，国家观念在政治上层建筑中处于核心地位。马克思把人类文明形态的演进按照“人的依赖关系”“物的依赖关系”和“人的自由全面发展”划分为三种不同的形态。而人类政治文明及其国家观念的演进也可依照人类文明形态的演进依次分为古代国家观、近代国家观和现代国家观。

在古代和中世纪，中国和西方都有国家起源于宗教神话的观念。如中国的盘古开天地、女娲造人，以及“君权神授”的观念，西方的奥林匹斯山上的诸神创世、中世纪的上帝创世说，等等。柏拉图在《理想国》里依据所谓人的天性把城邦的公民分三个不同的阶层，即统治者、保卫者和生产者。认为在一个国家里，不同身份的人如果能够安于本位、各司其职，相互需要而不僭越，这个国家就是一个正义的国家。统治者之所以为统治者就在于他是用特殊的材料金子做成的，而保卫者是用银子做成的，生产者是用铜做成的。这种解释显然纯粹出于想象，没有科学的根据。亚里士多德对柏拉图的《理想国》进行了严厉的批判，把对国家的思考从遥不可及的“天国”拉向残酷的“人间”世界，将理念领域的城邦政治改造为对现实国家政体的析分，认为城邦是一种最高的共同体，它由家庭和村落发展而来。“我们看到所有城邦都是某种共同体，所有共同体都是围着某种善而建立的。”②所有的家庭和村落都有与之相对应的善，城邦追求的是最高的善即“至善”。因为城邦是“最高、最有权威，并且是包含了其他一切共同体的共同体”③，据此将政体分为正义的政体和非正义的政体。这在人类政治文明的发展史上是一个进步。进入中世纪，圣奥古斯丁提出神权国家观，提出“上帝之城”支配“地上之城”的理念。“两种爱创造了两座城，由只爱自己甚至连上帝也轻蔑的爱，造成了地上之城，由爱上帝发展

---

① 参见颜晓峰主编：《人民当家作主的政治文明》，社会科学文献出版社 2022 年版，第 1 页。

② ［古希腊］亚里士多德：《政治学》，吴寿彭译，商务印书馆 1981 年版，第 7 页。

③ 《亚里士多德全集》第 9 卷，苗力田译，中国人民大学出版社 1994 年版，第 4 页。

到连自己也轻蔑的爱，造成了上帝之城。结果地上之城为自己而自豪，天上之城为主而自豪。”①世俗国家只是上帝拯救人类的手段和工具。② 这完全是一种对天国和人世关系的颠倒。

近代，西方思想家和哲学家们提出契约主义的国家观。霍布斯认为，在自然状态下，人对人是狼，社会生活表现为“每个人对每个人的战争”，为了防止因战争而导致人类的毁灭，于是大家结成契约，“把大家所有的权力和力量托付给某一个人或一个能通过多数的意见把大家的意志化为一个意志的多人所组成的集体。”③这其实是为专制主义和君主政治制度辩护的。洛克认为，在自然状态中，人们是平等、自由和独立的，为了保证这种权力不受侵犯，“这就使他愿意放弃一种尽管自由却是充满着恐惧和经常危险的状况”④，从而选择让渡一部分自然权力进入公民社会或政治社会。洛克主张财产权的神圣不可侵犯，从而为资本主义的发展扫清了观念和制度障碍。霍布斯主张君主专权，而洛克则主张分权原则。卢梭则认为，人民的权力是一点也不能转让的，社会契约来自人民一致的同意，主权是公意的运用，因而具有不可分割、不可转让的属性。“公意永远是公正的，而且永远以公共利益为依归。”⑤每个共同体成员都是主权者的组成部分。“政府只不过是主权者的执行人”⑥，政府的权力来自于主权者的委托。主权者享有立法权，但不执行法律：“政府负责执行法律并维护社会的以及政治的自由。”⑦政体可以区分为民主制、贵族制和君主制，但现实的政体往往是多种形式的混合体。没有一种政府形式可以适应于一切国家。

① ［古罗马］奥古斯丁：《上帝之城》，庄陶、陈维振译，复旦大学出版社 2011 年版，第 243 页。

② 张学鹏：《马克思国家观研究》，华中师范大学博士学位论文，2017 年，第 20 页。

③ ［英］霍布斯：《利维坦》，黎思复、黎思弼译，商务印书馆 1985 年版，第 131 页。

④ ［英］洛克：《政府论》下篇，瞿菊农译，商务印书馆 1964 年版，第 77 页。

⑤ ［法］卢梭：《社会契约论》，何兆武译，商务印书馆 1963 年版，第 35 页。

⑥ ［法］卢梭：《社会契约论》，何兆武译，商务印书馆 1963 年版，第 72 页。

⑦ ［法］卢梭：《社会契约论》，何兆武译，商务印书馆 1963 年版，第 72 页。

契约论国家观源于对抽象的自然权力的解释。马克思认为,“人的本质不是单个人所固有的抽象物,在其现实性上,它是一切社会关系的总和。”①人一开始就是社会的人,根本不存在所谓抽象的自然状态,契约论国家观本质上是为资产阶级的国家而编造的。马克思晚年依据摩尔根的《古代社会》,对国家的起源做了大量考察,恩格斯则在马克思的基础上,依据当时提供的人类学材料写出《家庭、私有制和国家起源》,使国家的起源第一次建立在科学的唯物主义的基础之上。恩格斯认为,雅典国家是从氏族社会本身内部发展的阶级对立中产生的,罗马国家建立在平民炸毁的贵族制度的废墟上,德意志国家是直接从征服广大外国领土中产生的。分工、交换和私有制的发展是推动国家诞生的根本动力,氏族社会的管理组织沦落为维护统治阶级利益的手段和工具是国家起源的政治要素。国家本质上是进行阶级统治的机器,“由于国家是从控制阶级对立的需要中产生的,由于它同时又是在这些阶级的冲突中产生的,所以,它照例是最强大的、在经济上占统治地位的阶级的国家。”②当统治阶级和被统治阶级之间发生激烈冲突的时候,国家以第三方的角色进行调停,防止社会因这种冲突而整体毁灭。“表面上高高凌驾于社会之上的国家政权,实际上正是这个社会最丑恶的东西,正是这个社会一切腐败事物的温床。”③马克思认为,资产阶级的国家是一种“虚幻的共同体”,是资产阶级压榨无产阶级的工具。无产阶级不推翻现有国家的奴役制,就不能获得真正的解放。马克思在《共产党宣言》对资本主义的批判得出“两个必然”的结论。中国共产党人在革命、建设和改革中都为实践马克思“人的自由全面发展”构想,为推进人类政治文明发展作出了重要贡献。

进入新时代,以习近平同志为核心的党中央,把马克思主义的国家观运用于当代中国的国家制度体系的建设,强调党对国家的全面领导,坚持人民当家作主的国家本质属性,坚持全过程人民民主,坚定走中国特色社会主义的政治

---

① 《马克思恩格斯文集》第1卷,人民出版社2009年版,第501页。

② 《马克思恩格斯选集》第4卷,人民出版社1995年版,第172页。

③ 《马克思恩格斯文集》第3卷,人民出版社2009年版,第154页。

发展道路,深入推进国家治理体系和治理能力现代化,进行系统性重塑、整体性重构。这样一种国家观,既是对马克思主义国家观的继承发展,也是对苏联模式国家观和西方资产阶级国家观的批判扬弃,更是对中国传统国家治理思想的创造性转化和创新性发展,由此建构了一种崭新的国家形态,“我们用事实宣告了‘历史终结论’的破产,宣告了各国最终都要以西方制度模式为归宿的单线式历史观的破产。”①这为人类政治文明形态的创新发展作出了重大贡献。

① 《习近平关于社会主义政治建设论述摘编》,中央文献出版社 2017 年版,第 7 页。

第十四章　“第二个结合”:马克思主义文化观的新体系

文化是社会意识形态的重要组成部分,是关系社会发展的更为深层的问题。如何建构具有中国特点的新文化,这是自1840年鸦片战争以来中国面临的一个重大课题。历史上有洋务派的“中体西用论”、五四时期激进派的“全盘西化论”和保守派的“儒学复古论”等观点。中国共产党人历来高度重视文化在中华民族伟大复兴中的作用,对文化创新和发展的方针、原则、方法和观点都作过重要论述,奠定了中国化马克思主义文化观的坚实基础。进入新时代,习近平总书记深入思考宣传思想文化工作的一系列重大理论和实践问题,系统回答了新时代坚持和发展什么样的中国特色社会主义文化、怎样坚持和发展中国特色社会主义文化等重大课题,形成了习近平文化思想,用新的文化体系丰富和发展了马克思主义的文化理论,为21世纪马克思主义文化创新发展提供了思想指南和根据遵循。然而,如何理解习近平文化思想的科学内涵及精神实质,如何理解习近平文化思想的重大意义,这是理解习近平文化思想原创性贡献需要深入研究的逻辑必然性问题。

一、在百年争论和现实挑战的交织中阐述文化新思想

马克思主义与中国传统文化的关系问题是一个纠结了百年的历史课题,

同时也是一个关系当代中国命运的深层理论问题。习近平总书记在回应历史和现实的挑战中，创造性提出一系列新思想新观点新论断，形成习近平文化思想，丰富和发展了马克思主义的文化理论。从2013年8月在全国宣传思想工作会议上的讲话强调“意识形态工作是党的一项极端重要的工作”，到2016年在庆祝中国共产党成立95周年大会上的讲话把“文化自信”与中国特色社会主义道路自信、理论自信、制度自信并列，并对文化自信的基本构成、重要地位和重大价值作出精辟论述；从党的十九大报告首次提出“新的文化使命”这一重大命题到2018年全国宣传思想工作会议提出“九个坚持”，再到庆祝中国共产党成立100周年提出“两个结合”的重大论断；从党的二十大报告以五个方面重点部署文化建设工作，到2023年文化传承发展座谈会上明确文化建设方面的“十四个强调”，再到2023年召开的全国宣传思想文化工作会议上指出宣传思想文化工作事关党的前途命运，事关国家长治久安，事关民族凝聚力和向心力，是一项极端重要的工作，并提出“七个着力”的重要要求，形成一个以“两个结合”为重要内容的完整的文化思想体系。

（一）坚定文化自信、建设文化强国的时代课题论

改革开放使中华民族走上大踏步前进的快车道，生产力快速发展，生产关系大幅调整，人民生活水平显著提高。同时，我国社会正处在思想大活跃、观念大碰撞、文化大交融的时代，出现了不少问题。有的人由于缺乏基本的文化自信，“以洋为尊”“以洋为美”“唯洋是从”，把作品在外国获奖作为最高追求，跟在别人后面亦步亦趋、东施效颦，热衷于“去思想化”“去价值化”“去历史化”“去中国化”“去主流化”那一套。还有的人由于“价值观缺失，观念没有善恶，行为没有底线，什么违反党纪国法的事情都敢干，什么缺德的勾当都敢做，没有国家观念、集体观念、家庭观念，不讲对错，不问是非，不知美丑，不辨香臭，浑浑噩噩，穷奢极欲”①。

① 《十八大以来重要文献选编》（中），中央文献出版社2016年版，第133—134页。

针对上述情况,习近平总书记提出了坚定文化自信的问题。他指出:文化是一个国家、一个民族的灵魂。人类社会每一次跃进,人类文明每次升华,无不伴随着文化的历史性进步。“文化自信,是更基础、更广泛、更深厚的自信,是更基本、更深沉、更持久的力量。坚定文化自信,是事关国运兴衰、事关文化安全、事关民族精神独立性的大问题。”①没有中华文化的繁荣兴盛,就没有中华民族的伟大复兴。“人无精神则不立,国无精神则不强。精神是一个民族赖以长久生存的灵魂,唯有精神上达到一定的高度,这个民族才能在历史的洪流中屹立不倒、奋勇向前。”②实现中华民族伟大复兴,不仅需要强大的物质文明,也需要强大的精神文明。经济总量无论是世界第二还是世界第一,如果精神却失落了,未必就能够巩固政权,这个民族是强大不起来的。

那么,怎样才能坚定文化自信呢?首先,要站在时代前沿,审时度势、因势利导,创新文化的内容和载体,改进文化传播的方式和方法,使精神文明建设始终充满生机和活力。其次,要大力弘扬以爱国主义为核心的民族精神和以改革创新为核心的时代精神,大力弘扬中华优秀传统文化,大力发展社会主义先进文化,不断增强全党全国各族人民的精神力量。习近平总书记指出:“没有中华优秀传统文化、革命文化、社会主义先进文化的底蕴和滋养,信仰信念就难以深沉而执着。”③再次,领导干部要不忘初心,坚守正道,坚定理想信念。广大党员、干部只有理想信念坚定,干事创业精神十足,人民群众才能精神振奋、发愤图强,创造人间奇迹。“我们必须毫不放松理想信念教育、思想道德建设、意识形态工作,大力培育和弘扬社会主义核心价值观,用富有时代气息的中国精神凝聚中国力量。”④

---

① 习近平:《在中国文联十大、中国作协九大开幕式上的讲话》,人民出版社2016年版,第6页。

② 习近平:《在纪念红军长征胜利80周年大会上的讲话》,人民出版社2016年版,第9页。

③ 《习近平关于社会主义文化建设论述摘编》,中央文献出版社2017年版,第17—18页。

④ 《习近平关于社会主义文化建设论述摘编》,中央文献出版社2017年版,第10页。

（二）以“第二个结合”为核心的思想解放论

以“解放思想”来界定“第二个结合”不仅是历史的必然，而且是现实的要求，具有发人深省的非凡的意义。“‘第二个结合’是习近平文化思想的核心要义、主体内容和基本方法，具有本源性和统摄性。”①习近平文化思想以“第二个结合”推进又一次思想解放为显著特征和鲜明标识，对一系列根本性、关键性的重大问题给予明确回答，推进了重大理论创新，实现了重大理论突破。

首先，“第二个结合”明确肯定中国优秀传统文化的时代价值，强调中国优秀传统文化是中华民族的根与魂，是我们的突出优势和最大软实力，是涵养社会主义核心价值观的重要思想源泉，是在世界文化激荡中站稳脚跟的根基。在5000多年文明发展进程中，中华民族创造了博大精深的灿烂文化和价值基因。习近平总书记指出，中华文化强调“民惟邦本”“天人合一”“和而不同”；强调“天行健，君子以自强不息”“大道之行也，天下为公”；强调“天下兴亡，匹夫有责”，主张以德治国、以文化人；强调“君子喻于义”“君子坦荡荡”“君子义以为质”；强调“言必信，行必果”“人而无信，不知其可也”；强调“德不孤，必有邻”“仁者爱人”“与人为善”“己所不欲，勿施于人”“出入相友，守望相助”“老吾老以及人之老，幼吾幼以及人之幼”“扶贫济困”“不患寡而患不均”；等等。“像这样的思想和理念，不论过去还是现在，都有其鲜明的民族特色，都有其永不褪色的时代价值。”②优秀传统文化不仅塑造了中华文明的底色和特性，而且成为中国特色社会主义之所以是“中国特色”的根本原因。“如果没有中华五千年文明，哪里有什么中国特色？如果不是中国特色，哪有我们今天这么成功的中国特色社会主义道路？只有立足波澜壮阔的中华五千多年文明史，才能真正理解中国道路的历史必然、文化内涵与独特优势。”③这

① 郭建宁：《深刻领会习近平文化思想的核心要义》，《思想教育研究》2023年第11期。

② 《习近平谈治国理政》第一卷，外文出版社2018年版，第170页。

③ 习近平：《在文化传承发展座谈会上的讲话》，人民出版社2023年版，第5页。

一论述,把优秀传统文化的时代价值提升到前所未有的高度,为推动“第二个结合”又一次思想解放奠定了思想基础。

其次,“第二个结合”内含着马克思主义思想精髓与中华优秀传统文化的双向互动,使马克思主义成为中国的,让中华优秀传统文化成为现代的,让经由“结合”而形成的新文化成为中国式现代化的文化形态。而落实这一任务的前提是对中华文明进行深刻理解,实现创造性转化和创新性发展。“只有全面深入了解中华文明的历史,才能更有效地推动中华优秀传统文化创造性转化、创新性发展,更有力地推进中国特色社会主义文化建设,建设中华民族现代文明。”①

再次,“第二个结合”对于破解“古今中西”之争具有重要的思想解放意义。如何认识传统与现代、中国与世界的关系,这是自鸦片战争以来文化选择与建构中激烈争论的历史和现实问题。洋务运动期间,张之洞、左宗棠、李鸿章等人提出“中学为体,西学为用”主张。甲午战争之后,康有为、梁启超等人实质上采取的是“西学为体,中学为用”的方针。五四新文化运动期间,激进派在积极主张现代化革新的同时,简单机械地全盘否定以儒家为代表的中国传统文化,乃至中国方块汉字,保守派则以标榜维护孔子、维护传统、“昌明国粹,融化新知”为名,根本否定中国文化需要划时代的大变革、大创新。在中国革命和建设、改革的进程中,有人在这一问题上的认识也不十分明确,以为传统文化是实现现代化的包袱,贬低和否定传统文化。习近平总书记指出:“经过长期努力,我们比以往任何一个时代都更有条件破解‘古今中西之争’,也比以往任何一个时代都更迫切需要一批熔铸古今、汇通中西的文化成果。”②

最后,“第二个结合”提出使中华优秀传统文化“活起来”“当代化”和“走出去”的任务。习近平总书记指出:要系统梳理传统文化资源,让收藏在博物

① 习近平:《在文化传承发展座谈会上的讲话》,人民出版社 2023 年版,第 1 页。
② 习近平:《在文化传承发展座谈会上的讲话》,人民出版社 2023 年版,第 11 页。

馆里的文物、陈列在广阔大地上的遗产、书写在古籍里的文字都活起来。要使中华民族最基本的文化基因与当代文化相适应、与现代社会相协调,以人们喜闻乐见、具有广泛参与性的方式推广开来,把跨越时空、超越国度、富有永恒魅力、具有当代价值的文化精神弘扬起来,把继承优秀传统文化又弘扬时代精神、立足本国又面向世界的当代中国文化创新成果传播出去。

(三)推动中华优秀传统文化创造性转化与创新性发展的文化创新论

党的十八大以来,习近平总书记发表一系列重要讲话,在深入挖掘中华优秀传统文化精华,在推动实现创造性转化与创新性发展方面迈出新步伐。他在山东考察时专门去看了孔府孔庙,到福建考察时又去看了朱熹园。习近平总书记指出:“抛弃传统、丢掉根本,就等于割断了自己的精神命脉。博大精深的中华优秀传统文化是我们在世界文化激荡中站稳脚跟的根基。”①在纪念孔子诞辰 2565 周年国际学术研讨会上,他深刻阐释中国优秀传统文化的现实价值,指出:“中国优秀传统文化的丰富哲学思想、人文精神、教化思想、道德理念等,可以为人们认识和改造世界提供有益启迪,可以为治国理政提供有益启示,也可以为道德建设提供有益启发。”②习近平总书记深刻阐明,马克思主义科学揭示人类社会的发展规律,第一次站在工人阶级的立场,提出改造世界的科学理论,闪耀着真理的光芒,是文化创新的“本”和“体”。“世界社会主义实践的曲折历程告诉我们,马克思主义政党一旦放弃马克思主义信仰、社会主义和共产主义信念,就会土崩瓦解。……在举什么旗、走什么路的问题上,全党一定要保持清醒头脑。”③共产党人要旗帜鲜明、大张旗鼓讲马克思主义、讲中国特色社会主义、讲共产主义,旗帜鲜明、大张旗鼓讲党的性质、讲党的宗旨、

---

① 《习近平谈治国理政》第一卷,外文出版社 2018 年版,第 164 页。

② 习近平:《在纪念孔子诞辰 2565 周年国际学术研讨会暨国际儒学联合会第五届会员大会开幕会上的讲话》,人民出版社 2014 年版,第 7 页。

③ 习近平:《在全国党校工作会议上的讲话》,人民出版社 2016 年版,第 7—8 页。

讲党的传统、讲党的作风。优秀传统文化是一个国家、一个民族的“根”和“魂”，包含着讲仁爱、重民本、守诚信、崇正义、尚和合、求大同的时代价值。“文化自信就来自我们的文化主体性”，“任何文化要立得住、行得远，要有引领力、凝聚力、塑造力、辐射力，就必须有自己的主体性”。① 优秀传统文化是坚定文化自主性思想的“根脉”。西方现代文明是人类现代化的精神积淀，是中国共产党人需要借鉴的“器”和“用”。中国特色社会主义文化既立足中国，大力弘扬优秀传统文化，但又不固步自封，与儒学复古主义划清界限；既吸收资本主义先进文明成果，但又不搞“全盘西化”，与资产阶级个人主义、功利主义、实用主义划清界限；既坚持马克思主义的指导地位，把马克思主义作为根本的世界观、价值观、方法论，又坚决反对在文化上搞官僚化、行政化的国家垄断主义，与实行文化专制的苏联模式划清界限。

（四）以核心价值观为引领的价值标准论

要把全社会意志和力量凝聚起来，必须有一套与经济基础和政治制度相适应，并能形成广泛社会共识的核心价值观。没有共同的核心价值观，一个民族、一个国家就会魂无定所、行无依归。“核心价值观，承载着一个民族、一个国家的精神追求，体现着一个社会评判是非曲直的价值标准。”②首先，核心价值观是文化软实力的灵魂、文化软实力建设的重点。这是决定文化性质和方向的最深层次要素。一个国家的文化软实力，从根本上说，取决于其核心价值观的生命力、凝聚力、感召力。培育和弘扬核心价值观，有效整合社会意识，是社会系统得以正常运转、社会秩序得以有效维护的重要途径，也是国家治理体系和治理能力的重要方面。历史和现实都表明，构建具有强大感召力的核心价值观，关系社会和谐稳定，关系国家长治久安。③ 其次，社会主义核心价值观，“实际上回答了我们要建设什么样的国家、建设什么样的社会、培育什么

---

① 习近平：《在文化传承发展座谈会上的讲话》，人民出版社 2023 年版，第 8 页。

② 《十八大以来重要文献选编》（中），中央文献出版社 2016 年版，第 2 页。

③ 《习近平谈治国理政》第一卷，外文出版社 2018 年版，第 163 页。

样的公民的重大问题。”①我们提出的社会主义核心价值观，把涉及国家、社会、公民的价值要求融为一体，既体现社会主义本质要求，继承中华优秀传统文化，也吸收世界文明有益成果，体现了时代精神。富强、民主、文明、和谐，自由、平等、公正、法治，爱国、敬业、诚信、友善，传承着中国优秀传统文化的基因，寄托着近代以来中国人民上下求索、历经千辛万苦确立的理想和信念，也承载着我们每个人的美好愿景。② 再次，世界上没有完全相同的两片树叶，不同国家和不同民族，由于生活于其中的生产方式、地理环境、人口因素以及历史条件的不同，其核心价值也各有千秋。“一个民族、一个国家的核心价值观必须同这个民族、这个国家的历史文化相契合，同这个民族、这个国家的人民正在进行的奋斗相结合，同这个民族、这个国家需要解决的时代问题相适应。”③加强社会主义核心价值观建设。一要立足弘扬中华优秀传统文化。“要讲清楚中华优秀传统文化的历史渊源、发展脉络、基本走向，讲清楚中华文化的独特创造、价值理念、鲜明特色，增强文化自信和价值观自信。”④二要贯穿社会生活的方方面面，在落细、落小、落实上下功夫，使之日常化、具体化、形象化、生活化。通过教育引导、舆论宣传、文化熏陶、实践养成、制度保障等，使之内化为人们的精神追求，外化为人们的自觉行动。使核心价值观的影响“像空气一样无所不在、无时不有”⑤。三要发挥政策导向作用。要用法律来推动核心价值观建设。各种社会管理要承担起倡导社会主义核心价值观的责任，注重在日常管理中体现价值导向，使符合核心价值观的行为得到鼓励、违背核心价值观的行为受到制约。“核心价值观的养成绝非一日之功，要坚持由易到难、由近及远，努力把核心价值观的要求变成日常的行为准则，进而形成自觉奉行的信念理念。不要顺利的时候，看山是山、看水是水，一遇挫折，就

---

① 《习近平谈治国理政》第一卷，外文出版社 2018 年版，第 168 页。
② 《习近平谈治国理政》第一卷，外文出版社 2018 年版，第 169 页。
③ 《十八大以来重要文献选编》（中），中央文献出版社 2016 年版，第 5 页。
④ 《习近平谈治国理政》第一卷，外文出版社 2018 年版，第 164 页。
⑤ 《习近平谈治国理政》第一卷，外文出版社 2018 年版，第 165 页。

怀疑动摇,看山不是山、看水不是水了。”①

(五)牢牢掌握党对意识形态工作领导权的政治方向论

党的十八大以来,以习近平同志为核心的党中央,高度重视对意识形态工作的领导权和主动权问题。首先,意识形态工作是治国理政、定国安邦的大事。“经济建设是党的中心工作,意识形态工作是党的一项极端重要的工作。”②“意识形态关乎旗帜、关乎道路、关乎国家政治安全。”③“做好党的新闻舆论工作,事关旗帜和道路,事关贯彻落实党的理论和路线方针政策,事关顺利推进党和国家各项事业,事关全党全国各族人民凝聚力和向心力,事关党和国家前途命运。”④古今中外,任何政党要夺取和掌握政权,任何政权要实现长治久安,都必须抓好舆论工作。历史和现实都告诉我们,舆论的力量绝不能小觑。舆论导向正确是党和人民之福,舆论导向错误是党和人民之祸。好的舆论可以成为发展的“推进器”、民意的“晴雨表”、社会的“黏合剂”、道德的“风向标”,不好的舆论可以成为民众的“迷魂汤”、社会的“分离器”、杀人的“软刀子”、动乱的“催化剂”。我们党要带领人民有效推进“五位一体”总体布局和“四个全面”战略布局,带领人民实现“两个一百年”奋斗目标、实现中华民族伟大复兴的中国梦,必须引导好人民思想,而要引导好人民思想就要引导好社会舆论。

其次,意识形态工作“还存在不少短板和问题”。一是从新闻宣传方面的情况看,面对媒体格局、舆论生态的深刻变革,新闻舆论工作适应步伐还不够快,一些主流媒体受众规模缩小、影响力下降。面对新媒体带来的深刻变化,新闻舆论工作理念、方式、手段还没有跟上,管好用好新媒体能力还不够强。面对受众阅读习惯和信息需求的深刻变化,一些媒体还是按老办法、老调调、

① 《习近平谈治国理政》第一卷,外文出版社 2018 年版,第 174 页。
② 《习近平谈治国理政》第一卷,外文出版社 2018 年版,第 153 页。
③ 《十八大以来重要文献选编》(中),中央文献出版社 2016 年版,第 301 页。
④ 《习近平谈治国理政》第二卷,外文出版社 2017 年版,第 331—332 页。

老习惯写报道、讲故事,表达方式单一、传播对象过窄、回应能力不足,存在受众不爱看、不爱听的问题,时效性、针对性、可读性有待增强。二是从文艺工作的现状看,改革开放以来,我国文艺创作迎来了春天,产生了大量脍炙人口的优秀作品。但也不能否认,在文艺创作方面,也存在着有数量缺质量、有“高原”缺“高峰”的现象,存在着抄袭模仿、千篇一律的问题,存在着机械化生产、快餐式消费的问题。在有些作品中,有的调侃崇高、扭曲经典、颠覆历史,丑化人民群众和英雄人物;有的是非不分、善恶不辨、以丑为美,过度渲染社会阴暗面;有的搜奇猎艳、一味媚俗、低级趣味,把作品当作追逐利益的“摇钱树”,当作感官刺激的“摇头丸”;有的胡编乱写、粗制滥造、牵强附会,制造了一些文化“垃圾”;有的追求奢华、过度包装、炫富摆阔,形式大于内容;还有的热衷于所谓“为艺术而艺术”,只写一己悲欢、杯水风波,脱离大众、脱离现实。凡此种种,不一而足。① 三是从哲学社会科学的情况看,面对新形势新要求,我国哲学社会科学领域还存在一些亟待解决的问题。比如,哲学社会科学发展战略还不十分明确,学科体系、学术体系、话语体系建设水平总体不高,学术原创能力还不强;哲学社会科学训练培养教育体系不健全,学术评价体系不够科学,管理体制和运行机制还不完善;人才队伍总体素质亟待提高,学风方面问题还比较突出;等等。四是从党的理论教育的情况看,我们解决了挨打、挨饿的问题,但尚未解决挨骂的问题。国内外各种敌对势力,总是企图让我们党改旗易帜、改名换姓,其要害就是企图让我们丢掉对马克思主义的信仰,丢掉对社会主义、共产主义的信念。

再次,党管意识形态关键是坚持正确的政治方向。习近平总书记指出:管好意识形态工作首要的是把握正确的政治方向。“党性原则不仅要讲,而且要理直气壮讲,不能躲躲闪闪、扭扭捏捏。”②坚持党性原则,就是要把意识形态阵地牢牢抓在党的手里,确保“党报姓党”“党校姓党”。党和政府主办媒体

① 《十八大以来重要文献选编》(中),中央文献出版社 2016 年版,第 124 页。

② 《十八大以来重要文献选编》(下),中央文献出版社 2018 年版,第 212 页。

是党和政府的宣传阵地,必须姓党,必须抓在党的手里,必须成为党和人民的喉舌。全党同志要在思想上和政治行动上自觉同党中央保持高度一致,增强“四个意识”,坚定“四个自信”,做到“两个维护”,培养造就一支具有铁一般信仰、铁一般信念、铁一般纪律、铁一般担当的干部队伍。要增强战略定力、站稳政治立场,在“乱花渐欲迷人眼”的诱惑干扰面前,保持“乱云飞渡仍从容”的政治定力,决不能发表同党中央不一致的声音,决不能为错误思想言论提供传播渠道。

最后,做好意识形态工作,关键在于创新。随着国内外形势的深刻变化和现代信息技术的迅猛发展,有些做法过去有效,现在未必有效;有些过去不合时宜,现在却势在必行;有些过去不可逾越,现在则需要突破。重点要抓好理念创新、手段创新、基层工作创新。要保持思想的敏锐性和开放度,努力以思想认识新飞跃打开工作新局面。积极探索有利于破解工作难题的新举措新办法,充分运用新技术新应用创新媒体传播方式,占领信息传播制高点。把创新的重心放在基层一线,充实队伍力量,改善工作条件,扎实做好抓基层、打基础的工作。①

(六)实现哲学社会科学创新发展的自主知识体系论

习近平总书记高度重视哲学社会科学的系统性建构。2015 年 12 月 11 日,在全国党校工作会议上的讲话中,习近平总书记就指出:“支撑话语体系的基础是哲学社会科学体系。没有自己的哲学社会科学体系,就没有话语权。党校特别是中央党校要坚持以马克思主义为指导,在研究上多下功夫,多搞‘集成’和‘总装’,多搞‘自主创新’和‘综合创新’,为建设具有中国特色、中国风格、中国气派的哲学社会科学体系作出贡献。”②2016 年 5 月 17 日,在哲学社会科学工作座谈会上的讲话中,针对我国哲学社会科学“集成”“总装”“创新”“特色”不多的情况,习近平总书记再次强调:哲学社会科学要多搞“集

① 《习近平总书记系列重要讲话读本》,学习出版社、人民出版社 2014 年版,第 106—107、109 页。

② 习近平:《在全国党校工作会议上的讲话》,人民出版社 2016 年版,第 20—21 页。

成”和“总装”，多搞“自主创新”和“综合创新”，要按照立足中国、借鉴国外，挖掘历史、把握当代，关怀人类、面向未来的思路，着力构建中国特色社会科学，在指导思想、学科体系、学术体系、话语体系等方面充分体现中国特色、中国风格、中国气派。“构建中国特色哲学社会科学是一个系统工程，是一项极其繁重的任务，要加强顶层设计，统筹各方面力量协同推进。”①2022 年 4 月 26 日，在中国人民大学考察时，习近平总书记提出了建构具有中国特点的自主知识体系的观点，“加快构建中国特色哲学社会科学，归根结底是建构中国自主的知识体系。”怎么建构？他指出：“要以中国为观照、以时代为观照，立足中国实际，解决中国问题，不断推动中华优秀传统文化创造性转化、创新性发展，不断推进知识创新、理论创新、方法创新，使中国特色哲学社会科学真正屹立于世界学术之林。”②党的二十大报告进一步指出：建设具有强大凝聚力和引领力的社会主义意识形态，必须“深入实施马克思主义理论研究和建设工程，加快构建中国特色哲学社会科学学科体系、学术体系、话语体系，培育壮大哲学社会科学人才队伍”③。

（七）注重塑造中国国家形象的文化影响论

从历史的视角看，先进的价值观未必一开始就占有主导地位，落后的也不一定自觉退出历史舞台。“由于西方长期掌握着‘文化霸权’、进行宣传鼓动，当代中国价值观念存在太多被扭曲的解释、被屏蔽的真相、被颠倒的事实。”④我国综合国力和国际地位不断提升，国际社会对我国的关注前所未有，但中国

---

① 《习近平著作选读》第一卷，人民出版社 2023 年版，第 487 页。

② 《坚持党的领导传承红色基因扎根中国大地 走出一条建设中国特色世界一流大学新路》，《人民日报》2022 年 4 月 26 日。

③ 习近平：《高举中国特色社会主义伟大旗帜 为全面建设社会主义现代化国家而团结奋斗——在中国共产党第二十次全国代表大会上的报告》，人民出版社 2022 年版，第 43—44 页。

④ 《习近平关于社会主义文化建设论述摘编》，中央文献出版社 2017 年版，第 199 页。

在世界上的形象很大程度上仍是“他塑”而非“自塑”,我们在国际上有时还处于有理说不出、说了传不开的境地,存在着信息流进流出的“逆差”、中国真实形象和西方主观印象的“反差”、软实力和硬实力的“落差”。① 习近平总书记强调,要注重塑造我国的国家形象,重点展示中国历史底蕴深厚、各民族多元一体、文化多样和谐的文明大国形象,政治清明、经济发展、文化繁荣、社会稳定、人民团结、山河秀美的东方大国形象,坚持和平发展、促进共同发展、维护国际公平正义、为人类作出贡献的负责任大国形象,对外更加开放、更加具有亲和力、充满希望、充满活力的社会主义大国形象。“要围绕我国和世界发展面临的重大问题,着力提出能够体现中国立场、中国智慧、中国价值的理念、主张、方案。我们不仅要让世界知道‘舌尖上的中国’,还要让世界知道‘学术中的中国’、‘理论中的中国’、‘哲学社会科学中的中国’,让世界知道‘发展中的中国’、‘开放中的中国’、‘为人类文明作贡献的中国’。”②要加强国际传播能力建设,精心构建对外话语体系,发挥好新兴媒体作用,增强对外话语的创造力、感召力、公信力,讲好中国故事、传播好中国声音,阐释好中国特色。对中国人民和中华民族的优秀传统文化和光荣历史,要加大正面宣传力度,通过学校教育、理论研究、历史研究、影视作品、文学作品等多种方式,加强爱国主义、集体主义、社会主义教育,引导我国人民树立和坚持正确的历史观、民族观、国家观、文化观,增强做中国人的骨气和底气。

(八)坚持以人民为中心的文艺创作导向论

马克思主义认为,人民既是历史的创造者,也是历史的见证者,既是历史的“剧中人”,也是历史的“剧作者”。习近平总书记从唯物史观的基本原理出发,深刻论述了社会主义文艺的本质及其发展方向。他指出:“社会主义文

① 《习近平关于社会主义文化建设论述摘编》,中央文献出版社 2017 年版,第 212 页。

② 习近平:《在哲学社会科学工作座谈会上的讲话》,人民出版社 2016 年版,第 17 页。

艺,从本质上讲,就是人民的文艺”,“人民的需要是文艺存在的根本价值所在”。① 我们党的几代领导人都强调文艺为人民服务的本质。毛泽东在延安文艺座谈会上指出:“为什么人的问题,是一个根本的问题,原则的问题。”②邓小平说:“我们的文艺属于人民”,“人民是文艺工作者的母亲”③。江泽民要求广大文艺工作者“在人民的历史创造中进行艺术的创造,在人民的进步中造就艺术的进步”④。胡锦涛强调:“只有把人民放在心中最高位置,永远同人民在一起,坚持以人民为中心的创作导向,艺术之树才能常青。”⑤以人民为中心,就是要把满足人民精神文化需求作为文艺和文艺工作的出发点和落脚点,把人民作为文艺表现的主体,把人民作为文艺审美的鉴赏家和评判者,把为人民服务作为文艺工作者的天职。文艺工作者要深入生活,真正体验人民的感受,虚心向人民学习,向生活学习,始终把人民的冷暖、人民的幸福放在心中,把人民的喜怒哀乐倾注在自己的笔端,讴歌奋斗人生,刻画最美人物,坚定人们对美好生活的憧憬和信心。“一部好的作品,应该是经得起人民评价、专家评价、市场检验的作品,应该是把社会效益放在首位,同时也应该是社会效益和经济效益相统一的作品。”⑥文艺工作者必须从喧嚣浮躁的氛围中走出来,静下心来,深入生活,感悟时代,做时代风气的“先觉者、先行者、先倡者”,让作品真正成为时代前进的号角,体现时代风貌,引领时代风气。“只要有正能量、有感染力,能够温润心灵、启迪心智,传得开、留得下,为人民群众所喜爱,这就是优秀作品。”⑦精品之所以“精”,就在于其思想精深、艺术精湛、制作精良。互联网技术和新媒体改变了文艺的形态,催生了一大批新的文艺类型,也

① 《十八大以来重要文献选编》(中),中央文献出版社 2016 年版,第 127、129 页。

② 《毛泽东选集》第三卷,人民出版社 1991 年版,第 857 页。

③ 《邓小平文选》第二卷,人民出版社 1994 年版,第 209、211 页。

④ 《江泽民思想年编(1989—2008)》,中央文献出版社 2010 年版,第 268 页。

⑤ 胡锦涛:《在中国文联第九次全国代表大会　中国作协第八次全国代表大会上的讲话》,人民出版社 2011 年版,第 7 页。

⑥ 习近平:《在文艺工作座谈会上的讲话》,人民出版社 2015 年版,第 20 页。

⑦ 习近平:《在文艺工作座谈会上的讲话》,人民出版社 2015 年版,第 7—8 页。

带来文艺观念和文艺实践的深刻变化。由于文字数码化、书籍图像化、阅读网络化等发展,文艺乃至社会文化面临着重大变革。要适应形势发展,抓好网络文艺创作生产,加强正面引导力度。

二、习近平文化思想的理论来源及精神内涵

习近平文化思想是新时代中国共产党人自觉运用马克思主义世界观方法论,深刻回答我国社会主义文化强国建设一系列基本问题所形成的科学理论,不仅是对马克思主义文化理论的继承发展,也是对中国传统优秀文化的创新性转化和创新性发展,更是对人类文明成果的批判性借鉴。

(一)对马克思恩格斯文化观的继承发展

马克思和恩格斯在与资产阶级唯心主义的斗争中,创立了无产阶级的文化观。然而,以第二国际理论家为代表的经济决定论的思维方式,对唯物史观作了庸俗的和形而上学的理解,从根本上忽视文化的特殊性和丰富内涵,从而遮蔽掉了文化在经济社会发展中的多重作用,把人类历史理解为一种“无主体”的自然历史过程。传统苏联哲学教科书也片面强调经济基础对上层建筑的决定作用,而忽略上层建筑,特别是文化对于经济运行和社会发展的推动作用的问题。在当代西方,有很多人简单否定马克思具有自己独立的文化观。例如,美国学者丹尼尔·贝尔就曾说:“马克思主义思想体系最大弱点在于没有文化理论。对马克思来说,文化只是上层建筑的一部分,他从来没有详细说明——几乎没有任何一个马克思主义者说明过——经济基础(主导的生产方式)到底是如何产生出截然不同的文化模式的。”①这是对马克思文化观的严

① [美]丹尼尔·贝尔:《资本主义文化矛盾》,严蓓雯译,人民出版社 2010 年版,第 362 页。

重误解。

如何理解文化？马克思和恩格斯从两个层面进行了阐释。一是从狭义的层面，把文化理解为“时代精神”“文明活的灵魂”，其表现形式是知识、精神生活、意识形态、文化意识、文化观等。例如，马克思在《博士论文》《〈科隆日报〉第179号的社论》中，恩格斯在《论住宅问题》中，都倾向于把文化界定为知识、艺术的精神形式，凸显了文化是“时代精神”和“文明活的灵魂”。“人民的最美好、最珍贵、最隐蔽的精髓都汇集在哲学思想里。”①哲学必然要和自己时代的现实世界接触并相互作用，哲学获得了这样的意义：“哲学正在世界化，而世界正在哲学化。”②马克思和恩格斯的这种理解，与黑格尔的思想有一定的关联。黑格尔和费尔巴哈把人类发展史表述成一部文化观念的进化史。二是更多地把“文化”概念等同于“文明”，把文化与社会生活方式、文明形态的变化联系在一起。例如，马克思在《1844年经济学哲学手稿》中，从文明形态的意义上批判粗陋空想的共产主义和社会主义，称这是“对整个文化和文明的世界的抽象否定”③。在《资本论》中，马克思曾说：“在文化初期，已经取得的劳动生产力很低，但是需要也很低……在这个文化初期，社会上依靠他人劳动来生活的那部分人的数量，同直接生产者的数量相比，是微不足道的。”④马克思这里所说的“文化初期”实际上指的是“文明发展的初期”。恩格斯在《反杜林论》中提出：“文化上的每一个进步，都是迈向自由的一步。”⑤在这里，恩格斯是在社会发展形态的意义上使用文化概念，这里的“文化”等同于“文明”。

马克思和恩格斯的文化理论是在批判黑格尔和费尔巴哈文化观的基础上建立起来的。黑格尔把“精神原则”看作是历史发展的根本动力和内在源泉，

---

① 《马克思恩格斯全集》第1卷，人民出版社1995年版，第219—220页。
② 《马克思恩格斯全集》第1卷，人民出版社1995年版，第220页。
③ 《马克思恩格斯文集》第1卷，人民出版社2009年版，第184页。
④ 《马克思恩格斯文集》第5卷，人民出版社2009年版，第585—586页。
⑤ 《马克思恩格斯文集》第9卷，人民出版社2009年版，第120页。

费尔巴哈则宣扬“道德情感”至上论，二者皆忽视了实践的作用，从而陷入唯精神文化论的窠臼。马克思和恩格斯从实践出发，把文化理解为人的本质力量的对象化。马克思指出：“正是在改造对象世界的过程中，人才真正地证明自己是类存在物。这种生产是人的能动的类生活。通过这种生产，自然界才表现为他的作品和他的现实。”①所谓“人化的自然界”就是被打上人的烙印的自然界，正是人的文化力量的表征，文化就表现为人类实践活动本身以及这种活动的方式及其成果的总和。在对象化活动的意义上，文化包含着相互联系的三个领域，“即作为主体的内在性的人的主观心态的领域、作为过程的对象化活动的领域和作为结果的对象化活动之产物的领域。”②文化只有与人的实践活动相联系，只有在创造性的对象化活动中，才能展现其本质，即马克思所强调的“人的本质力量的对象化”。文化是现实的人的创造，“德国哲学从天国降到人间；和它完全相反，这里我们是从人间升到天国。这就是说，我们不是从人们所说的、所设想的、所想象的东西出发……去理解有血有肉的人。”③不是意识决定生活，而是生活决定意识。为了克服黑格尔和费尔巴哈文化观的缺陷，马克思和恩格斯把探讨的重点放在现实的“物质的生活关系”上。马克思指出：“法的关系正像国家的形式一样，既不能从它们本身来理解，也不能从所谓人类精神的一般发展来理解，相反，它们根源于物质的生活关系，这种物质的生活关系的总和，黑格尔按照18世纪的英国人和法国人的先例，概括为‘市民社会’，而对市民社会的解剖应该到政治经济学中去寻求。”④这是马克思超越黑格尔和费尔巴哈的伟大之处，也是马克思主义文化观的基础性理论。

在马克思和恩格斯看来，经济基础和上层建筑之间绝不是一种简单的、单向的、外在的决定关系，而是一种多维的、复杂的交互关系。一方面，文化在整

① 《马克思恩格斯文集》第1卷，人民出版社2009年版，第163页。
② 许苏民：《文化哲学》，上海人民出版社1990年版，第43页。
③ 《马克思恩格斯文集》第1卷，人民出版社2009年版，第525页。
④ 《马克思恩格斯文集》第2卷，人民出版社2009年版，第591页。

个社会结构中,受经济基础决定作用的制约。另一方面,文化又不是简单的附属对象,从深层制约和影响经济、政治活动。马克思在《资本论》第一卷序言开宗明义地讲,“我的观点是把经济的社会形态的发展理解为一种自然史的过程。”①人不可能摆脱这些具有盲目特征的经济必然性的制约,但是,人的自由自觉的实践本质又可以对经济必然性进行驾驭和控制,“使现存世界革命化”,实际地控制和改变现存世界的状况。因此,经济基础决定上层建筑的原理在不同社会历史条件下的作用和表现形式是不同的,只是在以物的依赖关系为主的社会形态中,这种“决定”才会以一种严格的、强制性的方式发挥作用,文化观念才会仅仅表现为经济发展的伴随现象和对于经济运动的一般性反作用。而随着人类自觉的活动对盲目的经济必然性的控制,随着人类知识积累和文化自觉的提升,先进文化对于人类社会发展的引领作用会越来越强。恩格斯晚年在关于历史唯物主义的书信中对上层建筑与经济基础的关系进行了有益的补充说明。他说:“根据唯物史观,历史过程中的决定性因素归根到底是现实生活的生产和再生产。无论马克思或我都从来没有肯定过比这更多的东西。如果有人在这里加以歪曲,说经济因素是唯一决定性的因素,那么他就是把这个命题变成毫无内容的、抽象的、荒诞无稽的空话。经济状况是基础,但是对历史斗争的进程发生影响并且在许多情况下主要是决定着这一斗争的形式的,还有上层建筑的各种因素:阶级斗争的各种政治形式及其成果——由胜利了的阶级在获胜以后确立的宪法等等,各种法的形式以及所有这些实际斗争在参加者头脑中的反映,政治的、法律的和哲学的理论,宗教的观点以及它们向教义体系的进一步发展。这里表现出这一切因素间的相互作用。”②“经济上落后的国家在哲学上仍然能够演奏第一小提琴。”③“这里没有什么是绝对的,一切都是相对的。”④晚年马克思针对把唯物史观万能化、教条

① 《马克思恩格斯文集》第5卷,人民出版社2009年版,第10页。
② 《马克思恩格斯文集》第10卷,人民出版社2009年版,第591页。
③ 《马克思恩格斯文集》第10卷,人民出版社2009年版,第599页。
④ 《马克思恩格斯文集》第10卷,人民出版社2009年版,第601页。

化的倾向,十分反感地指出:“我只知道我自己不是马克思主义者。”①晚年恩格斯在一些通信中对“经济决定论”的形成做了反思和回应。他说:“青年们有时过分看重经济方面,这有一部分是马克思和我应当负责的。我们在反驳我们的论敌时,常常不得不强调被他们否认的主要原则,并且不是始终都有时间、地点和机会来给其他参与相互作用的因素以应有的重视。”②同时,恩格斯也对唯物史观进行了更为详尽、更为审慎地思考,揭示了马克思主义唯物史观的丰富性、复杂性和发展性。③

文化和经济社会相互渗透,相互影响,交互影响着社会结构和社会形态的变革。在《〈黑格尔法哲学批判〉导言》中,马克思提出思想和现实双向互动的关系,——思想要走向现实,现实也要趋向于思想。“光是思想力求成为现实是不够的,现实本身应当力求趋向思想。”④“批判的武器”与“武器的批判”相互作用,二者共同统一于无产阶级革命的实践,统一于革命的目标:人的解放。“理论只要说服人,就能掌握群众;而理论只要彻底,就能说服人。所谓彻底,就是抓住事物的根本。”⑤哲学一旦为人民所掌握,就能起到解放人的作用。“思想的闪电一旦彻底击中这块素朴的人民园地,德国人就会解放成为人。”⑥在《政治经济学批判(1861—1863 年手稿)》中,马克思指出中国古代三大发明的伟大作用。“火药、指南针、印刷术——这是预告资产阶级社会到来的三大发明。火药把骑士阶层炸得粉碎,指南针打开了世界市场并建立了殖民地,而印刷术则变成新教的工具,总的来说变成科学复兴的手段,变成对精神发展创造必要前提的最强大的杠杆。”⑦由此看来,文化在一定条件下对社会的发

① 《马克思恩格斯文集》第 10 卷,人民出版社 2009 年版,第 586 页。

② 《马克思恩格斯文集》第 10 卷,人民出版社 2009 年版,第 593 页。

③ 罗佳:《论马克思恩格斯的文化观及其现代价值意蕴》,《学术研究》2023 年第 11 期。

④ 《马克思恩格斯文集》第 1 卷,人民出版社 2009 年版,第 13 页。

⑤ 《马克思恩格斯文集》第 1 卷,人民出版社 2009 年版,第 11 页。

⑥ 《马克思恩格斯文集》第 1 卷,人民出版社 2009 年版,第 17—18 页。

⑦ 《马克思恩格斯文集》第 8 卷,人民出版社 2009 年版,第 338 页。

展发挥着决定性的、主导性的功能，并非永远是经济基础的附带结果或附属的“第二性”的作用。文化对经济和社会发展的反作用是在同一过程中进行的，并非分开的两个过程。在现实的历史实践中，经济里面充满着文化，生产力里面充满着上层建筑，并不存在绝对不变的固定的“决定方面”，而是经常不断地变换彼此的地位，改变矛盾关系的格局。

晚年恩格斯针对一些人把历史唯物主义等同于“经济唯物主义”“技术经济史观”和“社会静力论”等错误观点，根据新的历史经验，在肯定经济因素对历史发展起决定作用的同时，强调上层建筑诸要素及作为历史主体的人在社会历史进程中的作用，提出“历史合力论”的观点。恩格斯认为，文化的各个要素在社会发展中不是孤立的关系，而是相互联系、相互促进、相互推动的关系。“历史是这样创造的：最终的结果总是从许多单个的意志的相互冲突中产生出来的，而其中每一个意志，又是由于许多特殊的生活条件，才成为它所成为的那样。这样就有无数互相交错的力量，有无数个力的平行四边形，由此就产生出一个合力，即历史结果，而这个结果又可以看做一个作为整体的、不自觉地和不自主地起着作用的力量的产物。……但是，各个人的意志……虽然都达不到自己的愿望，而是融合为一个总的平均数，一个总的合力，然而从这一事实中决不应作出结论说，这些意志等于零。相反，每个意志都对合力有所贡献，因而是包括在这个合力里面的。”①在致瓦尔特·博尔吉乌斯的信中，恩格斯用几何图形来说明人与历史之间的复杂结构关系，进一步深化了其合力论思想。“人们自己创造自己的历史，但是到现在为止，他们并不是按照共同的意志，根据一个共同的计划，甚至不是在一个有明确界限的既定社会内来创造自己的历史。他们的意向是相互交错着的，正因为如此，在所有这样的社会里，都是那种以偶然性为其补充和表现形式的必然性占统治地位。”②恩格斯关于历史“合力论”的思想，一方面说明了社会发展的规律性与人的主观能

① 《马克思恩格斯文集》第 10 卷，人民出版社 2009 年版，第 592—593 页。

② 《马克思恩格斯文集》第 10 卷，人民出版社 2009 年版，第 669 页。

动性之间的一致,历史以必然性或偶然事件的总结果的形式把单个人的意志与社会发展的经济因素联系在一起,体现了历史决定论与主体选择论的统一。另一方面,又揭示了个体意志以及不同个体意志之间相互作用所产生的“合力”对社会历史发展的重要作用。恩格斯不仅明确地强调个人意志显而易见的历史作用,而且强调了“政治的、法律的和哲学的理论,宗教的观点……这里表现出这一切因素间的相互作用”①,“那些萦回于人们头脑中的传统,也起着一定的作用,虽然不是决定性的作用。”②这些论述,进一步体现了社会结构中上层建筑对经济基础的反作用和意识形态的相对独立性,有力批驳了将历史唯物主义庸俗化为经济决定论的倾向,补充和完善了唯物史观,展现了历史唯物主义对社会发展道路多样性的探索和思考,使唯物史观逻辑显现得更为完整③。

习近平总书记对文化和文明的论述非常丰富。例如,2014 年在法国巴黎联合国教科文组织总部演讲时,他指出:“文明因交流而多彩,文明因互鉴而丰富”。强调了文明的多样性和包容性。在中国文联十大、中国作协九大开幕式上的讲话中,他强调:“文化是一个国家、一个民族的灵魂。……文化自信,是更基础、更广泛、更深厚的自信,是更基本、更深沉、更持久的力量。坚定文化自信,是事关国运兴衰、事关文化安全、事关民族精神独立性的大问题。”④突出了文化相对独立性、反作用的思想。在文化传承发展座谈会上的讲话中,他深刻总结了中华文明的特性,认为中华文明具有突出的连续性、创新性、统一性、包容性、和平性,这是对马克思恩格斯意识形态相对独立性思想的创新性发展。

---

① 《马克思恩格斯文集》第 10 卷,人民出版社 2009 年版,第 591 页。

② 《马克思恩格斯文集》第 10 卷,人民出版社 2009 年版,第 592 页。

③ 参见衣俊卿、胡长栓:《马克思主义文化理论研究》,北京师范大学出版社 2017 年版,第 84 页。

④ 中共中央文献研究室编:《习近平关于社会主义文化建设论述摘编》,中央文献出版社 2017 年版,第 16 页。

(二)对列宁文化革命和文化建设思想的守正创新

20世纪初,列宁在领导俄国无产阶级革命和建设的过程中,在与民粹主义、资产阶级唯心主义的斗争中,在吸取本国革命民民主义者文化思想的基础上,第一次自觉地、全方位地彰显了马克思主义文化理论的实践维度,创造性地提出文化革命和文化建设的理论,并在丰富的实践中不断完善这一理论,为发展马克思主义的文化观作出重大贡献。列宁文化理论其涉及的问题主要包括:

1. 加强党对无产阶级文化的领导权。无产阶级政党不仅要夺取政权,更要获得文化上的领导权,即意识形态的领导权,从而为建立无产阶级专政奠定坚实的思想基础和有生命力的阶级基础。苏维埃政权确立后,不但要建立无产阶级专政,而且还要进行全面的社会主义经济建设和文化建设。这一切的关键就在于把政治、经济、文化的权力掌握在布尔什维克党的阶级基础——无产阶级手中。夺取文化领导权,建立真正属于无产阶级的文化成为问题的关键。其具体举措:一是加强对新闻出版物的领导。二是用马克思主义、唯物主义占领和巩固无产阶级教育阵地。三是提倡科学、无神论、唯物主义,抵制宗教唯心主义。

2. 运用马克思主义批判和改造旧文化。社会主义文化并不是以往文化遗产的简单汇总,它需要有富于社会主义理想光辉与求实精神的选择和创造。因而需要立足于当代社会主义实践的新高度,重新对人类文明史、思想史、科学史、技术史做出细致耕耘和深入改造。也就是说,对人类文化史上创造的一切,都要用新的眼光重新审查,重新研究,重新评价。① 1920年10月,在《关于无产阶级文化》一文中,列宁指出:无产阶级文化与资产阶级文化是两种不同的文化,无产阶级不能脱离包括资产阶级文化在内的传统文化的基础,但是绝不是简单地继承和全盘接受这些文化,而是需要用马克思主义对这些文化

① 参见王东:《改革之路的真正源头》,北京大学出版社1990年版,第219页。

加以改造和创新,因此,必须把无产阶级的文化党性原则贯彻在其中,从而建立真正的无产阶级文化。在《青年团的任务》一文中,列宁进一步阐述了文化的继承性和批判创新性原则。他指出:“应当明确地认识到,只有确切地了解人类全部发展过程所创造的文化,只有对这种文化加以改造,才能建设无产阶级的文化,没有这样的认识,我们就不能完成这项任务。无产阶级文化并不是从天上掉下来的,也不是那些自命为无产阶级文化专家的人杜撰出来的。如果硬说是这样,那完全是一派胡言。无产阶级文化应当是人类在资本主义社会、地主社会和官僚社会压迫下创造出来的全部知识合乎规律的发展。……只有了解人类创造的一切财富以丰富自己的头脑,才能成为共产主义者。”① 列宁清醒地认识到,无产阶级必须夺取资本主义所遗留下来的文化遗产,必须夺取所有的技术、科学、知识、艺术,因为没有这些,社会主义文化就无法建设好。

3. 提高工人、农民的教育状况和文化水平。列宁深刻认识到,工人、农民是俄国社会民主党和俄国共产党的群众基础和基本的革命力量,也是社会主义事业建设的主力军,他们的文化水平决定着俄国无产阶级革命和社会主义革命和事业的成败。在一个文盲半文盲占多数的国家是无法建设社会主义的。因此,无产阶级文化革命的首要任务是从大规模扫除文盲开始,从教工人、农民、官兵识字学知识开始,从劳动技能和专业知识培训开始。在苏维埃经济极其困难的条件下列宁坚持加强教育投入,提高教师的工资待遇,大力发展教育事业,从而收到良好效果。

4. 对无产阶级进行世界观、价值观和阶级感情教育。在文化革命的问题上,列宁的理论视野极为宽广,他善于在人类文明的总体发展进程、俄罗斯文明自身特点、俄罗斯的民族文化特点、民族内部的不同阶级的文化倾向等层面和理论视域分析问题。他认为,仅仅认识到文化的民族性还不够,还必须深入到文化的阶级性分析。在阶级社会内部,每个人都必然要被划分为不同阶级

---

① 《列宁选集》第 4 卷,人民出版社 2012 年版,第 285 页。

和阶层，文化也相应被划分为不同阶级的文化。不同阶级有不同阶级的价值取向和思想观念，阶级地位不同，其情感也不同，对待事物的态度也不相同。“我们所处的历史时期是我们同比我们强大许多倍的世界资产阶级进行斗争的时期。我们应当在这个时期内坚持革命建设，用军事的方法，尤其是用思想的方法、教育的方法同资产阶级进行斗争，以便把工人阶级几十年来在争取政治自由的斗争中形成的习惯、风气和信念，用做教育全体劳动者的手段，至于究竟应如何教育的问题，这就要由无产阶级来解决了”①。对无产阶级的文化解放，除了要扫除文盲，还要进行阶级立场、阶级觉悟、阶级意识、阶级感情、阶级追求等方面的政治教育。要塑造出与资产阶级针锋相对的和高于资产阶级的先进文化。

5. 繁荣社会主义文艺创作，建构社会主义道德规范。列宁认为，无产阶级的文学艺术是无产阶级整个革命事业的一部分。在1920年发表的《论无产阶级文化》一文中，列宁指出：“苏维埃工农共和国的整个教育事业，无论在一般的政治教育方面或者具体的艺术方面，都必须贯彻无产阶级阶级斗争的精神，这一斗争是为了顺利实现无产阶级专政的目的，即推翻资产阶级、消灭阶级、消灭一切人剥削人的现象。”②社会主义文化的最重要目的，就是培育社会主义新人，把科学的马列主义世界观变成每个社会成员的自觉信念，使每个成员具有崇高的道德品质与丰富的精神世界。在《青年团的任务》中，列宁指出：“为巩固和完成共产主义事业而斗争，这就是共产主义道德的基础。这也就是共产主义培养、教育和训练的基础。”③应该使培养、教育和训练现代青年的全部事业，成为培养青年的共产主义道德的事业。

列宁关于批判改造旧文化、吸取人类文明成果的思想，关于提高工人、农民教育状况和文化水平的思想，关于对无产阶级进行世界观、价值观和阶级感情教育的思想，关于繁荣社会主义文艺创作、构建社会主义道德规范的思想，

① 《列宁专题文集——论社会主义》，人民出版社2009年版，第171页。

② 《列宁选集》第4卷，人民出版社2012年版，第298—299页。

③ 《列宁选集》第4卷，人民出版社2012年版，第292页。

都是具有借鉴意义的重要思想。特别值得一提的是:在20世纪初,在苏维埃共和国取得政权前后,意识形态的争夺十分激烈,列宁因而特别强调无产阶级文化领导权问题。在当代中国,在信息化时代,网络成为意识形态斗争的最前沿,国内外敌对势力正是力图通过网络进行思想渗透,达到瓦解社会主义的目的。习近平总书记特别强调指出,要牢牢掌握对意识形态的领导权、管理权、话语权。“掌控网络意识形态主导权,就是守护国家的主权和政权。各级党委和党员干部要把维护网络意识形态安全作为守土尽责的重要使命,充分发挥制度体制优势,坚持管用防并举,方方面面齐动手,坚决打赢网络意识形态斗争,切实维护以政权安全、制度安全为核心的国家政治安全。”①

(三)对中国共产党人文化创新发展思想的赓续传承

中国共产党人历来高度重视文化建设,始终坚持以马克思主义文化思想为指导,结合中国革命和建设的实际,提出了一系列建设中国新文化的新思想和新观点,这些都为习近平文化思想的形成提供了丰富的思想资源。

毛泽东在20世纪40年代发表《新民主主义论》,首次依据唯物史观的基本原理系统阐述新民主主义政治、经济和文化的关系,指出:“一定形态的政治和经济是首先决定那一定形态的文化的;然后,那一定形态的文化又才给予影响和作用于一定形态的政治和经济。”②又说:“一定的文化是一定社会的政治和经济在观念形态上的反映。”③在当下中国,既有帝国主义奴化中国的帝国主义文化,又有主张尊孔读经、提倡旧礼教的封建文化,提出要建设民族的科学的大众的新文化。这种新文化“是在观念形态上反映新政治和新经济的东西,是替新政治新经济服务的”,“所谓新民主主义的文化,一句话,就是无产阶级领导的人民大众的反帝反封建的文化。”④强调新文化只能由共产主义

① 《习近平关于社会主义文化建设论述摘编》,中央文献出版社2017年版,第36页。
② 《毛泽东选集》第二卷,人民出版社1991年版,第664页。
③ 《毛泽东选集》第二卷,人民出版社1991年版,第694页。
④ 《毛泽东选集》第二卷,人民出版社1991年版,第695、698页。

思想来领导，“由于现时中国革命不能离开中国无产阶级的领导，因而现时的中国新文化也不能离开中国无产阶级文化思想的领导，即不能离开共产主义思想的领导”，“任何别的阶级的文化思想都是不能领导了的。”中国共产党成立以来领导的新民主主义文化革命，“其声势之浩大，威力之猛烈，简直是所向无敌的。其动员之广大，超过中国任何历史时代。”①毛泽东倡导人民大众喜闻乐见、具有“中国作风和中国气派”的新文风。早在 1938 年 10 月，他就提出，马克思主义必须与中国实际相结合，“洋八股必须废止，空洞抽象的调头必须少唱，教条主义必须休息，而代之以新鲜活泼的、为中国老百姓所喜闻乐见的中国作风和中国气派。”②新中国成立之时，毛泽东向世界庄严宣告：“中国人被人认为不文明的时代已经过去了，我们将以一个具有高度文化的民族出现于世界。”③毛泽东提出“百花齐放、百家争鸣”“古为今用、洋为中用”的方针，大力倡导文化创新。他说：“地球上有二十七亿人，如果唱一种曲子是不行的。无论东方西方，各民族都要有自己的东西。”“不中不西的东西也可以搞一点，只要有人欢迎。”“中国的和外国的，两边都要学好。半瓶醋是不行的，要使两个半瓶醋变成两个一瓶醋。”“非驴非马也可以。骡子就是非驴非马。驴马结合是会改变形象的，不会完全不变。中国的面貌，无论是政治、经济、文化，都不应该是旧的，都应该改变，但中国的特点要保存。应该是在中国的基础上面，吸取外国的东西。应该交配起来，有机地结合。”④他认为，新中国成立后，我们的主要任务，就是发展生产和发展文化教育。“领导全国人民克服一切困难，进行大规模的经济建设和文化建设，扫除旧中国所留下来的贫困和愚昧，逐步地改善人民的物质生活和提高人民的文化生活。”⑤1957 年 2 月，毛泽东进一步指出，提出正确处理人民内部矛盾的问题，就是为

① 《毛泽东选集》第二卷，人民出版社 1991 年版，第 705、698 页。

② 《毛泽东选集》第二卷，人民出版社 1991 年版，第 534 页。

③ 《毛泽东文集》第五卷，人民出版社 1996 年版，第 345 页。

④ 《毛泽东文集》第七卷，人民出版社 1999 年版，第 77、82、82—83 页。

⑤ 《毛泽东文集》第五卷，人民出版社 1996 年版，第 348 页。

了“团结全国各族人民进行一场新的战争——向自然界开战,发展我们的经济,发展我们的文化”,“巩固我们的新制度,建设我们的新国家”。① 对中国传统文化在采取“取其精华,去其糟粕;批判改造,推陈出新;厚今薄古,古为今用”的原则②。

党的十一届三中全会之后,在改革开放的新时期,邓小平以“解放思想,实事求是”和“实践是检验真理的唯一标准”为武器,坚决破除“两个凡是”的教条和各种思想禁区,把党和国家的工作重心转移到社会主义现代化建设上来,恢复高考制度,提出要“尊重知识,尊重人才”,要坚持“百花齐放,百家争鸣”和“不抓辫子、不戴帽子、不打棍子”的文化建设方针。邓小平指出:社会主义精神文明是社会主义社会的重要特征。“没有这种精神文明,就不可能建设社会主义。”③我们的现代化是全面的现代化,“我们要在建设高度物质文明的同时,提高全民族的科学文化水平,发展高尚的丰富多彩的文化生活,建设高度的社会主义精神文明。”④贫穷不是社会主义,精神贫乏也不是社会主义。因此,物质文明和精神文明要“两手抓,两手都要硬”。一手硬,一手软,不但会导致社会畸形发展,而且时间一长,硬的一手也会软下来。社会主义精神文明建设的根本目标和任务,是培育“四有”新人,用共同的理想和坚定的信念把人民团结起来,把先进性和广泛性结合起来,推进社会主义道德建设,大力发展教育科学文化事业。早在 1982 年 7 月,邓小平明确提出:“搞社会主义精神文明,主要是使我们的各族人民都成为有理想、讲道德、有文化、守纪律的人民。”⑤根据邓小平的这个思想,党的十二届六中全会通过的《中共中央关于社会主义精神文明建设指导方针的决议》明确指出:“社会主义精神文明建设的根本任务,是适应社会主义现代化建设的需要,培育有理想、有道德、有文

---

① 《毛泽东文集》第七卷,人民出版社 1999 年版,第 216 页。

② 参见石仲泉:《毛泽东的科学文化现代化观雏论》,《马克思主义与现实》2023 年第 6 期。

③ 《十二大以来重要文献选编》(上),人民出版社 1986 年版,第 27 页。

④ 《邓小平文选》第二卷,人民出版社 1994 年版,第 208 页。

⑤ 《邓小平文选》第二卷,人民出版社 1994 年版,第 408 页。

化、有纪律的社会主义公民，提高整个中华民族的思想道德素质和科学文化素质。”①有理想、有道德、有文化、有纪律，是对全体公民素质提出的综合要求，是“全面发展的人”在社会主义建设新时期的具体规定。

党的十三届四中全会之后，以江泽民同志为主要代表的中国共产党人提出“三个代表”重要思想，把马克思主义的文化发展推进到一个新的阶段。1991 年，江泽民正式提出“中国特色社会主义文化”概念，并指出：“有中国特色社会主义的经济、政治、文化，是有机统一、不可分割的整体。”②1992 年 10 月，党的十四大报告首次提出“繁荣哲学社会科学”的任务。江泽民在报告中指出：“应当高度重视理论建设，保障学术自由，注重理论联系实际，创造性地开展研究，繁荣哲学社会科学，坚持和发展马克思主义。”③1995 年 9 月，在《正确处理社会主义现代化建设中的若干重大关系》一文中，江泽民提出要把物质文明和精神文明作为一个整体来对待，决不能以牺牲精神文明换取经济一时的快速发展。“要把物质文明建设和精神文明建设作为统一的奋斗目标，始终不渝地坚持两手抓、两手都要硬。任何情况下，都不能以牺牲精神文明为代价去换取经济的一时发展。”④党的十五大报告指出，有中国特色社会主义的文化，是“综合国力的重要标志”。社会主义现代化应该有繁荣的经济，也应该有繁荣的文化。搞好精神文明建设，不是一个局部的问题，而是一个全局性的、战略性的问题，关系整个社会主义事业的兴衰成败。经济、政治、文化三者有机统一，互相促进。只有经济、政治、文化协调发展，只有两个文明都搞好，才是有中国特色的社会主义。“我国文化的发展，不能离开人类文明的共同成果。要坚持以我为主、为我所用的原则，开展多种形式的对外文化交流，博采各国文化之长，向世界展示中国文化建设的成就。”⑤2000 年 2 月，江

① 《十二大以来重要文献选编》(下)，人民出版社 1988 年版，第 1176 页。

② 《江泽民文选》第一卷，人民出版社 2006 年版，第 161 页。

③ 《江泽民文选》第一卷，人民出版社 2006 年版，第 238 页。

④ 《江泽民文选》第一卷，人民出版社 2006 年版，第 474 页。

⑤ 《江泽民文选》第二卷，人民出版社 2006 年版，第 35 页。

泽民发表《在新的历史条件下更好地做到“三个代表”》的讲话,从唯物史观的高度把人类社会发展规律、社会主义建设规律、共产党执政规律浓缩为“三个代表”,而“代表中国先进文化的前进方向”是“三个代表”之一,充分彰显了先进文化的重要性。在党的十六大报告中,江泽民对“什么是先进文化,怎样代表先进文化”作了经典性的阐释。他说:“在当代中国,发展先进文化,就是发展面向现代化、面向世界、面向未来的,民族的科学的大众的社会主义文化,以不断丰富人们的精神世界,增强人们的精神力量。”①“三个代表”重要思想表明:社会主义社会作为人类历史上崭新的社会形态,是以经济建设为重点的全面发展、全面进步的社会,物质文明、政治文明、精神文明和人的全面发展都是社会主义社会的本质要求;社会主义物质文明、政治文明和精神文明的发展,三大文明与人的全面发展,互为条件,相辅相成;中国特色社会主义事业,必须是经济、政治、文化与人的全面发展的事业,必须是社会主义物质文明、政治文明、精神文明的发展与人的全面发展相互促进、协调发展的事业。

以胡锦涛同志为主要代表的中国共产党人,依据科学发展观的要求,对如何发展中国特色社会主义文化提出新的观点。2007 年 10 月,党的十七大紧紧围绕“推动社会主义文化大发展大繁荣”,首次把文化建设提到国家战略的高度,提出一系列文化建设的新举措:一是建设社会主义“核心价值体系”,增强社会主义意识形态的吸引力和凝聚力,认为“社会主义核心价值体系是社会主义意识形态的本质体现”。二是建设“和谐文化”,培育文明风尚,认为“和谐文化是全体人民团结进步的重要精神支撑”。三是弘扬中华文化,建设中华民族共有精神家园,提出“要全面认识祖国传统文化,取其精华,去其糟粕,使之与当代社会相适应、与现代文明相协调,保持民族性,体现时代性”。四是推进“文化创新”,增强文化发展活力,提出“在时代的高起点上推动文化内容形式、体制机制、传播手段创新,解放和发展文化生产力,是繁荣文化的必

---

① 《江泽民文选》第三卷,人民出版社 2006 年版,第 559 页。

由之路”。① 2011 年召开的党的十七届六中全会通过的《中共中央关于深化文化体制改革　推动社会主义文化大发展大繁荣若干重大问题的决定》,提出推动文化大繁荣大发展的八大举措。认为文化在综合国力竞争中的地位和作用更加凸显,维护国家文化安全任务更加艰巨,增强国家文化软实力、中华文化国际影响力的要求更加紧迫,“没有文化的积极引领,没有人民精神世界的极大丰富,没有全民族精神力量的充分发挥,一个国家、一个民族不可能屹立于世界民族之林。物质贫乏不是社会主义,精神空虚也不是社会主义。没有社会主义文化繁荣发展,就没有社会主义现代化。”②必须坚持走中国特色社会主义文化发展道路,努力建设社会主义“文化强国”,全面贯彻“二为”方向和“双百”方针,大力发展“文化事业”和加快发展“文化产业”,加快构建有利于文化繁荣发展的体制机制,建设宏大文化人才队伍。2012 年 11 月召开的党的十八大,进一步强调指出:文化是民族的血脉,是人民的精神家园,建设社会主义文化强国,必须走中国特色社会主义文化发展道路,关键是增强全民族文化创造活力。“要深化文化体制改革,解放和发展文化生产力,发扬学术民主、艺术民主,为人民提供广阔文化舞台,让一切文化创造源泉充分涌流,开创全民族文化创造活力持续迸发、社会文化生活更加丰富多彩、人民基本文化权益得到更好保障、人民思想道德素质和科学文化素质全面提高、中华文化国际影响力不断增强的新局面。”③

在构建中华民族现代文明的过程中,习近平总书记站在新的历史起点上,持续推动文化繁荣、建设文化强国,以坚定的文化自觉、宏阔的历史视野、深远的战略考量,就文化建设提出一系列新理念新思想新战略,丰富和发展了中国共产党人的文化观。例如,在构建中国特色哲学社会科学自主知识体系的问题上,继承性和创新性的特点表现得十分突出。一是强调哲学社会科学知识

---

① 《胡锦涛文选》第二卷,人民出版社 2016 年版,第 639—641 页。

② 《中共中央关于深化文化体制改革　推动社会主义文化大发展大繁荣若干重大问题的决定》,《人民日报》2011 年 10 月 26 日。

③ 《胡锦涛文选》第三卷,人民出版社 2016 年版,第 637 页。

体系的继承性、民族性特点。按照“古为今用、洋为中用”“百花齐放、推陈出新”的方针,围绕我国和世界发展面临的重大问题,着力提出能够体现中国立场、中国智慧、中国价值的理念、主张、方案。二是强调哲学社会科学知识体系的原创性、时代性特点。社会总是在发展,新情况新问题层出不穷,马克思主义理论如果不能创新,就会显得苍白无力。“从某种意义上说,理论创新的过程就是发现问题、筛选问题、研究问题、解决问题的过程。”①当代中国正进行着翻天覆地的变革,马克思主义理论创新必须以我们正在做的事情为中心,从我国改革发展的实践中挖掘材料、发现新问题、提出新观点、构建新理论。三是强调哲学社会科学知识体系的系统性、专业性特点。虽然我们已经有一个较为完整的马克思主义理论学科体系,但由于马克思主义理论学科建设时间不长,马克思主义理论体系、教材体系、教学体系及其相互关系的处理还不够完善,亟待深入研究探讨、补充完整。作为一名马克思主义教育工作者,一定要坚守党性原则,“在马言马”,政治要强、情怀要深、思维要新、视野要广、自律要严、人格要正,做到“真学、真信、真教、真干”。

(四)对中国优秀传统文化的创造性转化和创新性发展

世界历史表明,中华文明是唯一一脉相承、未曾中断、延续至今的文明。而在世界历史进程中,在18世纪中叶以前,中华文明又一路领先,其根本原因就在于中华民族是一个崇尚创新、不断创新的民族。

中国历史上曾经涌现出大量的科技发明和创新。据国外学者的研究报告,目前世界上栽培植物大约有1200种,其中200种直接发源于中国。考古新发现表明,我国古代科技发明创造数不胜数。中国历代农书约500多部,留存至今的约有300多部,包括农林牧副渔各个方面,形成了一整套完整的农业科技理论,像汉代的《氾胜之书》、北魏贾思勰的《齐民要术》、元代王祯的《农

① 习近平:《在哲学社会科学工作座谈会上的讲话》,人民出版社2016年版,第20页。

书》和明代徐光启的《农政全书》,就是其中杰出的农业科技著作。数学方面,中国人发明了负数、十进制、二进制,最早懂得分数、小数的使用,把圆周率推算到小数点后7位数。《周髀算经》《九章算术》等“算经十书”,成为后世数学教学和研究的重要依据。在天文学方面,中国古人创造的浑天仪、候风地动仪、水运仪等天文观测仪器可谓精妙绝伦,对天文观测的准确性、持续性都是世界其他国家无可比拟的。《甘石星经》是最早的天文学著作,《太初历》是现存最早、最完整的历法,元代郭守敬制定的《授时历》,将一年精确到365.2425天,比地球绕太阳公转一周的实际时间仅差26秒。在冶金技术方面,早在商周时期,中国人就造出了著名的司母戊大方鼎。春秋晚期的生铁冶铁技术,比西方早约一二千年。在瓷器制作方面,距今约一万年左右,中国原始社会时期就已能够制作出各种陶器,在新石器时代的古陶大家族中,有红陶、黑陶、白陶等,每一种器物都古朴美观。① 商周时期,我国已经能够烧制出原始的瓷器。唐代用黄、绿、白三色釉彩涂胎,炼制出著名的“唐三彩”。宋代的青花瓷在1200摄氏度以上的高温中一次烧成。明代青花瓷最为有名,质地很精美,畅销海外。到了清代,制瓷技术又有了突破,出现了闻名中外的素三彩、五彩、珐琅和粉彩。在造船方面,早在南北朝时,我国已有车船的记载。唐代李皋制造的车船用人力踏动快速前进。宋代打造的车船,安装木叶轮,人力踏动,其行如飞,是近代轮船的鼻祖,尤其是开始用指南针导航,开创了人类航海史上的新纪元。明代郑和七下西洋,更是规模空前,驰誉中外。在医学方面,中华医学其理论体系之完整、医疗技术之高超,典籍之丰富令人叹为观止,《神农本草经》是最早的药学专著,《黄帝内经》是最早的中医理论专著,《针灸甲乙经》是最早的针灸学专著,《脉经》是第一部脉学专著,《伤寒杂病论》首次记载了人工呼吸、药物灌肠和胆道蛔虫的治疗方法,《本草纲目》是影响世界的不朽医典。

---

① 参见李绘影编著:《中国古代科技发明创造大全》,北京工业大学出版社2015年版,第253页。

古老的中华文明以独具特色的文学、哲学、史学、教育、艺术等领域的创新成果而屹立于世界民族之林。就艺术而言,中华艺术流派众多,成就巨大,具有高超的艺术技巧。古老的汉字从甲骨文、金文、石鼓文、秦篆、汉篆,再到汉以后行草艺术的发展,构成中国独特的艺术门类。中国绘画艺术强调人品画品的统一,并且注重将笔墨情趣与诗、书、印有机融为一体,讲究意境、散点透视,以形写意,形神兼备,形成了独特的绘画样式。雕塑除享誉世界的敦煌莫高窟、洛阳龙门石窟等石窟,以及陵墓、建筑雕塑艺术,还有被誉为“世界第八大奇迹”的秦始皇陵兵马俑。中国戏剧艺术,由南宋戏文、金元杂剧、明清传奇、近代北方小戏直到现代新戏曲,不断繁衍,创造了在世界戏剧中自成体系的舞台艺术,与古希腊戏剧、印度梵剧并称为世界三大最古老的戏剧,但后两种早已寿终正寝,只有中国戏剧一枝独秀,至今生命之树长青。音乐舞蹈艺术,从最蒙昧的上古时代开始,历经多个阶段的发展和演变,逐渐形成了具中国独特形态和神韵的东方舞蹈艺术。中国民乐、汉唐乐舞,曾迷倒无数外国友人。中国的杂技艺术也别具一格,早在两三千年前的殷商、周秦时代,或者更早的夏禹时期,杂技艺术就已经萌芽了。在两汉时代,杂技艺术得到较大规模的发展,并且达到了较高的艺术水平。其中有些技艺即使是在今天,也令人叹为观止。这在世界杂技史上也是罕见的。从文学而言,漫长的历史上曾经产生出一代又一代的杰出作家和数不清的优秀作品,出现了多姿多彩的体裁、题材、风格、流派,形成了各种各样的文学现象、文学潮流和文学理论,内容极其丰富。像《诗经》《楚辞》,先秦散文、汉赋、魏晋骈体文、唐诗、宋词、元曲、明清小说等,各领风骚 300 年,仅唐诗一项,总数约在 5 万首左右,有名可数的作者即达 2300 多人。元代戏剧家关汉卿的作品,比晚于他 3 个世纪的英国戏剧之父莎士比亚,几乎多出一倍。①

我国古代哲学、伦理道德、史学、教育的最大特点是以人为本,以人为考虑一切问题的根本和出发点。在天人之间,强调“天人合一”“物我两忘”;在民

---

① 参见王永平:《论中华文明在世界文明史中的地位》,《阴山学刊》2002 年第 6 期。

族、国家之间,强调“协和万邦”“四海一家”“天下大同”;在人我之间,强调“仁者爱人”“以和为贵”“己所不欲,勿施于人”;在价值取向上,强调“义利统一”“义重于利”“以义统利”。中国古代史学之发达,内容之丰富,形式之多样,制度之完备,史家之杰出,理论之精善,系统之完备,纪事之完整连贯,是任何国家都无法比拟的,黑格尔曾说:“中国‘历史作家’的层出不穷,继续不断,实为任何民族所比不上的。”①李约瑟也曾说:“中国所能提供的古代原始资料比任何其他东方国家,也确比大多数国家都要丰富。……中国则是全世界最伟大的编纂历史传统的国家之一。”②我国古代的教育,也长期走在世界的前列。《孟子·滕文公上》载:“夏曰校,殷曰序,周曰庠。”我国汉代的太学,是世界上最早出现的高等学府。另外,从隋唐时期开始实行的通过科举考试选拔官吏的制度,曾被外国教育家认为是当时选拔人才的最好制度,将其誉为中国贡献给世界文明的“第五大发明”。此外,中国人还发明了许多娱乐和体育项目,像围棋、象棋、七巧板、蹴鞠、武术等等,这些都是中华文明贡献给世界文明的重要内容。③

习近平总书记对中国传统文化有着非常深厚的情感和修养。他常常引用传统文化中的经典名言来说明现实问题,可谓旁征博引,起到了画龙点睛的作用。2014 年 9 月,在纪念孔子诞辰 2565 周年国际学术研讨会暨国际儒学联合会第五届会员大会开幕会上的讲话中,习近平总书记系统论述中国传统文化的思想精华以及对解决当代人类面临的难题的时代价值,提出科学对待传统文化的问题。他说:“不忘历史才能开辟未来,善于继承才能善于创新。优秀传统文化是一个国家、一个民族传承和发展的根本,如果丢掉了,就割断了精神命脉。我们要善于把弘扬优秀传统文化和发展现实文化有机统一起来,紧密结合起来,在继承中发展,在发展中继承。”“要坚持古为今用、以古鉴今,坚持有鉴别的对待、有扬弃的继承,而不能搞厚古薄今、以古非今,努力实现传

① [德]黑格尔:《历史哲学》,三联书店 1956 年版,第 161 页。

② [英]李约瑟:《中国科学技术史》,科学出版社 1975 年版,第 153 页。

③ 王永平:《论中华文明在世界文明史中的地位》,《阴山学刊》2002 年第 6 期。

统文化的创造性转化、创新性发展,使之与现实文化相融相通,共同服务以文化人的时代任务。”①2016 年 5 月,在哲学社会科学工作座谈会上的讲话中,习近平总书记鼓舞广大哲学社会科学工作者继承中华优秀传统文化的“精神血脉”,与时俱进,推陈创新,打造具有中国特点的哲学社会科学体系。他指出:在漫漫历史长河中,中华民族产生了儒、释、道、墨、名、法、阴阳、农、杂、兵等各家学说,涌现了老子、孔子、庄子、孟子、荀子、韩非子、董仲舒、王充、何晏、王弼、韩愈、周敦颐、程颢、程颐、朱熹、陆九渊、王守仁、李贽、黄宗羲、顾炎武、王夫之、康有为、梁启超、孙中山、鲁迅等一大批思想大家,留下了浩如烟海的文化遗产。近代,为了寻求救亡图存之策,林则徐、魏源、严复等人把眼光转向西方,西方哲学社会科学被翻译介绍到我国,社会科学各学科在我国逐渐发展起来。特别是十月革命一声炮响,给中国送来了马克思列宁主义。产生了李达、艾思奇、翦伯赞、范文澜、吕振羽、马寅初、费孝通、钱钟书等一大批名家大师。现在,新的时代已经到来,“一切有理想、有抱负的哲学社会科学工作者都应该立时代之潮头、通古今之变化、发思想之先声”②,改变哲学社会科学有数量缺质量、有专家缺大师的现状。2023 年 6 月,在文化传承发展座谈会上的讲话中,习近平总书记进一步强调要深刻把握中华文明的突出特性,要深刻理解“两个结合”的价值意义,更好担负起文化创新的使命,“让我们能够在更广阔的文化空间中,充分运用中华优秀传统文化的宝贵资源,探索面向未来的理论和制度创新。”③

(五)对世界文明成果的批判借鉴

人类在进化发展的过程中,受生产方式、地理环境、人口因素等影响,先后形成不同特点的文明,有古埃及文明、巴比伦文明、印度文明、中国文明、希腊文明、中南美洲文明,等等。不同的文明和文化都是人类文明发展大树上的

① 《习近平著作选读》第一卷,人民出版社 2023 年版,第 281 页。
② 习近平:《在哲学社会科学工作座谈会上的讲话》,人民出版社 2016 年版,第 8 页。
③ 习近平:《在文化传承发展座谈会上的讲话》,人民出版社 2023 年版,第 8 页。

花，都对人类文明发展作出贡献。然而，人类文明的进化并不是直线式匀速前进的，自从人类于1500年进入近现代之后，自觉的理性文化精神和文化模式对于社会历史的推动作用越来越明显。“1500年被历史学家普遍看作是中世纪社会和近代社会之间的分水岭。这一新时代的最初两个世纪在历史上非常重要，发生了一系列不同的事件，如：价格革命、商业革命、宗教改革、文艺复兴、地理大发现、新大陆殖民、世界贸易发展以及作为欧洲政治组织最高形式的民族国家的出现。”①近代以来，在现代化的进程中，西方一直走在世界的前列，由此形成所谓“文化单质论”“文明冲突论”“文化替代论”“西方文化中心论”等论调。习近平总书记在一系列重要讲话中，批判西方中心主义的各种错误论调，为中国特色社会主义文化提供了重要的思想方法论。

首先，反对“文化单质论”，维护世界文明的多样性。文化单质论强调西方文化优越性，鼓吹文化单一起源论、单向传播论、单一模式论、单一中心论，这一论调在世纪之交的典型代表是美国政治学家弗朗西斯・福山，他在《历史的终结》中提出“历史终结论”，认为苏联解体、东欧剧变之后，马克思主义、社会主义必将“永远”地退出历史舞台，欧美自由主义必将一统天下，整个世界都将是清一色的欧美自由主义文化，资本主义、自由主义的千年王国已经来到。经济全球化不过是强行推进文化单质论的有力杠杆。全球化=西方化=美国化，成为文化单质论的典型公式。习近平总书记指出：“物之不齐，物之情也。”“世界万物万事总是千差万别、异彩纷呈的，如果万物万事都清一色了，事物的发展、世界的进步也就停止了。每一个国家和民族的文明都扎根于本国本民族的土壤之中，都有自己的本色、长处、优点。我们应该维护各国各民族文明多样性，加强相互交流、相互学习、相互借鉴，而不应该相互隔膜、相互排斥、相互取代，这样世界文明之园才能万紫千红、生机盎然。”②

---

① ［美］道格拉斯・诺斯、罗伯斯・托马斯：《西方世界的兴起》，厉以平等译，华夏出版社2009年版，第149页。

② 《习近平著作选读》第一卷，人民出版社2023年版，第279页。

其次,反对“西方文化中心论”,主张各种文明一律平等。“西方中心主义”的观念来源于一种普世主义的价值选择,即认为一种事实上由“最为正确而优秀的”西方文明为主导来控制的世界经济政治体系要比由其他文明各自发展出来并最终拼凑形成的人类历史整体要更好。这种观念根深蒂固地存在于西方文明的自身发展体系当中,尤其是它的宗教传统里,而在全球化的今天则进一步与市场化经济和世俗政治融合在一起。习近平总书记指出:“不同国家、民族的思想文化各有千秋,只有姹紫嫣红之别,而无高低优劣之分。每个国家、每个民族不分强弱、不分大小,其思想文化都应该得到承认和尊重。”①

再次,反对“文明冲突论”,倡导不同文明之间的交流互鉴。“文明冲突论”虽然超越文化单质论,客观上承认多元文化的存在,但又夸大多元文化关系中的对立冲突,在文化观念、文化模式上未能从根本上突破与超越文化单质论。习近平总书记指出:任何一种文明,不管它产生于哪个国家、哪个民族的社会土壤之中,都是流动的、开放的。“对人类社会创造的各种文明,无论是古代的中华文明、希腊文明、罗马文明、埃及文明、两河文明、印度文明等,还是现在的亚洲文明、非洲文明、欧洲文明、美洲文明、大洋洲文明等,我们都应该采取学习借鉴的态度,都应该积极吸纳其中的有益成分,使人类创造的一切文明中的优秀文化基因与当代文化相适应、与现代社会相协调,把跨越时空、超越国度、富有永恒魅力、具有当代价值的优秀文化精神弘扬起来。”②

最后,反对西方“普世价值论”,旗帜鲜明坚持马克思主义。苏联解体、东欧剧变后,西方敌对势力把颠覆破坏的目标转向中国,企图让中国共产党改旗易帜、改名换姓。习近平总书记指出:“冷战结束以来,在西方价值观念鼓捣下,一些国家被折腾得不成样子了,有的四分五裂,有的战火纷飞,有的整天乱哄哄的。伊拉克、叙利亚、利比亚这些国家就是典型!如果我们用西方资本主

---

① 《习近平著作选读》第一卷,人民出版社 2023 年版,第 280 页。

② 《习近平著作选读》第一卷,人民出版社 2023 年版,第 280—281 页。

义价值体系来剪裁我们的实践,用西方资本主义评价体系来衡量我国发展,符合西方标准就行,不符合西方标准就是落后的陈旧的,就要批判、攻击,那后果不堪设想!最后要么就是跟在人家后面亦步亦趋,要么就是只有挨骂的份。"①

三、习近平文化思想的世界历史意义

文化是人类区别于其他存在物而独有的生活样法。习近平文化思想的提出,建构了马克思主义文化发展史上新的文化体系,提出了正确处理古今中外文化关系的方法论,给近代以来中国历史上的"古今东西"之争画上一个句号,为中华文明和世界文明的发展提供了重要方法论意义。

(一)建构了马克思主义哲学史上新的文化体系

人类对自身文化规定性的自觉认识是相对晚近的事情。在马克思主义发展史上,马克思和恩格斯虽然对文化与人的本质、文化与社会发展、文化与历史进步的关系做过大量精辟的论述,对文化的本质及其文化发展规律、文化对社会发展的推动作用等提出自己独特的见解,为马克思主义文化的创立奠定了宽广的视域和扎实的理论根基。然而,马克思和恩格斯并没有把自己的目光专门聚焦于文化现象,没有建构专门的知识论意义上的文化哲学或者文化理论。列宁在20世纪初以建构无产阶级文化和社会主义文化为宗旨,批判了资产阶级等一切旧的、没落的、消极的、反革命的文化,同时提出要建立无产阶级和苏维埃社会主义的新文化,揭示了文化革命和建设中的破与立、继承和创新的辩证关系。列宁清醒地认识到,要完成这个文化革命是相当困难的事情。"现在,只要实现了这个文化革命,我们的国家就能成为完全社会主义的国家了。但是这个文化革命,无论在纯粹文化方面(因为我们是文盲)或物质方面

① 习近平:《在全国党校工作会议上的讲话》,人民出版社2016年版,第8—9页。

(因为要成为有文化的人，就要有相当发达的物质生产资料的生产，要有相当的物质基础)，对于我们说来，都是异常困难的。”①实际上，列宁晚年包括文化在内的“全盘改革”构想也还只是一个宏观的设想，并没有提出特别具体的贯彻落实的举措和方案。由于列宁过早去世，在实践中并没有得到切实地执行。而且，由于战争的临近，列宁晚年的改革构想很快就被苏联模式所取代，文化领域的个人崇拜和国家垄断制，完全背离了列宁当初的文化构想，背离了马克思主义“每个人的自由全面发展”的理想，背离了人民管理国家的社会主义原则。20世纪80年代下半期，戈尔巴乔夫提出所谓“新思维”，试图从根本上重建社会主义的价值观念和政治体制，建立人道的，民主的社会主义，否定马克思主义在意识形态领域的指导地位。反党反社会主义的势力乘机出笼，最终把苏联引向一条不归路。

在中国共产党的历史上，毛泽东在民主革命时期在与教条主义的斗争中，提出了马克思主义中国化，创造人民大众喜闻乐见、具有中国气派、中国风格的新文化的主张，提出新民主主义的“文化纲领”，在社会主义建设时期提出“百花齐放，百家争鸣”等一系列发展社会主义文化的方针、原则和方法。在改革开放的新时期，邓小平支持开展“实践是检验真理的唯一标准”大讨论，实现了思想领域的大解放，破除了一系列文化建设的“雷区”和“禁区”，迎来社会主义文化建设的春天。邓小平提出一系列“两手抓”的方针，强调社会主义精神文明建设中的科学文化建设和思想道德建设，教育要“面向现代化，面向世界，面向未来”的方针，防止因开放带来西方不健康的东西造成“精神污染”，邓小平也充分肯定对传统文化的继承发展，提出了较为系统的文化建设思想。江泽民提出中国共产党人要“代表先进文化的前进方向”，胡锦涛提出要以人为本，建设社会主义“和谐文化”，提出推动社会主义文化大繁荣，建设社会主义“文化强国”的一系列重要举措。习近平总书记继承马克思主义的文化观，根据新时代新的要求，以“两个结合”为主线，特别是提出“第二个结

① 《列宁专题文集——论社会主义》，人民出版社2009年版，第355页。

合”,实现了又一次思想解放,坚定了文化自信,“奠定了习近平文化思想的中华文明维度,使中华优秀传统文化成为中华民族伟大复兴的价值性、结构性、建设性力量。”①从而建构了马克思主义发展史上较为全面完整的文化体系。

(二)打开认识和创新中国优秀传统文化的新视野

近代自1840年鸦片战争打开中国大门,古老的中华文明受到空前冲击。如何认识中国传统文化、如何认识中国传统文化和西方文化的关系、如何建构具有中国特点的新文化,成为无数政治家、思想家思考的重大课题。魏源、林则徐最早提出“师夷长技以制夷”的思想,“制夷”是目的,“师夷”是手段。洋务运动期间,张之洞、左宗棠、李鸿章等人提出“中学为体,西学为用”主张,即在不违背封建伦理与君主专制的原则下,引进西学,兴办近代工商业,进行将西方“器数工艺”及“政教义理”付诸实践的有益尝试。甲午战争之后,康有为、梁启超等人开始提出全面向西方学习,实质上采取的是“西学为体,中学为用”的方针,政治方面,改革政治体制,实行君主立宪制;经济方面,发展近代工商业,“以工立国”,“以商立国”;文教方面,开民智,废科举,办新式教育,引进资本主义学校制度,开设有关科学技术的课程。五四新文化运动期间,以陈独秀、李大钊为代表的激进派在积极主张现代化革新的同时,简单机械地全盘否定以儒家为代表的中国传统文化,乃至中国方块汉字。以梁启超、张君劢、梁漱溟等为代表的保守派则以标榜维护孔子、维护传统、“昌明国粹,融化新知”为名,根本否定中国文化需要划时代的大变革、大创新。五四时期,激进主义与自由主义派曾一度联合举起反传统的大旗,提倡“科学与民主”。李大钊指出:孔子的思想是中国农业经济时代的产物,“他是适应中国二千余年来未曾变动的农业经济组织反映出来的产物。”②现在,时代变了,西洋的工业文明打进来了,中国的农业经济,既因受了重大的压迫而生动摇,孔子之于今

① 乔清举:《论“两个结合”及其在习近平文化思想中的意义》,《哲学研究》2023年第12期。

② 《李大钊全集》第3卷,人民出版社2006年版,第145页。

日之吾人,成了残骸枯骨。“孔子者,历代帝王专制之护符也。”①陈独秀也认为,孔子及其儒家学说不能支配现代人心,适合现代潮流,“成了我们社会进化的最大障碍。”②在激进主义派和自由主义派看来,“中学”都是过时的“古学”,而“西学”是适合现代社会需要的“今学”。这些主张实质是一种“全盘西化论”,对当时打破旧传统的束缚无疑起了极其重大的冲击作用,为中国社会的启蒙奠定了基础。但未经几时,1920 年,梁启超自欧洲归来,发表《欧游心影录》,认为经第一次世界大战,西方文化已经陷入绝境,“欧洲人做了一场科学万能的大梦,到如今却叫起科学破产来。这便是最近思潮变迁一个大关键了。”③这无疑是对五四运动、“反传统”和鼓吹“西化”的反动,无异于是“中学”向“西学”的挑战,为五四运动后东西文化的论战拉开了序幕。1923 年发生的“科学与玄学”之争,20 年代中期到 30 年代中期的哲学问题论战,中国社会性质和社会史论战,东西文化论战,其实质都是“古今中西”之争。

习近平总书记提出“两个结合”,特别是“第二个结合”,为正确认识和创新中国优秀传统文化提供了新的思想原则,为古今中西的百年之争画上了一个句号,“其本质内涵包括确立文化主体性,实现精神上的独立自主,破除错误历史观、文化观和文明观,树立历史自信、文化自信和文明自信。”④习近平总书记指出:“‘结合’打开了创新空间。”“‘第二个结合’让我们掌握了思想和文化主动,并有力地作用于道路、理论和制度。”⑤“第二个结合”的提出,是对中华优秀传统文化精神价值的高度肯定。“‘结合’的结果是相互成就,”中国共产党人运用马克思主义改造中国传统文化,引领中国向现代转型,使中国传统文化发生化学反应,形成新的有机体,实现了从传统向现代的跨越,“中

① 《李大钊全集》第 1 卷,人民出版社 2006 年版,第 242 页。

② 《陈独秀文章选编》(上),三联书店 1984 年版,第 392 页。

③ 《梁启超全集》第五册,北京出版社 1999 年版,第 2974 页。

④ 乔清举:《论“两个结合”及其在习近平文化思想中的意义》,《哲学研究》2023 年第 12 期。

⑤ 习近平:《在文化传承发展座谈会上的讲话》,人民出版社 2023 年版,第 8 页。

华文明的精神标识和文化精髓得到更好提炼和展示，既有助于构建中国话语和中国叙事体系，更好构筑中国精神、中国价值、中国力量；又有助于深化文明交流互鉴，推动中华文化更好走向世界。”①另一方面，中国传统文化充实了马克思主义，使马克思主义不断向中国化时代化转化飞跃，显示出日益鲜明的中国风格和中国气派，中国化马克思主义成为中国文化和中国精神的时代精华。

（三）为推动人类文明交流互鉴提供新的方法论指导

当今世界正经历百年未有之大变局。世界之变、时代之变、历史之变正以前所未有的方式展开。一方面，和平、发展、合作、共赢仍是历史的主潮流，人类文明无论在物质还是精神方面都取得巨大进步，特别是物质的极大丰富，在古代世界完全是不能想象的。另一方面，人类面临的全球性问题数量之多、规模之大、程度之深也是前所未有，人类也正面临着许多突出的难题，贫富差距持续扩大，物欲追求奢华无度，个人主义恶性膨胀，社会诚信不断消减，伦理道德每况愈下，人与自然关系日趋紧张，和平赤字、发展赤字、安全赤字、治理赤字日益加重。“世界向何处去”的问题再次成为各国思想家、政治家共同思考的难题。西方少数国家凭借自己在文明发展中的优势，极力散布“文明单质论”“历史终结论”“文明冲突论”以及历史进化的“单线论”，极力渲染不同文明之间的对抗与冲突，在国际上恃强凌弱、巧取豪夺，散布零和博弈、赢者通吃的丛林法则。

习近平文化思想坚持唯物辩证法，极力反对人类文明进化中的文化单质论，认为人类文明是丰富多彩的，人类文明因多样才有交流互鉴的价值；人类文明是平等的，文明没有高低贵贱之分，人类文明因平等才有交流互鉴的前提；文明是包容的，人类文明因包容才有交流互鉴的动力。“当今世界，人类生活在不同文化、种族、肤色、宗教和不同社会制度所组成的世界里，各国人民

① 许守尧：《深刻领会习近平文化思想的重大意义》，《人民日报》2024 年 1 月 18 日。

形成了你中有我、我中有你的命运共同体。”①基于这样的思考,习近平总书记提出对待不同国家和民族的文明应采取的基本原则:一要维护世界文明的多样性,加强相互交流、相互学习、相互借鉴,而不应该相互隔膜、相互排斥、相互取代;二要尊重各国各民族文明,既不搞自我封闭,也不搞唯我独尊、“只此一家,别无分店”;三是进行文明学习借鉴,坚持从本国本民族实际出发,取长补短、择善而从、兼收并蓄,但不是囫囵吞枣、莫衷一是,而是去粗取精、去伪存真;四是科学对待文化传统,在学习、研究、应用传统文化时坚持古为今用、推陈出新,结合新的实践和时代要求进行正确取舍,而不能一股脑儿都拿到今天来照套照用。这些论述,在人类文明发展的十字路口,无疑为人们指出了一条光明大道。

① 《习近平著作选读》第一卷,人民出版社2023年版,第232页。

第十五章　人类命运共同体：马克思主义世界史观的新视野

世纪之交，人类面临的全球性问题数量之多、规模之大、程度之深前所未有，世界面临的不稳定性不确定性增强。习近平总书记提出构建人类命运共同体的新理念，为世界和平发展提供了中国智慧和中国方案，回答了时代课题，丰富和发展了马克思主义的世界史观。

一、世界普遍交往的形成及人类危机的出现

在人类文明发展的古代，受生产力水平的制约，各文明之间的联系不多，各共同体所要解决的问题只是内部的或区域之间的，尚未上升到全人类的高度。在近代，大工业及其交往的普遍发展，人类历史由民族的历史向世界历史转变，①随着资本主义生产方式及其价值的双重全球化，使人类在国际体系层次上遇到了“同命相连”的潜在威胁，问题已经超出了某个阶级或某类国家的能力范围，必须依靠世界各国人民同舟共济才能减缓和化解，世界已经成为“你中有我，我中有你”的地球村，整个人类成为命运攸关的共同体。第二次世界大战后，人们总结历史的经验，成立了联合国，目的在于加强对话，促进各国在国际法、国际安全、经济发展、社会进步、人权及实现世界和平方面的合

① 李包庚：《世界普遍交往中的人类命运共同体》，《中国社会科学》2020 年第 4 期。

作。然而,实践表明:西方国家主导的联合国问题不但没有减少,而且越来越多。

(一)人类面临的全球危机及其挑战

现今人类面临的危机突出表现为生存环境的危机、核战争的危机、南北贫富差距的危机、不同文明的危机、价值观的危机、道德危机,等等。

1. 生存环境的危机。自然界是人类生存和发展的基本前提,由于近代以来征服自然的思想观念和工业化生产方式的发展,导致人类共同生存环境严重恶化,正面临前所未有的挑战。一是大气污染。全球每年释放二氧化碳达220亿吨,世界城市人口中的一半(约9亿)呼吸着不健康的空气。二是温室效应加剧。由于温室效应引起温度和雨量变化,使干旱和洪水频繁发生,使世界产生1000多万环境难民。据计算,两极气温提高5—10℃就会导致格陵兰和南极洲的冰盖融化,海平面逐渐上升,世界上的许多沿海城市将会淹没在汪洋大海之中。三是地球臭氧层减少。这使紫外线对人类的危害加剧,患皮肤癌和白内障等疾病的人不断增加。四是土地退化和沙漠化。20世纪中期地球的森林覆盖率为1/4,到20世纪80年代已不到1/5。由于滥垦滥伐、过度放牧造成土地贫瘠和沙漠化。如果按目前的速度继续下去,世界1/3的耕地将在短短的20年内消失,沙漠化正以每年几乎6万平方公里的速度扩展,有2000万平方公里的土地处于沙漠化的边缘。五是水源短缺、污染加重。全世界每年有2.5万人由于饮用被污染了的水而致病死亡,12亿人缺少安全饮用水。目前,28亿人口生活在某种形式的水资源短缺流域。六是海洋环境恶化。全球每天往海里倾倒的垃圾和污染物多达数万吨,使沿海居民中患肝炎、霍乱等病例增多,使鱼虾和其他海洋生物减少。七是“绿色屏障”锐减。从1990年到2005年,世界失去了3%的森林,平均每年减少0.2%。每年热带雨林面积减少1700万公顷,约占总面积的0.9%。八是生物种类不断减少。目前,地球上每天有100多种生物灭绝,大约有3.4万种植物处于灭绝边缘。未来50年中,1/4的物种将遭灭顶之灾。九是垃圾成灾。全球年产垃圾100多亿吨,绝大多数得不到有效处理。十是人口增长过快。1927 年世界人口 20 亿,1960 年世界人口 30 亿,1974 年世界人口 40 亿,1987 年世界人口 50 亿,1999 年世界人口 60 亿,2011 年,世界人口已超过 70 亿。据预测,2050 年世界人口将突破 90 亿。其中,非洲当下人口增长率居世界之首,约为 3%,平均每个妇女生 6.9 个孩子,而肯尼亚的妇女平均生 8 个孩子。对地球资源开发利用的速度赶不上人口增长的速度,对环境的影响和破坏日益严重。

2. 核战争的危机。1945 年 8 月,在第二次世界大战行将结束之时,美国对日本投下两颗原子弹,开启了世界战争史上单方面使用核武器的先例,使几十万人生命毁于一旦。1945 年以来,世界大国竞相进行战略核弹头生产,其中美国生产了 7 万多个核弹头,苏联生产了 5 万多个核弹头,再加上英、法、中等国,全世界共生产了 13 万个核弹头,销毁了一小部分,大部分依然存在。另外还有更大威胁的热核武器——氢弹。① 据统计,这些核弹头的威胁,相当于地球上的每个人平均 3.5 吨 TNT 当量。核武器一旦扩散到恐怖主义者手中,则更强化了这种危险。长期以来,恐怖主义的阴影一直笼罩着人类,有人把恐怖主义称之为"20 世纪的瘟疫"。反恐已上升到军事行动层面,并成为战争的一种形式。全球化扩散了恐怖主义组织的规模,提高了恐怖主义行动的效率。随着信息技术的发展和计算机使用的普及,计算机病毒等也成为恐怖主义活动的重要手段。由于军事开发技术不断提高、日益扩散,一些化学、生物武器开发价格降低,在国际军火市场普遍流通,往往成为恐怖主义组织猎取的对象。此外,不同宗教信仰、文明体系间的冲突加剧,也成为战争的一个重要引发因素。②

3. 南北贫富差距的危机。全球范围的两极分化,贫富分化,南北分化,在 20 世纪后半叶 50 年代大大加剧了。1950 年,二者相差 20 倍;1980 年,二者相差约 30 倍;2000 年前后,二者相差扩大到 60 倍以上。联合国开发计划署

---

① 参见王东、成龙:《新时代新哲学——全球化太平洋时代与合作共赢新理念》,吉林人民出版社 2015 年版,第 429 页。

② 参见王东:《时代精神与马克思主义哲学创新》,人民出版社 2011 年版,第 139 页。

发表的 1999 年《人类发展报告》也显示,经济全球化趋势使穷者更穷、富者更富,呼吁人们重新认识经济全球化。全世界最富有的 1/5 人口与最贫穷的 1/5 人口之间的收入差距,从 1960 年的 30∶1 扩大到 1997 年的 74∶1。国际因特网使用者 1998 年达到 1.43 亿人,其中 88%在工业化国家,而撒哈拉沙漠以南非洲地区使用者不到 1%。《人类发展报告》中所列举的当今世界上 10 个最不发达国家,全部在非洲。① 一些研究报告也证明了全球贫富差距扩大的趋势。瑞士信贷发布的 2014 年《全球财富报告》显示,自 2008 年金融危机以来,财富分配趋于两极分化,尤其是在发展中经济体。作为财富集中的标志,全球百万富翁(以美元计)从 2000 年以来直线上升 164%,达到 3480 万人,其中美国占 41%。报告称,全球资产超过 5000 万美元的富人约有 12.8 万人,这些人近半在美国,欧洲占近四分之一。全球 10%最富有的人掌握全球 87%的财富。② 2018 年 1 月,国际援助与发展组织乐施会(Oxfam)发布最新报告《请回报劳动,不要酬谢财富》(*Reward Work,Not Wealth*)称,2017 年全球贫富差距进一步扩大。其中,全球最富有的 42 人所掌握的财富总额等于全球最贫困的 37 亿人所拥有的财富。与此同时,全球 82%的财富流向最富有的 1%的群体。③ 在国际金融垄断资本主义时代,发达国家的国际金融垄断资本掌握着世界上大部分的资本,控制着全球经济的“命脉”,凭借其在资本、技术、信息等方面的垄断优势,凭借其掌握的世界政治经济组织和各种制度安排,从世界性的生产与交换活动中,凭借国际间产品、技术、资金、劳动力、信息的不平等交换及剩余价值的转移,获取巨额利润,使南北发展差距和贫富悬殊愈来愈大。资本主义霸权国家还经常利用这些矛盾和问题,进行金融攻击,制造颜色革命、地缘政治危机,挑起领土争端、民族、宗教以及教派冲突等来转嫁

---

① [美]乔治·洛奇:《全球化的管理——相互依存时代的全球化趋势》,上海译文出版社 1998 年版,第 32 页。

② 参见周淼:《日益扩大的全球贫富鸿沟与未来全球局势的演变》,《红旗文稿》2015 年第 7 期。

③ 转引自宋建丽:《全球正义与人类命运共同体构想的世界意义》,《湖南师范大学社会科学学报》2018 年第 5 期。

危机、转嫁矛盾，以实现种种霸权企图。一些发展中国家内部出现政权更迭和内战等问题，贫富差距的不断扩大与贫困状况的日益恶化是出现这些问题的最突出的直接原因和内部原因。

4. 不同文明的危机。在近现代资本主义的发展进程中，实际上有意或无意地扩大了西方文明与其他文明间的对立和冲突，集中表现在三个历史过程中：一是从公元1000年前后到1270年，西欧各国连续8次发动所谓“十字军东征”，打着夺回基督教圣地耶路撒冷的旗号，横扫沿途的西亚伊斯兰文明的各个国家和城市。二是从1500年前后到16、17世纪，乃至18、19世纪，西欧各国伴随资本主义兴起过程，发现新大陆和环球探险的交通革命与商业革命，开始了世界范围的殖民主义掠夺，西欧资本主义与拉丁美洲、亚洲、非洲等等非欧洲文明之间，产生了血与火的冲突。三是在2000年前后，在经济全球化背景下，金融全球帝国的美元霸权激化了国际关系、国家体系中的经济、政治矛盾，从而也激化了全球范围内不同文明之间的对立冲突，使异质文明之间的矛盾对立，上升到了世界范围内的第三次高潮。亨廷顿于1993年提出了“文明冲突论”，提出当代世界“八大文明”的历史分野：西方文明、儒家文明、日本文明、伊斯兰文明、印度文明、东正教文明、拉丁美洲文明、非洲文明，此类观点流行一时，更使这种矛盾有增无减。根据美国国务院发布的《2015年反恐形势国别报告》，2015年共发生11774起恐怖袭击，造成了超过28300人死亡和超过35300人受伤，另外有超过12100人被绑架。其中，伊拉克、阿富汗、巴基斯坦、印度、尼日利亚、埃及、菲律宾、孟加拉国、利比亚、叙利亚依次是发生恐怖袭击数量排名前10位的国家。①

5. 价值观的危机。当代世界出现价值危机、价值观念危机，其实是植根于西方文明的哲学基础之中。在欧美哲学史上，始终未能很好解决义利统一的价值观问题，“道义论”与“功利论”基本各执一端。相比之下，“道义论”只有18世纪法国的“自由、平等、博爱”的抽象口号，康德的“绝对律令”。而功利

① 转引自王林：《“文明冲突”下的中东反恐》，《广西警察学院学报》2017年第2期。

主义传统则是一以贯之的主导传统，上有古希腊伊壁鸠鲁的快乐哲学，中有文艺复兴时期马基雅弗利的哲学作为思想重镇，下有18、19世纪边沁、穆勒创立的英国功利主义，20世纪皮尔斯、詹姆斯、杜威等人创立的美国实用主义，并与市场经济、政治制度相结合，其思想精髓就是个人功利主义。正如美国社会学家罗伯特·贝拉尔在《心灵的习性：美国人生活中的个人主义和公共责任》一书指出的，“美国文化最核心的东西是个人主义。”“我们相信个人的尊严，乃至个人的神圣。我们为自己而思考，为自己而判断，为自己而作决定，按自己认为适当的方式而生活。违背这些权利的任何事情在道德上都是错误的，都是亵渎神明的。对于我们自己，对于我们关心的一切人，对于我们的社会和整个世界，我们最崇高的愿望都是同个人主义密切相连的。而我们自己和我们社会的一些最深层的问题，也是同个人主义密切相连的。放弃个人主义就等于放弃我们的最深刻的本质。”①他一针见血地指出个人主义的症结所在，“个人主义已经发展成为癌症”，“破坏着社会肌肤，甚至威胁到自由职业本身”。② 另一位美国学者罗伯特·尼斯卡特也指出：“个人主义使社会组织瓦解，个体化社会不再是由共同志趣、共同利益凝聚成的社团，而已演化到至多只是一个沙砾堆。若从坏的方面说，则是孤单凶狠、靠掠夺为生的人活动的热带丛林。”③个人主义成为当代美国霸权主义的深层哲学基础。近年来，美国从自身利益出发，单方面宣布退出多种国际合作组织。例如，2017年宣布退出跨太平洋伙伴关系协定（TTP），2018年又先后宣布退出伊核协议、《巴黎协定》、联合国人权理事会、万国邮政联盟、联合国教科文组织等。

（二）各国政治家思想家对人类危机的思考

面对危机，人类将向何处去，怎样处理不同主体间的关系？世纪之交，世

---

① 转引自段连城：《美国人与中国人》，新世界出版社1993年版，第3页。

② ［美］罗伯特·贝拉尔：《心灵的习性：美国人生活中的个人主义和公共责任》，三联书店1991年版，第3页。

③ ［美］罗伯特·尼斯贝特：《偏见——一部哲学词典》，哈佛大学出版社1982年版，第184—186页。

界各国的思想家、政治家都在思考这一问题,提出各种不同的方案。

一是“历史终结论”。美国籍的日本学者弗朗西斯·福山(Francis Fuknyama)认为,未来社会必将是西方资本主义,尤其是新自由主义的“一统天下论”“千年王国论”。“西方的‘自由主义’(Liberalism)已没有任何其他的对手。”①

二是“文明冲突论”。美国政治学家亨廷顿于1993年提出了“文明冲突论”。他的理论观点为“文明冲突论”,而实质则是“东西文明冲突论”。把当今时代的世界文化,分成“西方文化”与“非西方文化”这样对立的两大营垒,而在非西方文化中,又特别强调东方“伊斯兰文化—儒家文化”的联合,会对西方文明造成严重威胁。

三是“混乱失控论”。1993年前后,曾在1977—1981年间任美国总统卡特的国家安全事务助理的布热津斯基,在世纪之交先后发表了一系列学术著作,其中影响较大的是他提出的“混乱失控论”。他在《失去控制》一书中指出,世界历史发展正在失去控制、失去目标、失去方向。“今天的世界更像是一架用自动驾驶仪操纵的飞机,速度连续不断地加快,但没有明确的目的地。”“在这两大趋势间的潜在冲突的内在危险是,世界政治——无论从国际事务方面看,还是从国内的社会情况看——完全可能发生剧变而失去控制,引起大规模的政治动荡和哲学上的混乱。”②并认为这种全球性的大失控、大混乱,不仅是世纪之交的显著特点,而且可能会进一步成为21世纪本质特征。

与上述各类观点不同,中国历届领导人始终主张用和平对话的方式处理国际争端的“和平发展论”。早在1955年万隆会议上,周恩来就完整表述了和平共处五项原则:互相尊重主权和领土完整、互不侵犯、互不干涉内政、平等互利、和平共处。和平共处五项原则超越了意识形态和社会制度,符合联合国宪章的宗旨和原则,反映了和平与发展的时代潮流。1974年,毛泽东提出“三个世界划分”的理论,希望第三世界国家团结起来,联合第二世界,共同反对

---

① [美]弗兰西斯·福山:《历史的终结》,远方出版社1998年版,第388页。

② [美]布热津斯基:《失去控制:21世纪前夕的全球混乱》,潘嘉玢、刘瑞祥译,中国社会科学出版社1994年版,第6页。

苏美两个第一世界。20 世纪 70 年代末 80 年代初,邓小平重新判断国际形势,提出和平与发展成为时代主题,第三次世界大战可以避免,主张把和平与发展问题提到全人类的高度来认识。1988 年 12 月,他在会见印度总理拉吉夫・甘地时讲道:"世界总的局势在变,各国都在考虑相应的新政策,建立新的国际秩序。霸权主义、集团政治或条约组织是行不通了",唯有"和平共处五项原则是最经得住考验的","我们应当用和平共处五项原则作为指导国际关系的准则"。1990 年 7 月,他在会见加拿大前总理特鲁多时指出:"现在确实需要以和平共处五项原则作为新的国际政治、经济秩序的准则"。"改变国际经济秩序,首先是解决南北关系问题,同时要采取新途径加强南南之间的合作。"①不应该用战争手段而应该用和平方式来解决国际争端,"有些国际上的领土争端,可以先不谈主权,先进行共同开发。"②20 世纪 80 年代末 90 年代初,随着苏联的解体,世界格局发生了重大变化,如何在新的历史条件下,防止国际霸权主义,维护世界和平,成为新的时代课题。江泽民积极主张促进世界格局多极化发展,认为"没有多样化,就不成其为世界……不承认、不尊重世界多样性,企图建立清一色的一统天下,是必定要碰壁的"。③ 21 世纪初,胡锦涛进一步提出建设和谐世界的思想。一是表明了我们的战略抉择,把自身的发展与人类共同进步和共同利益联系在一起。二是确立新的价值取向,促进爱好和平、讲求正义、尊重秩序的大国责任意识的扩展。进入新时代,习近平总书记关于构建人类命运共同体重大理念的提出,更是新时代中国共产党人对世界和平与发展贡献的中国智慧、中国方案。

二、回应人类危机的人类命运共同体构想

"人类命运共同体"立足"人类社会"的哲学立场,运用唯物史观的方法思

① 《邓小平文选》第三卷,人民出版社 1993 年版,第 282、283、283、360、20 页。

② 《邓小平文选》第三卷,人民出版社 1993 年版,第 49 页。

③ 《江泽民文选》第一卷,人民出版社 2006 年版,第 480 页。

考人类发展的历史、现实和未来,构建人类命运共同体重大理念的提出,本质上是新型时代观、交往观、义利观、文明观、生态观的统一,是发展方向和战略举措的统一,为解决人类面临的世界问题提供了“中国方案”“中国智慧”和“中国经验”。

(一)和平发展的新型时代观

近代西方国家经过文艺复兴的洗礼,伴随科技革命、工业革命、交通革命以及地理大发现,西班牙、荷兰、英国、德国、美国相继凭借自己的创新优势,在全球抢占殖民地,从而走上霸权之路。马克思通过考察生产力发展规律和资本主义社会发展规律,得出“两个必然”的结论,号召全世界无产者联合起来,推翻资产阶级的统治。然而,历史并没有如马克思预期的那样发展,马克思曾寄予希望的欧洲革命并没有成功,1871 年爆发的巴黎公社,也仅仅只有 3 个月就被镇压了。

19 世纪末 20 世纪初,资本主义从自由竞争时代发展到帝国主义时代。20 世纪 30 年代,帝国主义的内在矛盾和危机引发第二次世界大战。第二次世界大战后,随着以美国为首的“北大西洋公约”组织和以苏联为首的“华沙条约”组织的成立,“两大阵营”长期对垒冷战局面开始形成,直到 20 世纪 80 年代才有所缓和。20 世纪 90 年代,随着东欧剧变和苏联解体,世界两极格局开始向多极化方向发展,形成了美国独霸天下的局面。

进入新时代,“人类将向何处去?”“世界怎么了,我们怎么办?”成为人们必须面对和回答的问题。是任由西方主导的战争逻辑野蛮肆虐,还是另辟蹊径,制止战争,寻找新的发展道路?以习近平同志为核心的党中央断然否定了西方主导的战争逻辑,坚定选择走和平发展道路。首先,“这个世界,和平、发展、合作、共赢成为时代潮流。”①而支撑和平发展潮流的是旧的殖民体系的土崩瓦解,冷战时期集团对抗的不复存在,世界多极化的进一步发展,新兴市场

① 《习近平外交演讲集》第一卷,中央文献出版社 2022 年版,第 2 页。

国家和发展中国家的崛起,经济全球化、社会信息化极大解放和发展了社会生产力,创造了前所未有的发展机遇,少数国家或国家集团单独主宰世界事务的时代已一去不复返。“和平、发展、进步的阳光足以穿透战争、贫穷、落后的阴霾。”①和平的力量远远超过战争的力量。另一方面,人类正处在大发展大变革大调整的时期,世界正面临百年未有之大变局,“人类已经进入互联互通的新时代,各国利益休戚相关、命运紧密相连。全球性威胁和挑战需要强有力的全球性应对。”②只有发展才能解决这些问题,“唯有发展,才能消除冲突的根源。唯有发展,才能保障人民的基本权利。唯有发展,才能满足人民对美好生活的热切向往。”③所谓人类命运共同体就是“发展共同体”。

我们必须攥紧发展这把钥匙。可是,应该坚持一种什么样的发展观,怎样发展才能适应新时代的需要?习近平总书记提出“四个发展”的统一。第一,发展是公平的发展,要让各个国家都有均等的发展机会。不能少数国家发展,大多数国家不发展,或者一部分国家发展、另一部分国家不发展,各国都应根据自己能力和水平承担相应的责任。第二,发展是开放的发展,要让发展成果惠及各国人民。各国都应打开大门,促进生产要素在全球范围更加自由便捷流动,各国要共同维护多边贸易体制,构建开放型经济,实现共商、共建、共享。第三,发展是全面的发展,让发展基础更加坚实。发展的最终目的是为了人民。在消除贫困、保障民生的同时,要维护社会公平正义,保证人人享有发展机遇、享有发展成果,努力实现经济、社会、环境协调发展,实现人与社会、人与自然和谐相处。第四,发展是创新发展,要让发展潜力充分释放。发展中的问题只有通过发展才能解决。各国要以改革创新激发发展潜力、增强增长动力,培育新的核心竞争力。我们要完善机制和手段,坚持对话协商,更好化解纷争和矛盾、消弭战乱和冲突,国家之间要构建对话不对抗、结伴不结盟的伙伴关系。要彼此尊重相互的核心利益和重大关切,有效管控矛盾和分歧,构建不冲

① 《习近平外交演讲集》第一卷,中央文献出版社 2022 年版,第 286 页。

② 《习近平外交演讲集》第二卷,中央文献出版社 2022 年版,第 255 页。

③ 《习近平外交演讲集》第一卷,中央文献出版社 2022 年版,第 275—276 页。

突不对抗、相互尊重、合作共赢的新型关系。① 2019 年 3 月，在法国巴黎举行的中法全球治理论坛闭幕式上的讲话中，习近平总书记再次指出：“当今世界正面临百年未有之大变局，和平与发展仍然是时代主题，同时不稳定性不确定性更加突出，人类面临许多共同挑战。”②各国不应坐等观望，而应积极行动起来，共同破解治理赤字、信任赤字、和平赤字、发展赤字。

对全球来讲，发展的当务之急是引领世界经济走出困境。而世界经济长期低迷的原因：一是全球增长动能不足，难以支撑世界经济持续稳定增长。世界经济正处在新旧动能转换的换档期，传统增长引擎对经济的拉动作用相对减弱，而人工智能、3D 打印等新技术新动能尚未成熟。二是全球经济治理滞后，难以适应世界经济新变化。新兴市场国家对全球经济增长的贡献率已达到 80%，而全球治理体系却未能反映这种新格局的变化，代表性、包容性远远不够。三是全球发展失衡，难以满足人们对美好生活的期待。“全球最富有的百分之一人口拥有的财富量超过其余百分之九十九人口财富的总和，收入分配不平等、发展空间不平衡令人担忧。全球仍然有七亿多人口生活在极端贫困之中。”③要解决这些矛盾和问题：一要坚持创新驱动，打造富有活力的增长模式。二要坚持协同联动，打造开放共赢的协作模式。三要坚持与时俱进，打造公正合理的治理模式。四要坚持公平包容，打造平衡普惠的发展模式。

党的二十大报告指出：中国式现代化有五个基本特征，其中之一是“中国式现代化是走和平发展道路的现代化”。中国不走帝国主义、殖民主义的老路，中国式现代化高举和平、发展、合作、共赢旗帜，“在坚定维护世界和平与发展中谋求自身发展，又以自身发展更好维护世界和平与发展。”④

① 参见《习近平外交演讲集》第一卷，中央文献出版社 2022 年版，第 276—277 页。

② 《习近平外交演讲集》第二卷，中央文献出版社 2022 年版，第 175 页。

③ 《习近平外交演讲集》第二卷，中央文献出版社 2022 年版，第 5 页。

④ 习近平：《高举中国特色社会主义伟大旗帜　为全面建设社会主义现代化国家而团结奋斗——在中国共产党第二十次全国代表大会上的报告》，人民出版社 2022 年版，第 23 页。

(二)平等互利的新型交往观

自“威斯特伐利亚体系”形成以后,西方中心主义主导着近现代国际关系的构建。它以强权为其国际政治准则,以殖民和掠夺为其工具,以经济制裁为其实力后盾,以武力干涉为其行为模式,以冷战和零和博弈为其思维方式,以意识形态渗透和颜色革命开拓道路,以“社会达尔文主义”为其思想理念,以维持单极霸权存在为其宗旨,构建中心与边缘体系结构。这样的交往关系本质上是一种以“我”为主,以“他”为客的主客二分的单向度交往关系。第一次和第二次世界大战及其以后的世界格局和关系的运演及其造成的灾难性后果,使得人类不得不重新反思西方中心主义,人类渴望一种新的理念用以指导人们构建新型的国际交往关系。人类命运共同体正是适应时代发展要求应运而生的。

“人类命运共同体”倡导每一个国家在追求本国利益的同时兼顾其他国家的合理关切,在谋求本国发展中促进各国共同发展,也即是说,“人类命运共同体”实际要打造的是“利本国”和“利他国”相统一的“利益共同体”,是本国安全也让他国安全的“安全共同体”,是考虑当代人发展也不危及后代人可持续发展的“发展共同体”,……这样的共同体不排斥工具理性,但坚持价值理性的引导作用。① 这是一种新型的互主体的交往观。这种交往观,首先承认各国之间交往的必要性,“当今世界,相互联系、相互依存是大潮流。随着商品、资金、信息、人才的高度流动,无论近邻还是远交,无论大国还是小国,无论发达国家还是发展中国家,正日益形成利益交融、安危与共的利益共同体和命运共同体。”②构建人类命运共同体,就是希望各国都要建立平等相待、互商互谅的伙伴关系,能够基于自愿自觉形成一种自然聚合。

其次,各交往主体之间是完全平等的关系。“各国体量有大小、国力有强

① 参见李爱敏:《“人类命运共同体”:理论本质、基本内涵与中国特色》,《中共福建省委党校学报》2016 年第 2 期。

② 《习近平外交演讲集》第一卷,中央文献出版社 2022 年版,第 304 页。

弱、发展有先后，但都是国际社会平等一员，都有平等参与地区和国际事务的权利。涉及大家的事情要由各国共同商量来办。”①中国坚持国家不分大小、强弱、贫富一律平等，秉持公道、伸张正义，反对以大欺小、以强凌弱、以富压贫，反对干涉别国内政。一国的事情由本国人民做主，国际上的事情由各国商量着办。在迈向人类命运共同体的进程中，坚持以主权平等，推动各国权利平等、机会平等、规则平等。

最后，各交往主体间是自愿的“结伴而不结盟”的伙伴关系。中国主张要和平不要冲突、要合作不要对立、要公平不要强权、要共赢不要零和，我们着眼于构建以合作共赢为核心的新型国际关系，正在走出一条结伴而不结盟的对外交往新路。中国崛起了也不会成为国际冲突的制造者，中国这只醒来的巨狮是一只“文明”“和平”和“可亲”的狮子。

（三）义利统一的新型义利观

习近平总书记指出，义，反映的是我们的一个理念，共产党人、社会主义国家的理念。这个世界上一部分人过得很好，一部分人过得很不好，不是个好现象。真正的快乐幸福是大家共同快乐、共同幸福。我们希望全世界共同发展，特别是希望广大发展中国家加快发展。利，就是要恪守互利共赢原则，不搞我赢你输，要实现双赢。我们有义务对贫穷的国家给予力所能及的帮助，有时甚至要重义轻利、舍利取义，绝不能惟利是图、斤斤计较。② 在追求本国利益时兼顾他国合理关切，在谋求本国发展中促进各国共同发展，建立更加平等均衡的新型全球发展伙伴关系。“大国之间相处，要不冲突、不对抗、相互尊重、合作共赢。大国与小国相处，要平等相待，践行正确义利观，义利相兼，义重于利。”③在这一基础上形成的“新型大国关系”“周边外交工作方针”“国际责任”等外交政策进一步拉近了我们与外部世界的距离，缓解了国际社会对中

---

① 《习近平外交演讲集》第一卷，中央文献出版社 2022 年版，第 231 页。

② 参见《深入学习习近平同志系列讲话精神》，人民出版社 2013 年版，第 185 页。

③ 《习近平外交演讲集》第一卷，中央文献出版社 2022 年版，第 287 页。

国崛起的担忧和不适。

世界属于世界各国人民,不仅自己要发展,也要允许别人发展,合作发展、共同发展。在非洲访问期间,习近平总书记多次发表重要讲话,提出中非是休戚与共的命运共同体,表示中国将永远做非洲“和平稳定的坚定维护者”“繁荣发展的坚定促进者”“联合自强的坚定支持者”和“平等参与国际事务的坚定推动者”,并强调“中非关系发展没有完成时,只有进行时”。在与亚洲各国的交往中,他倡议与中亚共建“丝绸之路经济带”,打造中国—东盟自贸区升级版、建立亚洲基础设施投资银行和建设21世纪“海上丝绸之路”等重大倡议,赢得热烈反响,还把同文莱、印度尼西亚、马来西亚三国双边关系提升到战略伙伴的高度。他一再指出:只有各国共同发展了,世界才能更好发展。

那种以邻为壑、转嫁危机、损人利己的做法既不道德,也难以持久。习近平总书记提出,国际社会应该倡导集体安全、共同安全、合作安全的理念,使我们的地球村成为共谋发展的大舞台,而不是相互角力的竞技场,更不能为一方之私把一个地区乃至世界搞乱。他与美国总统奥巴马达成构建新型大国关系的共识,把不冲突、不对抗列为核心内涵之一,表示愿与美国携手合作,成为世界稳定的压舱石、世界和平的推进器。“一个国家要谋求自身发展,必须也让别人发展;要谋求自身安全,必须也让别人安全;要谋求自己过得好,必须也让别人过得好。”①面对金融危机、恐怖主义、自然灾害、气候变化等全球性挑战,任何国家都难以独善其身,世界各国需要通力合作。大国扶持小国、富国援助穷国,休戚与共,同舟共济,实现共同发展,才是人间正道。

(四)包容互鉴的新型文明观

“一花独放不是春,百花齐放春满园。”“人类命运共同体”理念是在马克思主义的基础上,融合中华优秀传统文化和现代西方文明的有益成分而形成的,是源于“马中西”,面向全世界的一种外交价值。在这种全球治理体系发

① 《习近平谈治国理政》第一卷,外文出版社2018年版,第441页。

生重大变革的时代,“人类命运共同体”理念,既非西方中心论的,也非狭隘地域性的,而是以互主体观为指导,追求和而不同、协和万邦的“文明型”国家观和价值原则。这种“文明型”国家的崛起是建立在中国传统“正其谊不谋其利,明其道不计其功”的价值观之上的。

习近平总书记指出:世界是丰富多彩的,人类文明因多样才有交流互鉴的价值。如果世界上只有一朵花,就算这种花朵再美,那也是单调的。“世界上有二百多个国家和地区,二千五百多个民族和多种宗教。如果只有一种生活方式,只有一种语言,只有一种音乐,只有一种服饰,那是不可想象的。”①应充分尊重不同民族、不同宗教和不同文明的多样性,充分尊重世界各国自主选择的社会制度和发展道路。文明是平等的,人类文明因平等才有了交流互鉴的前提。“不同文明凝聚着不同民族的智慧和贡献,没有高低之别,更无优劣之分。文明之间要对话,不要排斥;要交流,不要取代。”②他向世界呼吁,不要用“文明冲突论”来试图制造文明之间的对立,也不要用“普世价值观”来试图消解其他不同文明。他强调,“夫物之不齐,物之情也”,不同文明没有优劣之分,只有特色之别。文明是包容的,人类文明因包容才有交流互鉴的动力。“海纳百川,有容乃大”。人类创造的各种文明都是劳动和智慧的结晶。每一种文明都是独特的。一切文明成果都值得尊重,一切文明成果都要珍惜。就不同文明之间的关系来讲,唯有在竞争比较中取长补短,在交流互鉴中共同发展,才能成为“增进各国人民友谊的桥梁、推动人类社会进步的动力、维护世界和平的纽带”。③

今天,人类交往的世界性比过去任何时候都更深入、更广泛,各国相互联系和彼此依存比过去任何时候都更频繁、更紧密。一体化的世界就在那儿,谁拒绝这个世界,这个世界也会拒绝他。万物并育而不相害,道并行而不相悖。“我们要站在世界历史的高度审视当今世界发展趋势和面临的重大问题,坚

① 《习近平外交演讲集》第一卷,中央文献出版社 2022 年版,第 102 页。

② 《习近平外交演讲集》第一卷,中央文献出版社 2022 年版,第 289 页。

③ 《习近平著作选读》第一卷,人民出版社 2023 年版,第 232 页。

持和平发展道路，坚持独立自主的和平外交政策，坚持互利共赢的开放战略，不断拓展同世界各国的合作，积极参与全球治理，在更多领域、更高层面上实现合作共赢、共同发展，不依附别人、更不掠夺别人，同各国人民一道努力构建人类命运共同体，把世界建设得更加美好。”①

（五）清洁美丽的新型生态观

近代西方在工业化的过程中，过分抬高人对自然的控制主宰作用，忽视对自然环境的保护，最为典型的莫过于德国哲学家康德“人为自然立法”的口号。这种思维方式直到今天在世界各国仍然不同程度地延续着，生态环境恶化的影响日益扩大，并迅速由发达国家向发展中国家蔓延，气候变化、海洋污染、臭氧空洞、生化污染、土地沙漠化、生物多样性锐减等严峻状况，威胁着整个人类社会的生存和发展。气候系统的综合观测和多项关键指标表明，全球变暖趋势仍在持续。2021 年，全球平均温度较工业化前水平（1850—1900 年平均值）高出 1. 11℃，是有完整气象观测记录以来的七个最暖年份之一；最近 20 年（2002—2021 年）全球平均温度较工业化前水平高出 1. 01℃。全球地表温度的上升，使几乎所有的陆地地区都正在经历更多炎热的天气和热浪，会引发更多的高温病，让户外工作更加困难，还容易引起野火燃烧和蔓延，甚至造成森林火灾。气候变化加速了物种的灭绝，全球物种正在灭绝的速度比人类史上任何时候都要快 1000 倍。在未来几十年内，一百万个物种有灭绝的风险。极端天气、害虫入侵和疾病等威胁也都与气候变化有关。

基于人类共同面对的生态危机，习近平总书记多次向国际社会呼吁：生态环境的挑战，整个人类是一荣俱荣、一损俱损的命运共同体，没有哪个国家能独善其身。“国际社会应该携手同行，共谋全球生态文明建设之路，牢固树立尊重自然、顺应自然、保护自然的意识，坚持走绿色、低碳、循环、可持续发展之

① 习近平：《在纪念马克思诞辰 200 周年大会上的讲话》，人民出版社 2018 年版，第 22—23 页。

路。"①平稳推进2030年可持续发展议程，不断开拓生产发展、生活富裕、生态良好的文明发展道路。"中国将继续采取行动应对气候变化，百分之百承担自己的义务。"②在2019年中国北京世界园艺博览会开幕式上的讲话中，习近平总书记强调，"我们要像保护自己的眼睛一样保护生态环境，像对待生命一样对待生态环境，同筑生态文明之基，同走绿色发展之路！"③为此，他提出"五个追求"：追求人与自然和谐，追求绿色发展繁荣，追求热爱自然情怀，追求科学治理精神，追求携手合作应对。2020年9月，在联合国生物多样性峰会上的讲话中，习近平总书记指出：全球物种灭绝速度不断加快，生物多样性丧失和生态系统退化对人类生存和发展构成很大风险。"人与自然是命运共同体。我们要同心协力，抓紧行动，在发展中保护，在保护中发展，共建万物和谐的美丽家园。"④2021年4月，在以视频方式举行的领导人气候峰会上的讲话中，习近平总书记再次分析工业化以来生态环境恶化不断加剧的形势，提出国际社会要勠力同心，共同构建人与自然生命共同体。一要坚持人与自然和谐共生，"人类应该以自然为根，尊重自然、顺应自然、保护自然。"⑤二要坚持绿色发展，"绿水青山就是金山银山"，必须摒弃损害甚至破坏生态环境而换取一时发展的短视做法，大力推进创新驱动，推进经济、能源、产业结构转型升级，让良好生态环境成为全球经济社会可持续发展的支撑。三要坚持系统治理，山水林田湖草沙是不可分割的有机整体，必须根据生态系统的内在规律，统筹考虑自然生态各要素，从而达到增强生态系统循环能力、维护生态平衡的目标，而不能"头痛医头、脚痛医脚"。四要坚持以人为本，探索保护环境与发展经济、创造就业、消除贫困的协同增效，在绿色转型中实现社会公平正义，增加人民的获得感、幸福感和安全感。五是坚持多边主义，在实现全球碳

① 《习近平外交演讲集》第一卷，中央文献出版社2022年版，第289页。

② 《习近平外交演讲集》第二卷，中央文献出版社2022年版，第23页。

③ 《习近平外交演讲集》第二卷，中央文献出版社2022年版，第189页。

④ 《习近平外交演讲集》第二卷，中央文献出版社2022年版，第264页。

⑤ 《习近平外交演讲集》第二卷，中央文献出版社2022年版，第345页。

中和新征程中互学互鉴、互利共赢,要携手合作,重信守诺,持之以恒,而不是相互指责、朝令夕改。六是坚持共同但有区别的责任原则,发达国家应该承担更多的责任,为发展中国家提供资金、技术、能力建设等方面的支持,避免设置绿色贸易壁垒,帮助发展中国家加速绿色低碳转型。①

本着构建人与自然生命共同体的理念,中国采取各种措施着力加强自身的生态文明建设。这些举措主要有:一是着力进行生态环境建设的谋篇布局。生态文明建设成为"五位一体"总体布局中的一位,"四个全面"战略布局中的一条,新发展理念中的一项,三大攻坚战中的一战,强国目标中的一个。二是用最严格制度最严密法治保护生态环境。牢固树立生态环境法治理念,健全生态文明制度体系,用制度管权治吏、护蓝增绿,做到有权必有责、有责必担当、失责必追究。先后制定了《中华人民共和国环境保护法》《中共中央国务院关于加快推进生态文明建设的意见》《中华人民共和国大气污染防治法》《生态文明体制改革总体方案》《中华人民共和国水污染防治法》《关于划定并严守生态保护红线的若干意见》《中华人民共和国土壤污染防治法》《"十四五"生态保护监管规划》等法规。三是加快发展方式绿色转型。着力建设绿色低碳的现代化产业体系,推进各类资源节约集约利用体系,倡导简约适度绿色低碳的生活方式,着力构建市场导向的绿色科技创新体系,打造国家重大战略绿色发展高地,积极稳妥推进碳达峰碳中和,增加碳吸收、减少碳使用、加强碳转换、控制碳排放,积极稳妥地向"双碳"目标迈进。四是推进山水林田湖草沙系统治理之道。提升生态系统多样性、稳定性和持续性,推进以国家公园为主体的自然保护地体系建设,实施生物多样性保护重大工程,科学开展大规模国土绿化行动,深化集体林权制度改革,推行草原森林河流湖泊湿地休养生息,完善生态产品价值实现机制和生态保护补偿制度,加强生物安全管理,防治外来物种侵害。五是健全落地见效的生态环境监管考核体制。设立国有自然资源资产管理和自然生态监管机构,构建国土空间全方位开发保护制度体

① 参见《习近平外交演讲集》第二卷,中央文献出版社 2022 年版,第 344—346 页。

系，建立政府、企业、社会、公众参与的治理体系。党的十九大对改革生态环境监管作出新部署，进一步理顺环境保护管理体制，使监管“一竿子插到底”。党的二十大全面实行排污许可制，健全现代环境治理体系。各地在建立多场所环境监测质量管理体系、河湖长制、林长制、田长制、环境专项监督长制等方面取得明显成效。

进入新时代，中国的生态文明建设取得辉煌成就。2021 年，全国地级及以上城市细颗粒物（$PM_{2.5}$）平均浓度比 2015 年下降 34. 8%，全国地表水 I—III 类断面比例上升至 84. 9%。土壤污染风险得到有效管控。全面禁止“洋垃圾”入境，实现固体废物“零进口”目标。自然保护地面积占全国陆域国土面积达到 18%，300 多种珍稀濒危野生动植物野外种群得到很好地恢复。

三、人类命运共同体构想的理论来源及思想实质

人类命运共同体构想具有多方面的思想渊源，不仅是对马克思主义世界史观的继承发展，对中国传统天下观的创造性转化和创新性发展，对西方世界主义的批判性借鉴，更是对中国共产党人世界理念的凝练升华。

（一）马克思主义世界史观的继承发展

马克思和恩格斯运用唯物史观考察人类社会发展的规律，深刻揭示人类历史从民族的历史走向世界历史的客观必然性，并因此提出“共产主义是一种世界历史性的事业”的重要论断，要求工人阶级适应世界历史的发展趋势，胸怀世界，从全球视野看待无产阶级的革命斗争，采取全世界无产者联合起来的革命战略，把社会主义、共产主义自觉建立在世界历史的基础之上。

1. 世界历史的形成是不可逆转的必然趋势。马克思和恩格斯认为，世界历史的形成具有客观的物质基础。公元 1500 年前后的交通革命和商业革命拉开了世界历史的序幕。哥伦布、达 · 伽马等人开辟了通往美洲和东印度的

新航线,新大陆的发现使人们对世界地理的认识有了新的飞跃,形成交通运输业的新格局。“美洲的发现、绕过非洲的航行,给新兴的资产阶级开辟了新天地。”①交通革命又带动商业革命,为商品生产开辟了广阔的世界市场,使商品生产冲破狭隘地域的限制,步入世界性生产的新阶段。大工业“首次开创了世界历史”②,为世界市场准备了产品,它使每个文明国家的个人的需要都依赖于世界市场,并且把落后民族和弱小国家都纳入世界历史中来了。“大工业到处造成了社会各阶级间相同的关系,从而消灭了各民族的特殊性。”③随着工业化水平的提高和生产的普遍发展,普遍交往得以建立。“普遍交往,一方面,可以产生一切民族中同时都存在着‘没有财产的’群众这一现象(普遍竞争),使每一民族都依赖于其他民族的变革;最后,地域性的个人为世界历史性的、经验上普遍的个人所代替。”④普遍交往建立了世界各民族国家相互联系的网络。分工和专业化生产、对最大化利润的追求使资产阶级奔走于全球各地,到处落户,到处开发,到处建立联系,造成无国界的世界经济,形成了稳固的世界市场。“资产阶级,由于开拓了世界市场,使一切国家的生产和消费都成为世界性的了。”⑤交往形式随生产力的改变而改变,当一种交往形式成为生产力的桎梏,必然为新的交往形式所取代,这是世界历史发展的内在原则。“英国的大炮破坏了皇帝的权威,迫使天朝帝国与地上的世界接触。”⑥资产阶级用先进的生产方式征服落后民族和国家,把一切民族,甚至最野蛮的民族都卷入到资产阶级的文明体系中来了。“它迫使一切民族——如果它们不想灭亡的话——采用资产阶级的生产方式”。⑦ 资产阶级开创了世界历史,从此,“过去那种地方的和民族的自给自足和闭关自守状态,被各民族的各方面

---

① 《马克思恩格斯文集》第2卷,人民出版社2009年版,第32页。
② 《马克思恩格斯文集》第1卷,人民出版社2009年版,第566页。
③ 《马克思恩格斯文集》第1卷,人民出版社2009年版,第567页。
④ 《马克思恩格斯文集》第1卷,人民出版社2009年版,第538页。
⑤ 《马克思恩格斯文集》第2卷,人民出版社2009年版,第35页。
⑥ 《马克思恩格斯文集》第2卷,人民出版社2009年版,第609页。
⑦ 《马克思恩格斯文集》第2卷,人民出版社2009年版,第35页。

的互相往来和各方面的互相依赖所代替了"①。这种相互往来和相互依赖不仅体现在物质的层面,而且还体现在精神的层面。"各民族的精神产品成了公共的财产。民族的片面性和局限性日益成为不可能,于是由许多种民族的和地方的文学形成了一种世界的文学。"②世界历史的形成是人类从生产力、生产关系、交往关系到思想观念的全面的根本性变革,是不可逆转的世界潮流、必然趋势,它内在地要求无产阶级顺应时代发展,自觉地站在世界的高度思考问题。

2. 共产主义建立在世界历史的基础之上。马克思和恩格斯认为,世界历史的形成和发展,从根本上改变了人类的生存方式。交往活动的普遍化,使人可能超越狭小的血缘关系圈、地域关系圈、民族关系圈、商品物化关系圈而成为名副其实的世界历史性存在,成为自由全面发展的新人。马克思和恩格斯认为,"每一个单个人的解放的程度是与历史完全转变为世界历史的程度一致的。"③只有在世界历史条件下,个人才能摆脱狭隘民族性和地域性的限制,全面地发展自己的才能,使自己成为具有丰富个性的人,才能彻底摆脱异化状态,控制自己的创造物并使之真正为自己服务,获得真正的解放。"各个人的全面的依存关系、他们的这种自然形成的世界历史性的共同活动的最初形式,由于这种共产主义革命而转化为对下述力量的控制和自觉的驾驭,这些力量本来是由人们的相互作用产生的,但是迄今为止对他们来说都作为完全异己的力量威慑和驾驭着他们。"④共产主义只有作为"世界历史性的存在"才有可能实现。资本本来是改造世界的伟大力量,但随着私人资本垄断的加剧,资本已经"使这种异化成为一种'不堪忍受的'力量",资产阶级"把人类的大多数变成完全'没有财产的'人"。⑤ 资产阶级的统治"甚至不能保证自己的奴

① 《马克思恩格斯文集》第 2 卷,人民出版社 2009 年版,第 35 页。
② 《马克思恩格斯文集》第 2 卷,人民出版社 2009 年版,第 35 页。
③ 《马克思恩格斯文集》第 1 卷,人民出版社 2009 年版,第 541 页。
④ 《马克思恩格斯文集》第 1 卷,人民出版社 2009 年版,第 542 页。
⑤ 《马克思恩格斯文集》第 1 卷,人民出版社 2009 年版,第 538 页。

隶维持奴隶的生活”①。世界历史的发展给人类带来的不是福祉，而是灾难。马克思和恩格斯认为，由人类自由支配的世界历史必然取代受资本统治的资产阶级社会。“资产阶级的生产关系和交换关系，资产阶级的所有制关系，这个曾经仿佛用法术创造了如此庞大的生产资料和交换手段的现代资产阶级社会，现在像一个魔法师一样不能再支配自己用法术呼唤出来的魔鬼了。”②资本主义的世界历史性发展，不仅为社会主义准备了必要的物质武器，而且培养了置自身于死地的人——现代无产阶级。马克思之后，列宁进一步从世界史观的角度深入观察和分析帝国主义的基本特征，认为帝国主义国家之间、帝国主义和殖民地半殖民地之间、帝国主义内部无产阶级和资产阶级的矛盾的尖锐化，导致了帝国主义国家内部无产阶级革命条件的日益成熟，殖民地、半殖民地的民族解放运动日益高涨，帝国主义国家之间的战争必然爆发，给无产阶级革命造成整体有利的条件，得出“帝国主义是社会主义革命的前夜”的结论。20 世纪 40 年代，毛泽东进一步从世界历史高度判断革命形势，认为第一次世界大战和十月社会主义革命的胜利，改变了整个世界历史的方向，划分了整个世界历史的时代，中国革命已经成为“世界无产阶级社会主义革命的一部分了”③。

3. 工人阶级要采取世界联合的全球战略。既然世界历史是必然趋势，工人阶级就应该顺应这种趋势，采取“全世界无产者联合起来”的全球战略，这是走向共产主义的必由之路。马克思和恩格斯指出：“无产阶级只有在世界历史意义上才能存在，就像共产主义——它的事业——只有作为‘世界历史性的’存在才有可能实现一样。”④在世界历史条件下，单个人越来越受到异己力量的支配，受到日益扩大的、归根到底表现为世界市场的力量的支配。要扬弃这种异化现象，工人阶级就必须联合起来，进行共产主义革命，实现对异己

① 《马克思恩格斯文集》第 2 卷，人民出版社 2009 年版，第 43 页。
② 《马克思恩格斯文集》第 2 卷，人民出版社 2009 年版，第 37 页。
③ 《毛泽东选集》第二卷，人民出版社 1991 年版，第 667 页。
④ 《马克思恩格斯文集》第 1 卷，人民出版社 2009 年版，第 539 页。

力量的自觉驾驭。“共产主义只有作为占统治地位的各民族‘一下子’同时发生的行动，在经验上才是可能的，而这是以生产力的普遍发展和与此相联系的世界交往为前提的。”①这是因为在世界历史条件下，资本已经成为一种世界性的联合力量，任何一个国家无产阶级的单独行动都将遭受镇压，只有共同的行动才有可能成功，所以共产主义的实现不是一个民族国家范围内的单个人的孤立的事情，而是世界各民族国家的无产阶级共同联合起来的行动。既然各国的资产阶级已经组织成为“兄弟联盟”，各国的工人阶级“就应当以各国工人的兄弟联盟来对抗各国资产者的兄弟联盟”②。在《共产党宣言》的尾声之处，马克思和恩格斯发出“全世界无产者，联合起来”的呼吁。共产主义革命相较于以往革命所展现出的新特点就在于它要“推翻一切旧的生产关系和交往关系的基础”③，对私有制进行彻底的革命，使一切阶级剥削和压迫不复存在。在这样的斗争中，无产阶级失去的将是锁链，获得的将是“整个世界”。列宁根据马克思和恩格斯的思想，提出将无产阶级革命战线和民族解放运动战线联合为一条世界革命战线，共同反对世界帝国主义战线的理论。

党的十八大以来，以习近平同志为核心的党中央创造性地将马克思主义的世界史观运用到全球治理实践之中，在继承和发展的辩证统一中提出了构建人类命运共同体的理念。一是强调在全球化背景中思考当代中国和世界的发展。习近平总书记依据马克思的世界历史理论，以战略性、系统性的眼光分析全球化发展的新特点、新趋向。他认为世界各国之间发展的依赖性显著增强，全球合作走向新的起点，但同时全球化也出现了速度减缓、内容改变、规则重组等新特征，影响着全球化的进程。面对这一新形势，习近平总书记从更广阔、更长远的视角对当前的全球化问题提出解决的根本之策。以构建人类命运共同体的中国方案推进全球化步伐，拉紧与世界的联系，体现了中国共产党人的思维格局，赋予马克思世界历史理论以新的生机和活力。二是强调共产

① 《马克思恩格斯文集》第1卷，人民出版社2009年版，第538—539页。

② 《马克思恩格斯文集》第1卷，人民出版社2009年版，第697页。

③ 《马克思恩格斯文集》第1卷，人民出版社2009年版，第574页。

主义始终是共产党人的精神动源。习近平总书记明确指出，“中国共产党之所以叫共产党，就是因为从成立之日起我们党就把共产主义确立为远大理想。”①共产主义理想指引一代代中国共产党人为实现最终目标不懈奋斗，成为中国共产党人不畏困难、勇毅前行的力量源泉。“在新的长征路上，我们一定要保持理想信念坚定，不论时代如何变化，不论条件如何变化，都风雨如磐不动摇，自觉做共产主义远大理想和中国特色社会主义共同理想的坚定信仰者、忠实实践者，永远为了真理而斗争，永远为了理想而斗争。”②坚持发展当代中国马克思主义、二十一世纪马克思主义，必须与时俱进，与当代中国实际结合，提高运用马克思主义分析问题、解决问题的能力。三是始终坚持国际合作和多边主义，倡导国际关系民主化。进入新世纪，天人关系中的生态危机、国际交往中的战争危机、南北关系中的贫富分化危机、东西关系中的冷战危机、经济关系中的金融危机、主体关系中的道德危机、义利关系中的价值观危机进一步加剧，人类面临的挑战空前严峻。人类何去何从？是沿着西方资本主义个人本位、自我中心、零和博弈的老路自取灭亡，还是改弦易辙，自我革命，寻找新的出路？习近平总书记指出：霸权主义、强权政治没有出路。“我们愿同世界各国加强合作，共同维护以联合国宪章宗旨和原则为核心的国际秩序和国际体系，推动国际秩序朝着更加公正合理的方向发展，让我们生活的这个星球更加美好。”③中国共产党人反对一切形式的霸权主义和强权政治，倡导并践行真正的多边主义，为构建新型国际关系提供了正确的价值指引，丰富了唯物史观的思想内涵，“创造了诠释历史唯物主义理论的新路径”④。

---

① 《习近平谈治国理政》第二卷，外文出版社 2017 年版，第 34 页。

② 《习近平谈治国理政》第二卷，外文出版社 2017 年版，第 50 页。

③ 习近平：《论坚持推动构建人类命运共同体》，中央文献出版社 2018 年版，第 346 页。

④ 刘同舫：《构建人类命运共同体对历史唯物主义的原创性贡献》，《中国社会科学》2018 年第 7 期。

(二)中国传统天下观的创造性转化

“天下兴亡,匹夫有责”。中华民族自古以来就是一个具有世界情怀和世界责任的民族,实现“天下大同”是中华民族的最高理想,“协和万邦”是中华民族处理不同国家、不同民族关系的基本准则,“安定天下”是中华民族个体修养的终极目标。人类命运共同体构想立足新的世界形势,将中华民族的天下观创造性转化为现实的责任和担当,提出关于全球治理体系的新构想。

1. 实现“天下大同”是中华民族的最高理想。中国传统文化,百家争鸣,却又殊途同归,其共同理想就是实现“天下大同”。儒家创始人孔子在《礼记·礼运》中对大同之世作了最初的描述。大同最基本的内容是“天下为公”,其实质就是财产公有,消除财货私有;劳动是心甘情愿、没有自私自利之心和谗妒胜忿之习。大同之世拥有和谐的人际关系,每个人都能设身处地为他人着想,“己欲立而立人,己欲达而达人”。① “己所不欲,勿施于人。”②老者安之,少者怀之,老有所养,壮有所用,幼有所教。男女和合,人人各得其所。大同之世实行“仁政”,体现公平正义,“天下之聚,贵以正”③。其具体举措是不违农时,丰衣足食,治民之产,“五亩之宅树之以桑,五十者可以衣帛矣;鸡豚狗彘之畜无失其时,七十者可以食肉矣;百亩之田勿夺其时,数口之家可以无饥矣;谨庠序之教,申之以孝悌之义,颁白者不负戴于道路矣。”④行仁政最重要的还是要正经界、行井田,“治天下不由井地,终无由得平”⑤。大同之世对财货实行均等分配,“不患寡而患不均,不患贫而患不安。”⑥如果不实施均等分配,任由人去聚敛私产,即使是万人之产归于一人,也不能使其满足。大同之世选贤任能,消除门第之见和家天下的统治格局。良好的教育和高尚道

---

① 杨伯峻、杨逢彬注译:《论语》,岳麓书社 2000 年版,第 57 页。
② 杨伯峻、杨逢彬注译:《论语》,岳麓书社 2000 年版,第 150 页。
③ (宋)程颢、程颐:《二程集》下,中华书局 1981 年版,第 1265 页。
④ 金良年:《孟子译注》,上海古籍出版社 2004 年版,第 16 页。
⑤ (宋)张载:《张载集》,中华书局 1978 年版,第 248 页。
⑥ 杨伯峻、杨逢彬注译:《论语》,岳麓书社 2000 年版,第 157 页。

德的培养,使得社会风气淳美,人们不必关锁门户,不必存防护之心。道家创始人老子认为,天下最大的祸患就是背离大道,造成天下的大混乱。一是财富分配不均,“天之道,损有余而补不足。人之道,则不然,损不足以奉有余”①。二是对“圣智”“仁义”“巧利”的追求,使人变得虚伪狡诈。三是过分看重那些“难得之货”,使人的行为发生偏斜。四是对情欲的过分骄纵,以致人心发狂。老子希望能够恢复人的自然本性,少私寡欲,无为而治,使民“复归于婴儿”,人人甘于处下,甘于为他人服务,“生而不有,为而不恃,长而不宰”②,最终建立一个以“玄德”为基础的“小国寡民”的社会,“使有什伯之器而不用;使民重死而不远徙。虽有舟舆,无所乘之,虽有甲兵,无所陈之。使民复结绳而用之。甘其食,美其服,安其居,乐其俗。邻国相望,鸡犬之声相闻,民至老死,不相往来。”③墨家创始人墨子认为,天下大乱,根本原因在于人们自私自利,彼此不能相爱。“今诸侯独知爱其国,不爱人之国,是以不惮举其国,以攻人之国。今家主独知爱其家,而不爱人之家,是以不惮举其家,以篡人之家。今人独知爱其身,不爱人之身,是以不惮举其身,以贼人之身。”④不仅如此,人们甚至不能做到“各亲其亲、各子其子”,完全只顾己身,连丝毫之惠都不能推之于他人。“君臣不惠忠,父子不慈孝,兄弟不和调”⑤,不仅一家之中、一国之内情况如此,国与国之间也是这样。“诸侯各爱其国,不爱异国,故攻异国以利其国。”⑥针对这种情况,墨子设计了一个“天下之人皆相爱”⑦的社会图景。在这样的社会里,人与人“兼相爱”“交相利”,“为人君必惠,为人臣必忠,为人父必慈,为人子必孝,为人兄必友,为人弟必悌。”⑧国与国、人与人相互平等,

---

① 陈鼓应:《老子今注今译》,商务印书馆 2003 年版,第 108 页。
② 陈鼓应:《老子今注今译》,商务印书馆 2003 年版,第 108 页。
③ 陈鼓应:《老子今注今译》,商务印书馆 2003 年版,第 475 页。。
④ 罗炳良、胡喜云编著:《墨子解说》,华夏出版社 2007 年版,第 92 页。
⑤ 罗炳良、胡喜云编著:《墨子解说》,华夏出版社 2007 年版,第 93 页。
⑥ 罗炳良、胡喜云编著:《墨子解说》,华夏出版社 2007 年版,第 88 页。
⑦ 《墨子》,方勇译注,中华书局 2015 年版,第 4 页。
⑧ 罗炳良、胡喜云编著:《墨子解说》,华夏出版社 2007 年版,第 107 页。

摒弃了因国家、个体之间的差异而分你我的思维，表达了“一同天下之义”的大同目标。近代思想家康有为在扬弃传统各家各派学说的基础上，对美欧现代文明进行批判性考察，写成《大同书》，对未来大同之世进行了系统的建构。康有为认为，苦难是人世间的一种普遍现象。所谓“苦”，就是人与人不相爱，视人如仇，相互掠夺残杀的景象。可是苦难从何而来，人类因何而苦？“然一览生哀，总诸苦之根源，皆因九界而已。”①何谓“九界”？曰：国界、级界、种界、形界、家界、业界、乱界、类界、苦界。“九界”是苦难之源，消除“九界”，实现大同，这是人类的理想。认为只有历经“治乱世”“升平世”，最终才能到达“太平世”，即“大同世界”。孙中山对世界未来的理想与目标浓缩在他的“天下为公”构想中。“三民主义的精神，就是要建设一个极和平、极自由、极平等的国家”②。在这样的国家里，人与人之间没有贵贱之差，贫富之别，“国人相视，皆伯叔兄弟诸姑姊妹，一切平等，无有贵贱之差、贫富之别”③。政府官员都是人民的公仆，“国中之百官，上而总统，下而巡差，皆人民之公仆也。”④他高举“三民主义”大旗，致力于推翻封建专制统治，建立中华民国。对外主张废除不平等条约，从而与欧美并驾，或驾乎欧美之上；对内主张构建新型国体政体，发展实业，实行“节制资本”“耕者有其田”的均富政策，实现人与人之间关系的真正平等，把中国传统的大同理想发展到一个新阶段。

2. “协和万邦”是处理不同国家和民族矛盾的基本准则。自古以来，中华民族奉行“协和万邦”的理念与原则，这与西方“武力征服”的原则存在本质区别。对于边远地区的民族，强调以德感化，以德服人，“故远人不服，则修文德以来之。”⑤只要自己有德，就不怕被孤立。“德不孤，必有邻”⑥。管子也提出

---

① 康有为：《大同书》，上海古籍出版社 2005 年版，第 52 页。

② 《孙中山全集》第 5 卷，中华书局 1985 年版，第 69 页。

③ 《孙中山选集》，人民出版社 1981 年版，第 79 页。

④ 《孙中山选集》，人民出版社 1981 年版，第 173 页。

⑤ 《论语 大学 中庸》，陈晓芬、徐儒宗译注，中华书局 2015 年版，第 198 页。

⑥ 《论语 大学 中庸》，陈晓芬、徐儒宗译注，中华书局 2015 年版，第 47 页。

“召远在修近，避祸在除怨”①的忠告。老子明确反对战争，认为军队不是吉祥的征兆，打仗只是不得已而为之。“兵者不祥之器，非君子之器，不得已而用之，恬淡为上。”②孙子认为，即使百战百胜，也是不足称道的。“是故百战百胜，非善之善者也；不战而屈人之兵，善之善者也”③；“故善用兵者，屈人之兵而非战也”④。《孙膑兵法》虽然研究了许多战术原则，但也贯彻了不得已而用兵的思想，《孙膑兵法·见威王》说：“乐兵者亡。”⑤《孙膑兵法·威王问》又说：“穷兵者亡。”⑥春秋之际的军事著作《司马法》也告诫人们：“国虽大，好战必亡。”⑦《吕氏春秋》强调，治理天下必须以公平为准则。“昔先圣王之治天下也，必先公，公则天下平矣。平等于公。”⑧做到了公平，就能打破了国家间的界限与偏见，消弭了国家间的冲突与仇视。《淮南子·原道训》提出要“化干戈为玉帛”。中国伟大的革命先行者孙中山先生指出：“中国更有一种极好的道德，是爱和平”，“中国人几千年酷爱和平……这种特别的好道德，便是我们民族的精神”。⑨ 英国哲学家罗素作为有先见之明的西方学者很早就指出：“中国人统治别人的欲望明显要比白人弱得多，如果世界上有骄傲到不肯打仗的民族，那么这个民族就是中国。中国人天生的态度就是宽容和友好，以礼待人并希望得到回报。尽管中国发生过很多次战争，中国人天生的面貌仍是非常平和的。”⑩这是对中国几千年和平文化的系统概括和总结。有学者认为，“中国传统和合文化与人类命运共同体的天下观、伙伴观、仁爱观、和合

---

① 《管子》，李山译注，中华书局 2009 年版，第 65 页。
② 《老子》，汤漳平、王朝华译注，中华书局 2014 年版，第 119 页。
③ 《孙子兵法》，陈曦译注，中华书局 2011 年版，第 37 页。
④ 《孙子兵法》，陈曦译注，中华书局 2011 年版，第 43 页。
⑤ 《孙子兵法·孙膑兵法译注》，刘开举译注，上海三联书店 2013 年版，第 155 页。
⑥ 《孙子兵法·孙膑兵法译注》，刘开举译注，上海三联书店 2013 年版，第 182 页。
⑦ 《吴子 司马法》，陈曦译注，中华书局 2018 年版，第 363 页。
⑧ 《吕氏春秋》，陆玖译注，中华书局 2011 年版，第 21 页。
⑨ 《孙中山选集》（下），人民出版社 2011 年版，第 710 页。
⑩ ［英］罗素：《中国问题》，学林出版社 1996 年版，第 154 页。

观、发展观交感联通、智能相通。”①

3.“安定天下”是个人道德修养的终极目标。中国传统的“天下观”不仅表现为一种观念体系,更突出表现为一种“以天下为己任”的责任担当。儒家提倡以“修齐治平”为人生旨要,“自天子以至于庶人,壹是皆以修身为本”②,以修身实现“内圣”,从而完成“齐家”“治国”“平天下”的“外王”人生理想,由内而外、由己及人。孟子强调,人要在富贵权势面前要正心明道,在磨难中要养浩然之气,在苦难中要动心忍性,真正达到“穷则独善其身,达则兼济天下”③和“乐以天下,忧以天下”④的境界。张载提出“为天地立心,为生民立命,为往圣继绝学,为万世开太平”的千古名句,表达了欲为千秋万代开创永久太平的抱负与志向。苏轼认为,“天下有事,则匹夫之言重于泰山”⑤,论证了普通人对天下应负的责任与使命。范仲淹更是发出“先天下之忧而忧,后天下之乐而乐”的千古绝唱,饱含着“利济苍生”“兼善天下”的责任与担当。顾炎武也指出,“保国者,其君其臣肉食者谋之;保天下者,匹夫之贱与有责焉耳矣”⑥,表明民族国家的兴盛与每一个人息息相关。到了近代,梁启超在顾炎武思想的影响下,总结概括出“天下兴亡,匹夫有责”这一重要命题。此后,这一命题永久流传,涵养了中国人独特的天下情怀,塑造了中国人广阔的思维格局。

中国传统的“天下观”为中国共产党构建人类命运共同体提供了深厚文化积淀和精神土壤。习近平总书记从多方面进行发挥,提出一系列新的思想理念。其一,强调人类命运相互关联,应该携手共建地球家园。习近平总书记

① 张立文:《中国传统和合文化与人类命运共同体》,《中国人民大学学报》2019年第3期。

② 《论语 大学 中庸》,陈晓芬、徐儒宗译注,中华书局2015年版,第250页。

③ 《孟子》,方勇译注,中华书局2018年版,第261页。

④ 《孟子》,方勇译注,中华书局2018年版,第27页。

⑤ 《苏轼文集》上册,顾之川校点,岳麓书社2000年版,第81页。

⑥ 顾炎武:《日知录集释》上册,黄汝成集释,栾保群、吕宗力校点,上海古籍出版社2014年版,第298页。

指出,“天下大同”“共享和平”,这是中华民族世代相传、绵延数千年的理念。如果说在古代,“世界大同”还是一种梦想,那么在今天,信息网络技术把整个世界已经十分紧密地联系在一起,世界成了“你中有我,我中有你”的“地球村”,每一国家、民族的发展深刻影响其他国家、民族的发展,“宇宙只有一个地球,人类共有一个家园。……到目前为止,地球是人类唯一赖以生存的家园,珍爱和呵护地球是人类的唯一选择。”①世界各国人民应该携起手来,共同建设美好家园,真正实现“各美其美,美人之美,美美与共,天下大同”的美好愿景。其二,零和博弈、战争对抗没有出路,“协商对话”是唯一途径。习近平总书记指出:“中华文明历来崇尚‘以和邦国’、‘和而不同’、‘以和为贵’。”②主张通过“协和”“协调”的办法解决不同民族和邦国之间的冲突,“中国人的血脉中没有称王称霸、穷兵黩武的基因。”③中国在最强大的时候也没有侵略过别的国家。当今世界依然存在着不确定性和不稳定性,强权政治、霸权主义、恐怖主义、极端民族主义是世界最大的威胁。解决国际争端的最好方式、根本之道是“协商对话”。“历史和现实给我们的启迪是:沟通协商是化解分歧的有效之策,政治谈判是解决冲突的根本之道。”④所谓“大家庭”“集团政治”“势力范围”等方式都不利于解决国际争端,反而使矛盾不断激化。其三,中华民族要勇担世界责任,建构新的世界治理体系。中华民族对天下的责任意识可谓世代相传,在当代中国人的血液中依然流淌。面对“世界怎么了,我们怎么办?”的世纪之问,习近平总书记深刻指出,当今“世界正经历百年未有之大变局”,第二次世界大战后以美国为首的西方治理体系给世界带来越来越多的危机、灾难和问题。中国要主动承担对世界的责任,实现世界治理体系的根本性变革,破解治理赤字、信任赤字、和平赤字、发展赤字,建设持久和平的世界,普遍安全的世界,共同繁荣的世界,开放包容的世界,清洁美丽的世

① 《习近平外交演讲集》第二卷,中央文献出版社 2022 年版,第 16—17 页。

② 《习近平外交演讲集》第二卷,中央文献出版社 2022 年版,第 24 页。

③ 《习近平外交演讲集》第一卷,中央文献出版社 2022 年版,第 156 页。

④ 《习近平外交演讲集》第二卷,中央文献出版社 2022 年版,第 18 页。

界,在世界大变局中实现中华民族伟大复兴。

(三)西方世界主义思想的批判借鉴

习近平总书记指出:“文明因交流而多彩,文明因互鉴而丰富”,“我访问过世界上许多地方,最喜欢做的一件事情就是了解五大洲的不同文明”。① 他还引用法国文学家雨果的话说:“世界上最宽阔的是海洋,比海洋更宽阔的是天空,比天空更宽阔的是人的胸怀。”②人类命运共同体构想无疑也包含着对西方世界主义思想的批判性借鉴。西方世界主义思想发轫于古希腊时期,包含着丰富的人类大同思想。从词源上看,“世界主义”(Cosmopolitanism)可以拆分为两部分:宇宙、世界(cosmos)和城市(polis),即“宇宙城市”或“世界城市”,生活在其中的个人被称为“世界公民”,他们所秉持的信念就是“世界主义”。从词意上看,“世界主义”具有较强的解释张力,呈现出“一体多面”的特征。在主体指向上,“世界主义”主要以个体为关怀对象,聚焦于个体的独立、自由与权利的保障。在实践关联性上,“世界主义”从政治、经济、法律、制度等出发构建新的民主方式,旨在实现世界的永久和平,由此产生了政治世界主义、经济世界主义、法律世界主义、制度世界主义等多种样态的世界主义。作为一个哲学概念,“世界主义”强调在世界政治共同体中所有的人拥有平等的地位、道德和政治责任,地域、种族、宗教、民族的狭隘偏见不复存在。③

1. 跨越传统地理划分的世界公民思想。世界公民思想是西方世界主义思想的核心观点,它突出强调全世界人民无论其地理位置、道德信仰、政治观念如何,都属于人类共同体中的一员。这一理念的出发点在于对人类共同体的构建,通过每一个具有独立行为能力的世界公民为主体共同建设世界性的国

---

① 《习近平著作选读》第一卷,人民出版社 2023 年版,第 228、229 页。

② 《习近平著作选读》第一卷,人民出版社 2023 年版,第 232 页。

③ 参见成龙、潘亚宁:《从思想源头看“胸怀天下”世界观方法论的精神实质》,《新疆社会科学》2023 年第 6 期。

家。追问世界公民思想的源头，在第欧根尼（Diogenēs）这里可见萌芽，他宣称“我是一个世界公民”，主张顺应自然，人与自然天然融为一体，每个人都不受国家限制而是“世界公民”。作为犬儒学派的代表，第欧根尼还只是从自然意义上指明人民对所属国家界限的跨越，并没有涉及到世界公民的深层要义。真正将世界公民思想推广至流行开来的是斯多葛学派，其创始人芝诺（Zeno）认为，“人都是世界的公民”。“人类应包括全体人类，无希腊人与野蛮人之别。”①他主张废弃各个城邦国家自身制定的经济、社会体制，以善、自由、友谊将万民联系在一起。西塞罗（Marcus Tullius Cicero）指出：“人与人之间没有类的差别。”②“所有人都为某种仁慈和亲善的自然情感而联结在一起，也为正义的合作而联结在一起。”③从人的本性层面证明了世界公民的合理性，这在真正意义上超越了城邦的界限，推动人性在世界意义上的实现。塞涅卡（Lucius Annaeus Seneca）指出，人是“两个社会”的成员，一个是超越国家边界的人性社会，一个是出生所在的现实社会。芝诺、西塞罗和塞涅卡作为斯多葛学派的代表人物，发展了“世界公民”思想，他们提出的“同心圆”论断形象地表达了人与人之间的联系，人人都是以圆心为基点的世界公民，推动了世界主义思想的广泛发展。康德（Immanuel Kant）继承并发扬了“世界公民”思想，写下《世界公民观点之下的普遍历史观念》一书，对“世界公民”做出了制度规定。在这种规定下，“世界公民”具有高度的自由，“自我”和“他者”自由彼此共存，人的禀赋也在“自我”与“他者”的交互中得到实现。

2.约束天然战争冲动的永久和平思想。战争是政治的直接非理性表现形态，反映着一个国家或民族的性格与社会文化，根源于人的天然本能。西方世界主义思想引导人类走出原始的自然状态，发挥人类理性力量，实现道德和

---

① 龙冠海、张承汉：《西洋社会思想史》，三民书局股份有限公司1979年版，第86页。

② ［古罗马］西塞罗：《国家篇 法律篇》，沈叔平、苏力译，商务印书馆2002年版，第164页。

③ ［古罗马］西塞罗：《国家篇 法律篇》，沈叔平、苏力译，商务印书馆2002年版，第166页。

解，并最终走向永久和平。康德的《永久和平论》是西方世界主义永久和平思想的代表之作，它的六条临时条款、三条确定条款以及两条系论都是为实现永久和平这一最终目标所进行的论证。康德明确了引发战争的根本原因是由于国家政权方面存在的弊端，以致统治者和国民的理性缺失，道德败坏，从而战争频繁不断。因此，确定合理的政权方式是避免战争的关键。在康德看来，共和制国家由于政府的公共性、公平性以及公民的平等性、自由性等特征，构成了和平的基本因素。此外，由于共和制国家中公民具有决定是否发展战争的权利，理性对行为的约束力使人民在对带来深恶痛绝的战争的反思中避免战争，维护和平。在国际事务中，康德主张建立自由国家的“联盟制度”。各个国家通过加入国家联盟，服从共同的国际法以实现世界和平，这一思想对今天仍然存在重要影响。在康德的永久和平思想的影响下，越来越多的学者不仅将和平视为战争的结果，更在观念上将和平本身视为一个非暴力的过程，为实现国与国之间的和平共处提供前提性条件。

3. 基于理性建构主义的公平正义思想。中世纪以来，基督教的“上帝面前人人平等”观念深入人心，随着市场经济的兴起与不断发展，自由平等观念得到进一步深化。洛克(John Locke)作为现代平等观念的奠基性人物，他的世界主义思想蕴含在他对平等观念的论述之中。在《政府论》中，洛克公开宣称“每个人的权力都是相等的，没有一个人享有多于其他人的权力。”“人与人之间也不应该存在从属或受制关系。”①无论是统治者还是普通人，都毫无差别地共同享用一切有利条件，一切从属关系或受制关系都将被消除，而这也延伸出了洛克公平正义观念的另一层含义，即不得侵害其他人的基本权利，“理性，也就是自然法，教导着有意遵从理性的全人类：人们既然都是平等和独立的，任何人就不得侵害他人的生命、健康或财产。”②罗尔斯(John Bordley Rawls)继承并发展了洛克的平等观念，建构起社会契约之下的正义理论。在

① ［英］洛克：《政府论》，刘晓根编译，北京出版社2007年版，第58页。

② ［英］洛克：《政府论》，刘晓根编译，北京出版社2007年版，第59页。

《正义论》开篇，罗尔斯指出，“某些法律和制度，不管它们如何有效率和有条理，只要它们不正义，就必须加以改造或废除。”①在这里，罗尔斯将实质正义作为判定形式正义的正义与否之标准，按照罗尔斯的观点，实质正义的真正本质是平等的公民自由。因此，如何实现公民的平等自由是《正义论》的中心论题。基于此，罗尔斯提出了正义的两个原则：第一，每个人对与其他人所拥有的最广泛的基本自由体系相容的类似自由体系都应有一种平等的权利；第二，社会的和经济的不平等应这样安排，使它们被合理地期望适合于每一个人的利益；并且依系于地位和职务向所有人开放。② 伴随着全球化的不断推进，以托马斯·伯格（Thomas Pogge）和查尔斯·贝茨（Charles Beitz）为代表的学者关注到全球不平等问题，开始将罗尔斯的正义理论应用到国际层面。由此，“全球正义”概念在世界流传开来。

人类命运共同体构想与西方世界主义思想无疑有一定的共同之处，但也存在本质区别。其一，“世界公民”理念还只是一种设想，人类命运共同体构想则要培养现实的具有世界情怀的新人。如果说，在古代、中世纪和近代，“世界公民”还只是一种理想化的思想观念，那么，到了现代，经济全球化、政治多元化、信息网络化、交往普遍化、劳动社会化，改变了人类的生产方式、生活方式、思维方式，生产已经成为跨国界的生产，生活也成为跨国界的生活，思维也成为跨国界的思维，人类正在越来越现实地成为“世界公民”。习近平总书记指出：“这个世界，各国相互联系、相互依存的程度空前加深，人类生活在同一个地球村里，生活在历史和现实交汇的同一个时空里，越来越成为你中有我、我中有你的命运共同体。”③各国人民要守望相助、共担时责。“要教育引导学生关注世界形势及其发展变化，成为具有中国情怀、全球视野的人才，不

---

① ［美］约翰·罗尔斯：《正义论》，何怀宏、何包钢、廖申白译，中国社会科学出版社1988年版，第1页。

② ［美］约翰·罗尔斯：《正义论》，何怀宏、何包钢、廖申白译，中国社会科学出版社1988年版，第56页。

③ 《习近平外交演讲集》第一卷，中央文献出版社2022年版，第2页。

仅能肩负起建设祖国的使命,而且能承担起为世界、为人类作贡献的责任。”①其二,“永久和平”还只是一个从理性出发的美好愿望,而人类命运共同体找到了现实的和平路径。康德将所谓“永久和平”建立在唯心主义的基础之上,把战争等归咎于统治者理性的缺失,道德的败坏,并没有揭示资本的本质以及受资本宰制的国家才是战争的根源,因而没有找到实现人类永久和平的真正道路。习近平总书记立足唯物史观,深刻阐明实现人类和平不仅要改变恃强凌弱、零和博弈、巧取豪夺的旧思维,“积极倡导综合安全、共同安全、合作安全的新理念”,②而且要改革现有的治理体系,坚持走对话协商、合作共赢、开放包容之路,“多边”与“多方”共治,治“事”与治“制”并举,提出推进改革全球治理体系变革的总方案——构建人类命运共同体,找到了实现人类“永久和平”的现实之路。其三,“公平正义”在西方文明中以唯心主义的人性论为基础,而人类命运共同体则建立在唯物史观的基础之上。洛克、罗尔斯等人所说的“公平正义”是以资产阶级人性论为基础的。资产阶级一边喊着公平正义,一边对弱小民族和国家进行殖民主义、霸权主义掠夺,甚至进行可耻的黑人奴隶贸易。习近平总书记指出,阻碍人类公平正义的最大障碍在于对资本毫无节制的放纵,“放任资本逐利,其结果将是引发新一轮危机。缺乏道德的市场,难以撑起世界繁荣发展的大厦。富者愈富、穷者愈穷的局面不仅难以持续,也有违公平正义。”③主张兼顾效率与公平,坚持包容互惠,营造人人免于匮乏、获得发展、享有尊严的光明前景。“中国共产党愿在独立自主、完全平等、互相尊重、互不干涉内部事务原则基础上加强同各国政党和政治组织交流合作。”④这些论述,提供了实现公平正义的现实之路。

---

① 《习近平著作选读》第二卷,人民出版社 2023 年版,第 200 页。

② 《习近平外交演讲集》第一卷,中央文献出版社 2022 年版,第 70 页。

③ 《习近平关于中国特色大国外交论述摘编》,中央文献出版社 2020 年版,第 39 页。

④ 《习近平著作选读》第一卷,人民出版社 2023 年版,第 50 页。

（四）中国共产党人世界理念的凝练升华

作为马克思主义政党，中国共产党自成立之日起就兼具胸怀世界的鲜明品格，从坚持和平共处、和平发展、多极共存、和谐世界到打造人类命运共同体，中国共产党人始终积极审视中国与世界的关系，提出一系列世界理念和战略构想，成为新时代中国共产党人构建人类命运共同体的直接思想来源。

1. 世界“和平共处”的理念。早在新民主主义革命时期，毛泽东就强调中国共产党及其人民军队“为永久和平而战”，认为“中国抗日战争的持久性同争取中国和世界的永久和平，是不能分离的”①。在《新民主主义论》中，毛泽东指出：“中国革命是世界革命的伟大的一部分”②，阐述了中国革命的世界价值与发展趋势。新中国成立前夕，在新政协筹备会议上，毛泽东就提出包含和平共处五项原则的讲话，表达了新中国与世界上一切国家建立和平外交关系的想法。1953 年，周恩来在接见印度代表团时，首次提出“和平共处五项基本原则”。在尼赫鲁访华期间，毛泽东先后从四个层面，深入阐发和平共处五项原则对于建构新型国际关系的重大意义。1954 年 6 月，英国工党代表团来华访问，毛泽东高度重视，首次比较系统地发表了“关于社会制度、意识形态不同的国家之间是否可以实行和平共处五项原则”的基本观点。在 1955 年的万隆会议上，周恩来对和平共处五项基本原则做了完整表述，即“互相尊重主权和领土完整、互不侵犯、互不干涉内政、平等互利、和平共处”。和平共处五项原则超越意识形态和社会制度，符合联合国宪章的宗旨和原则，反映了和平与发展的时代潮流。同时，在国家还十分困难的情况下，中国按照“八项原则”给予第三世界国家不附带任何条件的援助。晚年毛泽东提出“一条线”“一大片”“三个世界”的战略构想，为反对霸权主义、维护世界和平提供了重要理论基础。

---

① 《毛泽东选集》第二卷，人民出版社 1991 年版，第 474 页。

② 《毛泽东选集》第二卷，人民出版社 1991 年版，第 671 页。

2. 世界“和平发展”的理念。党的十一届三中全会以后，邓小平重新判断国际形势，认为第三次世界大战是可以避免的，“和平与发展”已经成为时代主题。“现在世界上真正大的问题，带全球性的战略问题，一个是和平问题，一个是经济问题或者说发展问题。和平问题是东西问题，发展问题是南北问题。概括起来，就是东西南北四个字。”①“应当把发展问题提到全人类的高度来认识，要从这个高度去观察问题和解决问题。”②在独立自主这个前提下，中国要抓住历史机遇，同世界一切国家建立广泛的联系。中国发展得越强大，世界和平越靠得住。“中国不能把自己搞乱，这当然是对中国自己负责，同时也是对全世界全人类负责。”③1984 年 10 月，在会见缅甸总统吴山友时，邓小平指出：“处理国与国之间的关系，和平共处五项原则是最好的方式。其他方式，如‘大家庭’方式，‘集团政治’方式，‘势力范围’方式，都会带来矛盾，激化国际局势。”④1990 年 7 月，在会见加拿大前总理特鲁多时，邓小平指出：“改变国际经济秩序，首先是解决南北关系问题，同时要采取新途径加强南南之间的合作。”⑤不应当用战争手段而应采取和平方式来解决国际争端，“有些国际上的领土争端，可以先不谈主权，先进行共同开发。”⑥这些论述，成为新时期中国发展对外关系、制定发展战略的重要依据，把世界和平推向一个崭新的境界。

3. 世界“多极共存”的理念。20 世纪 90 年代，国际上发生东欧剧变、苏联解体，社会主义何去何从，人们心头疑云重重。以美国为首的北约悍然入侵南斯拉夫，炸毁我驻南大使馆；亚洲金融危机的爆发，也使整个东南亚地区一度处于慌乱之中。正是在这样的背景下，以江泽民同志为主要代表的中国共产党人坚决维护世界和平。江泽民指出：多样性是世界存在的本质和特征，也是

---

① 《邓小平文选》第三卷，人民出版社 1993 年版，第 105 页。
② 《邓小平文选》第三卷，人民出版社 1993 年版，第 282 页。
③ 《邓小平文选》第三卷，人民出版社 1993 年版，第 361 页。
④ 《邓小平文选》第三卷，人民出版社 1993 年版，第 96 页。
⑤ 《邓小平文选》第三卷，人民出版社 1993 年版，第 20 页。
⑥ 《邓小平文选》第三卷，人民出版社 1993 年版，第 49 页。

世界的客观事实。“我们这个地球上有上千个民族、二百多个国家和地区,所处的自然环境不同,社会发展经历各异,形成了多种多样的生活方式、价值观念、宗教信仰和文化传统。”①正是世界的多样性才带来多国合作的可能性,只有承认并正确对待这种多样性才能最大限度地促进各国的共同发展。“没有多样化,就不成其为世界……不承认、不尊重世界多样性,企图建立清一色的一统天下,是必定要碰壁的。”②大国对于维护世界和地区的和平负有重要责任,大国应该尊重小国,强国应该扶持弱国,富国应该帮助穷国。“我们需要的是世界各国平等、互惠、共赢、共存的经济全球化。”③中国要坚定奉行独立自主的和平外交,积极参与国际合作,自觉承担国际义务。这些论述,再次有力维护了世界和平发展。

4. 构建“和谐世界”的理念。进入新世纪,中国世界第一的人口规模和发展速度,招致国际社会对中国的“猜忌”。中国还没有来得及享受实力、身份、地位、角色变化带来的荣光,便已背负上国际舆论的巨大压力,“大国傲慢论”“汇率操纵论”“新殖民主义论”“中国强硬论”等各种“责任论”“威胁论”轮番上演。以胡锦涛同志为主要代表的中国共产党人提出构建“和谐世界”的理念。胡锦涛指出:“推动不同文明友好相处、平等对话、发展繁荣,共同构建一个和谐世界”④,回答了中国致力于“建设一个什么样的世界、什么样的国际秩序”的问题。“和谐世界”是中国作为负责任大国的积极宣示和政治承诺,突显了中国做负责大国的信心与决心,体现了中国的自信与能力,向世界传递了中国爱好和平、渴望和平、希望与其他国家共建和谐世界的愿望。胡锦涛强调,“中国发展需要和平稳定的周边和国际环境,同时也为世界各国特别是周边国家创造了更多合作机遇和良好发展环境。”⑤中国各项事业的发展不会对

---

① 《江泽民文选》第一卷,人民出版社 2006 年版,第 331 页。

② 《江泽民文选》第一卷,人民出版社 2006 年版,第 480 页。

③ 《江泽民论有中国特色社会主义》(专题摘编),中央文献出版社 2002 年版,第 518 页。

④ 《十六大以来重要文献选编》(中),中央文献出版社 2006 年版,第 851 页。

⑤ 《胡锦涛文选》第二卷,人民出版社 2016 年版,第 49 页。

其他国家构成挑战与威胁，而是与各个国家在友好相处、平等对话中共建和谐世界，中国将积极承担全球责任，始终是维护世界和平、促进各国共同发展的中坚力量。中国是联合国五大常任理事国之一，是发展中国家的代言人，是联结南北东西国家的桥梁；中国是第二经济大国、“最大世界工厂”、第一大货物贸易出口国、第二大进口国、最大外汇储备国、最大的发展中国家，中国已走到世界舞台中央。中国以和平发展树立新兴大国风范，推动建设和谐世界，造福全球，赢得世界各国的称赞。

进入新时代，针对世界百年未有之大变局和中华民族伟大复兴战略全局，习近平总书记尖锐批判西方零和博弈、国强必霸的冷战逻辑，对世界和平发展提出一系列新论述，继承和发展了几代领导人的世界理念。一是进一步强调各国加强联系，推进和平发展的重要性。信息化、全球化的发展使各国之间相互联系、相互依存的程度空前加深，人类生活在同一个地球村里，生活在历史和现实交汇的同一个时空里，越来越成为你中有我、我中有你的命运共同体。为一己之私，强行脱钩断链，不但损人而且害己。二是强调世界文明多元共存的必然性。文明是多样性的统一。我们应该推动不同文明相互尊重、和谐共处、平等交流，包容互鉴，使之成为增进世界人民友谊、推动社会进步、维护世界和平的纽带。三是强调中国发展对维护世界和平发展的重要性。中国的发展成就，不是抢别人饭碗得来的，而是中国人民几十年含辛茹苦、流血流汗干出来的。中国不仅是全球化的受益者，也是全球化的回报者。在批驳各种谬论的同时，习近平总书记提出构建“人类命运共同体”的理念，为世界未来发展提供了“中国方案”“中国智慧”“中国经验”。这一理念本质上是和平发展的新型时代观，平等互利的新型交往观，义利统一的新型价值观，包容互鉴的新型文明观，清洁美丽的环境观。党的二十大报告指出：“中国始终坚持维护世界和平、促进共同发展的外交政策宗旨，致力于推动构建人类命运共同体，”①进一步开拓了中国共产党人胸怀天下新的精神境界。

---

① 《习近平著作选读》第一卷，人民出版社 2023 年版，第 49 页。

四、人类命运共同体构想的世界意义

人类命运共同体构想的提出不仅具有切实的现实背景,而且具有扎实的马克思主义、中国传统文化和世界文化的理论基础。习近平总书记指出:“人类命运共同体,顾名思义,就是每个民族、每个国家的前途命运都紧紧联系在一起,应该风雨同舟,荣辱与共,努力把我们生于斯、长于斯的这个星球建成一个和睦的大家庭,把世界各国人民对美好生活的向往变成现实。”①这是一个完全不同于西方治理体系的新体系,这一思想从本质上讲,就是提出了在新的时代条件下,要建设一个什么样的世界和怎样建设这个世界这一关系人类发展和世界前途命运的根本性问题,亦即当今世界要构建一个什么样的国际关系、国际体系和国际秩序,以及如何构建的问题。对这一问题的科学回答,形成了人类命运共同体构想的科学体系,涵盖着基本范畴、价值观基础、基本内涵、基本特征、外延维度、实践路径等相互联系的诸多方面。②

(一)深刻回答“世界向何处去”的时代之问

世纪之交,人类历史的发展出现了前所未有的危机,最为突出的是生存环境的危机、战争的危机、南北贫富差距拉大的危机、不同文明的危机、价值观和道德观的危机。面对危机,世界各国的思想家纷纷发表自己的见解,有福山的“历史终结论”,亨廷顿的“文明冲突论”,布热津斯基的“混乱失控论”。世界到底何去何从,“世界怎么了、我们怎么办?”③人类命运共同体构想深刻回答了人类“向何处去”的时代之问,给人类文明发展指出了一条光明大道。

---

① 习近平:《携手建设更加美好的世界——在中国共产党与世界政党高层对话会上的主旨讲话》,人民出版社 2017 年版,第 4 页。

② 参见石云霞:《习近平人类命运共同体思想科学体系研究》,《中国特色社会主义研究》2018 年第 2 期。

③ 《习近平谈治国理政》第二卷,外文出版社 2017 年版,第 537 页。

人类命运共同体构想不仅是理论逻辑的必然，更是实践逻辑的结论。进入21世纪以来，世界格局发生重大变化，以美国为首的西方霸权日益衰落，"历史终结论"走向终结。① 另一方面，以中国为代表的新兴市场国家日益繁荣。以中国为例：一是生产力大发展。与英美国家所不同的是中国是世界人口大国，拥有丰富的人力资源，中国共产党人又把改进教育制度，提高人口素质、激发人的创造活力作为发展生产力的根本途径，同时加大科技研发投入，突出"关键共性技术、前沿引领技术、现代工程技术、颠覆性技术"的创新，科学技术在劳动对象、劳动资料、劳动管理中的广泛渗透，改变了中国生产力的结构、性质和面貌。二是生产关系大变革。社会主义究其实质就是为生产力发展开辟道路。经过40多年改革开放，建立了中国特色社会主义制度，形成了中国特色的国家治理体系。三是社会意识大变化。思想是行动的先导。改革从解放思想开始，恢复了中国共产党的思想路线，恢复了马克思主义的本来面貌。思想解放和改革实践一起，震荡中国的每一个角落。马克思主义、中国特色社会主义更加深入人心，市场经济的意识、依法治国的意识、共同富裕的意识、创新发展的意识、多元共存的意识、独立思考的意识、拼搏竞争的意识、以人为本的意识、公正平等的意识、绿色生态的意识成为人们的主流思想意识。四是人民生活水平大提高。2021年7月1日，在中国共产党成立100周年之际，中国宣布已全面建成小康社会，人均国民收入超过1万美元。与此相联系的一组数据是：近8亿人摆脱贫困，境内旅游人数突破55亿人次，现有网民9亿，手机普及率超过100%，九年义务教育巩固率达95.2%，医疗保险覆盖率达96.8%，居民预期寿命比1981年提高近10岁。缺衣少食、温饱不足的时代已一去不复返了。人民生活水平的提高，充分彰显了社会主义制度的优越性，进一步调动了亿万人民建设中国特色社会主义的积极性和主动性。

人类发展的历史和现实说明：第一，人类文明是丰富多彩的，西方文明只是人类文明中的一种，不能用西方文明取代人类所有的文明。第二，文明之间

---

① 安启念：《列宁与当今世界》，《马克思主义研究》2020年第4期。

只有相互交流才能促进发展,历史从民族的历史向世界历史的发展是文明交流的结果,用某种外力强制割裂、阻止文明之间的交流是倒行逆施的反历史行为。第三,“一花独放不是春,百花齐放春满园。”如果世界上只有一种花朵,就算这种花朵再美也是单调的。不能只是某一国或者某些国家发展,其他国家不发展,或者把自己国家的发展建立在其他国家不发展的基础之上。第四,人类文明是平等的,文明没有高低优劣之分。不能将某一种文明的价值观强加于其他文明,不存在所谓“普世价值”,西方殖民主义、“西方中心论”的时代已经结束。第五,文明是相互包容的,每个文明既有自己的优点,也有自己的缺点和局限,世界上不存在十全十美的文明,各文明之间只有相互包容才能和谐共处,只有相互交流借鉴才能发展。

(二)丰富发展马克思主义的“共同体思想”

人类社会是以共同体的形式出现的,在人类历史上的不同阶段,共同体的形式和性质都是不一样的。“共同体”一词最早见于柏拉图的《理想国》和亚里士多德的《政治学》《尼各马可伦理学》。柏拉图提及了“城邦共同体”,亚里士多德反复说“人类是自然倾向于城邦生活的动物”。在这里,“共同体”还是一种地域性概念。之后,随着古罗马的崛起,西塞罗提出把罗马建成“法的共同体”思想,“共同体”由此升华为一个国家概念。而随着罗马日后的衰落,西方国家进入中世纪,基督教趁势建立了“神的共同体”,而与“世俗共同体”相对立而存在。近代,启蒙思想家卢梭、洛克等人又提出依据社会契约构建“政治共同体”的思想,黑格尔把国家说成是“伦理理念的现实”,包含着国家是“伦理共同体”的意涵。马克思对“共同体”概念的使用首先见于《论犹太人问题》,马克思指出:“在政治国家真正形成的地方,人不仅在思想中,在意识中,而且在现实中,在生活中,都过着双重的生活——天国的生活和尘世的生活。前一种是政治共同体中的生活,在这个共同体中,人把自己看做社会存在物”①。

---

① 《马克思恩格斯文集》第1卷,人民出版社2009年版,第30页。

在《德意志意识形态》中,马克思对"共同体"概念作了多种不同的使用,他把资产阶级国家称之为"冒充的共同体""虚假共同体",把未来社会称之为"真正的共同体""革命无产者的共同体",资本主义的基本矛盾必然导致"虚假共同体"为"真实共同体"所取代。在《共产党宣言》中,马克思提出了"自由人联合体"的构想。

进入20世纪,人们从不同学科和视角对"共同体"进行深入挖掘。1979年,德国社会学家、哲学家斐迪南·滕尼斯(Ferdinand Tönnies)写成《共同体与社会》一书,对"共同体"与"社会"的关系做了研究。滕尼斯认为,血缘共同体、地缘共同体和宗教共同体等作为共同体的基本形式,它们不仅仅是它们的各个组成部分加起来的总和,而且是有机地浑然生长在一起的整体。"共同体是一种持久的和真正的共同生活",是"一种原始的或者自然状态的人的意志的完善的统一体"。在人类社会的发展史上,共同体这种结合的类型早于有的放矢建立的、个人的结合的"社会"类型。"社会应该被理解为一种机构的聚合和人工制品。社会的基础是个人、个人的思想和意志。在人类的发展史上,社会的类型晚于共同体的类型。""共同体是古老的,社会是新的。"①美国历史学家入江昭(Akira iriye)于2004年写的《全球共同体》一书,认为"共同体"是指建立在共同价值观和社会内聚性基础上组织起来的群体,参与者通常具有共同的成员身份和情感纽带,在共同体内部可以实现自己的需要并通过发挥自己的影响来获得自我实现,也就是说具有强烈的共同体意识(sense of community),包括成员身份、影响力、需要的接纳与实现以及共享的情感纽带。如果说国际社会的基本单位是主权国家,而全球共同体的基本单位则是跨国行为体,包括国际组织、国际非政府组织和跨国公司。"由跨国行为体组成的全球共同体关注的是人类共同利益、全球公共问题和普遍的正义,代表了理念、制度和生活方式的一致和趋同。"②

---

① [德]斐迪南·滕尼斯:《共同体与社会》,北京大学出版社2010年版,第2—3页。

② [美]入江昭:《全球共同体》,刘青等译,社会科学文献出版社2009年版,第11页。

习近平总书记关于人类命运共同体的论述,其范畴所指,包括“责任共同体”“利益共同体”“发展共同体”“民族命运共同体”“生命共同体”与“人类命运共同体”等多种内涵。这些概念既与前人的研究一脉相承,也有根据时代发展作出的重大创新。习近平总书记指出:世界命运握在各国人民手中,人类前途系于各国人民的抉择。构建人类命运共同体,首先是国际社会要“共担时代责任,共促全球发展”①,建设“责任共同体”。发展对世界各国人民而言,寄托着生存和希望,象征着尊严和权利,构建人类命运共同体承载着“对共同发展的追求,将帮助各国打破发展瓶颈,缩小发展差距,共享发展成果,打造甘苦与共、命运相连的发展共同体”②。建设发展共同体,本质上就是打造利益共同体。共商共建共享是构建人类命运共同体的重要原则和目标。这些论述,把人类关于“共同体”的理解从“点”和“面”进一步上升到“体”,扩展了“共同体”的思想内涵,把人类关于共同体的思想提升到一个新的高度,为在世界范围达成共识,结成新型共同体提供了理论基础。

(三)为实现全球之治贡献中国智慧和中国方案

近代以来,随着全球化时代的形成,全球问题也应运而生。在马克思的时代,资产阶级奔走于全球各地,抢占殖民地、争夺原料和销售市场、从事罪恶的黑人奴隶贩卖,等等。总之,资本对劳动的压迫、西方对东方的压迫、已开化的民族对未开化民族的压迫,这是马克思时代的全球问题。马克思认为,解决这些问题的唯一途径就是通过革命,推翻资产阶级的统治。“无产阶级,现今社会的最下层,如果不炸毁构成官方社会的整个上层,就不能抬起头来,挺起胸来。”③他号召全世界无产者“联合起来”,砸碎资本的锁链,建立社会主义和共产主义,为最终实现人类解放而奋斗。列宁所处的时代,世界最大的危险是帝国主义两大集团争夺世界霸权的战争。列宁指出:“世界史的明天,将是这

① 《习近平谈治国理政》第二卷,外文出版社 2017 年版,第 476 页。
② 《习近平谈“一带一路”》,中央文献出版社 2018 年版,第 190 页。
③ 《马克思恩格斯文集》第 2 卷,人民出版社 2009 年版,第 42 页。

样一个日子,那时已经被唤醒的、受帝国主义压迫的各民族将彻底觉醒,并开始争取自身解放的长期艰苦的决定性的战斗。"①在反对帝国主义的斗争中,"俄国、印度、中国等等构成世界人口的绝大多数。正是这个人口的大多数,最近几年来非常迅速地卷入了争取自身解放的斗争,所以在这个意义上说,世界斗争的最终解决将会如何,是不可能有丝毫怀疑的。在这个意义上说,社会主义的最终胜利是完全和绝对有保证的。"②第二次世界大战结束后,苏联和美国为争夺世界霸权,形成"两大阵营",持续了近半个世纪的冷战。冷战期间,美苏两国争相进行军备竞赛,核战争的危险大有一触即发之势,令世人胆战心惊,不寒而栗。

20 世纪 90 年代,苏联的解体进一步助长了美国的霸权主义。时至今日,全球问题不但没有减少,反而增加。联合国的日常议题网页确定了 32 个日常议题③,面对上述全球性问题,美英等国为一己之私,不顾国际社会的强烈反对,一味奉行单边主义,一再"退群""筑墙""打贸易战",掀起"新冷战",成为最大的"麻烦制造者"。美国外交关系委员会主席理查德·哈斯(Richard Haass)认为,第二次世界大战以来引导世界的所有规则、政策和机构大都走到了尽头。这个时代受到从恐怖主义到核武器扩散、气候变化、网络空间案例等全球性挑战的影响,单凭尊重主权已不足以维持秩序。美国仍然是世界上最强大的国家,但是美国的行为和不作为,多次使全球局势变得更糟。"事实表明,这个世界正在偏离过去近 400 年来的历史轨迹。"④显然,依靠美国治理全球问题已经成为一种幻想。

中国共产党人一贯积极参与和推进全球问题的治理。20 世纪 50 年代,毛泽东、周恩来超越意识形态和社会制度,首创"和平共处五项原则",成为我

① 《列宁选集》第 4 卷,人民出版社 2012 年版,第 761 页。

② 《列宁选集》第 4 卷,人民出版社 2012 年版,第 796 页。

③ 参见江学时、李智婧:《论全球治理的必要性、成效及前景》,《同济大学学报》2019 年第 8 期。

④ [美]理查德·哈斯:《失序时代:全球旧秩序的崩溃与新秩序的重塑》,黄锦桂译,中信出版社 2017 年版,"序言",第 XI 页。

国处理国际关系的基本准则。毛泽东指出："为了和平和建设的利益，我们愿意和世界上一切国家，包括美国在内，建立友好关系。我们相信，这一点，总有一天会要做到的。"①20世纪70年代，毛泽东发表关于"三个世界划分"的理论，认为美苏属于第一世界，日本和整个欧洲属于第二世界，亚非拉属于第三世界。第三世界要联合第二世界共同反对苏美两个超级大国的霸权主义。20世纪80年代，邓小平重新判断国际形势，认为和平与发展成为时代主题，世界争取较长时间的和平是可能的，主张把和平与发展问题提到全人类的高度来认识，通过合作与对话改变国际经济政治秩序，认为发达国家有责任帮助发展中国家解决发展滞后的问题，有的问题可以用"搁置争议""共同开发"的办法来解决。他一再声明："中国发展得越强大，世界和平越靠得住。"②苏东剧变后，为防止美国独霸世界，中国共产党人积极推进世界多极化格局的形成。江泽民指出：多样性、差异性是世界存在的本质特征。"如同宇宙间不能只有一种色彩一样，世界上也不能只有一种文明、一种社会制度、一种发展模式、一种价值观念。"③正是多样性造成世界合作发展的必要性和可能性，各国之间存在的差异性不应成为正常发展的障碍。进入新世纪，胡锦涛提出构建"和谐世界"的理念，回答了中国将致力于"建设一个什么样的世界、什么样的国际秩序"的问题，成为中国共产党的国际秩序主张和行为准则。

习近平总书记关于构建人类命运共同体的理念与中国共产党人一贯的主张是一脉相承的。当今世界充满不确定性，人类也正处在一个挑战层出不穷、风险日益增多的时代，和平赤字、发展赤字、信任赤字、治理赤字是摆在全人类面前的严峻挑战。世界怎么了、我们怎么办？中国方案是：构建人类命运共同体，实现共赢共享。2017年11月2日，第72届联大会议将中国关于"构建人类命运共同体"的理念写入"防止外空军备竞赛进一步切实措施"和"不首先在外空放置武器"两份安全决议，填补了联合国国际安全领域决议的空白。

① 《毛泽东外交文选》，中央文献出版社、世界知识出版社1994年版，第246页。
② 《邓小平文选》第三卷，人民出版社1993年版，第104页。
③ 《江泽民文选》第三卷，人民出版社2006年版，第110页。

中国结合联合国《2030年可持续发展议程》，制定了《国民经济与社会发展十三五规划纲要》，发布了《中国落实2030年可持续发展议程国别方案》，出台《中国落实2030年可持续发展议程创新示范区建设方案》。同时，中国用一系列实际行动和举措实践自己的承诺和担当。比如，中国推动制定了《二十国集团落实2030年可持续发展议程行动计划》，设立"和平共处五项原则友谊奖"和"和平共处五项原则卓越奖学金"，大力推动上海合作组织、金砖国家合作等机制发挥安全对话合作功能，创建湄公河流域执法安全合作机制，建立新亚欧大陆桥安全走廊国际执法合作论坛，设立中国—联合国和平与发展基金，向"一带一路"沿线发展中国家提供20亿元人民币紧急粮食援助，向南南合作援助基金增资10亿美元，等等。这些务实举措，充分体现了中国作为负责任大国的责任担当。①

---

① 参阅成龙：《从马克思主义时代观看当今中国所处的时代性质》，《浙江大学学报》2020年第6期。

结论　开创人类文明新形态的哲学基础

在中国共产党成立以来的百年进程中，理论创新与哲学创新同向而行，与时俱进，中国化时代化的马克思主义哲学彰显了改变世界的强大思想力量，积累了丰富的哲学创新发展的经验，奠定了创造人类文明新形态的世界观、价值观和方法论基础。

一、马克思主义哲学中国化时代化彰显改变世界的强大思想力量

马克思主义哲学不仅是“解释世界”的哲学，更是“改变世界”的哲学。所谓“解释世界”，就是要透过现象看本质，把握事物的内在规律和联系，在这个意义上，哲学就是追根究底的“本质学”。所谓“改变世界”就是要“使现存世界革命化，实际地反对并改变现存的事物”①，在这个意义上，哲学就是“创新学”。马克思主义哲学中国化三次飞跃，不仅科学地解释了中国，而且发挥了改变中国的思想伟力。

任何真正的哲学都是时代精神的精华。毛泽东所处的时代，中华民族遭受帝国主义列强侵略，步入半殖民地半封建社会，国家蒙辱、人民蒙难、文明蒙尘，中华民族遭受了前所未有的劫难。据中国人民大学高放教授统计，近现代

① 《马克思恩格斯文集》第1卷，人民出版社2009年版，第527页。

中国同22个国家签订的不平等条约745个。其中清政府统治时期，从1841年5月至1912年2月，70年共计签订411条，合计赔款白银126000余万两，相当于清政府20年左右的全部财政收入，丧失300多万平方公里的土地。北洋军阀统治时期，从1912年3月至1927年5月，15年共计签订243条。国民党统治时期，从1927年9月至1949年6月，22年共计签订91条。① 近代以来，几乎所有的帝国主义国家都侵略过中国。而在帝国主义的侵略面前，人民又缺乏凝聚力。梁启超形容当时的中国是"滩边乱石""一盘散沙"②。《大同报》指"中国人性质如一盘散沙无团聚力"③。陈独秀更是批评"中国人民简直是一盘散沙，一堆蠢物，人人怀着狭隘的个人主义，完全没有公共心"④。1924年，孙中山说："中国人现在所受的病，不是欠缺自由，如果一片散沙是中国人的本质，中国人的自由老早是很充分了。"⑤政府软弱，人民涣散，国家积贫积弱已到极点。如何摆脱帝国主义列强的侵略，解决中国被动挨打的问题，已成为中华民族最为迫切的问题。

就是在这样的背景下，在俄国十月革命的炮声中，马克思主义传入中国，开启了马克思主义哲学与中国革命实践相结合的过程。在与教条主义、机会主义的斗争中，产生了中国化的马克思主义哲学——毛泽东哲学思想。1937年7、8月间发表的《实践论》和《矛盾论》，在大量吸收马克思、恩格斯、列宁、斯大林，苏联哲学教科书，以及李达、艾思奇等人观点的基础上，结合中国革命的经验和教训，吸收中国传统认识论和辩证法思想，对马克思主义哲学认识论、矛盾论进行系统发挥和创造性阐发，形成以科学的实践观为特征的新认识论体系和以对立统一为核心的新矛盾论体系，奠定了马克思主义哲学中国化

① 参见高放：《近现代中国不平等条约的来龙去脉》，《南京社会科学》1999年第2期。

② 《梁启超全集》第4册，北京出版社1999年版，第963页。

③ 佩华：《中国之排外与排内》，《大同报》第2号，1907年8月3日。

④ 陈独秀：《卑之无甚高论(随感录一二二)》，《新青年》第9卷第3号，1921年7月1日。

⑤ 中国社科院近代史所等编：《孙中山全集》第9卷，中华书局2011年版，第278页。

第一次飞跃的认识论和辩证法基础。延安整风期间，毛泽东明确将马克思主义哲学的精髓概括为“实事求是”四个大字。在1939发表的《〈共产党人〉发刊词》等论著中，毛泽东进一步把“统一战线——武装斗争——党的建设”概括为中国革命道路的“三大法宝”。运用这三大法宝，他开辟了一条迥然不同于法国巴黎公社、俄国十月革命的崭新道路：不是在首都城市、中心城市，走“中心开花”的道路，而是走农村包围城市，最后夺取城市的道路。以《中国革命战争的战略问题》《论持久战》为代表的毛泽东军事辩证法思想，以《论十大关系》和《关于正确处理人民内部矛盾的问题》为代表的社会主义建设辩证法思想，成为马克思主义哲学宝库中耀眼的明珠。

毛泽东哲学思想奠定了中国新民主主义革命和社会主义革命、社会主义建设的哲学基础。中国共产党人正是以毛泽东哲学思想为基础，制定了正确的革命路线和战略策略，建构了强大的人民军队，动员了广大的人民群众，推翻了帝国主义、封建主义和官僚资产阶级在中国的统治，建立了中华人民共和国。随着社会主义改造的完成和各项国家建设的开展，中国实现了从旧中国向新中国、从传统国家到现代国家的转变：从“四分五裂”到高度统一，从“一盘散沙”到充分组织的转变。清政府、北洋军阀政府、蒋介石政府都做不到这一点。新中国成立不久，中国共产党人就提出了实现“四个现代化”的奋斗目标，制定和顺利完成第一个五年计划，使中国迅速从一个落后的农业国进入了工业国的行列。

毛泽东领导人民创建新中国，取得社会主义革命和社会主义建设的重大胜利。但在20世纪50年代后期，受国内外各种因素的影响，毛泽东错误发动“大跃进”和“文化大革命”，给党和国家造成重大损失，人民生活一度相当艰难。1979年3月，邓小平在党的理论工作务虚会上的讲话中指出：“过去三十年中，我们的经济经过两起两落，特别是林彪、‘四人帮’在一九六六年到一九七六年这十年对国民经济的大破坏，后果极其严重。”①1980年4月，邓小平

① 《邓小平文选》第二卷，人民出版社1994年版，第164页。

在会见赞比亚总统卡翁达时说："现在说我们穷还不够，是太穷，同自己的地位完全不相称。"①1982 年 9 月，在会见朝鲜劳动党中央委员会总书记金日成时，邓小平指出："我们干革命几十年，搞社会主义三十多年，截至一九七八年，工人的月平均工资只有四五十元，农村的大多数地区仍处于贫困状态。这叫什么社会主义优越性？"②邓小平这几次讲话，突出反映了当时国家贫穷、人民生活困难的状况。如何尽快发展生产力，让人民群众富起来，解决"挨饿"的问题，成为新时代对中国共产党人提出的新要求。

正是在这样的背景下，以邓小平同志为主要代表的中国共产党人，通过真理标准大讨论，破除"两个凡是"的教条，重新恢复党的实事求是的思想路线，结束"以阶级斗争为纲"的方针，把党和国家的工作重心转移到经济建设上来。邓小平关于《解放思想，实事求是，团结一致向前看》的重要讲话，开启了马克思主义哲学中国化的第二次飞跃，而他在武昌、深圳、珠海、上海等地的谈话要点更是其哲学思想的深刻表达。可以说，解放思想，实事求是是邓小平哲学思想的精髓，以"三个有利于"为标准的义利统一价值观则是邓小平哲学思想的重大创新。邓小平正是从价值观的视角，对社会主义的本质、根本任务、发展途径、发展阶段进行了深入思考，实现了价值观和社会主义观的辩证统一。世纪之交，江泽民深入研究人类社会发展的规律，社会主义建设规律，共产党执政规律，根据新的形势提出"三个代表"重要思想，丰富和发展了马克思主义的唯物史观。在新世纪的第一个十年，胡锦涛依据我国发展中存在的问题，提出科学发展观，对发展的第一要义、核心理念、基本要求、根本途径，都作了新的系统阐发，发展了马克思主义的发展观。

改革开放以来，中国共产党人不断解放思想，认识国情，认识社会主义，进行大刀阔斧的改革，建立了中国特色社会主义的基本经济制度、政治制度和文化制度，制定了中国特色社会主义发展战略和发展步骤，使中国式现代化真正

---

① 《邓小平文选》第二卷，人民出版社 1994 年版，第 312 页。

② 《邓小平文选》第三卷，人民出版社 1993 年版，第 10—11 页。

步入腾飞之路。生产力大发展，生产关系大变革，人民生活水平大提高，综合国力迈上新台阶。13 亿中国人大踏步赶上时代潮流，稳定走上奔向富裕安康的广阔道路。从 1978 年到 2012 年，我国国内生产总值由 3645 亿元增长到 53.86 万亿元，年均实际增长 9.8%，是同期世界经济年均增长率的 3 倍多，我国经济总量跃居世界第二位。中国共产党人依靠自己力量稳定解决了 13 亿人口吃饭问题。从 1978 年到 2012 年，全国城镇居民人均可支配收入从 343 元增加到 24565 元；农民人均纯收入从 134 元增加到 7917 元；农村贫困人口从 1978 年的 2.5 亿减少到 2007 年的 1400 多万。从 1978 年到 2012 年，我国进出口总额从 206 亿美元提高到 38667.6 亿美元，跃居世界第三位，外汇储备居世界第一位。2009 年，我国机械装备工业就超过日本和美国，一跃上升到世界第一位。城市人均住宅建筑面积和农村人均住房面积成倍增加。群众家庭财产普遍增多，吃穿住行用水平明显提高。改革开放前长期困扰我们的短缺经济状况已经从根本上得到改变。缺衣少食、温饱不足的时代已一去不复返了。

中国改革开放经过 40 多年的发展，取得了巨大成就，中国社会的整体面貌发生了翻天覆地的变化。习近平总书记用“三个伟大飞跃”和“三个前所未有”来概括这种变化。然而，中国仍然“大而不强”，社会主义初级阶段的基本国情没有变，最大发展中国家的国际地位没有变。从整个国际形势看，世界正经历百年未有之大变局，新科技革命蓬勃发展，争夺第四次工业革命领导权的斗争空前激烈，美国为遏制中国发展，用尽了各种手段。从中国自身发展来看，中国社会主要矛盾转变为人民日益增长的美好生活需要和不平衡不充分的发展之间的矛盾。改革迎来了最为艰难的抉择，面临许多新的难题。突出表现为：发展方式滞后，发展质量不高的问题；核心技术受制于人，创新能力有待提高问题；官僚主义、形式主义依然严重，治理体系和治理能力亟待加强问题；发展不平衡不充分，结构不合理问题；意识形态领域斗争复杂，社会文明风尚需要进一步提高问题；国际关系扑朔迷离、不确定性增强，国家总体安全亟待加强问题，等等。如何把中国建设成为社会主义现代化强国，使中华民族真正“强起来”，实现伟大复兴成为新时代中国共产党人的重大使命。

改革开放是决定当代中国命运的关键一招。习近平总书记指出：“改革开放是一个系统工程”①，“全面深化改革是一项复杂的系统工程”②，既包括经济体制又包括政治体制、文化体制、社会体制、生态体制，既涉及生产力又涉及生产关系，既涉及经济基础又涉及上层建筑，每一项改革都会对其他改革产生重要影响。因此，必须坚持全面改革，在各项改革协同配合中推进。在全面深化改革的进程中，以习近平同志为核心的党中央提出新时代中国特色社会主义思想的世界观和方法论，实现了马克思主义哲学中国化新的飞跃。“六个必须坚持”开辟了马克思主义世界观和方法论的新境界；中国式现代化实现了马克思主义现代化观的新建构；全过程人民民主构成马克思主义国家观的新体系；形成以“两个结合”为中心的马克思主义文化思想的新体系；构建人类命运共同体观打开马克思主义世界史观的新视野。这些共同构成新时代中国特色社会主义思想世界观和方法论的基本内涵。

以习近平同志为核心的党中央系统谋划和建构中国式现代化的战略目标、发展布局、安全保障，加强对中国式现代化的全面领导，形成以“十个明确”“十四个坚持”“十三个方面成就”为主要内容的习近平新时代中国特色社会主义思想的新体系。党中央采取一系列战略性举措，推进一系列变革性实践，实现一系列突破性进展，取得一系列标志性成果。计算机技术，从“天河一号”到“天河二号”，计算速度领先世界；航天技术，从“神舟一号”到“神舟十九号”，从“嫦娥一号”到“嫦娥六号”，以及“天问”系列发射成功，不断取得新突破；海下深潜技术，“蛟龙”号和“奋斗者”号创世界深潜纪录；工程技术，解决了高原冻土施工、跨海大桥建设中的难题，青藏铁路、港珠澳跨海大桥建成通车；通信设备技术，逐渐确立世界制造中心地位，“墨子”通讯卫星升空，按照中国信息通信研究院的估计，2023 年数字经济规模达到 53.9 万亿元，

① 《习近平关于全面深化改革论述摘编》，中央文献出版社 2014 年版，第 35 页。

② 《习近平关于全面深化改革论述摘编》，中央文献出版社 2014 年版，第 38 页。

对国家 GDP 增长的贡献率达 66.5%。在数字化的整体浪潮中，一批中国科技巨头相继涌现，数字支付、现代物流成为中国人生活不可缺少的组成部分，网络基站建设从国内扩展到欧亚非拉等地。这一切都说明，在某些领域，我国正在由“跟跑者”变为“同行者”，甚至是“领跑者”。据国家统计局，2022 年我国 GDP 总量已近 130 万亿元，对全球经济增长的贡献率超过 30%。

二、马克思主义哲学中国化时代化积累哲学创新发展的丰富经验

中国共产党自成立的那天起，就始终如一地持续推进马克思主义哲学中国化时代化，积累了无比丰富的创新发展经验。从哲学方法论的层面来讲，马克思主义哲学中国化百年创新发展的历史经验，最为根本的就是坚持唯物辩证法，一切从实际出发，实事求是，与时俱进，充分发挥各类创新主体的作用，正确处理关涉全局的重大关系。具体来说，就是要正确处理“五大关系”，做到“五个结合”。

（一）领袖带头与专家学术引领相结合

马克思主义中国化不仅有政治层面的中国化，而且有学术层面的中国化。虽然二者在本质上是统一的，但侧重点却有所不同。政治层面的中国化更加强调中国共产党所代表的阶级立场，其着眼点在于如何组织和领导群众，将已经形成的理论构想运用于具体的特殊实践，解决当下的具体问题，必要时还得采取强制的措施，具有现实性、实用性较强的特点。学术层面的中国化则更加注重对马克思主义理论自身的阐释和建构，更加关注理论的内部逻辑及其范畴体系之间的关系，其着眼点在于解决理论思维的正确与错误，为实践提供理论依据，讨论和说服是其解决问题的基本方式，具有追求客观性和超现实性的特点。政治层面的中国化与学术层面的中国化是密切相关的，有时很难在他们之间划出一条截然分明的界线。政治家同时也是学术研究专家。从归根结

底的意义上讲，政治层面的中国化要以学术层面的中国化为基础，学术层面的中国化要把政治层面的中国化作为重要研究对象。政治层面的中国化只有与学术层面的中国化紧密结合，吸取和借鉴学术研究的成果，才可能是科学的和可靠的；学术层面的中国化借助政治层面的中国化，有助于提高理论向现实转化的效率。

1. 充分发挥领袖的政治带动作用。我们党的几代领导人都高度重视马克思主义哲学的学习和研究。不仅带头学习、研究和运用马克思主义哲学，而且部署全党的学习和推进计划，用马克思主义哲学武装全党。中国共产党的早期领导人都曾集中力量钻研和宣传马克思主义哲学，发表和出版了大量论著，为中国共产党的早期建设奠定了坚实理论基础。如李大钊于1919年发表《我的马克思主义观》，陈独秀于1922年发表《马克思学说》《马克思的两大精神》，瞿秋白于1923年和1924年先后出版《社会哲学概论》《现代社会学》《社会科学概论》，蔡和森于1924年出版《社会进化史》等，都是哲学论著。延安时期，毛泽东带头钻研马克思主义哲学，留下《毛泽东哲学批注集》，同时亲自讲授唯物辩证法，亲自组织成立哲学研究会，亲自组织流动图书馆，和朱德、周恩来、彭德怀等其他党的领导同志一起读书，并且写出《实践论》《矛盾论》等哲学论著，形成了毛泽东哲学思想，开辟了具有中国特点的革命道路。新中国成立后，毛泽东运用唯物史观和唯物辩证法，根据中国新暴露出来的问题，结合国际共产主义运动的经验和教训，深入研究中国社会主义建设的重大关系和主要矛盾，写出一大批新的哲学论著。他深有感慨地指出：任何国家的共产党人，一定要注意培养自己的理论家，并且根据新形势的需要，创造新的理论，写出新的著作，单靠老祖宗不行。

党的十一届三中全会后，邓小平领导我们党运用马克思主义哲学重新认识国情、重新认识社会主义，提出了一系列带有中国特点的哲学判断。其中最为重要的：一是解放思想与实事求是相统一的世界观；二是一般性与特殊性相统一的中国特色社会主义观；三是“义”和“利”相统一的价值观；四是“东西对话”和“南南合作”相统一的和平发展时代观。世纪之交，面对国内外复杂多变的形势，江泽民运用唯物史观分析时代特点，提出“三个代表”重要思想，从代表中国先进生产力发展的要求、代表先进文化的前进方向，代表中国最广大人民的根本利益三个方面总结执政党建设规律，回答了“建设什么样的党，怎样建设党”的问题，带领中国共产党人走出历史的困局，把中国特色社会主义成功推向21世纪。在新世纪的起点上，胡锦涛根据我国发展面临的新问题，从人类现代化发展的一般规律与我国现代化的特殊实际出发，提出科学发展观，从发展的根本价值、根本要求、根本方法三个方面对中国“实现什么样的发展、怎样发展”的问题作了精辟论述，迎来了中国快速发展的新时期。

党的十八大之后，习近平总书记曾多次主持中央政治局集体学习历史唯物主义和辩证唯物主义，在纪念马克思诞辰200周年时又发表重要讲话，高度评价马克思为人类发展作出的重大贡献，要求坚持马克思主义哲学的实践观、群众观、阶级观、发展观、矛盾观，用马克思主义哲学观察时代、解读时代、引领时代。习近平总书记关于中国所处历史方位的新判断，关于中国社会主要矛盾转变的新概括，关于新时代中国特色社会主义的新体系，关于人类命运共同体的新构想，开辟了马克思主义哲学中国化的新境界。

2. 高度重视专业哲学家的学术引领作用。中国共产党人又高度重视专家的学术引领作用。在中国共产党成立前后，大量马克思主义哲学著作经专家之手而被翻译出版介绍到中国来。青年毛泽东正是读了马克思和恩格斯合著的《共产党宣言》、考茨基的《阶级斗争》、英国人柯卡普的《社会主义史》等著作，从唯心主义转向唯物主义。1921年1月21日，在致蔡和森的信中，毛泽东表示：“唯物史观是吾党哲学的根据。”①延安时期，毛泽东十分谦虚地向哲学工作者请教。当时的艾思奇只有27岁，毛泽东在信中写道：“你的《哲学与生活》是你的著作中更深刻的书，我读了得益很多，抄录了一些，送请一看是否有抄错的。……今日何时有暇，我来看你。”②李达的《社会学大纲》，他也

① 《毛泽东书信选集》，中央文献出版社2003年版，第11页。
② 《毛泽东书信选集》，中央文献出版社2003年版，第102页。

是反复阅读。新中国成立后，在毛泽东的关心和推动下，各大高校相继推出自己的哲学教科书，有人大本、北大本、上海本、吉林本、湖北本、广东本，中央党校本，等等。20 世纪 60 年代则出版了由艾思奇主编的《辩证唯物主义历史唯物主义》统编教材。同时，受毛泽东委托，由李达重新编写《马克思主义哲学大纲》。同样，在中国拨乱反正的转折点上，邓小平积极支持理论界关于"实践是检验真理的标准"的大讨论，为恢复党的实事求是的思想路线，实现全党工作重心的转移，作出改革开放的重大战略决策，奠定了重要哲学基础。伴随思想解放的步伐，学术界掀起关于异化和人道主义、实践唯物主义、马克思主义人学、主体与客体关系、价值及其价值哲学等方面的大讨论，涌现出一批新的学术研究专家。党的十六大以来，中央政治局坚持集体学习的制度，先后邀请近 200 位专家到中南海讲课，其中就包括孙正聿、郭湛、韩庆祥等多名专业哲学家。

3. 营建民主和谐的讨论氛围，切实贯彻"双百"方针。回顾马克思主义哲学中国化的百年历史，几乎所有重大理论创新，都是以政治领袖为代表的政治家和学术专家共同努力完成的。从总体上看，二者的合作、交流是十分坦诚密切的，效果是相当显著的，但也留下了一些值得吸取的教训。例如，20 世纪五六十年代关于"综合经济基础论"与"单一经济基础论"的争论，关于"思维与存在同一性"的争论，关于"一分为二"与"合二而一"的争论，本来是正常的学术讨论，最后却被当成政治问题来对待，以致上纲上线，给马克思主义哲学乃至社会主义事业造成重大损失。正确处理马克思主义哲学中国化理论创新中的领袖带头作用与专家学术引领作用，关键在于坚持民主原则，营建良好的研究和讨论氛围。学术研究的确直接或间接地与政治问题相联系，但政治和学术之间并非没有差别，绝不能片面地在政治问题和学术研究之间画等号，拿政治标准考量一切学术问题，或者用政治领袖的指示代替学术研究，也不要因学术性而把政治问题排除在学术研究之外，而是要在"百花齐放，百家争鸣"方针下，坚持用学术讲政治，允许不同观点的争论和辨析，在相互学习和借鉴中发展马克思主义哲学。

(二)文本研究与实证考察相结合

文本研究和实证考察是理解、丰富和发展马克思主义哲学的两条基本途径。一方面,文本研读是弄清马克思主义哲学基本原理,正确理解马克思主义的基本前提,而走向实践,为变革实践提供理论指导,才是文本研读的根本目的;另一方面,只有深入实际,反映实践的诉求,汲取实践的营养,才能不断总结经验,用新的思想不断补充、丰富和发展马克思主义哲学。

1. 文本解读是弄懂马克思主义哲学的必要前提。我们党从建党之初,就十分重视对马克思主义哲学文本的研读。早在20世纪二三十年代,一批马克思主义哲学经典著作就被翻译出版。如陈望道翻译的《共产党宣言》(1920年),杜竹君翻译的《哲学的贫困》(1929年),杜畏之翻译的《自然辩证法》(1932年),笛秋和朱铁笙合译的《唯物主义和经验批判主义》(1930年),吴亮平翻译的《反杜林论》(1930年),等等。

在枪林弹雨的战争年代,甚至在艰难跋涉的二万五千里红军长征路上,在重病在身的行军担架上,毛泽东仍然手不释卷地研读马克思主义哲学的经典著作。1938年5月5日,在马克思诞辰120周年之际,延安创办"马克思列宁主义学院",由时任党的总书记张闻天亲自挂帅,王学文、陈昌浩、艾思奇、吴亮平、杨松等担任教学工作,目的是通过马列主义著作的学习和宣传,提高党的理论水平,培养更多理论研究人才,以适应革命斗争的需要。1942年开展的"延安整风运动",实质上是中国共产党领导的以反对哲学主观唯心主义、教条主义为主旨的学习运动。正是在这场运动中,毛泽东发表《改造我们的学习》《整顿党的作风》《反对党八股》等著作,深刻剖析主观主义、教条主义的危害及其认识论根源,把马克思主义哲学的根本观点概括为"实事求是"四个大字。他一再告诫全党:主观主义"是共产党的大敌,是工人阶级的大敌,是人民的大敌,是民族的大敌,是党性不纯的一种表现"①。为指导全党全面深

---

① 《毛泽东选集》第三卷,人民出版社1991年版,第800页。

入理解马克思主义，毛泽东亲自参与、数次推出“干部必读书目”。1943 年 3 月，毛泽东提出中央直属机关干部要读马列著作 40 本。而在之后召开的党的七大上，他则要求干部要读 5 本马列主义的书。

1949 年 2 月，党中央重新编审的“干部必读”书目共计 12 本。1963 年，党中央指示党内高级干部要进一步学习马列著作，中央宣传部拟定了“干部选读马恩列斯著作目录”（简称“三十本书”），其中包括马克思著作 8 部，恩格斯著作 3 部，列宁著作 11 部，斯大林著作 5 部，普列汉诺夫著作 3 部。①

党的十一届三中全会以后，邓小平号召全党要完整准确理解毛泽东思想。他说：“我们不能够只从个别词句来理解毛泽东思想，而必须从毛泽东思想的整个体系去获得正确的理解。”②针对“四人帮”的穷社会主义论，他说：“讲社会主义，首先就要使生产力发展，这是主要的。只有这样，才能表明社会主义的优越性。……空讲社会主义不行，人民不相信。”③江泽民要求强调党员干部、特别是高级干部要系统把握马克思主义，多读读《马克思恩格斯选集》《列宁选集》《毛泽东选集》和《邓小平文选》这几本书，但对经典著作的研读一定要与改革发展的实际结合起来。他说：“马克思、恩格斯、列宁和毛泽东同志，都善于根据实际情况的发展变化，提出新的思想和理论。”④他以恩格斯《一八九一年社会民主党纲领草案批判》、马克思《〈政治经济学批判〉序言》、列宁《帝国主义论》为例，说明马克思主义是与时俱进的学说，研读经典著作决不能将其当作刻板僵化的教条照搬照抄。胡锦涛在党的十七届四中全会提出：世界在变化，形势在发展，中国特色社会主义实践在深入，全党同志一定要不断学习、善于学习，持续推进马克思主义中国化、时代化、大众化，把建设马克思主义学习型政党作为重大而紧迫的战略任务抓紧抓好。

---

① 参见王东、陈有进、贾向云：《马列著作在中国出版简史》，福建人民出版社 2009 年版，第 123 页。

② 《邓小平文选》第二卷，人民出版社 1994 年版，第 43 页。

③ 《邓小平文选》第二卷，人民出版社 1994 年版，第 314 页。

④ 《江泽民文选》第三卷，人民出版社 2006 年版，第 25 页。

进入新时代，习近平总书记提出更高要求，“共产党人要把读马克思主义经典、悟马克思主义原理当作一种生活习惯、当作一种精神追求，用经典涵养正气、淬炼思想、升华境界、指导实践。”①要深入学、持久学、刻苦学，带着问题学、联系实际学，做到在继承中坚持、在坚持中发展、在发展中创新。

2. 实证考察是发展马克思主义哲学的基本功课。中国共产党人强调“本本”，但同时坚持把研读“本本”与实证考察结合起来，根据中国实践继承和发展马克思主义哲学。大革命时期，针对党内外对农民运动的种种诬蔑，毛泽东花 32 天时间，到湘潭、湘乡、衡山、醴陵、长沙五县调查，行走 700 多公里，写出了著名的《湖南农民运动考察报告》。在《反对本本主义》中，他明确提出：“离开实际调查就要产生唯心的阶级估量和唯心的工作指导，那末，它的结果，不是机会主义，便是盲动主义。”②“没有调查，没有发言权。”③新中国成立后的 1956 年三四月间，毛泽东与国家 34 个部委的主要负责人进行座谈，听取汇报，既总结成绩和经验，又了解问题和教训，为党的八大的召开做了重要准备，提供了理论支持。1961 年，毛泽东号召全党“搞一个实事求是年”活动，并对不做调查研究、闭门造车，遇事不与群众商量的主观主义、官僚主义发出警告。

邓小平同样是一位终生躬行调查研究的典范。20 世纪 60 年代初，正是在他的亲自领导下，通过大量调查研究，制定了工业七十条和其他文件。20 世纪 70 年代末，他到全国各地“点火”，为党的十一届三中全会的召开提供了重要准备。1980 年六七月间，邓小平专门到江苏、广东、山东、湖北、东北等几个省了解人民群众生产生活的现状，通过“一个省一个省算账”，认为八亿人口如果能达到“小康水平”，将是“一件很了不起的事情。”1992 年春天，针对姓“社”姓“资”的争论，88 岁高龄的邓小平，再次南下，深入到改革开放第一

① 习近平：《在纪念马克思诞辰 200 周年大会上的讲话》，人民出版社 2018 年版，第 26 页。

② 《毛泽东选集》第一卷，人民出版社 1991 年版，第 112 页。

③ 《毛泽东选集》第一卷，人民出版社 1991 年版，第 109 页。

线，途经武汉、深圳、珠海、上海等地，在与广大干部、群众的交谈中，切身体会改革的成就和问题，发表著名的南方谈话，用具体事实回答了一系列关系全局的重大问题。

江泽民著有《没有调查就没有决策权》一文，系统论述调查研究的作用。要求领导干部“每年至少抽出一两个月的时间，深入基层调查研究。所谓深入基层，去农村要到村到户，去工厂要到车间到班组，亲自听取群众呼声，了解群众想什么，盼什么，欢迎什么，反对什么”①。胡锦涛也非常重视调查研究，多次强调指出：“调查研究是一门科学。要真正沉下去，深入基层，深入群众，深入到生产工作第一线，广泛听取群众意见，努力掌握第一手材料，使调查研究的过程成为深入了解民情、充分反映民意、广泛集中民智的过程，成为密切联系群众、虚心向群众学习、深入做群众工作的过程。”②

党的十八大以来，习近平总书记多次进山区、访农家，与企业家座谈，与党内外人士交流，足迹遍布祖国大江南北，为分析我国新的时代特点，提出新的发展理念，制定新的发展战略，谋划新的发展布局，打下了坚实基础，刷新了中国特色社会主义的总体面貌。在新的历史条件下，继承和发扬了中国共产党的优良传统。

3. 坚持唯物辩证法，反对厚此薄彼的思想倾向。在当下的马克思主义哲学研究中，有两种倾向值得思考。一种倾向专注于文本研读，把马克思主义哲学理论创新等同于简单的文本梳理、文献解读，鄙视实践，目不窥园，满足于寻章摘句，闭门造车，其结果严重脱离现实，与世界发展大势相去甚远，与党和国家的要求格格不入。另一种倾向则认为，马克思主义是自由资本主义时代的产物，其主题在于无产阶级革命。随着全球化、信息化、智能化的发展，由于当代资本主义的新变化，社会主义制度在一些国家的失败，马克思主义实际上“已经过时了”“失效了”，即使搞清了文本，也不可能解决实际问题。因而极

① 《江泽民文选》第一卷，人民出版社 2006 年版，第 308 页。

② 《胡锦涛文选》第一卷，人民出版社 2016 年版，第 526 页。

力主张从“现实”出发，反对进行“文本”研读。习近平总书记指出，在我们的干部队伍中，既有“真经没念好”的问题，也有鼓吹马克思主义“过时论”的问题。这两种倾向都与马克思主义哲学的本义相背离，推行到底就是放弃马克思主义。实践证明，文本研读与实证考察是创新和发展马克思主义哲学的两个不可或缺的基本途径，二者相辅相成，难割难舍。处理好二者的关系，关键在于坚持唯物辩证法，防止将二者一分为二，各自为政，厚此薄彼。

（三）大众化研究与专业化研究相结合

大众化研究与专业化研究是马克思主义哲学理论研究的两种重要形式。一方面，马克思主义哲学只有通过大众化研究，才可能让哲学走出哲学家的课堂，变成人民大众改造世界的锐利武器，实现马克思主义哲学“改变世界”的目的。另一方面，马克思主义哲学只有通过专业化、深度化研究，才可能更加全面准确地理解马克思主义哲学的深刻思想内涵。

1. 大众化是哲学改变世界的必然要求。大众化研究是比专业化研究难度更大的学问。大众哲学家艾思奇曾经感慨地指出：写通俗文章不仅需要有材料、有内容，而且要讲究写作技术，文字要具体轻松、通俗流畅，“要和现实生活打成一片。”①也就是说，大众化研究是比专业化研究“更上一层楼”的工作。强调马克思主义哲学大众化，这是我们党一贯的方针。我们党的早期领导人李大钊、陈独秀、李达、瞿秋白都是大众哲学家。他们以通俗的作品、利用各种机会向知识分子和其他群众讲解和宣传马克思主义，为中国共产党的创立和早期发展打下了重要哲学基础。艾思奇的《大众哲学》适应时代的要求，仰仗马克思主义真理的力量，以通俗的形式和生活的事例，通过解答人民大众特别是广大青年心灵深处的困惑和疑问，激起无数人心灵的共鸣，引导无数青年走上革命道路。此外，还有李达的《现代社会学》《社会学大纲》，陈唯实的《通俗辩证法讲话》《通俗唯物论讲话》《新哲学世界观》，沈志远的《新人生观

① 《艾思奇全书》第一卷，人民出版社2006年版，第602页。

讲话》《社会科学基础讲座》《通俗哲学讲话》，以及胡绳的《哲学漫谈》《辩证法唯物论入门》《思想方法》《怎样搞通思想方法》，胡乔木的《中国共产党的三十年》等，都是通俗读物。它们以通俗化的语言、生动的事例，为广大干部讲述马克思主义哲学的基本原理，解答人生困惑，回应理论和现实问题，展望中国未来，为提高广大干部的思维修养，形成中国共产党哲学大众化的优良传统产生了相当广泛的影响。

新中国成立后，毛泽东持续推进马克思主义哲学大众化的工作，不仅希望通过教材编写提升高校哲学课的教学和科研，而且希望哲学从哲学家的课堂走向普通大众，变为人民群众改造世界的武器。邓小平对马克思主义哲学大众化有着十分深刻的理解。他指出，大众化并不等于简单化、庸俗化，把毛泽东思想说成"老三篇"，鼓吹"顶峰"论，就是庸俗化的表现。他强调，给群众读的东西要简短一些，"学马列要精，要管用的。长篇的东西是少数搞专业的人读的，群众怎么读？要求都读大本子，那是形式主义的，办不到。"①习近平总书记指出，深入推进大众化研究在时下中国已经成为一个十分迫切的问题。在一些地方，马克思主义被边缘化、空泛化、标签化，在一些学科中"失语"，在教材中"失踪"，在论坛上"失声"。② 有的理论工作者依然用"老办法、老调调、老习惯"讲马克思主义，表达方式呆板单调，感染力不强，回应能力不足，时效性、针对性、可读性不强，必须下功夫改进。

2. 专业化是深刻理解中国化的基本前提。大众化研究是以专业化研究为前提的。如果没有专业化研究，大众化就可能成为无源之水，无本之木。正是由于这个原因，中央在不同历史时期相继成立了多种专门的翻译、研究、出版机构，相继对马克思主义哲学经典著作展开多方面的研究工作。1921 年，中国共产党一成立，就在上海成立人民出版社，准备出版《马克思全书》15 种，《列宁全书》14 种、《康民尼斯特丛书》11 种和其他书籍 9 种。1942 年 9 月，

---

① 《邓小平文选》第三卷，人民出版社 1993 年版，第 382 页。

② 习近平：《在哲学社会科学工作座谈会上的讲话》，人民出版社 2016 年版，第 10 页。

毛泽东写信给时任中宣部长凯丰，特别强调了翻译工作的重要性，希望整风结束后，中央成立一个专门的编译部，有二三十人从事编译工作，大批翻译马列经典著作及英法德古典书籍，认为这是一个“功德无量”的工作。① 1945 年 4 月 25 日，在党的七大所作的口头政治报告第三部分第二个问题，毛泽东再次强调了翻译工作的重要性。他说：我们很多同志都是“土包子”，不懂外语，不能直接阅读马列经典著作，这就需要从事翻译工作的同志下功夫。马列经典著作、各国马克思主义者的东西，以及具有进步意义的民主主义者的东西都要翻译。②

新中国成立后，1953 年 1 月，经认真研究和周密考虑，中共中央决定组建中央编译局，作为专门的编译中心，系统地、有计划地翻译马列经典著作。“文化大革命”结束后，《哲学研究》等一批被停办的学术刊物重新复刊，《中国社会科学》等一批新的学术期刊被创办起来。2004 年 1 月，中共中央发出《关于进一步繁荣发展哲学社会科学的意见》，把繁荣发展哲学社会科学与党和国家事业的“发展的全局”“综合国力”相联系，认为建设中国特色社会主义离不开以马克思主义为指导的哲学社会科学的繁荣发展，明确提出要实施“马克思主义理论研究和建设工程”。此后，各高校相继成立“马克思主义学院”或“马克思主义研究院”，中宣部、教育部提出并设立马克思主义理论一级学科。党的十七届四中全会强调，要大力推进马克思主义“中国化、时代化、大众化”。我国马克思主义哲学界先后对真理标准、人道主义和异化问题、主体性与主体性原则、实践唯物主义、价值问题、哲学创新等问题进行深入研究，涌现出一大批创新性成果，拓展了对马克思主义哲学中国化的认识视野，给马克思主义哲学中国化理论创新提供了多方面的思想启迪。但创新是没有止境的，新时代又提出许多新的问题。

习近平总书记指出，哲学社会科学工作者要在研究上多下功夫，多搞“集

① 《毛泽东书信选集》，人民出版社 1983 年版，第 202 页。

② 《毛泽东在七大的报告和讲话集》，中央文献出版社 1995 年版，第 147—148 页。

成”和“总装”，多搞“自主创新”和“综合创新”，要按照立足中国、借鉴国外，挖掘历史、把握当代，关怀人类、面向未来的思路，着力构建中国特色哲学社会科学，在指导思想、学科体系、学术体系、话语体系等方面充分体现中国特色、中国风格、中国气派。这一论述，为哲学社会科学在新的历史条件下的深度化研究指明了方向。

3. 大众化与专业化相辅相成，相互促进。专业化研究与大众化研究是马克思主义哲学中国化的两种创新方式和书写方式。大众化研究反映的是马克思主义哲学研究的广度，专业化研究反映的是马克思主义哲学研究的深度，二者相辅相成、相互促进、不可分割。处理好二者的关系，既要看到专业化研究的基础性、根本性、深刻性，又要看到大众化研究的目的性、前沿性、广泛性。只有在深度和广度两个方面下功夫，马克思主义哲学才可能在更大范围为世人所瞩目。

（四）融合传统文化与借鉴现代文明相结合

融合传统文化与借鉴现代文明是马克思主义哲学中国化理论创新的两个重要营养之源。一方面，马克思主义哲学产生于 19 世纪的欧洲，吸取了古希腊哲学、欧洲中世纪哲学、近代英法经验论和唯理论哲学、特别是德国古典哲学、法国费尔巴哈唯物主义哲学的精华，代表了人类文明发展的现代性。马克思主义哲学作为开放的体系，本质上要求我们面向世界，不断吸取人类先进文明成果，化作马克思主义哲学新的机体和血肉。另一方面，马克思主义哲学一踏上中国土地，就要接触中国本土文化，用中国百姓喜闻乐见的语言来表达，在与中国传统的融合中向前推进发展。马克思主义哲学中国化的过程，就是融汇中国传统文化及其现代文明而不断综合创新的过程。

1. 融合传统文化是中国化的应有之义。中国共产党人始终致力于马克思主义哲学与中国传统文化的融合。毛泽东一生留下大量关于马克思主义与中国传统文化关系的论述。他指出：“我们信奉马克思主义是正确的思想方法，这并不意味着我们忽视中国文化遗产和非马克思主义的外国思想的价值。”①从孔夫子到孙中山，中华民族的祖先创造了灿烂的古代文化，留给我们一份珍贵的遗产，我们应该好好总结。我们的方法是“剔除其封建性的糟粕，吸收其民主性的精华”。不仅懂得希腊，还要懂得中国；不仅懂得中国的今天，还要懂得中国的昨天和前天。

邓小平也非常重视对优秀传统文化的继承发展，强调既要继承其中“好东西”，又要变革其迂腐观念。比如，在义利关系问题上，邓小平纠正了传统“重义轻利”的观念，强调社会主义不仅讲“义”，也要讲“利”。“如果只讲牺牲精神，不讲物质利益，那就是唯心论。”②在个体与整体的关系上，邓小平纠正了传统的“重整体，轻个体”的观念。他认为，在社会主义制度下，整体利益与个体利益是统一的，但决不能以国家利益的名义取代个人利益。党和国家政治生活中的家长制作风，经济活动中的重农抑商、平均主义、小富即安、因循守旧观念，社会关系中的封建宗法、等级观念，文化生活中的专制主义作风以及轻视科学的思想观念，对外关系中的闭关锁国、夜郎自大思想等等，都必须彻底加以肃清。中国共产党人一贯注重发扬和保护本民族优秀传统文化，强调同学习借鉴其他文明成果结合起来，发展繁荣社会主义文化事业。

习近平总书记面对世界百年未有之大变局，从解决中国和世界面临的现代化难题出发，对中国传统文化的价值意义作出一系列更为具体的论述。他认为，中国传统文化中最富有时代意义的价值，包括“民惟邦本”人本观，“天人合一”的世界观，“和而不同”的君子观，“天行健，君子以自强不息”的主体观，“天下兴亡，匹夫有责”的天下观，“以德治国、以文化人”的治理观，“君子义以为质”的义利观，“言必信，行必果”的诚信观，“仁者爱人”的人我观，“扶贫济困”共富观。“像这样的思想和理念，不论过去还是现在，都有其鲜明的民族特色，都有其永不褪色的时代价值。”③中国共产党人是马克思主义者，但中国共产党人不是历史虚无主义者，也不是文化虚无主义者。2023 年 6 月，

---

① 《毛泽东文集》第三卷，人民出版社 1996 年版，第 191 页。

② 《邓小平文选》第二卷，人民出版社 1994 年版，第 146 页。

③ 《习近平谈治国理政》第一卷，外文出版社 2018 年版，第 170 页。

在文化传承发展座谈会上，习近平总书记进一步强调：中华文明具有突出的连续性、创新性、统一性、包容性、和平性，只有全面深入了解中华文明的历史，才能更有效地推动中华优秀传统文化创造性转化、创新性发展，更有力地推进中国特色社会主义文化建设，建设中华民族现代文明。把马克思主义基本原理同中国具体实际、同中华优秀传统文化相结合是必由之路。“结合”的前提是彼此契合，“结合”的结果是互相成就，“结合”筑牢了道路根基，“结合”打开了创新空间，“结合”巩固了文化主体性。

2. 借鉴人类文明成果是中国化的重要思想内涵。中国共产党人一开始就是一个面向世界的政党。20 世纪二三十年代，李大钊就辩证分析东西文明的不同特点，认为东西文明犹如“车之两轮、鸟之双翼”，二者互补，共同塑造了世界文明。但现在东西文明患上了沉重的弊病，要挽救人类文明，必须采取“东西互补、动静双修”的综合创新之道，创造“第三文明”——社会主义新型文明。1940 年，在《新民主主义论》中，毛泽东指出：“中国应该大量吸收外国的进步文化，作为自己文化食粮的原料”，“凡属我们今天用得着的东西，都应该吸收”。① 新中国成立后，毛泽东多次表达了学习和借鉴现代文明成果的思想。1956 年发表的《论十大关系》，其中专门有一节论述“中国与外国的关系”。他认为，一切国家和民族的长处都要学，但有批判地学，决不能机械照搬照抄，要打倒思想上的“奴隶主义”，独立自主地干中国式的现代化。在与音乐工作者的谈话中，他进一步指出：文艺工作者要吸收外国的好东西，掺杂一些民族的形式，大胆创新，搞出一些“不中不西”“非驴非马”的东西来，两个半瓶醋可以合成一瓶醋。20 世纪 70 年代初，毛泽东和周恩来巧妙运用“乒乓外交”打开中美大门，争取中日邦交正常化，为中国和世界的正常交流奠定坚实基础。

党的十一届三中全会前夕，中央曾派出两个考察团，12 位副总理及副委员长以上的中央领导人，先后 20 次出访 50 多个国家，深入西欧和东亚一带，

---

① 《毛泽东选集》第二卷，人民出版社 1991 年版，第 706、707 页。

了解世界现代化发展步伐。邓小平亲自出访日本、新加坡等 8 个国家。为中央做出改革开放的战略决策提供了重要依据。邓小平一再强调：现在的世界是开放的世界，任何一个国家要想离开其他国家而单独发展都不可能。人类文明是没有阶级性的，资本主义可以用，社会主义也可以用。要突破姓“社”姓“资”的僵化框架，大胆吸收资本主义一切先进文明成果，创造相对于资本主义的优势。中国共产党人正是辩证吸收现代政治文明的有益成果，积极推进政治体制的制度化、程序化、法治化建设，国外广泛采用的干部退休制度、公务员制度、反腐倡廉制度都先后被我们所采纳；同时，突破苏联僵化模式的教条，实现了公有制和其他多种所有制形式的结合、按劳分配为主体和其他多种分配方式并存的结合，市场决定作用与政府调节作用的结合，肯定非公有制经济的合法地位，国家承认和保护合法的私有财产，等等。

党的十八大以来，习近平总书记从更为广阔的视角论述了如何借鉴世界先进文明成果的问题。一方面，对人类社会创造的各种文明，“无论是古代的中华文明、希腊文明、罗马文明、埃及文明、两河文明、印度文明等，还是现在的亚洲文明、非洲文明、欧洲文明、美洲文明、大洋洲文明等，我们都应该采取学习借鉴的态度，都应该积极吸纳其中的有益成分，使人类创造的一切文明中的优秀文化基因与当代文化相适应、与现代社会相协调，把跨越时空、超越国度、富有永恒魅力、具有当代价值的优秀文化精神弘扬起来。”①另一方面，针对西方一些国家所谓“中国威胁论”，习近平总书记指出：人类文明不可能只有一个色调、一个模式。现在世界上共有 2500 多个民族，要求世界每个民族都只穿一种服饰，听一种音乐，这是不可能的。各种文明之间要相互尊重、平等相待、取长补短、相互借鉴。“我们既要让本国文明充满勃勃生机，又要为他国文明发展创造条件，让世界文明百花园群芳竞艳。”②这些论述，表达了中国共产党人学习借鉴人类文明、为人类文明发展作出贡献的决心。

① 《习近平著作选读》第一卷，人民出版社 2023 年版，第 280—281 页。

② 《习近平谈治国理政》第三卷，外文出版社 2020 年版，第 469 页。

3. 不断促进传统文化与世界文明的结合。在百年马克思主义哲学中国化的进程中，中国共产党人不断探寻马克思主义哲学与中国传统文化，以及世界先进文明结合的规律，取得了举世瞩目的成就。但在一段时间里，由于思想和认识的偏差，对传统文化和现代世界文明也曾不加分析加以拒斥，给社会主义现代化建设造成巨大损失。我们必须牢记历史教训，坚持“古为今用，洋为中用”的方针，在马克思主义思想方法的指导下，不断促进中国传统文化与现代世界文明的融合，使之成为理论创新的重要元素和营养，并使二者共同为中国特色社会主义事业服务。

（五）国内研究与国外研究相结合

马克思主义哲学中国化不仅有中国国内研究，还存在着国外研究。就国内学者而言，马克思主义哲学是国家意识形态的重要体现，其研究的侧重点在于通过多种途径，探析马克思主义哲学的本义及其在中国创新发展的规律和经验，建构马克思主义哲学中国化新形态。国外研究其侧重点则是通过对马克思主义哲学及其中国化马克思主义哲学的比较，探析中国化马克思主义哲学的思想实质及其特点，呈现出不同的逻辑和特点。

1. 国外研究具有不同于国内研究的特点。国外从事马克思主义中国化研究的思想群体十分庞杂，他们的研究，或者出于对马克思主义的钦慕以及对社会主义事业的关心，或者为本国利益和战略服务，或者借鉴中国经验，为本国改革提供参考，或者受学科研究转向的影响。他们的研究也从来没有固定不变的主题，总是随中国政治、经济形势的变化而变化。总体而言，绝大多数国外学者高度评价马克思主义哲学在中国的创新发展。

早在 20 世纪 30 年代，斯诺在《西行漫记》中就指出：“毛泽东是一个认真研究哲学的人。”苏联学者赞扬毛泽东、朱德领导的红军具有“钢铁般的意志”。施拉姆认为，毛泽东并不是一个盲目排斥西方现代化的人。“许多事情说明，当今邓小平的中国和 20 年前毛泽东的中国有了不同，但是有一件事一点也没改变：即为寻求一条现代化的道路而向西方学习，特别是向马克思主义学习,同时又保留中国自己的特色,他们都以此为目标”。① 尼克·奈特指出:毛泽东所谓马克思主义哲学中国化,就是“既不抛弃马克思主义的普遍原理,又能够将这种普遍原理应用于一个国家特殊的历史条件和文化环境。”②

党的十一届三中全会以后所采取的改革开放措施,其理论依据仍然是马列主义的基本原理。迈斯纳认为,与传统社会主义强调“以阶级斗争为纲”的理论相比,以邓小平同志为主要代表的中国共产党人,重视生产力发展和改善人民生活水平,这是“新版的中国马克思主义理论”“更加正统的马列主义理论”。③ 季塔连柯认为,在《共产党宣言》的第三章,马克思曾对三种社会主义观展开批判,相比之下,邓小平理论的构想是对苏联式社会主义的批判,“可以作为《共产党宣言》的第三章第四节。”④邓小平的改革没有既定的模式,一切都取决于实践效果的检验,“所谓邓小平的实用主义,就是反复试验,在其奏效之前,要想在制度上给予承认是很不容易的。”⑤在这里,所谓“实用主义”实质上是“实事求是”的意思,是对邓小平的赞扬。正如张大卫指出的:邓小平“提出了一条讲求实效的格言:‘实践是检验真理的唯一标准’,这种观点把一切意识形态都置于受其实践效果所检验的地位”。⑥

美国纽约大学终身教授熊玠明确提出“习近平时代”的概念,赞扬习近平从前辈手中接过实现民族伟大复兴的接力棒,在前人的基础上奋力推进。

---

① Stuart R. Schram, *The Thought of Mao Tse-Tung*, New York: Cambridge University Press, 1989, p.196.

② Colin Mackerras, Nick Knight, *Marxism in Asia*, New York: St. Martin's Press, 1985, p.84.

③ Maurice Meisner, *Mao's China and After: a History of the People's Republic*, New York: the Free Press, a Division of Macmillan, Inc., 1986, p.466.

④ [俄]季塔连柯:《对毛泽东、邓小平社会主义理论的比较研究》,《中共党史研究》2001年第6期。

⑤ [日]渡边利夫:《邓小平的经济思想与改革开放》,《国外中共党史研究动态》1994年第6期。

⑥ [美]张大卫:《中流砥柱,各有千秋——周恩来与邓小平》,中国广播电视出版社1988年版,第3页。

“中国前所未有地接近了实现国家伟大复兴的梦想。”①特里尔（Ross Terrill）认为，习近平的历史使命就是领导中国完成“三大治理”，即执政党治理、国家治理、全球治理；规避“两大陷阱”，即中等收入陷阱、修昔底德陷阱；实现“一大跨越”，即从发展中国家向发达国家的跨越，进而实现中华民族伟大复兴。②

2. 以坚定的信念加强国内外学术交流。国外学者以旁观者的身份看问题，他们的研究，无疑给我们提供了另外一种思想参照。即使他们提出的挑战性问题，也能启发我们去思考，加深我们对马克思主义哲学的研究。正确看待国外学者的研究，加强国内外学术交流，不仅有助于推动国内马克思主义哲学中国化研究，而且有助于扩大中国马克思主义的世界影响，坚定我们走中国特色社会主义的信念。但在国外研究中，也有人出于立场、观点和方法的不同，对中国化马克思主义哲学思想实质、价值取向提出了一些值得商榷，甚至错误的观点，诸如“唯意志论”“民粹主义论”“实用主义论”等，他们或者从形而上学思维方式出发，教条地理解马克思主义；或者不懂得革命的普遍性与特殊性关系的原理，陷入乌托邦式的幻想；或者脱离中国革命建设和改革开放的具体实际，空谈理论。这需要我们下功夫进行分析和评判，既吸取其有益成果，又保持头脑清醒。只有这样，我们才可能在正确的方向推进马克思主义哲学中国化研究。

三、马克思主义哲学中国化时代化奠定创造人类文明新形态的世界观和方法论基础

早在 20 世纪 40 年代，冯友兰就曾提出，“中国哲学足以救世界而有余。”③中国共产党人作为马克思主义者，在百年奋斗中创造了人类文明新形

① James C. Hsiung, *The Xi Jinping Era*: *His Comprehensive Strategy toward of China Dream*, Beijing times Chinese book co., LTD. Press, 2015, p.10.

② 参见《新一轮“赶考”，历史关口风高浪急》，《学习时报》2016 年 9 月 5 日。

③ 冯友兰：《三松堂全集》第 11 卷，河南人民出版社 2001 年版，第 58 页。

态。这种文明新形态具有协调性、人民性、创造性建设、和平主义、未来性等特征。① 中国化马克思主义哲学则奠定了创造人类文明新形态的哲学基础。而它之所以能够担当这一重任,与自身独有的特点有着不可分割的联系。

(一)人民至上、义利统一的价值立场

马克思主义哲学一开始就是面向工人阶级的,是为广大劳动群众的解放服务的。"哲学把无产阶级当做自己的物质武器,同样,无产阶级也把哲学当做自己的精神武器"。② 人民群众不仅是物质文明的创造者,也是精神文明的创造者。恩格斯晚年在《路德维希·费尔巴哈和德国古典哲学的终结》一文回顾马克思主义哲学与黑格尔、费尔巴哈哲学的关系,在尾声之处强调:"在劳动发展史中找到了理解全部社会史的锁钥的新派别,一开始就主要是面向工人阶级的,并且从工人阶级那里得到了同情"③。鲜明地指出了马克思主义哲学的阶级立场。在《共产党宣言》《社会主义从空想到科学的发展》等著作中,马克思和恩格斯把未来社会描述为一个"自由人的联合体"。在这个联合体里,生产力高度发达,物质财富充分涌流,消灭了阶级剥削和压迫,实行有计划生产,消除了资本主义生产的无政府状态,产品实行"按需分配",劳动不再是谋生的手段,人们不再受自然规律的支配而成为自然界的真正主人,以往支配人们的异己力量开始处于人们的控制之下,"只是从这时起,人们才完全自觉地自己创造自己的历史"④。社会主义、共产主义本质上是义利统一的社会形态。

中国共产党人始终不渝地为人民利益而奋斗。大革命时期,共产党领导人民"打土豪,分田地",得到人民群众的衷心拥护。面对敌人的围追堵截,中

① 参见刘日明:《马克思对资本主义文明的批判与人类文明新形态》,《哲学研究》2023 年第 2 期。

② 《马克思恩格斯文集》第 1 卷,人民出版社 2009 年版,第 17 页。

③ 《马克思恩格斯文集》第 4 卷,人民出版社 2009 年版,第 313 页。

④ 《马克思恩格斯文集》第 3 卷,人民出版社 2009 年版,第 564 页。

国共产党人头顶理想，脚踏实地，完成艰苦的二万五千里长征。用小米加步枪战胜武装精良的日本帝国主义和国民党反动派，取得新民主主义革命的胜利，建立中华人民共和国，消灭了阶级剥削和压迫，人民当家作主，成为国家真正的主人。邓小平一再强调：要尊重群众的首创精神，要集中群众的智慧，注意倾听群众的呼声，了解群众的情绪，代表群众利益，把人民群众拥护不拥护、赞成不赞成、高兴不高兴、答应不答应作为制定各项方针政策的出发点，作为判断各项工作成败得失的基本标准。中国特色社会主义"三步走"的发展战略，也是围绕人民的"温饱""小康""富裕"来展开的。江泽民提出"三个代表"重要思想，其中之一就是"代表中国最广大人民的根本利益"。胡锦涛提出科学发展观，首先强调，科学发展观，"核心是以人为本"。进入新时代，习近平总书记多次强调，"打江山、守江山，守的是人民的心。"①坚持人民至上不是抽象玄奥的理念，要紧紧依靠人民群众推进改革，坚持共建共享，深入推进全过程人民民主，健全人民群众当家作主的制度体系。"坚持人民主体地位，充分体现人民意志、保障人民权益、激发人民创造活力。"②

人民群众是历史的创造者。中国共产党坚持以人民为主体，人民不仅是中国特色社会主义的建设者、依靠者，而且是生产资料的占有者、使用者，国家制度的制定者、监督者，利益的创造者、共享者，中国式现代化得到人民群众的衷心拥护，这使中国式现代化与其他现代化有了本质区别，也是中国式现代化持续创新发展的动力之源。

（二）实事求是、主客统一的世界观基础

实践的观点是马克思主义哲学不同于一切旧哲学的根本观点。在马克思看来，实践是人类与动物相区别的本质性特点。人正是通过劳动实践活动把

---

① 《习近平谈治国理政》第四卷，外文出版社 2022 年版，第 63 页。

② 习近平：《高举中国特色社会主义伟大旗帜　为全面建设社会主义现代化国家而团结奋斗——在中国共产党第二十次全国代表大会上的报告》，人民出版社 2022 年版，第 37 页。

主观世界和客观世界联系起来，把自己的意志强加于自然界，改造无机界，把“自在世界”改造为“为我世界”。人类正是在不断改造客观世界的斗争中获得解放，实现从必然王国向自由王国的飞跃。以黑格尔、费尔巴哈为代表的德国古典哲学坚持从“绝对观念”“思想感情”出发，而马克思主义哲学则从现实出发，“我们的出发点是从事实际活动的人。”①德国人从天国降到人间，而我们则是从人间升到天国。恩格斯认为，哲学上存在着唯物唯心两大阵营。“凡是断定精神对自然界说来是本原的，从而归根到底承认某种创世说的人（而创世说在哲学家那里，例如在黑格尔那里，往往比在基督教那里还要繁杂和荒唐得多），组成唯心主义阵营。凡是认为自然界是本原的，则属于唯物主义的各种学派。”②列宁把唯物唯心的划分称之为哲学的党性原则。

毛泽东最早用中国古典成语把马克思主义哲学的根本观点概括为“实事求是”四个大字。根据毛泽东本人的解释，“实事”就是客观存在着的一切事物，“是”就是事物的内部联系、规律性，“求”就是去探索、研究。实事求是首先承认事物及其规律的客观性，同时肯定人的主体能动性和目的性，是主体性和客观性、目的性和规律性的统一。在党的十一届三中全会的主题报告中，邓小平在“实事求是”的前面加上“解放思想”，强调解放思想是实事求是的前提，只有解放思想才能做到实事求是。所谓解放思想，就是做到“两个结合”，即主观和客观相结合，理论和实际相结合。解放思想就是实事求是。之后，江泽民提出“与时俱进”，告诫人们客观世界是不断变化发展的，作为认识主体的人们必须不断体认这种变化，在发展中认识客观事物。实践没有止境，解放思想也没有止境。胡锦涛提出全党要大力弘扬“求真务实”精神。他说：“求真务实，是辩证唯物主义和历史唯物主义一以贯之的科学精神，是我们党的思想路线的核心内涵，也是党的优良传统和共产党人应该具备的政治品格。”③进入新时代，习近平总书记坚持和发展了中国共产党人实事求是的世界观。

① 《马克思恩格斯文集》第1卷，人民出版社2009年版，第525页。

② 《马克思恩格斯文集》第4卷，人民出版社2009年版，第278页。

③ 《胡锦涛文选》第二卷，人民出版社2016年版，第151页。

他强调指出:实事求是是我们党的思想路线的重要内容。能不能做到实事求是,是党和国家各项工作成败的关键。全党同志一定要把实事求是贯穿到各项工作中去,经常、广泛、深入开展调查研究,努力把真实情况掌握得更多一些、把客观规律认识得更透一些,找到破解难题的办法和路径。要大兴调查研究之风,倡导求真务实精神,真抓实干,吹糠见米,出水方见两脚泥,切忌浮于表面、流于形式、隔山打牛。习近平总书记关于实事求是的重要论述“不仅突出强调实事求是是马克思主义的精髓和灵魂、是马克思主义中国化理论成果的精髓和灵魂以及兴党之魂,而且深刻揭示了实事求是作为党的思想方法、工作方法和领导方法以及作风的新时代意涵及实践要求”。①

实事求是是马克思主义哲学的精髓,是唯物主义世界观的体现。中国共产党人一以贯之地坚持实事求是的思想路线,使中国共产党人能够从实际出发,与教条主义、本本主义、主观唯心主义划清界限,准确判断形势发展,客观分析时代和国情,把握发展规律,制定符合客观实际的正确的战略策略以及方针政策,实现唯物论、认识论和辩证法的统一。这是中国共产党人能够开创人类文明新形态的世界观基础。

(三)实践第一、知行合一的认识论前提

马克思主义哲学的认识论建立在实践的基础之上,是“解释世界”和“改变世界”的统一。马克思批评以往的哲学家只是用不同的方式解释世界,而问题在于改变世界。恩格斯认为,人的认识是一个无限接近于真理的过程,“思维的至上性是在一系列非常不至上地思维着的人中实现的;拥有无条件的真理权的认识是在一系列相对的谬误中实现的;二者都只有通过人类生活的无限延续才能完全实现。”②列宁区分了认识论上的唯物主义和唯心主义,认为“人的意识不仅反映客观世界,并且创造客观世界”,“实践高于(理论的)

① 汪信砚:《习近平总书记对马克思主义哲学中国化的重大理论贡献》,《哲学研究》2023年第9期。

② 《马克思恩格斯文集》第9卷,人民出版社2009年版,第91页。

认识,因为它不仅具有普遍性的品格,而且还具有直接现实性的品格"。① 认识是思维对客体的永远的、无止境的接近。"认识是人对自然界的反映。但是,这并不是简单的、直接的、完整的反映,而是一系列的抽象过程,即概念、规律等等的构成、形成过程,这些概念和规律等等(思维、科学='逻辑观念')有条件地近似地把握永恒运动着和发展着的自然界的普遍规律性。……人不能完全地把握=反映=描绘整个自然界、它的'直接的总体',人只能通过创立抽象、概念、规律、科学的世界图景等等永远地接近于这一点。"②一切科学的抽象都更深刻、更正确、更完全地反映自然。"从生动的直观到抽象的思维,并从抽象的思维到实践,这就是认识真理、认识客观实在的辩证途径。"③逻辑学不是关于思维外在形式的学说,而是关于认识发展规律的学说,即对世界的认识的历史的总计、总和、结论。

在中国共产党的历史上,毛泽东继承马克思、恩格斯、列宁关于认识论的基本观点,创作《实践论》,结合中国革命的经验和教训,吸取中国传统哲学认识论的合理因素,把实践界定为"主观见之于客观"的活动④,认为实践是认识的来源,实践是认识的目的,实践是认识发展的动力,实践是检验认识真理性的标准。一个正确的认识往往要经历从感性到理性、从理性到实践的多次反复。"实践、认识、再实践、再认识,这种形式,循环往复以至无穷",这就是认识运动的辩证法,由此构建了旨在实现"主观和客观、理论和实践、知和行的具体的历史的统一"的知行统一观,⑤奠定了中国马克思主义哲学认识论的基础。邓小平在毛泽东的基础上,进一步把马克思主义的"实践标准"发展为"三个有利于"标准。他说:"实践这个标准最硬,它不会做假。"⑥针对姓"社"

① 《列宁全集》第 55 卷,人民出版社 2017 年版,第 182、183 页。
② 《列宁全集》第 55 卷,人民出版社 2017 年版,第 152—153 页。
③ 《列宁全集》第 55 卷,人民出版社 2017 年版,第 142 页。
④ 《毛泽东选集》第二卷,人民出版社 1991 年版,第 477 页。
⑤ 《毛泽东选集》第一卷,人民出版社 1991 年版,第 296 页。
⑥ 《邓小平思想年编:1975—1997》,中央文献出版社 2011 年版,第 709 页。

姓"资"的抽象争论,邓小平指出,应该根据实践来回答"什么是社会主义,怎样建设社会主义"的问题,离开实践的争论是纯粹唯心主义的空想。他批判了教条主义的思维模式,迷信别国模式的思维模式、穷社会主义的思维模式。鼓励干部群众大胆试、大胆闯。他说:"我们现在所干的事业是一项新事业,马克思没有讲过,我们的前人没有做过,其他社会主义国家也没有干过,所以,没有现成的经验可学。我们只能在干中学,在实践中摸索。"①一项政策好不好,关键看实践效果。好则继续推广,不好就关掉。应该说,这是改革开放中的"新实践论""新知行统一观"。江泽民从马克思主义认识论的基本原理出发,要求干部群众一定要与时俱进,不断根据实践的要求进行创新。他说:"社会实践是不断发展的,我们的思想认识也必须不断前进,不断根据实践的要求进行创新。思想解放、理论创新,是引导社会前进的强大力量。"②胡锦涛强调必须大力弘扬理论联系实际的马克思主义学风,"要以马克思主义为指导,以我国改革开放和现代化建设的实际问题、以我们正在做的事情为中心,着眼于马克思主义理论的运用,着眼于对实际问题的理论思考,着眼于新的实践和新的发展,解放思想、实事求是,研究新情况、解决新问题、总结新经验,既珍惜已有成果和经验,又随着实践发展不断有所创新。"③党的十八大以来,习近平总书记对"知行合一"进行了新的理论阐述和实践探索,不仅重新阐释了知行关系,而且深入论述了实践知行合一的途径。他指出:"'知'是基础、是前提,'行'是重点、是关键,必须以'知'促'行',以'行'促'知',做到知行合一,"知和行相辅相成,"只有把道理真正弄懂了,行动才能自觉持久;只有行动上落实了,对道理的领悟才能更深入。"④要求把知行合一变为共产党人自觉的德性修养,成为反对形式主义、官僚主义的武器。

坚持和发展马克思主义认识论,折射出中国共产党人与时俱进的思想风

① 《邓小平文选》第三卷,人民出版社 1993 年版,第 258—259 页。

② 《江泽民文选》第三卷,人民出版社 2006 年版,第 68 页。

③ 《胡锦涛文选》第一卷,人民出版社 2016 年版,第 292 页。

④ 参见夏莹:《实事求是,知行合一》,《光明日报》2023 年 7 月 13 日。

格。世界无限广大,社会主义现代化建设的问题无限复杂,实践无止境,认识就永远没有终点。中国共产党人就是因为不固步自封,知行合一、学用结合,不断认识和发现规律,根据认识和实践的需要进行理论创新,使中国特色社会主义和中国式现代化处于无限的探索之中,"知行合一"的认识论与"历史终结论"形成鲜明的思想对照。这是中国共产党人能够创造人类文明新形态的认识论根源。

(四)共殊统一、守正创新的方法论保证

马克思批判改造黑格尔辩证法,使辩证法建立在唯物主义的基础之上。同时对黑格尔哲学本身采取扬弃的态度,否定其唯心主义外壳,吸收其辩证法精华。恩格斯论述唯物辩证法产生的历史必然性,并将唯物辩证法的规律概括为矛盾规律、质量互变规律和否定之否定三大规律。列宁继承马克思,系统研读黑格尔逻辑学,写下"辩证法十六要素"和"谈谈辩证法问题"等写作提纲,把辩证法的实质和核心归结为对立统一,提出逻辑学、辩证法、认识论"三者同一"等重要思想命题。

在中国共产党的历史上,毛泽东继承和发扬马列主义,如写作《矛盾论》,就充分发挥了列宁"对立统一"的思想,对矛盾的普遍性和特殊性、主要矛盾和矛盾的主要方面、矛盾的同一性和斗争性的关系等进行系统阐述,提出"共性个性、绝对相对的道理,是关于事物矛盾的问题的精髓"①的论断。毛泽东批评教条主义者不懂得普遍和特殊、共性和个性相结合的道理,不懂得"具体问题具体分析"的马克思主义活的灵魂,把革命的路想得笔直又笔直。毛泽东将普遍和特殊、共性和个性结合的道理运用于中国革命的分析,开辟中国新民主主义革命道路。一边推翻反动阶级在中国的统治,建立新中国,一边提出"从孔夫子到孙中山,要认真总结",吸取其精华,排除其糟粕。取得中国新民主主义革命和社会主义革命的胜利。在改革开放的新时期,邓小平将普遍和

① 《毛泽东选集》第一卷,人民出版社 1991 年版,第 320 页。

特殊、共性和个性结合的辩证法运用于中国社会主义现代化建设的特殊实际，总结国际共产主义运动的经验教训，开辟了中国特色社会主义道路。在改革中，邓小平坚持继承发展、守正创新的原则，一边搞改革开放；一边强调“四项基本原则”。一边讲“改革是中国的第二次革命”；一边讲“改革是社会主义的完善和发展”，改革不是另起炉灶，另搞一套。坚持和发展中国特色社会主义是一篇大文章，邓小平同志为它确定了基本思路和基本原则，以江泽民同志为主要代表的中国共产党人和以胡锦涛同志为主要代表的中国共产党人都在这篇大文章上都写下了精彩的篇章。现在，我们这一代共产党人的任务，就是继续把这篇大文章写下去。习近平总书记特别强调在坚持中创新发展。在纪念马克思诞辰200周年大会上的讲话中，他指出：科学社会主义基本原则不能丢，但科学社会主义也绝不是一成不变的教条。“当代中国的伟大社会变革，不是简单延续我国历史文化的母版，不是简单套用马克思主义经典作家设想的模板，不是其他国家社会主义实践的再版，也不是国外现代化发展的翻版。社会主义并没有定于一尊、一成不变的套路，只有把科学社会主义基本原则同本国具体实际、历史文化传统、时代要求紧密结合起来，在实践中不断探索总结，才能把蓝图变为美好现实。”①特别是在马克思主义与中国传统文化的关系问题上，习近平总书记提出“第二个结合”，实现了又一次思想解放。

坚持普遍和特殊、共性和个性相结合的辩证法，在“继承”中“发展”，在“守正”中“创新”，这是中国共产党人能够坚持和创新中国特色社会主义，将中国式现代化事业不断推向前进，创造人类文明新形态的重要法宝。“守正”能够吸取现有事物的营养，以之作为新事物成长发展的基础，但“守正”不是因循守旧，食古不化，而是为“创新”打好基础。“创新”不是另起炉灶、另搞一套，而是在现有事物的基础上，勇于开拓，善于创造，懂得变通，不断推陈出新。“守正创新”以遵守“共殊统一”为前提，“共殊统一”以实现“守正创新”为目的。

① 习近平：《在纪念马克思诞辰200周年大会上的讲话》，人民出版社2018年版，第26—27页。

（五）胸怀天下、命运与共的崇高情怀

马克思、恩格斯认为，近代以来，由于科技革命、工业革命、交通革命，全球地理大发现，资产阶级奔走于全球各地，掠夺殖民地，建立世界市场，生产成为世界性的了，历史也由民族的历史变为世界历史。资本对无产阶级的剥削和压迫、无产阶级的经济状况、面对的敌人、解放的条件也都变成世界性的了。因此，全世界无产者只有联合起来，共同推翻资产阶级的统治，才能实现共产主义目标。

中国共产党是胸怀天下的党。早在新民主主义革命时期，毛泽东就曾站在世界历史的角度，对中国无产阶级革命的性质作出判断，认为它已经“不再是旧的资产阶级和资本主义的世界革命的一部分，而是新的世界革命的一部分，即无产阶级社会主义世界革命的一部分了”。① 并由此制定了中国新民主主义革命的经济纲领、政治纲领和文化纲领，探索和设计了未来中国的国体和政体。20 世纪 50 年代中期，毛泽东和周恩来首创和平共处五项原则，给第三世界国家以巨大无偿援助。20 世纪 70 年代末 80 年代初，邓小平重新判断国际形势，认为和平与发展成为时代主题。为反对霸权主义，维护世界和平提供了重要理论根据。20 世纪 90 年代中期以后，国际上以美国为首的北约悍然入侵南斯拉夫，炸毁我驻南斯拉夫大使馆；亚洲金融危机的爆发，也使整个东南亚地区一度处于慌乱之中。以江泽民同志为主要代表的中国共产党人从实际出发，在国际事务中积极倡导和推进世界格局的多极化，坚定奉行独立自主和平外交，加强和推动国际合作，自觉承担国际义务，再次有力维护了世界的和平发展。21 世纪初，以胡锦涛同志为主要代表的中国共产党人提出建设“和谐世界”的理念，中国与世界的关系经历了由主流世界的反抗者、批判者、游离者，到接受者、参与者、合作者，再到倡导者、建设者、塑造者的转变，全方位承担地区和全球责任。进入新时代，针对人类面临的共同危机，习近平总书

① 《毛泽东选集》第二卷，人民出版社 1991 年版，第 668 页。

记提出“两个大局”的基本判断和构建人类命运共同体的倡议，为世界和平发展作出了新的贡献。

胸怀天下、命运与共体现了中国共产党人的思维格局。它秉承的是马克思主义实现共产主义的理想，中华民族“天下大同”的追求以及“天下兴亡，匹夫有责”的责任担当。一方面，这种思维格局能使中国共产党人积极承担世界责任，维护世界和平，反对霸权主义，为中国的发展创造良好的国际环境。另一方面，通过洞察世界发展大势，从世界大背景制定中国的发展战略和策略，积极学习和借鉴世界先进文明成果，为我所用，保持与世界的同步律动。

参 考 文 献

一、马列主义经典著作

1.《马克思恩格斯文集》第1—10卷,人民出版社2009年版。

2.《马克思恩格斯选集》第1—4卷,人民出版社2012年版。

3.《马克思恩格斯军事文集》第1—5卷,战士出版社1981年版。

4.《列宁选集》第1—4卷,人民出版社1995年版。

5.《列宁专题文集》第1—5卷,人民出版社2009年版。

6.《列宁军事文集》,战士出版社1980年版。

7.《毛泽东选集》第1—4卷,人民出版社1991年版。

8.《毛泽东文集》第1—8卷,人民出版社1999年版。

9.《毛泽东年谱(1898—1949)》上中下册,中央文献出版社1993年版。

10.《毛泽东年谱(1949—1976)》第1—6卷,中央文献出版社2013年版。

11.《建国以来毛泽东文稿》第1—13册,中央文献出版社1998年版。

12.《毛泽东书信选集》,人民出版社1983年版。

13.《毛泽东哲学批注集》,中央文献出版社1988年版。

14.《毛泽东早期文稿》,湖南人民出版社2013年版。

15.《刘少奇选集》上下册,人民出版社1981年版。

16.《周恩来选集》,人民出版社1981年版。

17.《陈云文选》第1—3卷,人民出版社1995年版。

18.《邓小平文选》第 1 卷,人民出版社 1994 年版。

19.《邓小平文选》第 2 卷,人民出版社 1994 年版。

20.《邓小平文选》第 3 卷,人民出版社 1993 年版。

21.《邓小平思想年谱》上中下册,中央文献出版社 1998 年版。

22.《江泽民文选》第 1—3 卷,人民出版社 2006 年版。

23.《胡锦涛文选》第 1—3 卷,人民出版社 2016 年版。

24.《习近平谈治国理政》第 1 卷,外文出版社 2018 年版。

25.《习近平谈治国理政》第 2 卷,外文出版社 2017 年版。

26.《习近平谈治国理政》第 3 卷,外文出版社 2020 年版。

27.《习近平谈治国理政》第 4 卷,外文出版社 2022 年版。

28.《习近平著作选读》第 1 卷,人民出版社 2023 年版。

29.《习近平著作选读》第 2 卷,人民出版社 2023 年版。

30.《习近平外交演讲集》第 1 卷,中央文献出版社 2022 年版。

31.《习近平外交演讲集》第 2 卷,中央文献出版社 2022 年版。

32. 中共中央宣传部:《习近平系列重要讲话读本(2016 年版)》,学习出版社、人民出版社 2016 年版。

33. 中共中央文献研究室编:《十八大以来重要文献选编》(上),中央文献出版社 2014 年版。

34. 中共中央文献研究室编:《十八大以来重要文献选编》(中),中央文献出版社 2016 年版。

35. 中共中央文献研究室编:《十八大以来重要文献选编》(下),中央文献出版社 2018 年版。

36. 中共中央党史和文献研究院编:《十九大以来重要文献选编》(上),中央文献出版社 2019 年版。

37. 中共中央党史和文献研究院编:《十九大以来重要文献选编》(中),中央文献出版社 2021 年版。

38. 中共中央党史和文献研究院编:《十九大以来重要文献选编》(下),中央文献出版社 2023 年版。

39. 中共中央宣传部:《习近平新时代中国特色社会主义思想三十讲》,学习出版社 2018 年版。

40. 中共中央宣传部:《习近平新时代中国特色社会主义思想学习纲要》,学习出版社、人民出版社 2023 年版。

41.《中共中央关于全面深化改革若干重大问题的决定》,人民出版社 2013 年版。

42.《中共中央关于全面推进依法治国若干重大问题的决定》,人民出版社 2014 年版。

43.《中共中央关于深化党和国家机构改革的决定》,人民出版社 2018 年版。

44.《中共中央关于坚持和完善中国特色社会主义制度　推进国家治理体系和治理能力现代化若干重大问题的决定》,人民出版社 2019 年版。

45.《中共中央关于党的百年奋斗重大成就和历史经验的决议》,人民出版社 2021 年版。

46. 习近平:《在文艺工作座谈会上的讲话》,人民出版社 2015 年版。

47. 习近平:《做焦裕禄式的县委书记》,中央文献出版社 2015 年版。

48. 习近平:《在全国党校工作会议上的讲话》,人民出版社 2015 年版。

49. 习近平:《在哲学社会科学工作座谈会上的讲话》,人民出版社 2016 年版。

50. 习近平:《在庆祝中国共产党成立 95 周年大会上的讲话》,人民出版社 2016 年版。

51. 习近平:《在省部级主要领导干部学习贯彻党的十八届五中全会精神专题研讨班上的讲话》,人民出版社 2016 年版。

52. 习近平:《决胜全面建成小康社会　夺取新时代中国特色社会主义伟大胜利——在中国共产党第十九次全国代表大会上的报告》,人民出版社 2017 年版。

53. 习近平:《在纪念马克思诞辰 200 周年大会上的讲话》,人民出版社 2018 年版。

54. 习近平:《论坚持推动构建人类命运共同体》,中央文献出版社 2018 年版。

55. 习近平:《论坚持党对一切工作的领导》,中央文献出版社 2019 年版。

56. 习近平:《论中国共产党历史》,中央文献出版社 2021 年版。

57. 习近平:《高举中国特色社会主义伟大旗帜　为全面建设社会主义现代化国家而团结奋斗——在中国共产党第二十次全国代表大会上的报告》,人民出版社 2022 年版。

58. 习近平:《论党的自我革命》,党建读物出版社、中国方正出版社、中央文献出版社 2023 年版。

59. 中共中央文献研究室编:《习近平关于实现中华民族伟大复兴的中国梦论述摘编》,中央文献出版社 2013 年版。

60. 中共中央文献研究室编:《习近平关于全面深化改革论述摘编》,中央文献出版社 2014 年版。

61. 中共中央文献研究室编:《习近平关于协调推进"四个全面"战略布局论述摘编》,中央文献出版社 2015 年版。

62. 中共中央文献研究室编:《习近平关于全面依法治国论述摘编》,中央文献出版社 2015 年版。

63. 中共中央文献研究室编:《习近平关于全面建成小康社会论述摘编》,中央文献出版社 2016 年版。

64. 中共中央文献研究室编:《习近平重要讲话文章选编》,中央文献出版社、党建读物出版社 2016 年版。

65. 中共中央文献研究室编:《习近平关于科技创新论述摘编》,中央文献出版社 2016 年版。

66. 中共中央纪律检查委员会、中共中央文献研究室编:《习近平关于严明党的政治纪律和规矩论述摘编》,中央文献出版社、中国方正出版社 2016

年版。

67. 中共中央文献研究室编:《习近平关于全面从严治党论述摘编》,中央文献出版社 2016 年版。

68. 中共中央文献研究室编:《习近平关于社会主义政治建设论述摘编》,中央文献出版社 2017 年版。

69. 中共中央文献研究室编:《习近平关于社会主义文化建设论述摘编》,中央文献出版社 2017 年版。

70. 中共中央文献研究室编:《习近平关于社会主义社会建设论述摘编》,中央文献出版社 2017 年版。

71. 中共中央文献研究室编:《习近平关于社会主义生态文明建设论述摘编》,中央文献出版社 2017 年版。

72. 中共中央文献研究室编:《习近平关于社会主义经济建设论述摘编》,中央文献出版社 2017 年版。

73. 中共中央文献研究室编:《习近平关于青少年和共青团工作论述摘编》,中央文献出版社 2017 年版。

74. 中共中央党史和文献研究院编:《习近平扶贫论述摘编》,中央文献出版社 2018 年版。

75. 中共中央党史和文献研究院编:《习近平关于总体国家安全观论述摘编》,中央文献出版社 2018 年版。

76. 中共中央党史和文献研究院编:《习近平关于社会主义精神文明建设论述摘编》,中央文献出版社 2022 年版。

77. 中共中央宣传部、中华人民共和国生态环境部:《习近平生态文明思想学习纲要》,学习出版社、人民出版社 2022 年版。

二、中文专著

78.《李大钊全集》第 1—5 卷,人民出版社 2006 年版。

79.《陈独秀文集》第 1—4 卷,人民出版社 2013 年版。

80.《瞿秋白文集 · 政治理论编》第1—8卷,人民出版社2013年版。

81.《蔡和森文集》上、下册,人民出版社2013年版。

82.《艾思奇全书》第1—8卷,人民出版社2006年版。

83.《冯定文集》第1—2卷,人民出版社1982年版。

84.《华岗选集》第1—4卷,山东大学出版社2003年版。

85.《胡绳全书》第4卷,人民出版社1994年版。

86.《张岱年全集》第1—8卷,河北人民出版社1996年版。

87.《李达全集》第1—20卷,人民出版社2016年版。

88.《冯契文集》第1—8卷,华东师范大学出版社2016年版。

89.《杨献珍文集》,中共中央党校出版社2021年版。

90. 黄楠森主编:《马克思主义哲学史》第1—8卷,北京出版社2005年版。

91. 高清海:《哲学与主体自我意识》,吉林大学出版社1990年版。

92. 陈先达:《走向历史的深处——马克思历史观研究》,上海人民出版社1987年版。

93. 高齐云:《马克思主义哲学原生形态探微》,广东人民出版社1998年版。

94. 张一兵:《回到马克思——经济学语境中的哲学话语》,江苏人民出版社1999年版。

95. 孙伯鍨:《探索者道路的探索——青年马克思恩格斯哲学思想研究》,南京大学出版社2002年版。

96. 郭湛:《主体性哲学:人的存在及其意义》,中国人民大学出版社2002年版。

97. 任平:《走向交往实践的唯物主义》,人民出版社2003年版。

98. 聂锦芳:《清理与超越:重读马克思文本的意旨、基础与方法》,北京大学出版社2005年版。

99. 王东:《马克思学新奠基——马克思哲学新解读的方法论导言》,北京大学出版社2006年版。

100. 赵家祥、丰子义:《马克思东方社会理论的历史考察和当代意义》,高等教育出版社 2009 年版。

101. 许全兴:《中国现代哲学史》,北京大学出版社 1992 年版。

102. 罗荣渠、牛大勇编:《中国现代化历程的探索》,北京大学出版社 1992 年版。

103. 魏胤亭:《实事求是论纲》,中国经济出版社 1998 年版。

104. 许全兴:《〈实践论〉〈矛盾论〉研究综论》,中共中央党校出版社 2013 年版。

105. 许全兴:《百年中国哲学革命》,人民出版社 2015 年版。

106. 雍涛:《马克思主义哲学中国化的历史进程》,武汉大学出版社 2006 年版。

107. 陶德麟、何萍主编:《马克思主义哲学中国化的理论与历史研究》,北京师范大学出版社 2011 年版。

108. 徐素华:《马克思主义哲学形态史》第 5—6 卷,中国社会科学出版社 2018 年版。

109. 徐素华:《马克思恩格斯著作在中国的传播》,中国社会科学出版社 2013 年版。

110. 李景源主编:《中国哲学 30 年(1978—2008)》,中国社会科学出版社 2008 年版。

111. 张远航:《卡·马克思和弗·恩格斯著作在中国的传播》,中央编译出版社 2020 年版。

112. 任俊明主编:《新中国马克思主义哲学 50 年》,人民出版社 2006 年版。

113. 张永谦主编:《当代中国哲学记事(1949—1988)》,中共中央党校出版社 1989 年版。

114. 杨春贵主编:《中国哲学四十年》,中共中央党校出版社 1989 年版。

115. 王东、陈有进、贾向云:《马列著作在中国出版简史》,福建人民出版社 2009 年版。

116. 金民卿:《马克思主义中国化思想逻辑》,社会主义科学文献出版社 2018 年版。

117. 陈曙光:《马克思主义中国化时代化大众化的理论与历史研究》,学习出版社 2012 年版。

118. 孙正聿:《马克思主义哲学智慧》,现代出版社 2016 年版。

119. 王伟光:《开辟当代马克思主义哲学新境界》,中国社会科学出版社 2019 年版。

120. 郭建宁:《马克思主义哲学中国化的当代视野》,人民出版社 2009 年版。

121. 陈先达:《马克思主义和中国传统文化》,人民出版社 2015 年版。

122. 赵家祥:《马克思主义的整体性研究》,北京大学出版社 2018 年版。

123. 徐素华:《论中国化形态马克思主义哲学》,北京文化出版社 2006 年版。

124. 安启念主编:《马克思主义哲学中国化研究》,中国人民大学出版社 2006 年版。

125. 王南湜:《中国哲学精神重建之路:马克思主义哲学中国化探讨》,北京师范大学出版社 2012 年版。

126. 何萍、李维武:《马克思主义中国化探论》,人民出版社 2002 年版。

127. 韩庆祥:《马克思主义中国化时代化大众化研究》,中共中央党校出版社 2014 年版。

128. 李景源主编:《21 世纪的马克思主义哲学创新:马克思主义哲学中国化与中国化马克思主义哲学》,江苏人民出版社 2011 年版。

129. 陶德麟、何萍主编:《马克思主义哲学中国化:历史与反思》,北京师范大学出版社 2007 年版。

130. 张奎良:《马克思主义哲学中国化的基石与灵魂》,社会科学文献出版社 2010 年版。

131. 汪信砚:《马克思主义哲学中国化:传统与创新》,北京师范大学出版社 2017 年版。

132. 汪信砚:《马克思主义哲学中国化——理论与方法》,人民出版社 2021 年版。

133. 许全兴:《毛泽东晚年的理论与实践》,中国大百科全书出版社 1993 年版。

134. 李君如:《毛泽东与毛泽东后的当代中国》,福建人民出版社 2014 年版。

135. 雍涛:《毛泽东哲学思想与马克思主义哲学中国化》,人民出版社 2003 年版。

136. 胡为雄:《毛泽东思想研究简史》,中央文献出版社 2014 年版。

137. 王凤贤主编:《毛泽东与中国传统文化》,安徽人民出版社、人民出版社 2015 年版。

138. 陈继安主编:《毛泽东军事思想新论》,军事科学出版社 1995 年版。

139. 刘继贤、张全启主编:《毛泽东军事思想原理》,解放军出版社 1995 年版。

140. 陈志良:《中国第二代领导人的哲学思维方式》,辽宁人民出版社 1990 年。

141. 陈志良、杨耕:《邓小平哲学思想研究》,辽宁人民出版社 1992 年版。

142. 王玉樑:《邓小平的价值观》,陕西人民出版社 1995 年版。

143. 乌杰:《邓小平思想论》,人民出版社 1997 年版。

144. 雍涛:《邓小平哲学研究》,武汉大学出版社 1998 年版。

145. 王东:《邓小平理论与跨世纪中国》,北京出版社 1999 年版。

146. 尹保云:《什么是现代化》,人民出版社 2001 年版。

147. 裴传永主编:《邓小平理论与中国传统文化》,中共中央党校出版社 2003 年版。

148. 李长福:《邓小平哲学思想史》,社会科学文献出版社 2004 年版。

149. 郭宏扬:《邓小平哲学思想研究》,国家开放大学出版社 2018 年版。

150. 成龙:《海外邓小平研究新论》,北京大学出版社 2004 年版。

151. 陈淑英:《邓小平创新思维论》,吉林大学出版社 2013 年版。

152. 林建公、昝瑞礼:《邓小平的实践辩证法》,人民出版社 2004 年版。

153. 李崇富、林建公主编:《"三个代表"与历史唯物主义》,中国社会科学出版社 2002 年版。

154. 张全新等:《科学发展观:世界观方法论》,山东人民出版社 2008 年版。

155. 何传启:《现代化科学:国家发达的科学原理》,科学出版社 2010 年版。

156. 叶土山:《科学发展观中的哲学新思维》,中央编译出版社 2012 年版。

157. 姜建成:《科学发展观:现代性与哲学视域》,江苏人民出版社 2008 年版。

158. 董根洪:《科学发展观的传统思想渊源研究》,人民出版社 2011 年版。

159. 罗晓梅等:《科学发展观的范式创新研究》,中国社会科学出版社 2011 年版。

160. 中共中央文献研究室《国外研究毛泽东思想资料》编辑组编译:《国外研究毛泽东思想的四次大论战》,中共中央文献出版社 1993 年版。

161. 陈葆华主编:《国外毛泽东思想研究评述》,陕西人民出版社 1993 年版。

162. 李君如、张勇伟编:《海外学者论"中国道路"与毛泽东》,上海社会科学院出版社 1993 年版。

163. 张树德:《国外毛泽东军事思想研究》,军事科学出版社 1998 年版。

164. 萧延中主编:《外国学者评毛泽东》第 1—4 卷,中国工人出版社 2002 年版。

165. 赵家祥:《马克思恩格斯的哲学变革之路》,中国社会科学出版社 2016 年版。

166. 郭湛:《社会的文化程序》,黑龙江教育出版社 2016 年版。

167. 丰子义:《现代化的理论基础》,北京师范大学出版社 2017 年版。

168. 丰子义、杨学功、仰海峰:《全球化的理论与实践》,江苏人民出版社 2017 年版。

169. 仰海峰:《〈资本论〉的哲学》,北京师范大学出版社 2017 年版。

170. 杨春贵:《中国共产党人的战略思维》,中国社会科学出版社 2018 年版。

171. 肖贵清:《十八大以来中国特色社会主义理论创新研究》,中国人民大学出版社 2018 年版。

172. 韩庆祥:《强国时代》,红旗出版社 2018 年版。

173. 赵家祥:《马克思主义的整体性研究》,北京大学出版社 2018 年版。

174. 张康之、张乾友:《共同体的进化》,中国社会科学出版社 2012 年版。

175. 刘同舫:《马克思人类解放思想史》,人民出版社 2019 年版。

176. 王东:《〈资本论〉中的理论创新与创新理论》,吉林人民出版社 2018 年版。

177. 聂锦芳主编:《〈资本论〉及其手稿再研究:文献、思想与当代性》,经济科学出版社 2013 年版。

178. 郗戈主编:《〈资本论〉与 21 世纪马克思主义的发展》,人民出版社 2019 年版。

179. 刘卓红:《当代中国马克思主义的历史唯物主义创新》,人民出版社 2019 年版。

180. 任平:《当代中国马克思主义哲学创新学术史研究》,人民出版社 2021 年版。

181. 马俊峰等主编:《多维视域下的当代〈资本论〉研究》,中国社会科学出版社 2020 年版。

182. 郑志国:《人类社会发展规律研究》,人民出版社 2021 年版。

183. 陈学明等:《走向人类文明新形态》,天津人民出版社 2022 年版。

184. 杨金海:《马克思主义在中国的创新发展》,辽宁人民出版社 2022 年版。

185. 颜晓峰等:《创造人类文明新形态》,社会科学文献出版社 2022 年版。

186. 成龙:《海外马克思主义中国化理论研究》,广东人民出版社 2009 年版。

187. 成龙:《国外中国模式研究评析》,人民出版社 2018 年版。

188. 成龙:《新时代中国特色社会主义的思想逻辑研究》,人民出版社 2020 年版。

189. 任初轩编:《国际人士谈中国式现代化》,人民日报出版社 2023 年版。

190. 罗荣渠:《现代化新论:世界与中国的现代化进程》,北京大学出版社 1993 年版。

191. 辛向阳:《中国式现代化》,江西教育出版社 2022 年版。

192. 张占斌主编:《现代化之问》,中央党校出版社 2023 年版。

193. 王东:《中国式现代化新道路与人类文明新形态》,吉林人民出版社 2023 年版。

194. 刘同舫:《人类命运共同体的历史唯物主义沉思》,人民出版社 2023 年版。

195. 田世锭主编:《新帝国主义论》,中国人民大学出版社 2021 年版。

196. 江洋主编:《资本主义的危机与矛盾》,中国人民大学出版社 2021 年版。

197. 姜海波主编:《资本主义民主的批判与反思》,中国人民大学出版社 2021 年版。

198. 刘梅主编:《共同体、未来社会与美好生活》,中国人民大学出版社

2021 年版。

199. 吕梁山主编:《当代资本主义社会阶级关系新论》,中国人民大学出版社 2021 年版。

200. 吴苑花:《世界体系视野中的中国道路——以沃勒斯坦、阿瑞吉、弗兰克和阿明为例》,天津人民出版社 2016 年版。

201. 夏妍娜:《工业 4.0》,机械工业出版社 2016 年版。

202. 林军、岑峰:《中国人工智能简史》第 1 卷,人民邮电出版社 2023 年版。

203. 张汝伦:《我们需要什么样的文明》,商务印书馆 2017 年版。

204. 宋冰编著:《智能与智慧:人工智能遇上中国哲学家》,中信出版社 2020 年版。

205. 何怀宏:《文明的两端》,广西师范大学出版社 2022 年版。

206. 张亮:《阶级、文化与民族传统》,江苏人民出版社 2019 年版。

三、中国传统文化典籍

207. 黄怀信等:《逸周书汇校集注》,上海古籍出版社 1995 年版。

208. 王国轩译注:《大学中庸》,中华书局 2006 年版。

209. 李山、轩新丽译注:《管子》,中华书局 2019 年版。

210. 张双棣等译注:《吕氏春秋》,中华书局 2007 年版。

211. (汉)贾谊:《新书》,中华书局 2012 版。

212. (汉)刘安:《淮南子》,陈广忠释注,中华书局 2012 年版。

213. (汉)司马迁:《史记》卷四,中华书局 1999 年版。

214. (汉)王充:《论衡》,中华书局 1974 年版。

215. (唐)魏徵:《群书治要》,中华书局 2014 年版。

216. (宋)张载:《张载集》,中华书局 1978 年版。

217. (宋)程颢、程颐:《二程集》,中华书局 1981 年版。

218. (宋)陈亮:《龙川文集》,中华书局 1985 年版。

219.(宋)叶适:《习学记言序目》,中华书局1977年版。

220.(宋)李觏:《李觏集》,中华书局1981年版。

221.(宋)黎靖德编:《朱子语类》,中华书局1986年版。

222.(元)脱脱等:《宋史》,中华书局2000年版。

223.(明)王夫之:《思问录》,山东友谊出版社2001年版。

224.姜义华、张荣华编校:《康有为全集》,中国人民大学出版社2007年版。

225.张品兴主编:《梁启超全集》,北京出版社1999年版。

226.(明)《王阳明全集》,上海古籍出版社2012年版。

227.(明)邱浚:《大学衍义补》,林冠群、周济夫校点,京华出版社1999年版。

228.(明)王夫之:《船山全书》,岳麓书社1988年版。

229.(清)王夫之:《尚书引义》,中华书局1962年版。

230.(清)黄宗羲:《宋元学案》,中华书局1986年版。

231.(清)颜元:《颜元集》,中华书局1987年版。

232.(清)魏源:《老子本义》,中华书局2018年版。

233.康有为:《大同书》,上海古籍出版社2005年版。

234.张岱年主编:《默觚:魏源集》,赵丽霞选注,辽宁人民出版社1994年版。

235.杨伯峻、杨逢彬注译:《论语》,岳麓书社2000年版。

236.金良年:《孟子译注》,上海古籍出版社2004年版。

237.朱熹:《四书集注》,岳麓书社1985年版。

238.黄寿祺等:《周易译注》,上海古籍出版社2004年版。

239.陈鼓应:《老子今注今译》,商务印书馆2003年版。

240.陈鼓应:《庄子今注今译》下册,商务印书馆2007年版。

241.陈襄民等:《五经四书全译》,中州古籍出版社2000年版。

242.麦田等编著:《孙子解说》,华夏出版社2007年版。

243. 罗炳良等编著:《墨子解说》,华夏出版社 2007 年版。

244. 张觉:《荀子译注》,上海古籍出版社 1995 年版。

245. 张觉等:《韩非子译注》,上海古籍出版社 2007 年版。

246.《张岱年全集》第 1—8 卷,河北人民出版社 1996 年版。

247. 陈来:《仁学本体论》,三联书店 2014 年版。

248. 任继愈:《中国传统文化的光明前景》,李申、周赟编,上海教育出版社 2020 年版。

249. 牟宗三:《中国哲学的特质》,上海古籍出版社 2008 年版。

250. 楼宇烈:《中国的品格》,四川人民出版社 2014 年版。

251. 郭齐永:《中国思想的创造性转化》,上海教育出版社 2018 年版。

252. 张立文:《中国传统文化与人类命运共同体》,中国人民大学出版社 2018 年版。

253. 陈来:《传统与现代:人文主义的视界》,生活·读书·新知三联书店 2009 年版。

254. 赵馥洁:《中国传统哲学价值论》,人民出版社 2009 年版。

255. 焦国成:《中国古代人我关系论》,中国人民大学出版社 1991 年版。

256. 成龙:《东方文化中的“我”与“他”》,中国社会科学出版社 2015 年版。

257. 屈会涛:《中国古代国家制度体系的延续与价值初探》,知识产权出版社 2022 年版。

四、期刊论文

258. 郭建宁:《马克思主义哲学中国化的几个问题》,《北京大学学报》2002 年第 6 期。

259. 欧阳康:《哲学问题的实质与当前哲学研究的问题链》,《中国社会科学》2006 年第 6 期。

260. 吴晓明:《马克思主义哲学与通达社会现实的道路》,《中国社会科学》2007 年第 5 期。

261. 郭湛:《从主体性到公共性——当代中国马克思主义哲学的走向》,《中国社会科学》2008 年第 4 期。

262. 杨耕:《当前马克思主义哲学研究中的三个重大议题》,《中国社会科学》2007 年第 5 期。

263. 成龙:《海外马克思主义中国化研究历史追溯》,《马克思主义研究》2008 年第 8 期。

264. 陈晏清、杨谦:《马克思主义哲学中国化的实践版本和理论版本》,《哲学研究》2006 年第 2 期。

265. 袁吉富:《马克思主义哲学中国化的若干基本问题》,《哲学研究》2007 年第 4 期。

266. 郭齐勇:《儒学与马克思主义中国化及中国现代化》,《马克思主义与现实》2009 年第 6 期。

267. 庞元正:《新时代我国社会主要矛盾转化需要深入研究的若干问题》,《哲学研究》2018 年第 2 期。

268. 汪信砚:《马克思主义哲学中国化与中国马克思主义哲学的中国特性》,《马克思主义研究》2018 年第 12 期。

269. 项久雨:《五四运动与马克思主义在中国传播的特点及规律》,《马克思主义研究》2019 年第 4 期。

270. 张文喜:《在学术和体系建构中的当代中国马克思主义哲学》,《中国社会科学》2020 年第 2 期。

271. 颜晓峰:《新时代发展马克思主义的原创性贡献》,《学术前沿》2021 年第 11 期。

272. 严书翰:《中国共产党人百年来坚持和发展马克思主义的原创性贡献》,《中国社会科学》2021 年第 9 期。

273. 王东:《列宁晚年创新的哲学精髓》,《哲学研究》2020 年第 3 期。

274. 安启念:《列宁与当今世界》,《马克思主义研究》2020 年第 4 期。

275. 李德顺:《马克思哲学创新的历史任务》,《山东行政学院学报》2021 年第 3 期。

276. 庞元正:《哲学创新须要深化哲学对“创新”的研究》,《马克思主义哲学》2021 年第 1 期。

277. 王南湜:《毛泽东实践智慧的辩证法》,《哲学研究》2021 年第 9 期。

278. 王伟光:《习近平新时代中国特色社会主义思想对发展马克思主义的原创性贡献》,《马克思主义理论学科研究》2022 年第 9 期。

279. 韩庆祥:《习近平新时代中国特色社会主义思想的原创性贡献》,《中共中央党校(国家行政学院)学报》2019 年第 6 期。

280. 韩庆祥:《“世界观和方法论”及其道理学理哲理》,《马克思主义理论学科研究》2022 年第 11 期。

281. 郝立新:《习近平新时代中国特色社会主义思想在哲学上的原创性贡献》,《理论前沿》2022 年第 10 期。

282. 汪信砚:《习近平总书记对马克思主义哲学中国化的重大理论贡献》,《哲学研究》2023 年第 9 期。

283. 梅荣政:《习近平新时代中国特色社会主义思想原创性贡献研究的方法论思考》,《政治学研究》2023 年第 3 期。

284. 赵士发:《论中国马克思主义哲学的原创性贡献》,《北京大学学报》2023 年第 2 期。

285. 孙来斌:《论习近平新时代中国特色社会主义思想对马克思主义的原创性贡献》,《中国高校社会科学》2022 年第 4 期。

286. 康晓强:《论习近平新时代中国特色社会主义思想对科学社会主义原创性贡献的层次结构》,《马克思主义研究》2022 年第 5 期。

287. 董慧:《习近平新时代中国特色社会主义思想对马克思主义哲学的原创性贡献》,《马克思主义研究》2023 年第 4 期。

288. 刘同舫:《构建人类命运共同体对历史唯物主义的原创性贡献》,《中国社会科学》2018 年第 7 期。

289. 袁祖社:《人类命运共同体思想的原创性贡献及世界性意义》,《学术界》2022 年第 7 期。

290. 张立文:《中国传统合和文化与人类命运共同体》,《中国人民大学学报》2019 年第 3 期。

291. 刘承水:《人类文明新形态对马克思主义文明观的原创性贡献》,《社会主义研究》2023 年第 2 期。

292. 李冉等:《深刻把握习近平关于共同富裕重要论述的原创性贡献》,《山东大学学报》2023 年第 2 期。

293. 张新:《论习近平关于共同体重要论述的特征和原创性贡献》,《马克思主义研究》2022 年第 4 期。

294. 韩庆祥:《中国式现代化的哲学逻辑》,《中国社会科学》2023 年第 7 期。

295. 刘同舫:《人类文明新形态的内在依据:生产方式的创新性发展》,《北京大学学报(哲学社会科学版)》2023 第 1 期。

296. 侯惠勤:《论人类文明新形态》,《陕西师范大学学报(哲学社会科学版)》2022 年第 2 期。

297. 欧阳康:《哲学问题的实质与当前哲学研究的问题链》,《中国社会科学》2006 年第 6 期。

298. 涂良川:《中国式现代化“创造人类文明新形态”的哲学叙事》《华中科技大学学报(社会科学版)》2023 年第 9 期。

299. 田鹏颖:《在伟大历史主动中丰富和发展人类文明新形态》,《马克思主义研究》2022 年第 12 期。

300. 金民卿:《中国式现代化的形成发展及其对人类文明新形态的贡献》,《马克思主义理论学科研究》2022 年第 12 期。

301. 陈金龙:《创造人类文明新形态是中国共产党的追求》,《北京联合大学学报(人文社会科学版)》2022 年第 4 期。

302. 王福生:《类哲学与人类文明新形态》,《天津社会科学》2018 年第

6 期。

303. 王文东:《人类文明新形态:生成逻辑与坐标体系》,《江海学刊》2021 年第 4 期。

304. 白刚:《〈资本论〉与人类文明新形态》,《四川大学学报(哲学社会科学版)》2017 年第 5 期。

305. 田鹏颖:《习近平新时代中国特色社会主义思想蕴含的文化观》,《党建》2023 年第 10 期。

306. 郭建宁、魏月妍:《中国式现代化的历史逻辑、理论建构和世界意义》,《社会科学辑刊》2023 年第 5 期。

307. 沈湘平:《中国式现代化道路的传统文化根基》,《中国社会科学》2022 年第 8 期。

308. 张志强:《深刻理解"第二个结合"的首创意义》,《哲学研究》2023 年第 8 期。

309. 张梧:《新的文化生命体:基于马克思世界历史理论的考察》,《哲学研究》2023 年第 11 期。

310. 刘日明:《马克思对资本主义文明的批判与人类文明新形态》,《哲学研究》2023 年第 2 期。

五、译著

311. [英]马丁·阿尔布劳:《中国在人类命运共同体中的角色:走向全球领导力理论》,严忠志译,商务印书馆 2020 年版。

312. [美]塞缪尔·亨廷顿:《文明的冲突》,周琪、刘绯、张立平等译,新华出版社 2017 年版。

313. [美]阿拉斯戴尔·麦金太尔:《谁之正义? 何种合理性?》,万俊人、吴海针、王今一译,当代中国出版社 1996 年版。

314. [英]罗素:《西方哲学史》上下卷,商务印书馆 1963 年版。

315. [美]安乐哲:《和而不同:中西哲学的会通》,温海明等译,北京大学出版社 2009 年版。

316. [澳]J.J.C.斯玛特、[英]伯纳德·威廉斯:《功利主义》,北京大学出版社 2018 年版。

317. [英]约翰·穆勒:《功利主义》,商务印书馆 2019 年版。

318. [英]李约瑟:《四海之内》,劳陇译,生活·读书·新知三联书店 1987 年版。

319. [美]熊玠:《大国复兴:中国道路为什么如此成功》,湖北教育出版社 2016 年版。

320. [美]戴维·E.阿普特:《现代化的政治》,上海世纪出版社集团 2011 年版。

321. [美]乔恩·埃尔斯特:《理解马克思》,何怀远等译,典跃厚校,中国人民大学出版社 2008 年版。

322. [比利时],欧内斯特·曼德尔:《革命的马克思主义与 20 世纪社会现实》,颜岩译,中国人民大学出版社 2013 年版。

323. [美]胡迪·利普森:《3D 打印:从想象到现实》,赛迪研究院专家组译,中信出版社 2016 年版。

324. [美]杰瑞·卡普兰:《人工智能时代:人机共生下财富、工作与思维的大未来》,李盼译,浙江人民出版社 2016 年版。

325. [法]亨利·列菲弗尔:《论国家》,李青宜等译,重庆出版社 1990 年版。

326. [德]恩斯特·卡西尔:《国家的神话》,范进、杨君游、柯锦华译,华夏出版社 1999 年版。

327. [美]张效敏:《马克思的国家理论》,田毅松译,唐少杰校,上海三联书店 2013 年版。

328. [英]克里斯多夫·皮尔逊:《论现代国家》(第三版),刘国兵译,中国社会科学出版社 2017 年版。

329. [加]梁鹤年:《西方文明的文化基因》,生活·读书·新知三联书店

2014 年版。

330. [澳]布雷特·鲍登:《文明的帝国》,杜富祥、季澄、王程译,社会科学文献出版社 2020 年版。

331. [英]尼尔·弗格森:《文明》,曾贤明、唐颖华译,中信出版社 2021 年版。

332. [英]艾伦·麦克法兰:《文明的比较》,荀晓雅译,中国科学技术出版社 2022 年版。

333. [英]艾玛·玛丽奥特:《世界文明 5000 年》,陶尚芸译,中国友谊出版社公司 2021 年版。

334. [英]尼尔·弗格森:《文明》,曾贤明、唐颖华译,中信出版社 2012 年版。

335. [英]锡德尼·维伯、比阿特里斯·维伯:《资本主义文明的衰亡》,秋水译,上海人民出版社 2018 年版。

336. [德]诺贝特·埃利亚斯:《文明的进程》,王佩莉、袁志英译,上海译文出版社 2018 年版。

337. [德]海因里希·盖瑟尔伯格编:《我们时代的精神状况》,孙柏等译,上海人民出版社 2018 年版。

338. [美]布鲁斯·马兹利什:《文明及其内涵》,汪辉译,刘文明校,商务印书馆 2019 年版。

339. [日]福泽谕吉:《文明论概略》,北京编译社译,商务印书馆 1959 年版。

340. [日]本村凌二:《文明的兴衰》,吴宇鹏译,中国友谊出版社公司 2021 年版。

341. [美]亚力克·罗斯:《新一轮产业革命:科技革命如何改变商业世界》,浮木译社译,何玲校译,中信出版社 2016 年版。

342. [德]克劳斯·施瓦布:《第四次工业革命》,世界经济论坛北京代表处李菁译,中信出版社 2016 年版。

343. [加]帕米拉·麦考勒姆、谢少波:《后现代主义质疑历史》,蓝仁哲、韩启群译,中国社会科学出版社 2008 年版。

344. [英]特里·伊格尔顿:《后现代主义的幻象》,华明译,商务印书馆 2014 年版。

345. [德]伊林·费彻尔:《马克思与马克思主义》,赵玉兰译,北京师范大学出版社 2018 年版。

346. [英]戴维·麦克莱伦:《马克思传》(第四版),王珍译,中国人民大学出版社 2008 年版。

347. [美]田辰山:《中国辩证法:从〈易经〉到马克思主义》,萧延中译,中国人民大学出版社 2016 年版。

348. [美]大卫·M.科兹、弗雷德·威尔:《从戈尔巴乔夫到普京的俄罗斯道路》,曹荣湘等译,中国人民大学出版社 2016 年版。

349. [美]赫伯特·马尔库塞:《苏联的马克思主义:一种批判的分析》,张翼星、万俊人译,黄振定校,中国人民大学出版社 2012 年版。

350. [美]托尼·博萨:《美国大衰落:腐败、堕落和价值体系的坍塌》,赵文书译,江苏人民出版社 2017 年版。

351. [美]丽贝卡·D.科斯塔:《守夜人的钟声》,李亦敏译,中信出版社 2017 年版。

352. [英]阿尔弗雷多·萨德-费洛主编:《反对资本主义:马克思主义导论》,魏南海译,重庆出版社 2020 年版。

353. [加]埃伦·米克辛斯·伍德:《资本主义的起源:学术史视域下的长篇综述》,夏璐译,中国人民大学出版社 2016 年版。

354. [美]戴维·施韦卡特:《反对资本主义》,李智、陈志刚等译,中国人民大学出版社 2016 年版。

355. [美]乔恩·厄尔斯特、[挪威]卡尔·欧夫·摩尼编:《资本主义的替代方式》,沈进建、许建康、张敦敏译,重庆出版社 2007 年版。

356. [法]弗雷德里克·皮耶鲁齐、马修·阿伦:《美国陷阱》,法意译,中信出版社 2019 年版。

357. [挪威]约翰・加尔通:《美帝国的崩溃:过去、现在与未来》,阮岳湘译,刘成审校,人民出版社 2013 年版。

358. [加]阿米塔・阿查亚:《美国世界秩序的终结》,上海人民出版社 2017 年版。

359. [英]比伦特・格卡伊、瓦西里斯・福斯卡斯:《美国的衰落:全球断层线和改变的帝国秩序》,贾海译,新华出版社 2013 年版。

360. [加]马克・斯坦恩:《衰亡的美国:大国如何应对末日危局》,米拉译,金城出版社 2016 年版。

361. [英]大卫・哈维:《资本的限度》,张寅译,中信出版社 2017 年版。

362. [埃及]萨米尔・阿明:《资本主义的危机》,社会科学文献出版社 2003 年版。

363. [美]罗伯特・L.海尔布隆纳:《资本主义的本质与逻辑》,马林梅译,东方出版社 2013 年版。

364. [美]艾伦・沃尔夫:《自由主义的未来》,甘会斌、王崧译,译林出版社 2017 年版。

365. [美]彼得・A.霍尔、戴维・索斯凯斯等:《资本主义的多样性:比较优势的制度基础》,中国人民大学出版社 2017 年版。

366. [匈牙利]雅诺什・科尔奈:《康庄大道和羊肠小路:改革与后共产主义转型研究》,朱桂兰译,中国社会科学出版社 2016 年版。

367. [法]托马斯・皮凯蒂:《21 世纪资本论》,巴曙松等译,中信出版社 2014 年版。

368. [美]菲利普・科特勒:《直面资本主义:困境与出路》,郭金兴等译,机械工业出版社 2016 年版。

369. [美]大卫・M.科兹:《新自由资本主义的兴衰成败》,刘仁营、刘元琪译,中国人民大学出版社 2020 年版。

370. [美]大卫・哈维:《资本社会的 17 个矛盾》,许瑞宋译,中信出版社

2016 年版。

371. [美]伯尼·桑德斯:《我们的革命:西方的体制困境和美国的社会危机》,钟舒婷、周紫君译,江苏凤凰文艺出版社 2018 年版。

372. [法]K.S.卡罗尔:《毛泽东的中国》,刘立仁、贺季生译,贵州人民出版社 1988 年版。

373. [英]罗德里克·麦克法夸尔:《文化大革命的起源》第 1—2 卷,魏海生、艾平等译,求实出版社 1989 年版。

374. [英]克莱尔·霍林沃思:《毛泽东和他的分歧者》,高汀泽、尹赵、刘辰诞译,河南人民出版社 1989 年版。

375. [美]莫里斯·迈斯纳:《李大钊与中国马克思主义的起源》,中共北京市委党史研究室编译组译,中共党史资料出版社 1989 年版。

376. [美]罗斯·特利尔:《毛泽东传》,刘路新、高庆国译,河北人民大学出版社 1989 年版。

377. [美]莫里斯·迈斯纳:《毛泽东的中国及后毛泽东的中国》,杜蒲、李玉玲译,四川人民出版社 1992 年版。

378. [美]爱德华·E.赖斯:《毛泽东的路》,《国外研究毛泽东思想资料》编辑组编译,北京出版社 1992 年版。

379. [美]费正清:《美国与中国》,张理京译,世界知识出版社 2001 年版。

380. [澳]科伊乔·佩特罗夫:《戈尔巴乔夫现象》,葛志强、马细谱等译,社会主义科学文献出版社 2001 年版。

381. [英]迪克·威尔逊:《毛泽东》,中共中央文献研究室《国外研究毛泽东思想资料选辑》,中央文献出版社 2003 年版。

382. [英]戴维·麦克莱伦:《马克思以后的马克思主义》,李智译,中国人民大学出版社 2004 年版。

383. [美]史华慈:《中国的共产主义与毛泽东的崛起》,陈玮译,中国人民大学出版社 2006 年版。

384. [美]斯图尔特·R.施拉姆:《毛泽东的思想》,田松年、杨德等译,中国人民大学出版社 2006 年版。

385. [美]魏斐德:《历史与意志:毛泽东思想的哲学透视》,李君如等译,中国人民大学出版社 2006 年版。

386. [美]莫里斯·迈斯纳:《马克思主义、毛泽东主义与乌托邦主义》,张宁、陈铭康等译,中国人民大学出版社 2006 年版。

387. [美]约翰·布莱恩·斯塔尔:《毛泽东的政治哲学》,曹志为、王晴波译,中国人民大学出版社 2006 年版。

388. [美]布兰特利·沃马克:《毛泽东政治思想的基础(1917—1935)》,霍伟岸、刘晨译,中国人民大学出版社 2006 年版。

389. [美]理查德·尼克松:《世界大角逐——1999 不战而胜》,吉林人民出版社 1989 年版。

390. [美]戴卫·W.张:《邓小平领导下的中国》,喻晓译,法律出版社 1991 年版。

391. [澳]大卫古德曼:《邓小平政治评传》,田酉如等译,中共中央党校出版社 1995 年版。

392. [英]理查德·伊文思:《邓小平传》,武市红等译,上海人民出版社 1996 年版。

393. [俄]阿·切尔尼亚耶夫:《在戈尔巴乔夫身边六年》,徐葵、张达楠等译,世界知识出版社 2001 年版。

394. [俄]罗伊·麦德维杰夫:《普京时代》,王桂香等译,世界知识出版社 2001 年版。

395. [美]罗伯特·劳伦斯·库恩:《他改变了中国:江泽民传》,谈峥、于海江等译,上海译文出版社 2005 年版。

396. [日]天儿慧:《日本人眼里的中国》,范力译,社会主义文献出版社 2006 年版。

397. [俄]罗伊·麦德维杰夫:《普京总统的第二任期》,王尊贤译,社会科学文献出版社 2006 年版。

398. [俄]A.Г.雅科夫列夫:《俄罗斯、中国与世界》,孟秀云、孙黎明译,社会科学文献出版社 2007 年版。

六、报纸文章

399. 习近平:《携手合作　共同维护世界和平与安全——在“世界和平论坛”开幕式上的致辞》,《人民日报》2012 年 7 月 8 日。

400. 习近平:《在同外国专家代表座谈时的讲话》,《人民日报》2012 年 12 月 6 日。

401. 习近平:《在纪念孔子诞辰 2565 周年国际学术研讨会暨国际儒学联合会第五届会员大会开幕会上的讲话》,《人民日报》2014 年 9 月 24 日。

402. 习近平:《携手构建合作共赢新伙伴　同心打造人类命运共同体》,《人民日报》2015 年 9 月 29 日。

403. 习近平:《共倡开放包容　共促和平发展——在伦敦金融城市长晚宴上的演讲》,《人民日报》2015 年 10 月 23 日。

404. 习近平:《迈向命运共同体　开创亚洲新未来——在博鳌亚洲论坛 2015 年年会上的主旨演讲》,《人民日报》2015 年 3 月 29 日。

405. 习近平:《在哲学社会科学工作座谈会上的讲话》,《人民日报》2016 年 5 月 19 日。

406. 习近平:《在庆祝中国共产党成立 95 周年大会上的讲话》,《人民日报》2016 年 7 月 2 日。

407. 习近平:《从解决好人民群众普遍关心的突出问题入手　推进全面小康社会建设》,《人民日报》2016 年 12 月 22 日。

408. 习近平:《在“一带一路”国际合作高峰论坛欢迎宴会上的祝酒辞》,《人民日报》2017 年 5 月 14 日。

409. 习近平:《携手建设更加美好的世界——在中国共产党与世界政党高层对话会上的主旨讲话》,《人民日报》2017 年 12 月 2 日。

410. 习近平:《在纪念马克思诞辰 200 周年大会上的讲话》,《人民日报》

2018 年 5 月 5 日。

411. 习近平:《在庆祝改革开放 40 周年大会上的讲话》,《人民日报》2018 年 12 月 19 日。

412. 习近平:《坚守初心　共促发展　开启亚太合作新篇章》,《人民日报》2022 年 11 月 18 日。

413. 习近平:《正确理解和大力推进中国式现代化》,《人民日报》2023 年 2 月 8 日。

414. 习近平:《在经济社会领域专家座谈会上的讲话》,《人民日报》2020 年 8 月 25 日。

415. 习近平:《在文化传承发展座谈会上的讲话》,《求是》2023 年第 17 期。

416. 中华人民共和国外交部:《美国民主情况》,《人民日报》2021 年 12 月 6 日。

417. 中华人民共和国国务院新闻办公室:《2021 年美国侵犯人权报告》,《人民日报》2022 年 3 月 1 日。

418. 冯维江:《从中西比较的视域把握中国式现代化的动力与优势》,《光明日报》2021 年 12 月 1 日。

419. 许守尧:《深刻领会习近平文化思想的重大意义》,《人民日报》2024 年 1 月 18 日。

七、外文文献

420. Bill Brugger and David Kelly, *Chinese Marxism in the post-Mao era*, Stanford University Press, 1990.

421. Jeffrey A. Bader, *How Xi Jinping Sees the World & and why*, Brookings Institution, 2016.

422. Bill Brugger, *Chinese Marxism in Flux* 1978-84: *Essays on Epistemology, Ideology and Political Economy*, Routledge, 2017.

423. Bo Zhiyue, " Hu Jintao and the CCP's ideology: A historical perspective", *Journal of Chinese Political Science*, Vol.9, No.2, 2004.

424. Boer R, "Confucius and Chairman Mao: Towards a study of religion and Chinese Marxism", *Crisis and Critique*, Vol.2, No.1, 2015.

425. François Bougon, *Inside the Mind of Xi Jinping*, Oxford University Press, 2018.

426. Chris Buckley, " Xi Jinping Thought Explained: A New Ideology for a New Era", *The New York Times Online*, 2018.

427. Li Caihua, " Consideration on Courses of Mao Zedong Thought, An Outline of Deng Xiaoping Theory and the Important Thought of Three Represents", *Journal of Northeast Normal University*, No.1, 2006.

428. Winberg Chai, "The ideological paradigm shifts of China's world views: From Marxism - Leninism - Maoism to the pragmatism - multilateralism of the Deng-Jiang-Hu era", *Asian Affairs: An American Review*, Vol.30, No.3, 2003.

429. Adrian Chan, *Chinee Marxism*, A&C Black, 2003.

430. Maria Hsia Chang, "The Thought of Deng Xiaoping", *Communist and Post-Communist Studies*, Vol.29, No.4, 1996.

431. Li Cheng, "Jiang Zemin's successors: the rise of the fourth generation of leaders in the PRC", *The China Quarterly*, No.161, 2000.

432. John Delury, " 'Harmonious' in China", *Policy Review*, No.148, 2008.

433. Bruce J. Dickson, "Whom does the party represent? From 'three revolutionary classes' to 'three represents' ", *American Asian Review*, Vol.21, No.1, 2003.

434. Arif Dirlik, *The origins of Chinese communism*, Oxford University Press, 1989.

435. Arif Dirlik, *Mao Zedong and "Chinese Marxism"*, Marxism Beyond Marxism, 1996.

436. Arif Dirlik and Maurice Meisner, *Marxism and the Chinese experience: Is-*

sues in contemporary Chinese socialism, Routledge, 2016.

437. Arif Dirlik, "The Discourse of 'Chinese Marxism' ", *Modern Chinese Religion*, Vol.1, 2016.

438. Richard Daniel Ewing, " Hu Jintao: The Making of a Chinese General Secretary", *The China Quarterly*, No.173, 2003.

439. Joseph Fewsmith, "Studying the three represents", *China Leadership Monitor*, Vol.8, No.1, 2003.

440. Joseph Fewsmith, "Promoting the scientific development concept", *China Leadership Monitor*, Vol.11, No.30, 2004.

441. Joseph Fewsmith, "China under Hu Jintao", *China Leadership Monitor*, Vol.14, Spring, 2005.

442. Joshua A. Fogel, *Ai Ssu-ch'i's Contribution to the Development of Chinese Marxism*, Harvard Univ Asia Center, 1987.

443. John Garrick and Yan Chang Bennett, " 'Xi Jinping Though'. Realisation of the Chinese Dream of National Rejuvenation?", *China Perspectives*, No. 1-2, 2018.

444. Bruce Gilley, *Tiger on the brink: Jiang Zemin and China's new elite*, Univ of California Press, 1998.

445. Daryl Glaser and David M. Walker, eds, *Twentieth-century Marxism: A global introduction*, Routledge, 2007.

446. Heike Holbig, " Remaking the CCP's ideology: Determinants, progress, and limits under Hu Jintao", *Critical Readings on Communist Party of China*, Vol.4, 2017.

447. Nick Knight, "The Form of Mao Zedong's Sinificant of Marxism' ", *The Australian Journal of Chinese Affairs*, No.9, 1983.

448. Nick Knight, "The Marxism of Mao Zedong: Empiricism and discourse in the field of Mao studies", *The Australian Journal of Chinese Affairs*, No.16, 1986.

449. Nick Knight, "Soviet philosophy and Mao Zedong's 'Sinification of Marxism'", *Journal of Contemporary Asia*, No.20, 1990.

450. Nick Knight, "Review essay: Mao Zedong's thought and Chinese Marxism—Recent documents and interpretations", *Bulletin of Concerned Asian Scholars*, Vol.25, No.2, 1993.

451. Nick Knight, "The role of philosopher to the Chinese communist movement: Ai Siqi, Mao Zedong and Marxist philosophy in China", *Asian Studies Review*, Vol.26, No.4, 2002.

452. Nick Knight, *Marxist Philosophy in China: From Qu Qiubai to Mao Zedong*, 1923-1945, Springer Science & Business Media, 2006.

453. Nick Knight, *Rethinking Mao: explorations in Mao Zedong's thought*, Lexington books, 2007.

454. Nick Knight, *Li Da and Marxist Philosophy in China*, Routledge, 2018.

455. Laszlo Ladany, *The Communist Party of China and Marxism*, 1921 - 1985: *a self portrait*, Hong Kong University Press, 1992.

456. Willy Lam, *The Era of Jiang Zemin*, Pearson PTR, 1999.

457. Willy Lam, *Chinese Politics in the Hu Jintao Era: New Leaders, New Challenges: New Leaders, New Challenges*, Routledge, 2016.

458. Willy Lam, "What is Xi Jinping Thought?", *China Brief*, Vol.17, No.12, 2017.

459. David M.Lampton, *Following the Leader: Ruling China, from Deng Xiaoping to Xi Jinping*, Univ of California Press, 2014.

460. Peter M.Lichtenstein, "Theories of value and price in contemporary Chinese Marxism", *Atlantic Economic Journal*, Vol.17, No.4, 1989.

461. Saree Makdisi, Cesare Casarino and Rebecca Karl, *Marxism Beyond Marxism*, Routledge, 2012.

462. Maurice Meisner, *Li Ta-chao and the Origins of Chinese Marxism*, Books

on Demand, 1967.

463. Maurice Meisner, "Leninism and Maoism: Some Populist Perspectives in Marxism-Leninism in China", *The China Quarterly*, No.45, 1971.

464. Maurice Meisner, "The Chinese Rediscovery of Karl Marx: Some Reflections on Post-Maoist Chinese Marxism", *Bulletin of Concerned Asian Scholars*, Vol. 17, No.3, 1985.

465. Kalpana Misra, "Deng's China: From Post-Maoism to Post-Marxism", *Economic and Political Weekly*, Vol.33, No.42/43, 1998.

466. Manoranjan Mohanty, "The New Ideological Banner: Deng Xiaoping Theory", *China Report*, Vol.34, No.1, 1998.

467. Donald J Munro, "The malleability of man in Chinese Marxism", *The China Quarterly*, No.48, 1971.

468. Sophie Harman and Sara E. Davies, "Xiism as a hegemonic project in the making: Sino-communist ideology and the political economy of China's rise", *Review of International Studies*, Vol.45, No.3, 2019.

469. Andrew James Nathan, Hong Zhaohui, and Steven Smith, eds, *Dilemmas of Reform in Jiang Zemin's China*, Lynne Rienner Publishers, 1999.

470. Michael A. Peters, "The Chinese Dream: Xi Jinping thought on Socialism with Chinese characteristics for a new era", *Educational Philosophy and Theory*, Vol.49, No.14, 2017.

471. Stuart Reynolds Schram, *The thought of Mao Tse-tung*, Cambridge University Press, 1989.

472. David Shambaugh, "Deng Xiaoping: The Politician", *The China Quarterly*, No.135, 1993.

473. Hung-mao Tien and Yunhan Chu, eds, *China under Jiang Zemin*, Lynne Rienner Publishers, 2000.

474. Steve Tsang and Honghua Men, eds, *China in the Xi JinPing era*, Spring-

er,2016.

475. Robert Ware,"Reflections on Chinese Marxism",*Socialism and Democracy*,Vol.27,No.1,2013.

476. Yiu-chung Wong,*From Deng Xiaoping to Jiang Zemin:two decades of political reform in the People's Republic of China*,University Press of America,2005.

477. Raymond F. Wylie,"Mao Tse-tung,Ch'en Po-ta and the 'Sinification of Marxism',1936-38",*The China Quarterly*,No.79,1979.

478. Guoxin Xing,"Hu Jintao's Political Thinking and Legitimacy Building:A Post-Marxist Perspective",*Asian Affairs:An American Review*,Vol.36,No.4,2009.

479. Michael Yahuda,"Deng Xiaoping:the statesman",*The China Quarterly*,No.135,1993.

480. James C. hsiung,*The Xi Jinping Era:His Comprehensive Strategy toward the China Dream*,CN Times Books,2015.

481. Ross Terrill,*Xi Jinping's China Renaissance:Historical Mission and Great Power Strategy*,CN Times Books,2016.

482. Arif Dirlik and Maurice Meisner,*Marxism and the Chinese Experience:Issues in Contemporary Chinese Socialism:Issues in Contemporary Chinese Socialism*,Routledge,2016.

483. William H. Overholt,*China's Political Economy under Xi Jinping*,*China's Crisis of Success*,Cambridge University Press,2017.

484. Bougon François,*Inside the Mind of Xi Jinping*,Oxford University Press,2018.

485. Kerry Brown,*China's Dream:The Culture of Chinese Communism and the Secret Sources of Its Power*,Polity Press,2018.

486. Elizabeth C. Economy,"China's New Revolution:The Reign of Xi Jinping",*Foreign Affairs*,Vol.97,No.3,2018.

487. Klaus Mühlhahn, *Making China Modern: From The Great Qing to Xi Jinping*, *The Belknap Press of Harvard University Press*, 2019.

488. Lawrence C.Reardon, *A Third Way: The Origins of China's Current Economic Development Strategy*, Harvard University Press, 2020.

489. Abraham Filip, *China's Rise And Internationalization: Regional And Global Challenges And Impacts*, World Scientific Publishing Company, 2020.

490. Grzegorz W.Kolodko, *China and the Future of Globalization: The Political Economy of China's Rise*, Bloomsbury Publishing, 2020.

491. Lowell Dittmer, *China's Political Economy in the Xi Jinping Epoch: Domesticand Global Dimensions*, World Scientific Publishing, 2021.

492. Ryan Hass, *Stronger: Adapting America's China Strategy in An Age of Competitive Interdependence*, Yale University Press, 2021.

493. Albert Keidel, *China's economic challenge: unconventional success*, World Scientific, 2022.

494. Shaomin Li, *How the Chinese Communist Party Transformed China into a Giant Corporation*, Cambridge University Press, 2022.

495. Bates Gill, *Daring to struggle: China's global ambitions under Xi Jinping*, Oxford University Press, 2022.

496. Kerry Brown and Una Aleksandra Berzina-Cerenkova, "Ideology in the Era of Xi Jinping", *Journal of Chinese Political Science*, Vol.23, No.3, 2018.

497. Gregory J. Moore, "Chinese Politics in the Xi Jinping Era: Reassessing Collective Leadership", *Journal of Chinese Political Science*, Vol.24, No.3, 2019.

498. Annamária Artner, "Can China Lead the Change of the World?" *Third World Quarterly*, Vol.41, No.11, 2020.

499. Maria Adele Carrai, "Chinese Political Nostalgia and Xi Jinping's Dream of Great Rejuvenation", *International Journalof Asian Studies*, Vol.18, No.1, 2020.

500. Raoul Bunskoek and Chih-yu Shih, "Community of Comas Post-

Western Regionalism: Rethinkingmon Destiny China's Belt and Road Initiative from a Confucian Perspective", *Uluslararast fliskiler Dergisi*, Vol.18, No.70, 2021.

501. Andrew J. Nathan and Boshu Zhang, "A Shared Future for Mankind: Rhetoric and Reality in Chinese Foreign Policy under Xi Jinping", *Journal of Contemporary China*, Vol.31, No.133, 2021.

502. Jérôme Doyon and Chloé Froissar, "A Long-Term Perspective on the Chinese Communist Party", *Journal of Current Chinese Affairs*, Vol.51, No.3, 2022.

503. Andrew J. Nathan and Boshu Zhang, "A Shared Future for Mankind: Rhetoric and Reality in Chinese Foreign Polics under Xi jinping", *Journal of Contemporary China*, Vol.31, No.133, 2022.

后　记

马克思主义哲学中国化是在曲折中不断创新发展的实践逻辑和思想逻辑的结合。对它的认识需要一代又一代人的不懈反思、总结和提炼。实践证明：不仔细研读马克思主义的"本本"，不深入生产和生活实际，不懂得中国文化传统，不把握时代精神，不吸取世界先进文明成果，不坚持独立思考，都不可能真正发展马克思主义哲学。哲学工作者只有胸怀天下，上揽古昔，下考时代，近察中国变革，远览世界风云，既继承往圣先贤，又贴近普通大众，才可能开辟马克思主义哲学中国化新境界，建构马克思主义哲学中国化新形态，为世界和平发展提供哲学基础，为民族伟大复兴贡献精神智慧。我从事哲学研究始于20世纪80年代，硕士论文写的是《胡塞尔现象学及其对当代西方哲学的影响》。在北京大学攻读博士学位期间，专攻马克思主义哲学，受到王东、赵家祥、丰子义、李士坤、郭建宁等诸位教授的精心指导，在新的工作岗位上主要从事马克思主义哲学、海外马克思主义中国化研究的教学科研工作，先后出版《海外邓小平研究新论》（被中宣部列为纪念邓小平诞辰百年全国重点出版图书，获广东省哲学社会科学优秀成果一等奖）、《海外马克思主义中国化理论研究》（获全国党校系统哲学社会科学优秀成果三等奖）、《国外中国模式研究评析》（获浙江省哲学社会科学优秀成果二等奖）、《新时代中国特色社会主义的思想逻辑研究》（获浙江省哲学社会科学优秀成果二等奖）等几部专著，同时进一步钻研中国传统哲学，出版专著《东方文化中的"我"与"他"——中国哲学对主体间关系的建构》。马克思主义哲学中国化研究具有整体性、开放性、前沿性以及多学科交叉互补等特点，我前期的研究正好为本课题的研究做了铺垫。可以说,本书是我从事哲学教学科研工作多年辛勤积累的结果。

本书是国家社科基金重大项目“马克思主义哲学中国化的历史逻辑及原创性贡献研究”(19ZDA016)的最终成果。课题完成是多方面支持帮助的结果。首先要感谢恩师北京大学王东教授。课题从框架设计、正式论证到最后定稿,曾多次向王东教授请教。王东教授不辞辛劳,一一解答,给我巨大的精神感召和学术启迪。其次要感谢学术界各位师长和同仁。正是学术界前辈和同仁的艰辛开拓,为本课题研究提供了丰富的思想资源。哲学既是时代精神的精华,也是哲学家精神的反映。课题的研究过程,也是向前人和当代人学习、交流、对话的过程。在这里,要特别感谢中央党校韩庆祥教授、清华大学杨金海教授、武汉大学汪信砚教授对本课题给予的大力支持和帮助!感谢好友北京大学陈培永教授、南京大学张明教授的支持和帮助!再次要感谢本单位刘同舫院长,以及张彦教授、段治文教授、庞虎教授、代玉启教授、陈宝胜教授、包大为研究员、桑建泉副教授、楼俊超副教授等各位同事为本课题研究提供的诸多支持和帮助!感谢广东省委党校郑志国教授为本书书名的最后确定提供的建议!感谢程丙、姚立兴、李文君、郭金玲、刘田、王楠、马重阳、张乐、徐宝敏、叶文、陈继旭、朱双鹏、潘亚宁、张登彬、陈婵、蔡安禧等同志和我一起进行课题研究并校对引文、提出多方面的宝贵意见!感谢《浙江大学学报》《社会科学战线》《浙江社会科学》《武汉大学学报》《山东社会科学》《浙江学刊》《求索》《学术界》《理论视野》《人民日报》《光明日报》等报刊为本课题阶段性成果发表提供的宝贵平台。感谢人民出版社李之美老师为本书的出版付出的辛苦劳动!

作为课题首席专家,竭力希望本书能够对马克思主义哲学中国化研究有所贡献,做到“百年逻辑,纲举目张;原创贡献,一览无余”,但由于课题涉及的问题十分复杂,自己知识水平又十分有限,因而“词不逮意,挂一漏万”均在意料之中,恳切期望学术界同仁不吝赐教、批评指正。

成龙　于浙江大学紫金西苑

2024 年 9 月 8 日

责任编辑：李之美

图书在版编目(CIP)数据

马克思主义哲学中国化创新 ：历史逻辑及原创性贡献研究 / 成龙著. 北京 ：人民出版社，2024. 12.(2025. 4 重印) -- ISBN 978－7－01－027040－1

Ⅰ. B27

中国国家版本馆 CIP 数据核字第 2024TD6946 号

马克思主义哲学中国化创新

MAKESI ZHUYI ZHEXUE ZHONGGUOHUA CHUANGXIN

——历史逻辑及原创性贡献研究

成 龙 著

人民出版社 出版发行

（100706 北京市东城区隆福寺街 99 号）

北京新华印刷有限公司印刷 新华书店经销

2024 年 12 月第 1 版 2025 年 4 月北京第 2 次印刷

开本:710 毫米×1000 毫米 1/16 印张:42. 25

字数:630 千字

ISBN 978－7－01－027040－1 定价:198.00 元

邮购地址 100706 北京市东城区隆福寺街 99 号

人民东方图书销售中心 电话 （010）65250042 65289539